LA QUÊTE
DU CHRIST HISTORIQUE

ANTHONY GIAMBRONE

LA QUÊTE
DU CHRIST HISTORIQUE

Traduction sous la direction de Renaud Silly

Traduit par
Vincent Cinotti, Renaud Silly, Jeanne Magne, Mélanie Lefèvre, Emmanuel Jacquemain, Théophile Richard, Guillaume de Carpentier, Agathe Barrois, Marie Salloum, Solène Lapierre-Fisch, Clément Gaufrès, Ombline Wirth, Jacques-Marie Lethu, Vianney Mennecier, Cécile Margelidon

Préface de Régis Burnet

PARIS

LES BELLES LETTRES

2024

www.lesbelleslettres.com

Retrouvez les Belles Lettres
sur Facebook et Twitter

Publication originale en langue anglaise, sous le titre :
A Quest for the Historical Christ, Scienta Christi and the Modern Study of Jesus

ISBN : 978-2-251-45564-8

Préface

Pour le lecteur francophone, l'ouvrage du fr. Giambrone peut apparaître comme une lecture déroutante. En effet, il fait référence à des débats qui n'ont pas tous pénétré dans son monde. Cela est dû largement à la situation particulière de la France. Contrée essentiellement catholique, mais rencontrant depuis des siècles un vif anticléricalisme, ce fut aussi l'un des pays où la crise moderniste du début du XXe siècle connut ses plus forts soubresauts – qu'on songe aux figures de Brémond, Duchesne et Loisy, tous Français. Cela conduisit donc à une méfiance du côté catholique envers tout ce qui ressortait aux sciences bibliques, et à une assez grande ignorance du côté « laïc » envers des débats qui paraissaient trop empreints de théologie. Il est probable que les lecteurs belges, suisses et canadiens seraient un peu plus familiers de ces controverses.

Une exégèse consciente de sa christologie

Pour apprécier le propos du fr. Anthony Giambrone, il convient de comprendre son but : tenter de surmonter le fossé entre théologiens et exégètes, dont on a bien l'impression qu'ils ne sont plus capables de se parler. Alors que l'exégèse du XXe siècle s'est présentée comme une séparation entre « théologie » et « histoire », elle procéda en fait à un changement radical de théologie. Abandonnant la christologie chalcédonienne de l'union des deux natures en Jésus, elle choisit de ne voir en lui qu'un prophète, prêchant le royaume de Dieu. Car une chose est de dire que l'histoire, comme discipline scientifique, n'a rien à dire de la divinité, une autre est de réduire le personnage de Jésus à sa seule dimension humaine. Et la proposition de ce livre est la suivante : il convient de renouer avec la christologie des deux natures pour parvenir à une véritable *scientia Christi*, une connaissance du Christ.

Pour ce faire, Anthony Giambrone élabore un programme qu'il développe dans le ch. 11 et sur lequel il est indispensable de s'attarder. Celui-ci repose sur trois thèses. La première consiste à reprendre à nouveau frais le problème classique de la conscience messianique de Jésus. Cette question, qui faisait partie des sujets d'examen pour les premières années d'étude en théologie, a été balayée par la critique historique dès le XIXe siècle, et *a fortiori* par Albert Schweizer, au profit d'une sorte de « conscience apocalyptique » de Jésus. D'où la deuxième thèse : le concept même d'apocalyptique doit être révisé à la lumière de notre compréhension plus approfondie du judaïsme du Second Temple, qui ne permet plus une lecture simple de l'apocalypticisme, tandis qu'il semble évident que Jésus ne fut pas que ce prophète du royaume de Dieu. Enfin, une troisième thèse, originale, qui promet de fructueuses perspectives de recherche : analyser les traces de la conscience messianique dans l'utilisation des Écritures. L'ancienne théorie de la « connaissance infuse » doit en effet être raffinée, car elle avait tendance à fonctionner un peu à la manière d'une baguette magique : on en faisait un usage dérégulé et totalement invérifiable en l'invoquant pour résoudre toutes les difficultés textuelles à propos de la coexistence des deux natures dans le Christ. Or ce que propose le fr. Giambrone, c'est plutôt de parler de conscience messianique lorsque le Verbe incarné de Dieu rencontre le Verbe de Dieu conservé dans l'Écriture. On peut supposer que l'utilisation que Jésus fait de la Bible juive révèle l'intelligence intime qu'il en possède du fait de sa divine nature. Pour l'exégète, on se trouve ici dans quelque chose d'analysable, dans du textuel, et non dans un recours arbitraire à un principe de l'ordre de l'invérifiable.

En plus de ces trois principes qui constituent le cœur de la proposition de ce livre, on en suggérera trois autres, qui ne sont pas thématisés de manière aussi ramassée dans un chapitre, mais que l'on peut aisément déduire à la lecture.

La plus évidente est que le fr. Giambrone n'entend absolument pas rompre avec les techniques et les résultats de l'exégèse du XXe siècle. Il utilise les connaissances les plus récentes sur le judaïsme du Second Temple, il est à l'aise avec l'idée que les Évangiles sont des documents qui obéissent à une configuration rhétorique propre au genre littéraire employé, il est au fait des dernières recherches sur les inévitables transformations que suppose la mise par écrit de souvenirs au bout d'un lent processus mémoriel communautaire.

Et enfin il voit, à l'instar de la majorité des exégètes, les textes évangéliques comme une synthèse issue d'une deuxième génération de chrétiens en direction d'une troisième génération ; cette longue élaboration a permis la fixation de formules liturgiques, la naissance de visions théologiques contrastées et parfois opposées, des mises par écrit précédentes de paroles de Jésus, voire de narrations préexistantes. Tous ces éléments se retrouvent dans les Évangiles.

Le deuxième principe supplémentaire que l'on peut aisément découvrir à la lecture de cet ouvrage est la très grande culture de son auteur. La *scientia Christi* pour laquelle il plaide sera une connaissance informée, qui ne puise pas seulement dans l'exégèse des trente dernières années comme beaucoup d'articles et de livres contemporains, mais qui accepte de prendre en considération la longue durée. Non seulement les Pères de l'Église sont convoqués, mais aussi des théologiens médiévaux (on sent parfois planer l'ombre de saint Thomas). Les auteurs proprement philosophiques sont aussi nombreux à être invoqués, ainsi que les théologiens contemporains. C'est donc à une exégèse savante que nous confie ce livre.

Un dernier principe est la conscience aiguë de la situation historique qu'occupe l'interprète. En effet, en réalisant une histoire de l'exégèse depuis le début du XXe siècle et en dressant le panorama de l'exégèse de ces dernières années, Anthony Giambrone peut à la fois éclairer les présupposés, voire les préjugés, des discours actuels sur Jésus, et mettre clairement en lumière ses propres présuppositions. C'est donc bien une exégèse du XXIe siècle qu'il propose, dans le sens que c'est une exégèse qui sait qu'elle se situe au XXIe siècle, car elle a exploré les principes qui ont régenté celle du siècle précédent, et qu'elle est consciente de ceux qui gouvernent les décennies dans lesquelles elle se trouve.

Comment sera reçu le livre du fr. Anthony Giambrone ? Comme un sursaut catholique face à une exégèse largement dominée par les protestants au XXe siècle ? Comme une crispation conservatrice prêchant un retour à une théologie classique ? Ou comme un mixte des deux, un sursaut catholique, conservateur et crispé ?

Le poids de l'histoire de l'exégèse francophone dont nous avons parlé rend inévitable que ce soit avec le filtre d'une opposition binaire progressiste/conservateur que ce livre soit lu. Nous avions laissé cette histoire au moment de la crise moderniste qui déclencha une réaction raidie et répressive de la part du Saint-Siège. Pendant cinquante ans, il fut interdit d'utiliser les résultats de l'exégèse historico-critique souvent élaborée outre-Rhin. Lorsque l'étau se desserra à la fin des années 1950, on assimila le progrès avec l'abandon de ce regard uniment théologique et traditionnel. L'appel que fait le fr. Anthony Giambrone à un retour d'une perspective théologique et d'une christologie chalcédonienne ne peut être lu que comme une preuve de conservatisme.

Il serait dommage d'en rester à cette réaction, à l'heure où un rapport plus pacifié aux sciences historiques permet d'avoir un peu plus de recul. La démarche que promeut le fr. Anthony Giambrone consiste simplement à penser les résultats de l'exégèse de ces cent vingt dernières années dans le cadre d'une christologie qui tient compte de la coexistence en Jésus des deux natures. Nous trouvons des textes revendiquant cette coexistence à une époque très ancienne, comme nous trouvons des textes revendiquant le fait qu'en Jésus seule la nature humaine s'est exprimée, ou seule la nature divine. Peut-on dire qu'une christologie postulant uniquement l'humanité de Jésus serait plus progressiste qu'une christologie pensant l'union des deux natures ? Et quel sens prendrait l'adjectif « conservateur » appliqué à cette dernière ?

Une exégèse pour le XXIe siècle

Cette opposition entre progressisme et réaction s'explique par l'histoire de l'exégèse.

Ce qu'on nomme, avec un indéniable romantisme dont Anthony Giambrone se méfie à bon escient, « la quête du Jésus historique » démarre au XIXe siècle par des vies de Jésus marquées par un certain positivisme historique. Si la plupart furent publiées en Allemagne, la *Vie de Jésus* d'Ernest Renan fournit un bon exemple en français. Cette efflorescence de biographies de Jésus prit une inflexion décisive au début du XXe siècle lors de la parution du livre d'Albert Schweitzer contenant une historiographie du Jésus historique. Ce Schweizer est le même que ceux que les Français connaissent comme le « docteur de Lambaréné », sans bien savoir que ce pasteur alsacien fut aussi un exégète de renom. Celui-ci faisait l'histoire des précédentes « quêtes » du Jésus historique, en démontrait l'inanité et promouvait une nouvelle figure : celle d'un prédicateur eschatologique, annonçant le royaume de Dieu en appelant à la conversion et en réalisant de nombreux miracles. La mise en avant de cette figure consacrait une rupture fondamentale par rapport à ce qui était le postulat de toutes les études précédant le XIXe siècle : le fait que Jésus était Dieu incarné. Alors que la tâche jusque-là de la lecture biblique consistait à expliquer chaque parole et chaque action rapportées par les Évangiles en fonction de deux dimensions, la divinité et l'humanité, elle devait renoncer aux questions traditionnelles pour expliciter les différents aspects de la vie de l'être humain Jésus au sein du contexte de la Judée et de la Galilée du Ier siècle.

La suite de l'exégèse ne dérogea pas à ces principes, même si elle procéda à un certain nombre d'ajustements et d'affinements de la perspective. Ainsi prit-on garde à ne pas confondre le Jésus historique et la manière dont les Évangiles en rendaient compte. On établit donc plus soigneusement des distinctions entre le contexte de la vie de Jésus et le contexte de production des textes qui en parlaient (celui des premières communautés chrétiennes). De même, on complexifia de plus en plus ce contexte, en s'avisant que nos catégories contemporaines de « judaïsme », « christianisme », « paganisme » ne convenaient pas à l'Antiquité. Non seulement le « christianisme » ne s'est pensé comme séparé du judaïsme qu'à une période très tardive, mais la frontière entre « judaïsme » et « hellénisme » se révélait chaque jour plus fragile, tandis que l'idée même d'une unité d'un mouvement qu'on pourrait désigner comme « juif » semblait toujours plus illusoire. Jésus vivait au milieu de multiples tendances, toutes plus ou moins pénétrées de la culture hellénistique ambiante, parvenant à des synthèses diverses entre elles et les idées philosophiques, politiques, religieuses de l'époque. Enfin, pour établir avec plus d'exactitude le degré de confiance que l'on accordait à l'historicité des éléments des Évangiles, une série de critères furent élaborés. Les lecteurs francophones ont pu découvrir en traduction française depuis une vingtaine d'années celui que le fr. Giambrone mentionne à plusieurs reprises : le prêtre catholique John P. Meier et son *Un certain juif, Jésus*.

Bien entendu, ce mouvement général connut des résistances plus ou moins vives. Parmi celles-ci, le fr. Anthony cite régulièrement ceux qu'il nomme les tenants d'une « christologie haute précoce » : Richard Bauckham et Larry Hurtado. Ceux-ci se fondent sur la liturgie et les formulations kérygmatiques (les premières proclamations de foi) pour expliquer que Jésus n'est pas cet être humain qui fut progressivement reconnu comme un Dieu par les communautés chrétiennes, mais qu'il fut dès le début adoré comme « le Seigneur ».

Or cette guerre de tranchées n'a plus lieu d'être et c'est ce que veut ratifier ce livre. Le contexte historique dans lequel sont nés ces antagonismes n'existe plus, comme l'expose le ch. 2. Et notre connaissance du milieu juif de l'époque de Jésus nous montre clairement qu'on ne peut pas en rester à des catégories simples concernant l'eschatologie (ch. 13), qu'il est naïf de lire les récits bibliques en termes de « pieux mensonges » (ch. 3), qu'il est inexact d'opposer un monothéisme juif à un polythéisme païen puisqu'on peut aussi envisager l'existence d'un monothéisme païen préchrétien (ch. 8) et que la philosophie gréco-romaine partage avec le Nouveau Testament les mêmes questions spéculatives sur la métaphysique (ch. 9). Sortir des préjugés hérités de l'histoire nous permettra d'apprécier toute la nouveauté, voire le caractère profondément novateur des propositions que fait Anthony Giambrone. Il faut ainsi absolument s'attarder à cette idée exprimée dans le ch. 14 que le dialogue entre Jésus et les Écritures rapportées dans les Évangiles constitue une sorte d'autodéfinition entre le Père et le Fils qui joue un très grand rôle dans la Révélation et qui exprime pleinement l'unité des deux natures. Il faut encore poursuivre l'intuition proposée dans le ch. 15 selon laquelle la fameuse « conscience messianique » de Jésus s'accompagne aussi d'une « nescience », celle de l'Heure du jugement, qui pourrait s'expliquer par les nécessités de sa mission salvifique.

Merci au frère Anthony de nous montrer la voie pour renouer le dialogue entre exégèse et théologie. Comme l'expose ce livre avec éclat, cette dernière ne doit pas renoncer aux acquis des uns et des autres, ni abandonner les méthodes propres à chaque discipline. Au contraire, c'est dans l'érudition, et à travers une certaine sophistication de la pensée, qu'une exégèse sérieuse pourra être prise au sérieux par les théologiens.

Régis Burnet

INTRODUCTION

Du terme consacré de « quête » je me démarque dans ce livre, sauf dans son titre. Incohérence de ma part ? Concession au marché de l'édition, où la *Quête du Jésus historique* est devenue une discipline à part entière, presque une industrie ? Ce motif opportuniste en cache un autre plus décisif. Il y a belle lurette que le monopole moral d'Albert Schweitzer sur le paradigme scientifique du Jésus historique requiert l'allégeance qui sied à une démarche initiatique : la « quête ». L'œuvre de Schweitzer obéit à une intuition religieuse mais délibérément anti-traditionnelle, en quoi elle diverge de ce livre. Mais c'est justement la raison pour laquelle je proteste contre la prétendue affinité qui pourrait unir nos deux entreprises, et lui dénie un titre que je réclame pour moi.

La quête chevaleresque, au sens arthurien de la *Queste of the Sankgreal*, est une combinaison souple de scènes indépendantes, qu'un insolite destin assemble pour les mener à un but qui toutes les oriente : la possession pleinement dévoilée de ce que l'on avait seulement perçu sous les espèces d'une apparition sacramentelle et passagère. Cette collection d'articles en relève. Elle se présente sous l'espèce d'une charmante promenade sans but apparent, unifiée cependant par un désir profond d'atteindre le but, qu'un mystère de communion a éveillé – un pèlerinage à Emmaüs en quelque sorte[1].

Chacune de ces quinze études forme une unité indépendante. La plupart sont des contributions à divers colloques au thème imposé. La figure de

1. Cf. Lc 24, 23-35, en particulier v. 27 [n.d.é.].

Jésus, cependant, les hante et leur trace la route – Jésus en tant que sujet divin, unique en son genre, confessé dans le Credo de l'Église et connu par l'histoire. Ce fil continu qui tisse leur unité ressemble beaucoup à ce que Benoît XVI nomme dans son livre le plus intime « [s]a quête personnelle de la « face du Seigneur » (cf. Ps 26/27, 8)[2] » – dans mon cas celle d'un exégète qui élit rationnellement le saut vers la foi. Les réunir en un seul volume me semble justifié pour deux raisons.

La première, c'est que beaucoup de ces études sont difficiles d'accès. Deux ont été publiées dans des revues polonaises, sur lesquelles je n'ai moi-même jamais réussi à mettre la main. Une autre a été publiée en français ; une autre en anglais dans une collection française peu diffusée. D'autres se retrouvent au milieu de contributions adressées à des théologiens dogmatiques plutôt qu'à des exégètes ; pour d'autres, c'est l'inverse. Une autre est une contribution a un colloque qui n'a pas encore été publiée. Même si elle ne constitue pas *stricto sensu* une preuve, la force cumulative de ces études éparses, qui ont conservé peu ou prou leur forme originelle, illustre une certaine démarche intellectuelle et ouvre potentiellement à d'autres applications.

La seconde est la plus importante. Il vaut la peine de rassembler ces études, dont chacune porte l'empreinte d'une étape dans la réflexion, dans la mesure où toutes pointent vers ce que je regarde comme la bonne direction vers le bon but. Ce but, je ne m'en cache pas. Ma *quête* se joue de la distinction sacro-sainte et séculaire du « Jésus de l'histoire » et du « Christ de la foi », qu'elle brise et mêle en même temps. Elle entend dépasser les conventions conceptuelles en sautant par-dessus « le fossé profond et infranchissable » (Lessing[3]) et unir les deux rives où les termes « Christ » et « historique » se font face sans pouvoir se parler. Elle rejette donc la construction de subjectivité néokantienne qui proclame inatteignable la *chose-en-soi* qui fait l'objet de la christologie[4].

---

2. Ratzinger 2007 p. 19.

3. Cf. *infra* ch. 2 « Des héros à son image » ; sur la provenance de l'expression « fossé profond et infranchissable », cf. *infra* ch. 6.

4. L'épistémologie kantienne qui pointe derrière la séparation du « Jésus de l'histoire » et du « Christ de la foi » est manifeste, et même facile à démontrer, pour qui se donne la peine de regarder. C'est évident par exemple dans le titre du livre publié par David Friedrich Strauß en 1865 : *Le Christ de la foi et le Jésus de l'histoire : une critique de la Vie de Jésus de Schleiermacher*, texte très important quoique moins étudié que ses *Vies de Jésus* (la première de 1835 ; la seconde, *La Vie de Jésus enseignée au peuple allemand,* de 1864). Il affiche ouvertement ses prémisses kantiennes : « Avec la théologie de Schleiermacher, il en va exactement comme de la philosophie de Kant il y a soixante ans. Alors que la science authentique avait déjà progressé avec Fichte et Schelling en approfondissant et développant les principes de Kant, la « manière kantienne

Mon titre représente donc une certaine transgression des bonnes manières, mais il faut reconnaître aussi que l'époque est propice à la remise en cause des modèles épistémologiques vétustes. Comme beaucoup d'autres, j'éprouve le besoin urgent de revitaliser l'exégèse, ou la « science biblique » comme on la nomme encore bizarrement au Vatican, et de rendre plus féconde pour la théologie cette « science de Jésus » dont Montfort affirmait qu'elle est la plus vitale de toutes les sciences[5]. Il y a trop longtemps que la connaissance de Jésus s'est muée en un champ stérile, où l'Église n'a plus rien à moissonner. Ce ne sont plus le Mystère du Christ et la *docte ignorance*[6] du fidèle qui en définissent les limites, mais un *ethos* académique cultivant un savoir profondément *ignorant* – c'est-à-dire non illuminé par la foi, et ce jusque dans une certaine théologie et par principe dans tous les départements de science religieuse.

La situation n'est pas totalement désespérée, bien sûr, et je ne suis pas le seul à sentir le problème. Néanmoins, en tant qu'exégète du Nouveau Testament par profession, je perçois vivement combien certains réflexes catholiques de base sont marginalisés dans les débats entre pairs, où domine depuis longtemps une épistémologie très différente, d'inspiration protestante. Les virages « catholiques » que j'exhorte à prendre ne sont pourtant pas œcuméniquement exclusifs, et beaucoup de retours positifs me sont venus du côté protestant. Il serait regrettable de faire trébucher les catholiques (avec minuscule) tourmentés de bienveillance par des revendications qui passeraient pour ultramontaines. D'autres apprécieront l'orientation ouvertement conciliaire. De toutes les disciplines théologiques, l'exégèse de la Bible est celle qui est allée le plus loin dans l'ouverture œcuménique, même si le terrain commun a souvent été gagné en évitant les questions qui fâchent, et en optant pour la facilité en restant au niveau de la philologie. Cet œcuménisme-là n'adresse-t-il pas un humiliant

---

de philosopher » (*das Kantische Philosophieren*) qui se répandait dans le grand public et dans la conscience générale était devenue une sorte de « sagesse moyenne » (*Durchschnittsweisheit*). Il en va ainsi des théologiens d'aujourd'hui qui, pour la large majorité d'entre eux qui ne sombrent pas dans un entêtement réactionnaire ou dans l'attrait de la science libre, s'en tiennent pour l'essentiel à une position que l'on ne peut mieux décrire que comme celle de Schleiermacher. »

5. « Cette science suréminente de Jésus, qui est […] la plus noble, la plus douce, la plus utile et la plus nécessaire de toutes les sciences et connaissances du ciel et de la terre. C'est […] la plus noble de toutes les sciences parce qu'elle a pour objet ce qu'il y a de plus noble et de plus sublime, la Sagesse incréée et incarnée » – Saint Louis-Marie GRIGNION DE MONTFORT t.o.p. *L'Amour de la Sagesse éternelle* §§ 8-9. La « science de Jésus » est pour le saint docteur un génitif objectif. Dans la suite de cet article, on contreviendra hélas à son usage en réservant le génitif objectif à la *connaissance de Jésus* et le subjectif à la *science de Jésus* [n.d.é.].

6. En latin *docta ignorantia* dans le texte [n.d.é.].

camouflet à une exégèse vraiment « œcuménique », hantée par la recherche de la vérité, fût-ce au prix de quelques anathèmes ? Par ailleurs, la vision catholique que je défends ici permettra au moins d'introduire un nouvel interlocuteur qui manque à la monoculture exégétique[7], si variée soit-elle. Non que *les* catholiques n'aient pas eu leur mot à dire. Harold Bloom décrivait John Meier, l'éminent savant dédié à la question du Jésus historique dont j'ai eu la bonne fortune d'être l'assistant, comme « le plus distingué de tous les biographes catholiques de Jésus ». Ce n'est pas le titre auquel je prétends, préférant d'ailleurs le laisser aux évangélistes. Lorsqu'il se prend à rêver d'un « conclave non papal[8] », John Meier situe son labeur dans une perspective a-confessionnelle qui n'est pas la mienne, laquelle relève plutôt d'une « lecture contextualisée ». À la différence de Meier, mes propres essais sont à la fois pré- et postmodernes. Puissent-ils servir ceux qui s'intéressent à Jésus. La *sacra doctrina* est en effet un projet ecclésial auquel ils entendent contribuer.

Même si cet espoir devait rester un vœu pieux, il me faut expliciter ce que j'appelle « la bonne direction » et « le bon but », ne serait-ce que pour aider le lecteur à discerner ce qui l'intéressera davantage dans cette ample collection d'études. Par l'action conjointe de la bonne fortune, d'un pari osé du Maître de l'Ordre des Prêcheurs, et de ma propre obéissance, je suis doublement expatrié, vivant au milieu de Français qui eux-mêmes habitent à l'étranger, dominicain américain greffé sur le patrimoine lumineux de *l'École biblique et archéologique française de Jérusalem*. Depuis cinq générations, cette institution est le « think-tank » biblique de l'Église catholique. Reconnue dans le milieu académique, elle est la plus ancienne institution vouée à la recherche en Terre sainte. L'idée-force de son saint fondateur, le père Marie-Joseph Lagrange o.p., était d'y établir une « école » au sens « d'école de pensée », non une usine à diplômes ecclésiastiques. Exposée au ch. 2, sa puissante vision constitue le pendant catholique au projet de Schweitzer, qu'il rattache à bon droit au protestantisme radical[9]. Elle se caractérise par le désir de poursuivre simultanément à l'École biblique deux biens souvent tenus pour incompatibles : (i) le niveau le plus élevé de rigueur exégétique et historique ; (ii) l'attachement aux vérités de la foi catholique et à la doctrine. Le nom du P. Lagrange est souvent associé à un autre adage qui confère sa tonalité particulière à sa vision de l'histoire : *rapprocher le document et le monument*[10], *i.e.* mettre le texte de la Bible en contact avec l'archéologie pour le comprendre.

7. *I.e.* du protestantisme nord-américain [n.d.é.].

8. Cf. *infra* ch. 2, « Un regard français sur une histoire allemande ».

9. Sur les études bibliques telles que Lagrange les concevait, cf. GIAMBRONE 2019b.

10. En français dans le texte [n.d.é.].

C'est à cette fin que le ch. 4 sollicite document, monument et théologie. Mais je revendique partout l'héritage bienfaisant du P. Lagrange pour parvenir à une synthèse théologique et historique.

Parce qu'il professait un respect mesuré mais réel pour les méthodes scientifiques des Lumières, qui le faisait approcher d'un peu trop près des marécages du modernisme, Lagrange fut difficilement reçu dans l'Église de son temps – au point même de subir d'injustes vexations. Il y a longtemps que la panique – sinon la menace – suscitée par le modernisme s'est calmée. Mais le risque existe toujours de ne pas trouver de réception amicale, dans l'Église ou ailleurs. Au ch. 6, j'exposerai la résistance obstinée de Maarten Van Dorp et d'autres contre les méthodes modernes d'interprétation des textes. Je me suis résolu à ce que l'exégète après Érasme en soit réduit à jouer en théologie un rôle de croque-mitaine. Les exégètes savent mieux que personne combien on a l'impression de mâcher du carton en lisant les résultats des professionnels de la recherche biblique. Les chercheurs spécialisés ne doivent pas s'attendre à ce qu'on les trouve agréables ou à devenir populaires. En conséquence, les études ici rassemblées ne contiennent pas certains exposés plus techniques. La numismatique hérodienne doit rester un plaisir raffiné, pour le *connoisseur*[11], une jouissance inavouable que je réserve à d'autres publications… même quand les personnages de l'Évangile en reçoivent un éclairage pertinent[12]. Mais je tiens surtout à ce que les études bibliques puissent influer davantage sur la vie de l'Église. Cela implique en particulier de s'extraire de l'entre-soi d'une élite académique. Mais je ne prétends pas non plus faire de la vulgarisation.

Je ne conteste certes pas le rôle vital de la vulgarisation dans le cycle naturel de toute production scientifique de premier plan – sans elle, où en serais-je moi-même, qui ne puis aborder la théorie de l'évolution qu'en dilettante ? Je ne partage pas non plus le dédain de l'*establishment* pour l'apologétique. Celle-ci plonge ses racines jusqu'aux origines de la théologie chrétienne, et l'interprète catholique des Écritures n'a pas le droit de s'y soustraire – à s'en tenir du moins aux documents magistériels et à un usage séculaire. Il existe cependant une apologétique de fortune qui dispose de plus de réponses que de questions, et qui, pour diverses raisons, semble gagner du terrain. Il y aurait beaucoup à dire sur cette tendance en vogue en Angleterre et aux États-Unis, en particulier pour un chercheur anglophone exposé aux cultures exégétiques et ecclésiales de l'Europe, bien souvent expirantes. Mais il me suffit au ch. 3 de défendre effectivement la conception virginale de Jésus.

11. *Ib.*
12. Pour le lecteur intrépide ou distrait (ou qui préfère les images), cf. GIAMBRONE 2019a ; 2021a.

Mon objectif est clairement de dépasser les oppositions simplistes et d'atteindre à l'origine des désaccords. D'où le recours à la postmodernité, toujours au ch. 3, lorsque je propose d'expliquer les Évangiles de l'enfance à partir de Hayden White et des critères qui jugent des mœurs et du goût. Une réponse d'actualité au modernisme requiert en effet un soupçon de postmodernité. Quoi qu'il en soit, l'exégèse mérite que l'on tienne pour de bon au concept de *vérité*, avec toute la force morale qu'il implique, de manière que la Bible, fidèle à ce qu'elle a toujours été, s'adresse à nous « comme une démonstration d'esprit et de puissance[13] ». C'est pourquoi je tente de montrer, de manière répétée et sous divers angles, que toute herméneutique ou confrontation sérieuses aux Évangiles implique un choix pour ou contre la foi, pour ou contre la crédibilité de ce que nous lisons et de ceux qui l'ont écrit (cf. ch. 5 & 6). Il s'agit donc d'équilibrer l'*en soi* et le *pour moi*[14], de mettre d'accord la *fides quæ* et la *fides qua*[15].

Il n'échappera pas à ceux qui liront ces quinze chapitres jusqu'au bout que l'introduction *in medias res* y forme un leitmotiv. La rencontre personnelle du chrétien avec le Verbe s'y conforme à celle de Jésus, lui aussi un lecteur des Écritures. Avec encore une touche de postmodernité au ch. 12, la rencontre avec les Écritures fera entendre la voix même du Christ à celui qui tient l'Évangile en main. À travers les Évangiles, l'esprit du Christ se fait une voix que nous pouvons écouter, et dont l'Église à son tour renvoie l'écho.

Défendre la foi et les conciles de l'Église revient pour moi à rendre leur liberté aux Évangiles pour produire l'effet qui leur convient. Aujourd'hui, cela implique de renouveler la manière dont on les considère en tant qu'objets historiques. Je veux dire par là qu'ils sont bien vivants, et l'on doit donc veiller à ne pas éteindre l'*esprit* qui est en eux en leur appliquant le scalpel des « charnels bornés » (comme je les nomme au ch. 1). Cela exige de recourir à l'*histoire*. On ne fait pas de gaîté de cœur son deuil d'une métaphysique intemporelle déchue de son trône royal. L'histoire n'en demeure pas moins la science maîtresse de notre époque. Elle est, tout simplement, notre forme de pensée. La biologie, la cosmologie, la philosophie même sont devenues pour

13. 1 Co 2, 4 [n.d.é.].

14. En allemand *an sich* et *für mich* dans le texte ; il s'agit d'une réminiscence de la distinction scholastique entre *per se* et *quoad nos* [n.d.é.].

15. La distinction de la foi *crue* (*fides quæ creditur*) et de la foi *par laquelle on croit* (*fides qua creditur*) est propre à la réforme protestante. Celle-ci désigne la présence vive de Dieu dans le fidèle qui le rend capable de croire les vérités de foi. Celle-là renvoie à l'univers conceptuel et donc aux formules traditionnelles dans lesquelles s'exprime le contenu de la foi. Dans le protestantisme, cette dernière demeure toujours un conditionnement susceptible d'évoluer en fonction de l'herméneutique qu'on lui applique [n.d.é.].

nous des disciplines *historiques*. C'est pourquoi nous étudions les *théologiens* et non la *théologie*. Je n'ai pas la force titanesque, et n'aperçois personne à l'horizon qui l'aurait, de changer en un clin d'œil ce trait de notre civilisation. La sagesse nous avertit donc qu'il faut se laisser porter par ce flot, c'est-à-dire donner à la pensée historique la plus vaste extension possible – chose que les modernes et les postmodernes savent très bien faire – puis se mettre en quête de la subjectivité divine de Jésus dans cet ample espace rationnel. Il en sort une christologie qui épouse humblement les contours historiques de l'Incarnation.

Cela étant dit, je n'abandonne pas la métaphysique, sans laquelle il est impossible de nommer avec précision tant la subjectivité divine du Christ que son humanité. La christologie des conciles l'enseigne clairement. L'allégeance à des catégories extra-bibliques livrées par la raison naturelle est le point sur lequel les catholiques se séparent de leurs partenaires protestants, même ceux avec lesquels ils ont le plus en commun. Lorsque j'aborde cette différence confessionnelle, j'essaie cependant de rester sur le terrain de la Bible et de l'histoire. À cette fin, je m'efforce de faire émerger une synchronie christologique de l'analyse diachronique des témoins, non pour confondre l'histoire et la réflexion abstraite, mais pour ancrer dans le Nouveau Testament les rudiments de la christologie traditionnelle, et pas seulement chez les Pères ou dans la réflexion postérieure (cf. ch. 9 & 10)[16].

Le graal ardemment désiré d'une culture théologique intégrale, où les études bibliques et systématiques réconciliées communieraient dans une même ferveur pour la *sacra doctrina* est une traque intellectuelle que ses fréquents égarements entraînent sur d'étranges chemins de traverse. Il se peut que ce livre relève d'une errance de ce genre. Mais sa direction et son but sont clairement affichés. Nous avons besoin d'un nouvel *idiome* théologique, pas seulement d'un *contexte* (même si ce serait déjà beaucoup), dans lequel exégètes et théologiens systématiques parleraient le même langage et se comprendraient : cela ne suffirait-il pas à l'intégration de leurs disciplines ? Pour cela il faut commencer par poser ensemble et si possible dans des termes voisins quelques questions qui concernent tout le monde. Faisons comme si

16. Je me fais peut-être illusion. Il me semble pourtant que ce n'est pas une confusion basique que de rester ouvert à certaines questions embarrassantes mais non résolues touchant au rapport entre philosophie et histoire. Une excellente et classique articulation des droits de la philosophie avec les fondements métaphysiques de la christologie se trouve chez Thomas-Joseph White 2017. Balthasar (1988) suggère que, du fait de l'incarnation, l'histoire reconfigure nos catégories métaphysiques, par exemple sur la nature. Une position équilibrée et une enquête sur le *topos* histoire/philosophie se trouvent chez Ratzinger 2020.

ces questions étaient des devises. Lorsque l'on franchit la frontière séparant l'exégèse et la théologie, dans un sens comme dans l'autre, on n'en peut emporter qu'une très petite quantité pour la changer dans la monnaie locale.

La frontière n'est pourtant pas fermée. La situation ferait plutôt songer à deux cantons alpins parlant chacun un dialecte inintelligible à l'autre. Quelques audacieux auront assez de liberté intérieure pour s'extraire du village et de sa pression sociale, pour trouver eux-mêmes l'équipement qui leur convient et partir explorer l'autre côté. Mais même ces aventuriers se contentent en général de parler aux natifs lentement, à voix haute, avant de rentrer chez eux satisfaits et moqueurs. Quoique les patois théologiques ne soient pas éligibles au programme de l'Unesco pour la préservation des langues menacées, je ne souhaite pas que disparaissent les dialectes respectifs de la théologie et de l'exégèse. L'un et l'autre transmettent de leur ancêtre commun un riche patrimoine intellectuel. La topographie théologique fait alterner *commentaires* et *questions* (celles-ci étant nées de ceux-là, je tiens ainsi à rappeler que les deux clans ont eu un exégète pour géniteur[17]). J'exhorte ces deux magnifiques domaines de spécialisation à se parler, à trouver quelque vallée ouverte entre les falaises escarpées où ils se sont retirés. En effet, sans un *haut langage*[18] commun, bien des concepts mal compris resteront inintelligibles. Sans un terrain commun plus étendu, où l'érudition pourra s'écouler paisiblement – *rigans montes*[19] – les contacts seront condamnés à demeurer sporadiques et réservés à une petite élite. Si le bagage humaniste s'érode et la maîtrise des langues anciennes s'étiole, si la culture générale diminue en profondeur et le cloisonnement des disciplines menace les tempéraments généralistes, alors les vieilles prises cèdent. Les quelques vieux interprètes disponibles ne disposent au mieux que d'une connaissance passable du terrain et des langues elles-mêmes.

Nous ne cherchons donc pas à nous lancer dans une *lectio divina* ou dans une œuvre de vulgarisation pour initiés. Nous aimerions rendre possible un discours conforme aux exigences de sa discipline, placé au niveau qui permet la discussion savante, où les deux parties pourraient prendre leur place dans

---

17. « Toutes les formes scholastiques – *quæstio, disputatio, summa, articulus* – sont nées de l'enseignement à partir d'un texte » – HOLMS 2005 p. 90.

18. En allemand *Hochsprache* dans le texte [n.d.é.].

19. « Arrosant les montagnes » ; citation du Ps 103, 13 ; mais plus probablement ici allusion à la leçon inaugurale de saint Thomas d'Aquin comme *magister actu regens* à Paris en 1256, traduite en annexe de la *Vie* de saint Thomas par son premier biographe GUILLAUME DE TOCCO [édition de PÈGUES & MAQUART, *Saint Thomas d'Aquin, sa vie*, Toulouse, Privat 1925 p. 365-377] ; le docteur angélique interprète allégoriquement le verset comme une allusion à la dignité des enseignants dans l'Église, sur laquelle ils répandent l'eau bienfaisante d'en haut [n.d.é.].

le dialogue. Les clercs catholiques du début et du milieu du XXe siècle, mieux pourvus en humanités classiques que leurs malheureux héritiers, savaient encore se repérer et trouver un terrain théologique commun. Il n'y a donc pas si longtemps que le chemin s'est embroussaillé. Dans quelle mesure l'érudition du XXIe siècle qui veut y établir son camp doit cultiver un *ethos* chrétien (ou catholique), voilà une question je n'aborderai pas.

Je ne présuppose pas avoir atteint ce point de rencontre dont on a grand besoin, même si dans les pages qui suivent j'aime regarder la clairière depuis le belvédère où elle se découvre tout entière. En rapprochant la *science du Christ* de *l'étude moderne de Jésus*[20], je me mets en quête de ce but en reformulant la question, selon le double point de vue du théologien et de l'historien. C'est aussi un avantage que de pouvoir présenter une christologie tirée des Évangiles, développée dans des colloques scientifiques et vérifiée dans des revues à comité scientifique – et même une deuxième fois par un éditeur universitaire. Les livres de Benoît XVI sur Jésus, puissamment synthétiques mais peut-être trop personnels, ont rencontré une écoute respectueuse mais incertaine. La difficulté est sans doute de trouver ou de créer le public approprié. Où s'arrête la théologie à genoux, encore équipée des rigueurs dialectiques de la discussion scientifique, et où commencent les œuvres qui en fin de compte conviennent plutôt à la dévotion ? Difficile à dire. Il me semble que nous sommes toujours à la recherche d'une réponse catholique appropriée à Albert Schweitzer, à Lessing, à Bultmann, à la nouvelle *École d'histoire des religions*[21] et à d'autres – c'est-à-dire une réponse qui atteint le point central des études scientifiques sur Jésus aujourd'hui.

Les études présentées ici se groupent en trois parties, afin d'articuler les moments requis par une réponse catholique. Beaucoup de thèmes et d'idées convergent, mais les comparer à une symphonie serait d'une prétention qui ne sied pas à une unité qui s'est révélée après coup. Cependant, puisque le

20. Cf. ch. 11. La « science du Christ », avec un génitif subjectif, désigne celle dont jouit Jésus (acquise, infuse, selon la vision béatifique). C'est une question classique de la théologie, intimement liée au dogme de Chalcédoine définissant Jésus comme l'unique hypostase du Verbe subsistant en deux natures, divine et humaine – cf. THOMAS D'AQUIN, *Somme théologique* III^a qq. 9-12 [n.d.é.].

21. En allemand *religionsgeschichtliche Schule* dans le texte ; ce groupe de théologiens protestants, réunis à partir des années 1890 à l'université de Göttingen, a exercé une influence considérable sur les études néotestamentaires. Ses fondateurs furent Hermann Gunkel, Wilhelm Bousset, Johannes Weiß, Ernst Troeltsch, Wilhelm Wrede, Heinrich Hackmann et Alfred Rahlfs ; mais l'auteur se réfère ici à la *nouvelle* école d'histoire des religions, très critique de l'ancienne, inaugurée par Larry Hurtado, Richard Bauckham, etc. à partir des années 1980. Cf. *infra* ch. 7 – 10 [n.d.é.].

rédacteur est dans ce cas précis le même que l'auteur originel, il y a bien une vision commune et un rythme voulu qui caractérisent l'ensemble. On s'élève progressivement d'une première approche des Évangiles (I) à une étude de l'esprit du Christ (III) en passant par une série de redéfinition des questions classiques (II).

La première partie contient cinq études rassemblées sous le titre « Fondements historiques » et traite autant d'historiographie que d'histoire. Elle commence par un point sur l'évolution du magistère, de manière à rendre évident le caractère catholique du livre et à prendre une saine distance avec la *critériologie*, qui ne saurait fournir à elle seule la méthode de recherche. Dans la perspective assumée du *ressourcement*, ce livre se définit à l'intérieur du cadre conciliaire, son « classicisme » ne se limite donc pas à l'âge d'or patristique, mais inclut aussi les documents de Vatican II (ch. 1). Pour rester moderne, mais dans un cadre désormais classique et tout à fait différent, je propose une histoire de la recherche et une évaluation du « Jésus historique » de Schweitzer, en évitant le fameux terme de « quête » qu'il n'a jamais employé (ch. 2). Mon but est de montrer que la *quête du Jésus historique* est tout sauf un projet religieusement et philosophiquement neutre. Cette réflexion se poursuit dans l'annexe I. Ces deux études forment une salve d'ouverture qui permet de situer la continuité entre l'Église et l'université. Trois tests suivent pour voir si la méthode suivie tient le choc de l'écriture scientifique de l'histoire et forment un arc dans la biographie de Jésus, de l'enfance (ch. 3) à la Résurrection (ch. 5) en passant par la vie publique (ch. 4). Cela revient à écrire une sorte de petit Évangile compact. La présence d'éléments tirés des Synoptiques et de Jean est intentionnelle, mais l'orientation principale lucanienne. À cela de multiples raisons, dont la principale est la prééminence du cadre lucanien dans la constitution conciliaire (cf. ch. 1). À travers ces trois essais, j'insiste sur ce qui permet de prendre les Évangiles comme des témoignages vivants et historiquement recevables, selon (i) les conventions rhétoriques en usage dans l'Antiquité et le problème de leur *vérité* ; (ii) la mémoire et le recueil des faits ; (iii) la redéfinition du témoignage oculaire opérée par les Évangiles, qui invitent à agir et à assentir à la foi.

La deuxième partie s'intitule « Perspectives théologiques », même si la théologie n'y est pas cantonnée. La première étude traite de la peur panique suscitée en théologie par l'exégèse historique. Elle prend Newman et Kierkegaard pour cicérones dans le franchissement du « fossé » que Lessing a fait passer pour beaucoup plus profond qu'il n'est en réalité (ch. 6). Elle pose certaines bases intellectuelles communes à l'ensemble du livre, en invoquant la subjectivité chrétienne et les existentialistes chrétiens (Pascal, Guardini,

Theodor Haecker). L'ombre de Bultmann, qui compte autant que Schweitzer pour définir une orientation théologique contemporaine, s'y profile. Elle offre une discussion quasi philosophique sur les miracles, et à ce titre fait le lien entre l'historiographie de la première partie et l'approche théorétique de la deuxième. Les chapitres suivants forent toute l'épaisseur des débats contemporains sur le « monothéisme christologique » et font le point sur les méthodes qui fonctionnent et celles qui défaillent. Ce sera l'occasion de montrer pourquoi un catholique n'est pas tout à fait à l'aise avec le modèle de la *christologie haute précoce* qui prévaut aujourd'hui (ch. 7). La nécessité de recourir à la métaphysique est un des virages à opérer auxquels je tiens le plus. Les ch. 8 et 9 sont consacrés au judaïsme du Second Temple et au christianisme ancien en tant qu'ils s'inscrivent dans le monothéisme philosophique gréco-romain. Le langage dionysien, qui opère un subtil équilibre entre Platon et saint Paul, me paraît une référence incontournable pour recouvrer l'idiome intégré dont puisse user une pensée qui ne pratique pas l'exclusive entre exégèse et théologie. La dernière étude est consacrée à la christologie du Temple (ch. 10). Ses réminiscences chalcédoniennes permettent d'aborder le problème crucial du culte (*latreia*) – de la *christolatrie* si l'on veut. Elle fait le lien avec le « tournant iconique » explicité dans la troisième partie – *tournant* qui est un *retour*, puisqu'il se vérifie là encore que les perspectives pré- et postmodernes peuvent converger. Thomas Merton avouait dans une lettre qu'il avait plus d'inclination pour le Christ des icônes que pour le Jésus de l'histoire. C'est en ayant sa remarque présente à l'esprit que j'invoque au ch. 14 la *science des images*[22] de Gottfried Böhm.

« Jésus et les Écritures » est le titre de la troisième partie, en cinq chapitres. Chacune se plonge dans le mystère du Verbe interprétant le verbe : un pèlerinage à Emmaüs, encore. C'est un moment important de réflexion christologique autour de questions cruciales et traditionnelles, mais redéfinies. Après avoir énoncé trois hypothèses pour la recherche future (ch. 11), j'offre une série d'illustrations (ch. 12-15). La réflexion opère un retour à une notion largement abandonnée, la « conscience messianique » de Jésus, dont je pense qu'elle doit redevenir la pierre d'angle de la christologie du Nouveau Testament. Le cœur de la réflexion de Schweitzer (ou de Dale Allison, pour prendre une version plus actuelle) qui doit nous occuper, c'est la *conscience* de Jésus, la manière dont il comprenait sa mission (*i.e.* son obsession eschatologique). L'explication classique par une ferveur apocalyptique qui aurait tourné court ne mène à rien. Mieux vaut chercher du côté de la sensibilité scripturaire de Jésus.

22. En allemand *Bildwissenschaft* dans le texte [n.d.é.].

Elle offre en effet un certain accès à la manière humaine et subjective dont Jésus se pensait lui-même, mais aussi à la méthode appropriée pour une lecture christologique et ecclésiale des Écritures juives. Il est stratégique que cette partie intégrante de la révélation évangélique s'ancre dans la rigueur historico-critique, d'où deux réflexions sur Jésus et Jean-Baptiste. La première porte sur l'apologie de Jésus par lui-même aux envoyés de Jean qui l'interrogent en son nom (ch. 12). Puis le mystère *iconique* de la Transfiguration inspire une étude sur sa vision messianique, tissée dans l'exégèse des scribes juifs (ch. 13). Une réalité grandiose, rayonnante est offerte à notre contemplation dans cette scène puissamment illuminée par les Écritures. En concluant sur la grande-prêtrise eschatologique de Jésus, je livre sans doute le cœur doctrinal de ce livre. Cette conclusion personnalise et corrobore la *christologie du Temple* définie précédemment et ouvre un accès prometteur à la christologie de Chalcédoine. Un rayon de la lumière/gloire divine dont il était question au ch. 9 parvient ainsi jusqu'au mont Tabor. Jésus se révèle lui-même selon une modalité *iconique*, avec des traits sacerdotaux, en usant d'images associées au Temple. Cela témoigne de sa conscience d'être le Messie, sous le rapport précis d'une *reconnaissance*[23] par les Écritures (ch. 14). C'est une *pierre d'angle* théorétique, qui explique de manière convaincante ce que Jésus voulait dire lorsqu'il revendiquait ce titre pour lui-même. Le dernier chapitre (15) est celui où s'entrecroisent avec le plus de liberté les réflexions biblique et doctrinale. On y trouve un dernier assaut contre le modèle Allison/Schweitzer, en inversant le modèle du prophète eschatologique et en optant résolument pour attribuer à Jésus la *nescience*. C'est là que la « conscience messianique » de Jésus, en tant que problème exégétique posé à l'historien, et la question scholastique traditionnelle de la science de Jésus se heurtent frontalement. La Crucifixion et la Résurrection occupent enfin le centre de la réflexion, et la perspective selon la *science du Christ* y déploie ses potentialités. Je m'y réjouis en particulier de ne plus avoir à m'en prendre à une tête de turc trop facile : l'exégète au bagage théologique faible, ou carrément incroyant. Les théologiens dogmatiques ont en effet, tout autant que les exégètes, rendu impossible de partager la *sacra doctrina* comme une culture intégrale.

Je ne cherche pas à dissimuler la prééminence des Synoptiques dans ces quinze études. Elle obéit à la fois à des convictions personnelles et au désir d'œuvrer à l'intérieur d'un cadre familier aux chercheurs. Luc occupe une place centrale, mais je n'ai pas négligé le IVe Évangile pour autant. Je m'y réfère à la fois comme témoin d'une mémoire stable (ch. 4) et d'une métaphore

23. En grec *anagnôrisis* dans le texte.

poignante (ch. 10), et tente même d'aligner l'*ipsissima vox* de Jésus chez Jean avec celle de la source *Q* (ch. 12), bien que Lessing ait voulu substituer celle-ci à celle-là. Le Prologue de Jean apparaît à deux reprises, sous deux angles différents. Mon but est de répondre de manière biblique à la « crise de la christologie » en faisant toute sa place à l'enseignement du concile (ch. 9 & 10).

Paul n'est pas moins indispensable que Jean pour parvenir à une christologie complète – comme Lagrange l'avait vu (cf. ch. 2). Mais ce livre est surtout un ensemble d'études sur le Christ des Évangiles. On trouve pourtant des allusions à Paul dans le long chapitre sur « la christologie primitive en tant que philosophie antique » (ch. 9), que je tiens pour aussi important que les autres. S'il parvient à ouvrir un interstice par lequel le platonisme puisse se glisser dans l'imposante muraille de la christologie primitive, c'est une pierre d'attente pour de puissantes synergies théologiques. La sublime vision christologique de l'Épître aux Hébreux, silencieusement présente aux marges de ces études, invite à considérer Jésus comme supérieur par essence aux anges (ch. 9) mais abaissé dans une chair destinée à souffrir, pour devenir un grand prêtre cosmique pour tous les hommes (ch. 13). J'espère que ces études fourniront les éléments qui, dans les Évangiles, permettent une analyse plus poussée de ce joyau sophistiqué de la réflexion chrétienne primitive qu'est l'Épître aux Hébreux. Même si cette collection peut avoir des allures d'agrégat, elle s'inscrit dans le mouvement qui doit conduire à une christologie du Nouveau Testament nuancée mais unifiée.

Dans la mesure enfin où je ne prétends pas présenter une argumentation définitive, mais seulement quelques expériences reliées entre elles et destinées à être poursuivies, je consens d'avance à laisser sans réponse un certain nombre de questions de théologie et d'histoire. Je laisse à des recherches futures les intuitions et aperçus non fondés scientifiquement. Rien de ce que je présente ici, en particulier en troisième partie, n'exclut d'autres approches. Le mystère de Jésus est trop riche. En revanche, je soutiens que les conventions académiques et les reconstitutions où Jésus apparaît comme un Messie apocalyptique et un prophète halluciné n'ont aucune base sérieuse et ne servent plus à rien[24]. Il faut les corriger par l'appel à la culture sacerdotale et scribale, comme l'exige l'histoire, et donc aussi la théologie. Cette conviction conduit directement à s'interroger sur la science du Christ (*scientia Christi*),

---

24. Dans ma recension en annexe II de Paula Fredriksen, *When Christians Were Jews: The First Generation*, je plaide la mise en retraite d'office de cette théorie éculée. La toute dernière sortie, au moment où j'écris ces lignes, est *Jesus the Apocalyptic Prophet* de Cecilia Wassén et Tobias Hägerland (Londres : T&T Clark, 2021). Mais il se peut que je sois déjà dépassé.

notion déterminante de mon point de vue (cf. ch. 11 & 15). Ces chapitres programmatiques fournissent un cadre conceptuel en reprenant une question médiévale, ainsi que le délicat problème de la conscience messianique de Jésus, mais en les élucidant à partir des pratiques scribales des juifs de l'Antiquité.

La *science du Christ* évoque le Moyen Âge. Il est une autre question classique de ce temps que j'ai délibérément laissée de côté, celle de la connaissance béatifique de Jésus. Elle aurait pu trouver sa place dans ce livre et même apporter un précieux complément à certains chapitres. Un ami m'en a dissuadé. Je lui aurais volontiers consacré une étude si mon destin avait été de porter la main sur cette chevelure de Méduse. Ma recherche porte sur l'humanité salvifique du Christ, mais on ne peut considérer qu'elle relève de la christologie basse. Le Jésus que je décris est le grand prêtre envoyé par Dieu, médiateur universel que Philon identifiait au *Logos*. Son rôle sotériologique, reliant Dieu et les hommes, réside résolument dans sa nature terrestre d'homme, au moins de manière instrumentale. C'est donc sur ce point que j'ai concentré ma réflexion. Son cri de déréliction[25] constitue l'ultime révélation d'un Jésus scandaleusement humain et lecteur des Écritures. Il vérifie en tout point la voie heuristique choisie par moi. Placée sur les lèvres du Seigneur expirant, cette citation du psaume met à rude épreuve mainte thèse traditionnelle de la théologie dogmatique. Mais la vision de Dieu est aussi un thème biblique – et en particulier psalmique. L'exégèse pourrait donc exploiter avec fruit l'expérience béatifiante de la vision du Père vécue par Jésus. « Heureux les cœurs purs, car ils verront Dieu[26] » a dit le Christ en une formule dense qui lie la vision béatifique avec la piété des justes au cœur pur apparaissant dans les psaumes. « Heureux les yeux qui voient ce que vous voyez[27] » dit-il encore. C'est l'œuvre même du Fils, chez Jean, que de rendre le Père visible par la foi[28]. Il suffit pour cela de voir le Fils. Cette opération procure la béatitude. Les quelques aperçus que l'Évangile nous donne de la vision du Fils alimentent notre désir d'y prendre notre part. Mais cette participation implique toujours de le voir lui voyant le Père, dont il est éternellement le Fils consubstantiel. Je conclus donc ce livre sur la science prophétique du Christ. C'est en elle qu'il faut chercher le mode selon lequel Jésus se connaissait lui-même. Elle est en effet le miroir que son humanité divine se tendait à elle-même.

25. « Mon Dieu, mon Dieu, pourquoi m'as-tu abandonné ? », Mc 15, 34 citant Ps 21/22, 2 [n.d.é.].
26. Mt 5, 8.
27. Lc 10, 23.
28. Jn 12, 45 ; 14, 9.

« L'Église est fondée sur le Christ vivant, sur le Dieu fait homme, non sur la quête intellectuelle qui tente de définir son identité[29]. » Ces mots de Möhler résonnent comme une mise en garde adressée à nos enquêtes théologiques. Elles consistent à connaître celui qui se connaît lui-même comme Verbe incarné, non à tâtonner pour saisir maladroitement ce que lui-même tient dans la transparence de son propre être, qu'il communique librement et partage à l'Église par le don de la foi surnaturelle. Ce n'est pas seulement une mauvaise idée, c'est encore une sagesse démoniaque de construire un argument sophistiqué qui prétendrait se substituer au simple et divin assentiment de la foi. Terminant par une confession de foi qui est en même temps une clef herméneutique, j'achève donc l'exposé de ma méthode en disant à mon lecteur, s'il a poursuivi jusque-là : *Credo !*

La « quête » originelle était un itinéraire moral et une vaste leçon allégorique. Tous ceux qui s'élancèrent durent s'interrompre à cause de leurs péchés, à l'exception de trois d'entre eux. Lancelot dut admettre la nécessité du repentir : « Maintenant je vois que mon péché ancien m'entrave et me confond, de sorte que je n'ai rien pu dire lorsque le saint Graal m'est apparu[30]. » Non moins que la conscience que Jésus avait de son être éternel, cette connaissance de soi, forme prise par la maxime delphique dans l'Évangile, est le fruit que peut porter la quête de la *science du Christ*. On fait apparaître quelque chose comme un *premier principe* de *docte ignorance* énoncé pour la première fois par Paul : « Quiconque prétend connaître quelque chose ne possède pas encore la connaissance nécessaire. Mais celui qui aime Dieu est connu de Lui[31]. » Longtemps avant que dominicains et franciscains n'ergotent à l'infini sur la priorité de l'amour et de la connaissance, Paul livre le principe circulaire : *la connaissance que Dieu a de nous* précède *l'amour que nous avons pour Lui*. Lire les Évangiles, c'est participer à l'*esprit* du Christ. Ainsi, notre amour pour lui nous meut pour avancer dans la connaissance antérieure qu'il possède. Cet esprit du Christ n'est autre que sa prédilection pour nous. Dans ces chapitres, il consiste à connaître et faire connaître, par amour pour lui. « Par amour pour nous, écrit Cyrille d'Alexandrie, il n'a pas refusé de condescendre jusqu'à supporter tout ce qui relève de notre nature, même l'ignorance. » En prenant sa part de notre inconnaissance, le Christ nous conduit à dire la connaissance

29. MÖHLER 1956 p. 67 ; cet auteur poursuit : « Et la liberté du chrétien, c'est sa foi vive et immuable en lui. Le Christ, en effet, est le même aujourd'hui et dans l'éternité [...]. Si à ce fondement on substitue une quête purement idéale, il n'y a plus d'espoir de parvenir jamais à la foi, de définir précisément le but de cette quête, ni non plus de l'achever jamais. »

30. Thomas MALORY, *Le morte d'Arthur*, manuscrit de Winchester, fol. 363r.

31. 1 Co 8, 2-3.

suprême qui procède de l'amour divin : « connaître l'amour du Christ qui surpasse la connaissance[32] ». Bien souvent, je dirai « Seigneur, Seigneur », en écho à l'avertissement qu'il nous donne lui-même[33]. On aimerait pouvoir l'entendre nous dire « Tu as bien écrit de moi[34] », et ainsi être connu de lui. Mais cela est réservé aux saints docteurs. Il suffit que l'Époux ne me réponde pas dans un esprit d'ignorance « Je ne vous connais pas[35] », ce qui voudrait dire que je ne le connais pas non plus. S'il arrivait dans les pages qui suivent que ce fussent l'ignorance du Christ et les ténèbres de mon âme qui me fissent parler et voilassent « la supériorité de la connaissance du Christ mon Seigneur[36] », il eût mieux valu que je me tusse, tel Lancelot. Après qu'elle a déjà franchi l'épreuve de deux jurys académiques, je soumets mon œuvre au jugement infaillible de l'Église. C'est elle en effet qui détient dans l'intégrité de la charité et de la connaissance le trésor auquel tous les hommes aspirent[37].

Traduit par Renaud Silly o.p.

32. Ep 3, 19.
33. « Ce n'est pas en me disant "Seigneur, Seigneur" qu'on entrera dans le royaume des cieux, mais en faisant la volonté de mon Père qui est aux cieux » (Mt 7, 21 – [n.d.é.]).
34. Un religieux dominicain du couvent de Naples se dissimula un jour pour espionner la prière nocturne de Thomas d'Aquin : « Il entendit tout à coup, à l'endroit où le docteur s'était tourné pour prier avec larmes, une voix émanant du crucifix qui disait : "Tu as bien écrit de moi, Thomas, que désires-tu en guise de récompense ?" Et [Thomas d'Aquin] répondit : "Rien d'autre que toi, Seigneur" » – GUILLAUME DE TOCCO, *L'Histoire de saint Thomas d'Aquin,* « vie » ch. 34 (Paris : Cerf, 2005, coll. « Sagesse chrétienne » ; p. 85 – [n.d.é.]).
35. « Je ne vous connais pas ! Éloignez-vous de moi, vous qui commettez l'iniquité » (Mt 7, 23 – [n.d.é.]).
36. Ph 3, 8.
37. Comme le lecteur le sait peut-être, l'exercice du magistère pontifical, et le terme lui-même, proviennent de la culture universitaire médiévale. Il n'ignore peut-être pas non plus que l'ordre dominicain (auquel appartient l'auteur de ce livre), a pu varier dans son histoire quant à l'attention qu'il prêtait à la *chaire* jouissant dans la chrétienté de la plus grande autorité doctrinale ; cf. HORST 2006.

Première partie

Fondements historiques

Chapitre I
« Livrer toujours sur Jésus des choses vraies et sincères » – *Vera et sincera de Iesu* (*Dei Verbum* § 19)

Introduction

Le XXVe anniversaire de l'ouverture du concile Vatican II incita René Latourelle à publier un ensemble d'études de première importance : *Vatican II : bilan et perspectives*. José Caba contribua au premier volume par un essai portant sur « la genèse et les fruits » de *Dei Verbum 19*. Selon Caba, l'enseignement du concile concernant les Évangiles proposait avant tout « une manière nouvelle de formuler le problème de l'historicité », qui ne s'interrogeait plus sur « la science et la véracité de ceux qui furent témoins oculaires », mais sur la critériologie et la critique rédactionnelle, selon un « plan nouveau[1] » indiquant la voie à suivre.

Vingt-cinq ans plus tard, le paysage historiographique a bien changé, et avec lui nos bilans et perspectives. S'il y a peu à redire sur le récit factuel donné par Caba concernant les brouillons successifs impliqués dans la *genèse* de *Dei Verbum* § 19, on peut être moins satisfait de son interprétation de

1. Caba 1988 p. 321.320 ; *Dei Verbum*, constitution dogmatique sur la révélation divine du 18 novembre 1965, disponible en latin sur le site du Vatican.

ses *fruits*. Ce qui se passa dans les temps qui suivirent le concile ne constitue pas nécessairement ce que le concile envisageait. En tout cas, l'étude académique des Évangiles diffère considérablement aujourd'hui de ce qu'elle était il y a vingt-cinq ans, tandis que se manifeste une résistance croissante à l'idée exagérée selon laquelle l'enseignement du concile aurait constitué une nouveauté abrupte[2]. Il est donc opportun, après un bon demi-siècle, de réévaluer l'importante doctrine de *Dei Verbum* sur l'historicité des Évangiles.

Dans cet article, je proposerai une estimation revue et corrigée et avancerai que la doctrine de *DV 19* est un exemple classique de *ressourcement* conciliaire. Plutôt que d'élaborer un « cadre conceptuel » entièrement nouveau selon les coordonnées de la *Formgeschichte* (et de son rejeton, la critique rédactionnelle), tout spécialement calibré pour une quête critique du Jésus historique telle qu'on la pratiquait depuis un bon moment déjà, Vatican II renouvelle la vision traditionnelle du paradigme pérenne de l'Écriture sainte. Le cadre lucanien est celui qui convient le mieux à l'enseignement de l'Église sur l'Évangile et *Dei Verbum 19* représente dans une certaine mesure une exégèse magistérielle de la préface de l'Évangile de Luc. Ce n'est pas un hasard (même si Caba ne le relève pas) si le concile encadre son enseignement dans *Dei Verbum 19* entre deux textes programmatiques, la paire de prologues du *Doppelwerk* lucanien : Ac 1, 1-2 et Lc 1, 2-4. Bien que ce recours à l'Écriture inspirée reste ouvert à (et même sollicite) la recherche historique compétente, la fiabilité (*asphaleia*) des Évangiles est une partie du message prêché lui-même[3].

Notre étude sera structurée autour de plusieurs thèmes connexes. Dans un premier temps, je replacerai l'enseignement de *Dei Verbum 19* dans son contexte historique et herméneutique, lequel rend peu vraisemblable que l'on ait voulu y définir un cadre conceptuel substantiellement « nouveau ». Je décrirai aussi deux réponses majeures à la question de l'historicité. Enfin, je considérerai certaines tendances dans l'étude universitaire des Évangiles, évaluant leur position à l'égard de la doctrine du concile.

Opiniones novæ ou « renouveau » ?

Le 26 juin 1961, alors que les commissions préconciliaires enchaînaient déjà activement les réunions, *La Vie de Jésus* de Jean Steinmann devenait

2. Pour une prise de position complète contre la perspective dominante représentée par l'école de Bologne dans les études universitaires et la réception du concile, cf. MARCHETTO 2011.

3. Concernant l'*asphaleia* lucanienne, cf. *infra* ch. 3 ; sur la *Formgeschichte*, cf. *infra* ch. 5 note 3.

le dernier livre jamais mis à l'*Index Librorum Prohibitorum*[4]. Quoique la Commission biblique pontificale [= ci-après CBP] passât pour un cerbère vigilant et eût violemment censuré plusieurs livres par le passé, cette condamnation solennelle par le biais du Saint-Office représentait le seul acte de cette sorte initié par la CBP[5]. Le décret, dénué d'explication, survenait quelques jours seulement après la promulgation d'un *monitum*, dont les circonstances aident à comprendre cette sévère décision[6].

L'affaire Steinmann était un incident dans une controverse plus vaste ayant débuté l'année précédente et que l'on a plus tard surnommée « la bataille du *Biblicum*[7] ». Au cœur de la querelle se trouvait une discussion très significative, une répétition générale, à certains égards, des perspectives que nous reconnaissons à présent comme les deux grandes herméneutiques rivales du concile, la rupture et la continuité[8]. Un jeune professeur de l'IBP, Louis Alonso

---

4. *In generali consessu*, in *Acta Apostolicæ Sedis* [= *AAS*] 53 (1961) p. 507-508. Cf. Steinmann 1959.

5. En 1912, la CBP interdit aux séminaires l'usage de plusieurs commentaires, dont « plusieurs livres du P. Lagrange ». À diverses reprises, la CBP censura aussi violemment d'autres ouvrages. Cf. *AAS* 26 (1934) p. 130 et *AAS* 45 (1953) p. 432. Cependant, ces condamnations étaient d'une moindre envergure et ne furent pas exécutées *via* le Saint-Office et sa Sacrée Congrégation de l'Index.

6. Cf. *AAS* 53 (1961) p. 507. On peut mettre en contraste la condamnation non motivée de Steinmann avec l'ample explication avancée par le cardinal Merry del Val concernant la condamnation du *Manuel biblique* de Vigouroux et Brassac (*AAS* 15 [1923] p. 616-619) et le raisonnement justifiant la censure par la CBP du livre de Schmidtke *Die Einwanderung Israels in Kanaan* (*AAS* 26 [1934] p. 130). Une lettre du cardinal Ruffini, membre de la CBP, informa le cardinal Ottaviani des problèmes de l'ouvrage de Steinmann. Cf. Stabile 1990 p. 115. Ruffini publia par la suite à la une de *L'Osservatore Romano* (20 août 1961) un article dans lequel il reprochait à Steinmann d'omettre les récits de l'enfance, de réduire au minimum le ministère public et de traiter trop légèrement la résurrection, déclarant pour résumer : « Un protestant rationaliste n'eût pas été plus téméraire ni plus radical. »

7. Le Biblicum est le nom courant de l'Institut biblique pontifical [= ci-après IBP], faculté canonique sise à Rome et vouée exclusivement à l'enseignement et à la recherche dans le domaine de l'exégèse scientifique de la Bible [n.d.é.].

8. Le célèbre discours de Benoît xvi à la Curie romaine le 22 décembre 2005 parle, pour être exact, de « l'herméneutique de discontinuité et de rupture » et de « l'herméneutique de réforme, de renouveau dans la continuité de l'unique sujet-Église ». Pour une importante étude de la question, cf. Marchetto 2012. Ces deux perspectives herméneutiques s'étaient longtemps opposées pour dominer l'exégèse catholique et, comme ailleurs, le Mouvement Biblique est ici profondément représentatif du ferment qui donna naissance à la théologie conciliaire. Cf. Schelkens 2011a. Le jugement de valeur sans fard qu'implique la dichotomie que Schelkens établit entre « intransigeance » et « renouveau » (deux qualificatifs d'une aménité inégale) indique assez le préjugé de base de son étude. Toutefois, l'interaction continuelle de deux forces différemment orientées est un phénomène bien documenté dans l'histoire du concile, même si l'on peine à voir comment la proposition que fait Schelkens en faveur d'une « herméneutique des

Schökel, avait écrit un article de tendance progressiste pour un périodique populaire, arguant que Pie XII avait ouvert de larges horizons aux études bibliques et ainsi opéré un « changement dans l'exégèse[9] ». Antonino Romeo, un curialiste bien placé, savant bibliste de l'université du Latran, répliqua par une réfutation outrancière s'étendant sur soixante-dix pages, insistant sur la continuité du programme de Pacelli avec les antécédents de l'exégèse catholique et accusant ironiquement Alonso Schökel (et d'autres personnages de l'IBP et d'ailleurs) d'être précisément partisans des *opiniones novæ* et de la « nouvelle exégèse » (*nova exegesi*) directement condamnées par Pie XII dans *Humani generis* (§§ 22-24)[10]. À mesure que le débat s'amplifiait, faisant entrer en lice de nouveaux participants, l'attention se porta principalement sur l'historicité, et Rome fut bientôt saisie par le dernier spasme de la panique antimoderniste. Le pape lui-même exprima son mécontentement devant ce « n'importe quoi », et son intervention s'avéra bien vite inévitable[11].

Dans ce contexte, le sévère *monitum* avait été conçu pour contourner les obstacles dressés par ceux que ses auteurs décrivaient comme des « modernistes » (bien que le pape Jean XXIII fît encore confiance à l'IBP)[12]. Cependant, le texte lui-même était susceptible d'être diversement interprété, de jeunes exégètes d'avant-garde insistant ainsi sur le fait que l'avertissement « ne devait pas être considéré comme une condamnation de la prétendue "nouvelle orientation"[13] ». De fait, le document louait brièvement l'étude fervente de l'Écriture sainte (une marque d'approbation cordiale des méthodes scientifiques), mais exprimait de l'inquiétude concernant certaines opinions en circulation qui mettaient en question « l'authentique vérité historique et

équilibres changeants » ferait autre chose que reformuler et atténuer dialectiquement le modèle du « changement de paradigme » qu'il critique. Si la lecture de Schelkens préfère simplement retracer le flux et reflux de partis opposés (comme des sièges à l'Assemblée), l'herméneutique la plus juste, sur le plan théologique, doit dériver de la notion de « développement » chez Newman. Ainsi, les historiens du concile feraient bien de prêter attention à nouveau aux sept notes d'un « véritable développement » : (1) préservation du type ; (2) continuité des principes ; (3) puissance d'assimilation ; (4) séquence logique ; (5) anticipation de son avenir ; (6) conservation de son action sur le passé ; enfin, (7) vigueur chronique.

9. En italien *cambiamento nell'esegesi* dans le texte [n.d.é.] ; cf. Alonso Schökel 1960. Le titre évoque de façon ironique l'essai fameux de Garrigou-Lagrange 1946 sur la « nouvelle théologie ». Garrigou-Lagrange avertissait que la nouvelle tendance était une renaissance du modernisme sous de nouveaux atours.

10. Romeo 1960.

11. Cf. Hebblethwaite 2000.

12. Cf. Schelkens 2011b p. 157 fn. 2.

13. Fitzmyer 1961. Cf. aussi les opinions divergentes concernant le *monitum* exprimées par Duncker 1963 et Spadafora 1961.

objective » (*germanam veritatem historicam et obiectivam*), non seulement de l'Ancien Testament – une question, notait-on, déjà critiquée dans *Humani generis* –, mais aussi du Nouveau Testament, allant jusqu'à mettre en doute les paroles et faits (*dicta et facta*) de Jésus. Il est difficile de se méprendre sur l'inquiétude manifestée par la CBP (comme par Romeo) en constatant que les solennelles corrections apportées par Pie XII en 1950 ne parvenaient pas endiguer une marée montante de scepticisme en matière biblique. Si le livre de Steinmann pouvait servir d'exemple dans ce contexte, il évitait adroitement toute l'affaire de l'IBP, Steinmann étant bien loin, à Paris. De manière similaire – et plus importante –, ce choix écartait habilement toute spéculation concernant l'usage de méthodes historico-critiques en elles-mêmes, car le livre ne faisait étalage d'aucune critique scientifique. Il se posait plutôt comme une sorte de mise à jour de Renan : un récit biographique bien français, populaire mais réfléchi – et assez vague dans le meilleur des cas sur des articles fondamentaux de la foi[14].

Bien entendu, si l'héritage des « vies libérales de Jésus » persistait ainsi dans l'ouvrage de Steinmann, la véritable tête de pont du scepticisme critique était ailleurs – comme aussi à l'époque de la *Vie de Jésus* popularisée de Renan. La réaction curiale plus agressive visa donc certains exégètes spécialisés, et deux professeurs en place à l'IBP furent bientôt déposés (mais non Alonso Schökel). Ces suspensions, ciblant Stanislas Lyonnet et Maximilien Zerwick, marquèrent l'apogée de cette brève intrigue. Nulle explication formelle ne fut jamais avancée, tout fut accompli avec une silencieuse efficacité ; le soupçon n'en était pas moins d'une clarté impitoyable. Lyonnet avait pataugé dans les eaux sensibles d'Adam et du péché originel, tandis que Zerwick avait mis un pied de travers sur la question de l'historicité des Évangiles[15].

14. Steinmann évoque Renan par le titre et la structure de son œuvre et s'y confronte dans la conclusion (assez anémique au plan kérygmatique) : « Renan n'a pas vu que cette mort [*i.e.* de Jésus] était un signe [...] Cette vie est-elle absurdité ou mystère ? Quel est le sens de la mort ? Quel est l'ultime destin de l'homme : Dieu ou le néant ? Suivant leur réponse, les hommes sur terre sont à jamais divisés sous le signe de la croix ». Le public populaire visé par le livre, ainsi que cette conclusion moins que vigoureuse, contribuèrent sans doute à la condamnation. La section finale de *Sancta Mater Ecclesia* insiste fortement sur la nécessité pour les auteurs d'éviter de « répandre des solutions de rechange » qui « portent atteinte à la foi d'un grand nombre ».

15. Lucien Cerfaux (membre de la Commission Théologique) nota dans une lettre au Cardinal Van Roey : « Le P. Zerwick avait une phrase malheureuse : "Notre but est de mener l'enquête, conduits par le texte sacré lui-même, pour atteindre le point extrême où la liberté prise par la tradition et les évangélistes rejoint la réalité historique des faits et enseignements de Jésus." » Cf. SCHELKENS 2011b p. 130, cf. p. 115 et 125. Zerwick mettait manifestement en doute l'historicité des promesses faites à Pierre en *Matthieu* XVI. Cf. le récit cancanier de BLAIR KAYSER, correspondant du magazine *Time* au concile, 2002 p. 130.

Si les « modernistes » se voyaient ainsi vigoureusement châtiés, une fois que les vents conciliaires se mirent à souffler, l'imposant front de résistance hiérarchique s'effondra, frappé de désarroi, et toute forme d'avertissement doctrinal clair tomba dans le discrédit. En effet, le surprenant épilogue de toute cette débâcle fut une volte-face soudaine par laquelle le pape Paul VI, sur le conseil du cardinal Bea, réintégra les deux jésuites sanctionnés au printemps 1964[16].

Bien que l'on ait interprété ce revirement comme un témoignage de pleine approbation, une telle interprétation n'est pas soutenable. La décision semble plutôt s'expliquer par un changement de politique ecclésiastique – la disgrâce du parti curial belliciste – qui n'impliquait d'aucune façon un *nihil obstat* envers l'exégèse déviante des savants. En effet, la publication au même moment (avril 1964) de *Sancta Mater Ecclesia*[17], instruction qui fit date concernant la vérité historique des Évangiles, document approuvé par Paul VI mais commandé deux ans auparavant par le pape Jean, souligna expressément combien l'Église tenait résolument à l'historicité – quoiqu'avec nuance et une bienveillance à l'égard des méthodes modernes digne d'être relevée. Il est crucial de bien apprécier cette double manœuvre coordonnée, lâchant la bride à un libre débat tout en réaffirmant l'enseignement pérenne de l'Église, car la stratégie de Roncalli et Montini, déjà en tant que cardinaux, était toujours de « parler fort et manier un petit bâton », en faisant toujours confiance à la supériorité du dialogue. Conformément à ce principe, Jean XXIII n'avait jamais ordonné l'attaque contre Lyonnet et Zerwick (à vrai dire, il la réprouvait), tandis que la position résolument traditionnelle de Paul VI sur l'historicité fut confirmée à de multiples reprises aussi bien pendant le concile qu'après celui-ci[18]. Ce nonobstant, l'Église n'avait pas l'habitude de cette manière de gouverner si indulgente et, à tous les niveaux, les indications contradictoires s'avéraient trop déroutantes. Il n'est pas surprenant que s'instaura alors une culture d'impunité exégétique, à tel point que Steinmann, jadis disgracié, serait bientôt réhabilité par Yves Congar comme le symbole privilégié du « renouveau »[19].

---

16. Roderick MacKenzie, S. J., recteur de l'IBP, demanda que le cas fût réexaminé lors de son audience avec Paul VI en mars 1964. Le pape accepta et chargea le Cardinal Bea de l'enquête. Le mécontentement personnel de Paul VI vis-à-vis du Latran était évident, puisqu'il blâma l'institution pour ses « fâcheuses polémiques » lors de sa première visite (31 octobre 1961), peu après en avoir démis le recteur, Mgr Piolanti. Cf. Brian HARRISON 1997 p. 60-61.

17. *Sancta Mater Ecclesia,* instruction de la CBP publiée dans *AAS* 56 (1964) p. 715

18. Cf. HARRISON *id. loc.*

19. L'*Index* ne fut pas plus tôt aboli par Paul VI en 1966 que les conférences catéchétiques de STEINMANN 1967 furent publiées à titre posthume. Il s'agit d'une tentative contestable

Une telle provocation n'est évidemment pas à prendre au premier degré. L'Église n'avait pas si totalement renoncé à prendre au sérieux ses prises de position antérieures. Ainsi, quoique l'*Instruction* sur l'historicité en vînt rapidement à représenter, aux yeux de beaucoup, bien plus qu'un simple changement de ton par souci de charité, l'enseignement positif du document ne peut se comprendre en faisant abstraction du *monitum*, qui appelait lui-même à prêter une attention renouvelée à *Humani generis*. Au fond, les événements de 1961 et la rectification de 1964 étaient deux efforts magistériels très distincts visant à répondre au même trouble exégétique. Le pontificat de Paul VI signalait qu'une longue période de discipline de fer en matière d'études bibliques était parvenue à son terme, non que l'avancée du scepticisme moderniste ne posait plus le moindre danger.

Historica veritas

C'est dans cette atmosphère trouble et incertaine que furent réalisés les travaux préparatoires de la grande constitution dogmatique *Dei Verbum*, ce qui n'alla pas sans d'importantes conséquences. Parmi les nombreux points sensibles débattus lors du travail de composition – une laborieuse gestation qui dura tout le temps du concile –, la controverse que l'on vient de raconter confirme la particulière gravité des enjeux liés à l'historicité. Si le texte initial, *De fontibus revelationis*, déplut au point que l'on finit par entamer une refonte complète[20], le chapitre IV de ce schéma, *De Novo Testamento*, révèle, à la veille du concile, la préoccupation absolue d'affirmer la vérité historique des Évangiles[21]. Malgré des doutes largement partagés sur le ton polémique du document préparatoire (qui citait le *monitum* et en renforçait même la formulation), les points principaux, la structure et, en certains endroits, la formulation même de ce chapitre se retrouva indemne dans le texte final, détail significatif si l'on considère la destinée globale de ce schéma. L'événement décisif pour la reformulation de ce matériau en des termes plus positifs fut, bien entendu, la parution, qui tombait à pic, de *Sancta Mater Ecclesia*. De fait, on ne trouve nulle part ailleurs dans la longue histoire du texte de

---

d'*aggiornamento*, appuyée par une préface d'Yves Congar, encore auréolé de son triomphe au concile, et (témérairement) décrite comme représentant le « renouveau » requis au sein de l'Église.

20. Cf. la réévaluation nuancée du *De fontibus* chez SCHELKENS 2011b p. 265-280.

21. Pour le texte du Schéma I, chapitre IV, cf. Francisco GIL HELLÍN, *Concilii Vaticani II Synopsis in Ordinem Redigens Schemata cum Relationibus necnon Patrum Orationes atque Animadversiones Constitutio Dogmatica De Divina Revelatione Dei Verbum* (Rome, Libreria Editrice Vaticana, 1993, p. 186-187).

Dei Verbum un tel sommet d'intervention magistérielle. En effet, des phrases entières furent empruntées à l'instruction, et ce document fournit l'essentiel de la substance de *Dei Verbum 19*.

L'instruction de la CBP était, comme on vient de le rapporter, conçue comme la réponse prudente de l'Église face à une crise de scepticisme historique qui couvait au moins depuis *Humani generis*, en 1950. Cependant, en tant qu'événement doté d'une importance directe pour le concile, le document eut un autre rôle : plus d'un ecclésiastique au concile, éberlué par l'épouvantail de la *Formgeschichte*, avait besoin de solides conseils pour aborder les questions dans l'*aula* conciliaire[22]. À cette fin, la CBP offrit aux pères conciliaires une sorte de « guide raisonné » sur les dernières tendances de l'exégèse, élaboré à partir d'un manuscrit privé préparé par le cardinal Bea et circulant déjà à cet effet. Si le texte magistériel ne peut guère se lire comme un ordre de marche édicté par des théologiens purs et durs, les objections de fond à l'encontre de la *critique des formes* rendaient manifestes les profondes réserves de l'Église à ce sujet[23]. Pour autant, on ne peut pas manquer d'y percevoir combien le sujet est volontiers abordé. Dans l'ensemble, la critique concise faite par la CBP passait la méthode au crible, écartant les principes déviants de l'exégèse bultmanienne (avec une lucidité des plus remarquables *a posteriori*), tout en laissant la porte ouverte pour une légitime (quoique sélective) appropriation par les catholiques (*sana elementa*).

Sans surprise, l'attitude d'ouverture s'avéra l'enseignement le plus mémorable du document. Beaucoup de spécialistes d'études bibliques, dont la culture théologique n'avait pas encore consommé son divorce avec l'héritage de la dogmatique, embrassèrent très volontiers cette méthodologie d'avant-garde, restant confiants que les extrêmes du protestantisme allemand n'avaient aucune viabilité dans le contexte catholique[24]. Ainsi, dans des milieux influents,

---

22. Cf. l'exposé dans la Préface du livre de Bea 1965 p. 9-12.

23. Tels qu'ils sont énumérés par Fitzmyer 1964, les six principes étaient : 1) la négation de l'ordre surnaturel ; 2) la négation de l'intervention divine dans le monde par une révélation au sens strict ; 3) la négation de l'existence et de la possibilité des miracles ; 4) l'incompatibilité entre foi et vérité historique ; 5) un rejet presque *a priori* de la nature et de la valeur historiques des textes scripturaires ; 6) la diminution de l'autorité des apôtres comme témoins du Christ et l'exagération du pouvoir créateur de la communauté. À travers ces thèses, l'Église estimait que les adeptes de la critique des formes étaient profondément détournés du droit chemin par les erreurs du rationalisme (*præiudicatis opinionibus rationalismi abducti*). Un célèbre article de Benoit 1946, qui reste l'un des meilleurs traitements de la critique des formes et mérite encore d'être lu, aida à formuler l'avis magistériel, dans son esprit à la fois ouvert et critique.

24. Fitzmyer *op. cit.* p. 390 se montre sereinement convaincu que les six prémisses théologiques et philosophiques déviantes « sont rejetées par les exégètes catholiques ». Quant à savoir

toute l'attention se tourna sur la différenciation des strates évangéliques, et la préoccupation fondamentale de l'instruction, à savoir la garantie de l'historicité, fut vite obscurcie par sa réception. Le mouvement dans ce sens fut immédiat. Fitzmyer, par exemple, observateur zélé des affaires romaines à l'époque, dans un compte rendu du document paru très tôt, ou plutôt immédiatement, quelques mois seulement avant la promulgation de *Dei Verbum* (avec l'objectif, sans doute, d'orienter la pensée des pères conciliaires dans ce sens), fit tant et si bien qu'il parvint à présenter le texte comme étrangement indifférent à la vérité historique, interprétation que l'on serait bien embarrassé de tenir au vu du titre officiel du document : *De historica evangeliorum veritate*. Son insistance sur ce point est tout à fait remarquable :

> Le mot le plus important dans le titre n'est pas le mot *historica*, comme cela pourrait être l'impression initiale [...]. On ne retrouve l'expression *historica veritas* dans aucune des directives positives. Il est donc évident que la CBP s'attelle bien plus à esquisser, à larges traits, les caractéristiques de la vérité d'Évangile qu'à réaffirmer simplement que les Évangiles sont historiques[25].
>
> La CBP ne parle [au § 9] que de « vérité » et ne précise pas qu'il s'agit de « vérité historique ». Si l'épithète « historique » avait figuré, on se demande bien quel sens il aurait eu dans ce contexte après avoir tant concédé au travail rédactionnel des évangélistes. Mais si l'on demandait : « Alors s'il n'est pas question ici de vérité historique, de quelle sorte de vérité s'agit-il ? », la réponse devrait être : « Il s'agit de la vérité de l'Évangile[26]. »
>
> Ni l'Église dans ses déclarations officielles sur la nature de l'inspiration, ni les théologiens dans leur traitement spéculatif du sujet n'ont jamais enseigné que l'effet formel nécessaire de l'inspiration est l'historicité. La conséquence de l'inspiration est l'inerrance, c'est-à-dire l'immunité de l'erreur formelle dans ce qui est affirmé. L'opposé de l'inerrance n'est pas simplement l'historicité, mais la vérité. Mais il y a une vérité poétique aussi bien qu'une vérité historique, une vérité rhétorique aussi bien qu'une vérité légale, une vérité mythique aussi bien que la vérité de l'Évangile[27].

---

si une telle conviction est de mise aujourd'hui, il est évident que le rejet *notionnel* des principes problématiques ne suffit pas à recalibrer une méthode qui, de façon inhérente, présuppose des concepts comme le « naturalisme scientifique ». Sur le traitement des miracles selon la méthode historique, cf. GREGORY 2008. Cf. *infra* ch. 6.

25. FITZMYER *op. cit.* p. 387.
26. *Ibid.* p. 395.
27. *Ibid.* p. 401.

Et la « vérité de l'Évangile, nous assure Fitzmyer pour finir, n'est pas chose liée à une littéralité fondamentaliste[28] ».

Fitzmyer soulève de réelles questions, et la crainte du littéralisme fondamentaliste qui l'anime – tic douloureux mais courant dans la coterie bibliste contemporaine – mérite d'être prise au sérieux. On n'en reste pas moins ébahi d'observer cette subversion totale de la préoccupation expresse du texte en question. La notion même de « vérité historique » est sommairement déplacée au moyen d'une tautologie qui est tout entière l'œuvre de Fitzmyer : « la vérité de l'Évangile », notion nébuleuse que, pour diverses raisons, il estime plus commode. Quelles que soient les légitimes préoccupations qu'il faut nécessairement envisager quand il s'agit d'articuler la modalité précise de l'inerrance évangélique, on ne peut pas honnêtement éviter la notion d'*historica veritas* lorsque l'on se trouve confronté à l'ample solennité de la phrase initiale de *Dei Verbum 19* – unique en son genre dans toute la constitution dogmatique : « Notre sainte Mère l'Église a tenu et tient encore (*tenuit ac tenet*), avec fermeté et constance (*firmiter et constantissime*), que ces quatre Évangiles, dont elle affirme sans hésiter l'historicité (*historicitatem incunctanter affirmat*), transmettent fidèlement (*tradere fideliter*) ce que Jésus, le Fils de Dieu, durant sa vie parmi les hommes, a réellement (*reapse*) fait et enseigné pour leur salut éternel, jusqu'au jour où il fut enlevé au Ciel (cf. Ac 1, 1-2)[29]. »

La formulation choisie par le concile ici renforce en réalité la formulation antérieure du schéma *De fontibus*, préférant *tenuit ac tenet* à *credit ac credidit*. La *relatio* officielle sur cette modification rend manifeste le désir de proposer un mode de vérité ouvert à l'affirmation rationnelle : *fide et ratione, non tantum fide*[30]. Si cette formulation transpose la conception spéculative

---

28. *Ibid.* p. 396.

29. La phrase « *quorum historicitatem incunctanter affirmat* » fut ajoutée entre le dernier schéma (III) et le texte final (IV), avec la remarque suivante : « *Necessario inducendum est vocabulum historicum, quod a Magistro sæpius adhibitum est, ut refrenetur audacia exegetica* » (« On introduit le terme *historique* parce qu'il est nécessaire, ayant été souvent employé par le Magistère pour refréner l'audace exégétique »). La proposition de 174 pères était : « *iuxta veritatem fidemque historicam* tradere *omnia facta et dicta quæ in ipsis continentur* » (« qui transmettent selon la vérité historique et la foi tous les faits et paroles qu'ils contiennent »). La note éditoriale sur cette proposition remarque que *historia* est un terme équivoque, dont le sens va de « *rebus supramundanis* » (« choses surnaturelles »), appréhendés par la foi, à la *Geschichte* et l'*Historie*. On donna ainsi la préférence au sens « *realitatem factorum seu eventum modo concreto affirmare* » (« affirment concrètement la réalité des faits ou un événement ») et la formulation moins ambiguë d'*historicitatem* fut employée. Cf. *Relatio ad num.* 19 c in GIL HELLÍN, *Synopsis*, p. 133 ; CABA 1988 p. 316-317.

30. GIL HELLÍN, *Synopsis*, p. 132.

de la constitution *Dei Filius* de Vatican I en un idiome clairement historique et scripturaire et distingue adroitement la doctrine du concile du fidéisme de la dogmatique dialectique bultmanno-barthienne, elle doit aussi se confronter à la question ultime posée par Fitzmyer : à quoi précisément donné-je mon approbation quand j'affirme l'historicité des Évangiles[31]?

Si le « littéralisme fondamentaliste » pose un réel problème, l'Église n'avait pas découvert la notion de genre littéraire avec l'avènement de la critique des formes et elle n'était pas d'une naïveté critique aussi grande que certains voudraient commodément le prétendre. La CBP avait en effet, longtemps auparavant, officiellement reconnu la possibilité d'une « histoire [simplement] apparente » (*species historiæ*) à l'intérieur de l'Écriture. De fait, même dans les pires jours de la crise moderniste, Rome concédait que « dans certains cas bien démontrés (*non facile nec temere admittendo*) », on pouvait tenir que l'écrivain sacré « n'avait pas l'intention de raconter l'histoire à proprement parler (*veram et proprie dictam historiam*), mais, avec l'apparence et la forme de l'histoire *(sub specie et forma historiæ)*, de proposer une parabole ou une allégorie ou quelque autre sens différent du sens proprement littéral et historique des mots[32] ». Étaient manifestement en vue des textes comme Jonas et Job, mais le principe très mesuré avait une ampleur impressionnante. En somme, si l'on prend en compte ce prédécesseur magistériel, l'antécédent doctrinal le plus pertinent en la matière, l'interprétation la plus simple et la plus obvie de l'enseignement de *Dei Verbum* (à la suite de *Sancta Mater Ecclesia*), est qu'il ne faut pas considérer les Évangiles comme histoire « apparente » mais bien comme *vera historia*. En d'autres termes, le « sens proprement littéral et historique des mots » est effectivement le sens voulu par l'écrivain sacré. Cela semble résumer l'intention derrière l'expression conciliaire *vera et sincera de Jesu*[33].

31. Le correspondant de *Time* rapportant ce débat du concile touche du doigt cette question à la fin de son article, « Vatican Council: The Uses of Ambiguity », *Time*, 86, n° 19 (5 novembre 1965), p. 5 : « Le problème étant : qu'entend-on précisément par historicité ? »

32. *ASS* 38 (1905/06) p. 124-125.

33. Sur l'histoire contestée de cette formule, cf. le commentaire de Béda Rigaux sur le chapitre V de *Dei Verbum* dans VORGRIMLER, 1969 p. 258-260. Quoique beaucoup de pères conciliaires l'aient trouvé trop faible, Paul VI intervint et proposa *vera seu historica fide digna*, ce qui, malgré l'appui du cardinal Bea, fut considéré comme ouvrant une nouvelle ambiguïté (bultmannienne) et rejeté en conséquence. La Commission théologique rendit ensuite plus claire son intention concernant la formule d'origine. Elle doit embrasser et coordonner à la fois les faits objectifs (*vera*) et l'activité subjective/l'intentionalité des évangélistes (*sincera*).

Fundamentum intelligentiæ spiritalis

Selon le cas, les exégètes auront tendance à trivialiser ou à se cabrer face à l'affirmation pure et simple qu'il faut prendre les Évangiles littéralement. Le « sens littéral ou historique » est cependant plus profond et plus complexe que ne le conçoivent les méthodes exégétiques en vigueur et demande d'être patiemment analysé. En effet, une fois que l'on saisit que le sens littéral a une signification fondatrice pour toute théologie de la Révélation et sert de fondement à toute argumentation théologique possible, il y aura une urgence manifeste à le déterminer correctement[34]. Or, si cela est vrai pour l'Écriture dans son ensemble, il faut relever le statut particulier des Évangiles, au sein du Nouveau Testament lui-même, « car ils sont le témoignage principal sur la vie et l'enseignement du Verbe incarné[35] ».

Sur le plan des premiers principes de la théologie et de la révélation, il est donc particulièrement intéressant, pour comprendre le niveau historique et littéral des Évangiles, que la robuste et influente théologie de la révélation protestante à l'époque du concile ait été divisée en deux camps antagonistes, les écoles de Bultmann et de Cullmann s'opposant farouchement autour de la relation fondamentale entre parole et acte[36]. Dans la perspective de *l'histoire du salut* prônée par Cullmann, qui présentait généralement (mais pas en tout point) une plus grande affinité avec, et influence sur, la doctrine finale du concile, le danger critique est évident : « Les disciples de Bultmann négligent les événements[37]. » La parole divine (*dabar*), cependant, est de façon indivisible « parole » et « histoire »[38]. En harmonie avec cela, la doctrine classique

---

34. « Il s'ensuit qu'il n'existe nulle confusion dans la sainte Écriture : tous les sens sont fondés en effet sur un seul, le sens littéral, duquel seul on peut tirer des arguments probants », THOMAS D'AQUIN, *Somme théologique* Iª q. 1 a. 10 ad 1. Cf. AUGUSTIN D'HIPPONE, *Lettre* XCIII § 24.

35. « Il n'échappe à personne qu'entre toutes les Écritures, même celles du Nouveau Testament, les Évangiles possèdent une supériorité méritée, en tant qu'ils constituent le témoignage par excellence sur la vie et sur la doctrine du Verbe incarné, notre Sauveur » (*DV* § 18).

36. Sur la signification de ces débats pour la doctrine du concile, voir le commentaire de Joseph Ratzinger sur les chapitres 1 et 2 de *Dei Verbum* dans VORGRIMLER 1969 p. 170-198.

37. Cf. l'essai de RATZINGER 1968 p. 25. La participation active de Cullmann aux discussions œcuméniques du concile, où il disposait d'un statut d'observateur, impliquait d'une part une certaine proximité théologique avec la doctrine catholique (« dès que nous commençâmes à employer l'histoire du salut dans nos discussions, nous parlions le même langage »), d'autre part rendait inévitable son influence sur l'issue du concile.

38. Parce que, précisément, « l'auteur de l'Écriture sainte est Dieu, qui a le pouvoir de signifier, non seulement par des mots, comme un homme aussi peut le faire, mais aussi par les choses

de l'herméneutique catholique considère les paroles et les actes comme inséparables au plan de l'inspiration : *littera gesta docet.* Suivant ce paradigme, « l'histoire » est ainsi à la fois la *prima significatio*, la « lettre » scripturaire ayant sa propre *ratio* grammatico-littéraire[39], et le lieu du mystère de notre rédemption : *profundissima vallis historiæ*[40] – la vallée profonde de l'homme dans laquelle le Christ est descendu par kénôse[41]. Le sens historique est ainsi la *synkatabasis* rhétorique du Verbe divin[42]. Selon l'expression splendide de *Dei Verbum*, les deux dimensions de cette vivante parole de Dieu sont inextricablement liées, l'une et l'autre se manifestant et se confirmant mutuellement : *gestis verbisque intrinsece inter se connexis*[43]. Dans une telle perspective, le sens bivalent « littéral ou historique » de l'Évangile est le *fundamentum* privilégié, la plus profonde matière de la révélation divine[44]. *Jésus lui-même* est le sens littéral de l'Évangile.

De toute évidence, une chose de la plus grande importance est ici en jeu quant à la doctrine pleine et entière de *Dei Verbum*. Sur ce plan, *Dei Verbum 19* n'est pas une planche de salut anti-moderniste isolée dans une mer de « nouvelle théologie ». Pour demeurer dans le modèle relationnel de

---

elles-mêmes (*res ipsas*) » (Thomas d'Aquin, *loc. cit., resp.*), la révélation conjointe de ces deux registres de rencontre – les actes salvateurs et le texte scripturaire – réfracte l'action unifiée d'un seul *auctor* divin. Cela implique une ferme congruence entre *littera* et *gesta* et appelle un acte singulier d'assentiment dans la foi.

39. Hugues de Saint-Victor, *De sacramentis,* prologue ch. IV (PL clxxvi col. 185 A) : « L'histoire est la narration des choses qui se sont produites, contenue dans la signification première de la lettre. » Origène : « L'histoire possède sa rationalité propre – *tou echein tèn historian ton idion logon* » (*Selecta in Ezechielem* c. xxviii ; PG xiii col.821-822 C). Thomas d'Aquin, *loc. cit.* : « Alors que dans toutes les sciences ce sont les mots qui ont valeur significative, celle-ci a en propre que les choses mêmes signifiées par les mots employés signifient à leur tour quelque chose. La signification première, celle par laquelle les mots signifient certaines choses, correspond au premier sens, qui est le sens historique ou littéral. »

40. Jean Scot Erigène, *Homilia in Prologum sancti Evangelii secundum Joannem,* sur Jn 1, 6 (PL cxxii col. 291B). De façon théo-dramatique, on pourrait parler ici, en suivant Balthasar, de l'histoire comme espace de « l'action ».

41. L'*admirabile condescensio* de *DV* 12-13 trouve ici sa place. Sur ce thème, cf. l'excellente et suggestive étude de John Betz 2010.

42. L'arrière-plan rhétorique de la catégorie christologique de la *synkatabasis* n'est souvent pas reconnu, cf. Philodème de Gadara, *Rhétorique* II, 25. Cf. Duchatelez 1973.

43. Sur cette expression importante, cf. Francis Martin 2006.

44. Partout dans la tradition, « l'histoire » est reconnue comme le *fundamentum :* « la vérité de l'histoire, fondement de l'intelligence spirituelle » (Saint Jérôme, *Lettre* cxxix, 6) ; « Tous les sens sont fondés sur un seul, le sens littéral » (Thomas d'Aquin, *loc. cit.* ad 1 ; cf. Henri de Lubac, *Exégèse médiévale – Les quatre sens de l'Écriture.*

révélation prôné par le concile[45], on dira plutôt que les pères s'attelaient à préserver le caractère *une fois pour toutes* de l'action climactique de Dieu à travers le Christ, tout en continuant d'affirmer un *colloquium inter Deum et hominem* qui continue de durer (*Dei Verbum* § 25). Les Évangiles exercent une médiation unique : de quelque manière, ils communiquent Jésus de Nazareth[46]. Mais comme mode de rencontre, le *metaxu* scripturaire s'étend vers le passé. En conséquence, l'heureuse découverte du Dieu *qui* révèle à partir d'une focalisation un peu étroite sur *ce qu'*il révèle est marquée du sceau subjectif de Bultmann, sauf si un sens objectif, référentiel (historique, christologique, dans le cas qui nous intéresse) est maintenu[47]. Une compréhension authentique de la lettre de l'Écriture ne peut donc pas, pour une question de méthode, négliger la perspective « centrifuge » du texte, mais doit, à titre de principe théologique, percevoir avec les événements extra-textuels de l'Incarnation une résonance textuelle incontournable[48]. Tout comme le Christ Verbe fait chair est la vision du Père (cf. Jn 14, 9), de même le Verbe dans l'écrit présente une image verbale de l'Image. Les Évangiles conservent une *adæquatio ad rem*,

---

45. Sur l'avènement de ce modèle, cf. LATOURELLE 1966.

46. La plénitude de cette médiation dépend, de façon vitale, de la défense de l'herméneutique adéquate. Albert SCHWEITZER 2001 évoquait de façon mémorable l'expérience de perte de substance théologique éprouvée par ceux qui ressuscitèrent le Jésus historique et « défirent les liens par lesquels il avait été attaché, des siècles durant, à la paroi rocheuse de la doctrine ecclésiastique ». Ils se réjouissaient de le voir « avancer, apparemment pour venir à leur rencontre, mais il n'alla pas plus loin. Il est passé par notre temps avant de retourner au sien. Ce qui a surpris et confondu la théologie des quarante dernières années fut qu'en dépit des interprétations arbitraires et forcées il a été impossible de le retenir parmi nous, il a fallu le laisser nous quitter » (SCHWEITZER 2001 p. 478).

47. Il convient de plaider pour que l'on retienne, de façon raisonnable, quelque aspect « propositionnel » de la révélation. Selon Bultmann, le contenu objectif est incompatible avec l'idée d'une révélation authentique : « En définitive, *Jésus en tant que révélateur de Dieu, ne révèle rien d'autre sinon qu'il en est le révélateur* » (BULTMANN 1955 p. 66). Cf. la pénétrante analyse de WALDSTEIN 1987.

48. Sur les dimensions « centrifuges » et « centripètes » d'un texte, cf. FRYE 1984 p. 110. Le sens premier ou littéral de la Bible est donc son sens centripète ou poétique. Ce sens premier, qui surgit simplement de l'interconnexion des mots est le sens métaphorique. Il y a divers sens secondaires, dérivés de la perspective centrifuge, qui peuvent prendre la forme de concepts, de prédications, de propositions ou d'une suite d'événements historiques ou biographiques, mais qui sont toujours subordonnés au sens métaphorique. Il n'est pas nécessaire de remettre en cause l'intelligence de Frye (ou sa rare lucidité dans le domaine du sens allégorique) pour soupçonner qu'il n'a pas réussi aussi bien qu'il le pense à marginaliser les prétentions historiques de la Bible. Un problème de base est la décision de faire de toute la Bible de la poésie. Cette vaste confusion fait en sorte qu'il omet de distinguer entre les modalités du *kérygme* (expression de Frye) propres à l'Ancien et au Nouveau Testament.

une analogie propre avec le Christ, en vertu de la congruence, de l'isomorphisme révélatoire des *littera et gesta*.

L'identification profonde des Évangiles avec le mystère de l'Incarnation signifie qu'il ne faut pas laisser de côté la formulation d'Origène sur le sens littéral comme « corps »[49]. En effet, celle-ci garantit un double enjeu herméneutique, car elle introduit la distinction paulinienne capitale entre *sôma* et *sarx*. En d'autres termes, il est un sens inadéquat de l'Écriture, entendue *kata sarka* [« selon la chair »]. Cette mésentente « littéraliste » du Verbe est toujours naïve, mais la simplicité d'esprit peut se draper dans les atours hautement sophistiqués de la science – comme un endocrinologue cherchant l'âme au fond de la glande pinéale. Au fondamentaliste, suscitant crainte et pitié, il faut donc ajouter le « littéraliste » (plus subtil), qui joue de son scalpel critique sur le texte de l'Évangile comme s'il étudiait un cadavre. Dans les deux cas, il s'agit de types de « charnels bornés[50] ». Si la « chair » de l'Écriture fournit ainsi un *corpus* public que les docteurs ès sciences philologiques peuvent inspecter avec une intelligence simpliste, le *fundamentum* le plus profond demeure imperceptible sans la foi. Car, *in fine*, c'est dans l'Évangile que se rencontrent sens littéral et sens spirituel[51]. De ce point de vue (et par contraste avec d'autres *corpora* canoniques), la *prima significatio* de l'Évangile comprend le *Christ incarné tout entier* – corps, âme et divinité –, car nous comprenons ici le « corps » (*soma*) dans son sens hébreu de « totalité vivante » (*basar*). Dans cette perspective, une dynamique composite corps-âme (lettre-esprit) structure aussi la révélation privilégiée de premier niveau de l'Évangile. L'œuvre des évangélistes donne une forme en mots au *corps* littéral, tandis que la *res tantum* du Christ imprègne ces mots d'un *esprit* vivifiant. De cette manière, les Évangiles sont un sacrement du sacrement de Dieu[52].

Le « tableau d'ensemble » et perspectives plénières

Si la Réforme compromit en profondeur la force d'une vision sacramentale, un « sens obvie » univoque de l'Écriture en fut la séquelle herméneutique.

49. *De Principiis* IV, II, 4-5. Cf. la collection de citations chez BALTHASAR 1960 t. II p. 31-35 (surtout n° 153 ; 155-156 ; cf. aussi n° 192).

50. Désigne les lecteurs de l'Écriture attachés à la chair aux dépens de l'intelligence en esprit [n.d.é.].

51. Lubac défendait la conception patristique selon laquelle le sens spirituel de l'Ancien Testament est le sens littéral du Nouveau. Cette notion a été critiquée du point de vue du dialogue judéo-chrétien. Cf. McKIM 2007 p. 685.

52. FARKASFALVY 2010 p. 219-221.

Le mystère du *corps* fut réduit à la *species* superficielle, tandis que la jonction de la lettre et de l'esprit (et ainsi la possibilité d'un sens spirituel solidement enraciné) fut perdue de vue. Dans l'exégèse de plus en plus sécularisée qui s'ensuivit, la surface elle-même ne tarda pas à se désintégrer – destin inévitable d'un corps sans âme – de sorte qu'il passe à l'heure actuelle pour naïf de penser que « Jésus a dit et fait tout ce que les Évangiles le font dire et faire[53] ». La tâche qui consisterait à ancrer une révélation digne de foi et à retrouver un sens littéral viable s'apparente ainsi au fait de recoller les fragments brisés d'une coquille d'œuf – à trouver quelque âme théologique pour le corps disséqué des Évangiles. La délicate tâche herméneutique qui consiste à garder en main cet œuf, même comme projet purement pré-théologique, est bien connue des lecteurs de Lewis Carroll *:* « Quand j'utilise un mot, dit Humpty Dumpty avec un certain mépris, il signifie exactement ce que j'ai décidé qu'il signifie, ni plus, ni moins[54]. »

Si la fragmentation du sens, désarticulant les sens spirituel et littéral corrélés, est à présent considérée comme un acquis, il faut avouer que la critique des formes a lancé un puissant mouvement portant à la désintégration analytique des Évangiles[55]. Cependant, avec Conzelmann déjà, le besoin de réassembler un tout textuel cohérent était devenu clair[56]. Ce nonobstant, la *Redaktionsgeschichte* et la critique narrative qu'elle engendra peinent à étudier l'unité littéraire dans un cadre *non fictionnel*. À cet égard, la question de l'histoire est restée sous la garde de la critique des formes, et, par conséquent, liée au « mauvais instrument »[57]. On peut être tenté de faire un tour complet autour de la question. On pourrait demander : Comment le jugement que les Évangiles sont *vera historia* s'applique-t-il à des unités individuelles de la tradition ? N'est-il pas possible que la doctrine de l'Église ait uniquement en vue le genre dans son entier, seulement préoccupée d'écarter la contestation extrême que représente le « mythisme[58] » ? Après tout, il y a une limite à

53. Allison 2009 p. 1.

54. Lewis Carroll, *De l'autre côté du miroir,* ch. VI.

55. Cette notion est peut-être plus évidente chez le moins célèbre des trois cofondateurs de la critique des formes, Karl Ludwig Schmidt 1919. Il proposait de voir dans l'Évangile de Marc une collection d'unités préexistantes imparfaitement réunies par une structure secondaire.

56. Cf. les remarques introductives de Conzelmann 1961 p. 9-17.

57. Cf. l'essai faisant date de Hooker 1972 ; Nathan Thomas Wright 1992 p. 418 observe justement que « la critique des formes, quoique souvent traitée simplement comme un outil pour s'informer sur Jésus, est conçue avant tout pour donner quelque éclairage sur l'Église primitive ».

58. Le caractère extrême mais persistant de la position selon laquelle les Évangiles seraient une *fiction totale* est notable par le fait qu'un savant aussi sceptique que Bart Ehrman y soit opposé : cf. Ehrman 2012. De façon plus conventionnelle, depuis le travail de D. F. Strauß, une position

parler de *vera historia*. Au-delà des erreurs factuelles avancées (par exemple le recensement de Luc) mais se dérobant à toute vérification[59], il y a aussi certainement de « l'histoire apparente » dans les Évangiles. Le caractère anhistorique de la « lettre » des paraboles, par exemple, ne suscite absolument pas de controverse[60].

Cependant, un tel aveu offre peu de prise, puisque la préoccupation porte évidemment sur les choses dites *au sujet de Jésus* (et non les caractères de sa prédication). À cet égard, une prétention narrative importante distingue nettement la présentation des paraboles de Jésus dans les Synoptiques (ἐλάλησεν αὐτοῖς πολλὰ ἐν παραβολαῖς) du *peje Iesous* purement anhistorique que l'on trouve dans l'Évangile de Thomas[61]. On dit que Jésus a vraiment dit des choses. Dans les Évangiles de l'Église, il y a toujours des faits qui enveloppent les mots. Mais cela ne fait que rendre inévitable un jugement sur le modèle littéraire de la *chreia* (ou d'autres formes semblables).

Le souci de savoir si tel ou tel fait a vraiment eu lieu (ou si Jésus a vraiment dit telle ou telle chose) conduit à des possibilités diverses. La tactique d'approche la plus redoutable de cette question dérivée de la critique des

plus evhémériste a été adoptée et le tissu mythique à partir duquel le Jésus des Évangiles aurait prétendument été tissé est recherché dans l'Ancien Testament. Concernant le contenu créatif haggadique des Évangiles (compris comme un *midrash* sur le lectionnaire juif), l'estimation haute qu'avance GOULDER 1974 représente une variation contemporaine sur ce même thème. Certains auteurs (publiés à leur propre compte) partent chercher des motifs évangéliques bien plus loin que l'Ancien Testament, par exemple MURDOCK 2008. Les études récentes reliant les Évangiles à Homère représentent une thèse littéraire moins excentrique (mais excentrique néanmoins), par exemple Dennis MACDONALD 2000. La ressemblance entre les Évangiles et les romans gréco-latins a aussi été mise en avant. Cf. BOWERSOCK 1994. L'école critique de la *Religionsgeschichte* plaçait le cadre fictionnel dans la religion hellénistique. L'Instruction *Sancta Mater Ecclesia* de la CBP au § 8 ne laisse assurément pas de place pour cette opinion : « Ce n'est pas pour les nécessités du culte par lequel les disciples ont vénéré Jésus comme Seigneur et Fils de Dieu qu'il s'est mué en personne « mythique » tandis que son propre enseignement se déformait » (« *Nec propter cultum quo discipuli exinde Iesum ut Dominum et Filium Dei venerabuntur, hic in "mythicam" personam mutatus est eiusque doctrina deformata* »). Fitzmyer avait peut-être tout cela en vue quand il posait la « vérité mythique » comme le contraire spécifique de sa « vérité d'Évangile ».

59. La longue querelle autour de Luc 2, 1-4 illustre un problème très courant quand il s'agit d'évaluer une bonne partie de l'histoire biblique : l'absence de preuve indépendante – que ce soit pour contredire ou confirmer. Cela n'est, bien sûr, pas exclusivement le cas pour des événements rapportés dans l'Écriture. Ici, la raison doit se satisfaire de la convergence des probabilités.

60. « Dans le sens littéral est inclus le sens parabolique ou métaphorique (*Sub sensu litterali includitur parabolicus seu metaphoricus*) », THOMAS D'AQUIN, *Commentaire de l'épître aux Galates,* ch. 4 lect. 7.

61. Pour une discussion de la traduction au présent de *peje Iesous* (« Jésus dit »), cf. PLISCH 2008 p. 24-25 : « Même dans les dialogues, l'Évangile de Thomas ne s'intéresse pas à l'arrière-plan historique d'un sujet qu'il rapporte ; on s'y focalise exclusivement sur les dits du Seigneur. »

formes consiste à l'envisager à un niveau microscopique. Chaque péricope concrète subit son propre et unique jugement historique. Le minutieux labeur de John Meier s'impose comme le monument définitif qui représente cette méthode (que Caba juge la plus en harmonie avec *DV 19*)[62].

La prétention qu'a Meier de trouver le consensus dans un « conclave non papal » constitue (pour ceux qui ne sont pas sous le charme de l'agnosticisme subjectiviste postmoderne) une rafraîchissante bouffée d'optimisme des Lumières à l'ancienne – et, à vrai dire, n'est pas si éloignée de l'intention du concile lors du choix de « tenir » (*tenere*) plutôt que de « croire » (*credere*)[63]. La confiance en la *raison* n'implique nulle part, bien sûr, une foi égale dans la *critériologie*. Disons même que, pour beaucoup à l'heure actuelle (et depuis longtemps à présent, à vrai dire), une telle ratiocination représente le côté coquinement dangereux des « Lumières »[64]. Bien plus, quand la machine exégétique commence à cracher des retours de *non liquet* et de « non historique », tout le monde n'est pas toujours prêt à avaler le remède du docteur Delbende chez Bernanos : « Faire face. » Ici, les objections sont profondément enracinées et il ne suffit plus de repousser les protestations comme « acritiques »[65].

Il y aurait beaucoup à dire sur cette manière de filtrer le matériau pour y trouver l'or de l'histoire, mais il y a surtout un résultat particulièrement intéressant. Malgré des jugements négatifs dans des cas individuels, des motifs plus larges d'« historicité » ont émergé. Meier, par exemple, peut accepter l'assertion globale de l'identité de Jésus comme thaumaturge, quoique trois cents pages d'études de cas minutieuses puissent nous laisser moins assurés[66].

Si une telle dissonance sape quelque peu l'observation au microscope, la décision que prend Dale Allison d'abandonner les « critères d'authenticité » en faveur de larges arguments d'ensemble peut séduire[67]. Pour Allison,

---

62. John Paul Meier, trad. fr. *Un certain juif : Jésus – les données de l'histoire* 2004-2018.
63. Meier 2004 p. 1.
64. Quant à la question qui nous occupe, cf. la contestation variée avancée par Keith & Le Donne 2012.
65. Même si de forts éléments de pensée nominaliste sont ici latents, l'« exégèse participationniste » aura une contribution à apporter. Sur ce concept, cf. *infra* ch. 7 note 27 et Levering 2008.
66. Meier 2005 vol. 2 p. 457-754. Pour une critique du critère global, cf. Eve 2005.
67. Cf. l'essai (typiquement) autobiographique d'Allison, « It Don't Come Easy: A History of Disillusionment », in Keith & Le Donne 2012 p. 186-199. Cf. aussi son quatrième et dernier (dit-il espérer) livre sur Jésus, Allison 2010 p. 16 : « Il faut d'abord se fier, s'il faut se fier à quoi que ce soit, à ce qui a le plus de chance d'être fiable. Cela demande de commencer, même s'il n'est pas nécessaire de conclure ainsi, en demandant "quelles sont nos impressions générales ?" » (p. 16). L'approche « basée sur les faits » d'E. P. Sanders peut aussi être mentionnée ici.

le résultat est une étrange lecture du sens littéral comme une sorte d'allégorie agnostique d'abstractions historiques inventées. Les récits de la Tentation, par exemple, présentent « une narration concernant des événements qui n'ont probablement jamais eu lieu [... mais] capture néanmoins justement Jésus en plusieurs aspects[68] ».

Doctrinalement, la position du « tableau d'ensemble » adoptée ici pourrait s'exprimer ainsi. Les Évangiles « transmettent » de façon sûre (*fideliter tradere*) le vivant mystère tout entier de l'événement-Christ de la même manière que la Tradition communique la pleine substance de la foi, mais les traditions (avec un « t » minuscule), ou péricopes évangéliques, peuvent aller ou venir. De quelque manière, on discerne ce qui prend une majuscule et l'on peut élimer ceci ou cela, mais l'intégrité essentielle de la révélation demeure intacte.

S'agit-il donc d'accepter simplement que les Évangiles sont *grosso modo* crédibles parce qu'ils pourraient se réduire à un squelette de Crédo ou à un *épitomé* d'historien (à l'instar du célèbre *Testimonium Flavianum*)[69]? Cette fiabilité à géométrie variable offrirait une sorte de couche isolante contre toute une série de détails textuels confus. Quelques faits non négociables peuvent être affirmés historiquement, tandis qu'est écarté le risque d'un fondamentalisme grossier. Le pape Benoît XVI lui-même (quoique comme théologien privé) semble faire signe vers cette direction minimaliste tout en soulignant l'historicité dans le second volume de *Jésus de Nazareth :* « Le "*factum est*" du Prologue de Jean (1, 14) vaut comme catégorie chrétienne fondamentale non seulement pour l'Incarnation en tant que telle, mais également pour la dernière Cène, la croix et la Résurrection[70]. »

Il convient cependant de rester prudent concernant les « points restant ouverts » envisagés par Benoît XVI[71]. Sa remarque fait office de préface à une discussion sur la difficile datation de la dernière Cène du Seigneur et, comme l'Instruction de la CBP le rend manifeste, la *chronologie* ne compromet pas la vérité évoquée. Il n'est pas certain – comme plus d'un exégète troublé s'en est plaint – que Benoît XVI concède l'invention par les évangélistes du *moindre*

68. « Le récit présente une série de vérités probables sur Jésus : qu'il était un thaumaturge, qu'il refusait de donner des signes pour authentifier qui il était, qu'il pensait être victorieux des puissances démoniaques, qu'il pouvait citer la Bible et qu'il avait une grande foi en Dieu », ALLISON, in KEITH & LE DONNE 2012 p. 191.

69. Cf. par exemple TATUM 2008. Le *Testimonium flavianum* désigne la section consacrée à Jésus par l'historien juif Flavius Josèphe dans ses *Antiquités judaïques* XVIII § 63-64 [n.d.é.].

70. RATZINGER 2011 p. 129.

71. Cf. les remarques programmatiques de Benoît XVI concernant foi et historicité en RATZINGER 2007 p. 8-13.

« fait ou dit » concret rapporté dans les Évangiles[72]. De fait, son t. III sur les récits de l'enfance offre à présent la démonstration la plus solide possible du « fondamentalisme » informé des avancées critiques mais calmement déterminé, de ce pape[73]. Assurément, si le correspondant religieux de *Time* avait eu un vrai flair pour le scandale, la croyance obstinée que le Saint-Père accordait à des « contes de fées » comme les rois mages et l'étoile aurait certainement fourni un titre plus accrocheur, plutôt qu'un pseudo-scoop sur l'imprécision du calendrier julien (« Le pape Benoît XVI conteste la date de la naissance de Jésus »)[74].

Benoît XVI offre donc une vision différente de celle de la théorie du « tableau d'ensemble », une vision d'origine patristique (ce qui ne saurait surprendre). Les « détails » dont on peut se défaire concernent la position et l'expression, tandis que le *factum est* et le sens sont affirmés[75].

---

72. Maurice CASEY 2010 [p. 28-29], par exemple, affirme que Benoît XVI est enfermé dans un raisonnement circulaire, défendant l'historicité de Jn 19, 35 en présumant que l'Évangile de Jean est « vrai à la lettre du début à la fin », étant donné qu'il s'agit d'un témoignage oculaire.

73. La meilleure expression de la position d'ensemble du pape est articulée concernant Matthieu I-II : « Au terme de ce long chapitre se pose la question : "Comment devons-nous comprendre tout cela ? s'agit-il vraiment d'une histoire qui a eu lieu ou seulement d'une méditation théologique exprimée sous forme d'histoires ?" À ce sujet, Jean Daniélou observe avec raison : "À la différence du récit de l'Annonciation [à Marie], l'adoration des Mages ne touche aucun aspect essentiel pour la foi. Ce pourrait être une création de Matthieu inspirée par une idée théologique." Daniélou lui-même cependant arrive à la conviction qu'il s'agit d'événements historiques dont la signification a été théologiquement interprétée par la communauté judéo-chrétienne et par Matthieu. Pour le dire simplement, c'est aussi ma conviction. Il faut cependant constater qu'au cours des cinquante dernières années, dans l'évaluation de l'historicité, un changement d'opinion s'est vérifié, qui ne se fonde pas sur de nouvelles connaissances historiques mais sur une attitude différente face à l'Écriture sainte et au message chrétien dans son ensemble. Alors que Gerhard Delling, dans la IVe tome du *Theologisches Wörterbuch zum Neuen Testament* (1942 p. 362 n. 11) tenait l'historicité du récit sur les Mages encore assurée par la recherche historique, désormais des exégètes de claire orientation ecclésiale comme Ernst Nellessen et Rudolf Pesch sont opposés à l'historicité ou tout au moins laissent la question ouverte. Face à cette situation, la prise de position soigneusement réfléchie de Klaus Berger […] est digne d'attention : "Même dans le cas d'une unique attestation […], il faut supposer, jusqu'à preuve du contraire, que les évangélistes n'entendent pas tromper leurs lecteurs mais veulent raconter des faits historiques […]. Contester par pur soupçon l'historicité de ce récit va au-delà de toute compétence imaginable d'historiens" (*Kommentar zum Neuen Testament* p. 20). Je ne peux qu'être d'accord avec cette affirmation. Les deux chapitres des récits de l'enfance chez Matthieu ne sont pas une méditation exprimée sous forme d'histoires, au contraire, Matthieu nous raconte la véritable histoire qui a été méditée et interprétée théologiquement et ainsi il nous aide à comprendre plus profondément le mystère de Jésus » (RATZINGER 2012 p. 167-169).

74. Sorcha POLLACK, « Pope Benedict Disputes Date of Jesus' Birth », *Time :* NewsFeed, Nov 22, 2012. Consulté en ligne le 2 janvier 2013 : http://newsfeed.time.com/2012/11/22/pope-benedict-disputes-jesus-date-of-birth/.

75. C'est la position de l'Instruction de la CBP, qui suit simplement la doctrine patristique (citant Chrysostome et Augustin) pour permettre des différences dans la position et l'expression.

Dans cette ligne, on pourrait parler d'une historicité plénière, dans laquelle on admet des problèmes au niveau de la disposition textuelle, pleine liberté étant laissée à toutes les solutions ingénieuses que l'on pourrait trouver. Mais on n'implique jamais une séparation en piles « authentiques », « inauthentiques » (et « j'abandonne »).

Par contraste avec Allison, il ne s'agit donc pas ici de lâcher la proie pour l'ombre, en l'occurrence d'abandonner des faits reconnus au bénéfice d'une croyance en des abstractions dynamiques (par exemple le « judaïsme apocalyptique »). Meier a raison de réclamer davantage que de simples affirmations globales et floues. Cependant, devant le défi lancé par l'héritage de D. F. Strauß exigeant que l'on démontre, point par point, que de vrais événements se trouvent derrière les Évangiles, Benoît XVI semble se contenter humblement de lancer le défi de prouver une négation (*non factum est*), tâche impossible, rappelant ses limites à l'orgueilleuse histoire[76]. Si le pape s'arrête ici sans offrir d'ambitieuse *apologia*, peut-être faut-il comprendre que la doctrine de la *vera historia* demande un acte de foi crédible et que l'on renoue le premier des nœuds gordiens relevés par Schweitzer : la controverse entre le surnaturaliste sot et le rationaliste[77].

En soulignant seulement les points capitaux de la profession de foi chrétienne, Benoît XVI questionne donc l'histoire[78]. Mais il faut bien comprendre cette démarche. Il ne suggère jamais que la foi a été enfermée dans la forteresse assiégée du Credo, prête à mourir dans un dernier carré faisant front aux

---

Cf. ORIGÈNE, *Commentaire sur saint Jean* X, V § 19 : les évangélistes « ont parfois changé en faveur de leur interprétation spirituelle ce qui, du point de vue de l'histoire, s'était passé autrement, de sorte qu'ils ont dit que ce qui était arrivé en tel endroit était arrivé ailleurs et que ce qui avait eu lieu à telle occasion s'était produit en une autre occasion, et qu'ils ont recomposé les récits en les modifiant légèrement ».

76. Benoît XVI se montre à l'aise avec le manque de conclusion qui caractérise une grande partie des débats historiques, mais il ne craint pas, par suite, d'offrir un jugement final. Sur le recensement lucanien, par exemple, il écrit : « On pourra toujours discuter sur beaucoup de détails […], et malgré tout les contenus essentiels des données rapportées par Luc demeurent historiquement crédibles » (RATZINGER 2012 p. 93).

77. Albert Schweitzer présenta l'histoire de la recherche concernant Jésus comme la négociation de trois dilemmes savants distincts : surnaturaliste ou rationaliste ; synoptique ou johannique ; eschatologique ou non eschatologique. Si les deux derniers dilemmes furent tranchés en faveur des Synoptiques (*via* la priorité de l'Evangile de Marc) et de l'*eschatologie conséquente* [sur ce concept, cf. *infra* ch. 2 note 8] respectivement, Strauß fit voler en éclat le premier, qualifié de fausse dichotomie. Les explications naturalistes (rationalistes) des « miracles » étaient aussi douteuses que les prétentions surnaturelles ; les deux supposaient faussement qu'un véritable événement avait eu lieu. Cf. la préface de Dennis Nineham dans l'édition complète (en anglais) de SCHWEITZER 2001 p. XV-XVI.

78. Cf. RATZINGER 2007 *loc. cit.*

assauts destructeurs de la raison. C'est tout le contraire ! Le témoignage clef des Évangiles est très réellement le matériau *le plus* vérifiable (quoique cela n'implique pas qu'il soit le plus propre à convaincre tous les historiens) et pas seulement le sujet le plus cher à la foi[79]. Même ainsi, Benoît XVI avertit que la vertu probatrice de la science humaine ne doit pas être exagérée : « Des preuves de certitude absolue ne peuvent pas être attendues sur chaque détail[80]. » Si la connaissance métaphysique de la vérité nécessaire est blessée par les conséquences du péché originel, la raison historique, en vertu de son objet formel contingent, s'intéresse toujours et seulement à des probabilités, fragiles pour une pléthore de raisons diverses. Une grande partie de l'histoire réside simplement bien loin hors de portée de notre science.

Le pape ne promeut donc pas une théorie des *obiter dicta.* Il s'agit plutôt d'une question de tempérer mutuellement foi et raison. Pout commencer, la critique historique ne peut jamais exiger de jouer les juges, repoussant avec arrogance le rôle du serviteur qui illumine l'arrière-plan[81]. En ce sens, la portée de la foi n'est nullement limitée dans son assentiment positif aux modestes « preuves » de la science. Le recours très fréquent à la carte joker du *non liquet* est une invitation ouverte à la foi[82]. En même temps, la sereine confiance essentielle à la foi ne l'incite jamais à agir comme un expédient

79. Naturellement, la dernière Cène et la crucifixion suscitent moins la controverse en tant qu'événements historiques que la Résurrection, ce qui soulève une série de problèmes uniques. Si des penseurs catholiques comme Schillebeeckx et Gerald O'Collins (ainsi que John Meier) ont décrété que la résurrection est un événement eschatologique et donc en dehors des limites de la science historique, Benoît XVI arrive à une conclusion différente, pour le moins : « Il faut pourtant, en même temps, prendre acte du fait que [la Résurrection] n'est pas simplement hors de l'histoire et au-dessus d'elle. En tant qu'éruption hors de l'histoire en la dépassant, la résurrection commence néanmoins dans l'histoire elle-même et lui appartient jusqu'à un certain point. On pourrait peut-être exprimer cela de cette manière : la Résurrection de Jésus va au-delà de l'histoire, mais elle a laissé son empreinte dans l'histoire » (Ratzinger 2011 p. 309-310). Pour une puissante tentative en vue de vérifier cette « empreinte », cf. Nathan Thomas Wright 2003 ; et aussi Licona 2010.

80. Ratzinger 2011 p. 129

81. On pourrait considérer ici les travaux de Martin Hengel, dont l'humanisme érudit et digne représente un modèle de la place de l'histoire dans la science du Nouveau Testament très différent des arbitrages étroits d'« authenticité » dont se contentent tant de savants qui travaillent sur le Jésus historique : un modèle estimable à la fois plus et moins utile aux intérêts de la foi.

82. On ne manque jamais l'occasion d'objecter qu'il s'agit là d'une posture intellectuellement indigente, de l'ordre du « Dieu bouche-trous » ; mais l'accusation est ici une démonstration de force rhétorique. L'identification des « trous » historiographiques reconnaît bien volontiers les conquêtes toujours plus larges de la science historique. L'enjeu est plus fondamental, s'adressant simultanément à l'athéisme méthodologique présupposé par les historiens modernes et aux limites inhérentes à la discipline. Cf. l'essai très pertinent (mais non dénué de problèmes) de McCullough 2013 p. 19-20.

surhumain se substituant au minutieux labeur intellectuel, qui conserve intacte sa portée de jugement propre. La *ratio* humaine approfondit, plutôt qu'elle ne « purifie » la délicate conviction de la foi, elle lui donne une nouvelle dimension, en l'attirant toujours plus, depuis le siège obscur de la *memoria* où Dieu touche son esprit, dans la lumière de la compréhension. Correctement ordonnée, la foi théologale, informée par l'*analogia fidei* et composée d'une hiérarchie de vérités, ne s'enfle donc jamais d'intuitions disproportionnées ni ne se dissipe à force de s'intéresser indûment à des choses qui ne sont pas *revelata a Deo*. Elle comprend que l'Incarnation pèse davantage que la visite des Mages. Mais, ainsi équilibrée dans son jugement, elle sait aussi que pas le moindre « iota ou apex[83] » n'est purement accidentel. La révélation de Dieu est la mesure ultime de ce que l'homme doit croire, et ce pour sa propre béatitude temporelle et éternelle. Si les dons mystiques venaient à révéler les détails qui sont susceptibles d'attiser la convoitise des historiens, par exemple que la fuite en Égypte « eut lieu en février, six jours après la purification[84] », il suffit de remarquer que l'on ne trouve pas ici une « vérité dont Dieu a voulu qu'elle soit consignée dans l'Écriture sainte à cause de notre salut » (*veritatem quam Deus nostræ salutis causa Litteris Sacris consignari voluit*).

Mémoire, foi et genre littéraire

S'il est possible, au sein de la coterie des biblistes, de discerner chez Benoît XVI autre chose qu'un fondamentaliste, il semblera peu satisfaisant, inscrutable ou comparable à l'apparition curieuse d'un animal « prémoderne », dont l'espèce était supposée éteinte depuis très longtemps[85]. En tout cas, lorsque la question présente quelque intérêt, la conception du « tableau d'ensemble » l'emporte. L'intérêt croissant pour la « mémoire » représente une tendance, ou plutôt un faisceau de tendances, qui mérite d'être relevée concernant cette théorie[86]. Une grande diversité obscurcit encore cette

83. Référence implicite à Mt 5, 18 [n.d.é.].

84. MARIE D'AGRÉDA, *La Cité mystique de Dieu*, livre IV, ch. 8.

85. Cf. Par exemple les critiques et doléances de Luke Timothy JOHNSON 2008 et HAYS 2007. Nathan Thomas WRIGHT (*Times Literary Supplement* [14 décembre 2011]) concède que « beaucoup [...] verront inévitablement [le travail de Benoît XVI] comme un pas en arrière, vers une lecture prémoderne et pré-critique ».

86. Cf. ALLISON 2010 p. 1-30, 387-462. Cf. aussi, par exemple, James DUNN 2003 p. 881-894 ; BAUCKHAM 2006 p. 319-357 ; LE DONNE 2009 ; KEITH 2011. Cf. surtout le travail important de MCIVER 2011. Cf. à présent la synthèse plutôt complète de HAVUKAINEN 2020. Au terme, Havukainen lui-même conclut : « L'approche mémorielle offre des chemins pour avancer dans

jungle méthodologique, mais on remarque aussi des intuitions d'importance. Habituellement précise sur les points principaux, mais vague dans les détails, la mémoire s'est en conséquence imposée dans l'étude des Évangiles comme un grand espoir théologique pour beaucoup, un rectificatif bien tard venu à la critique des formes (qui, à sa manière, ne se désintéressait pas de la mémoire) et une manière, *in fine*, de réunir le témoignage confus des évangélistes.

Au vu de cela, il est intéressant de relever l'attention que *Sancta Mater Ecclesia* § 7 accorde à cette notion. L'idée clef a malheureusement été déformée : « La vie et l'enseignement de Jésus ne furent pas seulement racontés pour que l'on s'en souvienne (*eo solo fine ut memoria tenerentur*) : ils furent "prêchés" pour fournir la base de la foi et de la morale de l'Église[87]. » Ce propos, tel qu'il a été traduit ici, d'une manière floue et incommode, voudrait mettre en garde contre les modèles trop rigides de transmission mnémonique et insisterait, afin de disjoindre les deux éléments, sur la créativité kérygmatique[88]. Il est cependant manifeste, dans le document, que « la foi n'a aucunement effacé la mémoire des événements qui eurent lieu. Bien au contraire, elle a renforcé ces mémoires, car elle reposait sur des choses que Jésus avait enseignées et faites[89] ». Si cela est exact, et si *kèrygma* et souvenir n'agissent pas en proportion inverse, le passage vers la mémoire mérite d'être accueilli comme un réel progrès – ou plutôt une redécouverte. La grande valeur de ce paradigme est de personnaliser le processus de transmission[90].

---

la recherche sur le Jésus historique. Alors qu'elle traduit une mutation méthodologique en ce sens qu'elle redéfinit la langue et les catégories que l'on utilise concernant les traditions autour de Jésus en raison de cette diversité méthodologique, il conviendrait de ne pas s'empresser de déclarer qu'il s'agit d'un nouveau début dans la recherche sur le Jésus historique (encore moins de la décrire comme une "quatrième quête") » (p. 297).

87. Nous donnons la traduction de la traduction que l'on trouve dans la synthèse de Dennis MURPHY 2007. Le document souligne en réalité que l'objectif n'était pas seulement que l'on se souvienne.

88. Il faudrait aussi mentionner le travail de Birger GERHARDSSON 1961 ; 1979 ; 2001. Cf. Aussi MCIVER (2011 p. 167 ; 187), qui parle de mnémotechnique et d'une « précision quasi au mot près ». La CBP laisse très largement intacte la mémoire des disciples et suggère même une pédagogie rappelant le modèle rabbinique de Gerhardsson (c'est-à-dire « fermement intégrée […] et revenant facilement à la mémoire ») : « Le Seigneur, lorsqu'il délivrait oralement son enseignement, suivait les modes de raisonnement et d'exposition répandus en son temps, s'accommodant à l'esprit de ses auditeurs afin que ce qu'il enseignait s'imprimât fermement dans leur esprit et pût ainsi être gardé en mémoire par les disciples. »

89. *Dei Verbum* a aussi approuvé un propos de cette sorte, parlant clairement d'évangélistes travaillant *ex sua propria memoria et recordatio* (*DV* 19).

90. Martin Hengel a vigoureusement critiqué le modèle de la tradition anonyme, une question relevée par la CBP, insistant très justement sur « le lien personnel de la tradition concernant Jésus avec des transmetteurs particuliers » (HENGEL 2000 p. 146).

Si Fitzmyer a des hésitations concernant l'historicité, avec sa confuse proposition d'une « vérité d'Évangile », il hésite, comme beaucoup, sur ce point précisément, renforçant encore la disjonction entre mémoire et kérygme. Bien entendu, comme défense contre les difficultés de l'inerrance positive (assertive), cette déférence systématique à la prédication de « la foi et des mœurs » ne peut pas impliquer une limitation de l'objet formel de la révélation inerrante[91]. Si donc par « vérité d'Évangile » Fitzmyer entend dire que les quatre Évangiles comprennent une forme littéraire unique, dotée de ses canons herméneutiques propres, cette prémisse est parfaitement sûre, *quant à son principe*. L'attention portée aux conventions littéraires a été la réponse privilégiée de l'Église sur ce terrain apologétique sensible dans tous les documents pertinents depuis *Providentissimus Deus*.

La difficulté est de l'ordre pratique, et non théorique[92]. Bultmann avait prétendu que les Évangiles n'étaient pas des biographies mais des productions *sui generis* de la foi[93]. Son hypothèse folklorique, cependant, supposait une conception anachronique de la biographie (entre autres présomptions fautives), et la crédibilité de Bultmann sur ce point s'est dissipée depuis le travail de Richard Burridge sur les *bioi* anciens[94]. L'avant-garde croissante de la recherche sur les Évangiles à l'heure actuelle conçoit les Évangiles comme nettement moins déterminés par les besoins des communautés locales qu'on ne le supposait naguère, tandis que l'intérêt que les évangélistes ont à raconter des événements réels est devenu de plus en plus difficile à nier[95]. Toute une palette de modalités mimétiques est effectivement perceptible dans les Évangiles, mais leur originalité littéraire est liée au sérieux historique comme à un donné de base[96].

---

91. Sur la question systématique, cf. ZARAFA 1962. On peut avec justice se demander si la lecture proposée par Fitzmyer n'anticipe pas tout simplement la distorsion communément acceptée de *DV* 11. Sur l'interprétation correcte de ce texte important, cf. MARCHETTO 2011 ch. 30 ; et aussi PITRE 2010.

92. Cf. DIEHL 2011. Cet auteur distingue entre une approche analogique et dérivationnelle de la question du genre littéraire, permettant des affinités analogiques avec les Évangiles canoniques mais maintenant leur originalité dérivationnelle.

93. L'influence de cette théorie doit beaucoup à l'origine à Karl Ludwig SCHMIDT 1923 p. 50–134.

94. BURRIDGE 2004 ; dans la préface de la seconde édition, Graham Stanton fait la remarque suivante : « Pendant la dernière décennie environ, très peu de livres sur les Évangiles ont été plus largement discutés ni n'ont influencé plus fortement l'opinion des savants ».

95. Cf. BAUCKHAM 1998 ; cf. aussi à présent KLINK 2010. Cf. aussi HENGEL 1979 p. 33-34, un essai sur certains des premiers principes de l'historiographie de Nouveau Testament dont la lecture devrait être obligatoire.

96. Cf. l'étude novatrice de Justin TAYLOR 2011, explorant la théorie d'Auerbach selon laquelle les Évangiles transgresseraient la « séparation des styles » ancienne.

La préface de Luc mérite une place de choix dans cette discussion, car il est devenu manifeste que son style formel et son recours au témoignage oculaire direct (« autopsie ») trouvent leur contexte culturel et littéraire dans l'historiographie gréco-romaine[97]. Bien que Luc soit le seul des évangélistes à adopter une posture d'historien, il est déjà suffisant qu'il le fasse[98]. La congruence formelle des Évangiles synoptiques implique une sorte d'*asphaleia* transitive. En historien consciencieux, Luc garantit à ses lecteurs la qualité de matériaux qu'ils pourraient trouver chez Matthieu et Marc[99]. Luc lui-même reconnaît manifestement son rôle spécial parmi les « nombreux » qui ont entrepris de raconter cette histoire et il conçoit son objectif spécifique comme d'élaborer une *mise en ordre précise* (ἀκριβῶς καθεξῆς γράψαι) des événements.

L'ironie de cet objectif est que la mise en ordre opérée par Luc est considérée à première vue comme primitive et peu claire[100]. Si de grands motifs géographiques et temporels servent bien à donner une forme intelligible et architectonique au message lucanien, la manière dont sont disposées les unités plus petites peut quasiment paraître le fruit du hasard. Ici, Bultmann semble emporter la partie. Manifestement, les micro-unités de la tradition n'étaient pas forgées dans la même école que le savant prologue lucanien.

Un aspect qui mérite d'être relevé ici concerne la « provenance eucharistique » des Évangiles[101]. Même si l'explication par Dennis Farkasfalvy du

97. Cf. *infra* ch. 3 & 5. Pour un résumé de la recherche, cf. ROTHSCHILD 2004 p. 32–59. Cf. aussi AUNE 2002. Cet auteur veut démontrer que la préface de Luc ressemble sans doute à celle « de centaines de médiocres histoires perdues » et qu'il est fallacieux de ne l'évaluer que par rapport à l'étalon fourni par les exemples hellénistiques les plus éminents. Qu'il puisse s'agir d'une œuvre de « médiocre » qualité ne devrait cependant pas empêcher sa classification parmi la *haute littérature* [en français dans le texte – n.d.é.], au moins par ses prétentions. Pour l'esprit classique, c'était le thème qui déterminait l'élévation stylistique et il ne peut guère y avoir de doute quant à celui de Luc. L'évangéliste présente sciemment son travail comme une œuvre sérieuse et significative, à la manière d'une histoire, car seule l'histoire peut soutenir l'ampleur des « événements accomplis parmi nous » (Lc 1, 1). Sur l'arrière-plan gréco-romain, cf. NENCI 1955 ; et surtout SCHEPENS 1980.

98. Il ne s'agit pas pour autant de nier les importantes préoccupations (et méthodes) historiques des autres évangélistes. Cf. par exemple BAUCKHAM 2007.

99. Les commentateurs ont parfois perçu un soupçon de critique dans la mention que Luc fait de ses prédécesseurs, et de tels jugements étaient un motif récurrent de l'historiographie gréco-romaine. Chez d'autres auteurs, cependant, la polémique est bien plus ouverte et ne laisse pas de place au doute, par exemple FLAVIUS JOSÈPHE, *Guerre juive* I § 1. Cf. MARINCOLA 1997 p. 218-225.

100. L'ordre lucanien est communément censé se rapprocher de l'ordre de Q davantage que l'ordre matthéen.

101. Cf. FARKASFALVY 2010 p. 65-79 ; cf. aussi BENOIT 1946 p. 487.

titre *ho erchomenos* n'est pas sans se heurter à quelques problèmes, l'esquisse cultuelle d'une étape primitive dans la composition des Évangiles est une idée ancienne (Dibelius par exemple) qui reste séduisante et utile dans ses grandes lignes :

> La représentation constante de Jésus comme *celui qui vient et que l'on peut rencontrer* [dans les péricopes évangéliques] trouve son origine dans la manière dont on racontait les souvenirs à son sujet, les narrant encore et encore en présence des assemblées du culte (eucharistique), des réunions organisées afin de revivre des rencontres passées[102].

En conséquence, quoique l'on ne trouve pas chez Luc (ou aucun autre Évangile) un effort ordonné pour saisir les connexions intérieures d'événements spécifiques, une telle inattention à la chronologie préserve la structure des traditions sur Jésus comme *anamnesis* sacramentaire[103]. La mémoire *cultivée* qui sous-tend les Évangiles répond directement au commandement du Seigneur (*hoc facite in meam commemorationem*). Ce n'est pas une création libre[104]. Les intuitions de la critique des formes concernant les productions communautaires anonymes trouvent ici leur force véritable, mais limitée, aussi bien que son *Sitz im Leben* ecclésial adéquat. Il s'agit de la réception communautaire d'un témoignage personnel[105].

Si le façonnage cultuel de la tradition primitive a effectivement préservé les « mémoires (*hypomnèmata*) des apôtres[106] », d'autres portions des Évangiles ne trahissent pas la même source. Les récits de l'enfance, en particulier, sont à part. Si les expressions christologiques sont notables dans ces épisodes si appréciés, la forme en est différente, des acteurs autres que le Seigneur confessé dans la foi (celui qui vient – *ho erchomenos*) y jouent un rôle de premier plan et les récits sont largement perçus comme de simple « véhicules pour la théologie

---

102. FARKASFALVY 2010 p. 74 (cf. p. 72 n. 21).

103. L'ordonnancement des anecdotes spécifiques est caractéristique de beaucoup de biographies anciennes et représente la cristallisation littéraire de l'impact fondamental de la personnalité documentée. Cf. HENGEL 1979 p. 15-18.

104. Pour une réfutation d'ampleur du cliché de la critique des formes selon lequel des prophètes chrétiens anonymes fonctionnaient comme autant d'usines à *logia* du Seigneur, cf. AUNE 2003.

105. Sur le caractère simultanément cultuel et apostolique de la formation des traditions évangéliques, cf. surtout *infra* ch. 4 (cf. ch. 3).

106. Justin, *1re apologie* LXVI § 3 ; aussi XXXIII § 5 ; cf. *Dialogue avec Tryphon*, C § 4 ; CI § 3, CII § 5, etc. Cf. aussi la description de l'Évangile de Marc par Papias (*apud* EUSÈBE DE CÉSARÉE, *Histoire Ecclésiastique* III, XXXIX, 15) et les termes employés par Clément d'Alexandrie (*id.* II, XV, 1).

de l'évangéliste[107] ». Mais on a depuis longtemps remarqué que « Luc fait parfois allusion au fait que Marie elle-même, la Mère de Jésus, était une de ses sources[108] ». Depuis (moins) longtemps, cette position « acritique » a, bien entendu, été tournée en dérision comme une fantaisie pieuse (catholique). Le modèle de l'approfondissement de la mémoire de Marie (Lc 2, 51) est cependant valide – et au moins aussi crédible que celui de quelque « source baptiste » – et ce n'est pas uniquement une question de piété[109]. *In fine*, la décision d'opter pour le « tableau d'ensemble » ou pour les vues plénières est intimement liée à la décision que l'on prend concernant les sources *personnelles* des Évangiles.

Le IIIe Évangile établit les paramètres dans lesquels concevoir l'*historica veritas*, mais c'est dans le IVe Évangile que la question est tranchée. Chez Jean, l'incontestable prétention à une connaissance de témoin oculaire est mêlée à la plus vigoureuse expression d'une mémoire introspective, le « modèle marial » rigoureusement étendu[110]. Une telle convergence du *témoignage* et de l'*interprétation* s'est avérée trop difficile à avaler. Dans leur premier pas dans la « quête du Jésus historique » classique, les études savantes ont par conséquent décidé de délaisser la voie johannique[111]. Une nouvelle génération de savants a toutefois commencé à remettre en question cet axiome fondamental[112].

Toujours est-il que la perspective du concile est manifeste dans la dernière phrase de *DV 19*. Une distinction y est en effet posée entre les évangélistes « qui s'appuyèrent sur leur mémoire propre et leur souvenir » (laissant quelque place, outre pour Jean, pour l'identité traditionnelle de Matthieu comme apôtre)

---

107. Raymond BROWN 1999 p. 37.

108. RATZINGER 2012 p. 31.

109. Pour la recherche la plus récente dans cette direction, cf. Richard DILLON 1950 p. 5-14 et 50, qui évoque les « membres de la *Diaspora baptiste* » comme source du matériau baptiste de la nativité, mais n'envisage jamais des sources pré-lucaniennes qui pourraient avoir informé le courant de tradition sur le Christ.

110. Cf. les remarques de RATZINGER 2007 p. 260 : « Ce que Jean dit dans son Évangile concernant le fait de se souvenir, qui devient compréhension et chemin vers la "vérité tout entière" est très proche de ce que Luc rapporte à propos du souvenir de la Mère de Jésus. »

111. La dynamique décisive, cette fois aussi, venait de D. F. Strauß, qui put l'emporter sur l'influence qu'avait la prédilection de Schleiermacher pour Jean. Cf. SCHWEITZER 2001 p. 80-83.

112. Cf. par exemple BLOOMBERG 2001. Les savants ont été orientés dans ce sens par un ensemble de facteurs, dont le moindre n'est pas le fonds croissant de preuves archéologiques pures et dures. Cf. CHARLESWORTH 2010 ; *infra* ch. 4 & 12.

et ceux qui dépendaient de « témoins depuis le commencement » (pour désigner Marc et Luc)[113]. On n'y envisage pas d'évangélistes sans quelque accès à des témoins directs.

« Témoins depuis le commencement »

L'Instruction de la CBP exposait trois étapes de la tradition évangélique : la prédication de Jésus, la prédication de ses apôtres et l'activité littéraire des quatre évangélistes. Si le caractère innovant de ce modèle était la distinction prudente (certains diraient « arbitraire ») entre les deuxième et troisième périodes[114], ce schéma n'est jamais attribué aux intuitions de la méthodologie de la critique des formes, contrairement à l'opinion commune. Toutes trois se retrouvent explicitement dans le cadre lucanien : i) tout ce que Jésus a fait et enseigné (Ac 1, 1) ; ii) les faits transmis aux générations suivantes (*paradosis*) par les *autoptai* et ministres de la parole (Lc 1, 2) ; et iii) le projet de composer une *diègèsis* (Lc 1, 1 & 3).

Si les trois *tempora* mentionnés réapparaissent (sans être ainsi signalés) dans *Dei Verbum*, la deuxième étape (*paradosis*) acquiert une incontestable prééminence dans la pleine doctrine du concile. C'est là un point clef que Caba et d'autres ont regrettablement négligé de relever. L'affirmation claire au § 18 de « l'origine apostolique » (*origine apostolica*) de l'Évangile ne représente qu'une part de l'intérêt que le concile manifeste pour ce thème, qui fait l'objet d'un exposé plus important au chapitre II sur la transmission de la Révélation divine. La prédication apostolique constitue donc le point d'intersection crucial reliant les deux ensembles maladroitement intégrés de la constitution dogmatique, en *DV* 1-2 et *DV* 3-5[115]. L'affirmation elle-même, en plus de l'identification directe des auteurs sacrés comme des apôtres et des *apostolici viri* (pour désigner Marc et Luc en tant qu'associés respectifs des apôtres Pierre et Paul) représente bien entendu un élément évident dans

---

113. Une distinction de statut était implicite dans cette distinction de « lettres de créance » : « Pourquoi les quatre Évangiles n'ont-ils par été écrits par quatre apôtres, sinon pour l'être par deux disciples et deux apôtres ? Les fils de Jacob en effet sont nés de deux femmes libres et de deux servantes » (PSEUDO-JÉRÔME, *Expositio quattuor evangeliorum*). La popularité particulière des Évangiles de Matthieu et Jean dans l'Église ancienne s'expliquait sans doute largement par cette origine apostolique. Cf. MASSAUX 1950.

114. Cf. l'analyse d'ORCHARD 1996. L'amalgame entre ces deux étapes s'imposa avant 1964. Cf. l'article révélateur de STANLEY 1962.

115. Sur cette tension au cœur du document, cf. FARKASFALVY 2010 p. 168-202.

la revendication de vérité historique[116]. Il n'est donc pas surprenant que les précurseurs doctrinaux de cet article furent d'abord forgés au sein de la fièvre de la (première) crise moderniste, dans les célèbres *responsa* de la CBP.

Il y aurait beaucoup à dire sur cet embarrassant corpus magistériel, mais un point seulement s'impose ici. La CBP – implicitement suivie par la Commission théologique préparatoire du concile puis par l'ensemble des pères conciliaires – estimait que la composition des Évangiles « par les auteurs dont ils portaient le nom » était une vérité révélée qui devait être fermement acceptée *de fide*[117]. Si, dans les faits, la question de l'auteur ressort depuis longtemps de la juridiction compétente des *Einleitungen* et de leurs préliminaires scientifiques, dans l'esprit de la CBP, « l'accord universel et sans faille », et même « la tradition continue, universelle et solennelle de l'Église » réglait la question d'autorité. On doit remarquer, pour apprécier la singulière vigueur de ce propos, que, par contraste, la CBP n'a jamais émis une affirmation certaine aussi confiante, et même obligatoire (*certo affirmare cogat*), sur le « jugement manifeste de la tradition » (*luculentum traditionis suffragium*) en abordant, par exemple, la question de l'authenticité mosaïque du Pentateuque. Il faut ici relever l'habitude mal informée, mais persistante, de se gausser du genre du *responsum* comme d'un instrument rétrograde de répression, dénué de toute nuance. De fait, en 1962, le débat du comité de rédaction [de *Dei Verbum* – n.d.é.] *affirmait* explicitement que l'authenticité mosaïque [du Pentateuque – n.d.é.]

116. La formulation de *DV* 18 résume la formulation exacte du schéma mis de côté, mais change la dernière portion de manière significative :

Schéma préparatoire *De fontibus revelationis* 19	*Dei Verbum* 18
L'Eglise de Dieu a toujours et partout cru et continue de croire sans l'ombre d'un doute (*sine dubitatione credidit et credit*) que les quatre Evangiles ont une origine apostolique, et elle a tenu et continue de tenir avec constance (*constanter tenuit ac tenet*) qu'ils ont pour auteurs humains ceux dont les noms figurent dans le canon des livres saints : Matthieu, Marc, Luc et Jean, celui que Jésus aimait.	L'Eglise a toujours et partout tenu et continue de tenir (*tenuit ac tenet*) que les quatre Evangiles ont une origine apostolique. Ce que les Apôtres ont prêché par commandement du Christ, plus tard avec l'inspiration de l'Esprit et dans des écrits, ces hommes apostoliques nous l'ont transmis comme fondement de la foi, pour constituer l'Evangile tétramorphe selon Matthieu, Marc, Luc et Jean.

117. Le commentaire d'Augustin Bea sur *Dei Verbum* (Bea 1967 p. 240) offre un précieux aperçu sur le raisonnement des pères conciliaires. Il distingue entre « authenticité » (« à savoir, qu'ils ont été écrits par les auteurs dont ils portent le nom ») et « origine apostolique » des Évangiles et, sans laisser entendre le moindre doute concernant le premier point (qui est clairement conçu comme doctrine en *De fontibus* 19), concède que *Dei Verbum* ne s'occupe que des « points essentiels » : origine apostolique et vérité historique.

avait statut de *sententia communis*, mais ne devait pas être considérée (à la manière de l'authenticité des Évangiles) comme *traditio*[118]. Par conséquent, et de façon significative, les avis prudemment circonscrits de la CBP en 1906 sur le Pentateuque ne firent jamais surface dans le chapitre *De Vetere Testamento* du schéma pré-conciliaire, en net contraste avec la place allouée aux *responsa* sur les Évangiles[119]. De surcroît, la revendication concernant l'origine des Évangiles ne fut jamais *probatur ex traditione* [= tranché sur l'autorité de la tradition – n.d.é.] dans le sens erroné critiqué par le concile, c'est-à-dire par une suite incidente de textes-preuves ou l'appel à quelque source « secrète » de connaissance. Elle est plutôt présentée comme une expression robuste du plein et vivant engagement de l'Église, transmis intégralement et implicitement par la liturgie, les conciles, les papes, les canons, les pères, les ecclésiastiques, etc. Vincent de Lérins et Congar pourraient s'y retrouver également d'accord. La vigoureuse confession de l'origine des Évangiles par la CBP n'était donc pas une simple bouffée d'« intransigeance », mais une proposition doctrinale déterminée, consciencieusement et mûrement réfléchie. C'est bien ainsi qu'elle fut proposée et reçue[120]. Cela peut, à mon avis, aider à évaluer le poids magistériel variable des *responsa* de la CBP[121].

---

118. Cf. SCHELKENS 2011b p. 152-153.

119. Une conscience croissante de la pertinence limitée des *responsa* commença d'émerger dans les années avant le concile. En 1955, une politique officieuse annoncée par le secrétaire de la CBP encourageait les exégètes à procéder « en toute liberté » (*in aller Freiheit*), traitant les décisions antérieures comme les reliques désuètes d'une période difficile et à présent révolue. Cf. Athanasius MILLER 1955 p. 49-50. Bien que cette perspective n'eût jamais été ouvertement autorisée (évitant à la Curie de perdre la face), la Commission théologique qui rédigea le brouillon du chapitre préparatoire en 1962 (et connaissait certainement l'esprit du Magistère) creusa assidûment les documents de la CBP pour préparer le chapitre IV sur le Nouveau Testament, mais négligea de façon évidente ce corpus pour préparer le chapitre III sur l'Ancien. Une telle ouverture de la pleine et discrétionnaire liberté de passer outre aux *responsa* rend leur libre adoption concernant les Évangiles terriblement significative. Sur le statut de la « clarification » proposée par Miller, cf. le récit personnel qu'en fait STEINMUELLER 1982 p. 7, rapportant que l'action de Miller fut condamnée par les cardinaux opinants de la CBP, qui tentèrent de le conduire devant le Saint-Office.

120. Les formules renvoyant à la Tradition universelle en *DV* 18 sont emphatiques et explicites : « *semper et ubique tenuit ac tenet* ».

121. Les *responsa* représentent un acte magistériel provisoire de « prudence pastorale », mais ils ne sont pas mis de côté purement et simplement. Le cardinal Ratzinger a fourni une explication autorisée du document de la Congrégation pour la doctrine de la foi : *La Vocation ecclésiale du théologien* (24 mai 1990) dans *L'osservatore Romano* du 2 juillet 1990 : ce document « affirme, pour la première fois peut-être avec ce niveau de clarté, qu'il existe des décisions magistérielles qui *ne peuvent pas* apporter le dernier mot sur l'objet litigieux en tant que tel, mais fournissent un ancrage substantiel du problème et sont d'abord l'expression d'une prudence pastorale,

La question devient donc : que faut-il tirer de cela ? De toute évidence, c'est un enseignement que le milieu universitaire n'a pas reçu. De fait, après 1965, en un clin d'œil, l'hypothèse des deux sources – qui ne laisse pas de place pour un témoignage oculaire matthéen – en vint à l'emporter dans la recherche catholique[122]. Que cette évolution fût hâtive ou tardive, elle se contenta en tout cas d'emprunter les résultats de la recherche protestante. On n'entendit jamais parler d'un débat catholique sur ce sujet. L'héritage remarquable de figures comme Lagrange et Vaganay fut négligemment mis de côté comme une sorte d'astronomie ptoléméenne obtuse, une exégèse gênante et empesée, déformée par des engagements ecclésiaux extérieurs[123]. Leur successeur, le projet célèbre de Marie-Émile Boismard et Arnaud Lamouille est effectivement une entreprise ptoléméenne gênante et obtuse, mais nullement en raison d'une vision ecclésiale bornée – bien au contraire ! –, plutôt pour des raisons spécifiques et idiosyncratiques qui n'engagent jamais la légitimité des efforts antérieurs de l'école française. Ironie du sort, bien sûr : c'est en 1964 (année de l'Instruction de la CBP) que William Farmer, le grand champion (protestant) de l'hypothèse néo-griesbachienne[124], commença à remettre en question le dogme de Holtzmann, longtemps dominant, concernant la priorité de saint Marc[125]. Si l'hypothèse Q fait face à notre époque à une vague croissante de remise en question et de scepticisme, cela n'a nullement été l'issue d'une croisade catholique[126].

---

comme des dispositions provisoires. Leur propos principal demeure valide, mais il se peut que les détails particuliers influencés par les circonstances du temps requièrent des rectifications ».

122. Le mouvement dans ce sens commença avant le concile, bien entendu, et la dernière défense catholique de l'authenticité apostolique matthéenne fut le livre de Butler en 1951 – il est d'ailleurs intéressant de noter que celui-ci a été récemment republié (= 2011). Moins de cinq ans après le concile (1968), l'article de Frederick Gast dans la première version du *Jerome Biblical Commentary* affirmait calmement que la priorité de Marc était l'opinion majoritaire et non controversée. Lagrange 1903 p. 249 avait déjà décrit la théorie des deux sources comme « généralement admise » en 1903, mais cette appréciation reflète manifestement un consensus continental, à savoir protestant-allemand. L'importante monographie de Streeter ne devait convaincre le monde anglophone qu'à partir de 1924. Sur l'intérêt des catholiques pour la priorité de Marc, cf. Kloppenborg Verbin 2000 p. 321-325.

123. Pour des diagrammes résumant les complexes solutions avancées par Lagrange et Vaganay, cf. Kloppenborg Verbin 2000 p. 45 et 318.

124. Référence au théologien Johann Jakob Griesbach (1745-1812), qui affirmait la priorité de Matthieu et réduisait Marc au statut incertain d'abréviateur, selon une intuition remontant à saint Augustin [n.d.é.].

125. Cf. Farmer 1974. Cet auteur pose l'hypothèse que le triomphe de la thèse de Holtzmann sur la priorité de Marc serait liée aux polémiques entre catholiques et protestants lors du *Kulturkampf*. Cf. Kloppenborg Verbin 2000 p. 312-321.

126. Cf. par exemple Watson 2013 ; Goodacre 2002 ; Peabody, Colpe, & McNicol 2002 ; Dunn 2003 p. 147-160 ; *id.* 2005.

Il est difficile de discerner ce qui commence à émerger sur ce point. Les deux côtés ont leurs zélotes mais les adhérents les plus dogmatiques de Q sont eux-mêmes en passe d'adoucir leurs positions[127]. Très tôt, Pierre Benoit avait prédit que la critique des formes finirait par dissoudre la théorie des deux sources[128]. Le défi principal, en tout cas, est d'articuler une doctrine ferme de l'origine apostolique qui évite de trop s'immiscer dans les raffinements du problème synoptique tout en l'envisageant avec une attention honnête pour l'origine apostolique des Évangiles[129]. Au banc des accusés, on trouve bien entendu un grand nombre d'interprétations hautement diluées de l'« apostolicité ». *Sancta Mater Ecclesia* avait mis en garde contre un certain avilissement du *munus* apostolique et ce serait pure illusion que de prétendre qu'il n'a pas eu lieu, ou qu'il n'a pas eu d'effet massif dans la pratique. Les enjeux sont très importants et ce n'est pas une coïncidence si la recherche sur Matthieu a suivi la même voie que celle sur le IVe Évangile, le percepteur d'impôts se dissolvant dans le brouillard reconstruit d'une communauté en concurrence avec la synagogue[130].

En tant qu'individu, Luc est, bien entendu, plus facile à identifier que Matthieu. Il parle directement à la première personne. Dans son commentaire en deux volumes, Fitzmyer développait ainsi sur le tard un argumentaire tendant à montrer que l'auteur du IIIe Évangile n'est effectivement pas un autre que « le Luc de la tradition, qui fut un temps l'associé de Paul[131] ». Aussitôt après, l'exégète opine que cela « ne change pas grand-chose à l'interprétation de l'Évangile de Luc ». La question de base est : *pourquoi pas ?* Comment se fait-il que des hypothèses conjecturales sur un supposé « public visé » doivent jouir d'un authentique statut herméneutique, tandis que les *veri auctores* eux-mêmes seraient manifestement dénués d'importance ? Il est vrai que les évangélistes aiment à cacher une grande partie de leur identité,

---

127. Même Koester 1990 p. 318 se montre prêt à concéder que « le nom de Matthieu a pu être lié » avec la Source des *logia* synoptiques [i.e. « Q » n.d.é.]. Dans cette lancée, Viviano 2013 a aussi proposé de considérer Q comme le cahier de notes (*pinax*) de l'Apôtre Matthieu – une théorie conservatrice étonnamment proche du plaidoyer de Robert Gundry en faveur de l'auteur traditionnel du Ier Évangile, un tour de force [*en français dans le texte* – n.d.é.] conservateur qui, sans surprise, n'a pas eu de large réception.

128. Benoit 1946 p. 483.

129. La déclaration de la CBP en 1912 sur le problème synoptique (*AAS* 4 [1912] p. 465) articule l'ensemble des questions à prendre en compte avant qu'il ne soit possible pour les exégètes de « discuter librement » des diverses solutions possibles.

130. La « question johannique » est donc aussi cruciale ici que le problème synoptique. Cf. Raymond Brown 1979 ; et surtout Hengel 1993.

131. Fitzmyer 1979b p. 35-52.

quoique cette posture puisse être d'une simplicité trompeuse[132]. Leur simple proximité avec « les choses qui se sont accomplies parmi nous » (Lc 1, 1) exige cependant une attention plus réfléchie.

Richard Bauckham a largement démontré à quel point une considération sérieuse des prétentions de témoignages oculaires pouvait être évocatrice[133]. Si le travail de Bauckham a été très diversement apprécié parmi les catholiques, qui ne se sont pas toujours pressés d'embrasser ses théories, j'affirmerais bien volontiers que, bien qu'il laisse beaucoup de place pour de légitimes désaccords, son travail nous permet de (et nous invite à) retrouver l'enseignement négligé de Vatican II. L'aspect le plus important est peut-être que sa tentative de trouver dans le *témoignage* le lieu de rencontre entre histoire et théologie reconnaît l'espace défini par la factualité (*factum est*) et la signification comme le lieu substantiel de l'*asphaleia* évangélique. Il ne fait que suivre, bien entendu, ce que la CBP déclarait être les « principes sûrs de la méthode historique » ; le fait que cela soit aussi conforme à la foi catholique n'est qu'accessoire. Il n'est cependant pas surprenant, pour ceux qui sont guidés par une sensibilité catholique, que Bauckham réhabilite simultanément le témoignage de Papias, ressource jadis chérie de l'exégèse catholique, et érige avec son corpus constitué de témoignages oculaires ce qu'un savant a nommé « une forme protestante de succession apostolique », une instance quasi magistérielle gardant et transmettant fidèlement le dépôt[134].

L'intérêt spécial qu'offre cette idée est de surmonter le paradigme de la *duplex fons* et d'exposer le point où se cristallise l'impulsion divine responsable de la Tradition et de l'Écriture. Si la structure se rapproche de la conception catholique de base et coupe l'herbe sous le pied de la *Formgeschichte* rationaliste, on pourrait cependant se lamenter qu'il ait fallu cinquante années et un anglican pour imposer dans le débat la conception traditionnelle de l'Église. Comme pour la réforme liturgique mise en œuvre, cependant, ou les normes exégétiques prônées en *DV* 12 mais largement inutilisées, l'application de la vision du concile demande quelque patience.

*

132. On n'annonce pas non plus les caractéristiques démographiques du « public visé », mais cela n'a pas intimidé d'ingénieux exégètes. Sur les auteurs « cachés », cf. BAUM 2008.

133. BAUCKHAM 2006. Les réactions à la thèse controversée de Bauckham ont été vives et acerbes comme il était prévisible. Cf. par exemple RODGERS 2010 ; REDMAN 2010 ; BECHARD 2009 ; SCHRÖTER 2008 ; Craig EVANS 2008 ; et le volume entier de *JSHJ* 6 n° 2 (2008) et les réponses de BAUCKHAM 2008a et 2008b.

134. TATUM 2008 p. 524.

La doctrine de *DV 19* réaffirme l'enseignement traditionnel (il arrive parfois, comme de nos jours, que les gens oublient que c'est la tâche ordinaire des conciles œcuméniques). Cela implique une continuité substantielle avec les décisions magistérielles de la CBP, un point qui n'a pas été reconnu – ce que l'on peut sans doute comprendre si l'on se souvient de la valeur inégale de ce matériau hautement contextualisé. La vision du concile offre cependant plus qu'une répétition sans réforme, car elle retourne aussi *ad fontes*, offrant à l'Église les (re)sources de la révélation divine, afin de se renouveler radicalement. De cette manière, des paramètres spécifiquement lucaniens sont mobilisés pour envisager la question de la vérité historique. Les trois *tempora* sont une partie importante de ce programme, mais la question du témoignage oculaire apostolique est de plus grande portée. De ce point de vue, il est crucial de ne pas exagérer l'implication de l'Église dans la critique des formes (et ses descendants méthodologiques), sous prétexte que cette école aurait aidé l'Église à reconnaître l'importance spécifique de la triple stratification de la tradition. Le magistère a fait un geste de bonne volonté à l'égard de l'exégèse allemande, mais n'a jamais eu irrévocablement partie liée avec elle. Dans l'expérience post-conciliaire, cependant, il y a eu peu de diversité quant à la méthode exégétique, et des présupposés moins acceptables des partisans de la critique des formes se sont solidement enracinés. En conséquence, on permit à la question de l'apostolicité de perdre toute application pratique, circonstance qui a favorisé une conception peu claire (pour parler par euphémisme) de l'historicité des Évangiles.

La direction actuelle de l'étude des Évangiles fait apprécier la sagesse qu'il y aurait à détacher plus clairement l'exégèse de l'Église des principes rationalistes inhérents à la critique rédactionnelle et à la critériologie. *In fine*, il n'est pas si facile d'évacuer l'*historica veritas* comme problème scientifique. La tentation en ce sens présente de multiples facettes et ce fut une traduction fatale quand les Évangiles latins intellectualisèrent *asphaleia*[135] (et non *alètheia !*) en *veritas*. Cependant, pour Luc, cette « fiabilité » est avant tout de l'ordre de la confirmation et de la confiance. La foi et la raison doivent donc collaborer ici plus que jamais. Les pères conciliaires envisagèrent une approche du problème (*fide et ratione*) combinant *à la fois* avec *et*, malgré le besoin particulier d'accentuer le rôle de la raison (*non tantum fide*). Cela impose de renouer avec une sensibilité historique non rationaliste (pré-Lumières ? postmoderne ?), avant tout, voudrais-je suggérer, en étudiant et comprenant de plus près la tolérance (et les limites) de la dysharmonie évangélique chez les Pères : une sorte de rétro-ingénierie des entreprises exégétiques comme

135. En Lc 1, 4 [n.d.é.].

le *De consensu* de saint Augustin. Il est aussi indispensable, bien entendu, de modérer les prétentions illusoires de l'histoire positiviste (*wie es eigentlich gewesen ist*).

Si cette « quête du Jésus historique » a toujours avancé en « optant pour l'une des deux alternatives[136] », l'Église, avec son célèbre instinct du *à la fois/en même temps*, estime que ce protocole témoigne d'une omission dangereuse. Il est assurément difficile de faire machine arrière, mais il y a des signes prometteurs sur un front. Pour aller de l'avant, peut-être finira-t-on par rejoindre une route que l'on n'a pas prise, car certains savants se tournent à présent de nouveau vers Jean. Cela doit remettre en question toute notre manière de concevoir l'histoire et de chercher les *vera et sincera de Jesu*[137].

L'enseignement de Vatican II sur la vérité historique des Évangiles appartient à cette importante partie de *Dei Verbum* qui « doit encore être complétée[138] ». *Sancta Mater Ecclesia* disait avec justesse : « on ne pourra jamais apposer un point final aux difficultés soulevées par l'étude scientifique de la Bible », mais « l'exégète catholique ne doit jamais perdre espoir ». En conservant à l'esprit ces paroles, nous pouvons exprimer un heureux espoir que, même après cinquante ans, le travail sacré du concile ait encore besoin de *periti.* Car, dans l'abondance du don de l'Esprit saint à l'Église, une joie spéciale appartient aussi à ceux qui n'ont jamais connu le premier frisson de l'*aggiornamento*. L'appel au renouveau touche aussi les cœurs de notre génération, reconnaissante de représenter les prémices du deuxième concile du Vatican.

Traduit par Vincent Cinotti

---

136. SCHWEITZER 2001 p. XVII

137. Je voudrais faire mention ici du travail exégétique de Marie-Joseph Lagrange, dont la prévoyance, la piété et l'érudition peuvent encore nous guider comme une brillante étoile tandis que nous continuons de naviguer dans les longs remous de la tempête qu'il affronta courageusement. Un autre anniversaire fut discrètement fêté en 2012 : le centenaire de ce que Lagrange appelait simplement « l'année terrible ». Il est peut-être malheureux que le pape Benoît XVI ait manqué l'occasion de louer l'exemple de Lagrange dans sa série sur *Jésus de Nazareth :* l'évocation de figures telles que Romano Guardini et Daniel-Rops indique que son inspiration ultime était en dehors du champ de l'exégèse professionnelle. D'un autre côté, Ratzinger se défend de toute tentative d'écrire une « Vie du Christ » et nous renvoie plutôt à la *Tertia Pars* de saint Thomas (cf. RATZINGER 2011 p. 10). En offrant ainsi une sorte de « traité théologique sur les mystères de la vie du Christ », le pontife émérite s'approche en quelque manière de la vision spécifique de Lagrange, qui avait la profonde sagesse de comprendre *pourquoi* « les Évangiles sont la seule vie de Jésus-Christ qu'on puisse écrire », LAGRANGE 1928 p. VI.

138. FARKASFALVY 2010 p. 168.

CHAPITRE 2
LES RACINES ALLEMANDES DE LA *RECHERCHE SUR LE JÉSUS DE L'HISTOIRE*

Connue en anglais sous le titre de *Quest of the historical Jesus*, la captivante enquête menée par Albert Schweitzer (ci-après A. S.) à travers un maquis touffu de recherches savantes n'offre pas seulement la chronique monumentale des travaux de ses prédécesseurs. Elle ne se contente pas non plus de prendre acte de l'échec d'un mode de pensée typiquement moderne[1], que le protestantisme libéral théorisait sous le nom de *théologie de la conciliation*[2]. C'est aussi une œuvre théologique novatrice et une formidable apologie de l'auteur pour lui-même, dont le but était de se placer au nombre des maîtres

1. SCHWEITZER 2001 p. 1 ; cf. *id.* 1906 [trad. angl. 1910] ; 1913 [2e édition allemande]. Le livre de 2001 est la traduction anglaise de la 2e édition allemande, celle de 1913.

2. En allemand *Vermittlungstheologie* dans le texte. Le théologien Friedrich Lücke, ami de Schleiermacher, assigna aux influentes *Theologische Studien und Kritiken* qui parurent de 1828 à 1941 la tâche de trouver une position médiane susceptible de *concilier* conservateurs et libéraux en établissant la valeur relative de leurs énoncés. Ceux-ci s'opposeraient en ce qu'ils appartiendraient à des moments différents de l'histoire de la vérité : « La conciliation (*Vermittlung*) consiste à ramener à leur unité originelle des affirmations opposées mais relatives l'une à l'autre, de manière à parvenir à leur accord intrinsèque (*innere Versöhnung*) en s'élevant à un point de vue supérieur qui les « subsument » (*in dem sie aufgehoben sind*). » D'inspiration hégélienne, la « théologie de la conciliation » prospéra comme une réponse rationnelle à la *Leben Jesu, kritisch bearbeitet* de D. F. Strauß (1835). Cf. *Religion in Geschichte und Gegenwart* 3e édition t. VI col. 1362 [n.d.é.].

de la pensée chrétienne. Nulle trace de futilité dans cette ambition. Musicien distingué, intellectuel de haut vol pourvu d'une exigence morale non moins élevée, tant en Alsace que dans les missions africaines, A. S. suscite une extraordinaire vénération et tient dans l'exégèse biblique la place d'un héros. Il est « le saint patron des études sur le Jésus de l'histoire au XXe siècle[3] ».

La *Quest* est tout sauf un compte rendu religieusement ou rhétoriquement neutre[4]. À l'inverse, les auteurs qui se la sont appropriée ont péché « par naïveté historiographique et herméneutique », ainsi que l'ont fait remarquer plusieurs études récentes[5]. Dans ces pages, je souhaite aider les futurs chercheurs à respecter une distance critique par rapport au projet d'A. S. et au schéma des « trois quêtes du Jésus de l'histoire », qui y prend sa source. Après avoir défini l'ambition de cette œuvre, ses figures de proue et son cadre historique, je montrerai qu'elle s'inscrit dans le contexte du protestantisme allemand. J'invoquerai la réponse la plus précoce, complète et stimulante qu'on lui ait opposée, quoiqu'aussi la plus négligée : *Le Sens du christianisme d'après l'exégèse allemande* de Marie-Joseph Lagrange o.p. (1918). Ce prêtre catholique français s'inscrit dans un environnement social et religieux très différent, mais tout aussi déterminant. Par contraste, cependant, il fait apparaître certains non-dits délibérément ignorés par ceux qui ont analysé l'œuvre d'A. S., en particulier ses profondes racines dans les courants radicaux de la Réforme.

Faire époque

L'autorité acquise par A. S. lui a permis de définir les lignes directrices de la Recherche sur le Jésus de l'histoire (ci-après *RJH*)[6]. Il n'est pas difficile de découvrir comment elle lui est venue. Il a endossé un rôle ingrat mais indispensable d'archiviste avec une éloquence et un aplomb inégalés. On ne dispose pas d'alternative à son énorme *status quæstionis*. Composés dans

---

3. WATSON 2011 p. 335.
4. Une présentation des thèses de Schweitzer se trouve en RIGAUX 1976 [n.d.é.].
5. BLANTON, CROSSLEY & MOXNES, 2009 p. 2 ; cf. aussi THATE 2013 p. 351 ; GATHERCOLE, 2000. « Après cent années où le tour d'horizon de Schweitzer sur les recherches relatives à la vie de Jésus s'est mué pour les lecteurs anglophones en "Quête du Jésus de l'histoire", il est temps de prendre un peu de recul critique par rapport aux captivants sortilèges de cette œuvre envoûtante » – WATSON *op. cit.* p. 347.
6. « Il est probable qu'aucun chercheur ne retienne telle quelle la reconstitution des origines chrétiennes de Schweitzer, mais ses présupposés sont unanimement suivis [...]. Personne n'a réussi comme lui à définir les termes du débat » – THATE *op. cit.* p. 21.

une langue verbeuse, déconcertante et souvent obscure, imprimés avec de dissuasifs caractères gothiques, les nombreux textes dont il traite sont souvent absents des bibliothèques bibliques les mieux fournies. Bien peu ont la patience et le courage de passer au peigne fin les œuvres de Bruno Bauer ou de D. F. Strauß dans leur version non abrégée, pour ne rien dire des écrits d'auteurs moins prestigieux comme Karl Hase ou Bernhard Weiß. C'est exclusivement à travers le filtre d'A. S. que ce domaine de recherche tel qu'il était au XIXe siècle parvient jusqu'à nous, portant l'empreinte contagieuse de son zèle religieux.

Puisque le chercheur contemporain doit servilement reconnaître sa dette, c'est une raison supplémentaire de porter un regard critique sur le travail d'A. S., qui est tout sauf désintéressé. Sa prétention à seulement « combler un vide » est destinée à désarmer ses opposants. Le texte constitue plutôt un plaidoyer étendu en faveur de positions radicales[7]. A. S. « a ordonné son *histoire* de façon à ce que son *eschatologie conséquente*[8] y occupe le premier plan[9] ». Cela transparaît dans les titres des chapitres de la première édition : le lecteur est

---

7. SCHWEITZER, 1910 p. xxiii (préface de la 1re édition anglaise). Cf. la déception sensible selon A. S. chez les étudiants lorsque Friedrich Spitta traitait de la vie de Jésus sans leur proposer d'histoire de la recherche – SCHWEITZER 1971 p. 59-60.

8. L'*eschatologie conséquente*, qui fournit à Schweitzer le titre de son ch. XXI (cf. SCHWEITZER 1913), a été théorisée en 1892 par le théologien Johannes Weiß dans son ouvrage *Die Predigt Jesu vom Reiche Gottes*, livre déterminant pour la formation intellectuelle d'A. S. La plupart des exégètes et historiens soutiennent que Jésus a tenu une prédication eschatologique, c'est-à-dire relative aux fins dernières et au monde à venir. Mais l'analyse de Weiß a poussé la notion jusqu'à sa dernière extrémité, ce que signifie l'idée d'eschatologie *conséquente*. D'après Weiß et A. S., le royaume des cieux prêché et espéré par Jésus ne pouvait aucunement se compromettre avec quoi que ce soit de mondain. Il écartait absolument toute possibilité de se réaliser dans le monde présent. Il ne renvoyait à aucune espèce de perfectionnement moral, philosophique, religieux ou encore moins politique. Tant que ce monde subsiste, le royaume des cieux est par définition « futur » et n'existe pas encore : « Toutes les idées modernes, même sous leur modalité la plus subtile, doivent être exclues de la notion de [royaume des cieux]. Celui-ci est purement *à venir*, conformément à la demande de l'oraison dominicale "que ton règne vienne". En tant que futur, il est purement et exclusivement du monde d'en haut. Dans le présent, il est comme un nuage, qui étire son ombre sur la terre [...]. Jésus ne le fonde pas, il l'annonce seulement. Lui-même n'exerce point d'activité messianique, mais il attend avec les autres que Dieu, de manière surnaturelle, l'établisse. Il ne sait pas quand cela doit arriver » (SCHWEITZER 1913, 9e édition [1984] p. 255). Quand Jésus dit en Lc 17, 20 « le royaume de Dieu est au-dedans de vous », c'est donc en vertu d'une inspiration prophétique, où il cède enthousiaste au désir de la victoire *hic et nunc*, incompatible avec son espérance du Royaume. Selon A. S. « toute l'histoire de la chrétienté jusqu'à aujourd'hui, sa véritable histoire intérieure, est là pour justifier le "retard de la Parousie", afin de renoncer à l'eschatologie et déseschatologiser la religion » (*ib.* p. 415 – [n.d.é.]).

9. THATE *op. cit.* p. 23. Cf. la recension du livre de Thate par RODRIGUEZ 2015 ; GATHERCOLE 2000 p. 278-282.

conduit du « Problème » (ch. I) à la « Solution » (ch. XXI). Les chapitres ajoutés dans l'édition de 1913 bousculent quelque peu ce cadre originel, aisément discernable, mais ne renient pas non plus l'approche téléologique du livre et en font même l'éloge[10]. L'auteur aurait réalisé une « percée scientifique » passée inaperçue à la publication de sa thèse en 1901[11]. Deux membres de la faculté de Strasbourg avaient hésité à l'accepter lors de la soutenance ? Ce n'était que les signes avant-coureurs de la « sourde hostilité » et de la « conspiration du silence » opposées par l'*establishment* universitaire[12] ! Dans cette optique, la *Quest* de 1913 n'est qu'une réédition fracassante, sûre de son bon droit, de l'esquisse de 1901, équipée d'un immense *Status quæstionis* qui faisait défaut à la mince dissertation de cent neuf pages. Une telle érudition, déployée à si vaste échelle, eut avec le temps – beaucoup de temps – l'effet désiré par l'auteur[13].

Il ne fait guère de doute qu'A. S. a voulu marquer son temps. Lorsqu'ils composèrent leurs rétrospectives raisonnées de la *Leben-Jesu-Forschung*, des contemporains tels qu'Otto Schmiedel ou Hermann von Soden tenaient à maintenir ouvertes certaines questions[14]. A. S. à l'inverse les referme, et c'est à quoi lui sert sa périodisation. Prétendant faire époque et annonçant l'avènement d'un nouvel âge religieux, son œuvre constitue un moment suprême du drame destiné à « déterminer le cours de la pensée religieuse de l'avenir », lorsque l'humanité découvrira un « nouveau dogme », « une nouvelle vie et de nouveaux principes moraux[15] ». On peut à bon droit se demander si sa propre œuvre n'anticipe pas pour A. S. « l'exploit de quelque génie supérieurement

---

10. L'édition de 1913 constitue à bien des égards un nouveau livre. Le débat entre chercheurs se reprenait à contester l'existence même de Jésus, de sorte que le *scepticisme conséquent* de Wrede ne pouvait plus servir de point d'équilibre. L'envergure chronologique de l'étude et ses enjeux ayant changé, l'auteur changea donc le titre en *Geschichte der Leben-Jesu-Forschung.*

11. Cf. SCHWEITZER 1901. La recension de cette étude par WEINEL 1902 était peu favorable (« démonstration historique superficielle et peu convaincante »). Dès la première ligne, la recension de WERNLE 1906 fait le lien avec l'œuvre antérieure de Schweitzer : « Ce livre se réfère à d'anciens travaux de l'auteur. En 1901, [il] avait publié une esquisse de la Vie de Jésus en une centaine de pages sous le titre *Le Secret de la messianité de Jésus et de sa Passion.* »

12. Des allusions à « l'oubli » dans lequel serait tombée la thèse de Schweitzer après sa publication apparaissent dans le prologue du traducteur à sa version anglaise (cf. SCHWEITZER 1914 p. 17-19) ; WEAVER 1999 p. 31 ; pour une évocation de la soutenance de Strasbourg en 1901, cf. SCHWEITZER 1971 p. 59

13. « C'est un fait connu de tous que l'œuvre de Schweitzer a suscité la controverse. On n'a même pas besoin de prouver non plus qu'elle a fini par dominer les représentations du Jésus de l'histoire au XXe siècle. On sait moins qu'elle n'a eu sur le moment aucun impact révolutionnaire » – WEAVER 1999 p. 31-38.

14. Cf. SCHMIEDEL 1902 ; VON SODEN 1904 ; hors d'Allemagne, cf. SANDAY 1907.

15. SCHWEITZER 2001 p. 3. En ce qui concerne les développements ultérieurs de la « pensée religieuse de l'avenir », cf. Annexe 1.

original [...] à l'autorité assez puissante pour permettre au monde d'emprunter de nouveaux chemins[16] ». On n'a pas à se demander si ce vœu subsisterait au cas où l'on prendrait en défaut l'historiographie d'A. S. La règle sur les bébés et l'eau du bain reste valable ici comme ailleurs. Néanmoins, cette histoire peut être racontée autrement, en particulier sans se fixer l'objectif de faire éclore sur la scène de l'évolution religieuse humaine le triomphe d'une eschatologie radicale, et sans conclure que Jésus « se présente à nous exclusivement sous la figure d'un inconnu[17] ».

Des héros à son image

Il y a plusieurs manières de dénouer la trame du récit d'A. S., mais la tâche n'est pas trop difficile. En tressant des couronnes à Reimarus, Strauß et Weiß, l'auteur semble se donner autant de noms de code pour justifier ses propres positions[18]. On a démontré la fragilité de son appréciation de Reimarus, chez qui l'eschatologie n'occupe pas du tout une place centrale[19]. « Dans le *fragment de l'anonyme de Wolfenbüttel*[20] » le plus crucial pour l'interprétation de sa pensée, « Reimarus a plus en commun avec Wrede[21] » qu'avec A. S. Afin d'ancrer la controverse dans le temps long, celui-ci a travesti à sa propre effigie un sceptique peu original qui dépendait « de part en part du déisme anglais[22] ». Beaucoup déplorent qu'A. S. ne ménage pas à ce programme déiste la place

16. *Ib.* p. 3-4. Même si Schweitzer n'explicite pas tout à fait le principe de « révérence pour la Vie » (*Ehrfurcht vor dem Leben*), la *Quest* s'achève néanmoins sur une « mystique de Jésus » libérée du « culte de Jésus », par laquelle « les formes conservatrices et libérales de la pensée religieuse, aujourd'hui juxtaposées l'une à l'autre, communieront dans une parfaite unité » (*ib.* p. 486).
17. *Ib.* p. 487.
18. « L'emploi des superlatifs [dans la *Quest*] obéit à une stratégie. À Reimarus échoit le rôle de précurseur de Schweitzer lui-même [...]. Dans sa présentation de Reimarus, [il] trace déjà son propre portrait et prépare son entrée en scène dans les derniers chapitres du livre » – WATSON 2013 p. 67.
19. Cf. THATE 2013 p. 60 ; GATHERCOLE 2000 p. 268 ; GRAPPIN 1951 p. 178 ; analyse de Reimarus chez LUNDSTEEN 1939 p. 10 et 135.
20. Le philologue et orientaliste Hermann Reimarus était mort en 1768 sans avoir publié ses manuscrits. Lessing les exhuma de la bibliothèque de Wolfenbüttel qu'il dirigeait et en distilla des fragments de plus en plus polémiques au cours de la décennie 1770, en prenant soin de laisser de longs intervalles entre chaque livraison. Les *Fragments de l'anonyme de Wolfenbüttel* sont disponibles en français chez L'Harmattan, Paris 2015 [n.d.é.].
21. WATSON 2011 p. 345.
22. *Id.* 2013 p. 68. Dépendant de la monographie de Lundsteen, Watson exagère concernant Reimarus. Mais l'accusation principale, à savoir de ne pas être aussi original que le prétend Schweitzer, tient toujours.

qui lui revient, ce qui a pour effet de faire apparaître Reimarus comme un coup de tonnerre dans un ciel serein[23]. La *Quest* tâche d'établir que Reimarus n'est pas seulement un polémiste de tendance déiste, mais Mauro Pesce livre une longue liste d'auteurs qui le furent. Depuis le XVIe siècle fermentaient ces idées d'où se dégagea enfin une nouvelle approche des Évangiles[24].

Pourquoi A. S. commence-t-il donc par lui ? Faire l'éloge du *fragment de Wolfenbüttel* sur *les buts de Jésus et de ses disciples* comme « d'un chef-d'œuvre de la littérature universelle » est une hyperbole peu convaincante, les véritables lecteurs de Reimarus en conviendront aisément[25]. Cependant, il s'y produit une inflexion pivotale qui permet à A. S. de construire soigneusement sa démonstration[26]. C'est Reimarus qui, « par une claire vision des problèmes », posa les prémisses qui déterminent déjà la solution : disjonction fatale (i) entre Jésus qui n'avait rien d'un fondateur de religion nouvelle, et ses disciples, qui le furent ; espérance juive duale (ii), portant sur un accomplissement immanent chez les uns, transcendant chez les autres ; préférence pour les Synoptiques (iii) contre Jean[27]. A. S. tentera certes de nuancer cette discontinuité radicale, perceptible chez Wrede. Il essaya bien de concilier les deux formes de l'espérance juive, en les rapportant à la personne même de Jésus. Mais les arguments de la solution préférée sont déjà là.

Puisque rien n'oblige à prendre Reimarus comme point de départ, on pressent qu'A. S. écarte les options alternatives dont pourrait disposer le lecteur : *De Reimarus à Wrede* signifie en fait *Reimarus ou Wrede ;* la solution sera historique ou littéraire[28]. Ce cadre historiographique et chronologique se ramène en fait à une construction théorique où l'emporte le souci apologétique de son auteur. Nous pouvons même aller plus loin que Thate et Watson. A. S. ne se contente pas d'exhumer un Reimarus peu conforme à la réalité. Tandis qu'il le recycle et l'interprète, lui-même devient un Lessing contemporain qui jette un brûlot au beau milieu de théologiens endormis dans leurs certitudes. Comme l'éditeur des *Fragments*, il voulait obliger la théologie à se confronter

23. Ainsi WEAVER 2014.
24. Cf. PESCE 2011.
25. Cf. WEAVER 2014 p. 40 ; selon BAASLAND 2011 p. 32, Reimarus n'est pas révolutionnaire, mais il est le tout premier à s'être demandé ce que Jésus et ses disciples voulaient vraiment.
26. Cf. THATE 2013 p. 102.
27. Cf. SCHWEITZER 2001 p. 23 ; « nous avons de bonnes raisons de tracer une séparation absolue entre l'enseignement des apôtres dans leurs écrits et ce que Jésus a lui-même proclamé et enseigné durant sa vie », *ib.* p. 17.
28. « Puisque ces deux noms fournissent aussi les deux pôles opposés de notre enquête, entre lesquels se déploie la *Leben-Jesu-Forschung*, j'en ai formé le titre de mon livre » – SCHWEITZER 1971 p. 39-40 ; cf. WATSON 2011 p. 345 ; 2013 p. 66.

« au fossé large et inquiétant[29] » que lui montrait l'histoire. Un curieux écho à cette formule de Lessing se trouve à la fin de l'*Esquisse* de 1901 qui nous met face au « fossé profond et infranchissable » séparant la *Weltanschauung* de Jésus de la nôtre[30].

Plus que Lessing, cependant, c'était D. F. Strauß qui avait contribué à faire « redécouvrir Reimarus à ses compatriotes[31] » en en composant la biographie. En le remettant à l'honneur, A. S. revêt donc les habits de Strauß. En faisant allusion à plusieurs reprises à la tournure quasi prophétique prise par la carrière de ce dernier, il lui attribue une fonction que Reimarus le libre penseur avait refusé d'assumer. Carlyle avait défini l'histoire du monde comme « une suite de biographies des grands hommes ». La *Quest* succombe à ce charme qui envoûta l'écriture de l'histoire au XIXe siècle[32]. A. S. avait aussi respiré cet air enivrant, défini par Michael Root comme un culte typiquement protestant pour le « théologien-prodige », « esprit créateur qui reconfigure sa discipline » tel un Luther *redivivus*[33]. Tel est le moule dans lequel A. S. fond ses figurines.

Dans son combat épique contre le reste du monde, Strauß apparaît de même comme un génie trop grand pour son temps. A. S. ne dissimule pas sa sympathie pour cet incompris : « Pour comprendre Strauß, il faut l'aimer[34]. » Comme on peut s'y attendre, il glisse imperceptiblement vers la solution eschatologique : « On a parfois l'impression de lire Johannes Weiß » écrit-il[35], expression codée qui revient à dire « on a l'impression de *me* lire », puisque Weiß sert d'un bout à l'autre de masque et de faire-valoir. On a encore

29. LESSING « Über den Beweis des Geistes und der Kraft » in *Gesammelte Werke*, VIII, éd. Paul RILLA (Berlin, 1956) p. 12 ; 14. Sur ce point, cf. *infra* ch. 6.

30. SCHWEITZER 1901 p. 197 ; « rien ne justifie que la religion évite la confrontation avec la vérité » – *Id.* 1971 p. 42 ; cf. 1901 p. 97 ; 251 ; sur la provenance de l'expression « fossé profond et infranchissable », cf. *infra* ch. 6.

31. SCHWEITZER 2001 p. 71 ; cf. STRAUSS 1862. Il est vraisemblable que sa propre reconstitution de Reimarus ait été suggérée à A. S. par Strauß, qui soulignait en lui « non seulement un ancêtre dans le combat pour la vérité mais une personnalité complète ». Sur Strauß, cf. BEISER 2020, surtout p. 276-280, qui évalue la réception de Strauß chez A. S. Le directeur de thèse de ce dernier, Theobald ZIEGLER, a publié en 1908 la biographie de référence consacrée à Strauß, et l'influence que Beiser lui prête sur son élève est très vraisemblable. Tout en relevant ses interprétations pertinentes, parfois même « exceptionnelles », Beiser note aussi qu'en plus « de quelques fautes d'érudition, Schweitzer était parfois tenté de prononcer des jugements audacieux, destinés à faire impression, au risque de se fourvoyer » – *op. cit.* p. 278.

32. CARLYLE, « The Hero as Divinity » in *On Heroes, Hero Worship, and the Heroic in History* (New Haven : Yale University, 2013) p. 21 ; la conférence date de 1840.

33. Cf. ROOT 2012.

34. SCHWEITZER 2001 p. 67.

35. *Id.* p. 87.

affaire à une des stratégies détournées par lesquelles A. S. évite de paraître directement impliqué[36]. Paul Wernle les avait démasquées dans sa recension : « Le titre du livre est faux [...]. Il faudrait lire plutôt *de Reimarus à Albert Schweitzer*[37]. » Mais ce serait obscurcir le champ de vision, puisqu'A. S. veut forcer son lecteur à choisir entre Wrede et lui, en tant qu'ils développèrent deux visions opposées dans des œuvres publiées la même année sur le même sujet[38]. Pour épique que la fasse paraître son cadre historique couvrant plus d'un siècle, cette dispute se restreint en définitive à l'Allemagne *fin de siècle* et dresse l'une contre l'autre deux reconstructions tardo-romantiques du messianisme du Ier siècle. Quand il sondait les flots profonds des héros allemands de la *RJH*, A. S. voyait sa propre image miroiter à la surface.

Une voie négligée

L'alternative savamment élaborée par A. S. ne lui sert pas seulement à planter le décor où évolueront ses propres théories. Elle délimite également les contours problématiques de l'actuelle « troisième quête du Jésus de l'histoire »[39]. Un auteur comme N. T. Wright qui n'a pas peu influé sur son cours décrit ses propres options historiques et historiographiques comme un choix entre la *voie de Wrede* ou celle d'A. S., et réduit la « seconde quête » à un tournant erroné, comme on en prit d'autres au milieu du siècle[40]. Même s'il est permis d'interpréter la « troisième quête » selon d'autres critères, la périodisation qui la sous-tend ne peut se comprendre sans tenir compte de sa mystique, de ses sentences, de tout ce qui dans le projet d'A. S. était destiné à marquer son temps. Et le jugement rétrospectif l'a confirmé. En dépit de l'accueil plutôt froid qui lui fut d'abord réservé, l'œuvre d'A. S. est l'étalon par rapport auquel on mesure les différentes phases de la *RJH : Pre-Quest*, *Old Quest*, *No Quest*,

36. Cf. Gathercole 2000 p. 274-281 ; Watson 2011 p. 336-339 : « La manière dont A. S. rend compte de son rapport à Weiß occulte leur différence fondamentale, tout en en inventant une qui n'existe pas. » De fait, les deux auteurs interprètent en un sens eschatologique non seulement les enseignements et la morale de Jésus, mais encore tout sa vie. Selon Weiß, en revanche, le royaume de Dieu résulte d'un acte propre à Dieu seul, et les hommes n'ont rien à faire que de l'attendre passivement, tandis que, selon A. S., Jésus tenait la coopération de l'homme pour nécessaire.
37. Wernle 1906 p. 502.
38. Cf. Schweitzer 2001 p. 296.
39. Évaluer l'importance de sa filiation par rapport à A. S. est toujours en cours dans le puissant courant contestant le paradigme des « trois quêtes ». Cf. Porter 2000 p. 28-62 ; Allison 2005 p. 1-26 ; Bermejo-Rubio 2009 p. 211-253.
40. Wright 1994 p. 21.

« New Quest », « Post-Quest », etc.[41]. La reconfiguration de toute une discipline autour des travaux d'A. S. n'est pourtant pas délibérée. Lorsqu'il a produit le concept de « Nouvelle Quête » en 1959, James Robinson discutait avec Bultmann, non avec A. S., sauf pour nier qu'il ait mis un terme à la « première quête », dont « la cause réelle [de la fin] doit être cherchée ailleurs[42] ». On peut démontrer que c'est Bultmann et l'ample mouvement se réclamant de lui, et non la publication de la *Quest*, qui lancèrent une nouvelle phase de la Quête, quoique la tendance « néo-schweitzérienne » actuelle soit encline à n'y voir qu'un curieux interlude « théologique ». De Wright à Allison, et pour beaucoup d'autres, on ne peut légitimement participer au projet qu'en s'inscrivant dans la tradition – et même dans le camp – d'Albert Schweitzer. Lorsqu'un Wright retrace tout le cours de la recherche au XXe siècle en partant de l'alternative définie par A. S., on perçoit la nécessité de critiquer le charme ensorcelant de la trame narrative de la *Quest*, pour savoir vraiment où en est cette discipline, et pourquoi elle en est arrivée là. Si le paradigme des « trois quêtes » n'emporte plus l'adhésion, le temps est peut-être venu aussi de tempérer l'influence d'A. S. sur les études consacrées à Jésus.

L'œuvre d'A. S. dissimule aussi un embranchement. Il faut choisir entre deux interprétations de Strauß qui se contredisent : « qui décidera lequel est le vrai Strauß : celui qui est revenu deux fois en arrière ou celui qui a réalisé trois percées ? » – ainsi s'exprime un autre contempteur de la « théologie de la conciliation » lorsqu'il retrace l'époque[43]. En optant résolument pour le Strauß de 1835 plutôt que pour celui de 1864, A. S. opérait un choix radical : c'est la première *Vie de Jésus* qui constitue une révolution, en introduisant le concept de mythe comme une *Aufhebung* hégélienne pour dépasser l'insoluble contradiction entre surnaturalistes et rationalistes. Cependant, en insistant aussi sur le rejet du IVe Évangile, A. S. passait sous silence une autre dynamique à l'œuvre dans la *RJH*, en train de devenir l'enjeu de revendications *nationales*. « Quelle nationalité ? Quelle rationalité ? » pour jouer sur un titre d'Alasdair MacIntyre[44].

Pour A. S., il n'y a qu'un seul Jésus historique, et pas celui qui parcourt les pages de l'Évangile ni la *Vie de Jésus présentée au peuple allemand*[45].

---

41. Cf. des esquisses de périodisation chez BARNES TATUM 1982 ; THEISSEN & MERZ 1998.

42. ROBINSON 1959 p. 32-34 ; on note souvent qu'A. S. n'avait pas l'intention de mettre un terme à la recherche sur Jésus. Sur Bultmann, cf. PAINTER 2006.

43. BARTH 2002 p. 551.

44. *Quelle justice ? Quelle rationalité ?* est le titre d'un livre du philosophe Alasdair MACINTYRE publié en 1988 et traduit en français aux PUF en 1993 [n.d.é.].

45. « Dans la *Vie de Jésus présentée au peuple allemand* (1864) [...], Strauß renonçait aux vues bien meilleures professées en 1835, l'eschatologie passait à la trappe ; au Jésus historique il substituait celui de la théologie libérale », SCHWEITZER 2001 p. 90. Sur cette deuxième *Vie de Jésus*,

Cela ne veut pas dire que l'authentique « Jésus de l'histoire » ne soit pas pour lui le bien propre de l'esprit allemand. Le Jésus de Renan, sentimental et français, qui « se servait d'une mule [...] dont le grand œil noir, ombragé de longs cils, a beaucoup de douceur[46] », est une abomination, un sommet de mauvais goût, d'intelligence étriquée et de jugement chimérique[47]. C'est exactement ce que l'on pouvait attendre d'une nation catholique[48]. « C'est seulement dans le tempérament germanique – insiste A. S. – que peut atteindre à la perfection un assortiment complexe de conditions et de facteurs sans lesquels il ne peut y avoir de profonde théologie : exigence philosophique, acuité critique, perspicacité historique, sentiment religieux. Or c'est dans l'examen critique de la vie de Jésus que la théologie allemande a donné le meilleur d'elle-même[49]. » A. S. ne laisse donc guère planer d'ambiguïté sur le milieu intellectuel propice à la *RJH*. Mais il n'est pas équitable lorsqu'il affirme que la seconde *Vie* est sortie des presses mort-née[50] : « A. S. a tort [...]. La *Vie de Jésus présentée au peuple allemand* a rencontré un énorme succès, connu en peu de temps un grand nombre d'éditions et est restée sous presse pendant de nombreuses années[51] », rappelle Halvor Moxnes dans son étude sur le contexte nationaliste environnant la *RJH*. S'en tenant à la réception, l'historiographie ne partage pas l'opinion d'A. S. Le quidam se ruait sur les œuvres du dernier Strauß. Ce succès témoigne d'une ambiance qui transparaît chez d'autres auteurs allemands issus du monde académique. Lequel de ces Jésus germaniques est donc le véritable « Jésus de l'histoire », pierre angulaire de la « pensée religieuse de l'avenir »[52] prophétisée par A. S. ? Ou bien, pour poser la question dans les termes mêmes de Strauß : qui peut se prononcer avec autorité sur *la Foi ancienne et sur la Foi nouvelle*[53] ?

C'est en réalité l'héritage disputé de la Réforme qui est ici en jeu. Strauß écrit ainsi au début de la seconde *Vie :* « Par "peuple allemand", j'entends le

---

cf. Beiser 2020 p. 213-251 et 279 : l'auteur évalue dans quelle mesure la *Vie* de 1864 est vraiment une œuvre de la théologie libérale.

46. Citation de la *Vie de Jésus* d'Ernest Renan 1re édition (1863) p. 190.

47. Cf. Schweitzer 2001 p. 162.

48. Les propos tenus par A. S. à l'occasion de la conversion d'August Friedrich Gförer donnent une idée de l'estime dans laquelle il tenait le catholicisme comme option intellectuelle : victime « d'auto-suggestion », ce dernier aurait été amené à l'Église de Rome par le « besoin de s'ancrer dans un point fixe » (Schweitzer 2001 p. 147).

49. Schweitzer 2001 p. 1.

50. *Id.* p. 168.

51. Moxnes 2012 p. 105 ; cf. Graf 1092 p. 17-18.

52. Schweitzer 2001 p. 3.

53. Titre d'un livre de Strauss, *Der alte und der neue Glaube : Ein Bekenntnis* paru en 1875 ; Beiser 2020 p. 252-269.

peuple où est née et qui est né de la Réforme, laquelle je ne considère pas comme définitive, mais comme une étape pour aller plus loin. » D'abord vint la rupture avec l'Église de Rome, mais aujourd'hui il se produit une rupture beaucoup plus délicate avec la Bible elle-même – ou plutôt un divorce avec tout ce qui dans la Bible est inacceptable, le criblage des « authentiques vérités du salut » d'avec les simples « opinions liées à leur temps » ; « prononcer ce divorce est la prochaine tâche qui incombe au protestantisme ; dans la mesure où c'est le peuple allemand qui fait progresser la Réforme, c'est donc la tâche du peuple allemand[54] ».

Même si le principe que la religion est *toujours à réformer* peut s'appliquer en toutes circonstances, A. S. ne pouvait s'accorder avec le « tamisage des opinions liées à leur temps[55] ». À ses yeux, cette entreprise pré-bultmanienne de démythologisation est précisément l'erreur fatale qui mettait tout le monde académique d'accord, un fourvoiement de part en part qui a trouvé sa meilleure expression chez Harnack, porte-parole du consensus libéral en son temps[56].

Dénué d'illusions, A. S. se montra par la suite ouvertement critique des passions nationalistes. Le malaise que suscitaient chez lui les solutions libérales est prophétique, et il en percevait instinctivement le danger sous-jacent. Quand le crible utilisé pour filtrer ce qui dans les Évangiles est authentique, acceptable, ou durablement utile, se confond avec l'esprit du temps (*Zeitgeist*), il en résulte d'inquiétantes distorsions[57]. « Le Jésus libéral a ouvert la voie à un Jésus tudesque », écrit avec dégoût A. S. au sujet d'un *opus* de Gustav Frenssen qu'il surnomme « La vie du sauveur d'après la recherche allemande, base de la renaissance spirituelle de la nation germanique[58] ». Au-delà de ce texte méprisable, ce sont toujours les mêmes noms : « À la lecture de chaque paragraphe, on peut dire si Frenssen consultait Holtzmann, Schmidt ou von Soden. »

---

54. STRAUSS 1864 p. XIX ; XX ; cf. la note *infra* sur Sebastian Franck, dont l'analyse de la Réforme ressemble de près à celle de Strauß.

55. Sur l'opposition d'A. S. à certains aspects de la théologie allemande, cf. WATSON 2011 p. 339-344.

56. Cf. CARLETON PADGET 2011 p. 257-287 ; GRÄSSER 1996 p. 677-694.

57. Au passage, il n'est pas juste qu'A. S. ait attaqué la théologie libérale pour avoir produit des reconstitutions du Jésus de l'histoire à l'image de celui qui les composait. La comparaison avec le reflet aperçu de son image au fond d'un puits vient de George Tyrrell et « ne rend pas compte de la critique d'A. S. » – WATSON 2011 p. 339-340.

58. SCHWEITZER 2001 p. 275 ; cf. CRYSTALL 2002 sur l'itinéraire de Frenssen qui le conduisit du protestantisme « national » au nazisme. A. S. se réfère au 26e chapitre du roman de Gustav Frenssen *Hilligenlei* (1905) qui contient le manuscrit retranscrit en entier d'une *Vie de Jésus* écrite par un des protagonistes [n.d.é.].

Lequel de tous les Jésus germaniques est le véritable Jésus de l'histoire ? Certainement pas celui des théologiens, *i.e.* pas celui de Schleiermacher, ni celui de Harnack ; pas non plus le Jésus dont la conscience messianique « liée à l'esprit du temps » aurait pu coexister avec une conscience religieuse et morale universellement valable et bien séparée de la première[59]. Dans la reconstruction d'A. S. – et c'est en cela qu'elle a été le plus durable –, l'authentique Jésus de l'histoire ne peut, ne doit offrir aucune prise à la théologie. Il est le Jésus d'hier, non celui d'aujourd'hui. L'histoire est entendue à la manière de Ranke, non de Hegel.

Situation sociale de cette histoire

Le « Jésus historique » abstraitement pensé par A. S. se perd dans un épais maquis d'allégeances personnelles, politiques et intellectuelles. Le beau-père d'A. S., Harry Bresslau, fut l'élève et l'assistant de Ranke lui-même, lequel avait été l'allié intellectuel de Schleiermacher à Berlin. À partir des années 1840, Ranke reçut le soutien de Frédéric-Guillaume IV pour restaurer l'héritage « germano-chrétien » dans la mémoire collective de la Prusse. Ce programme culturel ouvertement anti-hégélien obtint l'effondrement d'un système philosophique par rapport auquel Strauß dut prendre ses distances en 1864[60]. En conséquence, le magistère intellectuel revint à Ranke, et « le Jésus de Schenkel, Keim, Hase, Holtzmann reçut la place d'honneur dans [...] *l'histoire universelle* de Ranke » au grand dam d'A. S.[61].

La situation sociale de cette histoire, et ce qui en paraît dans l'œuvre d'A. S., offre une clef de lecture très intéressante, puisqu'il adopte un parti pris anti-institutionnel marqué. Le parfait « assortiment complexe de conditions et de facteurs » que l'on ne trouve nulle part ailleurs que dans le tempérament allemand, ne se trouve en fait que chez ceux dont l'exigence philosophique et le sentiment religieux ont fait des parias, non moins et même beaucoup plus que leur acuité critique et leur perspicacité historique. Ce sont des prophètes malvenus, comme Reimarus réduit à cacher le fond de sa pensée dans le secret de son cabinet, ou Strauß, ostracisé de toutes les facultés d'Europe – ou A. S. lui-même dont la dissertation doctorale fut ignorée. Schleiermacher, fondateur

59. Cf. Watson 2011 p. 340-341 ; Thate 2013 p. 119.

60. Cf. Thate 2013 p. 102 ; Oermann 2017. Au sujet du riche débat sur le statut de l'histoire à Berlin à cette époque, dans les universités et sous l'impulsion de Frédéric-Guillaume IV, cf. Ziolkowski 2004 ; Toews 2004.

61. Cf. Schweitzer 2001 p. 188-189.

de la première université d'Europe explicitement vouée à la recherche, le premier aussi à délivrer un enseignement universitaire sur la Vie de Jésus, n'est pas digne de porter le flambeau. Il s'est en effet rendu à la fois dangereux et conformiste par son attachement à l'Évangile johannique et par sa recherche de vérités universelles[62].

Il est donc temps maintenant d'entendre une parole qui vient de l'autre côté du Rhin. Si cette histoire en effet requiert des « perdants » qui néanmoins figurent parmi les héros de la « quête » (sans eux, il n'y aurait même pas de choix obligé !), on constate pourtant que bien des acteurs en ont été effacés. La tradition catholique française, en particulier, représente un « autre » bien plus marginal encore que le proscrit Strauß, invisible du point de vue d'A. S. Il y a beaucoup à dire sur le déficit commercial entre la France et l'Allemagne dans les études bibliques. A. S. considérait la France comme rétrograde, étrangère aux Lumières dans leur dimension religieuse. Par contraste, Renan écrivait de l'Allemagne : « Je crois que le Christ nous viendra de là. » Pourtant, tous les Français ne partageaient pas l'opinion de Renan[63].

Un regard français sur une histoire allemande

Si la France avait ses propres intelligences critiques, on trouve encore le Père Marie-Joseph Lagrange aux confins les moins compétitifs de ces échanges culturels. Son intérêt vient précisément de sa position minoritaire. Sa monographie de 1918 *Le sens du christianisme d'après l'exégèse allemande* est une des premières réceptions de l'œuvre d'A. S. Très incisive, elle opère un déplacement qui mérite réflexion[64]. Exilé de la Jérusalem ottomane en qualité de citoyen d'une nation belligérante, en plein milieu de la Première Guerre mondiale, écrivant depuis Paris quasi assiégé, ce patriote de la génération de 1870 a pris très au sérieux le livre d'A. S. et son bombage de torse tout à la gloire de l'Allemagne. Qu'il nous soit permis de présenter une rapide esquisse de sa lecture tardo-coloniale et anti-impérialiste.

D'après Lagrange, l'histoire ne commence pas avec Reimarus. On ne peut pas non plus commencer avec les déistes, même s'ils fournissent à son œuvre un contexte plus vaste. Comment comprendre en effet leur

62. Cf. MOXNES 2012 p. 68-69.

63. Citation des *Souvenirs* de Renan chez LAGRANGE 1918b p. 438.

64. À ma connaissance, ce texte n'a pas été formellement discuté ou sérieusement pris en compte dans l'historiographie du Jésus de l'histoire, alors qu'il s'agit de la tentative la plus précoce et substantielle pour croiser le fer avec A. S. – certes d'un point de vue français et catholique.

rationalisme polémique si l'on débute « dans le vif du sujet », sans tenir compte des piétistes ou des sectes ? Les docteurs comme Ossiandre et leur herméneutique luthérienne ne sont-ils pas nécessaires au déroulement de cette histoire[65] ? Selon Thate, les études sur le Jésus de l'histoire émergent dans un contexte de sécularisation de la pensée, et Lagrange en conviendrait volontiers. « L'âge séculier » a certes imposé son récit des événements, selon lequel il correspondrait pour la raison à la « sortie de l'enfance ». Mais il faut justement regarder au-delà de ce récit convenu[66]. Pourquoi cette histoire est-elle si *allemande ?* Lagrange pointe directement le détail sensible : l'émancipation par rapport à l'autorité de l'Église ; « l'explosion d'anarchie sociale et religieuse » que Luther laissa dans son sillage[67]. Lagrange part donc de la Réforme.

Le *terminus ad quem* n'est pas non plus celui qu'avait retenu A. S., du moins pas dans l'édition de 1906 – à laquelle s'arrête bien souvent la réception d'A. S. Lagrange au contraire insiste sur la longue discussion de l'historicité de Jésus, ces trois chapitres sur lesquels s'achève l'édition de 1913. Cet étrange appendice d'un scepticisme plus assumé encore que celui de Wrede n'est pas pour Lagrange une sortie de piste, mais ce vers quoi tend toute cette histoire. L'arc qui se dévore lui-même s'étend donc *de Luther à Drews*[68].

N'aurait-on pas affaire à un pamphlet anti-protestant, prédictible, tel qu'on pouvait l'attendre de la part d'un prêtre latin, en contexte de guerre[69] ? Il est vrai que l'exégèse allemande dans son ensemble s'est, pour Lagrange, fourvoyée de longue date. Mais ce serait une erreur de rejeter ce savant, parfois suspect aux yeux de Rome, en le réduisant à un polémiste réactionnaire à la solde du pape[70]. Il est au contraire très éclairant en vertu de sa distance

65. LAGRANGE 1918a p. 70-71

66. Cf. Charles TAYLOR, *L'Âge séculier.*

67. « La révolte de Luther contre l'Église déchaîna en Allemagne une explosion d'anarchie religieuse et sociale » – LAGRANGE 1918a p. 67.

68. Arthur Drews (1865-1935), écrivain dont le *Christusmythe* (1909) affirme que Jésus n'a pas existé [n.d.é.].

69. À l'exception de Renan, A. S. n'a rien à dire du catholicisme français. La seule apparition notable est celle d'Edgar Quinet, auquel A. S. sait gré d'avoir introduit la théologie allemande chez les nations latines et dont la seule contribution à la *Quête* est un cri alarmiste : « Une nouvelle invasion barbare déferle sur Rome la ville sainte [...]. De même que Léon est allé à la rencontre d'Attila, que la papauté revête aujourd'hui la pourpre et s'avance » (SCHWEITZER 2001 p. 99-100).

70. « Lagrange était un très grand savant, qui maîtrisait parfaitement les orientations de la théologie libérale et de la méthodologie historique. Il était cependant contraint par les dogmes de l'Église » – WEAVER 1999 p. 16. Prétendre Lagrange « contraint par les dogmes » ne fait pas justice à sa perception du problème, cf. LAGRANGE 1918a p. 18-19. L'historiographie ne dispose pas encore des critères permettant de comprendre la place d'un Lagrange dans ces débats. À l'intérieur

critique par rapport aux protagonistes de ce récit et à leurs conclusions – ce qui n'était certainement pas le cas d'A. S.

Lagrange nous oblige tout d'abord à nous demander : *de quelle réforme parle-t-il ?* Même s'il fait inévitablement mention de Luther, il s'écarte du protestantisme orthodoxe et convoque ce que l'on a appelé « l'aile gauche de la Réforme[71] ». Aux marges – ou à l'avant-garde ? – du mouvement de Luther, on voit surgir les troubles figures de Hans Denck et Sebastian Franck, bientôt des sociniens[72]. Dès les années 1520, ils fourbissaient les armes futures des déistes et pointaient les contradictions de l'Écriture, non d'ailleurs pour en anéantir l'esprit religieux, mais pour en transcender la lettre par l'esprit et souligner les limites du principe *sola scriptura*[73]. Relativisant l'importance du dogme, affichant leur scepticisme au sujet des miracles, ces auteurs introduisaient déjà les motifs récurrents à partir de Hegel et Strauß jusqu'à Bultmann, lequel reconnaissait son trouble à la lecture des *Paradoxa* de Franck (1534)[74]. Lagrange prend bien garde que l'on reçoive les exégètes allemands pour les penseurs religieux qu'ils voulaient être, non des athées, des libres penseurs ou des déistes[75]. Il serait précieux d'aller chercher leurs racines intellectuelles chez les Réformateurs radicaux, en particulier lorsqu'ils consonent avec l'érudition humaniste, avec le scepticisme pyrrhonien, plus tard avec certains courants des

---

d'un chapitre « cul-de-sac » intitulé « Thèmes, sujets et débats annexes », Weaver le relègue dans un sous-paragraphe dont le titre évoque un cabinet de curiosités : « Vies de Jésus catholiques ». Il relève pourtant que Lagrange niait la possibilité d'écrire des *Vies de Jésus* distinctes des Évangiles.

71. Cf. Bainton 1941 ; l'expression a été reprise par les historiens de la Réforme, par exemple Fast 1962 ; on parle plutôt aujourd'hui de « Réforme radicale » ; cf. Hunston Williams 1991 ; Eire 2016, en particulier p. 250-255. Ce dernier suggère un terme peut-être plus approprié : « Réforme alternative » ou « protestantisme alternatif ». Il poursuit d'ailleurs : « Trouver un nom pour ce phénomène, ce mode *autre* de la Réforme, pose problème depuis longtemps. »

72. Disciples de Fausto Sozzini qui niaient la Trinité [n.d.é.].

73. Sur Franck, cf. Graf-Reventlow 2010 p. 165-175. Strauß affirmait que la Réforme devrait à l'avenir s'émanciper de l'Écriture comme elle l'avait fait de la papauté. La primeur de cette idée revient à Franck : l'antichrist, « qui aujourd'hui s'est lassé du pape, revêtira un autre déguisement et s'incrustera au beau milieu de la lettre des Écritures » (p. 170).

74. Cf. Bultmann 1958 p. 314 ; tenus pour des visionnaires, ces hommes suscitèrent l'intérêt quand se fit sentir la nécessité d'un tournant dogmatique ; cf. Haake 1897.

75. « Ce serait [...] une erreur de regarder ces critiques, professeurs de théologie dans les facultés protestantes, comme de simples libres penseurs à la Voltaire. L'épithète de rationaliste leur était une injure [...]. Il n'est pas sans intérêt pour nous de savoir qu'ils ont entrepris de fonder un christianisme nouveau sur les bases de leur érudition, qu'ils ont espéré l'imposer à tout le protestantisme, en attendant mieux, comme la religion de l'avenir, une religion allemande, issue de la réforme de Luther », Lagrange 1918a p. 307-308. L'écho à la « religion de l'avenir » d'A. S. est probablement intentionnel.

Lumières, avec les rationalistes évangéliques et les anti-trinitaires[76]. On ne peut dénier à A. S. d'avoir été un penseur religieux, campé à l'aile radicale de la tradition protestante. Son œuvre théologique postérieure, ses théories sur la mystique de l'apôtre Paul, hétérodoxes du point de vue académique, ne constituent pas seulement un défi au magistère luthérien. Ce sont aussi des sources importantes pour comprendre sa reconstruction de la vie et du ministère de Jésus.

Cela nous conduit donc au débat introduit dans la seconde édition de la *Quête :* l'existence de Jésus. Lagrange était convaincu que Paul devait y occuper une place centrale[77]. Si l'histoire cantonne, voire emprisonne Jésus dans les limites de la Palestine du Ier siècle, si le Messie juif n'est pas le fondateur de l'Église envoyée aux nations, alors cet honneur particulier doit revenir à l'Apôtre des Gentils. Beaucoup le lui ont reconnu. Mais cela fait émerger une nouvelle question : *Jésus est-il encore nécessaire ?* L'existence mythique de Jésus ressurgit donc inévitablement comme une hypothèse indispensable, sans laquelle la reconstitution scientifique du Jésus historique tremblerait sur ses bases. Lagrange partage sur ce point l'approche du moderniste Georges Tyrrell[78]. On comprend mieux aussi le phénomène Bultmann[79].

---

76. Concernant ces catégories, cf. EIRE 2016 p. 254-255. Le 13 juillet 2017 s'est tenu au Centre d'histoire et d'héritage du protestantisme d'Amsterdam un symposium intitulé « La Réforme radicale et les Lumières ». Voici comment il était annoncé : « Les Réformateurs radicaux du XVIe siècle sapèrent le christianisme traditionnel avec leurs idées révolutionnaires sur les rapports entre l'Église et l'État, la tolérance religieuse, la perfectibilité de l'homme, les miracles et l'autorité de la Bible. En mettant l'accent sur le perfectionnement moral et sur une religion purement intérieure et spirituelle, ils fournirent une alternative viable aux Églises institutionnelles, compromises dans les explosions massives de violence religieuse qui marquèrent ce siècle. Après le XVIe siècle, les écrits des Réformateurs radicaux continuèrent à être publiés et leurs idées débattues. Du fait qu'ils combattirent pour la tolérance religieuse, manifestèrent leur scepticisme au sujet des miracles et relativisèrent l'importance du dogme, ce symposium postule une influence profonde de la Réforme radicale sur la pensée des Lumières [...]. Cependant les similitudes entre [elles] ne prouvent pas une dépendance directe. L'existence éventuelle d'un chaînon qui les relie est donc une question pertinente. » Cf. BLOUGH 1992.

77. LAGRANGE *op. cit.* p. 274.

78. « Le problème du catholicisme aujourd'hui n'est pas de se réconcilier avec celui des derniers siècles ou de dégager une ecclésiologie commune, mais de trouver une ecclésiologie, quelle qu'elle soit, dans les paroles et gestes de Jésus-Christ tel que le restitue la critique historique ; de trouver dans le catholicisme primitif des développements authentiques sur le concept de « Christ » [...]. On a fait remonter les traits principaux qui définissent le catholicisme de plus en plus loin en arrière, jusqu'à en trouver les principes dans le Nouveau Testament lui-même. On entrevoit la hiérarchie dans les Épîtres pastorales ; les sacrements chez Paul ; la théologie dans les écrits johanniques ; l'ecclésiologie chez Matthieu ; la primauté de Pierre chez Matthieu et dans les Actes des Apôtres. » TYRRELL 1909 p. 36.

79. Par l'histoire des religions, Bultmann puise dans des mythes mandéens, indiens et bouddhistes qui le mettent en contact direct avec les *corpora* favoris de Drews. Son programme de

Lagrange écrit trop tôt pour se laisser impressionner, comme nous le sommes, par une « quête » arthurienne du Jésus historique devenue une discipline académique à part entière. Cette terminologie a fini par occuper tout le champ, alors que c'est une exagération romantique due à la traduction anglaise[80]. Elle frappe l'œil et l'oreille, mais elle n'aide pas à comprendre. Rien ne la justifie dans la langue d'origine, mieux vaudrait y renoncer purement et simplement. De son point de vue, antérieur au développement international d'un domaine d'activité scientifique autour de Jésus, Lagrange pouvait demander en toute candeur : *sur quoi doit porter l'effort commun ?* Il ne répondait pas « le Jésus historique ». Depuis quatre siècles en effet, l'exégèse luthérienne allemande s'appliquait à retrouver les origines de l'Évangile, d'en retrouver la conformité primitive, en contournant l'ordre religieux existant pour retrouver la vraie *forme* et le *sens du christianisme*. Telle est la question qui explique la cohérence d'ensemble de cette épopée exégétique qui eut l'Allemagne pour théâtre. C'est pourquoi la « quête » de Paulus à Jahn est jonchée de titres bipartites : *La Vie de Jésus comme fondement d'une histoire authentique du christianisme ancien*[81].

De tels projets persistent aujourd'hui[82]. Avec l'essor des universités, la spécialisation des disciplines académiques, la taille critique de la matière à maîtriser, la recherche d'une description complète des origines chrétiennes s'est muée en recherche d'un Jésus post-confessionnel, un « nouveau Jésus »[83]. On retrouve quelques points communs dans les travaux de Michaelis sur Moïse[84]. Un nouvel ordre social requiert en effet un nouveau consensus séculier autour

« démythologisation » a cependant suivi un autre cours et évité de présenter Jésus comme un mythe. Même s'il ne laisse guère d'espace à la connaissance de Jésus par les lumières de la seule raison historique, son positionnement néokantien et existentialiste essayait par la *sola fide* de sauver ce qui pouvait l'être des griffes d'un scepticisme agressif, contre lequel l'historicisme d'A. S. se trouvait bien démuni.

80. Cf. WATSON 2011 p. 331-333.

81. Bien des titres discutés par A. S. expriment de l'intérêt pour les origines chrétiennes : HENNELL 1838 ; BAUER 1877 ; BRANDT 1893 ; PFLEIDERER 1902 ; WERNLE 1902 ; HARTMANN (VON) 1905 ; KAUTSKY 1908 ; JAHN 1911. Strauß et Renan voulurent mais renoncèrent tous deux à écrire une suite à leurs *Vies de Jésus* respectives. Ils projetaient d'y aborder les origines du dogme selon une perspective systématique (Strauß) ou historique (Renan).

82. *Christianity in the Making* de James Dunn et *Christian Origins and the Question of God* de Nathan Thomas Wright contiennent des recherches sur le Jésus historique à l'intérieur d'une enquête plus vaste sur le christianisme primitif. Cf. également DESTRO & PESCE 2017. Dans leur Introduction, les auteurs explicitent le lien avec un ouvrage antérieur de 2011.

83. Cf. Flannery O'CONNOR, *Wise Blood: A Novel.*

84. Cf. une présentation de la gigantesque entreprise de Johann David Michaelis à Göttingen in LEGASPI 2010.

des figures (religieuses) qui l'ont fondé. Alors que la perspective médiévale s'est désagrégée dans les contestations de la Réforme, l'*establishment* libéral occidental, las de l'hyper-pluralisme sectaire et des luttes religieuses interminables, a tâché de mettre les choses à plat par le moyen de la raison universelle. Ce « conclave non papal » permettait de remiser loin en arrière, dans des textes antiques, les manifestations du fanatisme. Mais la nature de cette raison universelle reste problématique.

Un terrain neutre ?

C'est pour des motifs tenant à l'histoire et à l'exégèse, non au dogme ou à son propre patriotisme, que Lagrange refuse en dernière analyse de souscrire à la résolution proposée par A. S. Sa position est solide. A. S. aurait bien fait de lire la monographie de Lagrange consacrée au messianisme (1909), qui a mieux résisté à l'épreuve du temps que ses propres théories. De toute évidence, il n'en a pas tenu compte.

Il n'était pas facile à ces esprits de se rencontrer. Ironie de l'histoire, au moment où Lagrange composait sa réfutation, A.S., surpris par la déclaration de guerre en territoire français, se morfondait dans un camp d'internement sis dans un sanctuaire marial des Hautes-Pyrénées. Dommage qu'ils n'aient pu alors se rencontrer ! Lagrange ne fut pas le dernier à opposer la santé mentale des Latins à l'intelligence malade des Allemands. Il faut faire la part du contexte belliqueux. Il explique au moins en partie pourquoi la critique de Lagrange prend par moments un tour nationaliste[85]. Pour le reste, il demeure ouvert et bienveillant. Ces stéréotypes permettent au moins de souligner la contingence sociale et culturelle dans laquelle la raison doit se déployer. A. S. y était sensible et s'est pourtant évertué à ne pas lui prêter une rigoureuse attention. En explicitant les conditions nationales et religieuses de l'exégèse allemande, Lagrange défend le caractère universel de la raison. Avec perspicacité, il relève que la généalogie de la *RJH* doit définir son cadre herméneutique avant qu'on ne la transforme en récit historique. Selon Lagrange, la « quête » repose en effet sur le principe de la *sola scriptura* et sur un naturalisme métaphysique. L'histoire racontée par A. S. est inintelligible sans eux.

En tant que critique historique proche des cercles modernistes et de ce que Lehner appelle les « Lumières catholiques », Lagrange était optimiste quant

85. Sur le nationalisme dans l'œuvre de Lagrange, cf. GIAMBRONE 2019b.

à la pertinence d'une exégèse non confessionnelle[86]. « Un parfait incroyant pourra être un excellent commentateur des textes[87] », écrit-il. Conscient des enjeux entourant les progrès de la science moderne, il se demande cependant pourquoi il est si difficile d'analyser les miracles de manière objective et dépassionnée[88]. Il semble que beaucoup se soient installés dans le dogmatisme séculier comme en un cadre naturel et confortable. Plus que les préjugés nationaux, c'est une option métaphysique *a priori* concernant le surnaturel qui empêche de parvenir à un consensus exégétique « objectif »[89].

Bien aidé par le récit d'A. S., Lagrange décrit un protestantisme libéral ayant démoli les bases philosophiques et théologiques de la tradition chrétienne. À l'inverse d'A. S., l'exégèse allemande forme pour lui un tout. Il s'en sépare car il refuse de considérer l'autorité de la tradition de l'Église comme cause de distorsion exégétique. Les tenants du principe *sola scriptura* et les Lumières s'accordent à l'inverse unanimement pour la rejeter, ce qui leur paraît une émancipation nécessaire. Tout ce qui les précède dans le temps peut être considéré avec le dédain que mérite un « âge pré-critique ». Parvenir à des compromis avec l'exercice catholique de la rationalité relève dès lors de la gageure. L'inspiration du parti pris anti-dogmatique de Johann Gabler[90], pour fondateur qu'il soit d'une nouvelle discipline académique, n'en demeure pas moins foncièrement protestante[91]. Ayant mis au rancart l'impraticable confiance en la conduite par l'Esprit saint, Gabler s'est contenté d'ériger

86. Cf. LEHNER 2016 ; Son œuvre est précieuse pour déconstruire le paradigme monolithique de Lumières a-religieuses.

87. LAGRANGE 1918a p. 6.

88. Cf. *Id.* p. 6 ; 13-14.

89. Cf. *Id.* p. 28. Des deux côtés, le débat sur les miracles se pose autrement aujourd'hui qu'il y a un siècle. Sur le préjugé contre les miracles dans la recherche historique contemporaine, cf. GREGORY 2008 & 2012. Selon cet auteur, les critiques prétendument neutres manquent souvent des bases philosophiques les plus élémentaires, de sorte qu'ils professent sans le savoir la conception nominaliste tardive de l'univocité de l'être, diffusée par les Réformateurs. Cela les condamne à s'enfermer dans l'historiographie empiriste de Hume. Thomas NAGEL (2012) livre l'exemple remarquable d'un philosophe athée de premier plan qui rejette le naturalisme de la conception du monde dominante. Il ne propose pas d'alternative, et ne croit pas non plus que ce rejet implique de se rallier à l'hypothèse théiste. Le naturalisme philosophique peut affecter les exégètes de ses préjugés, mais il n'est pas interdit d'objecter aux récits de miracles des Évangiles au nom d'autres critères : *midrash* biblique, incohérences, etc.

90. Johannes Gabler théorisa en 1787 la notion de *théologie biblique*, c'est-à-dire une théologie positive et historique tirée des Écritures saintes, par opposition avec la théologie dogmatique et intemporelle [n.d.é.].

91. « Gabler demeurait dans le cadre formel de l'exégèse protestante : il se proposait de déterminer le sens de l'Écriture en écartant les préjugés théologisants légués par des générations de clercs. » Richard MULLER 2003 p. 454.

l'histoire en unique chemin rationnel pour éclairer les ombres de l'Écriture. Il était en cela le signe avant-coureur d'un profond remodelage de la culture européenne, dont l'histoire allait devenir pour plusieurs siècles le dénominateur intellectuel commun. Lagrange lui-même se prononce pour une « exégèse de sens commun » qui ne résulte pas de l'herméneutique protestante, mais recourt à un positivisme européen largement partagé. Il s'en remet à l'histoire et à la philologie pour lui fournir des outils de vérification objective[92]. Il partage en cela le présupposé de maints de ses contemporains, et parmi eux beaucoup de ces Allemands auxquels il s'oppose. Mais il n'est pas moins évident qu'il s'en distingue. S'il considère la méthode historique comme un instrument neutre, il ne croit pas non plus que la tradition de l'Église représente pour elle une menace, bien au contraire. Toute pensée, écrit-il, y compris la religion, est sociale et s'enveloppe des formes culturelles[93]. C'est, selon lui, le principe de la *sola scriptura* qui a entretenu pendant des siècles l'illusion d'un accès au texte immédiat et sans préjugé. Lui encore qui a promis comme le Graal l'accès à l'Évangile sans l'Église, et à un nouveau « sens du christianisme ».

*

1. Les « trois quêtes » constituent un schéma historiographique intimement lié à la promotion rhétorique par Albert Schweitzer de son projet théologique et à l'accueil non critique qui lui a été réservé. Il existe pourtant une historiographie alternative, qui requiert une plus grande liberté de pensée dans le traitement des mêmes matériaux. Elle se montre attentive aux préjugés socio-religieux du récit raconté par A. S. et n'a pas la prétention emphatique de définir la « pensée religieuse de l'avenir ». Sans prononcer de jugements démonstratifs sur les mérites de cette historiographie alternative, ni diminuer ceux d'A. S., on constatera qu'en écoutant certaines voix passées sous silence, comme celle de Marie-Joseph Lagrange, on se donne plus d'exhaustivité et de souplesse. Une histoire complète et précise de la réception d'A. S., à commencer par celle de Lagrange, contribuerait à mieux présenter l'histoire de la recherche, et en particulier l'ascendant qu'A. S. continue à exercer.

2. En tant que penseur, A. S. appartient à l'héritage de la Réforme radicale, comme beaucoup des héros qu'il s'est choisis. Lagrange l'a vu, en écho à A. S. lui-même. L'histoire de la recherche doit revoir la trame de son récit

92. Lagrange 1918a p. 1-30, surtout p. 6.
93. Lagrange multiplie dans ses œuvres les jugements positifs sur Émile Durkheim, le fondateur de la science sociale moderne, par exemple *op. cit. p.* 68.

pour en tenir compte. Cette référence peut en effet se révéler extrêmement probante pour définir les racines, les prémisses, les buts aussi de la *RJH*. Invoquer à tout propos un esprit des Lumières, considéré comme une forme de rationalité supérieure parce qu'affranchie de la religion, n'aide pas beaucoup. C'est même une catégorie explicative vouée à disparaître.

3. Reconnaître la nature *protestante* de ces formes de pensée permet de mieux intégrer l'importante phase bultmannienne de cette recherche, y compris ses prétentions théologiques. Cela permettrait de comprendre pourquoi la *RJH* ne peut plus se passer de certaines expériences limites, comme le débat sur l'existence ou l'insignifiance de Jésus, ou la non-prise en compte de la théologie dans l'établissement des vérités historiques.

4. La Réforme radicale a exercé une grande influence sur la *RJH*. Cela invite l'historiographie à ne pas réduire la *RJH* à un récit, mais à en dresser la typologie et à en définir l'herméneutique. On doit tenir compte en particulier de ses présupposés philosophiques et théologiques, afin de mieux catégoriser les auteurs. Le naturalisme métaphysique et le principe *sola scriptura* sont deux postulats qui ne devraient pas être tenus pour des évidences indiscutables. La *RJH* constitue une reconstruction positiviste, moderne, historiciste et académique dont il est urgent de dégager les hypothèses non explicitées, qui ont certainement contribué à rendre le consensus impossible[94].

Traduit par Renaud Silly o.p.

94. Cf. Hayden WHITE 2014 p. 2, cité ch. 3 note 51.

Chapitre 3
Les historiens menteurs et Luc 1-2

Les lecteurs antiques de l'Évangile de Luc ne traînaient pas derrière eux le boulet de l'historicisme du XIXe siècle. Avertis par le métalangage historiographique[1] dont usait d'ordinaire l'auteur dans un prologue, ils interprétaient en conséquence son œuvre selon une grille de lecture prémoderne. Cela ne signifie pas que les premiers lecteurs du texte n'étaient pas armés conceptuellement pour distinguer les témoignages fiables des récits douteux ou de pure invention ; cependant, les critères antiques d'évaluation n'étaient pas les règles positivistes de l'exégèse moderne. Les jugements éthiques et esthétiques étaient au contraire au centre des préoccupations. Il est intéressant de noter que les perspectives pré- et postmodernes sur l'écriture de l'histoire ont beaucoup en commun à cet égard. Une meilleure compréhension de cette situation, et partant, une capacité à poser au texte des questions moins anachroniques aideront les spécialistes actuels dans leurs efforts pour questionner la vérité du récit de Luc, ce qui avait été fait jusqu'ici de manière assez incomplète[2].

---

1. L'auteur emploie dans ce chapitre *historiographie* et le vocabulaire apparenté au sens contemporain de discernement critique de la méthode et des projets animant les *histoires* antérieures, mais aussi au sens classique d'art de la composition des récits historiques [n.d.é.].
2. Pour une étude très utile contenant de nombreux liens avec le sujet présent, cf. Backhaus 2012.

Évaluer l'historiographie dans le contexte gréco-romain

L'attaque *ad hominem* acerbe de Plutarque contre le *pater historiæ*, son *De la malignité d'Hérodote*, est un produit de mauvaise foi, marqué par l'esprit de clocher, mais il révèle une culture. Bien que son zèle excessif à défendre la réputation des Béotiens ses ancêtres convertisse le traité en un exercice fastidieux et le plus souvent futile, qui a embarrassé les spécialistes de Plutarque depuis au moins la moitié du XIXe siècle, ce projet est d'importance parce qu'il est représentatif d'une conviction commune[3].

À l'opposé de la critique compétente et de haut niveau caractérisant un traité comme la *Lettre à Pompée Geminos* de Denys d'Halicarnasse, qui porte sur l'esthétique d'Hérodote un jugement positif, clair et fondé sur des principes, l'accusation brutale de mensonge de Plutarque fait apparaître grossièrement les critères éthiques qui gouvernent la plupart des jugements historiographiques dans le monde antique. La moralité, plus que le style – ou plutôt l'honnêteté telle qu'elle est communiquée à travers le style –, était le critère d'évaluation suprême.

Le *topos* de l'historien menteur est bien connu, surtout à partir des portraits que dressent les auteurs de leurs prédécesseurs et rivaux[4]. Flavius Josèphe, par exemple, introduit son récit de la guerre contre Rome en rejetant ceux qui « soit par flatterie envers les Romains soit par haine des juifs mentirent au sujet des évènements » (καταψεύδονται τῶν πραγμάτων, *Guerre* I § 15). En réalité, selon Flavius Josèphe, le problème du manque de fiabilité est omniprésent dans tout le projet de l'historiographie grecque, comme tend à le montrer le catalogue de récits confus et contradictoires qui se trouve à l'ouverture du *Contre Apion*. « Éphore prouve que Hellanicos a menti (ψευδόμενον) sur de très nombreux points de son récit, Timée dit de même d'Éphore, les auteurs suivants disent de même de Timée, et tous les auteurs postérieurs disent de même d'Hérodote [...]. Thucydide lui-même est accusé par certains d'écrire en mentant (ὡς ψευδόμενος) » (I § 16.18). Tout ce fatras de désaccords condamne ces Grecs « qui mentent » (τοὺς ψευδομένους) et sert à exalter par contraste un modèle historiographique plus honnête que Flavius Josèphe revendique comme fondement de son propre projet.

3. Cf. William SMITH 1851 p. 366.

4. WISEMAN 1993

Cependant, il importe de ne pas limiter trop strictement le motif de l'historien menteur à des stratégies auctoriales d'auto-affirmation. Le *Comment il faut écrire l'histoire* de Lucien admet l'accusation pour des questions de principe. Il défend qu'à l'inverse d'imposteurs, comme un certain historien corinthien anonyme dont les références de voyage inventées dénoncent dès le principe en son œuvre une imposture, les historiens probes devraient s'attacher à une présentation désintéressée et informée de la vérité[5]. Ses scandaleuses *Histoires vraies*, qui vont probablement de pair avec le *Comment il faut écrire l'histoire*, sont une satire de la dégénérescence de l'historiographie, particulièrement des récits de voyages utopiques et extravagants d'auteurs comme Évhémère et Denys Scytobrachion – auteurs suffisamment considérés et réputés pour être inclus dans la *Bibliothèque historique* de Diodore de Sicile[6]. Sénèque, qui est lui aussi l'auteur d'une parodie historiographique, l'*Apocoloquintose* ou *Transformation de l'empereur Claude en citrouille*, dénonce de même toute une industrie du mensonge :

> Il me faut discréditer les témoins. Je n'ai pas besoin d'un bien grand appareil pour détruire l'autorité d'Éphore : c'est un historien (*historicus est*). Certains historiens cherchent à recommander leurs ouvrages par des récits incroyables. Comme le lecteur détournerait son attention si on ne lui présentait que des incidents de tous les jours, ils le réveillent par du merveilleux. D'autres sont crédules. D'autres insouciants. Il en est dont la bonne foi est surprise par le mensonge (*mendacium*) et d'autres qui s'en délectent. Ceux-là n'évitent pas le faux, ceux-ci le recherchent. Tous ces gens-là ont en commun le défaut de croire que leur œuvre ne se fera accepter et n'accédera à la popularité que s'ils la saupoudrent de mensonges (*mendacio aspersit*) – *Questions naturelles* VII, XVI, 1-2

Bien que Sénèque condamne sans pitié tous les historiens, dans la mesure même où il gradue leur incompétence, il fournit les éléments pour un tableau plus nuancé. Dans l'une de ses parenthèses méthodologiques, Polybe s'est ainsi montré capable de distinguer mensonge volontaire et involontaire dans l'écriture de l'histoire, observant avec indulgence que le dernier était, dans une certaine mesure, inévitable et devrait être simplement excusé et corrigé avec générosité. Le mensonge volontaire, à l'inverse, corromprait l'œuvre

---

5. Cet imposteur n'est pas nommé dans *Comment il faut écrire l'histoire* § XXIX. Ctésias et Jambule sont nommés dans les *Histoires vraies* I, 3.

6. DIODORE DE SICILE, *Bibliothèque historique* IV, LXI, 4 ; LXII, 4. Sur le lien entre ces deux textes, cf. GEORGIADOU & LARMOUR 1993.

entière et ne mériterait que le blâme le plus sévère[7]. Un tel blâme n'était pas administré avec modération, comme le montre la façon dont Polybe traite l'infortuné Timée de Tauroménion.

Les Évangiles, des histoires mensongères

Il est extrêmement intéressant de noter que les évangélistes furent très tôt attirés dans cette polémique antique. Dans un fragment d'une controverse païenne conservé dans le *Monogénès* de Macaire de Magnésie (II, 12), par exemple, les évangélistes sont accusés d'être « des inventeurs, non des historiens » (ἐφευρετὰς οὐχ ἵστορας) exactement sur la même base que celle invoquée par Flavius Josèphe contre les Grecs : leur désaccord mutuel[8]. Si Celse dans son traité anti-chrétien, le *Discours véritable*, a précisément insisté sur le désaccord qui règne entre les évangélistes, comme Porphyre le fera ensuite, il doit s'agir d'un moyen conventionnel de réfutation historiographique, employé dans un très grand nombre d'ouvrages antiques. Il ne s'agit pas d'un argument spécifique conçu pour discréditer un ensemble de textes chrétiens particuliers. En effet, des sectes chrétiennes eurent recours à la même ligne d'accusation dans leurs propres débats canoniques. Selon le récit d'Épiphane, les dénommés *Alogoi* (« insensés »), percevant une divergence chronologique entre les versions respectives de Jean et des Synoptiques sur les évènements suivant le baptême du Christ, conclurent que « l'Évangile selon Jean ment » (τὸ δὲ εὐαγγέλιον τὸ εἰς ὄνομα Ἰωάννου ψεύδεται[9]). Son Évangile était donc jugé non fiable en tant que texte ecclésial. À l'évidence, le rejet ou le discrédit de la validité d'un historien ne requérait pas toujours une démonstration générale élaborée, car le mensonge n'était pas très éloigné de la naïveté. Jérôme, dans son *Commentaire sur saint Matthieu*, rapporte ainsi une variante de l'accusation : « Porphyre et l'empereur Julien soutiennent sur ce passage [Mt 9, 9] qu'[il trahit] soit l'inhabileté d'un historien menteur (*imperitiam historici mentientis*), soit la stupidité de ceux qui ont immédiatement suivi le Sauveur[10]. » Une de ses lettres renouvelle une accusation similaire de tromperie (*arguam falsitatis*)[11].

---

7. POLYBE, *Histoires* XII, XXVC, 5.
8. Pour le texte entier, cf. HARNACK 1911.
9. ÉPIPHANE DE SALAMINE, *Panarion*, *hær*. LI § XVIII, 1.
10. SAINT JÉRÔME, *Commentaire sur Matthieu* ad 9, 9 (CCSL 77 p. 55).
11. *Id. Lettre* LVII, 9 (CSEL 54 p. 518).

De telles accusations nous pouvons déduire que les Évangiles étaient considérés comme des écrits historiques puisqu'ils étaient aussi considérés comme dignes d'une réfutation par les standards de la discipline. Il y a, naturellement, une certaine ironie dans cette situation. Dire qu'un écrit est mensonger revenait à l'honorer en le créditant d'une recherche morale de la vérité, une aspiration qui est souvent loin d'être claire dans la littérature de cette époque. Dans une étude excellente à ce sujet, Wiseman a identifié sept formes de mensonge dans l'historiographie antique : 1) la partialité ; 2) les mythes ; 3) les récits de voyageurs ; 4) la rhétorique et le dramatique ; 5) l'*aphègèsis*, c'est-à-dire le fait de raconter une histoire pour le simple plaisir de la raconter ; 6) l'élaboration de détails pour rendre un récit plus truculent ; 7) l'omission de détails, là aussi pour créer de l'effet[12]. La pertinence de ces catégories précises du mensonge antique devrait être évidente, pour le débat en cours sur Luc-Actes et la fiction antique, qui entre à présent dans sa deuxième génération avec des spécialistes comme Alan Bale, car elles correspondent assez précisément aux points centraux du débat[13]. Ce qui devrait aussi être évident, ou au moins jugé digne de considération, c'est combien ce lieu commun généralisant de « l'histoire mensongère » pourrait remplacer une théorisation exsangue des genres littéraires gréco-romains, comme cadre antique le plus adapté, par sa souplesse, pour faire avancer la discussion sur l'œuvre lucanien. Cela permet à la fois de tenir compte de l'hybridité complexe du sujet et de donner sa portée morale nécessaire à la persistante « question de la vérité ».

La mythographie et l'écriture de l'histoire

La même source canonique capitale se trouve à la fois à l'origine de la théorisation antique du genre et de la censure historiographique de la littérature mensongère : la critique des poètes par Platon. Ce n'est pas un hasard si le *De la malignité* de Plutarque s'ouvre avec une citation du livre II de la *République*, ni s'il consacre un traité entier à ce problème : *Comment le jeune garçon doit lire les poèmes* (*De audiendis poetis*). Platon, c'est bien connu, commence par s'en prendre à Homère comme à un menteur néfaste, alors même qu'avec une certaine ambiguïté il semble aussi souscrire à son

12. Wiseman 1993, 122-46.
13. Bale 2015. Cf. aussi Pervo 1987 ; Dennis MacDonald 2003 ; Loveday Alexander 2005 ; Backhaus & Häffner 2007

projet poétique[14]. Plus tard, lorsqu'Aristote distingue la poésie de l'histoire, sa caractérisation de celle-ci comme décrivant τὰ γενόμενα (ce qui s'est passé) et de celle-là comme racontant οἷα ἄν γένοιτο (ce qui pourrait se passer) avait en réalité pour but de mettre la poésie tragique à la première place en raison de son caractère plus abstrait, donc plus philosophique[15]. De même, son préjugé aristocratique limitant la prose au traitement de sujets bas, c'est-à-dire traitant d'esclaves ou de personnages de basse condition, relève de la polémique, et marque en réalité une sorte de riposte dans le concours livré en arrière-plan pour occuper la position philosophique la plus élevée. Le résultat de cette querelle culturelle prolongée fut une sorte de double division littéraire. Tout d'abord, l'histoire se sépara de la mythographie épique, puis la fiction se sépara de l'histoire – avant de revenir la grignoter sur les marges : vengeance cyclique et satyrique de la poésie sur la prose. On pourrait bien sûr multiplier les étapes de ces séparations : l'épopée didactique d'Hésiode était déjà une rupture critique avec le mode héroïque d'Homère, tout comme l'œuvre de Thucydide était une réponse hésiodique à l'odyssée fantaisiste d'Hérodote. Au cours de ce processus étendu, l'*historia* était idéalisée – au moins par les historiens – comme la *diègèsis* « vraie », un récit philosophique, systématiquement détaché de l'invention de mythes, au-delà des masses fictives de la *poièsis* menteuse.

À partir de là, on voit que la seconde forme de mensonge selon la typologie de Wiseman, le mythe, est davantage que simplement une façon de mentir parmi d'autres. Il touche les racines mêmes de ce combat culturel et de la façon dont l'histoire se perçoit elle-même. La position de Strabon à l'égard du mythe dans sa *Géographie* est représentative et illustre cet état de séparation idéalisé, encore qu'imparfait. Le mythe est fréquemment exclu par principe comme étant à l'opposé même de l'histoire et de la vérité philosophique. Ainsi note-t-il que « les premiers historiens disent de nombreuses choses qui n'existent pas, du fait que l'habitude d'écrire des mythes les a accoutumés au mensonge » (τῷ ψεύδει διὰ τὰς μυθογραφίας[16]). De nouveau, lorsqu'il réprimande Éphore pour sa façon de traiter l'oracle de Delphes, Strabon se demande tout haut si ce prétendu historien « a délibérément souhaité confondre les deux genres, l'histoire et le mythe » (τόν τε τῆς ἱστορίας καὶ τὸν τοῦ μύθου τύπον[17]). L'objectif de Strabon est clairement formulé : maintenir le mythe et l'histoire bien séparés l'un de l'autre (τὸ μυθῶδες καὶ τὸ ἱστορικὸν

14. Sur le regard complexe de Platon sur la poésie et les poètes, cf. DESTRÉE & HERRMANN 2011.
15. ARISTOTE, *Poétique* IX, 9 – 1451a36
16. STRABON, *Géographie* VIII, III, 9.
17. *Ib. loc.* IX, III, 12.

διωρισμένον), étant donné que ce qui est ancien, faux et monstrueux est appelé mythe, tandis que l'histoire requiert la vérité (ἡ δ' ἱστορία βούλεται τἀληθές[18]).

Sur le principe, tout cela semble bien clair, pourtant, dans la pratique, Strabon lui-même, comme la plupart des auteurs antiques aux idées élevées, les transgresse effrontément[19]. Les mythes héroïques et les légendes étiologiques fabuleuses jouent un rôle majeur dans son récit. Il semble que ce soit, en grande partie, en raison de l'idée que, souvent, de telles histoires fantastiques peuvent délivrer une leçon philosophique et que l'enrobage mythique peut servir d'appât pour attirer les foules – conviction platonicienne[20]. Ainsi donc, la double division binaire mythe/histoire et fausseté/vérité correspond à une dichotomie sociologique : peuple/élite.

Les stratégies antiques de démythification et la conception virginale

L'une des caractéristiques importantes de la communauté chrétienne primitive, particulièrement dans les cercles pauliniens en contact avec les Épîtres pastorales, est un effort ferme pour distinguer bien clairement son message d'un contenu mythologique : « Tiens-toi bien loin des mythes profanes et des racontars de vieilles femmes » (1 Tm 4, 7 ; ou aussi 1, 4 ; 2 Tm 4, 4 ; Tite 1, 14 ; cf. 2 P 1, 16). Dans le contexte romain de l'*Apologie* de Justin, ce tropisme culturel et religieux pour l'histoire va de pair avec une conscience vive des fortes similitudes qui lient les histoires des Évangiles à des motifs mythiques bien connus[21]. Justin revient sur ce sujet indépendamment à au moins cinq reprises (*1re apologie* XXI-XXII ; XXXIII ; LIV ; LXVII ; *Dialogue avec Tryphon* LXVII), et il est intéressant de noter qu'il dialogue à la fois avec les païens et avec les juifs. Du point de vue de Justin, la correspondance la plus frappante se trouve aux extrémités du récit : la conception virginale et le couple résurrection/ascension. Ainsi, l'apologiste revient constamment aux

18. *Ib. loc.* XI, v, 3.
19. Paterson 2013 p. 208.
20. *Id.* p. 209.
21. Bien que Justin finisse par condamner la totalité des mythes comme des inventions inspirées par les démons pour tromper la race humaine, son approche n'est pas *entièrement* négative, puisque ces récits trompeurs sont des parodies de la prophétie biblique. On pourrait le considérer comme un précurseur moins optimiste de la vision du christianisme de Lewis comme étant le « mythe qui s'est réellement passé », cf. Lewis 1970 ; 2004.

nombreux enfants de Zeus et, reprenant l'accusation explicite de son interlocuteur juif Tryphon, il compare de façon répétée la naissance de Jésus à celle de Persée, né de Danaë et de Zeus, qui s'était présenté à la vierge sous la forme d'une pluie dorée.

Ce qu'il faut comprendre, ce n'est pas que Justin théologien ait en aucune façon confondu Jésus avec un demi-dieu ou considéré l'histoire de l'Évangile comme un mythe ; ce n'est évidemment pas le cas. En revanche, il apparaît clairement que les récepteurs païens de l'Évangile, tout comme les juifs, pouvaient le faire et, visiblement, l'ont fait.

Dans ce contexte (et indépendamment de l'hypothèse d'un proto-Luc sans le récit de l'enfance), il est saisissant de voir à quel point le IIIe Évangile – qui comporte des liens forts à la fois avec Justin et avec les Épîtres pastorales – non seulement passe stylistiquement des élégantes périodes du prologue à un récit paratactique dans le style de la Septante, mais encore passe si rapidement de la promesse d'une *diègèsis* fiable et bien documentée à un récit d'enfance qui, pour de nombreux lecteurs antiques, entre clairement en résonance avec la mythographie gréco-romaine.

D'une part, d'après l'exemple d'un auteur comme Strabon, cette étrange conjonction entre une affirmation méthodologique et la pratique concrète ne devrait pas causer de surprise. Le fait que Luc puisse assurer Théophile de la vérité (*asphaleia*) de son récit, puis aussitôt le mettre face à une histoire de conception divine n'est pas en soi extraordinaire. Ce qui est extraordinaire, en revanche, c'est que l'évangéliste livre si directement son récit. En effet, Strabon s'efforce de rationaliser la matière mythique qu'il emploie, ce qui est complètement étranger à Luc.

> Qui étaient les Myrmidons d'Égine ? Des fourmis transformées en hommes par un vœu d'Éaque ? Non, ils étaient des humains qui creusèrent la terre comme des fourmis pour parvenir à cultiver leur sol [...]. Le cuir du fameux sanglier de Calydon était-il responsable de la guerre entre les Curètes et le peuple de Calydon [...] ? Non, c'était une dispute territoriale [...]. La Toison d'or a-t-elle existé ? Non, l'histoire est basée sur les peaux laineuses que les habitants de Colchide utilisent pour recueillir l'or qui descend des montagnes[22].

La démythification opérée par Strabon est un procédé historiographique traditionnel qui remonte aux quatre fragments les plus anciens de la collection

22. Cité chez PATERSON *op. cit.* p. 212.

de Jacoby – Hécatée de Milet, Acousilaos, Phérécyde et Hellanicos – qui représentent donc les premiers efforts malaisés pour séparer l'histoire du mythe. Hérodore d'Héraclée et Hérodote lui-même pourraient être ajoutés à la liste des tentatives de rationalisation, bien que la plus représentative et la plus importante soit celle du paradoxographe Paléphatos, auteur du IVe siècle, contemporain d'Aristote, dont les *Histoires incroyables* sont devenues par la suite l'ouvrage de prédilection des auteurs chrétiens byzantins dans leur opposition au mythe païen[23].

À l'époque du Nouveau Testament, Diodore de Sicile et Plutarque emploient toujours cette méthode, et le dernier prétend ouvertement dans ses *Vies* « épurer la fable (τὸ μυθῶδες) par la raison, [l'obliger] à se soumettre à elle et à prendre l'aspect de l'histoire » (*Vie de Thésée* § I, 5). Dans cet esprit, et de manière significative, Plutarque applique cette méthode aux récits merveilleux qui entourent la naissance de Romulus. Ainsi, bien que la mère ait déclaré que le père de l'enfant était Mars, en réalité, « Amulius, qui lui avait ravi sa virginité, serait entré dans sa prison tout armé, pour lui faire violence[24] ». Ou bien, de même, Plutarque explique que, puisque pour les Latins *lupæ* signifie à la fois « louves » et « femmes de mauvaise vie », il se pourrait que la femme de Faustulus, le père adoptif des jumeaux, ait été une femme aux mœurs relâchées et soit la véritable nourrice de l'histoire[25]. Les racontars de Celse au sujet de Panthéra, avec son explication étymologique frisant le jeu de mots sur la mère de Jésus supposément vierge (*parthenos*), rappellent ici fortement Plutarque et appartiennent tout à fait à cette tradition de démythification historique irrévérencieuse[26]. Cela, en réalité, n'est pas tellement original, ni en tant que polémique, ni en tant que simple révélation savante du mensonge d'une pseudo-histoire.

Des exégètes et théologiens modernes éclairés pourraient reprendre l'accusation des Anciens et affirmer que le but principal de Luc, en faisant le récit de la conception virginale, était en réalité un théologoumène christologique abstrait au sujet du motif de la « filiation divine » (*Gottessohnschaft*), ou bien une tentative pour soutenir la rivalité avec le *divus Augustus*, qui aurait aussi été conçu par miracle[27]. On peut admettre que ces deux motifs (qui ne sont pas

---

23. Sur Paléphatos, cf. Jacob STERN 1996.

24. *Vie de Romulus* § IV, 3

25. *Ib. loc.* § IV, 4.

26. CELSE, *apud* ORIGÈNE, *Contre Celse* I, 28.32-33.

27. « Le but du narrateur n'est pas de faire le récit d'un miracle gynécologique. Son but est de proclamer que Jésus est le Fils de Dieu messianique et de montrer, au commencement même de sa vie, l'origine divine de sa personne. » MOLTMANN 1993 p. 83.

complètement détachés l'un de l'autre) sont présents[28]. Cependant, la démythification comme approche édulcorante des textes n'a pas été inventée avec Bultmann. Elle existait déjà comme technique historiographique possible, et Luc aurait pu choisir de s'en servir. Il est, par conséquent, difficile d'admettre que des relectures si réductrices puissent couvrir la totalité du sens littéral du texte écrit *comme Luc le souhaitait.*

Ici, l'observation principale que nous pouvons faire est simple. Luc ne montre absolument aucune distance critique vis-à-vis de la conception divine, ostensiblement mythographique, qu'il raconte. C'est là un aspect – assez important – de sa *persona* auctoriale : elle se refuse sensiblement à intervenir, et c'est une divergence majeure d'avec la tradition historiographique qui le précède, et la pratique de son temps. Une dimension négative de la posture silencieuse de Luc est l'absence de ce que j'ai appelé ailleurs *la rhétorique de la rumeur*, lorsque l'auteur énonce un contenu douteux, en précisant qu'il s'agit d'un ouï-dire qui circule[29]. Une telle rhétorique suit le conseil de Lucien :

> Si un mythe se présente, tu dois le rapporter, mais ne pas le croire entièrement ; non, informe ton auditoire qu'il faut que chacun en juge comme bon lui semble – tu ne cours pas de risque et ne penches ni d'un côté ni de l'autre. – *Comment il faut écrire l'histoire* § LX.

Ainsi, lorsque Denys d'Halicarnasse raconte l'histoire d'Ocrisia, vierge qu'un démon du feu a fait tomber enceinte, ou peut-être Vulcain lui-même – mythe souvent évoqué dans le débat lucanien –, l'historien garde soigneusement ses distances. D'abord, il donne pour cadre à son récit fabuleux le projet encyclopédiste et archiviste d'un collectionneur d'antiquités, auquel il souhaite contribuer :

> Il y a aussi actuellement dans les annales du pays (ἐν ταῖς ἐπιχωρίοις ἀναγραφαῖς) une autre histoire liée à la naissance [de Tullius], qui élève les circonstances qui l'entourent au domaine du fabuleux, et nous l'avons trouvée dans de nombreuses histoires romaines. – Denys d'Halicarnasse, *Antiquités romaines* IV, I, 3.

Il ajoute de même un discret *caveat*, en exposant sa croyance rationnelle que les divinités ne sont pas telles que les contes populaires le suggèrent :

28. BLUMENTHAL, 2011.
29. Cf. *infra* ch. 5.

« Ce récit – s'il plaît aux dieux et aux autres divinités qu'il soit rapporté – est à peu près ce qui suit. » Enfin, et c'est le plus important, Denys annexe tout ce récit fantastique comme appendice à un autre récit de la naissance de Tullius, parfaitement cohérent, version dont l'auteur même dit : « Je puis tout à fait y donner foi » (μάλιστ᾽ἔγωγε συγκατατίθεμαι). Le lecteur n'est pas amené à accepter un récit unique englobant, mais on lui présente différentes options classées. Bien évidemment, il y a dans cette mythographie choisie un niveau de sophistication historiographique qui est complètement absent de l'approche du IIIe Évangile.

La distance qui sépare Luc de Denys peut être constatée à différents niveaux. D'abord, les détails extravagants, comme le phallus fantôme jaillissant soudainement du feu devant Ocrisia, sont totalement absents de Luc. Les analogies entre les deux récits ne semblent pas pouvoir être constatées au-delà de quelques vagues correspondances générales de struture. De plus, le fait que l'Annonciation n'est pas placée dans un passé lointain – comme une archéologie thucydidienne – mais est au contraire racontée comme une histoire contemporaine (et même précisément datée), la distingue également, et ce n'est pas anodin, de ces traditions parallèles. Enfin, ces particularités de contenu doivent être mises en facteur avec une plus importante particularité de forme. En supposant que Luc avait en effet quelque intention essentiellement historiographique – d'écrire une *diègèsis* vraie, comme il semble le dire –, le ton élevé de l'érudition universelle n'a manifestement aucune influence sur son entreprise narrative (pas plus qu'une fin d'utilité pour une carrière politique ou militaire). Luc ne raconte pas son histoire avec la distante réserve des autres historiens de son temps, et son style n'est pas calibré pour une élite sociale. C'est un autre but qui anime son projet. Où cela nous mène-t-il, alors ? Au « Profit with Delight » de Pervo ? Cela est peu probable, et mieux vaut selon moi éviter le recours à la fiction comme catégorie explicative de référence.

Le foyer historiographique des récits de nativité

En ce qui concerne le mode historiographique dans lequel Luc 1-2 se situe, la mention par Denys des « annales du pays », qu'il faut entendre au sens d'une « mémoire locale », offre une piste intéressante. Il y a près de quarante ans, Emilio Gabba a souligné l'importance de l'histoire locale collectée pour les voyageurs par les auteurs, comme Pausanias, de guides de voyage dans lesquels se sédimentait une matière choisie dans les traditions populaires et religieuses accumulées autour des sanctuaires régionaux[30]. Une telle littérature, selon Gabba, représente un pont historiographique important vers la littérature romanesque gréco-romaine sur le point de fleurir. Le témoignage de Denys confirme qu'elle servait aussi de source pour les récits de naissances miraculeuses.

Il est intéressant de noter que ces histoires de conception divine échouèrent à s'implanter dans les romans païens, comme le fit le motif omniprésent de la mort apparente (*Scheintod*). Pour l'unique naissance miraculeuse qui apparaît dans les romans gréco-romains, cependant, on peut identifier son origine de façon assez directe dans le cadre d'un culte local. Ce cas n'est pas inconnu de ceux qui étudient les Évangiles, aussi douteux que soit le parallèle à presque tous les niveaux[31]. Il s'agit de la ruse de Nectanébo, dans le *Roman d'Alexandre*, dans lequel le magicien et roi destitué d'Égypte conçoit Alexandre avec la reine Olympias de Macédoine. Pour s'introduire auprès d'elle, il se déguise en Ammon, dieu libyen, en revêtant une chevelure dorée et des cornes. Ce qui est intéressant ici n'est pas le contenu farcesque, mais le fait que cette nativité illégitime parodique puise évidemment son origine dans la proclamation cultuelle d'Alexandre comme roi et comme souverain légitime de l'Égypte par l'oracle de Zeus Ammon, à l'oasis de Siwa dans le désert libyen[32].

Le cas particulier du *Roman d'Alexandre* montre combien les intérêts biographiques peuvent se cristalliser de façon spécifique autour des cultes des héros, et que finalement le récit de nativité semble avoir davantage gravité autour du genre des Vies (*bioi*) gréco-romaine comme un genre introducteur plutôt qu'autour du roman[33]. Il est donc significatif que les récits de nativité qui préfacent souvent ces Vies soient aussi en contact direct avec les légendes locales des sanctuaires. Cela s'applique, encore une fois et de façon plus claire, à la seconde nativité généralement invoquée en parallèle dans l'étude de Luc : le récit par Suétone de la conception merveilleuse d'Auguste par Atia dans sa *Vie du divin Auguste*. Atia, raconte Suétone, tomba enceinte d'un serpent alors qu'elle dormait dans le temple d'Apollon, le serpent étant considéré par certains comme étant le dieu Apollon lui-même. La source de l'histoire, cependant, comme l'historien le précise explicitement, était une collection

30. Gabba 1980-1981 p. 58-59
31. Funk, 1998. Pour une vision maximaliste et agressive de l'arrière-plan mythique des histoires des Évangiles, cf. Rhys, 1922.
32. La floraison de cultes du chef à l'époque hellénistique était étroitement liée aux revendications de filiation divine. Cf. Green 1997 p. 435-437.
33. L'importance des *bioi* pour l'étude des Évangiles est largement acceptée. Cf. Burridge 2004.

de légendes religieuses : les livres d'Asclépiade de Mendès, c'est-à-dire ses *theologoumena*, une explication des rituels cultuels étranges par des récits étiologiques tout aussi étranges.

Le mélange entre un savoir ésotérique et l'enquête (*historia*) sur le terrain – ou au moins la connaissance de récits locaux recueillis dans les *géographies* et dans la littérature locale – donne donc une saveur particulière à ce genre de récit de nativité. Suétone, par exemple, ne se fonde pas uniquement sur des compilations érudites comme celles d'Asclépiade de Mendès. Le biographe acquiert aussi sur le terrain l'information suivante au sujet du lieu de naissance d'Octavien :

> On montre (*ostenditur*) aujourd'hui la maison où il fut élevé, dans une terre que possédait sa famille aux portes de Vélitres ; elle est tout à fait modeste et semblable à un cellier. Les gens du pays persistent même à croire qu'il y est né. On se fait un scrupule religieux d'y pénétrer, sauf nécessité et après un rite de purification (*huc introire nisi necessario et caste religio est*), puisqu'une croyance ancienne persiste selon laquelle les visiteurs irrévérencieux sont arrêtés par un frisson et d'horreur d'effroi. Cette croyance fut même confirmée plus tard. – Suétone, *Vie d'Auguste* VI, 1-2,

Le lieu de naissance de l'empereur est à l'évidence devenu une attraction et un sanctuaire, et l'on se trouve ici directement en contact avec l'accumulation de traditions entretenues et approvisionnées par les résidents locaux et les guides. C'est principalement le même contexte d'histoire locale[34] qui façonne le récit par Philostrate de la naissance d'Apollonios, lié à la description d'une fontaine consacrée à Zeus dans la cité de Tyane. Quoiqu'il n'affirme pas directement qu'Apollonios ait été engendré par Zeus, Philostrate raconte cependant qu'une telle paternité divine est « ce que les habitants disent » (οἱ ἐγχώριοί φασι)[35].

Il n'est pas sans intérêt, au vu d'une telle tradition locale, de rappeler que Justin, citoyen de Naplouse (la Sichem biblique, en Palestine romaine), qu'une génération à peine sépare de la composition des Évangiles, connaissait une tradition locale selon laquelle Jésus était né dans une grotte (*Dialogue avec Tryphon* LXXVIII ; cf. *Protévangile de Jacques* XVIII, 1), tradition encore préservée et activement propagée du temps du pèlerinage d'Origène aux alentours de 215 après J.-C. :

34. En allemand *Heimatkunde* dans le texte [n.d.é.].

35. PHILOSTRATE, *Vie d'Apollonios de Tyane* I, VI

> Là, on montre (δείκνυται) à Bethléem une grotte (σπήλαιον), dans laquelle il naquit, et dans la grotte, la crèche (ἡ ἐν τῷ σπηλαίῳ φάτνη) où il fut emmailloté. Et ce que l'on montre (τὸ δεικνύμενον τοῦτο) a une grande renommée dans la région (ἐν τοῖς τόποις), même parmi les ennemis de la foi, et ils disent que c'est ici la grotte où naquit ce Jésus qui est l'objet de l'admiration et de l'adoration des chrétiens – *Contre Celse* I, 51

Luc, qui ne mentionne ni grotte ni étable mais uniquement une φάτνη (Lc 2, 7), ne peut en aucune façon être lui-même la source de ce détail au sujet du σπήλαιον ou de sa localisation précise. Des individus locaux ayant porté cette tradition d'un récit de la nativité de Jésus ont manifestement existé à Bethléem et en Judée à une date étonnamment ancienne. Si le récit de l'enfance de Jésus fait par Luc lui-même a visiblement alimenté toute cette affaire, sur la base de parallèles avec d'autres Vies (*bioi*) gréco-romaines, on peut cependant envisager avec prudence que l'évangéliste lui-même a travaillé avec des sources locales similaires, provenant de lieux d'attraction ou de sanctuaires, probablement orales (cf. Lc 1, 2), quoiqu'à un état plus primitif quant à la mise en forme des données au sujet de la naissance de cette célébrité régionale. Les sources liées à Jean-Baptiste, fortement liées, offrent un témoin à la dynamique inévitable des légendes orales locales, quoique dépourvues de la stratégie de distance historiographique habituellement observée. « Tous ces évènements étaient racontés (διελαλεῖτο πάντα τὰ ῥήματα ταῦτα) à travers toute la région montagneuse de Judée » (Lc 1, 65) – on les a racontés pendant un certain temps, et même jusqu'à l'époque de Luc, pouvons-nous croire. Il existe déjà des raisons exceptionnellement fortes de mettre en lien la généalogie de Luc avec des traditions familiales primitives au sujet de Jésus. Je ne vois aucune raison de ne pas imaginer que des récits similaires qui avaient cours au sujet de la naissance de Jésus ont pu servir de source à la fois à l'Évangile et à des pèlerins postérieurs comme Justin et Origène. Il s'agit d'un système de tradition et de transmission reconnaissable qui avait cours avant, pendant et après la rédaction de l'Évangile de Luc[36].

L'origine de récits de nativité miraculeux dans le contexte de légendes liées à un culte local aide à concevoir un contexte historiographique pour Luc 1-2. Quelle que soit l'opinion de chacun sur la thèse, vaste, de Gregory Sterling – il y a des idées excellentes mais aussi certains problèmes –, il fait un pas fort utile en mettant l'acccent sur une littérature nationale ayant pour auteurs

36. Cf. GIAMBRONE à paraître b.

des prêtres comme Bérose et Manéthon[37]. Lorsque Flavius Josèphe, dans le *Contre Apion*, décrit ainsi les écritures juives comme un spécimen de cette forme de tradition sacerdotale de l'Orient, une sorte d'archive du sanctuaire du fameux Temple-État de Jérusalem, description que l'on retrouve aussi dans 2 M 2, 13 et dans la *Lettre d'Aristée*, nous avons les bases pour relier Luc au concept gréco-romain d'« annales du pays » (ἀναγραφαί ἐπιχώριαι[38]) à travers son lien à l'histoire locale (*Heimatkunde*) sacrée d'Israël.

L'œuvre lucanien et les archives d'Israël

On dispose de solides raisons d'étendre cette perspective aux Évangiles de l'enfance, dans deux directions principales. Au simple niveau du récit, l'affinité est déjà évidente. Quel que soit l'effet désiré de l'omniprésence du Temple en Luc 1-2, il crée inévitablement une ambiance hiératique et sacrée. Sacrifices, offrandes d'encens, prophètes ascétiques et inspirés, oracles versifiés, pèlerinages au sanctuaire national, sages discourant sous ses portiques, tout concourt à rendre vivante dans le récit l'activité dont bruisse ce sanctuaire fameux dans tout l'univers. Certes la littérature romanesque prisait fort les lieux pittoresques à proximité des sanctuaires. Mais chez Luc l'étape dans une île fait défaut, alors qu'elle est un moment quasi obligé dans les romans. Ces derniers, à l'inverse, ne goûtent guère les naissances miraculeuses. L'ouverture lucanienne doit donc se lire selon une clef de lecture différente. Pour un lecteur gréco-romain de Luc, il devait rappeler plutôt des livres théologiques et des récits relatifs à des cultes locaux, dont l'accumulation ordonnée fournissait la matière requise par les historiens et les auteurs de *bioi* pour leurs ouvrages. C'est à peu près l'avis d'Aune décrivant l'œuvre lucanien comme une parmi « des centaines d'histoires médiocres égarées[39] » à tout jamais, un peu de couleur et de piment en plus.

Le fait que Luc se range parmi des textes historiques « de qualité moyenne », de provenance locale et dotés d'un souci théologique ne doit pas selon moi être cause de malentendu, ni obstruer l'ample horizon revendiqué par le IIIe Évangile. Enté sur les Écritures nationales des Judéens, sur leur culte et sur leur Dieu, il possède un souffle épique. Pour les Classiques, c'est le *sujet* qui détermine l'élévation du style, or celui de Luc ne fait guère de doute.

---

37. Cf. STERLING 1992.
38. Cf. DENYS D'HALICARNASSE, *Antiquités romaines* IV, I, 3 *supra*.
39. AUNE 2002.

L'évangéliste annonce une histoire à la portée universelle, sérieuse, pleine de sens lorsqu'il promet une chronique des « événements qui se sont accomplis parmi nous » (Lc 1, 1). Cela conduit au second point.

En ce qui concerne les sources réellement employées par Luc, on peut discerner un autre motif d'opérer selon un mode historiographique *judéen*. Je n'ai pas connaissance d'autre chose que de tautologies concernant le *Sitz im Leben* de la « source baptiste » que l'on suppose avoir servi à Luc. Qu'il faille le chercher parmi les esséniens du désert, dans le peuple des collines de Judée, dans les archives de quelque lignée sacerdotale, on reste fondamentalement dans le même contexte. En ce qui concerne la transmission de la généalogie de Jésus, on a de solides raisons d'accepter que Luc ait eu des contacts directs avec les *desposynoi*[40]. La question d'un substrat sémitique de Lc 1-2 reste posée, en dépit de travaux récents de Jung prétendant clore la question[41]. L'insistance de ce dernier sur la Septante ne doit pas nous égarer. Les deux Annonciations, les femmes stériles, les anges, les cantiques de louange présupposent des antécédents vétérotestamentaires[42]. C'est ce que veut dire Fitzmyer, du moins l'espère-t-on, lorsqu'il définit le récit de l'enfance chez Luc comme une « histoire imitative » – à savoir une histoire se conformant à des modèles historiographiques connus[43]. En traitant les Écritures selon une méthode archivistique, telle que la pratique Flavius Josèphe par exemple, Luc fait figure de continuateur de la littérature nationale d'Israël. Dans les récits d'enfance, il nous apparaît même comme l'auteur d'une micro-histoire généalogique/d'un récit court, un peu à la manière du livre de Ruth[44]. « Aux jours de… » (cf. Lc 1, 5) est une formule vétéro-testamentaire un peu semblable au *meta tauta* (« après cela ») de Xénophon. Il n'est pas nécessaire d'adopter toutes les conclusions de Conzelmann pour prendre l'ensemble de la Septante comme un « prélude[45] » à l'œuvre lucanien.

---

40. Cf. BAUCKHAM 1990b ; GIAMBRONE *op. cit.* ; les *desposynoi* sont les « parents du Seigneur », c'est-à-dire la famille de Jésus.

41. Cf. JUNG 2004.

42. D'après Bultmann, qui a exercé une grande influence, « on peut admettre comme base de la narration un récit primitivement sémitique, lequel n'aurait pas encore contenu le motif, inouï en terre juive, de la conception virginale. Ce motif n'aurait été ajouté que dans la transformation hellénistique, en terre [où] le thème de la procréation du roi ou du héros par la Divinité dans le sein d'une vierge est répandu » (BULTMANN 1973 p. 357 ; ces remarques concernent Mt 1, 18-25 mais Bultmann attribue Lc 1, 34 à « la même sphère du christianisme hellénistique » – *ib. loc.* p. 362).

43. FITZMYER 1979b p. 309.

44. Concernant ce vocabulaire, cf. HUBBARD 1988 p. 48.

45. En anglais *prequel :* « film ou roman ayant pour thème des événements antérieurs à ceux d'un film ou d'un roman déjà sorti, la jeunesse ou l'enfance d'un héros célèbre par exemple » – *Dictionnaire français-anglais Collins et Robert* [n.d.é.].

Il existe un autre « prélude[46] » au IIIe Évangile, écrit dans son sillage, mais qui nous confronte aux dangers guettant « l'histoire imitative ». Au début du *Protévangile de Jacques*, Joachim, auquel on reproche la stérilité de son couple, répond en annonçant son désir de consulter les archives locales : « "Je verrai dans les archives des douze tribus d'Israël si je suis le seul à n'avoir pas engendré de rejeton en Israël." Il fit des recherches et il trouva que tous les justes avaient procréé une descendance en Israël » (I, 3). La naissance miraculeuse de Marie s'ensuit bientôt, peut-être après une conception virginale (cela dépend des manuscrits), et elle s'inscrit ainsi dans l'histoire des douze tribus. Ici, la continuation de l'histoire nationale prend la forme d'une flagrante fabrication à partir d'un schéma littéraire préexistant.

De nombreux détails séparent Luc de ce récit chrétien fictif, mais son art de mieux réussir que les autres pour relater une naissance encore plus miraculeuse que celle d'Isaac montre qu'il était familier des textes de l'Ancien Testament[47]. S'il est nécessaire de maintenir la distinction entre « écriture historicisée » et « histoire scripturalisée » – les accoutrements bibliques ne constituent pas un test décisif pour déterminer l'historicité factuelle d'un événement –, ces modèles scripturaires soulèvent néanmoins la question lancinante de la *vérité*[48].

La question de la vérité

Loveday Alexander a noté que, derrière le débat sur les genres littéraires dans les études lucaniennes, se profile toujours la question béante de sa *fiabilité :* « est-ce vrai ? »[49]. La réponse de Raymond Brown traduit sa confusion :

> Je ne dis pas que Matthieu et Luc ont seulement présenté la conception virginale comme un symbole et qu'ils étaient indifférents à ce qui s'était réellement passé. Je pense que l'un et l'autre la regardaient comme historique,

46. Cf. note précédente.
47. Cf. HARTSOCK 2015.
48. Sur ce vocabulaire, cf. GOODACRE 2006. EHRMAN 2009 affirme quant à lui : « Matthieu a écrit que Jésus était né d'une vierge, parce que c'est ce que l'Écriture prophétisait » (p. 74). Selon ALLISON 2010 : « Conférer une tonalité biblique ne signifie pas nécessairement inventer. Lorsqu'il rapporte la victoire de Constantin contre Maxence au Pont Milvius, Eusèbe donne à celui-ci le rôle de Pharaon, et à celui-là celui de Moïse. Cela n'implique pas que la bataille ne se soit pas produite [...]. La dette contractée par un récit envers l'Écriture, sa prétention implicite ou explicite à accomplir une prophétie ne dit rien *a priori* de son ancrage dans l'histoire » (p. 389).
49. Loveday ALEXANDER 1998.

mais l'obsession contemporaine sur l'historicité n'était pas de leur fait. La portée première de la conception virginale était pour eux théologique[50].

Cette affirmation me déconcerte, je l'avoue. Pour Alexander, le niveau textuel n'offre aucun moyen de résoudre le problème de la vérité. Pour Brown, l'intention de l'auteur n'est pas pertinente. Et pourquoi donc ? Est-ce que « l'obsession contemporaine sur l'historicité » est à ce point étrangère aux auteurs antiques qu'il s'agisse d'un grossier anachronisme ? Quelle approche alternative proposer ? Les Anciens n'avaient peut-être pas tort dans leur caractérisation *ad hominem* des auteurs, car c'est bien une ligne de conduite morale, invitant à se garder de la crédulité comme de la fabrication, qui sépare histoire et fiction. Luc pensait écrire la vérité. Les Anciens se seraient donc demandé : « L'évangéliste était-il crédule ? ou négligent ? Ou alors constitue-t-il une source fiable ? »

Encore un peu engourdis par le long hiver du positivisme, nous vivons un moment postmoderne. Hayden White peut nous aider à avancer, en dépit des nombreuses ambiguïtés présentes dans son œuvre[51]. Pour le dire en un mot : nous devons nous habituer de nouveau à considérer l'écriture de l'histoire comme une entreprise esthétique et morale. C'est ainsi du moins que la regardaient les Anciens. Ce qu'Aristote nomme *ta genomena* ne recouvre pas du tout la même chose que « ce qui s'est réellement produit » (*wie es eigentlich gewesen ist*) de Ranke. Je ne peux faire ainsi qu'un petit nombre de suggestions sur ce à quoi cela nous pourrait mener. Mais il vaut la peine selon moi d'interroger les orientations esthétiques et morales de Luc.

L'esthétique de Lc 1-2

Luc a composé de la nativité de Jésus un diptyque assez complexe. En prenant Denys d'Halicarnasse et Lucien comme étalon du goût littéraire et historiographique des Anciens, Luc se serait certainement attiré leurs éloges

50. Brown 1999 p. 517.

51. Cet auteur soumet « l'obsession contemporaine sur l'historicité » à une rude critique. En se référant à un certain nombre de penseurs continentaux (Valéry, Heidegger, Sartre, Lévi-Strauss, Foucault) et anglo-saxons, il affirme que « la conscience historique dont se targue l'Occident depuis le début du XIXe siècle n'est peut-être rien de plus que la base théorique à une position idéologique, depuis laquelle la civilisation occidentale analyse ses relations avec les cultures et civilisations qui la précèdent, ou avec celles qui cohabitent avec elle dans le temps et dans l'espace. En bref, il est possible de considérer la « conscience historique » comme un préjugé typiquement occidental qui permet de légitimer rétroactivement la supériorité de la société industrielle moderne ». Hayden White 2014 p. 2.

par sa manière de commencer son histoire, surtout si on la compare à l'irruption abrupte et dénuée d'explication de Jean-Baptiste et de Jésus au début de l'Évangile de Marc. Selon la « poétique de l'histoire » de White, qui s'appuie sur des critères exclusivement formels, Luc a combiné plusieurs motifs inauguraux de manière à élever sa composition au niveau d'une véritable *histoire* (*story*), ce qui contraste avec le style de *chronique* qui caractérise l'ouverture de Matthieu[52]. Cela implique aussi que Luc sélectionne d'autres motifs pour la *clore*, évitant ainsi la curieuse chaîne de citations d'accomplissement qui laissent ouvert l'Évangile matthéen de l'enfance (cf. Mt 2, 22-23).

En réalité, Lc 1-2 constitue un Évangile en miniature, et donc une sorte de *comédie*, comme l'ensemble de l'Évangile d'ailleurs. Le motif récurrent de séparation et de retrouvailles colore en effet la structure de Lc 1-2 et lui confère une dimension comique, culminant avec la perte du Christ enfant, son recouvrement, son retour au foyer familial. C'est la volonté du Père, le « il faut » (δεῖ) divin qui opère la séparation. C'est donc un thème théologique qui lance l'action, ce qui n'est pas dénué de précédent. Frye relève ainsi que les comédies de Shakespeare sont structurées par des problèmes juridiques nouant l'intrigue[53]. Il est en revanche surprenant qu'il n'y ait pas de méchants dans l'Évangile lucanien de l'enfance. Au lieu d'un anti-roi assoiffé de sang comme Hérode, Luc introduit Zacharie, pauvre, lent à croire, mais suscitant la sympathie. Cette distance prise par rapport à la tactique agressive, hyperbolique de Matthieu est hautement signifiante et vaut pour tout l'Évangile, beaucoup plus doux et nuancé. On peut ainsi songer aux portraits tout en demi-teinte de Pilate et des pharisiens que dresse Luc – surtout si on les compare aux invectives virulentes de Mt 23.

Le cadre augustéen, l'ambiance bucolique, en particulier en Lc 2, renforce bien entendu le sentiment de grande paix que suscite la composition d'ensemble. On est pourtant loin de l'idylle pastorale (cf. Virgile *4ᵉ Églogue* ; *Oracles sibyllins* III,372 ; VIII,478). En définitive, la délicatesse de Luc doit être mise au compte du critère de bienveillance/impartialité (εὐμένεια), au sens que lui donnent Plutarque, Lucien, Flavius Josèphe et d'autres, consistant à rendre justice aux amis comme aux ennemis, et dont le contraire est une attitude mensongère. Servir la vérité exige de tenir à égale distance l'acrimonie et la flatterie. Ce n'est pas un hasard si les exégètes ne peuvent se mettre d'accord pour qualifier Luc de pro- ou d'anti-romain. Il n'est ni l'un ni l'autre. Seulement *juste*. À l'inverse du Iᵉʳ Évangile, le troisième évite les

52. *Ib. loc.* p. 5-7.
53. FRYE 1990 p. 166.

mots durs, les digressions abusives, il n'omet pas les actes bons, tous abus relevés par Plutarque. Comment analyser la protestation d'honnêteté affichée par l'auteur que nous appelons Luc ?

La protestation d'honnêteté[54] de Luc

Les théoriciens de l'Antiquité divergeaient sur le lieu moral où opère la persuasion. Dans la *Rhétorique*, Aristote la fait dépendre du charisme personnel qui agit dans l'acte même du discours, et non dans les opinions antécédentes sur le locuteur[55]. Des auteurs romains plus récents, comme Cicéron dans le *De oratore*, insistent sur l'expérience morale concrète que l'orateur doit posséder de ce dont il parle. Ces deux visions traduisent des éléments bien réels de la dynamique de la persuasion, et mieux vaut les combiner.

Au niveau de la réception, il est visible que le personnage extra-textuel de « saint Luc » a contribué à ce que l'on perçoive son texte comme animé d'une revendication crédible de dire la vérité. Ce que l'on appelle les *prologues anti-marcionites*[56], ainsi que d'autres préfaces ont donné une consistance textuelle à ce personnage hagiographique, à la manière d'un « paratexte[57] ». La transmission textuelle contient donc l'appel à faire crédit au compagnon inspiré de Paul. Si l'on en croit l'argument de Hengel sur les *titres nommés* circulant en même temps que les plus anciens manuscrits, il est clair que ce paratexte éthique constitue d'une manière ou d'une autre l'enveloppe primitive dans laquelle l'Évangile *À Théophile* a été remis à ses lecteurs[58].

C'est donc *un texte et son auteur* qui ont été transmis ensemble, ce qui est déterminant pour asseoir la fiabilité de celui-là. Le défi de reconstituer les formes primitives de circulation de l'Évangile est perceptible chez Tertullien[59] :

54. En anglais *ethical appeal*. C'est une référence implicite à l'ἀσφάλεια (« certitude ») revendiquée par Lc 1, 4, terme désignant la crédibilité (objective) du récit, mais dépendant aussi de l'honnêteté (subjective) de l'auteur. À la croisée de l'éthique, du *pathos* et de la logique, *ethical appeal* appartient au vocabulaire oratoire et désigne la capacité personnelle d'un rhéteur à convaincre et à susciter l'assentiment [n.d.é.].

55. Cf. MARINCOLA 1997 p. 129.

56. Les prologues « anti-marcionites » ou « vieux-latins » précèdent les Évangiles de Marc, Luc et Jean dans certains manuscrits de la Vulgate. On peut les lire chez REGÜL 1969 p. 16 ; 29-35 [n.d.é.].

57. Cf. GENETTE 1987.

58. Cf. HENGEL 2007 ; GATHERCOLE 2013.

59. Le débat sur les rapports qui peuvent exister entre la version du IIIe Évangile dont disposait Marcion et sa forme canonique pose une question légitime : cette version sans nom d'auteur

> Marcion n'assigne aucun auteur à ce qui est, bien sûr « son » Évangile (*nullum adscribit auctorem*) [...]. Je pourrais dès maintenant, sur ce terrain, engager le combat, soutenant qu'il n'y a pas à reconnaître (*non agnoscendum*) un ouvrage qui ne porte pas le front haut, n'arbore aucune assurance, ne promet aucunement la fiabilité (*nullam fidem*) que donnent la plénitude du titre et l'obligatoire profession du nom de l'auteur. – *Contre Marcion* IV, II, 3

Il faut relever que le IIIe évangéliste ne dévoile pas explicitement son nom dans son œuvre, en contraste marqué avec les conventions historiographiques. C'est pourquoi Bovon peut écrire, commentant Lc 1, 4 : « L'absence du nom de l'auteur me paraît [...] une énigme, puisqu'il y avait la possibilité de le mentionner dans le titre[60]. » D'Hécatée de Milet à Hérodote d'Halicarnasse, et longtemps après eux, le nom de l'auteur est en effet un élément essentiel dans un prologue, et même souvent le tout premier mot[61].

Devant cette pratique gréco-romaine bien documentée, Armin Baum a signalé que l'ancien Orient connaissait une convention historiographique alternative, à laquelle se rattachent les livres historiques de l'Ancien Testament, consistant à donner de l'élévation à la matière traitée en conservant l'anonymat

---

n'en était-elle pas la forme primitive ? Le problème se complique du fait que Marcion désirait homologuer une forme « paulinienne » de l'Évangile, que l'Apôtre lui-même (non un hypothétique compagnon de voyage) aurait couvert de son autorité. En même temps, il voulait aussi nommer ce texte simplement « l'Évangile », rejetant sa quadriformité et le paradigme qui les rattache à un nom (« Évangile selon N »). En ce qui concerne le rapport entre Luc et Marcion, Dieter Roth se distancie des exégètes actuels (Klinghardt, Vinzent) qui reconnaissent la priorité à celui-ci sur celui-là. Il exhorte en effet à la prudence et rappelle la nécessité de disposer d'un texte critique (cf. ROTH 2017 ; Cf. GIAMBRONE à paraître b).

60. BOVON 1991 p. 36. Cet auteur émet l'hypothèse que le nom de l'auteur se soit perdu lors de la canonisation du livre qui aurait entraîné la disparition de son titre originel et son alignement sur ceux de Matthieu et Marc (l'Évangile selon N), en l'attribuant au Luc compagnon de Paul dans le souci de faire remonter son auteur aux temps apostoliques (*ib.* p. 29). SCHURMANN 1982 se contente de l'opinion que l'usage de se nommer soi-même dut paraître superflu à Luc, qui destinait son Évangile exclusivement à un auditoire intra-ecclésial (p. 2 note 8).

61. La recherche de la célébrité et l'étalage de ses compétences exigeaient de l'auteur qu'il se fît connaître. Seul ARRIEN semble avoir rejeté cet usage, mais c'est parce qu'il s'estimait déjà assez célèbre : « Aucun besoin d'inscrire mon nom ! Il n'est nullement inconnu des gens, pas plus que ne le sont ma patrie, ma nationalité ou les magistratures que j'ai exercées dans ma patrie » (*Anabase d'Alexandre* I, XII, 5). Les romanciers, à l'inverse des historiens mais comme les auteurs de poésie épique, gardent fidèlement l'anonymat, à l'exception de Chariton, le créateur du genre, qui donne son nom, sa patrie et sa profession. Les prologues formels ne font pas partie toutefois de cette littérature, même lorsqu'elle adopte la rhétorique de l'autopsie [= *cf. ch. 5 note 2*] et de la critique des sources : c'est alors un simple artifice littéraire.

sur l'auteur[62]. C'est une proposition intéressante, qui mérite examen. Le problème est que l'histoire textuelle tourmentée de ces livres et l'absence de prologues proprement dits rendent la comparaison délicate avec l'œuvre lucanien. Celui-ci se place à la jonction entre des traditions gréco-romaines et juives, et cela vaut également pour les conventions dont il se réclame.

Le prologue grec anonyme de 2 M 2, 19-32 pourrait bien être celui qui se rapproche le plus de Luc. La protestation d'honnêteté se limite ici au dur labeur patiemment fourni par l'auteur et à la sueur que lui a coûtée son effort altruiste pour présenter au lecteur une lecture agréable et bénéfique. Luc ne présente rien de si explicite ou pathétique. Mais derrière l'affirmation d'avoir mené son enquête avec soin depuis le commencement se profilent les peines que celle-ci a pu lui coûter. Sur ce point, toutefois, les deux prologues divergent. L'auteur de l'épitomé révèle qu'il est demeuré anonyme pour esquiver l'accusation de mensonge. Il nomme Jason de Cyrène et à titre personnel n'assume pas la charge de la précision historique : « Je laisse la responsabilité des détails exacts au compilateur » (2 M 2, 28). L'appel de l'auteur de l'épitomé à la bienveillance ne garantit donc pas la fiabilité, mais il s'en tient à deux exigences de Lucien sur trois : plaisir et utilité (« nous avons eu le souci de faire une œuvre agréable pour qui aime lire et commode pour qui préfère retenir les choses par cœur, une œuvre utile à tous les lecteurs, quels qu'ils soient », 2 M 2, 25). Le IIIe évangéliste, en revanche, assume la charge de confirmer la fiabilité (ἀσφάλεια) de ce que le lecteur est supposé connaître déjà après l'avoir entendu de tiers.

*

Luc fut-il un historien menteur ? Dans le monde ancien et encore aujourd'hui, la réponse est *oui* pour certains, *évidemment non* pour d'autres. Que dire de plus ? Remarquons d'abord que Luc était parfaitement capable de déployer sur ses sources relatives à l'enfance de Jésus la stratégie moderne et rationaliste de la *démythologisation*, qui existait déjà. Il ne l'a pourtant pas fait. Réduire son compte rendu à un *théologoumène* passe donc à côté du sujet, puisqu'il l'a nécessairement regardé comme historique. Il disposait de connexions directes et évidentes avec les traditions locales sur la naissance de Jésus qui circulèrent à date précoce en Judée. À ce titre, son livre se rattache aux guides de voyage et à l'historiographie régionale, type de sources dans lesquelles puisèrent bien d'autres *bioi*. L'identification de celles-là ouvrirait une piste prometteuse à celui qui veut évaluer la qualité du récit de Luc.

---

62. BAUM 2008.

Mais il serait vite déçu. Ces récits de naissance étaient suspects aux historiens gréco-romains. Luc, pour sa part, accepte tacitement le motif de la filiation divine. Mais il y a une énorme distance entre son récit et ces parallèles. Son Évangile de l'enfance continue les scènes type de l'Ancien Testament. Cette affinité scripturaire nous oblige à poser la question : *ce récit est-il destiné à être cru*[63] *?* Les Anciens, comme les postmodernes, pourraient résumer les choses ainsi : est-ce l'œuvre d'un historien honnête et capable ? ou l'*auteur* qui se dissimule derrière le texte est-il un « menteur » ?

Il n'est pas utile d'exagérer la tension entre la théorie de la vérité comme *adequatio ad rem* et le tournant subjectif de l'historiographie soutenu par White. Ce dernier a raison de critiquer le relativisme. Le « tournant éthique » imposé à l'auteur – défi posé par le *De la malignité d'Hérodote* – équilibre l'esthétisme de la Nouvelle Critique[64], qui rappelle celui de la *Lettre à Pompée Géminos* et la seconde sophistique, car l'auteur se trouve là où le texte et l'univers extérieur au texte convergent. Puisque Luc se présente dans son prologue comme un *personnage* beaucoup moins interventionniste que les auteurs de son temps, il nous oblige à l'évaluer selon d'autres critères[65]. Sa manière délicate et juste (εὐμένεια) doit être mise au compte de l'impartialité telle que la conçoivent les Anciens, c'est une piste à suivre. Un monde s'ouvre ainsi à l'exploration morale et force notre attention. L'amour de Luc pour les pauvres, ses adresses aux riches, sa vision politique consistant dans le renversement de l'ordre du monde, sa doctrine du pardon (*aphesis*), sa vision d'Israël, et aussi le paramétrage philosophique du possible exprimé dans « rien n'est impossible à Dieu » (Lc 1, 37) – tout cela, non moins que l'énigme têtue d'un recensement universel sont autant de manières d'évaluer l'*asphaleia* de l'Évangile *kata Loukan* en tant qu'œuvre historique[66].

Traduit par Jeanne Magne

---

63. On peut ajouter deux contextes impliqués par l'environnement culturel, en plus du motif mythologique/folklorique, parfois invoqués pour expliquer l'origine de la doctrine de la conception virginale : la médecine et les idées anciennes sur la sexualité (c'est-à-dire l'idéalisation de la virginité). Cf. EMMENEGGER 2017. Une autre théorie ancienne prétend que la conception virginale est une manœuvre apologétique pour dissimuler l'illégitimité de la naissance de Jésus, cf. LÜDEMANN 1998. Un philosophe devrait aussi au préalable régler la question des miracles. Sur ce long débat, cf. SWEENEY 2003 ; et l'inhabituelle position de Lincoln 2013.

64. La Nouvelle Critique (*New Criticism*) est la déclinaison anglo-saxonne du formalisme qui explique les textes par eux-mêmes et à partir de leurs propres structures, en évitant au maximum de leur appliquer des grilles explicatives extrinsèques. Parmi ses tenants, on compte les poètes Robert Penn Warren, Thomas Stearn Eliot [n.d.é.].

65. Cf. SHEELEY 1992.

66. Sur le recensement lucanien, cf. GIAMBRONE 2021f.

CHAPITRE 4
LA COMMÉMORAISON DES MIRACLES DANS LE MONDE DES ÉVANGILES

Le récent recours à la *mémoire* dans la recherche historique sur Jésus constitue un changement de paradigme majeur et salutaire qui a relancé l'étude des fondements méthodologiques et obligé à passer en revue toutes les questions en présence. Dans l'ambiance enthousiaste que cette nouvelle perspective de *Traditionsgeschichte* a éveillée, l'intérêt s'est avec insistance et profit tourné vers les anciennes traditions orales, repensant ces dynamiques déterminantes. On observe également un tâtonnement interdisciplinaire dans le domaine des neurosciences cognitives[1]. Mais, selon moi, un réel rapprochement de la mémoire et de la culture matérielle est largement absent.

Le lien n'est pourtant pas difficile à établir. Le monde antique, tel que nous le connaissons à travers les textes et les découvertes archéologiques, abondait en traces physiques de la mémoire. Celle-ci n'était pas purement une opération mentale abstraite, comme le confirment les neurosciences. Elle investissait des choses et des lieux concrets selon un usage bien réglé. Dans le contexte

1. Si Birger Gerhardsson recommande depuis longtemps de ne pas s'en tenir à un unique paradigme et de varier l'approche mémorielle dans les études sur les Évangiles, une nouvelle vague importante de recherches explore de nouvelles voies depuis environ vingt ans. La bibliographie est désormais bien trop importante pour être facilement citée. Cf. par exemple BYRSKOG 2000 ; DUNN 2003 ; BAUCKHAM 2006 ; LE DONNE 2009 ; ALLISON 2010 ; RODRIGUEZ 2010 ; BYRSKOG, HAKOLA & JOKIRANTA 2016 ; Alan KIRK 2018 ; cf. également HAVUKAINEN 2020.

gréco-romain, on peut parler sans exagérer d'une obsession pour les statues, monuments et inscriptions commémoratives[2]. La culture qui sous-tend ces actes de mémoire élaborés avec soin est riche, car ces *aide-mémoire* artisanaux préservaient une sorte de forme figée et travaillaient activement à modeler et à perpétuer le souvenir public. Si cette somptuosité commémorative découle en grande partie d'une philosophie fondée sur l'honneur et sur le capital social et économique considérable des *honestiores* de Rome, la commémoration par le moyen d'artefacts n'était pas un comportement exclusif de l'élite. La culture des ex-voto en est un excellent exemple.

L'usage d'offrir des ex-voto

La gamme des ex-voto s'étend depuis des temples entiers jusqu'aux objets les plus simples et les plus ordinaires. Par exemple à Rome, le *Templum Lares Permarini*, au sud du Champ de Mars, a été construit pour réaliser un vœu fait par Lucius Emilius Regillus lors d'une bataille navale en 190 avant J.-C.[3]. Dans tel sanctuaire d'Asie Mineure, un garçon reconnaissant a dédié dix dés au dieu résident[4]. Dans le bois sacré de Persaro, des pierres étaient présentées comme offrandes votives et simplement inscrites du nom de la divinité : IVNO LOVCINA, MAT[ER]-MATVTA, SALVTE, déesses latines archaïques de l'accouchement et de la santé[5]. Figurines, coupes, bols et amphores, plaques, trépieds, épées, boucliers, stèles : tout ce que l'on pouvait promettre aux dieux en échange d'une faveur pouvait être accepté dans les trésors d'un sanctuaire. Tous ces cadeaux servaient à accroître le prestige du sanctuaire – sinon par leur valeur monétaire, du moins par le témoignage qu'ils portaient de l'efficacité du pouvoir du dieu local. La pratique ne connaît donc pas de frontières entre les classes sociales, comme en témoigne la multitude d'ex-voto découverts. À Ponte di Nona, un petit sanctuaire situé à 9 miles romains à l'est de l'*Urbs*, huit mille objets votifs ont été retrouvés[6]. L'offrande de ces souvenirs dévotionnels était si courante que les objets votifs étaient produits en masse et que la formule latine rituelle était simplement abrégée en VSLM : *votum solvit libens merito*, « s'acquitte librement du vœu, comme il le mérite ».

---

2. Cf. l'essai classique de Ramsay MACMULLEN 1982.
3. Cf. ORLIN 2016 p. 119.
4. Cf. LIDONNICI 1995 inscription {A8}. Les citations alphanumériques entre crochets renvoient aux inscriptions de cette collection.
5. Cf. GRAHAM 2017.
6. *Ib. loc.*

La coutume de ces offrandes de remerciement n'était bien sûr pas limitée au monde gréco-romain. Dans le Proche-Orient ancien, de l'Assyrie à l'Urartu en passant par la Phénicie, l'Égypte et au-delà, le même phénomène a des racines profondes[7]. L'usage d'enregistrer dans un temple une faveur divine au moyen d'un objet gravé, célébrant l'intervention gracieuse du dieu, était omniprésent dans les provinces orientales de l'Empire.

Bien que le corpus épigraphique originaire de Syrie du Sud et de Judée au début de la période romaine ne soit pas très abondant, il ne faut pas considérer cette culture comme absente de ces régions. Certes, les inscriptions d'ex-voto s'intensifient de façon spectaculaire avec l'arrivée des soldats légionnaires après 70 après J.-C[8]. On peut néanmoins supposer une continuité fondamentale de la pratique dans des centres païens comme Césarée, où les temples aux dieux romains existèrent dès le début. Comme les soldats, exposés à toutes sortes de dangers, les marins sont très présents lorsqu'il s'agit d'offrir des ex-voto. À bon droit, on peut imaginer qu'ils sont nombreux à souhaiter arriver sains et saufs dans le port de Sébaste. La Décapole a favorisé la diffusion de cette culture à l'intérieur des terres. Au Ier siècle, à Gérasa, Démétrius, fils d'Apollonios, prêtre du culte impérial, dédia une statue au temple, tandis qu'une certaine Artémidora offrit un petit autel en calcaire, probablement à sa protectrice, Artémis, l'une des deux divinités principales de la ville[9].

Les sanctuaires de guérison

Parmi cette culture très forte des ex-voto, les sanctuaires de guérison méritent une attention particulière. On a souvent observé (généralement avec des jugements de valeur mal dissimulés) que l'on peut facilement tracer une ligne ininterrompue entre la religion populaire païenne et le culte catholique des saints[10]. Quiconque a visité Fatima et observé les piles de béquilles et les effigies en cire de parties du corps reconnaîtra immédiatement le type pérenne

7. Cf. Del Olmo Lete 2017.
8. Cf. CIIP 1128-1138.
9. Cf. Gatier 2002 p. 277-281 ; 2017 p. 343-344.
10. À grand renfort d'érudition tortueuse, Bettini 2002 renvoie au sébastianisme portugais comme à une sorte de messianisme séculier fondé sur l'héroïsation d'un défunt illustre venu d'un lointain passé, dont on attendait beaucoup et qui est mort tragiquement, en l'occurrence le roi Sébastien Ier (1554-1578). Cet auteur réfléchit sur le lien entre une statue de saint Giuseppe Moscati à Naples et le culte antique d'Asclépios. Plus sobre et succinct, cf. l'observation banale de Colazilli 2012 p. 163.

du sanctuaire de guérison. Les anciens ex-voto en terre cuite abondent dans les collections des musées – têtes, visages, yeux, oreilles, dents, langues, mains, doigts, pieds, orteils, bras, jambes, organes génitaux, seins, bébés, vessies et autres entrailles diverses –, chacun étant le mémorial d'une guérison. Certaines de ces commémorations en argile de la prière exaucée remontent jusqu'à quatre mille ans, comme les membres minoëns conservés au British Museum (BM 1907.1-19)[11].

Des sanctuaires de guérison régionaux étaient disséminés dans tout l'Empire. En se basant sur la prépondérance de telle ou telle partie du corps parmi les ex-voto, il est souvent possible de deviner le type de guérison qui faisait la réputation de tel ou tel sanctuaire. Sur le site étrusque de l'*Ara della Regina* à Tarquinia, on a ainsi trouvé 26 jambes, 225 pieds et 233 utérus dans un dépôt de 759 offrandes votives, ce qui suggère une concentration sur les handicaps moteurs et la stérilité[12]. La présence occasionnelle de professionnels de santé parmi les prêtres qui s'occupent de ces sanctuaires contribue à expliquer ce type de spécialisation.

Cette alliance avec la médecine antique permet de mettre en évidence un culte de guérison qui s'élève bien au-dessus de tous les autres : celui d'Asclépios, fils d'Apollon et patron chez les Grecs des arts médicaux. Le monde antique connaissait un grand nombre de centres dédiés à ce demi-dieu, qui n'étaient pas exploités cependant sous une franchise commune. Les archéologues ont identifié plus de trois cents sanctuaires distincts, de Corinthe à Carthage, Rhodes et Rome – tous rayonnants, à partir du VIe siècle avant J.-C., depuis le plus grand et plus illustre *Asclepieion*, celui d'Épidaure, où la tradition le faisait naître[13]. Chaque région présente des variantes spécifiques. Les différents sites avaient leurs propres spécialisations et protocoles, ainsi que des traditions votives singulières. À Corinthe, les parties du corps en terre cuite abondent ; à Athènes et au Pirée, ce sont des reliefs en pierre. Néanmoins, le caractère fondamental du culte d'Asclépios reste le même.

La pratique publique de l'art médical au temple, sous le patronage d'Asclépios, est en soi un phénomène intéressant, car elle témoigne d'une vision de la guérison divine très différente de la nôtre. Vitruve, par exemple, en décrivant le site approprié pour la construction d'un sanctuaire de guérison,

---

11. Cette pratique spécifique est là encore très répandue. Le temple d'Hathor à Deir el Bahari, par exemple, conserve de nombreux phallus et semble avoir été spécialisé dans les cures d'impuissance. Cf. COLAZILLI *op. cit.* p. 160.
12. Cf. COMELLA 1982.
13. Pour ce chiffre, cf. FANT & REDDISH 2008 p. 363. Sur Asclépios, cf. *supra* ; cf. aussi Emma & Ludwig EDELSTEIN 1998. Pour une étude approfondie d'un tel sanctuaire, cf. LANG 1977.

fait allusion à la combinaison entre le dieu qui y agira et ce que nous pourrions considérer aujourd'hui comme des facteurs totalement naturels.

> Pour tous les temples, on choisira les sites les plus salubres (*saluberrimæ*) avec des sources appropriées dans les endroits où les sanctuaires doivent être installés ; surtout pour Asclépios et Salus, et en général pour les dieux par la puissance médicale desquels les malades sont manifestement guéris. En effet, les malades guérissent plus rapidement lorsqu'ils sont transférés d'un lieu pestiféré à un lieu sain et que l'eau provient de sources saines. Il arrivera donc que la divinité, du fait de la nature de l'endroit (*ex natura loci*), acquerra une plus grande réputation et davantage d'autorité (*De l'architecture* I, II, 7).

Les sanctuaires de guérison étaient donc des sanatoria selon la mode antique, les fidèles pouvaient y séjourner pendant des semaines ou des mois. Et comme à Lourdes, à Baden-Baden ou autres stations thermales du XIXe siècle, il ne faut pas négliger l'importance des sources. Aristide l'orateur, invalide mais dévot zélé du dieu-médecin, nous a laissé plusieurs discours complets sur les eaux d'Asclépios.

> Le dieu se sert de ce puits comme d'une sorte de collaborateur (συνεργῷ […]), car de même que les serviteurs des médecins (ἰατρῶν) et des thaumaturges (θαυματοποιῶν) sont formés aux soins, et, travaillant avec leurs supérieurs, étonnent ceux qui les contemplent et leur demandent conseil, ainsi ce puits est-il la découverte du grand thaumaturge (τοῦ μεγάλου θαυματοποιοῦ) qui fait tout pour le salut des hommes (*Discours* XXXIX, 14)[14].

Les chirurgiens qui constituaient le personnel d'un Asclépieion étaient bien sûr, avec les eaux, également les collaborateurs (*synergoi*) du « grand thaumaturge ». Leurs prescriptions « baroques » accompagnant le culte, comme de manger des perdrix farcies d'encens, étonnaient déjà les Anciens. L'*incubatio*[15] avec réception d'un message divin à l'occasion d'un songe[16] et l'intervention des médecins antiques par des onguents, mélanges, *pharmaka*,

---

14. Pour le texte grec et la traduction anglaise, cf. EDELSTEIN & EDELSTEIN 1998 texte #804. Désormais, les citations numérotées entre crochets renvoient aux textes de ce recueil.

15. Pratique consistant à passer la nuit à l'intérieur du sanctuaire pour y dormir [n.d.é.].

16. Dans l'Occident latin, la pratique de l'*incubatio* n'a peut-être pas été observée. Cf. RENBERG 2006 p. 134.

vomissements provoqués, bains glacés, jeûnes, incisions et autres ([317 ; 432]) complétaient les rituels prescrits. Il ressort de l'ensemble du processus un ton de surprenante véracité et crédibilité. C'est ce qui a conduit Emma et Ludwig Edelstein à soupçonner de véritables guérisons dans ce culte au succès immense, inexplicable autrement.

Iamata – Se souvenir des guérisons

Quelle que soit la manière dont on choisit de traiter les données et les supputations des Edelstein, des guérisons en très grand nombre sont enregistrées. Les sanctuaires d'Asclépios étaient remplis d'ex-voto commémorant des guérisons : σφόδρα ἔνδοξον καὶ πολλῶν ἀναθημάτων μεστὸν ἱερόν (« sanctuaire excessivement célèbre et rempli de nombreuses offrandes votives »), dit Strabon du temple de Cos (*Géographie* XIV, II, 19 [794]). L'offrande d'un ex-voto (*ta nomizomena*) était quasiment obligatoire, sous peine de voir sa guérison s'inverser ou son étal de poissons frappé par la foudre, si la dette restait impayée {B2 (22) ; C4 (47)}. Avec le coq qu'il lui devait, Socrate, le patient philosophe le plus célèbre d'Asclépios, n'était qu'un parmi une multitude de bénéficiaires et de bienfaiteurs du dieu.

Dans le cadre de ce système de paiement, la mémoire narrative de guérisons spécifiques a été délibérément promue dans certains sanctuaires asclépiens avec l'érection centralisée de stèles commémoratives. Ces stèles, appelées *iamata* (« guérisons »), portaient des récits succincts mais réalistes de cas médicaux et de guérisons, donc les histoires qui se dissimulent derrière les ex-voto. On sait qu'elles n'ont pas seulement été érigées au sanctuaire mère d'Épidaure, dont soixante-six inscriptions provenant de quatre des six stèles originales érigées autour du site au IVe siècle subsistent en totalité ou en partie. Des installations similaires étaient présentes dans d'autres localités comme Cos et Tricca [735]. À Lebena, on affichait des inscriptions de guérison privées[17], tandis qu'Élien mentionne un catalogue d'offrandes votives dans l'Asclépieion d'Athènes [731]. Bien qu'il puisse s'agir d'un inventaire des trésors du temple, il n'est pas improbable que les circonstances des dons (à savoir de brefs rapports de guérison) y soient également consignées. En tout cas, il est clair que le culte était lié à une importante opération de collecte, d'enregistrement et de diffusion de récits personnels de guérison, tous destinés à la commémoration publique.

---

17. Cf. EDELSTEIN & EDELSTEIN 1998 p. 239-240, 252-254.

L'exemple suivant, choisi presque au hasard, aide à comprendre la nature du culte et du corpus survivant d'inscriptions d'Épidaure.

> {A4} Ambrosia d'Athènes, aveugle d'un œil. Elle est venue comme suppliante auprès du dieu. Se promenant dans le sanctuaire, elle se moquait de certaines guérisons, les qualifiant d'improbables et d'impossibles, les boiteux et les aveugles guérissant après avoir seulement rêvé. En dormant ici, elle a eu une vision. Il lui sembla que le dieu venait à elle en lui disant qu'il la guérirait, mais qu'elle devrait payer un droit en dédiant un cochon en argent dans le sanctuaire en mémoire de son ignorance. Quand il eut dit ces choses, il coupa son œil malade et y versa un médicament. Le jour venu, elle repartit en bonne santé.

Le caractère *didactique* de ces inscriptions a été observé à juste titre, bien que l'expression soit peut-être un peu faible[18]. On y décèle non seulement les enjeux financiers des soins de santé antiques, sous la forme d'un cochon d'argent en guise d'ex-voto obligé, ainsi que le rôle de soutien joué par les témoignages de guérison affichés publiquement, mais aussi l'inquiétude qui peut environner une telle publicité. Certains exemples, comme la parturition d'un enfant adulte par une certaine Clio après une grossesse de cinq ans {A1}, sont en effet difficiles à croire, et on peut comprendre la première impression de l'Athénienne Ambrosia. Les inscriptions multiples constituent donc une réponse assez brutale au problème récurrent de l'incrédulité.

Les lieux de guérison dans les Évangiles

Le corpus de ces inscriptions de guérison est évidemment d'un immense intérêt. Les spécialistes du Nouveau Testament n'ont pas manqué de s'y intéresser, même si les résultats ne sont pas toujours les plus perspicaces ou les plus convaincants. En toute franchise, les parallèles structurels (*formgeschichtliche*) entre les récits épidauriens et les récits de miracles évangéliques sont peu éclairants. Les deux racontent des guérisons et ont un début, un milieu et une fin (comme les publicités pour l'aspirine, ainsi que l'a dit un jour en plaisantant le directeur du séminaire auquel je participais). Le transfert des récits de miracles[19] opérés dans le cadre de ce culte médical sur les protagonistes

18. Cf. Matthew DILLON 1994.
19. En allemand *Wunderberichte* dans le texte [n.d.é.].

de textes historiques et biographiques marque évidemment un développement important dans la préparation du contexte littéraire des Évangiles[20]. Mais le plus intéressant, c'est de considérer ces textes sur les *iamata* spécifiquement dans leur lien intégral avec des lieux de grâce[21] concrets fonctionnant comme des *lieux de mémoire* sacrés. Car la culture de la mémoire en conjonction avec des lieux concrets et sacrés ouvre une perspective intéressante sur la transmission de bon nombre de miracles évangéliques. En effet, ceux d'entre eux qui ne s'inscriraient dans *aucune* narration sont remarquablement rares.

Jésus et le paralytique en Jean 5

Le IVe Évangile, riche en données topographiques, est un bon point de départ. Il se trouve qu'un sanctuaire d'Asclépios-Sérapis est connu pour avoir existé à Jérusalem, dans une section de la ville juste au nord du Temple et de la forteresse d'Antonia, à côté de deux vastes bassins adjacents partagés par un mur commun et aujourd'hui séparés par l'église Sainte-Anne. Sérapis est une divinité syncrétique d'origine ptolémaïque, qui a assumé de nombreux attributs d'Asclépios et a souvent été fusionnée avec lui en contexte grec. Plus de vingt sites cultuels dédiés à Asclépios-Sérapis ont été localisés en Syrie-Palestine, et plusieurs découvertes votives à Jérusalem indiquent clairement cette identification, comme un pied en marbre avec l'inscription « Pompeia Lucilia a dédié ceci », un temple miniature avec un serpent (emblème commun d'Asclépios et de Sérapis) et deux petits bateaux, ce qui laisse supposer que Sérapis jouait également le rôle de protecteur des voyages en mer[22]. Malgré quelques raisons d'hésiter (notamment l'absence de colonnes dans le portique à cinq côtés), le site de cet Asclépion-Sérapéum est aujourd'hui identifié avec une quasi-certitude à la Piscine de Béthesda où Jean place son récit de la guérison du paralytique (Jn 5, 1-15)[23].

La coïncidence n'est sûrement pas fortuite. Les ex-voto découverts datent essentiellement du IIe siècle de notre ère, bien que plusieurs spécialistes aient affirmé que le sanctuaire de guérison existait déjà à l'époque de Jésus. Il est

20. Cf. DORMEYER 2014.

21. En allemand *Gnadenorte* dans le texte [n.d.é.].

22. Asclépios était également associé au sauvetage en mer. Cf. ARISTIDE, *Discours* XLII, 1-15 ; et EDELSTEIN & EDELSTEIN 1998 p. 162.

23. Cf. la discussion de THOMPSON 2017 p. 66-68. Une confusion entoure le nom précis du site, des variantes apparaissant dans les manuscrits de Jn 5, 2 (Βηθζαθα, Βηθεσδα, Βηθσαιδα, Βελζαεθα), Flavius Josèphe (Βεζεθα, *Guerre* V §§ 149-151), et le rouleau de cuivre de Qumrân (*bbyt ḥsdtyn*, 3Q15).

difficile d'admettre qu'il s'agissait d'un culte ouvertement *païen* (au service des soldats de l'Antonia, par exemple)[24]. Cependant, le monothéisme juif du Ier siècle offrait plus de latitude que les reconstructions monistes modernes ne le permettent souvent, et il n'est pas difficile d'imaginer une variante proprement juive du culte méditerranéen associé à des sources sacrées[25]. Quoi qu'il en soit, Jean indique clairement que le lieu était associé à des pouvoirs de guérison, même avant la rencontre de Jésus et du paralytique. La présence de « beaucoup d'invalides (aveugles, boiteux et paralysés) », qui espéraient tous entrer dans l'eau, le montre (Jn 5, 3.7). Une variante textuelle intrigante et difficile préserve en outre une tradition selon laquelle c'est un ange qui agitait les eaux. En tant que manifestation de la piété populaire, cette tradition semble plausible et convaincante. D'un point de vue textuel, il est difficile de trancher. Sur le plan archéologique, Shimon Gibson pense que l'effet a été produit par l'ouverture d'une vanne qui séparait les bassins nord et sud[26]. En ce qui concerne les foules d'invalides qui attendaient pour entrer dans les piscines, Gibson suppose en outre que « ceux qui n'étaient pas admis dans le Temple, en raison de handicaps et de défauts corporels, auraient cherché une guérison miraculeuse dans les piscines[27] ». Nous n'avons aucun moyen de confirmer ou d'infirmer cette hypothèse. Mais c'est précisément dans le Temple que Jésus retrouve ensuite cet homme (Jn 5, 14), sa guérison semble donc liée à son entrée dans l'espace cultuel, où une offrande de remerciement serait appropriée. Quoi qu'il en soit de la reconstitution précise des lieux, l'exactitude minutieuse de la description de Jean (qui, à ma connaissance, n'a pas d'équivalent dans les récits de miracles antiques) fait forte impression. On est transporté par la seule force littéraire dans une variante juive du sanctuaire de guérison que les inscriptions d'Épidaure supposent sans le décrire. Pour comprendre le texte de Jean, nous devons donc tenir compte

24. DUPREZ 1970, par exemple, soutient que les origines du culte doivent être recherchées dans les anciennes traditions sémitiques de guérison revigorées par la rencontre des Juifs et de l'hellénisme (p. 98-127). Dans une proximité aussi extrême et flagrante avec le Temple de Jérusalem, ce scénario reste cependant assez difficile à accepter. De plus, il semble maintenant clair que les piscines ont été transformées de réservoirs en *miqwaôt* sous les Macchabées (faire remonter les origines d'un culte à la période d'influence ptolémaïque ne concorde donc plus avec les preuves archéologiques).

25. Sur les paramètres du monothéisme juif (et païen) de l'époque, y compris une logique similaire du sanctuaire/temple, cf. *infra* ch. 8 & 10.

26. GIBSON 2005 p. 287.

27. *Ib. loc.* p. 271. Il est vrai que la piscine septentrionale était effectivement orientée vers la participation au culte du Temple, puisqu'elle a été réaffectée, semble-t-il, vers 150 avant J.-C. Utilisée auparavant comme réservoir, elle devint alors un bain rituel (*miqweh*).

à la fois d'une très forte rhétorique du lieu (en particulier du lieu sacré) et d'une vraisemblance qui colore l'ensemble du tableau.

Comme les sceptiques seront prompts à le dire, la vraisemblance peut bien sûr induire en erreur. Contre cette vision d'un site de guérison préexistant, Jodi Magness pense donc que toute la représentation de Jean présuppose simplement la transformation du site en un lieu de culte païen quelque temps après 70 après J.-C.[28]. Dans ce cas, le souvenir rétroactif de l'Évangile est celui d'une Jérusalem très différente, longtemps après l'époque de Jésus, dans laquelle le récit des miracles a été inséré. Pourtant, il ne s'agit pas d'une pure fabrication narrative, d'un événement concocté pour tirer profit d'un cadre réel et suggestif : il semblerait que Jésus ait effectivement opéré un miracle dans ce qui n'était alors qu'un grand *miqweh* près du Temple. Le souvenir de cette guérison aurait d'ailleurs contribué à alimenter la transformation ultérieure de ce site en sanctuaire romain. Car la question doit inévitablement être posée : s'il n'y avait pas de culte préexistant, comme le suggère Magness, pourquoi un sanctuaire romain en ce lieu précis ? Le souvenir de la guérison par Jésus fournit une réponse évidente. Le phénomène serait alors parallèle à la tentative de *damnatio memoriæ* selon laquelle Hadrien, refondant Jérusalem comme cité païenne sous le nom d'Ælia Capitolina, remodela de fond en comble le site où la résurrection de Jésus était vénérée, en y implantant stratégiquement un temple de Vénus. Ironiquement, par cet acte même, il a préservé une mémoire souterraine de l'endroit précis parmi les croyants. D'un autre côté, ce choix supersessionniste pourrait simplement être une illustration de la règle largement attestée de la continuité des lieux sacrés. D'une manière ou d'une autre, on pourrait facilement faire valoir que, même en prenant en compte l'hypothèse de Magness, l'anachronisme témoigne précisément d'une mémoire locale précise préservée dans les traditions où l'Évangile de Jean prend sa source.

Les diverses opinions en présence posent la question de l'origine de l'Asclépieion, et du dieu guérisseur qui a eu la priorité en ce lieu (Jésus ou un « ange » de la piété populaire juive ?). *Qui* transforme le sanctuaire de guérison *de qui* ? L'examen ramène au texte lui-même. Dans le IVe Évangile, Jésus se présente constamment de diverses manières et (entre autres) comme la source d'eau vive. Le fait qu'il néglige ostensiblement les eaux de Béthesda,

28. Cf. MAGNESS 2016. Contre l'hypothèse selon laquelle le culte est arrivé avec Hadrien et la fondation d'Ælia Capitolina, DUPREZ 1970 (p. 106-107) signale une inscription latine trouvée près de la porte de Sion, datant de la fin du règne de Trajan, entre 115 et 117, érigée par la Troisième Légion et adressée à *Jovi Op[timo] Max[imo] Sarapido.*

qui « collaborent » d'ordinaire avec Asclépios[29], et guérisse l'homme d'un simple mot permet donc au pouvoir de guérison de Jésus de fonctionner à la place des eaux, le faisant apparaître (une fois de plus) comme la véritable source vivifiante. Du point de vue de la *construction d'un souvenir*, le cadre évocateur (riche en eau, semblable à un sanctuaire) de la scène décrite dans le texte de Jean est donc une grande réussite. Robin Thompson observe utilement que, « indépendamment de la provenance des lecteurs de Jean, il est certain que ce genre de description leur ferait penser aux sanctuaires d'Asclépios que l'on trouvait partout dans l'Empire romain, marqués par des portiques où les malades venaient se faire soigner[30] ». Pris comme un récit se déroulant dans un lieu qui rappelle immédiatement aux lecteurs leurs propres souvenirs de « *lieux salubres* avec des sources appropriées », le récit est donc accompagné de sa propre clef d'interprétation. Jésus était « capable de fournir plus que le grand dieu gréco-romain de la guérison » (cf. Justin de Rome, 1re *Apologie* XXII, 6 ; LXIX, 3)[31]. Il remplace également la forme spécifiquement juive de l'espoir de guérison. Pour les lecteurs juifs et païens, l'histoire des miracles telle que Jean la raconte *déclenche* donc, en premier lieu, des souvenirs, des associations antécédentes (tirées à la fois de leur « encyclopédie culturelle » et de passages antérieurs de l'Évangile) à travers lesquels Jésus, ce véritable μεγάλος θαυματοποιός, peut être correctement perçu et compris.

Cependant, au fur et à mesure que le récit de Jean progresse, il se mue en controverse sur le sabbat, et non en discours sur l'eau vive. Ce déplacement rapide du *lieu* au *temps* sacré semble court-circuiter toute fonction permanente de la mémoire locale du site de Béthesda. À ce stade, la scène de la guérison serait, de toute évidence, mieux placée dans une synagogue où, comme dans l'histoire de l'homme à la main desséchée (Mc 3, 1-6), les juifs se réunissaient régulièrement le septième jour. Chez Jean cependant, contrairement au récit synoptique, ce n'est pas l'acte de Jésus qui est condamné comme une violation du sabbat. C'est plutôt l'homme guéri lui-même qui est surpris en train de transporter son tapis (Jn 5, 8-12). Le *krabattos* apparaît ainsi comme le lien vital entre le temps et le lieu de l'histoire[32].

Dans les *iamata* d'Épidaure, il existe de nombreux cas où la cause ou l'emblème de la maladie d'une personne devient un souvenir de sa guérison. « Euhippos a porté un fer de lance dans sa mâchoire pendant trois ans »,

29. Cf. *supra* note 14 et le texte d'ARISTIDE, *Discours* XXXIX, 14 qui nomme en toutes lettres le puits un « collaborateur » du dieu.

30. THOMPSON 2017 p. 81.

31. *Ib. loc.*

32. Pace LOHSE 1960, en particulier p. 79-80.

nous dit-on ; et, lorsqu'il a été guéri par le dieu, « il est sorti en bonne santé avec le fer de lance dans ses mains » {A12}. Un autre homme avait une pierre, qu'il avait éjectée pendant son *incubatio* au sanctuaire. « La ramassant, dit l'inscription, il s'en alla en la tenant dans ses mains » {A14}. Gorgias d'Héracleia a été guéri d'une barbe dans le poumon. Lui aussi est parti en portant la barbe dans sa main {B10}. Cette formule finale ἐν ταῖς χερσὶν ἔχων (ou φέρων) qui clôt ces inscriptions de manière si efficace, avec une telle force dramatique et graphique, fait allusion à la manière dont l'art narratif/rhétorique et le rituel en acte étaient fusionnés et liés à perpétuer la mémoire privée d'un patient, dont le cas était publiquement commémoré. On peut imaginer que des objets tels que la barbe de Gorgias étaient chéris comme des cicatrices (et que ces cicatrices étaient l'occasion de raconter des histoires fabuleuses). D'un autre côté, tous ne sont pas repartis avec un mémorial médical miraculeux entre les mains. La guérison d'un certain Démosthène, paralysé des jambes et transporté dans le sanctuaire sur un divan (ἐπὶ κλίνας), est célébrée dans la phrase lapidaire suivante : « Il entra dans l'*Abaton* avec deux béquilles (μετὰ δύο βακτηριᾶν), il en sortit en bonne santé (ὑγιὴς ἐξῆλθε) » {C21}. Il y a manifestement laissé les béquilles.

La similitude de la situation de Démosthène avec le paralytique de l'Évangile est fascinante. D'une part, la décision calculée de Jésus de ne pas laisser l'homme libéré abandonner son grabat, comme Démosthène a laissé derrière lui ses cannes, garantit que le mérite du miracle (ou le blâme, comme c'était le cas) est finalement dirigé vers Jésus lui-même. En effet, si un grabat vide avait simplement été posé là où se trouvait l'homme paralysé (un trophée ex-voto dans un lieu de guérison connu), le grabat abandonné aurait contribué à la gloire des eaux. En même temps, le grabat ostensiblement transporté ressemble à la guérison spectaculaire de Gorgias et Euhippos. Le fait que la relique du matelas de l'homme ait réussi à susciter et à déclencher le récit de son incroyable histoire est la prémisse même de la suite du récit de Jean. Dans le cas de Jésus, son récit accomplit quelque chose de semblable à ce que les *iamata* faisaient pour leurs propres intérêts institutionnels, en forgeant une mémoire qui magnifie la *doxa* de la source divine de la guérison (Jn 5, 23 ; cf. 2, 11). Jésus a ainsi déplacé rhétoriquement les sanctuaires miraculeux de l'époque et est devenu personnellement le lieu de la guérison : bénéficiaire du souvenir ex-voto du miraculé.

Jésus et le paralytique en Marc 2

Mc 2, 1-10 rapporte une autre histoire de paralytique, toujours avec des liens forts avec Démosthène et Jn 5. La relation au lieu y prend toutefois une tournure différente. Le cadre de Marc s'est déplacé en Galilée et dans le village de Capharnaüm, où Jésus serait ἐν οἴκῳ (Mc 2, 1). La « maison » en question, à suivre le contexte, doit être celle de Simon Pierre, située quelque part près de la synagogue du bourg (Mc 1, 29). Ce qui est remarquable dans ces deux premiers chapitres, c'est la manière dont tant de guérisons se produisent dans ce lieu. D'abord, la belle-mère de Pierre est guérie (Mc 1, 29-31) ; ensuite, le soir, des foules immenses sont amenées à la maison où elles sont guéries (Mc 1, 32-34). Enfin, Jésus étant de nouveau dans la maison, un homme paralysé est transporté sur un grabat et descendu par le toit. Si l'on en juge par le cas similaire d'un certain Diatos de Kyrna, et contrairement à l'homme de Jean 5, l'homme paralysé de Marc devait vivre dans une certaine aisance financière, ainsi que le montre le parallèle du paralysé Diatos, transporté sur son grabat par ses *serviteurs* (ὑπηρέτας) {B18 (38)}. Quoi qu'il en soit, après avoir pardonné les péchés de l'homme, Jésus lui dit de ramasser son grabat et de rentrer chez lui (Mc 2, 11). Les mots ἔγειρε ἆρον τὸν κράβαττον sont exactement les mêmes que chez Jean.

Plus que deux versions massivement déformées d'une même guérison, nous sommes probablement confrontés ici au principe « identité des maladies, identité de formules[33] ». Quelle que soit la manière dont nous expliquons la récurrence du *logion* thaumaturge (comme étant le discours habituel de Jésus ou quelque chose de façonné ou de dupliqué dans une transmission ultérieure), le dicton fait davantage partie intégrante du récit de Jean 5. En effet, bien que le récit de Marc combine comme celui de Jean le miracle et la controverse, le fait d'emporter le grabat n'est chez lui qu'un pur effet dramatique, sans rapport avec la dispute sur le pardon. Si le grabat joue un rôle essentiel dans la scène mémorable de Marc où l'on ouvre le toit, c'est la maison elle-même qui devient l'accessoire critique. Le support cognitif d'un *schéma* et d'un *script* mental représenté par l'*oikos* de Pierre est reconnaissable par la théorie moderne de la mémoire. On peut (encore aujourd'hui) raconter cette histoire facilement, car on se souvient de la manipulation étrange des accessoires. Lorsque John Meier, se référant à Marc 2, se déclare ainsi enclin « à penser qu'un tel événement du ministère de Jésus s'est imprimé dans la mémoire collective, précisément à cause de ses circonstances étranges », l'étrange circonstance a tout à voir avec la localisation de cette guérison à l'intérieur d'une maison bondée[34].

33. Meier 2005 p. 498.
34. *Id. loc. cit.* p. 497.

À cet égard, il est intéressant de noter que, comme dans le cas de Jean 5, la localisation du miracle par Marc a eu une existence cultuelle ultérieure – et peut-être aussi antérieure. Dans ce cas, il ne s'agit pas d'un Asclépieion mais d'une maison sanctuaire du Ier siècle, plus tard une *Domus Ecclesiae* (encore plus tard une église byzantine à huit côtés), disposée sur le site présumé de la maison même de Pierre. Il y avait donc à Capharnaüm un *aide-mémoire* construit en solide basalte noir, qui fut certainement l'occasion de préserver et de promouvoir le faisceau de récits de miracles consignés dans Marc 1-2. Personne ne peut dire si la vénération de ce site est antérieure à l'Évangile de Marc ou si elle est plutôt le fruit de l'Évangile. Les deux scénarios sont facilement imaginables (et ne s'excluent pas totalement). Quoi qu'il en soit, la date extrêmement précoce de la première strate du sanctuaire ne doit pas être sous-estimée. De plus, nous savons de bonne source que les habitants du monde gréco-romain (comme ceux d'aujourd'hui) gardaient et racontaient volontiers des histoires sur les célébrités de leur ville. Tout comme la maison natale d'Auguste à Vélitres/Velletri est devenue rapidement et sans l'aide d'aucun texte une attraction pour les touristes antiques, il se pourrait bien que celle de Pierre ait été très tôt mise en valeur, même sans l'existence d'un Évangile écrit. Déjà connue de saint Justin, la précoce circulation des pèlerins à Bethléem a suscité indépendamment des Évangiles des traditions sur la localisation précise de la naissance de Jésus, à savoir qu'elle eut lieu dans une grotte[35]. L'existence en Galilée d'un pendant primitif à ce tourisme sur les sites de la vie de Jésus en Judée, avec son propre trésor de traditions locales sur ses miracles, peut donc représenter une sorte d'« attestation multiple » fournie par l'archéologie en faveur du récit de Marc. C'est à juste titre que l'on parle de la Terre sainte comme du « Ve Évangile ». Quelles que soient les conditions dans lesquelles ce dépôt s'est constitué, les pèlerins venaient à la maison de Pierre pour chercher l'aide de la puissance personnelle qui était passée par là et avait guéri le paralytique. C'est ce que révèlent les christogrammes et prières laissés en quatre langues sur les graffitis anciens.

Quand on évoque le contexte cultuel des traditions sur Jésus qui circulaient dans l'ancienne Capharnaüm (une description beaucoup plus précise que les appels à d'obscurs *Sitz im leben* antérieurs à l'Évangile ne le font normalement), un fait majeur ne doit pas être perdu de vue. En Marc 1-2, nous avons spécifiquement affaire à la maison de l'un des individus les plus connus et

35. Une similitude formelle peut être observée ici, en termes de processus de transmission de la tradition de ces récits de miracles et de leurs relations pré-, para- et post-évangéliques avec le récit canonique. Cf. *supra* ch. 3.

faisant le plus autorité dans la première génération chrétienne[36]. L'absence de tout sanctuaire comparable de la « Maison du Centurion[37] » dans la même ville est un indice intéressant de l'orientation pétrinienne de la tradition locale. Un tel lien avec la personne nommée de Pierre reconfigure les calculs autour de ce que les spécialistes de la transmission orale appellent une « tradition contrôlée ». Pierre, en effet, est la source identifiée la plus ancienne derrière la rédaction de l'Évangile de Marc, comme le raconte déjà Papias ; et nous avons ici plus que les « circonstances étranges » mémorables évoquées par Meier. Nous avons un événement inoubliable qui se serait déroulé dans le salon de l'autorité qui cautionne l'Évangile (et qui devait plus tard réparer son toit arraché).

La forme de contrôle dans Marc est donc tout à fait différente de la supervision institutionnelle et sacerdotale à l'œuvre derrière la rédaction des *iamata*, où d'importantes implications économiques ont semble-t-il produit et façonné l'ensemble de la collection. Il s'agit d'une mémoire personnelle au plus haut degré, du moins telle que l'Évangile pétrinien de Marc lui-même était conservé. Ainsi, alors que les récits des miracles associés à la maison de Pierre sont composés à la troisième personne, comme les récits similaires à Épidaure, le but rhétorique de l'Évangile est en fait beaucoup plus proche de l'acte de témoignage à la première personne d'Aristide : sa célébration rhétorique exubérante de Διός τε Εὐαγγελίος καὶ Ἀσκληπιὸς Σωτῆρ, « Zeus l'évangélisateur et Asclépios le sauveur » [806, 3]. Le témoignage d'Aristide est un véritable « évangile » motivé par un zèle honnête, né de son expérience personnelle et de son désir d'ériger un monument oratoire digne de ce nom pour ses multiples guérisons – signe, pourrait-on objecter cyniquement, que ces guérisons étaient demeurées sans suite. Il était déterminé à s'épancher bruyamment en remerciements « tant qu'il nous restera quelque mémoire (μνήμης) et quelque pensée » [317]. Malgré tout, son discours effusif et très personnel ne peut s'abstraire de la publicité intéressée que l'on perçoit en sourdine partout où se célèbre le culte d'Asclépios. Les discours *nolens volens* d'Aristide fonctionnent encore en définitive comme les ex-voto à la première personne d'un certain Marcus Julius Apellas, qui raconte son histoire parce que, comme il le dit, ἐκέλευσεν ἀναγράψαι ταῦτα, le dieu lui a ordonné de l'écrire [432]. Le culte d'Asclépios était jaloux de la bonne presse et de la gloire.

36. Sur le contexte cultuel et l'autorité apostolique à l'œuvre dans la formation de la tradition évangélique, cf. *supra* ch. 1.

37. Allusion à la guérison miraculeuse du fils d'un centurion en Mt 8, 5-13 & // [n.d.é.]

*

Le culte du Christ n'était pas moins jaloux de la gloire que celui d'Asclépios le guérisseur. Pourtant, la publicité faite autour de la personne de Jésus et le type de mémoire associé aux guérisons de la maison de Pierre et à Béthesda révèlent quelque chose d'assez frappant dans la tradition évangélique. Il s'agit d'une forme de mémoire historique qui, à la fois, aboutit à la création de sanctuaires et, paradoxalement, les sape activement. Elle prend forme dans des lieux concrets et laisse derrière elle sa trace, tout en renversant le modèle de la franchise Asclépieion (où les guérisons présupposent le sanctuaire, plutôt que l'inverse). Jean promeut une mémoire de Jésus comme seul lieu sacré véritable et personnalisé : « L'heure vient où vous n'adorerez le Père ni sur cette montagne ni à Jérusalem [...] mais en esprit et en vérité » (Jn 4, 21). Pierre fonde une mémoire tangible dans le cadre personnel du *bios* de Jésus. Il ne peut y avoir deux maisons de Pierre mais il peut y avoir un Asclépieion dans chaque ville. Ensemble, les dimensions universelles et particulières liées dans cette fructueuse tension johannique et synoptique-pétrinienne confèrent à la mémorisation cultuelle de la puissance miraculeuse de Jésus une grammaire chalcédonienne marquée, mais, disons-le, transcendante, incarnée, divino-humaine.

On peut enfin mentionner une autre différence concernant le pouvoir de guérison de Jésus. La guérison de Démosthène a duré quatre mois entiers, la plus longue convalescence relatée dans les inscriptions d'Épidaure. Aristide, alors qu'il était « impuissant grabataire » (κατακλίσεις ἀπόρους), fut guéri, dit-il, par un régime vigoureux de longues marches forcées [317, 8]. Kleimenès d'Argos, paralysé du corps, fut guéri par l'enroulement d'un grand serpent autour de lui pendant qu'il buvait {B17 (37)}. Le riche Diatos, quant à lui, a été attelé à un attelage de chevaux, a fait trois fois le tour du sanctuaire, puis a été rituellement piétiné sous leurs sabots, ce qui l'a en quelque sorte guéri {B18 (38)} (une guérison miraculeuse en effet). La guérison du paralytique par Jésus dans la maison de Pierre, comme celle d'un autre paralytique à Béthesda, est restée dans les mémoires, par contraste avec ces spectacles « baroques » de médecine mêlée de superstition, à cause de l'étonnement causé par son ordre le plus simple et le plus souverain : « Lève-toi, prends ton grabat et marche. »

Traduit par Mélanie Lefèvre

Chapitre 5
L'écriture de l'histoire par un témoin oculaire et la question de la Résurrection

La préface à l'Évangile de Luc garantit la « crédibilité » (ἀσφάλεια) du récit qui suit au nom du *témoignage oculaire* dont il procède. Alors qu'une telle revendication est tout à fait caractéristique de l'écriture gréco-romaine de l'histoire, la façon dont Luc développe cette idée fait de ce principe traditionnel de vérification historiographique une des catégories théologiques les plus importantes de ses deux récits. Les témoins, dans Luc-Actes, n'ont pas seulement eu une proximité privilégiée avec les événements, mais sont ceux dont le témoignage est chargé par l'Esprit saint de produire l'adhésion de tous à leur récit. « Vous allez recevoir une force quand l'Esprit saint descendra sur vous ; vous serez alors mes témoins à Jérusalem, dans toute la Judée et la Samarie, et jusqu'aux extrémités de la terre. » (Ac 1, 8).

Il est frappant de constater comment Luc identifie les garants de la fiabilité de son récit sur le plan historiographique aux acteurs de la mission évangélique sur le plan narratif. Cela soulève plusieurs questions. Y a-t-il des équivalents, dans l'historiographie[1] antique, à *la puissance divine* accordée aux témoins chez Luc ? Peut-on trouver avant Luc un tel *corps de témoins*

1. À partir de ce moment, l'auteur emploie *historiographie* et le vocabulaire apparenté au sens d'écriture de l'histoire et d'art de la composition des récits historiques, et non dans son sens contemporain de science recueillant et critiquant ces récits [n.d.é.].

conférant son autorité à un récit antique ? Y a-t-il eu d'autres histoires à sujet contemporain écrites, comme Luc-Actes, uniquement à partir de l'autopsie[2] d'*acteurs autres que l'auteur* ? Plus largement, qu'est-ce qui explique le traitement particulier que Luc réserve à ses témoins ?

Il est significatif que les études portant sur le Nouveau Testament aient récemment commencé à insister sur le rôle du témoignage oculaire dans la composition des Évangiles. Martin Hengel, en particulier, a le premier critiqué avec vigueur le modèle d'une tradition anonyme employé dans la critique des formes[3] et a insisté sur « le lien personnel de la tradition sur Jésus avec les individus particuliers qui l'ont transmise[4] ». Deux autres chercheurs, Samuel Byrskog et Richard Bauckham, ont complété cette approche par une étude approfondie de la façon dont les acteurs de ces événements ont joué un rôle dans le travail de composition des évangélistes. La monographie de Byrskog cherche à comprendre le statut de l'autopsie dans le contexte de l'historiographie gréco-romaine, et à aborder à travers ce prisme la formulation orale des Évangiles[5]. Bauckham, qui s'appuie sur les résultats de Byrskog, propose avec pertinence de nouveaux angles d'approche du contenu du Nouveau Testament, pour y mettre au jour les marques, jusqu'ici omises, du témoignage oculaire, et offre ainsi ce qui constitue assurément la contribution la plus importante – et la plus controversée – au problème de l'autopsie dans les Évangiles[6].

Si Bauckham accorde un crédit nouveau à la promesse de Luc de recourir à des témoins oculaires (αὐτόπται), son but est néanmoins de réhabiliter la valeur du témoignage oculaire présent dans le IVe Évangile, non dans le IIIe, si bien qu'il accorde en définitive peu d'attention à Luc-Actes. C'est pourquoi j'aimerais, dans ce chapitre, prolonger l'axe de recherche de Bauckham, non pas dans le but ambitieux de renverser la critique des formes ou d'identifier le Disciple

---

2. Au sens de perception directe par un témoin oculaire [n.d.é.].

3. En allemand *Formkritik* ou *Formgeschichte :* analyse des textes à partir de la définition de leur genre littéraire, permettant ainsi des comparaisons à travers une grande variété de corpus ; un de ses pionniers dans l'étude des péricopes évangéliques fut l'Allemand Karl Ludwig SCHMIDT – cf. bibliographie [n.d.é.].

4. HENGEL 2000 p. 146. Sur le rôle que les apôtres nommés qui ont transmis cette tradition ont joué dans le travail de composition des Évangiles (y compris Luc en tant qu'associé temporaire de Paul), cf. *supra* ch. 1, 3 et 4.

5. BYRSKOG 2000.

6. BAUCKHAM 2006. Les réactions à la thèse controversée de Bauckham ont été vives et acerbes. Cf., par exemple, RODGERS, 2010 p. 88-100 ; REDMAN, 2010 p. 177-197 ; SCHRÖTER, 2008 p. 195-209 ; EVANS, 2008 p. 211-219. Cf. en particulier le numéro spécial du *Journal for the Study of the Historical Jesus* (*JSHJ*) vol. 6 n°2 (2008), comprenant d'ailleurs une réponse de Bauckham aux critiques qui lui sont faites. Cf. aussi BAUCKHAM 2008.

Bien-aimé, mais dans l'espoir, bien moins clivant, de contribuer à l'étude de la rhétorique historiographique du *témoignage oculaire*, manifeste chez Luc[7].

Bien qu'elle prête l'oreille à certaines voix discordantes comme celle de Richard Pervo, mon argumentation repose sur le vaste consensus selon lequel, au moins à un certain degré, Luc-Actes fonctionne sur le modèle d'autres récits historiques gréco-romains[8] ; et mon hypothèse est que, pour une raison chronologique et en vertu de sa place dans la communauté chrétienne naissante, Luc, en effet, pourrait avoir vraiment eu accès à certaines sources de première main[9]. Avec ceci en tête, j'exposerai l'interaction originale de Luc avec le genre littéraire requis par l'écriture de l'histoire à sujet contemporain. Je soulignerai notamment comment son recours à des témoins oculaires a exposé son travail à des critiques classiques, sur deux fronts en particulier : (1) l'évangéliste lui-même ne pouvait mettre en avant une autopsie personnelle ; tandis que (2) ses lecteurs ne pouvaient ni vérifier ni réfuter son récit. Je suggère que, face à cela et face aux difficultés historiographiques inédites que pose le récit d'un événement tel que la Résurrection, Luc innove à l'intérieur de la tradition thucydidienne de l'historiographie antique et déploie

---

7. Dans un article majeur, qui nous intéresse ici parce qu'il s'inspire ouvertement du travail de Bauckham, Martin Hengel met l'accent sur la centralité de Pierre et des apôtres en tant que témoins oculaires. Dans ce vaste essai, Hengel s'engage dans des directions différentes de celles de la présente étude, mais son travail étaye utilement la discussion comparative entreprise ici. Cf. HENGEL 2008 p. 242-297.

8. Au sujet de ce vaste débat, cf. PERVO, 1987 ; STERLING, 1992 ; cf. aussi BECKER 2005, et particulièrement la contribution qu'y fait GEHRKE 2005 p. 29-52. L'opposition de Gehrke aux comparaisons générales entre les historiographies chrétienne et gréco-romaine et son appel à un examen au cas par cas rejoignent notre analyse. De nombreux chercheurs commencent à remettre en question les oppositions strictes entre mythe (ou fiction) et histoire (ou fait) ; cf. par exemple MARGUERAT 2002, ainsi que le ch. 3 ci-dessus. Cet assouplissement de catégories rigides s'accorde avec les innovations que le kérygme impose à l'écriture de l'histoire, et que retrace cet essai. La notion d'historiographie « poétique » de Luc (cf. Ricœur), que développe Marguerat, et qui rend compte d'événements – par essence invérifiables – où le divin intervient, fournit un cadre approprié pour suivre les caractéristiques propres à la rhétorique du « témoignage » chez Luc, que nous examinons ici. En ce qui concerne les classiques, cf. PELLING 2000 ; et, au sujet des récits de résurrection dans les Évangiles, cf. BOWERSOCK 1997. Ils incluent implicitement des jugements sur l'*histoire*, distincts toutefois des questions de pratique *historiographique*. La reconnaissance de Luc comme historien fiable fait l'objet d'un long débat ; cf. *supra* ch. 3 ; GASQUE 1975.

9. Si, avec Fitzmyer, l'auteur de l'Évangile est reconnu comme étant « le Luc de la tradition, qui fut un temps l'associé de Paul », il n'y a aucune raison de rejeter et toutes les raisons d'envisager la possibilité que Luc ait eu accès à de telles sources. Cf. FITZMYER 1979 p. 35-52. Cette hypothèse n'exige pas une datation radicalement différente de l'Évangile. À la même époque, Papias affirmait recueillir le témoignage oculaire des disciples ayant vécu avec Jésus. Sur la datation de Papias, cf. BAUCKHAM 2006 p. 12-38.

diverses stratégies pour donner du crédit au témoignage invraisemblable de ses αὐτόπται. Nous verrons, de ce point de vue, qu'une grande préoccupation du second récit de Luc est de renforcer la « crédibilité » (ἀσφάλεια) du premier. Cette protestation d'honnêteté[10], permettant au lecteur de porter un jugement sur la vérité du récit de Luc, était par conséquent liée à l'incroyable témoignage d'une communauté vivante de fidèles chrétiens.

Le témoignage oculaire dans la culture gréco-romaine

Le sens commun dans sa mouture antique apparaît dans la maxime d'Héraclite : « Les yeux sont des témoins plus sûrs (ἀκριβέστεροι μάρτυρες) que les oreilles[11] ». Dans le contexte grec de la philosophie et de la science, cette préférence épistémique pour le témoignage oculaire a acquis une importance singulière, et ce sont avant tout les hommes de l'art et les médecins qui ont adopté l'autopsie comme méthodologie professionnelle[12]. Cependant, dans ce monde où l'étude n'était pas scindée en disciplines spécialisées, des scientifiques au génie universel tendaient à être aussi dirigeants politiques et hommes de lettres[13]. Ces figures transversales, comme Ctésias de Cnide, médecin personnel de l'empereur perse et auteur d'une ethnographie en vingt-trois volumes, les *Persica*, illustrent le lien étroit qu'il y avait entre l'autopsie dans l'enquête médicale et dans l'enquête historique[14].

Néanmoins, l'historiographie s'est emparée de la catégorie de témoignage oculaire sans la critiquer, et elle n'y a jamais fait l'objet d'un réel examen comme dans les autres disciplines[15]. C'est une des raisons pour lesquelles l'autopsie a pu devenir une composante si essentielle de l'écriture de l'histoire. En effet, l'étymologie même de l'ἱστορία en est venue à être comprise en lien direct avec l'ἰδεῖν. L'histoire devait être vue personnellement. Aulu-Gelle, le grammairien romain du IIe siècle après Jésus-Christ, expliquait que l'*histoire* diffère des *annales* en ce qu'« il n'y a d'histoire que d'événements auxquels

10. En anglais *ethical appeal*, cf. ch. 3 note 54 [n.d.é].
11. DIELS/KRANZ, 12B frg. 101a.
12. Cf. Loveday ALEXANDER 1993 p. 80-82.
13. Cf. NENCI 1955.
14. Photius, l'auteur d'épitomés du IXe siècle de notre ère, défend ainsi Ctésias : « Il dit qu'ayant été lui-même témoin oculaire de la plupart des faits qu'il raconte (φησὶ δὲ αὐτὸν τῶν πλειόνων ἃ ἱστορεῖ αὐτόπτην γενόμενον), ou ayant entendu des Perses eux-mêmes ce qu'il ne pouvait voir, il composa ainsi son récit », cité dans BYRSKOG 2000 p. 51.
15. Cf. MARINCOLA 1997 p. 66.

a participé celui qui les rapporte (*quibus rebus gerendis interfuerit is qui narret*) [...] puisque ἱστορία en grec signifie la connaissance d'événements présents (*rerum cognitionem præsentium*)[16] ». Cette identification de l'histoire au récit d'un témoin participant devait beaucoup à une longue tradition historiographique et particulièrement à l'influence de Thucydide.

Le témoignage oculaire de l'auteur comme genre historique privilégié

Hérodote, le *pater historiæ*, a beau avoir incarné le modèle de l'enquêteur curieux, c'est Thucydide qui est à l'origine de cette identification de l'histoire avec une implication personnelle de l'auteur. Le jugement sévère par lequel il reléguait les sujets antiquaires[17] au-delà du champ des informations certaines (σαφῶς εὑρεῖν) lui servait de justification méthodologique pour porter son attention sur des sujets contemporains et pour définir le critère d'autopsie comme la vision non pas de *preuves* mais d'*événements*[18]. Sa décision de relater une guerre dans laquelle il avait été (à divers moments) à la fois le protagoniste et le proche observateur a donc radicalement remodelé les possibilités d'écriture de l'histoire. Cela a fait entrer la préférence répandue pour l'autopsie dans la définition du contenu même du genre. L'exigence d'un témoignage direct n'était plus simplement un principe critique applicable à tel ou tel élément de l'enquête ; c'était le critère essentiel par lequel l'objet légitime de l'histoire était lui-même déterminé.

Si le projet de Thucydide avait pour but de redéfinir l'objet de l'histoire, il a aussi décalé les expressions concrètes du témoignage oculaire au sein de cette littérature. L'autopsie n'était plus un appel à la croyance, régulièrement lancé, ni un fondement pour la réfutation (εἶδον δὲ καὶ αὐτός), comme on l'observe chez Hérodote (par exemple *Histoires* I, LI ; II, V. X. XII. XLIV. LXXV. XCIX. CXXXI. CXLVII. CLVI ; III, XII ; IV, CXCV ; V, LIX ; VI, XLVII ; VII, CXXIX)[19]. Elle était plutôt une imposante et tacite autorité, une protestation d'honnêteté, soulignant l'entière vérité du texte. Par conséquent, Thucydide

---

16. BYRSKOG 2000 p. 52
17. « Antiquaire » au sens classique de spécialiste en histoire ancienne [n.d.é.].
18. *Guerre du Péloponnèse* I, I : « Pour les événements antérieurs et ceux de l'époque héroïque, il était impossible, en raison du temps écoulé, de les reconstituer exactement. D'après les témoignages dignes de foi qu'on peut trouver pour la période la plus reculée, je ne les estime pas bien importants ni en ce qui concerne les guerres ni sur les autres questions » (τὰ γὰρ πρὸ αὐτῶν καὶ τὰ ἔτι παλαίτερα σαφῶς μὲν εὑρεῖν διὰ χρόνου πλῆθος ἀδύνατα ἦν, ἐκ δὲ τεκμηρίων ὧν ἐπὶ μακρότατον σκοποῦντί μοι πιστεῦσαι ξυμβαίνει οὐ μεγάλα νομίζω γενέσθαι οὔτε κατὰ τοὺς πολέμους οὔτε ἐς τὰ ἄλλα).
19. Cf. SCHEPENS 1980 p. 33-93.

donne peu d'indications, au long de la *Guerre du Péloponnèse*, sur ce qu'il pouvait confirmer précisément lui-même, et le langage propre de l'« autopsie » n'apparaît en fait jamais dans son ouvrage[20].

La discrétion de cet appui sur le témoignage oculaire a conduit Loveday Alexander à supposer, à tort, qu'en fin de compte ce concept avait plus sa place dans la littérature scientifique que dans l'écriture de l'histoire[21]. Contre cette conclusion qui confinerait le champ lexical de l'αὐτοψία à un espace littéraire fondamental bien délimité, Guido Schepens, par une étude faisant autorité, a assuré la profonde pertinence de ce concept pour l'historiographie : « Chez Thucydide, l'autopsie est pour la première fois intégrée lorsqu'il théorise la méthode historique qui trouve son application dans toute l'œuvre[22]. »

Le prestige et l'originalité de Thucydide ont initié la grande tradition des récits historiques à sujets contemporains, et c'est au sein de cette tradition que les futurs talents de l'historiographie antique, tels Polybe, Flavius Josèphe et Tacite, allaient prouver leur valeur. Leurs efforts sont habités par la conscience d'une supériorité d'ordre méthodologique. En annonçant son intention d'écrire au sujet de la guerre des Juifs, par exemple, Flavius Josèphe n'hésite pas à vanter la qualité de son jugement en comparaison de celui de « ces Grecs érudits » (τοῖς Ἑλλήνων λογίοις) qui choisissent des thèmes antiques plutôt que les hauts faits se produisant autour d'eux. Il va même jusqu'à identifier exclusivement l'authentique tradition de l'historiographie avec la narration de faits contemporains (omettant de nombreux contre-exemples gênants, et portant lui-même préjudice à son futur ouvrage) :

> Les anciens historiens, sans exception, se sont eux-mêmes attachés à écrire l'histoire de leurs propres temps (τὰ [...] κατ' αὐτοὺς), une tâche telle que leur participation aux événements (τὸ παρατυχεῖν τοῖς πράγμασιν) donnait de la clarté à leur récit, tandis qu'un mensonge de leur part les déshonorait aux yeux de lecteurs connaissant les faits[23].

Seuls des récits de faits contemporains pouvaient être rigoureusement vérifiés ; de ce fait, seuls des sujets contemporains pouvaient occuper l'historien

---

20. *Id.* p. 111-186.

21. Cf. Loveday Alexander 1993, *passim.* Cet auteur compare la préface de Luc avec des écrits scientifiques selon plusieurs critères (nom de l'auteur, dédicace, thèmes, sources, longueur de la préface). Elle conteste en outre le sens littéral de la notion de « témoin oculaire » dans les textes anciens (p. 120-122). Pour une réponse à Alexander sur ces questions, cf. Adam 2006 p. 177-191, et particulièrement p. 187-190.

22. Schepens *op. cit.* p. 197.

23. Flavius Josèphe, *Guerre* I § 15

authentique. L'histoire sérieuse, en résumé, était un récit fait par de véritables témoins oculaires[24].

Si le goût d'écrire de l'histoire antiquaire demeurait toujours vivant, on peut à bon droit considérer que ce genre littéraire relevait de l'assouvissement d'un désir pédant ou populaire, et qu'il n'a jamais vraiment échappé à l'ombre portée par la critique de Thucydide[25]. En ce sens, il est significatif que, tandis que les mensonges des historiens étaient dénoncés de toutes parts, on ne trouve rien de semblable à la polémique de Flavius Josèphe du côté de l'histoire antiquaire : personne n'a songé à soutenir que la « véritable » histoire avait pour matière les faits oubliés du passé. La revendication supposée d'Isocrate dans cette direction – selon laquelle les oreilles sont plus sûres que les yeux, et par conséquent les récits anciens supérieurs aux récits contemporains – a été totalement mésinterprétée[26]. La narration de faits anciens était une occupation littéraire bien assise et parfaitement capable de se justifier, de diverses manières[27]. Elle n'a jamais été justifiée, cependant, comme un genre d'histoire plus prestigieux et sérieux. Ce piédestal était réservé aux récits écrits par ceux qui avaient participé aux événements.

Le double désavantage de Luc

La préface à l'Évangile de Luc s'inscrit dans la tradition de l'historiographie à sujet contemporain. Cela est largement attesté[28]. Le jugement

24. Éphore de Cumes détaille l'ἀκρίβεια que l'on doit exiger selon les récits (*FGrHist* 70 F 9) : « Éphore dit que, lorsque nous écrivons sur notre propre époque, nous considérons que ceux qui parlent le plus exactement (ἀκριβέστατα) sont les plus fiables ; mais, concernant les choses d'antan (τῶν παλαιῶν), nous considérons comme les plus indignes de confiance ceux qui parlent de la sorte, car nous estimons qu'il n'est pas probable, étant donné la grande distance dans le temps, qu'ils se souviennent de tous les actes ou de la plupart des paroles ». Cf. Byrskog 2000 p. 219.

25. Il est également éclairant d'observer comment les modes littéraires étaient déterminées par l'humeur impériale. Sur le penchant pour les antiquités sous les Antonins, par exemple, cf. Kemezis 2010 p. 285-325.

26. Cf. Marincola 1997 p. 276-279.

27. Parmi ces justifications, il y a l'intention « apologétique » que Sterling discerne chez Flavius Josèphe et d'autres tels que Bérose et Manéthon, c'est-à-dire une démonstration de l'ancienneté d'un *ethnos* (Sterling 1992). Si Luc est soucieux de rattacher le jeune mouvement chrétien à la longue histoire d'Israël, son registre n'est cependant pas celui de l'historiographie antiquaire, ce qui fragilise la proposition de Sterling.

28. Pour un état de la recherche sur le sujet, cf. Rothschild 2004 p. 32-59. Alexander entend seulement associer la préface à des traités techniques ou scientifiques ; il est reconnu que Luc-Actes dans son ensemble a un contenu historiographique.

d'Aune selon qui cette préface est un ouvrage de « médiocre » qualité ne devrait pas remettre en cause sa place au sein de l'histoire respectable, sérieuse et de portée universelle, sinon au sein de la *haute littérature*, du moins dans son ambition affichée[29]. Dans la pensée classique, c'était le thème qui déterminait l'élévation du style, et en ce qui concerne le thème abordé par Luc, il ne fait guère de doute[30]. L'évangéliste s'attache à présenter son ouvrage comme un travail de la plus haute importance, digne de l'histoire, parce que seule l'histoire pourrait prendre en charge l'ampleur des « événements qui se sont accomplis parmi nous » (Lc 1, 1). De même que Thucydide s'est engagé à rapporter en détail « une grande (μέγαν) guerre, plus digne d'être narrée (ἀξιολογώτατον) que toutes celles qui l'ont précédée[31] », et Polybe « un événement dont on ne trouve aucun précédent dans le passé (ὃ πρότερον οὐχ εὑρίσκεται γεγονός) » (*Histoires* I, 1), de même Luc décide de raconter un événement historique, qui mérite amplement un récit digne[32].

29. Aune conteste la position d'Alexander et affirme que la préface de Luc ressemble probablement aux « centaines d'histoires médiocres égarées » à tout jamais, et que l'on est induit en erreur si on l'évalue en la comparant seulement aux meilleurs exemples hellénistiques. Cf. AUNE 2002.

30. Cf. KENNEDY 1984 p. 98, 107-108.

31. *Guerre du Péloponnèse* I, I

32. Robert Morgenthaler saisit le sentiment qui anime l'entreprise historiographique de Luc : « Qu'il en soit issu quelque chose d'assez différent de la *Guerre du Péloponnèse* de Thucydide, des *Vies parallèles* de Plutarque ou de la *Guerre des Gaules* de César tient en définitive à l'objet décrit. L'histoire mondiale offre à écrire une multitude de biographies, de campagnes militaires, de batailles, de discours de stratèges. Il n'existe en revanche qu'une unique naissance miraculeuse et une unique résurrection, une seule Pentecôte aussi. La singularité absolue de ces événements se redouble dans leur historiographie. Mais le récit qu'elle en compose ne demeure pas moins une relation de ces événements » (MORGENTHALER 1948 p. 98). Comme en ce qui concerne l'excès rhétorique de Thucydide et de Polybe quand ils soulignent que les événements qu'ils relatent sont *sans précédent*, les travaux récents sur les traditions d'apothéose conseillent une certaine prudence lorsqu'on aborde la manière dont Luc ou ses lecteurs ont pu comprendre la « singularité » de la résurrection de Jésus en tant que thème choisi. Cf. par exemple, COTTER 2001 p. 127-153. Néanmoins, si Luc, à travers la bouche de Paul, fait preuve d'une certaine distance avec son propre discours (« Pourquoi, parmi vous, juge-t-on incroyable que Dieu ressuscite les morts ? », Ac 26, 8), le contenu de ce dernier ne peut être compris que comme l'accomplissement attendu de « la promesse faite par Dieu à nos pères, et que nos douze tribus espèrent voir se réaliser » (Ac 26, 6-7). En définitive, dans ce cadre scripturaire, le recours de Luc à des textes prophétiques tels que Ha 1, 5 en Ac 13, 41 (« J'accomplis une œuvre en votre temps, une œuvre à laquelle jamais vous ne croiriez, si on vous la racontait ») indique clairement que ce qu'il relate a une signification marquante et unique. Ainsi, même si, avec certains chercheurs actuels, nous avons accepté l'idée (ce qui selon moi ne doit pas du tout être considéré comme acquis) que Luc ait imaginé que d'autres événements miraculeux isolés, semblables à la résurrection de Jésus, se sont produits au cours de l'histoire, le contexte de l'alliance dans lequel prend place *cette* résurrection l'insère dans un cadre historique distinct et lui confère une importance sans égale aux yeux de Luc.

Même si certaines conventions propres au genre historiographique ne sont finalement pas respectées, classer la préface de Luc aux côtés des ouvrages techniques nous fait complètement manquer le ton que l'évangéliste s'est attaché à viser.

Une fois reconnue la place de ce récit au sein de la tradition de l'historiographie à sujet contemporain, on remarque immédiatement que Luc fonde son récit non pas sur l'implication de sa *propre* personne dans les événements qu'il va relater, mais sur le témoignage d'*autres* personnes qui furent « témoins oculaires depuis le commencement (οἱ ἀπ' ἀρχῆς αὐτόπται) » (Luc 1, 2). Cette distance de l'auteur aux événements constitue une rupture avec le modèle générique. Thucydide, Xénophon, Polybe, Tacite et Flavius Josèphe étaient tous, d'une manière ou d'une autre, de proches observateurs et protagonistes des événements qu'ils rapportent. Ce précédent est suffisamment important[33] pour que nous soyons conduits à poser la question suivante : y a-t-il d'autres historiens, dans l'Antiquité, qui ont rapporté des événements contemporains dont ils n'avaient pas eux-mêmes des connaissances de première main[34] ?

Il est étonnamment difficile d'en trouver un exemple. Quand Timée de Tauroménion est présenté comme quelqu'un qui « n'écrit pas selon le témoignage de ses yeux (διὰ τὴν ἀορασίαν) », c'est le manque de jugement de ce rat de bibliothèque sans expérience que Polybe critique, pas sa dépendance au récit d'autres personnes[35]. C'est un problème de vraisemblance, pas d'authentification :

33. Le recours à l'autopsie s'étend aux travaux de nombreux historiens mineurs et disparus. Par exemple, Denys d'Halicarnasse rapporte dans sa *Lettre à Pompée Géminos* que Théopompe affirmait être un témoin oculaire. De nombreux historiens d'Alexandre ont affirmé la même chose : par exemple Callisthène d'Olynthe, Charès de Mytilène, Onésicrite d'Astipalée, Néarque de Crète, Aristobule, Ptolémée. Cf. Pearson 1960.

34. La possibilité que l'auteur soit compris dans les passages utilisant le pronom « nous » dans les Actes est bien sûr une hypothèse pertinente dans le cadre de cette discussion – mais pas au point de nier l'anomalie que nous soulignons. Le prologue de l'Évangile inclut évidemment Luc lui-même parmi ceux qui bénéficient du témoignage des « témoins oculaires » (καθὼς παρέδοσαν ἡμῖν οἱ ἀπ' ἀρχῆς αὐτόπται, Luc 1, 2) ; et, comme le montre clairement Ac 1, 22, la notion rigoureuse de « témoin » chez Luc concerne la vie, la mort et la résurrection de Jésus. C'est donc avec raison que le canon de Muratori distingue deux ordres de témoins : [Luc] *Dominum tamen nec ipse vidit in carnem ;* mais les événements des Actes se sont produits *sub præsentia ejus*. Si le témoignage oculaire de Luc est donc effectivement incorporé dans les Actes, ce « témoignage » a été subordonné aux récits de seconde main qu'il a collectés au sujet du Seigneur ressuscité – une refonte remarquable de la hiérarchie des témoignages. Sur les passages controversés utilisant le pronom « nous », voir ces deux avis contrastés : Thornton 1991 et Campbell 2007.

35. Polybe, *Histoires* XII, xxvg, 4 : « L'historien qui substitue, aux discours authentiques et au développement des causes, des amplifications mensongères ou de prolixes harangues, altère le

il est incapable de reconstruire d'anciennes batailles de façon convaincante, ou de peindre une *ekphrasis* vivante[36]. Plus fondamentalement, par contraste avec Luc, Timée écrit principalement en tant qu'*antiquaire*[37].

Dans son récit satirique, les *Veræ Historiæ*, Lucien saisit l'opportunité de tourner en dérision plusieurs historiens peu dignes de confiance : « Ctésias de Cnide, fils de Ctésiochos, a écrit une description de l'Inde et de ses coutumes ; il n'a ni vu par lui-même ni entendu d'un autre qui soit digne de confiance (αὐτὸς εἶδεν μήτε ἄλλου ἀληθεύοντος ἤκουσεν) les choses qu'il raconte. Iambule, lui aussi, a écrit une description des merveilles de la grande mer ; n'importe qui peut voir que cela est fictif, mais cela demeure un sujet assez divertissant[38]. » Cependant, il est évident que Lucien se moque, et l'objet précis de sa raillerie est que ces « menteurs » littéraires revendiquent le statut de témoins oculaires (peu importe qu'ils le fassent sincèrement ou par convention)[39]. En outre, bien que leurs ouvrages soient perdus (s'ils ont jamais existé), il apparaît clairement qu'ils écrivaient de la littérature de voyage et n'étaient pas des historiens selon le modèle thucydidien.

Un autre texte de Lucien, la *Vie de Démonax*, en tant que Vie, appartient à un recoin obscur de la littérature historiographique, auquel appartient aussi

caractère de l'histoire : c'est là cependant ce que Timée fait sans cesse : il n'est personne qui ne sache que ses livres sont pleins de ces inutiles digressions. » Cf. aussi XXVIII : « Lecteurs assidus dans les bibliothèques, ils compilent les anciens mémoires, et dès qu'ils se croient suffisamment pourvus, ils se mettent à l'œuvre [...]. Le passé nous intéresse à l'avenir, en raison de l'exactitude qu'on a mise à le décrire en détail. Mais s'imaginer qu'avec cette seule ressource on est capable d'écrire l'histoire, comme le pense Timée, est une grossière illusion ».

36. Polybe est finalement plus intéressé par l'αὐτοπάθεια (*expérience personnelle*) et la πολυπραγμοσύνη *(curiosité)* que par l'αὐτοψία : « Il est évidemment impossible d'écrire l'histoire d'une guerre sans avoir quelque notion de l'art militaire, ou de parler des affaires d'un gouvernement, à moins qu'on n'ait passé soi-même par la politique et par ce qui s'y rattache. Or, comme chez ceux qui ne font que lire, rien n'est écrit d'après l'expérience et la pratique, il en résulte que leurs œuvres sont inutiles aux lecteurs [...]. On supprimera des faits importants, on insistera sur d'autres qui sont sans valeur : c'est un défaut où Timée, faute d'avoir vu de ses propres yeux, tombe souvent. » POLYBE, *Histoires* XII, XXVIII ; cf. XXVII-XXVIII.

37. Il est difficile de juger si Timée a eu recours à l'autopsie pour la partie contemporaine de son récit. Il se peut qu'il soit retourné en Sicile, ou qu'il se soit « appuyé sur des témoins oculaires et des personnes présentes, qui lui ont fait des rapports pendant son exil à Athènes », MARINCOLA 1997 p. 71.

38. *Histoires Vraies* I, 3.

39. Lucien porte la même accusation en *Comment il faut écrire l'histoire* § XXIX. Il y mentionne, sans le nommer, un historien qui aurait dit la chose suivante : « J'écris ce que j'ai vu, pas ce que j'ai entendu (γράφω τοίνυν ἃ εἶδον, οὐχ ἃ ἤκουσα). » Lucien, en réponse, plaisante en disant que l'écrivain n'avait jamais « mis les pieds hors de Corinthe ». Sur la relation entre ces deux textes, cf. GEORGIADOU et LARMOUR p. 1448-1509.

le premier au moins des deux volumes de Luc[40]. En ce sens, il est intéressant que Lucien commence son récit en soulignant clairement la contemporanéité de son sujet et en revendiquant des connaissances de première main :

> Il ne sera pas dit que notre génération devait être complètement privée d'hommes dignes de considération et de mémoire. Elle devait produire un homme d'une force de corps surnaturelle et un philosophe d'une sagesse accomplie. Mon propos se rapporte au Béotien Sostrate, que les Grecs nommaient et croyaient être Héraclès, et surtout au philosophe Démonax. Je les ai vus personnellement, je les ai admirés tous les deux, et j'ai même vécu assez longtemps avec le second, Démonax (§ 1).

D'autres *Vies* à sujet contemporain (dans un sens générique) observent la même convention[41]. L'*Agésilas* de Xénophon (auquel des passages de ses *Helléniques* sont comparables) narre la vie du grand soldat spartiate, sous le commandement duquel Xénophon lui-même a combattu dans la campagne perse[42]. L'*Atticus* de Nepos rapporte la vie du protecteur de l'auteur ; et bien que son *Cicéron* soit perdu, nous connaissons aussi la grande proximité de Nepos avec le célèbre homme d'État[43]. Nicolas de Damas est connu pour avoir été proche de l'empereur Auguste, dont il a écrit la vie[44]. Dans sa *Vie d'Agricola*, Tacite a écrit la biographie de son beau-père. La connaissance personnelle, de première main, apparaît clairement comme une norme. Cependant, comme l'histoire à proprement parler, le champ des *Vies* est large et hétérogène.

---

40. Sur l'émergence des *Vies* dans le contexte de l'historiographie antique, cf. MOMIGLIANO 1971 et BURRIDGE 2004 p. 53-77.

41. Il existe également une tradition de *Vies* antiquaires, illustrée, par exemple, par la *Vie d'Ésope*, écrit anonyme datant du IIe ou IIIe siècle, les *Vies des tragédiens* de Satyros, le *Moïse* de Philon et les *Vies parallèles* de Plutarque. Les *Philippiques* perdues de Théopompe n'étaient « pas une biographie mais le récit d'événements qui se sont produits en Grèce à l'époque de Philippe, récit qui avait pour élément unificateur les affaires de Philippe et la Macédoine », VATTUONE 2014.

42. Dans sa *Cyropédie*, Xénophon confesse que ses connaissances sont de seconde main, puisqu'il relate « tout ce que nous avons appris de lui [Cyrus II] par d'autres ou que nous avons pu déduire par nous-mêmes » (I, 5). Cependant, on s'accorde à classer son texte parmi les romans plutôt que parmi les Vies. Cf. HOLZBERG 1995 p. 11-14.

43. Cf., par exemple, ROBERTS 1895 p. IX.

44. L'histoire selon laquelle Auguste fut étonnamment satisfait par le cadeau de dattes que lui fit Nicolas est attestée sous différentes formes dans trois sources différentes, à savoir Plutarque, *Propos de table* VIII, 4 ; Photius (*Bibliothèque* CLXXXIX), et Athénée (*Banquet des sophistes* XIV, 652). Selon Sophrone de Jérusalem, Nicolas instruisait les enfants d'Antoine et de Cléopâtre, qui étaient sous la garde d'Octavie. La proximité de ce savant avec la famille impériale serait donc évidente.

L'*Apollonios de Tyane* de Philostrate fournit un exemple *proche* de celui que nous cherchons, puisque l'auteur s'appuie explicitement sur le témoignage oculaire d'un autre pour composer son récit de la vie du philosophe thaumaturge. Cette célèbre et problématique *Vie* écrite par Philostrate devrait être considérée comme une sorte de fiction historique antique, avec maints emprunts aux techniques de l'écriture romanesque[45]. Mais, à cet égard, il est significatif que la rhétorique historiographique qui enveloppe ostensiblement l'ouvrage sollicite une pluralité de sources écrites, y compris des lettres et des documents publics, ainsi que des biographies antérieures, tel le témoignage de Damis, un ancien disciple d'Apollonios qui avait laissé derrière lui ses mémoires écrits (ὑπομνήματα – I, III, 1)[46], bien que l'« évidente dette envers Platon » dans les dialogues de Damis avec son maître nous conduise à douter de l'authenticité de cette source[47]. Peu importe ce que l'on pense en fin de compte de la véracité de l'*Apollonios*, ce n'était ni un ouvrage antiquaire à proprement parler ni tout à fait un récit à sujet contemporain, puisque le protagoniste (v. 40-120) est *mort* un bon demi-siècle avant la *naissance* de Philostrate (v. 170-245). On ne peut défendre qu'il y ait eu un tel fossé entre les événements de l'Évangile et la vie de Luc.

Néanmoins, l'*Apollonios* de Philostrate demeure fascinant. À voir le complet et complexe éventail des affinités littéraires du texte, on se rend compte que son mode d'investigation fondé sur la documentation, et son thème récent-mais-non-contemporain correspondent bien au type de biographie *presque* contemporaine, s'appuyant essentiellement sur des archives, que pratiquaient des figures telles que Suétone (*Vies des hommes illustres* et *Vies des douze Césars*) et Plutarque pour les derniers personnages de ses *Vies parallèles*[48]. Les propres *Vies des sophistes*

---

45. Cf. Dzielska 1986 ; ainsi que Francis 1998 p. 419-441. À l'instar de la tendance notée *supra* à propos de Marguerat (note 8), Francis remet en question « les vieilles réponses [qui] établissent la "fiction" et l'"histoire" comme des pôles opposés ». La *Cyropédie* de Xénophon et le *Roman d'Alexandre* devraient aussi être classés, avec l'*Apollonios,* parmi les « biographies fictives » ; cf. Holzberg 1995 p. 11-14.

46. Sur ce Damis de Ninive, cf. Jacoby, Schepens, Radike 1999 p. 162-165. « Puisque le récit de Damis est souvent assez fantastique et qu'à plusieurs reprises les références chronologiques sont manifestement fausses, il est clair que ses *Hypomnèmata* avaient un caractère fictif et que le Damis compagnon d'Apollonios est une personne fictive » (p. 162). Un débat existe, cependant, opposant la thèse selon laquelle Damis est le pseudonyme d'un autre auteur réel, et celle selon laquelle il est une pure invention de Philostrate.

47. Jones 2005 p. 6.

48. Les derniers Romains auxquels s'intéresse Plutarque sont Galba et Othon, qui meurent en 69. L'envergure du projet de Plutarque relève de celle d'une histoire universelle, depuis les temps les plus reculés jusqu'à nos jours.

de Philostrate en font partie[49]. Le caractère encyclopédique et anthologique de ces recueils de Vies, et de recueils similaires (par exemple les *Vies des prophètes*, les *Vies des tragédiens* de Satyros, ou les *Vies des philosophes* de Diogène), autorisait naturellement, entre l'auteur et son objet, une distance plus grande que celle habituellement concédée. Dans presque tous les cas, cependant, cela représentait une distance temporelle – parfois assez importante. Ces recueils ne constituaient donc en aucun cas des récits au sujet de personnes ou d'événements récents ; et l'auteur d'une authentique biographie contemporaine, consacrée à la vie d'un seul homme, était toujours tenu de connaître personnellement son héros. Ici, en raison de tous leurs points communs, Luc et Philostrate se tiennent donc fondamentalement à l'écart. Si des équivalents pertinents à l'histoire/Vie contemporaine basée sur des informateurs qu'écrit Luc n'ont pas survécu, de telles œuvres ont certainement existé[50]. Fronton a manifestement projeté d'écrire un récit des guerres de Lucius Verus en Parthie, rédigé à partir des récits de l'empereur lui-même et de ceux qu'il a sollicités auprès de ses généraux (*Ad Verum Imperatorem* I, 2 ; cf. *Principia Historiæ*). Si, par ce projet, Fronton semble vouloir courtiser l'empereur en se faisant passer pour un simple scripteur, la *Guerre juive* de Flavius Josèphe (I § 1), qui s'appuie également sur des récits impériaux, s'ouvre néanmoins sur une charge s'attaquant précisément à ces historiens qui ont écrit sur la guerre, mais ne se sont pas vantés d'y avoir participé personnellement :

> Certains, n'ayant pas participé à l'action (οὐ παρατυχόντες τοῖς πράγμασιν), ont recueilli par ouï-dire des récits aléatoires et contradictoires (ἀκοῇ συλλέγοντες εἰκαῖα καὶ ἀσύμφωνα διηγήματα), qu'ils ont composés dans un style rhétorique (σοφιστικῶς).

En écartant ces incapables, Flavius Josèphe veut manifestement délégitimer leurs ouvrages mal informés, aux sources de seconde main, et faire

49. Ces *Vies* s'étendent de l'Antiquité et de l'école de Gorgias jusqu'à l'époque de Philostrate et le règne d'Alexandre Sévère ou de Caracalla.

50. Les autres Évangiles canoniques doivent évidemment être mentionnés au cours de cette discussion. Chez Jean, la revendication d'un témoignage oculaire est claire (Jn 19, 35). Marc et Matthieu, cependant, ne font pas de déclaration aussi directe, bien que la tradition ait identifié Matthieu comme un apôtre (cf. *supra* ch. 1). Il est significatif que les Évangiles apocryphes soient systématiquement attribués à des personnages qui auraient pu être des témoins oculaires (par exemple Thomas, Philippe, Pierre, Jacques, Nicodème, etc.). Le fait que Marc et Luc n'en fassent pas partie, mais qu'une tradition les associe étroitement à un témoin oculaire (Pierre et Paul respectivement), est un motif de crédibilité, ainsi qu'un argument fort en faveur de l'authenticité de la tradition qui leur en a attribué la qualité d'auteur.

de la place à son propre récit, vécu de l'intérieur[51]. Malheureusement, son accusation stylisée contre ces historiens qui habillaient l'« ouï-dire » (ἀκοή) d'une rhétorique sophistiquée (σωφιστικῶς) ne nous dit pas grand-chose sur ce style d'histoire ni, surtout, s'il revendiquait la même enquête minutieuse et la même attention aux sources de première main que nous trouvons mises en évidence dans Lc 1, 1-4. Quoi qu'il en soit, ce passage, tout comme ceux de Lucien et de Polybe, montre clairement que la distance d'un auteur par rapport aux faits qu'il décrit dans son récit était considérée comme un handicap.

Bien sûr, même pour celui qui avait pris part aux faits, il était nécessaire de se fier à d'autres témoins, et ce fait était accepté[52]. Polybe va droit au but, comme à son habitude :

> Puisque de nombreux événements se produisent simultanément en différents endroits, qu'une personne ne peut pas se trouver à plusieurs endroits à la fois, et qu'il n'est pas possible qu'une seule personne ait vu de ses propres yeux tous les endroits du monde et toutes les caractéristiques particulières des différents endroits, l'historien n'a d'autre choix que de se renseigner auprès du plus grand nombre de personnes possible, de croire celles qui sont dignes de foi et d'être un critique compétent des récits qui lui parviennent[53].

Si l'on faisait preuve d'indulgence, il est cependant clair que cette dépendance au récit d'autrui était une concession et une compensation aux limites du témoignage personnel. Bien que Thucydide mette en parallèle ses observations et les rapports des autres[54], la primauté de l'autopsie *de l'auteur* sur les rapports des témoins oculaires n'était jamais mise en cause. Un personnage

---

51. Flavius Josèphe est encore plus sévère envers ces imposteurs dans *Contre Apion* I § 46 (cf. I §§ 54-56) : « Il est arrivé que de prétendues histoires, même au sujet de notre guerre récente, aient été publiées par des personnes qui n'ont jamais visité les sites ni été proches des actions décrites, mais qui, ayant rassemblé quelques rapports par ouï-dire, ont, avec la grossière impudence de profiteurs ivres, donné à tort à leurs ouvrages le nom d'histoire. »

52. Cf. par exemple LUCIEN DE SAMOSATE, *Comment il faut écrire l'histoire* § XLVII : « En ce qui concerne les faits, l'historien ne doit pas les rassembler au hasard mais après une investigation laborieuse (περὶ τῶν αὐτῶν ἀνακρίναντα) ; de préférence, il doit être un témoin oculaire (παρόντα καὶ ἐφορῶντα), mais, à défaut, écouter ceux qui lui donnent le compte rendu le plus impartial. »

53. *Histoires* XII, IVc, 4-5.

54. « Quant aux événements de la guerre, je n'ai pas jugé bon de les rapporter sur la foi du premier venu ni d'après mon opinion ; je n'ai écrit que ce dont j'avais été témoin (οἷς [*i.e.* ἔργοις] … αὐτὸς παρῆν) ou pour le reste ce que je savais par des informations aussi exactes que possible. Cette recherche n'allait pas sans peine, parce que ceux qui ont assisté aux événements (οἱ παρόντες τοῖς ἔργοις ἑκάστοις) ne les rapportaient pas de la même manière et parlaient selon les intérêts de leur parti ou selon leurs souvenirs variables », *Guerre du Péloponnèse* I, XXII, 2-3.

comme Hérodien était donc fier de promouvoir (à plusieurs reprises) ses propres connaissances de première main :

> Je bornerai ma tâche aux faits postérieurs à la mort de Marc-Aurèle (μετὰ τὴν Μάρκου τελευτὴν) dont j'ai, ma vie durant, été le témoin oculaire ou auriculaire (παρὰ πάντα τὸν ἐμαυτοῦ βίον εἶδόν τε καὶ ἤκουσα) ; souvent, j'y ai pris part (πείρᾳ μετέσχον), dans mes fonctions auprès du prince ou de l'État (ἐν βασιλικαῖς ἢ δημοσίαις ὑπηρεσίαις) – *Histoire des empereurs romains* I, II, 5 – cf. II, XV, 7.

Sa dépendance à l'égard des informations des autres, en revanche, est presque présentée sous la forme d'excuses, et abordée comme un problème, exigeant une vérification minutieuse :

> Je n'ai pas pris chez autrui (παρ' ἄλλων) l'histoire que je relate ; loin d'être inconnue et sans témoins (ἄγνωστόν τε καὶ ἀμάρτυρον), elle reste encore présente dans la mémoire de mes lecteurs, et avec beaucoup d'exactitude (μετὰ πάσης [ἀληθοῦς] ἀκριβείας) j'en ai assemblé les éléments – *Histoire des empereurs romains* I, I, 3.

Il est évident qu'il fallait faire preuve de discernement, car il était possible que ces témoignages fussent truffés d'inexactitudes.

L'important dans tout cela est simplement que, bien qu'il promeuve ses témoins phares dans la préface, les efforts de Luc pour établir l'ἀσφάλεια de son récit ont souffert d'un handicap historiographique évident. Là où les sensibilités modernes pourraient apprécier la distance professionnelle de Luc, les critiques de l'Antiquité auraient pointé sa totale dépendance à des rapports. L'historiographie contemporaine, dans sa forme accomplie, était fondée sur le témoignage oculaire – mais ce témoignage était celui de *l'auteur*.

L'appel d'Hérodien à la « mémoire récente de [s]es lecteurs » expose une difficulté supplémentaire à laquelle se heurte le projet lucanien. Les *lecteurs* avaient, comme l'auteur, un rôle clef dans l'écriture de l'histoire. Ils jouaient un rôle expressément reconnu de contrôle des affirmations de l'auteur au sujet de faits contemporains. Cela apparaît clairement dans le passage de Flavius Josèphe cité plus haut : « Le mensonge déshonorait un auteur aux yeux de lecteurs connaissant les faits[55] » (τὸ ψεύδεσθαι παρ'εἰδόσιν αἰσχρὸν ἦν,

55. Dans sa *Vita* § 361-367, Flavius Josèphe considère l'approbation de lecteurs qualifiés comme une caution de la pleine véracité de ses écrits : « J'ai présenté les livres aux empereurs eux-mêmes,

Guerre I § 15). En effet, Flavius Josèphe lui-même était un lecteur « connaissant les faits » et est intervenu par écrit pour rétablir la vérité et discréditer de nombreux comptes rendus erronés de la guerre. Pour un récit tel que la *Guerre juive*, traitant de « troubles immenses » (ὑπερβολὴν θορύβων) et d'« événements de grande importance » (ἐπὶ τηλικούτοις πράγμασι), on pouvait trouver un tribunal de lecteurs-témoins suffisamment fourni. Mais qu'en était-il d'événements que n'entourait pas un tel théâtre ? Qu'en était-il d'un récit que personne ne pouvait confirmer ou réfuter ?

Luc semble avoir été conscient de ce problème. D'une part, il a soigneusement dépeint la crucifixion et la mort de Jésus comme des événements largement publics : « Es-tu le seul étranger résidant à Jérusalem qui ignore les événements qui se sont produits ici ces jours-ci ? » (Lc 24, 18). Il s'agit d'une *amplificatio* stratégique qui ressemble aux questions rhétoriques de Polybe à la fin de sa préface : « Qui pourrait être absorbé par d'autres sujets » au point de ne pas s'intéresser à l'ascension de Rome ? Luc présente la Crucifixion comme un événement ayant suscité un grand intérêt et étant largement connu, et il a intégré cette dimension publique à son récit. Les Romains et les juifs, Pilate, Hérode, « les grands prêtres, les chefs et le peuple » (Lc 23, 13) sont tous impliqués d'une manière ou d'une autre dans cet épisode.

Le ministère de Jésus en Galilée est également attesté par un large réseau de témoins, comme le révèle Pierre à la Pentecôte (Ac 2, 22), en mentionnant les « prodiges et les signes que Dieu a faits par lui [Jésus] *au milieu de vous, comme vous le savez vous-mêmes* (ἐν μέσῳ ὑμῶν, καθὼς αὐτοὶ οἴδατε) ». L'affirmation selon laquelle tout le peuple connaît le ministère de Jésus est un détail récurrent dans l'Évangile (par exemple, Lc 4, 42 ; 5, 15.19.29 ; 7, 11 ; 8, 4,40 ; 9, 37 ; 13, 17 ; 19, 37 ; 22, 47 ; 23, 1.27.48). Pour éviter que l'importance du public de Jésus ne soit sous-estimée, l'amplitude géographique de ces myriades de foules est décrite de manière très claire (Luc 6, 17 ; 12, 1).

Toute cette dimension publique a une valeur de témoignage : la vie et la mort de Jésus relèvent de la mémoire collective. Paul l'exprime avec justesse quand il parle devant le roi Agrippa (Ac 26, 26) :

---

juste après que les événements se sont produits. Pour moi, je savais que j'avais conservé la vraie tradition [...] mais j'ai tout de suite présenté l'histoire à beaucoup d'autres, ceux qui avaient pris part à la guerre, comme le roi Agrippa et certains de ses proches ». Dans la *Guerre juive*, Flavius Josèphe confie directement son récit à « ceux qui ont l'expérience de ces questions et qui ont participé à la guerre », qui peuvent juger à juste titre de sa véracité (I § 30). Cf. MOESSNER 1996 p. 105-122.

> Le roi est au courant de ces événements et je lui parle avec assurance, car je ne peux croire qu'aucun de ces faits ne lui a échappé, puisque ce n'est pas dans un coin perdu que cela s'est produit (οὐ γάρ ἐστιν ἐν γωνίᾳ πεπραγμένον τοῦτο).

« *Ce n'est pas dans un coin perdu que cela s'est produit !* » Même si le roi n'était pas un témoin, il a dû, comme Hérode, écouter des rapports (Luc 23, 8 ; cf. 4, 14-15.37 ; 5, 15-16 ; 7, 17). C'est une rhétorique de la preuve, et Luc, comme Jean, inclut toute la pleine force probante du ministère public de Jésus : « J'ai toujours enseigné à la synagogue et dans le Temple, là où tous les juifs se réunissent, et je n'ai jamais parlé en secret. [...] Interroge ceux qui ont entendu ce que j'ai dit » (Jean 18, 20-21 ; cf. Luc 22, 53).

Vue sous cet angle, la Résurrection posait un redoutable problème historiographique. En tant que pièce maîtresse du récit de Luc-Actes, il est étrange, embarrassant, que la résurrection de Jésus fût privée de témoins – du moins dans la présentation qu'en fait Luc. Alors que Paul tient à souligner le grand nombre de témoins (encore vivants et interrogeables – 1 Co 15, 6), y compris lui-même, pour Luc, l'événement ne s'est pas produit devant le peuple, pas plus qu'il ne s'est produit devant l'auteur. Au lieu de cela, un petit nombre de témoins triés sur le volet – ce qui n'est pas pour atténuer notre méfiance – a eu la garde complète des preuves.

> Nous sommes témoins de tout ce qu'il a fait dans le pays des juifs et à Jérusalem, lui qu'ils ont tué en le suspendant au bois du supplice. Dieu l'a ressuscité le troisième jour et lui a donné de se manifester – *non pas à tout le peuple, mais à des témoins choisis d'avance par Dieu* (μάρτυσιν τοῖς προχειροτονημένοις ὑπὸ τοῦ θεοῦ), à nous qui avons mangé et bu avec lui après sa résurrection d'entre les morts. Et il nous a chargés d'annoncer au peuple et de témoigner (διαμαρτύρασθαι) qu'il est celui que Dieu a établi juge des vivants et des morts (Ac 10, 39-42).

La décision de Luc d'attirer l'attention sur l'exclusivité des témoins de la résurrection de Jésus est intrigante, surtout après qu'il a souligné le caractère public du ministère et de la mort de Jésus.

Il est impossible de savoir si, et sous quelle forme, Luc a pu connaître ou non la tradition des cinq cents témoins conservée en 1 Co 15, 6. Faut-il les comprendre dans « les onze apôtres réunis et leurs compagnons » qui ont vu le Seigneur après son apparition à Simon (Luc 24, 33 ; cf. Ac 1, 13-15) ? Il est frappant, en tout cas, que Luc n'invoque pas, implicitement ou ouvertement, le grand nombre des témoins. Ce qui est clair, c'est que le témoignage de Paul, comme le récit de Luc, met en évidence la position prééminente de Pierre et présente les autres témoins comme un groupe spécifiquement composé de *fidèles* (ἐπάνω πεντακοσίοις ἀδελφοῖς). Paul lui-même est la seule exception, perturbant ce qui pourrait paraître fonctionner en vase clos. Ici encore, Luc est en pleine consonance avec Paul.

Même si l'on reconnaît l'importance stratégique et apologétique du témoignage extérieur que donne Paul, répété, qui plus est, trois fois dans le cours des Ac (Ac 9, 1-9 ; 22, 4-16 ; 26, 9-17),[56] le récit de Luc se trouve néanmoins dans une position historiographique délicate à double titre. Non seulement sa propre position d'auteur était incertaine, mais ses lecteurs ne pouvaient pas jouer leur rôle normal. Le témoignage de ceux qui avaient été « choisis d'avance par Dieu » n'était pas susceptible d'être confirmé ou réfuté par un autre corps de témoins au courant de ces événements. Ainsi, en ce qui concerne l'affirmation centrale du récit, l'assentiment ou le rejet purs et simples étaient les deux seules options possibles. Des interventions pour corriger cette affirmation n'avaient pas lieu d'être. Il était formellement exclu que cette affirmation soit publiquement examinée et jugée, car toutes les preuves étaient entre les mains des fidèles. Par conséquent, le travail de Luc acquiert un caractère tout à fait inhabituel. En déplaçant les structures d'authentification traditionnellement investies par l'auteur et les lecteurs, l'évangéliste amplifie le statut du témoignage rapporté et se fait solidaire de ses lecteurs : eux comme lui sont à la merci de ce que « *nous* ont transmis ceux qui, dès le commencement, furent témoins oculaires » (παρέδοσαν ἡμῖν οἱ ἀπ' ἀρχῆς αὐτόπται – Lc 1, 2).

Le récit des merveilles et la désignation des témoins

Les circonstances particulières de la résurrection de Jésus ont obligé Luc à s'adapter. Les récits de résurrection étaient, bien sûr, connus dans le monde antique ; mais ils apparaissent normalement dans un cadre littéraire très différent : la mythographie. La *Bibliothèque* d'Apollodore, par exemple, relate les pouvoirs miraculeux d'Asclépios (qui ramenait les hommes à la vie avec le sang de la Gorgone confié par Athéna), tout en racontant qu'il est

56. Cf. LICONA, 2010 p. 373-439. À la page 437, Licona souligne fortement l'importance apologétique du témoignage de Paul : « La conversion de Paul est particulièrement intéressante parce qu'il était un ennemi de l'Église lorsque son expérience de Jésus ressuscité s'est produite. Par conséquent, la résurrection de Jésus est rapportée non seulement par ses amis mais aussi par au moins quelqu'un qui en était un ennemi véhément au moment de l'expérience. »

né d'Apollon et a été instruit par le centaure Chiron (*Bibliothèque* III, x, 3 ; cf. Justin, *Dialogue avec Tryphon* LXIX, 6 ; 1re *Apologie* XXII,6 ; LIV, 10 ; Lucien, *De la danse* 45)[57]. De tels récits mythiques pourraient en effet être tolérés et trouver place dans le genre moins exigeant de l'historiographie antiquaire (par exemple, Diodore de Sicile, *Bibliothèque historique* IV, LXXI, 2-3). Néanmoins, ce serait une grande erreur de confondre l'aspiration de Luc à relater un événement récent dont il y a des témoins oculaires avec ces récits peu sérieux.

Le *Romulus* de Plutarque présente un parallèle plus intéressant. S'il s'agit manifestement d'un cas d'historiographie/biographie antiquaire, d'« archéologie » au sens thucydidien, l'apparition *post mortem*, à la fin du texte, du fondateur éponyme de Rome est étayée par le compte rendu du témoignage sous serment d'un témoin oculaire de grande réputation, qui est nommé.

> On raconte que l'un des patriciens, homme de la plus noble naissance et de la plus haute réputation, ami intime et de confiance de Romulus lui-même, et qui fut l'un des colons d'Albe, du nom de Julius Proculus, se rendit sur le forum et jura solennellement par les emblèmes les plus sacrés devant tout le peuple que, alors qu'il voyageait sur la route, il avait vu Romulus venir à sa rencontre, à l'apparence belle et majestueuse comme jamais auparavant, et revêtu d'une armure brillante et éclatante. Lui-même, alors, effrayé par cette vue, avait dit : « Ô roi, que t'est-il arrivé, ou quel était ton dessein, pour que tu nous laisses, nous patriciens, en proie à des accusations injustes et méchantes, et que toute la ville soit sans cesse affligée par la perte de son père ? » Sur quoi Romulus avait répondu : « C'était le plaisir des dieux, ô Proculus, dont je suis issu, que je ne sois que peu de temps parmi les hommes, et qu'après avoir fondé une ville destinée à être la plus grande de la terre par son empire et sa gloire j'habite de nouveau au Ciel. Adieu donc, et va dire aux Romains qu'ils ont, dans la tempérance et le courage, les sûrs moyens de s'élever au faîte de la puissance humaine. Et je serai votre divinité propice, Quirinus. » Ces choses semblaient aux Romains dignes d'être crues, d'après la qualité de l'homme qui les racontait, et d'après le serment qu'il avait prêté ; de plus, une certaine influence du Ciel, proche de l'inspiration, s'emparait aussi de leurs émotions, car personne ne contredisait Proculus, mais tous mettaient

57. Sur ce texte, cf. LEHTIPUU 2015 p. 28-29. Sur Asclépios et Jésus, cf. *supra* ch. 4.

de côté la suspicion et la calomnie et priaient Quirinus, et l'honoraient comme un dieu » (Plutarque, *Romulus* § XXXVIII).

Richard Miller a mis en évidence, par provocation, un grand nombre de points communs entre la tradition romaine de l'apothéose et les récits évangéliques de résurrection[58]. On peut ajouter à sa liste le caractère ouvertement judiciaire du témoignage de Julius Proculus, qui rejoint une caractéristique du discours chez Luc, examinée ci-dessous. Malgré la protestation d'honnêteté attirée par la mention de la noblesse de ce témoin patricien, la suspicion qui pèse sur toute l'historiographie antiquaire, néanmoins, entache inévitablement le récit de Plutarque. Luc a donc été confronté à la tâche de remodeler selon les codes de l'historiographie à sujet contemporain ce type de *fabula* du retour d'entre les morts, traditionnellement entaché du statut douteux de « pré-histoire ». Dans le cas de Luc, comme nous l'avons mentionné, cette tâche était aussi rendue plus compliquée par une double distance (auteur/lecteurs) par rapport aux événements remarquables à rapporter.

Un ensemble de contraintes similaires peut être observé à la fin de l'*Apollonios* de Philostrate, où, dans les derniers paragraphes du texte, Philostrate relate une série de variantes sur la fin d'Apollonios, incluant son apparition, peut-être dans un rêve, transfiguré et immortel, à un jeune étudiant de philosophie qui doutait de l'immortalité de l'âme (VIII, XXXI, 3). De façon significative, cependant, le récit de Damis, témoin oculaire, s'arrête explicitement avant cette apparition finale[59]. Après avoir ainsi renoncé à ses prétentions historiographiques, Philostrate convoque même intentionnellement le caractère évocateur de la rumeur pour permettre à Apollonios de disparaître dans une pénombre de légende : « Certains disent… d'autres disent… » (περὶ γὰρ τρόπου, καθ' ὅν ἐτελεύτα, εἴγε ἐτελεύτα, πλείους μὲν λόγοι, Δάμιδι δὲ οὐδεὶς εἴρηται, VIII, XXIX, 1 ; cf. XXX, 1-2).

L'inflexion que Philostrate, à la fin du texte, donne délibérément à son œuvre, en direction d'histoires concurrentes et d'une rhétorique de la *rumeur,* fait écho au langage de la mythographie (« la rumeur court… » ; « certains disent… », etc.) et marque une inflexion intentionnelle depuis une (prétendue ?) science historique vers une fin plus légère, plus allusive, moins rigoureusement occupée à clamer fermement sa vérité[60]. Une telle rhétorique désinvolte

---

58. Richard MILLER 2010 p. 759-776, et particulièrement p. 772-773.

59. Τὰ μὲν δὴ ἐς Ἀπολλώνιον τὸν Τυανέα Δάμιδι τῷ Ἀσσυρίῳ ἀναγεγραμμένα ἐς τόνδε τὸν λόγον τελευτᾷ (VIII, XXIX, 1).

60. Pour une autre considération sur la « rhétorique de la rumeur », cf. *supra* ch. 3. L'écho de cette rhétorique, qui traverse les siècles et résonne encore, par exemple, dans la conclusion

du « certains considèrent... d'autres pensent... » (ἀλλ' οἱ μὲν εἴκαζον [...] ἕτεροι δ' οἴονται) habite également le récit de l'apothéose de Romulus chez Plutarque (*Romulus* § XXVII, 4-6). Rien de ce ton dégagé ne se retrouve dans le langage de Luc, cependant. Au récit des *fidèles* ne sont jamais opposées d'autres possibilités, laissées à la discrétion du lecteur et parmi lesquelles il pourrait choisir selon ses critères personnels de plausibilité.

Il serait inimaginable pour Luc d'abandonner Jésus à un crépuscule d'ouï-dire comme le fait Philostrate avec son héros, de renvoyer son témoin phare avant l'acte final, ou d'offrir au lecteur un choix entre plusieurs fins possibles. Les témoins oculaires de Luc sont spécifiquement des témoins de la résurrection de Jésus. Leur témoignage ne s'épuise pas au moment critique, comme celui de Damis chez Philostrate. Au contraire, tout dépendait de ce qu'ils disaient avoir vu ! Leur récit est la seule réalité possible que le IIIe Évangile offre à ses lecteurs. Les rumeurs concurrentes ne figurent pas dans le texte lucanien, même pour être rejetées (cf. διεφημίσθη ὁ λόγος οὗτος παρὰ Ἰουδαίοις μέχρι τῆς σήμερον – Mt 28, 11-15). Le cas de Luc exigeait une autre manière de raconter, car une sorte d'affirmation différente, plus absolue, s'y donnait.

Le caractère plutôt anecdotique de l'apparition finale d'Apollonios devrait également être souligné. Bien qu'elle soit impressionnante, probante, et qu'elle marque l'apogée du récit, la victoire finale du thaumaturge sur la mort n'est qu'un épisode assez accidentel à la fin d'une biographie assez longue (la plus longue conservée de l'Antiquité) et seulement une des fins possibles de l'histoire (comme c'est aussi le cas avec l'apothéose de Romulus). Une autre différence par rapport à Luc, d'importance capitale, apparaît donc clairement. Pour l'évangéliste et l'auteur des Actes, la résurrection de Jésus occupe une place tout à fait centrale dans l'ensemble du récit. La forme narrative de l'œuvre lucanienne dans son ensemble exigeait donc, une fois de plus, un type différent de présentation.

En réponse à tous ces défis historiographiques posés par la Résurrection, Luc a reconfiguré le modèle thucydidien de l'histoire dans son essence et l'a imprégné d'un modèle d'autopsie plus ancien, hérité d'Hérodote. L'évangéliste écrit l'histoire de faits contemporains, mais l'organise autour d'un événement privé. De fait, cela a pour conséquence de placer au cœur du travail historiographique un mode de témoignage réservé à des merveilles isolées (θαῦμα), phénomène marginal qui ponctue surtout les ramifications

---

ouverte de la *Vie de Jésus* par Jean Steinmann, exerce un étrange attrait et constitue un curieux phénomène à observer ; cf. *supra* ch. 1.

hérodotéennes comme la littérature périégétique et la paradoxographie, mais qui nous rappelle aussi la nature fortuite de l'apparition finale d'Apollonios chez Philostrate. Ce type de témoignage rapporte des faits caractérisés par leur exceptionnalité, ainsi que des récits extraordinaires, et exige simplement la croyance ou l'incroyance du lecteur (habituellement la seconde) sans l'appeler à une vérification personnelle. Le traité *De la malignité d'Hérodote*, ouvrage querelleur écrit par Plutarque contre les mensonges d'Hérodote, montre à quel point la seule alternative est d'assentir ou non[61].

Chez Hérodote, la vérité des récits de « merveilles » est encore fréquemment liée à la protestation d'honnêteté que fonde l'autopsie de l'auteur (convoquée pour confirmer la rumeur locale) :

> J'ai vu (εἶδον) une grande merveille (θῶμα μέγα) sur le lieu de la bataille, dont les gens du pays m'avaient parlé [...] : les crânes des Perses sont si fragiles que, si vous jetez un minuscule caillou, il les transpercera, mais les crânes égyptiens sont si solides que le coup d'une pierre les fendra à peine[62].

La confirmation directe n'était cependant pas toujours possible, et parfois les oreilles devaient remplacer les yeux. On trouve ainsi une analogie éclairant mieux le problème de Luc dans une histoire de la bataille de Marathon concernant un certain Épizèle :

> La merveille (θῶμα) suivante s'y produisit : un Athénien, Épizèle fils de Couphagoras, combattait dans la bataille comme un brave lorsqu'il fut privé de la vue, bien que frappé ni atteint nulle part sur son corps, et, à partir de ce moment, il passa le reste de sa vie aveugle. J'ai entendu dire qu'il raconte l'histoire suivante au sujet de son malheur (Λέγειν δὲ αὐτὸν περὶ τοῦ πάθεος ἤκουσα τοιόνδε τινὰ λόγον) : il vit en face de lui un grand homme armé, dont la barbe éclipsait le bouclier, mais ce fantôme le traversa et tua l'homme à côté de lui. J'ai appris par

61. Il est intéressant de constater que Plutarque « pour contester Hérodote [...] ne peut guère faire plus que citer ce que dit Hérodote et le nier [...], l'argument de l'invraisemblance ou de l'inconvenance est très utilisé » (BOWEN, 1992 p. 4). L'appel à Charon de Lampsaque au § XX est la première utilisation d'une autorité alternative pour contrer Hérodote. Ce type d'argument est évidemment limité aux événements publics dont on a gardé trace. La pré-histoire et les récits de miracles exigent des contre-affirmations d'un autre ordre.

62. *Histoires* III, XII, 1-4.

mon enquête qu'Épizèle lui-même raconte ces choses (Ταῦτα μὲν δὴ Ἐπίζηλον ἐπυθόμην λέγειν)[63].

L'enquête professionnelle d'Hérodote rapporte ici un témoignage oculaire contemporain, au sujet d'une merveille attestée en privé, et qui s'est déroulée peut-être cinquante ans auparavant. Bien que l'événement soit parfaitement anecdotique dans la bataille de Marathon et plus généralement dans les guerres perses – ce qui diffère totalement des récits de résurrection de Luc –, la configuration historiographique articulant auteur, témoin et lecteurs est essentiellement la même. La réalité de l'événement dépend de la crédibilité d'Épizèle.

Compte tenu de cette dépendance totale à la véracité du témoin, il convient de noter le soin particulier qu'Hérodote prend à attribuer le récit à un individu nommé. Luc fait preuve du même souci d'historien[64]. La tradition d'Emmaüs associée à Cléophas en est un bon exemple (Lc 24, 12-35)[65]. Comme on le voit en Mc 16, 12-13, le récit a également circulé sous une forme beaucoup moins précise[66]. Marc conserve une apparition du ressuscité à « deux d'entre eux » (δυσὶν ἐξ αὐτῶν), qui marchent anonymement quelque part « dans le pays »

63. *Ib.* VI, 117.

64. Le souci de précision de Luc s'étend au-delà des noms concrets. Richard Dillon souligne avec quel soin Luc encadre tous ses récits de la résurrection par une mention de la *date, du lieu et des personnes* (Richard DILLON, 1978). Sur l'absence de béances narratives dans les récits de miracles de l'Évangile, cf. *supra* ch. 4.

65. Bauckham en offre un commentaire qui mérite d'être cité longuement : « Le récit n'exige pas qu'il [Cléophas] soit nommé et que son compagnon reste anonyme. Il ne semble y avoir aucune raison plausible de le nommer, si ce n'est pour indiquer qu'il était la source de cette tradition. Il s'agit très probablement de la même personne que Clopas, dont l'épouse, Marie, apparaît parmi les femmes au pied de la Croix dans Jn 19, 25. Clopas est une forme sémitique très rare du nom grec Cléophas, si rare que nous pouvons être certains qu'il s'agit du Clopas qui, selon Hégésippe, était le frère du père de Jésus, Joseph, et le père de Simon, qui a succédé à son cousin Jacques à la tête de l'Église de Jérusalem (*apud* Eusèbe, *Histoire ecclésiastique* III, XI ; IV, XXII, 4). Cléophas/Clopas était sans doute l'un de ces parents de Jésus qui jouaient un rôle prééminent dans le mouvement chrétien juif palestinien. L'histoire que raconte Luc serait essentiellement celle que Cléophas lui-même a racontée sur sa rencontre avec Jésus ressuscité. Il s'agit probablement de l'une des nombreuses traditions de l'Église de Jérusalem que Luc a intégrées dans son œuvre » (BAUCKHAM 2006 p. 47).

66. Arguer du matériau à couleur lucanienne présent dans la finale de Marc serait une explication simpliste, qui ne peut être adoptée. Marc atteste peut-être une forme orale indépendante et prélucanienne de cette tradition. Cf. BOVON 2009 p. 413. Cependant, il est aussi très probable que Marc 16, 9-20 représente un ajout tardif, entièrement dépendant des autres récits canoniques de résurrection et les résumant. Sur l'improbabilité que Marc ait voulu clore l'Évangile en 16, 8, cf. STEIN 2008 p. 79-98.

(εἰς ἀγρόν) : ce n'est pas plus satisfaisant pour la matière d'une histoire solide que ne l'est un récit de seconde main au sujet d'une étrange péripétie guerrière. Luc n'étale pas aussi ouvertement qu'Hérodote ses moindres mouvements méthodologiques, mais, en nous appuyant sur la préface programmatique de son Évangile, nous devrions aborder sérieusement l'hypothèse selon laquelle une activité hérodotéenne d'« enquête » (ἐπυθόμην) se cache derrière le récit de Luc, ce dernier étant attaché à un personnage, une époque et un lieu précis.

Il est très éclairant, à cet égard, de constater que le vieux soldat aveugle, Épizèle, répète activement son récit comme une sorte de performance théâtrale que l'on pourrait aller écouter (ou dont on pourrait entendre parler)[67]. Ce même phénomène devrait être considéré comme un facteur important de la formation de la tradition évangélique, ainsi qu'une source de premier ordre exploitée par Luc[68]. On peut tout à fait s'attendre à ce que Cléophas ait raconté son histoire étonnante – et fréquemment[69]. Bauckham fait cette remarque dans son importante étude sur l'utilisation des noms propres dans les Évangiles. À propos de la désignation des témoins féminins au tombeau, par exemple, il remarque :

> On peut naturellement supposer que ces femmes n'étaient pas connues seulement pour avoir un jour raconté leurs histoires, mais en tant qu'elles sont restées des sources accessibles de ces traditions, faisant autorité, aussi longtemps qu'elles ont vécu[70].

Les Actes des Apôtres nous en donnent même un exemple. De toute évidence, l'expérience de la soudaine cécité a touché Paul avec autant de force que l'infortuné Épizèle, et aucun des deux hommes n'a hésité à en faire le récit. Si les détails des trois récits présents dans les Actes déroutent, Luc n'a certainement pas inventé cette tendance de Paul à répéter son incroyable histoire (même si nous devions admettre que Luc ait pu embellir le récit). On trouve également dans ses lettres ce motif de récitation répétée : « Vous avez entendu parler de ma vie passée dans le judaïsme… » (Ga 1, 13-24 ; cf. Ph 3, 4-11 ; 1 Tm 1, 13-14).

---

67. Il est largement reconnu qu'Hérodote, Thucydide, Xénophon et d'autres historiens classiques dépendaient grandement de telles sources orales. Cf. Byrskog, 2000 p. 94-99.
68. Byrskog, 2000 p. 100-105.
69. Ceci est particulièrement vrai si l'on accorde du crédit aux informations d'Hégésippe. Cf. *supra* note 65.
70. Bauckham, 2006 p. 51.

Contrairement aux deux répétitions de Paul (Ac 22, 1-21 ; 26, 1-29), il est significatif que Luc choisisse de ne pas rapporter le récit d'Emmaüs au discours direct – malgré une occasion parfaite quand Cléophas revint et « raconta ce qui s'était passé sur la route » (Luc 24, 35 ; cf. Ac 10-11). Les discours cités étaient considérés comme un lieu de liberté compositionnelle, bien sûr, et d'expression de la virtuosité d'un historien (et Luc ne s'en prive pas dans les Actes). La *narration* (διήγησις), en revanche, était le mode de la restitution historique « exacte ». Par conséquent, Hérodote évite lui aussi le discours direct (ou *oratio obliqua*), et plutôt que d'intégrer une transcription du témoignage d'Épizèle, il offre un récit à la troisième personne de l'événement (agrémenté, comme à son habitude, de commentaires)[71]. Cela semble avoir été la manière habituelle d'incorporer les témoignages oculaires (et la matière première en général) dans les écrits historiques : ils étaient simplement intégrés dans le corps du récit[72]. Cela apparaît clairement, et pas seulement dans la suppression conventionnelle du point de vue de l'auteur à la première personne (comme lorsque Thucydide ou Polybe se réfèrent à leurs propres actions à la troisième personne, sans attirer l'attention sur leur point de vue privilégié ni ponctuer leur propos de remarques invitant le lecteur à vérifier par lui-même)[73]. On retrouve la même caractéristique consistant à intégrer la matière issue du témoignage oculaire dans la trame du récit en ce qui concerne le recours à des témoins auxiliaires, comme le montre l'exemple du témoignage de Titus dans la *Guerre juive*. Flavius Josèphe, qui ne manque pas de relations, annonce que son propre témoignage est complété par *le* témoin essentiel : μάρτυς αὐτὸς ὁ πορθήσας Καῖσαρ Τίτος (*Guerre* I § 10)[74]. Pourtant, le « témoignage » de Titus n'apparaît jamais sous la forme d'un compte rendu explicite de ses paroles[75]. Le futur César est simplement présenté comme un

---

71. Son souci d'éviter aussi le discours indirect est également intéressant dans le récit d'Épizèle, puisqu'« Hérodote utilise souvent des propositions infinitives, trahissant le discours indirect dans son propre récit afin de montrer qu'il raconte une histoire qui n'est peut-être rien de plus qu'une histoire », BOWEN, 1992 p. 6.

72. SCHEPENS, 1980 p. 96-97.

73. Cf. MARINCOLA, 1997 p. 182-206. Le personnage du narrateur est à la fois distinct et entremêlé au personnage de l'acteur historique (en particulier chez Polybe), bien que cette distinction soit rigoureusement maintenue. Même l'appréciation par Polybe de sa propre amitié avec Scipion est écrite à la troisième personne. Un exemple intéressant de ce débordement du témoin oculaire dans la narration apparaît dans Jn 19, 35, passage curieusement toujours formulé à la troisième personne : ὁ ἑωρακὼς μεμαρτύρηκεν, καὶ ἀληθινὴ ἀυτοῦ ἐστιν ἡ μαρτυρία.

74. Sur la dépendance de Flavius Josèphe à des informateurs, cf. MOESSNER, 1996 p. 113-115.

75. L'épisode crucial de la *Guerre juive* de Flavius Josèphe est sans doute le long récit, plein de suspense, de l'incendie du ναός (*Guerre* VI § 220-270). La caractéristique essentielle de cet événement est que, bien que la tragédie se fût déroulée sous les yeux de milliers de personnes,

acteur clef, tandis que les lecteurs doivent deviner ou reconnaître où il fait office de source spéciale.

Les récits que Luc fait de la Résurrection ne sont pas comparables à la *Guerre*, et, contrairement à Flavius Josèphe, Luc n'est pas co-témoin avec ses αὐτόπται. Un récit comme l'épisode d'Emmaüs est plutôt du même ordre que le récit succinct d'Hérodote sur Épizèle, mais, à cette échelle, Luc offre une bien plus grande mesure de détails. Cela peut être attribué à deux éléments. (1) Premièrement, la Résurrection est *bien plus importante* pour le projet de Luc que l'aveuglement d'Épizèle pour Hérodote. Luc, comme nous l'avons vu, a transposé au centre de son histoire un phénomène marginal d'attestation. Il est vrai que le langage caractéristique de la « merveille » (θαῦμα) a été adapté (Lc 24, 12.41) ; néanmoins, la dimension numineuse est similaire (cf. Lc 24, 37) et, surtout, le problème du témoin privé est identique. (2) Deuxièmement, la plus grande précision de Luc dans l'histoire de Cléophas suggère un contact plus étroit avec la source que celui dont bénéficiait Hérodote. Le récit que fait Luc semble avoir été modelé par la forme dans laquelle Cléophas l'a lui-même fait, jusque dans l'impact profond et ineffable que l'expérience entière a eu sur lui (Lc 24, 32)[76]. Naturellement, Luc a composé le récit, et il n'est pas nécessaire de nier la présence de thèmes qui lui sont propres. Le récit de Flavius Josèphe sur Titus porte également les empreintes de l'historien. Néanmoins, un contact réel de Luc avec sa source est probable et pourrait contribuer à expliquer plusieurs expressions uniques dans Lc 24, 13-35[77]. De même que σκιαζεῖν est un hapax chez Hérodote et

---

la véritable cause était occulte. Comment l'incendie s'était-il déclenché et, surtout, quel avait été le rôle de Titus ? C'était une question controversée (cf. Talmud de Babylone, *Gittin* 56b ; Barnes 1977), et importante, car la destruction du Temple illustre parfaitement toute la thèse de Flavius Josèphe dans son œuvre : l'inéluctable décret divin condamnant le Temple à la destruction s'est réalisé par l'intermédiaire des Juifs récalcitrants, et non des agresseurs romains. Pour connaître la vérité sur cette question très sensible, Flavius Josèphe a dû s'en remettre à Titus. Cependant, au moment crucial du récit, aucune attention particulière n'est accordée au rôle de Titus en tant que témoin oculaire. L'histoire raconte simplement comment il a appris qu'il y avait un incendie et comment il a tenté en vain de l'arrêter. Sur les blâmes et perceptions contradictoires qui ont surgi autour de la question de l'incendie, cf. Giambrone 2021b.

76. Bauckham observe que le récit d'Emmaüs est « certainement raconté du point de vue des personnages nommés » et que, si les détails ont réellement été recueillis et ne sont pas « le produit de l'imagination narrative » de Luc, « ils ne peuvent avoir été recueillis que par… Cléophas (ou son compagnon anonyme) » (Bauckham 2006 p. 55).

77. Pour une discussion au sujet des éléments lucaniens et pré-lucaniens, cf. Bovon 2009 p. 552-554 : « Le vocabulaire et le style montrent clairement que la narration a fait d'abord partie du *Sondergut* [« bien propre » *i.e.* le matériau dont il est seul à disposer parmi les évangélistes, n.d.é.] de Luc. Luc se saisit de l'histoire traditionnelle et la recompose. » Avant de pouvoir

que le détail étrange de la barbe du fantôme sonne comme un écho pittoresque venu d'Épizèle (identifiant le fantôme à un Perse), de même nous entendons plausiblement la voix de Cléophas dans des détails inutiles comme l'intention qu'avait Jésus d'aller plus loin (Lc 24, 28). Si de tels détails peuvent toujours être inventés par un auteur, ils se retrouvent assurément aussi dans les véritables récits de témoins oculaires[78].

La mise en forme et la sélection éditoriales sont inévitables dans la mise en récit d'un témoignage authentique, mais nous devons supposer un minimum d'exactitude dans le rapport de *ce que les témoins ont dit*. Il serait gratuit de supposer qu'un véritable Épizèle n'a pas raconté (sous une forme ou une autre) le récit que nous trouvons rapporté. La question qui se posait aux lecteurs des *Histoires* était moins de savoir si Hérodote (ou ses sources) avait inventé ce soldat conteur, que de savoir si le conteur lui-même était en fait un *inventeur*. De même, les lecteurs de Luc devaient se demander si l'histoire de Cléophas (ou celle de Paul) valait la peine d'être crue.

Accréditer les témoins

Luc se devait d'établir la crédibilité de ses informateurs pour montrer l'ἀσφάλεια de leur récit et susciter un acte de foi correspondant. Un tel affermissement des « témoins » était au fondement de l'initiative historiographique de Luc et aide à expliquer comment ses deux volumes sont vitalement articulés à la Résurrection. J'aimerais ici suggérer brièvement que les Actes renforcent le statut des témoins oculaires dans trois directions essentielles.

L'accréditation historiographique

Si des témoins oculaires comme Cléophas « sont restés des sources accessibles et faisant autorité » auprès desquelles l'évangéliste aurait pu recueillir son témoignage, Luc, dans le contexte des Actes, réduit intentionnellement le cercle des témoins à un groupe restreint d'individus dont la tradition fait autorité[79]. Le récit de Cléophas est immédiatement crédible pour la communauté de Jérusalem, car il rejoint l'expérience déjà vécue par Pierre (24, 34).

---

prendre une décision globale concernant les sources du *Sondergut* lucanien, les données méritent une réévaluation approfondie selon les lignes proposées par Byrskog.

78. Cf. Redman 2010 p. 3-13.

79. Sur ce groupe spécifique de témoins, centré sur Pierre, cf. Hengel, 2008 p. 256-280.

Cette déférence à l'égard du témoignage de Pierre est un mouvement qui reflète très probablement une configuration réelle de l'Église primitive : plus précisément, la lieutenance testimoniale des Douze, qui forment le « collège d'autorité », selon les mots de Birger Gerhardsson[80]. Hengel a souligné ici, à juste titre, l'intersection entre la prédication et le témoignage[81]. La dimension spécifiquement historiographique de cette « spécialisation » du témoignage ne doit cependant pas être négligée[82]. Par la bouche de Pierre, Luc précise la qualité fondamentale de ces témoins de la Résurrection en titre (μάρτυρες τῆς ἀναστάσεως) : ils doivent avoir accompagné le Seigneur « depuis (ἀρξάμενος) le baptême de Jean jusqu'au jour où il a été enlevé d'entre nous » (Ac 1, 22 ; cf. Jn 15, 26-27). La formulation de ce critère fait clairement écho à la préface (οἱ ἀπ' ἀρχῆς αὐτόπται) ; et comme chez Luc aucun des disciples (pas même Pierre) ne répond strictement à la norme (puisqu'ils ont été appelés après le baptême de Jésus), on peut reconnaître ici une exigence historiographique. Les témoins doivent, comme Flavius Josèphe, avoir « assisté en personne à tous les événements » (*Contre Apion* I § 47)[83]. Plus que toute autre, c'est la personne de Pierre qui assure la continuité du témoignage dans Luc-Actes ; son témoignage a le statut historiographique d'une colonne vertébrale dans le projet lucanien.

L'accréditation judiciaire

Le remplacement des témoins nommés dans Luc 24 par le collège de témoins des Actes ne peut s'expliquer entièrement par une exigence historiographique. Jeanne et Marie-Madeleine ont également accompagné Jésus pendant la période de son ministère, comme Luc le note clairement (Luc 8, 1-3). Le fait que Paul, en 1 Co 15, 4-5, ne mentionne pas les femmes au tombeau comme les premiers témoins de Jésus ressuscité, par déférence envers Pierre, correspond au récit de Luc (24, 1-10), qui, contrairement à Matthieu (28, 1-7), ne montre aucune connaissance de la tradition d'une apparition à Marie-Madeleine, préservée dans la finale longue de Marc. Luc maintient cependant

---

80. GERHARDSSON, 2001 p. 73. Cf. aussi GERHARDSSON, 1961 p. 329-330.
81. HENGEL, 2008 p. 257.
82. Hengel observe à juste titre que l'accent mis par Luc sur Pierre et les Douze n'est pas destiné à générer un faux air de crédibilité historique, et ce n'est pas ce qui est suggéré ici. Il s'agit simplement de souligner que ces prédicateurs/témoins accrédités sont volontairement présentés en conformité avec une exigence historiographique (HENGEL 2008 p. 257).
83. L'établissement d'un « commencement » approprié était important dans l'historiographie antique. Cf. par exemple Denys d'Halicarnasse, *De veterum censura* 11.

les femmes comme témoins du tombeau vide, contrairement au résumé que Paul fait des événements. Selon Bauckham, cela est même renforcé par un procédé narratif d'« *inclusio* des témoins oculaires[84] ». L'existence d'un tel procédé peut toutefois être mise en question ; et le nom de Pierre ou de Simon est de toute façon l'*inclusio* la plus évidente tout au long du récit de la vie publique de Jésus (Lc 5, 1-10 ; 24, 34).

Si la constatation du tombeau vide chez Marc devient secondaire chez Luc par rapport aux visions de Jésus ressuscité lui-même, cela peut être largement compris dans une perspective paulinienne. Cependant, l'effacement des femmes témoins devrait peut-être aussi être considéré au prisme du contexte judiciaire de l'époque. Dans les tribunaux, le témoignage officiel d'une femme était considéré avec méfiance : « Que le témoignage des femmes ne soit pas admis, à cause de la légèreté et de l'impudence (κουφότητα καὶ θράσος) de leur sexe[85]. » Cette suspicion misogyne n'a cependant pas toujours déterminé la pratique des historiens. Flavius Josèphe se satisfait très bien du témoignage de deux femmes qui fonde tout son récit du suicide collectif de Massada (*Guerre juive* VII § 399-406). Si, dans ce cas, les éléments clefs ont pu être confirmés par toute une légion de témoins romains (voire par des archéologues modernes), Luc prend lui aussi soin d'ajouter que le témoignage des femmes a été confirmé par « quelques-uns de ceux qui étaient avec nous », qui se sont rendus au tombeau et ont tout trouvé comme les femmes l'avaient dit (Lc 24, 24). Si les historiens ont ainsi pu trouver un moyen d'intégrer le témoignage des femmes, c'est néanmoins la *rhétorique des tribunaux* qui distingue le modèle de témoignage développé dans les Actes de la présentation historiographique plus traditionnelle dans l'Évangile – et l'effacement des femmes (mais peut-être pas la tradition du tombeau vide, Ac 2, 29-35) est alors complet.

Dans les Actes, Luc situe à plusieurs reprises le récit des témoins oculaires dans un contexte judiciaire. La popularité des scènes de procès dans les romans gréco-romains, comme la solennelle déclaration sous serment de Julius Proculus dans le *Romulus* de Plutarque, offre un contexte culturel

84. Cf. BAUCKHAM 2006 p. 129-132, ainsi que HENGEL 2008 p. 293-297. Bauckham soutient que, conformément à Ac 1, 22, Luc 8, 1-3 marque le début de « l'*inclusio* des témoins oculaires », qui se termine par le changement de nom des témoins dans le récit de la résurrection en 24, 10. Hengel souligne les deux mentions de Marie, la mère de Jésus, méditant les évènements en son cœur (Lc 2, 19.51).

85. FLAVIUS JOSÈPHE, *Antiquités judaïques* IV § 219. Cf. Mishna, *Yebamôth* 15, 1.8-10 ; 16.7 ; *id.*, *Ketubôth* 1, 6-9.

pour ce type de témoignage[86]. Chez Luc, ces scènes de tribunal font cependant plus que satisfaire les goûts d'un lectorat éduqué à la rhétorique ; elles accomplissent la prophétie de Jésus selon laquelle « vous serez amenés devant des rois et des gouverneurs [...] *pour porter témoignage* (εἰς μαρτύριον) » (Lc 21, 12-13). En même temps, les interrogatoires confèrent une solennité officielle et publique à l'acte de témoigner. Le compte rendu de ces dépositions ne ressemble pas au récit, en comparaison incontrôlé, d'un témoin oculaire racontant des histoires, d'un vieil Épizèle dans sa chaise à bascule, sur sa terrasse[87]. En ayant recours au témoignage des apôtres, Luc prend soin de rapporter une sorte de déclaration sous serment prononcée devant les autorités. Il entérine ainsi dans les Actes une forme *confessionnelle* du témoignage, qui, de manière significative, est maintenant exprimé au discours direct. Cette innovation représente un déplacement par rapport à la forme narrative propre à la rhétorique historiographique de l'Évangile, et signale à la fois une transition vers le témoignage kérygmatique et un dépouillement dogmatique de son contenu. Le fait que *Jésus soit mort et ressuscité* devient l'élément essentiel du témoignage – dépassant en importance les détails vivants de la tradition narrative (et laissant à jamais cachées les *preuves* [τεκμήρια] des quarante jours). Il est essentiel de comprendre la nature pleinement collective de ce témoignage. Un *cœtus testium* (« corps de témoins ») officiel a supprimé l'individualité des apparitions isolées de la Résurrection et distillé un témoignage ecclésial commun : *cruxifixus... tertia die resurrexit... ascendit ad cœlos* (par exemple, Ac 2, 22-36 ; 3, 12-16 ; 4, 10 ; 5, 29-32). Cette forme simple et ecclésiale de témoignage à forme fixe neutralise le témoignage isolé

86. « L'inclusion d'au moins un procès dans chacun des romans grecs existants, ainsi que dans les romans latins de Pétrone et d'Apulée, témoigne de l'attrait pour ce type de scène, et de son caractère central dans ce genre littéraire. La fréquence de ces scènes reflète l'importance de la rhétorique dans la culture littéraire de l'Empire romain. Les romanciers, ainsi que leur public, avaient un goût pour les complexités juridiques – un goût formé par leur éducation rhétorique », Sandra SCHWARZ 2000/2001 p. 94.

87. Il est important d'observer que la primauté du témoignage des apôtres sur celui de Cléophas est déjà exprimée dans Lc 24, même si toute l'importance de ce témoignage faisant autorité n'est déployée que dans les Actes. Dillon attire à juste titre l'attention sur Lc 24, 34 (« Le Seigneur est vraiment ressuscité et il est apparu à Simon »), verset qui précède le rapport des pèlerins : « Le fait que "les Onze et leurs compagnons" soient ceux qui expriment la confession, et qu'ils la prononcent *en premier*, avant le récit des voyageurs, est tout à fait fidèle à la conception lucanienne du cercle des apôtres comme ensemble primordial des μάρτυρες τῆς ἀναστάσεως αὐτοῦ [...]. L'apparition à Pierre et le témoignage du cercle des apôtres acquièrent ainsi une primauté logique dans l'édification de l'Église [...]. L'événement qui s'est produit "sur la route" est authentifié et confirmé en étant incorporé à l'unique témoignage pascal de l'assemblée apostolique » (Richard DILLON, 1978 p. 98).

(*testimonium unius*) par la force d'ensemble de la corroboration[88]. De toute évidence, en soulignant le caractère collectif de ce témoignage, Luc en a fait une puissante accréditation de la parole de ses témoins, et cette insistance semble nouvelle dans la tradition historiographique.

Un autre élément important du contexte judiciaire dans lequel Luc situe l'acte de témoignage est l'endurance des témoins à la *torture*. Lorsque Pierre et Jean sont convoqués devant le conseil en Ac 5 et que, pour la deuxième fois, ils refusent de cesser de parler de ce qu'ils ont vu et entendu, ils sont battus et sévèrement menacés (Ac 5, 40 ; cf. 4, 20). D'une part, la résistance inébranlable des témoins à toutes les formes répétées de coercition de la part des autorités, qui culmine dans la persécution ouverte et l'emprisonnement, est un argument évident en faveur de la fiabilité des témoins. Aussi perverse que soit cette institution dans son ensemble, la torture était conçue pour arracher la vérité – de même que la résistance des torturés, comme l'ont vu des historiens comme Tacite[89]. D'autre part, la joie des disciples dans leur souffrance est quelque chose d'extraordinaire et est clairement le signe que ces témoins possèdent un pouvoir inébranlable, reçu de l'Esprit. Ici, la coloration judiciaire du témoignage kérygmatique chez Luc acquiert ce que l'on pourrait appeler une nuance prophétique, et c'est également une innovation dans la tradition historiographique.

L'accréditation prophétique

Si le contexte judiciaire des Actes met en évidence la nécessité d'un témoignage juridiquement recevable (*testis idoneus*), il est d'autant plus intéressant de constater cependant que le statut social inférieur des témoins oculaires est explicitement exposé – ce qui contraste avec l'accent mis par Plutarque sur la respectabilité du patricien Julius Proculus. Les grands prêtres appartenant à l'aristocratie s'étonnent de la liberté de parole (παρρησία) de Pierre et Jean, se rendant compte qu'ils sont des ἄνθρωποι ἀγράμματοι [...] καὶ ἰδιῶται (Ac 4, 13). Dans le monde antique, bien sûr, la crédibilité

88. La loi juive stipulait la nécessité de deux ou trois témoins dans les affaires d'importance (Nb 35, 30 ; Dt 17, 6). Dans le droit romain, le témoignage d'un seul était généralement irrecevable, et, pour les affaires graves, sept témoins étaient requis. Cf. BERGER, 1953 p. 734-735.

89. Tacite relate les tortures infligées par Poppée aux servantes d'Octavie (*Annales* XIV, 60-64). L'objectif était d'obtenir de faux aveux sur l'infidélité d'Octavie à Néron ; mais, bien que quelques-unes d'entre elles aient succombé à la douleur des tortures, « la majorité a défendu inébranlablement son innocence ». Tout ceci est conçu de manière rhétorique par Tacite pour gagner à Octavie la sympathie du lecteur et confirmer la vérité à son sujet. Cf. MURGATROYD 2008.

d'une personne dans un tribunal était directement proportionnelle à son statut social[90]. Luc fait donc exploser toute défense de ses témoins oculaires qui se limiterait aux seuls critères judiciaires. En fin de compte, ce n'est pas en raison d'un statut juridique – être des hommes (et non des femmes), ou être en nombre suffisant – qu'ils sont dignes d'attention. Luc insiste plutôt sur la disproportion totale entre les témoins eux-mêmes, quels qu'ils soient, et la puissance divine de leur témoignage. Le *Saint-Esprit* qui parle à travers eux est le *témoin* qui mérite d'être écouté par l'auditoire de Luc. L'expression la plus claire de cette jonction entre le témoignage de l'Esprit saint et celui des apôtres se trouve en Ac 5, 32 :

> Nous sommes témoins de tout cela, *ainsi que l'Esprit saint* que Dieu a donné à ceux qui lui obéissent (Ac 5, 29-32 ; cf. Marc 13, 11 ; Mt 10, 20 ; Jean 15, 26-27).

Bien sûr, la pneumatologie de Luc est un vaste thème, et le caractère *prophétique* de l'activité de l'Esprit est multiforme dans Luc-Actes[91]. Il suffira ici d'en spécifier le lien avec notre sujet. La « promesse du Père » est une δύναμις qui donne à ceux qui ont vu le Seigneur ressuscité le pouvoir de témoigner « jusqu'aux extrémités de la terre » (Ac 1, 4, 8). Toute l'audace soutenue par l'Esprit, tous les prodiges, l'exégèse inspirée, la force d'âme et le succès improbable des témoins oculaires et de leur message contribuent à une apologie résolue de la crédibilité de leur affirmation.

Les figures mantiques sont, bien sûr, courantes parmi les personnages des récits gréco-romains, mais nous chercherions en vain, dans l'historiographie gréco-romaine, une situation où un charisme si éclatant, conféré à tout un corps de témoins, est revendiqué comme garantie authentifiant la totalité d'un récit à sujet contemporain. Flavius Josèphe, bien sûr, met bien en valeur sa propre connaissance prophétique (*Guerre juive* III § 400-402). Cependant, le seul poids de son statut personnel et son prestige littéraire déjà considérable empêchent ce type d'inspiration de fonctionner comme une attestation soutenant ses paroles, à l'instar du Saint-Esprit dans les Actes. L'autoprésentation de Flavius Josèphe en tant que prophète sert plutôt à le placer du bon côté de l'histoire et à étayer sa thèse complexe selon laquelle la victoire romaine a été orchestrée par le Dieu des juifs[92]. Luc en a une conception tout à fait

90. Cf. par exemple Mirhady 2002.

91. Cf. Menzies 1991. Dans cette monographie, Menzies soutient que la pneumatologie lucanienne est essentiellement prophétique et non sotériologique.

92. Cf. Kelley 2004.

différente. Sa dernière parole d'affermissement à l'intention de Théophile est bien résumée dans un commentaire de Paul : « Notre Évangile vous est parvenu non seulement en paroles, mais aussi avec puissance et par l'Esprit saint, avec une pleine certitude » (1 Th 1, 5)[93].

« Tu seras un témoin »

Il faut compléter les modes d'accréditation qui viennent d'être décrits par un *addendum* paulinien. Comme nous l'avons déjà mentionné, la force apologétique de l'expérience que Saul, étranger au groupe des disciples pendant toute la vie publique du Christ, fait de Jésus ressuscité – l'expérience de quelqu'un qui n'était absolument pas enclin à croire – confère à l'événement un pouvoir de conviction qui n'a pas échappé à Luc, ce « compagnon de Paul pour un temps ». Bien que Paul apparaisse trop tard sur scène pour remplir le critère (historiographique) donné par Pierre pour sélectionner un nouveau « témoin de la Résurrection » (Ac 1, 22), Paul est néanmoins choisi comme témoin par une violente intervention divine : « Le Dieu de nos pères t'a désigné [...] pour voir le Juste [...], car tu seras pour lui le témoin devant tous les hommes de ce que tu as vu et entendu » (22, 14-15).

Le caractère singulièrement impressionnant du témoignage de Paul est souligné par le statut plus large de mystique que lui donne la présentation qu'en fait Luc[94]. Depuis la vision en songe du Macédonien (Ac 16, 9) jusqu'à la vision extatique de Jésus dans le Temple (22, 17), Paul voit toute une série de phénomènes surnaturels imperceptibles pour les autres. Son expérience lumineuse du Seigneur ressuscité, puisqu'elle a lieu après l'Ascension du Seigneur, rappelle celle d'Étienne, explicitement nommé « témoin/*martyr* » (22, 20), qui a également vu le Seigneur exalté et lui a rendu témoignage au moment de sa mort. Le pouvoir prophétique des témoins choisis atteint ici une sorte d'apogée. *Le témoignage de Paul sert donc de sceau surnaturel posé sur le témoignage pétrinien, historiographiquement plus conventionnel, pour l'amplifier.* Cependant, s'il n'était pas attelé à la forme plus terrestre du témoignage de Pierre, le spiritualisme du témoignage paulinien risquerait de dévier dans toutes sortes de directions anhistoriques et fantomatiques. Les deux protagonistes servant de piliers aux Actes délimitent donc l'espace dans lequel une articulation spécifiquement lucanienne du témoignage oculaire et de la résurrection de Jésus peut être développée.

93. Sur ce verset et ce thème, cf. *infra* ch. 6.
94. Cf. Jervell 1984.

Une histoire de fantôme ?

En tant que récit historique, le témoignage de Luc sur la Résurrection s'inscrit dans une tradition, mais il présente néanmoins une certaine originalité. Au niveau du mode de témoignage, il est comparable à cet étrange récit sur un fantôme barbu lors de la bataille de Marathon ; cependant, il est sans commune mesure avec ces récits si marginaux de « merveilles », ce qui se voit en particulier dans le récit trois fois répété de la vision aveuglante de Paul, qui occupe une place si importante dans le récit de Luc. Il n'est donc pas surprenant que la Résurrection soit passée de façon affligeante pour une histoire de fantômes sans finesse (ἐδόκουν πνεῦμα θεωρεῖν, Luc 24, 37)[95]. C'était précisément la réception erronée dont l'Évangile courait le risque (plus que celui du docétisme, peut-être) – en particulier lorsqu'il était considéré comme l'une de ces « histoires fabuleuses et incroyables [...] qui commençaient à circuler en Palestine et dans l'Orient grec[96] ». Les *fabulæ* méditerranéennes partagent en effet de véritables points communs avec les récits de résurrection, comme Glen Bowersock, Richard Miller et d'autres se sont empressés de le noter.

Le *topos* de la mort apparente (*Scheintod* en allemand) présent dans les romans gréco-romains est accompagné d'une stupéfaction et d'une incrédulité semblables à celles qui apparaissent à la fin de l'Évangile de Luc. Théagène, par exemple, prend Chariclée, supposée morte, pour un fantôme (*Éthiopiques* II, 7). Cependant, la représentation que Luc donne de Jésus ressuscité le rapproche plus, sur des points importants, des paradoxographes, qui s'attachaient à collecter et narrer des prodiges. Les récits de revenants, telle Philinnion, sont significatifs : un fantôme parfaitement corporel, mangeant, buvant et même copulant (!), comme le rapporte le *Livre des merveilles* de Phlégon[97]. Si le caractère douteux de cette littérature lui donne l'aspect sensationnaliste d'une foire aux monstres, il ne faut pas nier son caractère (semi-)scientifique dans le contexte antique ni sa proximité avec la tradition

95. Les histoires de fantômes, bien sûr, pouvaient être prises au sérieux, même par des personnes sérieuses. Dans la *Lettre* VII, 27, Pline le Jeune demande à Licinius Sura son avis sur les *phantasmata*, citant comme exemple le récit de Quinte-Curce sur une maison hantée (cf. Tacite, *Annales* XI, 21), et mentionnant également une histoire trouvée chez Lucien de Samosate.

96. Bowersock 1997 p. 27. Miller est convaincu que « plusieurs facteurs concourent [...] à rendre impossible une compréhension claire de la manière dont un tel texte [comme celui de Marc, ou par extension de Luc] aurait probablement été reçu dans le monde méditerranéen antique » (Richard Miller 2010 p. 759).

97. Cf. Prince 2007 p. 287-301.

hérodotéenne des θαύματα. Il ne faut pas non plus négliger le recours à l'autopsie dans cette forme particulière de « micro-historiographie »[98].

La relative sobriété de l'Évangile de Luc, par rapport à l'anthologie outrancière de Phlégon, saute aux yeux. Luc est néanmoins conscient, surtout après son récit d'Emmaüs et du corps de Jésus merveilleusement ressuscité, du danger que court son récit d'être pris pour une histoire de spectre. Il amplifie donc le récit de ce miracle en conséquence, et cet acte de paradoxographie, qui dépasse l'histoire à dormir debout que rapporte Phlégon, explique le soin que Luc prend à ancrer le récit des témoins oculaires dans ceux de leurs sens les moins suspects de mentir[99] : « Touchez-moi et voyez (ψηλαφήσατέ με καὶ ἴδετε) ; car un esprit (πνεῦμα) n'a pas de chair ni d'os comme vous voyez (θεωρεῖτε) que j'ai » (Lc 24, 39 ; cf. 24, 41-43). La confirmation physique du corps ressuscité de Jésus était contenue dans la stupéfiante expérience des témoins. À un mode de témoignage (paulinien) fondé sur une vision surnaturelle (« corps spirituel ») s'ajoute donc un empirisme tactile, par lequel a été conservé le compte rendu d'une solide attestation sensorielle. Les yeux sont plus sûrs que les oreilles, mais les mains sont plus sûres que les deux.

La rhétorique de l'attestation que développe Luc revendique ici un tout autre rapport à la réalité que celui des romans, où les improbables retrouvailles *post mortem* demeurent innocemment dans le cadre narratif fictif, car l'évangéliste, lui, tire ses αὐτόπται hors du monde du récit en les intégrant dans le prologue, où ils se confrontent à *la réalité du monde qui est celui du lecteur* et exigent de ce dernier la décision de les croire ou non[100].

---

98. La « source » de Phlégon pour l'histoire de Philinnion est prétendument la lettre d'un témoin oculaire.

99. Prince montre que le Jésus ressuscité décrit par Luc « désoriente le lecteur » et ne correspond ni aux histoires anciennes de purs esprits ni aux récits de revenants ayant un corps. (THOMPSON PRINCE, 2007 p. 297-298). Luc 24, 39 a clairement pour but de rejeter la première possibilité, comme la disparition de Jésus à Emmaüs (avant de manger) faisait penser de toute évidence à une apparition purement spirituelle. Sur la forme particulière que prend la croyance chrétienne primitive en la résurrection physique de Jésus, cf. WRIGHT 2003. Lehtipuu conteste la classification trop rigide des catégories juive et chrétienne de « résurrection » développée par Wright et préfère y voir, avec plus de souplesse, des concepts qui se chevauchent (LEHTIPUU 2015 p. 23-66). Elle a certainement raison de montrer l'imprécision terminologique des notions d'*egeirô* et d'*anastasis* dans le contexte antique : « Il est clair qu'il n'y a pas de différence terminologique entre la *résurrection* et la *revivification* des morts » (p. 30). Cependant, il faut souligner, pour notre présente réflexion, qu'aucun des textes que Lehtipuu met en avant ne relève de l'historiographie à sujet contemporain.

100. Bien sûr, « c'est une pratique romanesque courante de prétendre que le récit est basé sur les paroles d'un témoin oculaire » (JACOBY, SCHEPENS, RADIKE, 1999 p. 163). Cependant, en réalité,

À cet égard, la protestation d'honnêteté de l'évangéliste ressemble à celle d'un Phlégon, qui pousse même ouvertement ses lecteurs à prendre position quant à sa propre crédibilité : « On ne devrait pas être incrédule face au récit qui précède », répète-t-il. Le sérieux des deux auteurs, en tant qu'enquêteurs dignes de confiance, est mis à l'épreuve, tout comme l'est inévitablement, et plus profondément, le jugement *du lecteur*.

Il est essentiel de comprendre à travers tout cela que Luc n'imaginait pas que les « preuves » (τεκμήρια) qu'il rapportait possédaient en elles-mêmes leur force probante. Le contenu du récit défiait la croyance, quoi qu'aient vu (ou touché) les témoins et quelle que soit leur crédibilité. « Ces paroles leur parurent des sottises et ils ne les crurent pas » (Lc 24, 11). La notion de λῆρος – idioties, balivernes, ou même *délire* – est une touche lucanienne, dont on trouve un écho chez Plutarque, qui note que beaucoup supposaient que le récit fantastique de l'apothéose de Romulus était un « conte idiot » imposé aux simples d'esprit (*Romulus* XXVII, 8). Marc et Matthieu se contentent tous deux d'enregistrer l'incrédulité des disciples, sans présenter si défavorablement cet étrange récit. Cela est intéressant, car généralement, lors de la Résurrection, les disciples de Luc s'en sortent beaucoup mieux que leurs homologues des autres synoptiques : ils « n'en croient pas leur joie » (ἀπὸ τῆς χαρᾶς, Luc 24, 41). C'est donc le message stupéfiant lui-même et non l'incrédulité des disciples que Luc a en vue.

Cette considération sans détour du caractère improbable, et de fait, *incroyable*, de l'affirmation des témoins n'est pas inattendue. La réflexion de Luc sur la proclamation littéralement incroyable de la Résurrection ne peut qu'avoir été approfondie par son compte rendu de la mission de l'Église – et des moqueries qui accompagnèrent sa réception en des lieux comme Athènes (ἀκούσαντες δὲ ἀνάστασιν νεκρῶν οἱ μὲν ἐχλεύαζον, Ac 17, 32). Un tel rejet était cependant prophétiquement annoncé, rendu nécessaire par *la singulière grandeur de l'œuvre de Dieu en Christ* :

> Voyez, moqueurs, étonnez-vous, et périssez, car j'accomplis en votre temps une œuvre à laquelle jamais vous ne croiriez, si on vous la racontait (Ac 13, 41 ; cf. Ha 1, 5).

Luc, en somme, était conscient du drame prophétique qui se jouait entre la croyance et l'incroyance, fondé sur le grand ἔργον de Dieu révélé à des

---

les romans renversent le traitement historiographique de l'autopsie, privilégiant les rapports oraux, pour susciter la crédulité du lecteur (GRAVERINI 2007).

témoins choisis. Cette conception colore largement la conception lucanienne de la croissance de leur témoignage (Ac 28, 26-27 ; cf. Is 6, 9-10).

Pour Luc, cela est clair. Le témoignage de la Résurrection atteint les limites de l'historiographie. Aucune accréditation, si solide soit-elle, ne peut garantir la conclusion. L'évidence du récit est, comme le tombeau vide, une empreinte invitant au jugement. En fin de compte, le témoignage de l'Évangile ne peut être accepté par aucune puissance humaine d'assentiment, mais seulement grâce à une opération directe de Dieu : « Le Seigneur lui ouvrit le cœur (διήνοιξεν τὴν καρδίαν) pour qu'elle accepte les paroles de Paul » (Ac 16, 14 ; cf. 3, 37 ; 15, 9). Cela n'est pas seulement vrai pour ceux qui, comme Lydie, sont poussés se confier aux paroles du kérygme. *Les témoins oculaires eux-mêmes* sont des « cœurs sans intelligence et lents à croire » (Ὦ ἀνόητοι καὶ βραδεῖς τῇ καρδίᾳ, Luc 24, 24) et doivent être touchés par cette divine grâce d'*ouverture* (διάνοιξις). C'est alors seulement qu'ils peuvent appréhender *ce que leurs propres yeux contemplent* : « Alors leurs yeux s'ouvrirent et ils le reconnurent » (αὐτῶν δὲ διηνοίχθησαν οἱ οφθαλμοὶ καὶ ἀπέγνωσαν αὐτόν, 24, 31 ; cf. 24, 16, 32, 45)[101].

Traduit par Emmanuel Jacquemain

---

101. La dialectique de la vue et de l'aveuglement, qui rend compte de l'expérience mystérieuse des témoins aveugles d'Emmaüs, trouve son expression la plus puissante dans la personne de Paul. L'importance de ce thème en tant que complément au motif du *témoignage* doit être prise en considération. Dennis Hamm montre que Luc s'appuie abondamment sur Isaïe pour développer ce motif de l'aveuglement et de la vue. En puisant dans la vaste métaphore d'Isaïe, Luc peut amplifier la portée de l'expérience personnelle de Paul : « Paul est ici dépeint en train de vivre l'image même d'Israël converti et sauvé, passant des ténèbres à la lumière, de l'aveuglement à la vue » (Hamm 1990 p. 70 note 16). L'expérience paradigmatique de Paul trouve une expression directe dans le dernier récit de sa conversion (Ac 26), où ce n'est plus l'aveuglement du *persécuteur* et sa vue nouvelle qui méritent d'être mentionnés, mais l'aveuglement de la *nation* qui a besoin de lumière. En fin de compte, la tâche de celui qui a vu la lumière est précisément « d'ouvrir *leurs* yeux (ἀνοῖξαι ὀφθαλμοὺς αὐτῶν) afin qu'ils passent *des ténèbres à la lumière* » (26, 18), pour accepter Jésus qui est venu « annoncer *la lumière* à notre peuple et aux païens » (26, 23).

Deuxième partie

Perspectives théologiques

Chapitre 6
« Une démonstration d'esprit et de puissance »

Retracer les flambées d'angoisse théologique ayant accompagné l'avènement de la critique biblique moderne serait utile et apporterait son lot de surprises. À bien des égards, ce ne serait qu'une variation de plus sur le thème de l'histoire de la modernité elle-même. Sous cet angle, un tel récit aurait pu figurer dans le magistral *Âge séculier* de Charles Taylor[1]. Ceux d'entre nous qui sont familiers de la confrérie des exégètes pourraient en effet réciter, à la manière d'une leçon de catéchisme, le « récit de passage à l'âge adulte » qui leur sert de mythe fondateur. S'émanciper de l'état de minorité constitué par le dogme ecclésial, tel est le fin mot du projet, que l'on fasse remonter sa naissance à Luther, Lefèvre d'Étaples, Gabler, ou n'importe quel autre héros de l'exégèse.

Ces pionniers ont naturellement fait face à une opposition forte et peu perspicace de la part de l'*establishment*, devenu la proie facile d'une satire rétrospective. Dès 1515 eut lieu une confrontation vaine quoique révélatrice. Suite à la publication du *Novum instrumentum omne* d'Érasme, Maarten Van Dorp, porte-parole de la faculté de théologie de Louvain, reprocha expressément à l'humaniste d'avoir eu l'audace d'appliquer à la sacro-sainte Vulgate les méthodes philologiques et de critique textuelle dont il avait fait un usage

1. Charles Taylor, *A Secular Age* (2007) ; trad. fr. *L'Âge séculier*, au Seuil en 2011.

louable dans sa restitution des lettres de saint Jérôme[2]. Une telle obstruction aveugle rappelle les attitudes qui entravent, aujourd'hui encore, l'étude du Coran. Dans une lettre en annexe de son *Éloge de la folie*, Érasme répondit en détail à Dorp, défendant « ce qui est la vérité criante, et ce que même un aveugle, comme on dit, peut voir, c'est que souvent par l'inhabileté ou la négligence du traducteur, le grec a été mal rendu, et que souvent une leçon exacte et fidèle a été altérée par des copistes ignorants[3] ». En fin de compte, seule une intransigeance stérile empêcherait l'érudition d'apporter un peu d'air frais à la théologie chrétienne. Avec en sus l'intervention de Thomas More en faveur d'Érasme, la résistance tomba rapidement, et Dorp lui-même renonça à sa folie.

Bien entendu, toutes les résistances ne se dissolvent pas aussi docilement, et on pourrait fournir de nombreux exemples d'intransigeance stérile : les récurrentes censures parisiennes et l'enquête romaine sur les remarquables commentaires bibliques de Cajetan par exemple[4]. Tendances judaïsantes, luthéranisme et irrespect envers les Pères comptent parmi les accusations inconsidérées et même franchement stupides. Si des objections pleines de colère et d'extravagance peuvent ainsi s'appuyer sur l'artillerie lourde d'un lancinant soupçon, même un tel niveau d'obstruction institutionnelle peut souvent se révéler aussi éphémère qu'une graine sur un sol rocailleux, qui disparaît faute de racines. Certaines résistances, plus tenaces, perdurent cependant pendant des générations, car certaines peurs ne se réduisent pas aux chimères illusoires d'un régime théologique décadent.

Parmi les angoisses qui ont troublé le développement de la science biblique moderne, l'une des plus sérieuses et des plus mouvementées provient de la question délicate des miracles. L'enjeu porte ici sur les fondements de tout un système religieux surnaturel. Les Réformateurs inscrivirent dans leurs cibles prioritaires les nombreuses légendes médiévales dont la superstition grossière et le maximalisme avaient déjà fait l'objet des critiques d'Érasme. Trois positions fondamentales finirent par émerger. Les « Lumières catholiques », pour reprendre l'expression d'Ulrich Lehner, cherchaient à éliminer les dérives et les supercheries, en cultivant une foi sobre, perspicace, appuyée sur la science[5]. Les controversistes protestants développèrent quant à eux

2. Pour un rapide compte rendu de l'échange avec Dorp, cf. ANDERSEN 1969. Pour une excellente et rigoureuse exposition des connaissances bibliques d'Érasme, cf. l'introduction de SIDER 2019 p. 1-388.

3. ERASMUS, *Lettre à Dorpius* § XXIX

4. Cf. Michael O'CONNOR 2017 p. 238-249.

5. Cf. LEHNER 2016.

une doctrine dispensationaliste de la disparition des miracles. Tandis qu'ils reconnaissent l'ensemble des prodiges des temps bibliques comme inscrits dans le plan de Dieu en vue d'établir l'Église et de convertir les hommes à l'Évangile, ils rejettent massivement tous les miracles ultérieurs, flétris sous le nom ignominieux de « miracles ecclésiastiques ». Ce rejet devint un argument polémique contre les revendications de Rome et les abus papistes[6]. La troisième solution, la plus radicale, fut bien sûr le rejet *a priori* de toute espèce de miracles. Le caractère délicat de la position protestante est évident et n'a pas été exempt de pression philosophique, surtout du côté des radicaux (même si Emmanuel Kant y voyait un compromis raisonnable entre ordre social et *Aufklärung*[7]). Ainsi, tout le XVIIIe siècle fut traversé par un duel intellectuel sur la possibilité même des miracles, initié par le *Discours sur les miracles* (*Discourse on Miracles*) de Locke en 1706 et atteignant son apogée avec le célèbre *Essai sur les miracles* (*Essay on Miracles*) de Hume en 1748, se soldant par une lutte à mort entre deux visions concurrentes du monde[8]. Il est possible d'apprécier la vivacité du débat à partir du cas de Thomas Woolston que ses *Six Discourses on the Miracles of Our Saviour*, grossièrement provocateurs, ont conduit en prison pour cause de blasphème en 1729.

Dans ce contexte de déisme en progrès s'inscrit un petit drame, tumultueux, qu'il faut considérer comme l'un des échecs les plus spectaculaires des gardiens de l'orthodoxie devant le questionnement critique de la Bible qui s'intensifiait : les efforts vaniteusement bornés de trois pasteurs allemands qui se succédèrent pour pousser Gotthold Ephraim Lessing à capituler lors de la célèbre « querelle des fragments » (*Fragmentenstreit*). La dispute portait sur la publication fragmentaire par ce dernier des pensées sceptiques de Reimarus sur le christianisme et la Bible, exhumées par Lessing de la bibliothèque de Wolfenbüttel[9]. D'après le récit canonique d'Albert Schweitzer, cela marque le véritable commencement de la recherche du Jésus historique[10]. Le raffut inévitablement causé par la publication était orchestré dès le début et mis en scène

6. Le titre du traité de l'évêque anglican John DOUGLAS rend bien l'esprit de son enseignement : *The Criterion or Rules by Which the True Miracles Recorded in the New Testament Are Distinguished from the Spurious Miracles of Pagans and Papists* (1774). « Il a été remarqué depuis longtemps que les miracles papaux ont lieu dans les pays papistes et qu'ils ne convertissent personne », William PALEY, *On the Evidence of Christianity: A New Edition* (1851) p. 103.

7. Cf. KANT, *La Religion dans les limites de la simple raison*, 2e partie, remarque générale (éd. GIBELIN p. 114-121) ; cf. aussi WOOD 1998 p. 98-102 et LACAILLE 2011.

8. Cf. BURNS 1981.

9. Pour une présentation succincte de l'affaire des *Fragments de l'anonyme de Wolfenbüttel*, cf. *supra* ch. 2 note 20 [n.d.é.].

10. SCHWEITZER 2001 p. 14. Sur Schweitzer, Reimarus et Lessing, cf. *supra* ch. 2.

par le dramaturge, à la manière d'une sorte de théâtre théologique vivant (dans une lettre à son jeune frère, Lessing lui avait en effet promis « une petite comédie avec les théologiens[11] »). L'acte le plus connu est une longue joute en huit scènes, avec Herr *Hauptpastor* Goeze de Hambourg, dont les exhortations à la repentance, sévères et moralisantes, ont épuisé l'énergie des deux combattants dans une guerre de pamphlets sans intérêt. L'intervention antérieure d'un certain Johann Heinrich Reß fut moins grandiloquente mais tout aussi inepte. Son essai chevaleresque mais confus fut expédié avec une ironie dédaigneuse et une facilité déconcertante par le jeune et talentueux Lessing. Cela dit, le plus intéressant et le plus décisif fut le bref échange entre Lessing et J. D. Schumann, le premier des trois infortunés *fidei defensores*[12].

Face au second « fragment » de Lessing, qui défendait une religion naturelle, sans révélation, et apparaissait ainsi à Schumann comme une menace contre tout l'édifice de la religion chrétienne, celui-ci s'engagea sur un sentier bien battu par l'apologétique chrétienne. Il invoqua les prophéties réalisées et les précieux miracles contenus dans le Nouveau Testament comme autant de preuves irréfutables et universelles du caractère certain de la vérité chrétienne. À cet égard, son travail est comparable au traité mieux connu de William Paley, *A View of the Evidences of Christianity* (1794, réédité en 1851), qui cherchait à répondre au défi lancé par les critiques déistes, et plus particulièrement par celles de Hume.

En s'appuyant prétentieusement sur ses compétences qu'il exagérait, à la manière d'Érasme se jouant des scolastiques, Lessing a suivi sa propre course avec brio. Il répondit à Schumann avec une concision accablante dans son petit tract *Über den Beweis des Geistes und der Kraft* (1777). L'objet du débat est indiqué dans le titre qui fait référence à une expression de saint Paul et à un passage de l'ouverture du *Contre Celse* d'Origène, tels que cités par Schumann au début de sa propre œuvre, *Über die Evidenz der Beweise für die Wahrheit der christlichen Religion :*

> L'enseignement de Jésus a son propre type de preuves particulières, qui est plus haut et plus noble que ce qu'il pourrait être comparé à l'art grec de conclure et de prouver. Les apôtres appellent cette preuve divine la preuve de l'esprit et de la puissance. Ils l'appellent preuve de *l'esprit* du fait des prophéties, si claires et distinctes qu'elles doivent convaincre

11. La lettre date du 11 novembre 1774, ll. 12-15 dans l'édition LACHMANN & MUNCKER (1904) vol. 18 p. 117

12. Sur cet échange, cf. GRUBE 2008.

tout le monde ; et preuve de *puissance* du fait des incroyables miracles qui ont lieu comme une confirmation de l'enseignement du Christ[13].

Cette pensée d'Origène, quoique puissamment évocatrice, laisse pourtant Lessing de marbre. Il est acerbe et succinct dans son opposition de principe :

> Les prophéties réalisées dont j'ai moi-même fait l'expérience sont une chose ; les prophéties que je ne connais que par l'histoire d'autres personnes supposées en avoir fait l'expérience en sont une autre. Les miracles que je vois de mes propres yeux et que j'ai l'opportunité d'examiner par moi-même, sont une chose ; les miracles dont je n'ai connaissance que dans l'histoire passée et que d'autres sont supposés avoir vus et examinés en sont une autre[14].

Lessing admet toutefois qu'Origène ait pu lui-même jouir de la possibilité de contempler de ses propres yeux ces manifestations miraculeuses de la puissance divine, et qu'il ait par conséquent à juste titre soumis son intelligence à la foi. « Mais moi, moi qui ne suis pas Origène, moi qui vis au XVIIIe siècle, où il n'y a plus de miracles [... pour moi] cette manifestation de l'Esprit et de la puissance n'a plus ni Esprit ni puissance, mais est réduite au témoignage humain rendu à l'Esprit et à la puissance[15]. » D'un simple revers de main, Lessing balaie toute la valeur testamentaire des textes de l'Église et les réduit au silence. Le compte rendu d'un miracle n'est pas lui-même un miracle, proteste-t-il ; il n'a donc aucun pouvoir de conviction. Nous sommes en train de chercher une *Beweis des Beweises*, une preuve de la « preuve ».

Lessing parvient ici avec une efficacité étonnante et élégante à prendre totalement ses distances à l'égard de la force existentielle des écritures. Même la question philosophique a implicitement été écartée. Dans l'histoire du débat des Lumières sur les miracles, cette réponse représente un nouveau moment,

---

13. Johann Daniel SCHUMANN, *Über die Evidenz der Beweise für die Wahrheit der christlichen Religion* (Hanovre, Schmidt, 1778) p. 2. Cet auteur cite en fait Origène : « Nous devons de plus dire que l'Évangile a une démonstration à lui, plus divine qu'aucune démonstration établie sur la dialectique des Grecs. Et cette démonstration plus divine, l'Apôtre la nomme démonstration "d'esprit et de puissance" [1 Co 2, 4] ; "d'esprit" par les prophéties capables de produire la foi chez le lecteur, surtout en ce qui concerne le Christ ; "de puissance" pour les prodigieux miracles dont on peut prouver l'existence par cette raison entre bien d'autres qu'il en subsiste des traces chez ceux qui règlent leur vie sur les préceptes de cette parole » (*Contre Celse* I, 2).

14. LESSING, *Éducation du genre humain* – édition allemande, Stuttgart : Reclam, 1965 p. 32 ; trad. fr. P. Grappin, Paris, Aubier, 1946.

15. LESSING, édition LACHMANN & MUNCKER (1964) vol. 13 p. 4.

une sorte de désintérêt révolutionnaire, une indifférence souveraine qui anticipe à merveille l'attitude d'isolement méthodologique qui règne aujourd'hui dans les études bibliques. Le contenu de la Bible ne me concerne plus directement ; il n'oblige à aucun engagement métaphysique ferme ; il ne me pousse ni au consentement religieux ni au rejet passionné. Cette évacuation de l'esprit et de la puissance du texte biblique en tant que tel est devenue une règle de base de la déontologie des chercheurs modernes. Cette déclaration présentée selon un formalisme rigoureux rend l'interaction avec le texte sacré religieusement banale.

Cette neutralisation de l'écriture a été une affaire d'État, la politique désirant, comme Lessing, être enfin libérée de tout ce débat. Dans sa monographie *The Death of Scripture and Rise of Biblical Studies*, Michael Legaspi souligne le rôle des politiques post-confessionnelles dans la recherche universitaire allemande du début du XIXe siècle qui ont constitué la toile de fond de la retraite philologique des chercheurs hors de la pertinence théologique[16]. Troublée par des controverses sectaires incessantes et insolubles, l'élite universitaire proposa (consciemment et inconsciemment) de neutraliser la Bible, ce livre qui, depuis l'effondrement du consensus médiéval en une avalanche de conflits religieux aigus, ne constituait plus un ciment social efficace pour le monde protestant. L'explosion, au même moment et au même endroit, des recherches historiques sur Jésus doit être considérée sous le même angle. En effet, les nouvelles interprétations de Moïse construites par des chercheurs comme J. D. Michaelis ressemblent à la chasse au Jésus post-confessionnel, au « nouveau Jésus », pour emprunter l'expression pénétrante et disgracieuse de Hazel Motes dans *Wise Blood* de Flannery O'Connor – Hazel Motes, « prophète [autoproclamé] de cette Église où les aveugles ne voient pas, où les estropiés ne marchent pas, où ce qui est mort reste mort[17] » :

> Écoutez. Ce dont vous avez besoin, c'est de quelque chose pour prendre la place de Jésus, de quelqu'un qui ait du franc-parler. L'Église sans le Christ n'a pas de Jésus mais il lui en faut un ! Elle a besoin d'un nouveau Jésus ! Elle en a besoin d'un qui soit uniquement homme, sans sang à verser, et elle en a besoin d'un qui ne ressemble à aucun autre homme pour que vous le regardiez. Donnez-moi un tel Jésus, vous autres. Donnez-moi un nouveau Jésus et vous verrez jusqu'où peut aller une Église sans le Christ[18] !

16. LEGASPI 2010.
17. Flannery O'CONNOR, *Wise Blood: A Novel* (éd. Farrer, 2007) p. 142.
18. *Ib. loc.* p. 193-194. En guise de solution, le besoin a-théologique de Hazel trouve un exutoire sous la forme de Gonga le gorille.

Le nouvel ordre social a besoin d'un nouveau consensus laïc autour de ses figures religieuses fondatrices. De plus, ce consensus doit régler le petit problème qui consiste à faire un « nouveau jésus » à la fois parfaitement sans intérêt (« uniquement homme ») et incroyablement central (« qui ne ressemble à aucun autre homme ») – ce qui n'est pas facile à accomplir, si ce n'est par une opposition dialectique acharnée contre l'ordre dogmatique/ecclésiastique rejeté, autrement dit par une polémique masquée, à l'encontre du but recherché partout par cet exercice prétendument irénique et purement « laïc ».

Il devrait être évident que, à mesure que l'importance culturelle de notre panthéon religieux s'estompe dans l'Occident post-chrétien, disparaît avec lui l'urgence de dissiper tout motif de colère, et donc le but même poursuivi par le projet séculier – ce qui devrait encourager ceux qui ont une tournure d'esprit théologique. Le statut « canonique » de la Bible comme référence normative dans la vie intellectuelle et sociale s'estompe rapidement. Le vide religieux engendre le vide intellectuel, dont témoigne la disparition accélérée de la théologie dans le monde universitaire. Les mesures de sauvetage qui consistent à enseigner la Bible comme de la littérature, de l'histoire proche-orientale, ou comme une religion du monde méditerranéen antique, en une série de parachutages dans les facultés des lettres, ne font que précipiter l'issue inévitable. De plus en plus, les derniers vestiges de son ancrage originel et sacré dans la *divinité*[19] sont effacés, jusqu'à ce que la discipline professionnelle des « études bibliques », dans sa configuration moderne, cette vaste fédération de spécialisations microscopiques et de méthodes en vogue, disparaisse dans le troupeau universitaire des grands départements d'*humanités*, reconvertis en sociétés d'édition mercenaires[20].

Pour l'étude biblique contemporaine, le récit d'un miracle demeure exactement ce que Lessing en disait : le *récit* d'un miracle et rien de plus. Dans la corbeille des données d'expérience offertes à leur investigation, les exégètes du Nouveau Testament trouvent des concepts devenus leurs véritables objets d'étude : « discours sur les miracles » ; *Wundererzählungen* ; « rhétorique gréco-romaine du récit d'évènements miraculeux »[21]. Par principe, la *res* elle-même, les *magnalia Dei*, l'évènement vivant en ce qu'il manifeste la puissance divine, n'est jamais pris en compte. Il s'agit ici effectivement d'une étrange *Église sans Christ* où « les aveugles ne voient pas, où les estropiés

19. En anglais *divinity*, désignant les sciences ecclésiastiques comme une discipline universitaire cohérente et culturellement incontournable [n.d.é.].

20. « Brill ne vend pas de livres ; il les garde en otage » comme John P. Meier l'a souligné avec esprit.

21. Cf. Duane Watson 2012 ; Nicklas & Spittler 2013 ; Kollmann & Zimmermann 2014.

ne marchent pas, où ce qui est mort reste mort ». On s'en tient au discours sur le discours à propos de Dieu. Ici le jugement n'est pas seulement suspendu ; il est mutilé. Dans le cadre professionnel, les exégètes contemporains sont pris au piège d'une perpétuelle *epochè* phénoménologique.

Culturellement, donc, mais aussi du fait d'une décision méthodologique, les spécialistes de l'Écriture donnent en plein dans ce que Taylor appelle le « cadre immanent » – cette vision du monde, typiquement moderne, dans laquelle l'ancienne hypothèse selon laquelle Dieu agit dans l'histoire a été éclipsée[22]. « Nous ne pouvons pas utiliser des lampes électriques et des radios, profiter en cas de maladie des moyens médicaux et cliniques modernes, et en même temps croire en l'esprit et au monde merveilleux du Nouveau Testament[23]. » Telle est la tristement célèbre maxime bultmannienne. Sans avoir ni les radios ni les lampes électriques, le XVIIIe siècle de Lessing était déjà, d'une manière similaire, désenchanté. Comment répondre ? Au même moment que Bultmann, les architectes de la *nouvelle théologie* ont cherché à poser les fondements d'un nouvel « humanisme chrétien » qui correspondrait au nouveau moment historique de notre époque séculière[24]. À bien des égards, cette tentative de réorienter radicalement la culture théologique de l'Église a simplement consisté à réutiliser la stratégie d'Érasme et à agresser les néo-scolastiques avec une érudition gargantuesque comme ce dernier avait lui-même malmené les scolastiques de la fin du Moyen Âge. Le *surnaturel* tel que l'entend Henri de Lubac peut être considéré ici comme une doctrine représentative ; car les miracles sont tout aussi représentatifs du débat sur la nature et la grâce que le désir naturel de Dieu[25]. Le rejet de la *nature pure* constitue-t-il alors en réalité une échappée hors de ce ciel de fer qu'est le « cadre immanent » ? Ou bien les exégètes des miracles pourraient-ils tirer profit d'outils conceptuels néo-scolastiques discrédités, bien que durement acquis, comme le *super*, le *contra*, et l'*extra naturam* des vieux manuels ?

Ces questions soulèvent de nombreux problèmes, que je n'ai pas l'intention de résoudre, mais le schéma d'un univers à deux étages esquissé par de Lubac doit avant tout être considéré dans son contexte historique particulier comme un effort vigoureux pour rafraîchir une culture théologique desséchée. Ainsi, il ne devrait donc pas nous empêcher de retrouver une vision biblique

---

22. Charles TAYLOR 2011 ch. 15 p. 915 *sq.*
23. BULTMANN 1989 p. 4.
24. Cf. la discussion historique de SWAFFORD 2014 p. 25-66.
25. LUBAC 1946 ; *id.* 1965 p. 87-88; 142 ; 179-189. Sur la question des miracles dans le cadre plus large de la distinction nature/grâce de Thomas d'Aquin et sur la pertinence de la catégorie de *puissance obédientielle*, cf. POULIOT 2005 p. 64 note 2.

du monde indéniablement *verticale*. Lorsque Paul affirme en 1 Co 2, 4 qu'il n'a pas proclamé l'Évangile avec des paroles de sagesse humaine, mais dans une démonstration d'Esprit et de puissance, il fait écho à sa distinction nette entre *kata sarx* et *kata pneuma*. La manifestation de la *dynamis* divine dans la communauté, par des miracles et des charismes surabondants, indique pour Paul une présence surhumaine, qui provient d'au-delà du monde sublunaire : la *dynamis* d'un Esprit divin, suffisamment fort pour dissiper les principautés et les puissances obscures, pour habiter et affermir le corps des croyants par des actes rituels incluant l'eau et des repas sacrés. Qualifier cette ancienne vision du monde de « magique », ce qui *faute de mieux*[26] est devenu une habitude exégétique, est peut-être une manière efficace d'évoquer une vision des choses qui n'est pas normée par l'expérience de la désillusion des Lumières ; cela n'est cependant d'aucune aide pour dépasser la position chauvine, selon laquelle cette vision relève d'une aveugle superstition. Bultmann et son école ont voulu argumenter contre la magie, « contre le fait de considérer que l'événement sotériologique a lieu indépendamment de la volonté de l'homme[27] ». Leur alternative consistait en un cosmos démythifié et une perception de soi existentiellement révisée. E. P. Sanders exprima son insatisfaction, à juste titre, face à ce type de solution, mais il dut aussi concéder que le problème trouvait sa conceptualité démunie : « Il nous manque apparemment une catégorie de "réalité" [...] située entre la spéculation cosmologique naïve et la projection magique d'une part et une compréhension de soi révisée d'autre part[28]. » L'abandon, du fait de son aspect naïf, de la notion d'une superstructure hiérarchique et cosmique de forces élémentaires pourrait s'accommoder correctement de la critique du gâteau à étage de Lubac ; mais cela n'aidera pas plus que l'éradication par Bultmann des prétendus « mythes » à jeter un pont entre les mondes moderne et biblique.

L'abandon moderne de la métaphysique – à cause duquel la catégorie mentionnée par Sanders nous manque – a visiblement conduit à investir la raison historique de la tâche herculéenne de dire la réalité. Mais ici également des problèmes se posent. Jésus a-t-il multiplié les pains ou est-ce le seul *partage* qui a constitué un « miracle » ? A-t-il marché sur les eaux ou seulement sur des pierres bien cachées ? Que s'est-il *réellement* passé ? Lorsque D. F. Strauß tranche le nœud gordien de ce débat séculaire entre rationalistes et surnaturalistes, en affirmant que les deux camps se sont fourvoyés,

26. En français dans le texte [n.d.é.].

27. C'est ainsi qu'Ed Parish Sanders 1977 (p. 522) caractérise la critique de Bultmann.

28. Sanders *ib. loc.*

il se contente (comme beaucoup d'autres) de dire qu'en fait *rien ne s'est réellement passé*. Il a ainsi cherché une nouvelle source de sens dans la mythologie. Quelques dizaines d'années plus tôt, Lessing avait traité avec légèreté de la question de *l'évènement*, s'engageant dans une direction un peu différente. Jésus ressuscitait-il vraiment un mort ? Est-il lui-même ressuscité comme on nous l'a rapporté ? Que cela ait eu lieu ou non n'a pour Lessing pas d'importance ; ce que les docteurs médiévaux appelaient le sens historique n'a aucun poids théologique[29]. Le terrain du *sensus litteralis* n'est pas le terrain théologique ; les *gesta* rapportés sont des actes qui ne sont pas significatifs d'un point de vue religieux. « La Lettre n'est pas l'Esprit », écrit-il dans le troisième de ses *Axiomata*, « et la Bible n'est pas la Religion. En conséquence », continue-t-il dans l'axiome suivant, « les objections contre la Lettre et contre la Bible ne sont pas des objections contre l'Esprit et contre la Religion[30]. » Étant donné le caractère complexe et glissant de ce qu'ont finalement été ses allégeances intellectuelles, Lessing brandit sur cette question le vieil étendard de l'aile gauche de la Réforme, cherchant à atteindre directement l'Esprit d'une manière ou d'une autre (en rejetant la lettre où se trouve l'esprit, ce qui est ironique)[31].

C'est l'objectif ultime de l'importante démarche qu'entreprend Lessing dans la dernière partie de son traité, dans laquelle il passe tout à coup d'un désintérêt insouciant pour les récits d'actes miraculeux au rejet sévère de toutes les vérités historiques. Il comprend assez bien la communauté de destin qui lie les récits de miracle à l'entreprise historique humaniste elle-même. Ni l'un ni l'autre ne pouvant constituer une base possible pour la religion chrétienne, Lessing affirme : « Des vérités historiques survenues par hasard ne peuvent en aucun cas devenir des preuves nécessaires établissant des vérités de la raison ». Nous avons sous les yeux le fossé infranchissable et tristement célèbre de Lessing :

---

29. Sur le lieu théologique du sens littéral : historique, cf. *supra* ch. 1.

30. LESSING, *Sämtliche Schriften*, vol. 13, 114-115.

31. Cf. BAINTON 1941. Sur la « Réforme radicale » et son aspiration à établir un nouveau *sens du christianisme*, cf. *supra* ch. 2. Notons comment la formulation de Lessing d'une religion qui serait, d'une certaine manière, par-delà la Bible est parfaitement en accord avec les aspirations personnelles qu'exprime David Friedrich Strauß en bâtissant sur l'héritage de figures telles que Sebastian Franck. L'implication personnelle de Lessing dans la « querelle des fragments », à distinguer nettement de celle des « nouveaux Réformateurs » (*neue Reformatoren*) et leur « théologie intolérante » (*intolerante Theologie*), lui impose d'assimiler la tradition sous la forme d'une dialectique pérenne de la foi en conflit ouvert avec la raison, en opposition avec toute pacification par la rationalisation entre les deux possibles. Cf. VOLLHART 2016 p. 106.

> Cela, c'est le fossé affreux et infranchissable (*der garstige breite Graben*) au-dessus duquel je ne peux passer, aussi souvent et aussi honnêtement que j'ai tenté de sauter par-dessus. Si quiconque peut m'aider, laissez-le faire ; je le supplie, je l'adjure. Il recevra pour moi de Dieu une récompense[32].

Il n'est pas douteux que Lessing ait rejeté le *factum est* essentiel de la foi chrétienne, même si son numéro d'équilibriste virtuose nimbait habilement ses paroles[33]. L'ombre effrayante de ce reniement ne doit néanmoins pas occulter son rejet le plus visionnaire et le plus fondamental : un rejet du positivisme historique qui, bien qu'à peine naissant, était prêt à déferler dans les années suivantes. En fin de compte, son fossé sert à Lessing de douve contre les assauts de tous les Reimarus possibles et imaginables, en affermissant un Credo rationnellement inattaquable contre toute critique historique concevable. Il existe un véritable parallèle avec les efforts de Bultmann pour ériger une théologie plus forte que le scepticisme le plus extrême, en faisant de Jésus lui-même une présupposition extrinsèque. Les deux hommes se situent donc à l'extrême opposé de Schweitzer qui (comme un très grand nombre de ses héritiers) voulait fonder ce qu'il appelait « la pensée religieuse du futur » sur le *Jesus der Geschichte*[34].

Considérée depuis cette perspective plus favorable, on comprend pourquoi Kierkegaard, dans la deuxième section de son sinueux *Post-scriptum définitif et non scientifique,* rend un hommage aussi dithyrambique à Lessing (mais non dénué d'ironie)[35]. Qu'il ait en fin de compte confessé le christianisme ou en ait sapé les fondements – Lessing, écrit Kierkegaard, a réussi mieux que personne dans la tâche périlleuse de parler pour ne rien dire –, que Lessing ait ou non conservé une foi personnelle, il a réussi à recentrer toute la question de la certitude de la vérité chrétienne. Il a déplacé le débat, d'une démonstration

---

32. LESSING, *Sämtliche Schriften,* vol. 13, p. 34.
33. GRUBE 2008 p. 102 a sûrement raison de dire que Lessing ne tente pas d'exclure la vérité historique *per se* de la sphère religieuse, mais seulement d'objecter contre le fait d'ériger des preuves historiques médiates comme fondement épistémologique auto-suffisant (*Beweis*). Du point de vue de l'analyse historique, le compte rendu de Grube, très favorable à l'égard des objectifs et des croyances de Lessing à travers le prisme contemporain du « fondationnalisme » et de l'« anti-fondationnalisme », reste pourtant ouvert au débat. Sa lecture fait néanmoins apparaître avec éclat l'impossibilité d'articuler les raisonnements historique et dogmatique.
34. SCHWEITZER 2001 p. 1., cf. *supra* ch. 2.
35. Søren KIERKEGAARD, *Post-Scriptum définitif et non scientifique aux miettes philosophiques,* vol. 1, Œuvres complètes de Søren Kierkegaard 10 (Paris, Éditions de l'Orante, 1977) p. 61-68.

historique objective à un saut[36] subjectif, apparemment impossible. Il ne s'agissait pas d'une rupture dont les libres penseurs de Saxe se sentissent prêts à courir le risque, et Lessing s'est contenté d'une religion abstraite, éthique, an-historique et non biblique. Le Danois, qui était un homme de foi, comme Bultmann à sa façon, et à sa manière existentialiste, a quant à lui joyeusement réalisé le « saut qualitatif[37] ».

Le passage de Kierkegaard à la foi est coloré par une forte teinte d'anti-intellectualisme ; et, pour Lessing, l'histoire ne peut évidemment pas constituer un argument, ou au moins pas un argument adéquat en matière de religion. Est-ce que le travail de la critique historique, en fin de compte, contribue d'aucune manière à la recherche de la vérité chrétienne, autrement qu'en témoignant du caractère faible, et essentiellement non concluant, des arguments historiques ? Est-ce qu'il révèle davantage que le besoin urgent d'un fondement épistémologique plus sûr – qu'il s'agisse de la raison universelle ou de la foi radicale ? D'un côté, on apprécie la modestie de John P. Meier qui ajoute au répertoire des recherches historiques sur Jésus l'honnête haussement d'épaules du *non liquet*[38]. Parfois les preuves historiques sont plus ou moins incertaines. D'un autre côté, au cœur du vaste projet de la « quête » demeure une ambition positiviste démodée. Cette confiance dans la capacité ultime du raisonnement historique à parvenir à des conclusions réelles et convaincantes demeure importante et rafraîchissante. Malheureusement, elle demeure également contrainte par un mode de raisonnement soumis à ses propres critères. L'idée divertissante de Meier d'un « conclave non papal » limite de même, à sa manière, son aspiration naïve au consensus universel. Toute cette affaire ressemble à une reconduction de l'*âge des Lumières*[39] un peu édulcoré. Le risque est par conséquent clair : procéder à une amputation méthodologique de la raison tout en prétendant être au service de la « raison ». Car la « rationalisation » dont nous héritons des penseurs des Lumières introduit inévitablement leur rapport confus à la pensée historique dans nos tentatives de garder les idées au clair : c'est un cheveu sur la soupe de l'exégèse (penser ici, toutes proportions gardées, aux conférences du pape Benoît à Ratisbonne).

---

36. En allemand *Sprung* dans le texte [n.d.é.]
37. Sur les différentes manières dont le problème du « fossé » est articulé par Lessing et par Kierkegaard, cf. Michalson 1979. Cet auteur soutient que ces deux auteurs comprennent les « fossés » de manière distincte, en se fondant sur des prémisses différentes d'épistémologie de la religion.
38. Meier 2004 p. 119-123.
39. En français dans le texte [n.d.é.]

La question reste donc de savoir jusqu'où peut aller l'histoire dans la discussion des vérités théologiques. Plus loin peut-être que ce que l'on imagine. Un débat fascinant, et qui a généralement été peu remarqué, a eu lieu il y a plusieurs années dans la revue *History and Theory*, à propos de la bonne méthode à adopter pour traiter les récits de miracles. Bien que l'échange n'ait abouti à aucune solution définitive, « le postulat métaphysique du naturalisme et son corrélat épistémologique empiriste » font maintenant l'objet de critiques directes ; tandis que l'argument apparaît – avec un bon sens stupéfiant – que « les historiens de la religion non seulement n'ont pas besoin de considérer que l'athéisme est vrai dans leurs recherches, mais encore ne devraient pas agir de la sorte s'ils veulent comprendre les croyants à la manière dont ceux-ci se comprennent eux-mêmes[40] ». En d'autres termes, l'exclusion systématique des miracles, *compris et rapportés comme miracles* pour des raisons méthodologiques, risque de déformer la totalité de l'entreprise historique en tant que telle. De ce point de vue, il ne semble plus que l'histoire soit obligée de s'isoler des enseignements philosophiques et théologiques, bien au contraire. Si Lessing lui-même ne désire rien d'autre qu'affirmer les droits fondamentaux de la philosophie à penser dogmatiquement à propos des vérités historiques, comme Dirk-Martin Grube semble le penser, alors peut-être que l'issue se réduit à trouver la bonne servante philosophique pour mener à bien notre travail historique[41]. N'y a-t-il pas alors, peut-être, dans l'histoire ainsi conçue, des raisons qui nous poussent à accorder notre assentiment subjectif à la religion ? Il s'agit là, sans doute, de la perspective du concile de Vatican I, qui trouvait dans les miracles et dans les prophéties (disons dans les preuves historiques) autant de confirmations externes (*auxiliis externa*) de la révélation de Dieu[42].

L'interlocuteur intéressant qui se présente à ce stade, et c'est un exercice utile de le faire dialoguer avec Lessing, est John Henry Newman. Voilà enfin un adversaire pour le taon brillant et effronté qui n'était pas toujours *fair-play* lorsqu'il dévorait tout cru ses adversaires comme Goeze. Mélancolique et réfléchi, doué d'un esprit sensible et plein de bons sentiments, *bref* tout l'opposé de Lessing, Newman dans son autobiographie désigne la vague qui enfle

40. Brad Gregory 2008.

41. Grube 2008 p. 104-107.

42. *Dei Filius :* « Afin que l'obéissance à notre foi soit en harmonie avec la raison, Dieu a voulu que des preuves extérieures (*auxiliis externa*) de sa révélation comme des faits divins, spécialement des miracles et des prophéties, soient jointes à l'aide intérieure de l'Esprit saint ; dans la mesure où ils dévoilent manifestement la toute-puissance et l'infini savoir de Dieu, ils sont les signes les plus certains de la révélation divine » (DS § 3009).

du scepticisme comme le grand problème théologique de sa vie. Il discerne sa cause dans « l'erreur de soumettre au jugement humain ces doctrines révélées qui par leur nature le surpassent et en sont indépendantes[43] ». Dans sa magistrale *Grammaire de l'assentiment*, fruit d'une vie de réflexion, Newman propose sa réponse la plus mûrie et la plus complète à ce problème en développant soigneusement sa doctrine du « sens illatif ». Cette fameuse catégorie (« un grand mot pour une chose commune », comme Newman le disait en privé[44]) représente essentiellement une conception étendue de la rationalité humaine, qui fait droit à un critère de certitude qui se trouve quelque part, en équilibre, entre le saut capricieux de Kierkegaard et la soumission fastidieuse de Lessing à d'étroites *vérités de la raison*[45]. « La raison ne nous ordonne jamais d'être certain si ce n'est en présence d'une preuve absolue », insiste Newman ; et le *sens illatif* est ultimement pour lui « l'action saine de nos puissances de raisonnement, une action plus subtile et plus compréhensive que la simple appréhension d'un raisonnement syllogistique[46] ». Aucun pont déductif n'est jeté pour franchir le fossé creusé par Lessing ; et la voie proposée par le sens illatif ne prétend jamais atteindre la terre promise des pures (et étroitement définies) *vérités nécessaires de la raison*[47]. Newman cherche une vérité plus large et plus compliquée que ce que les preuves géométriques peuvent fournir. Son objet existentiel est « réel » et ne constitue pas uniquement un assentiment « conceptuel ».

En mettant au point ce cadre de réflexion, la ligne argumentative de Newman ajoute quelque chose de nouveau et d'essentiel au débat qui se joue entre Schumann et Lessing. Un tournant subjectif est reconnu, pressenti par Lessing, mais à côté duquel Schumann est totalement passé, occupé qu'il était à élaborer des arguments apologétiques d'une validité objective universelle à partir d'une fondation historique unidimensionnelle[48]. Le tournant

---

43. John Henry NEWMAN, *Apologia pro Vita sua* (trad. Michelin-Delimoges, Paris, 1939) p. 324. On reconnaît dans la description de Newman la perspective mise en place par Kant dans *La Religion dans les limites de la simple raison*, mais également le même scepticisme historique qui a troublé Lessing, et qui l'a finalement conduit dans la direction de Kant : prétendre défendre sur un fondement intrinsèque la vérité et la valeur de propositions qui reposent pour leur réception sur l'autorité extérieure de la Parole Divine.

44. John Henry NEWMAN, *Letters and Diaries :* vol. 24, éd. Dessain (Oxford : Clarendon, 1973) p. 375.

45. En allemand *Vernunftswahrheiten* dans le texte [n.d.é.].

46. John Henry NEWMAN, *Grammaire de l'assentiment* – Paris, Ad solem, 2010, p. 425 et 391.

47. En allemand *notwendige Vernunftswahrheiten* dans le texte [n.d.é.].

48. Selon GRUBE 2008, « le sens de l'argumentation [de Schumann] ne consiste pas dans l'argument plus modéré selon lequel les arguments historiques qui peuvent rendre le christianisme

subjectif de Newman est néanmoins plus souple et plus général que celui de Lessing.

Il est admis que la distinction *réel/conceptuel* n'est pas sans difficulté. Comme le dit le logicien Henry Price, il semble que tout assentiment ait quelque chose de conceptuel, et Newman a peut-être « établi une stricte distinction de genre, là où il y a en fait une distinction de degré[49] ». Theodor Haecker, figure malheureusement inconnue, traducteur de Kierkegaard et de Newman et philosophe lui-même, a néanmoins clairement vu la pertinence de cette objection et ses limites, qui font qu'elle ne parvient pas réellement à saisir le centre du projet de Newman[50]. Un appel aux *vérités du cœur*[51] pascaliennes n'est pas hors de propos ici pour reformuler le problème[52]. Néanmoins, le vocabulaire spécifique que Newman utilise pour parler du réel, une robuste manière de penser *ad rem*, demeure évocateur et utile. Haecker résume ainsi le projet de Newman :

> L'appréhension réelle d'une réalité extérieure ou intérieure, d'une chose et de ses attributs, pas uniquement de l'essence de cette chose et de ses attributs, inclut néanmoins nécessairement à l'égard de cette chose, non seulement un être de n'importe quelle sorte ou degré, mais d'un être là, d'une entité existante, au sens emphatique : des choses *qui existent*, des choses concrètes. Cette appréhension est analogue à l'appréhension conceptuelle [cette fois bien sûr il s'agit uniquement de l'appréhension intellectuelle] de concepts[53].

Comparée à l'appréhension théorique (« conceptuelle ») rejetée, cette préoccupation sérieuse, existentielle, pour le « réel » ressemble à la quelque peu surprenante distinction de Meier, au tout début de son *opus magnum*,

crédible sont valides pour les croyants chrétiens qui en sont arrivés à croire à partir d'un autre fondement historique. Non, son argument est plus fort, à savoir que prendre au sérieux les preuves historiques (ce qui présuppose un attirail épistémologique cohérent) contraint indifféremment croyants et incroyants à reconnaître la vérité des affirmations du christianisme » (*op. cit.* p. 101).

49. Price 1969 Series II, Leçon 5, « Reformulation of the Real-Notional Antithesis ».

50. Haecker 1946 p. 140-144 ; on peut consulter l'ensemble du chapitre intitulé « Sur la grammaire de l'assentiment du cardinal Newman » p. 138-162, publié en 1921, peu de temps après que Haecker s'est converti au catholicisme, en grande partie en lisant et en traduisant l'œuvre de Newman.

51. En français dans le texte [n.d.é.].

52. Sur ce thème, cf. les intuitions éclairantes de Guardini 1951 p. 118-143.

53. Haecker 1946 p. 143.

entre « le vrai Jésus » et le « Jésus historique ». À une époque où l'histoire sert de langage pour dire ce qui est réel, il est significatif que même ce « vrai Jésus » soit lié à une reconstruction historique, comme le « vrai Richard Nixon » promis par une biographie bien documentée[54]. Quoique Meier ait réellement l'intention de réaliser avec cette distinction précise – qui rappelle inévitablement (même s'il tente de l'éviter) le couple conceptuel plus douteux et plus tranché « Christ de la foi/Jésus de l'histoire » –, il est clair qu'en concentrant sciemment son projet sur le second, Meier renonce à l'espoir de connaître le « vrai Jésus » par l'exercice du raisonnement historique (dans la mesure où les preuves sont trop rares) et qu'il promet seulement de nous fournir une « abstraction ou une construction moderne[55] ». Que ce résultat fragmentaire et abstrait doive manquer de toute la force de persuasion qui appartient à la religion aurait paru évident pour Newman. Cela est également plaisant du point de vue de notre actuel ordre post-confessionnel (bien que cet ordre soit problématique pour toute personne plus réfléchie qu'un Hazel Motes), car Newman réservait à la simple appréhension correcte du réel un pouvoir religieux. Inversement, un sens religieux authentique ne peut exister que s'il se fonde sur une appréhension totale du réel. Il est bien sûr possible d'attribuer de très maigres actions au Jésus historique de Meier, « perçues par ses contemporains comme des miracles d'exorcisme ou de guérison[56] ». En d'autres termes, quelque chose a réellement eu lieu – ou du moins *semble* avoir eu lieu, quoique ce fût *réellement ;* ainsi, « les péchés de la mémoire de l'Église n'ont donc pas tout complètement corrompu[57] ». Mais au bout du compte le « Jésus historique » de Meier ne ressuscite pas d'entre les morts – bien que nous puissions avec assurance imaginer que son « vrai Jésus » (de la foi ?) ait ressuscité, lui. En ce sens, ce dont la mort est avérée demeure mort, au moins pour le marché académique et pour les livres dans le commerce. Dans cette mesure, la victoire de Lessing est déjà plus que complète : du point de vue de Meier, bien que les miracles de l'enseignement public de Jésus puissent mériter cinq cents pages, le fait même de se pencher sur les *témoignages* de la Résurrection reviendrait à confondre la théologie

54. Meier 2004 p. 27-28.
55. *Ib. loc.* p. 31 ; cf. p. 37 : « Le Jésus historique n'est pas le Jésus réel, il n'est qu'une reconstruction fragmentaire et hypothétique du personnage, obtenue grâce aux moyens modernes de la recherche. » Il est possible de se rappeler ici l'option de *Dei Verbum* 19 affirmant que l'Église *a tenu et tient toujours* (*tenuit ac tenet*) l'historicité du message de l'Évangile, parce qu'elle ne juge pas nécessaire de la *croire*. Cf. *supra* ch. 1, note 29.
56. Meier 2005 p. 741 ; cf. aussi p. 460 ; 473.
57. Allison 2010 p. 23.

et l'histoire, en contaminant celle-ci par celle-là. Wright pourra repasser avec son ambition de « tirer sur le soleil[58] ». Voilà un *gran rifiuto* pour quelque fichu Dante irascible. William Lane Craig donne le titre « *Noli Me Tangere* » à son article sur la question, « pourquoi John Meier ne touchera pas le Seigneur ressuscité »[59].

Newman, qui se considérait lui-même comme un historien de l'Église, entendait ses propres recherches historiques en un sens très stimulant. L'étude de l'histoire sacrée ne constituait pas simplement une spécialisation au sein d'un art historique plus large – un intérêt pour les thèmes ecclésiastiques, à la manière dont on pourrait apprécier les actes fonciers anglais du XIVe siècle ou les chemins de fer russes après 1850. L'étude des Actes des Apôtres, par exemple, ne doit donc pas être rendue aussi pédante et inoffensive que l'étude des monnaies des provinces romaines frappées en Asie Mineure au mitan du Ier siècle. Au lieu d'être une preuve impuissante, qui cherche éternellement à se justifier elle-même, la vérité ou la fausseté des merveilles rapportées par Luc peuvent être ouvertement acceptées comme portant un immense intérêt existentiel, un intérêt subjectif, qui avance une affirmation substantielle, que l'on peut rejeter ou accepter mais qui n'en concerne pas moins *mon monde*. Pour Newman, l'histoire de l'Église était, en ce sens, une science pleinement théologique, une étude de la réalité et du monde réel dans lequel nous vivons, évoluons et dans lequel nous sommes – et pas un objet d'étude « objectif », obscur, périphérique, sans lien avec la doctrine et donc approuvé socialement. L'histoire sacrée pouvait convoquer les prémisses d'une philosophie pérenne et elle supposait l'assentiment de la foi ; son objet était précisément le moyen d'action de la providence divine et de la révélation. « L'auteur de la Loi de Nature est Dieu, qui a entre les mains le pouvoir de lui donner sa signification, non seulement par des mots (comme un homme pourrait également le faire), mais également par les choses elles-mêmes[60]. » Au-delà du texte et de ce qu'il énonce, même au-delà des faits rapportés en eux-mêmes, se tiennent les *res* signifiées, qui sont capitales.

Dans ses deux essais *On Biblical* et *On Ecclesiastical Miracles*, écrits séparément alors qu'il était encore membre du clergé anglican, Newman a développé certains critères de jugement qui répondent au rejet incontrôlable des récits de miracles de Lessing. De manière plus significative, le fait d'être témoin oculaire dispose d'une valeur propre dans la critériologie de Newman :

58. Nathan WRIGHT 2003 p. 3-31.
59. Cf. CRAIG 2009.
60. THOMAS D'AQUIN, *Somme théologique* Ia q.1 a.10 *resp.*

« La crédibilité [...] d'un témoignage dépend des preuves de l'honnêteté et de la compétence de ceux qui le rendent[61]. » Cette attention critique portée à la valeur du témoin constitue une remarque fondationnelle qui manque dramatiquement à l'étude moderne des critères de l'exégèse, bien que le thème soit devenu objet de débat depuis l'important et donc controversé *Jesus and the Eyewitnesses* de Richard Bauckham[62]. Avec des nuances, je crois que nous avons ici la clef de l'enseignement fort de *Dei Verbum 19* sur l'historicité des Évangiles[63].

L'héritage de l'individualisme moderne occidental radical doit être signalé dans le rejet *a priori,* par Lessing, des récits rapportés par des témoins. C'est également un élément majeur de la position de Hume[64]. Le caractère social de la connaissance, l'importance fondamentale du témoignage interpersonnel et de la transmission dans nos conditions épistémiques basiques, fait l'objet d'une suspicion automatique, excessive et, dans une heureuse illusion d'autonomie, est finalement jugé par rapport à l'étalon-or de mes propres

---

61. John Henry NEWMAN, *Two Essays on Biblical and on Ecclesiastical Miracles*, The Works of Cardinal John Henry Newman t. VIII (Notre Dame, 2010) p. 75. L'acceptation de Newman n'est pas sans critique, et il suggère une série de circonstances et de dispositions qui peuvent compromettre la valeur du témoignage, comme le désir du gain ou du pouvoir ou d'un autre avantage temporel ; l'esprit de parti ou la rivalité ; une tendance au mensonge ; des incohérences ou des prévarications dans le témoignage ; un manque d'examen ; l'enthousiasme, l'ignorance ou un caractère crédule ; le fait que le témoignage promeuve une cause que l'on soutenait déjà ; l'amour de la nouveauté, du merveilleux, etc.

62. BAUCKHAM 2006.

63. Cf. *supra* ch. 1 et ch. 5.

64. Tandis que des considérations générales jouent un rôle majeur – en premier lieu, les miracles sont-ils possibles ? –, les abstractions ne peuvent pas résoudre la question de manière péremptoire. Dans un texte pertinent tiré de la *Grammaire*, Newman cite l'argument célèbre de Hume selon lequel, dans la mesure où nous ne faisons jamais l'expérience de situation dans lesquelles les lois naturelles sont violées, mais que nous rencontrons davantage des cas de mensonges, « nous pouvons établir comme une maxime qu'aucun témoignage humain ne peut avoir assez de force pour prouver un miracle et pour pouvoir constituer une fondation assez solide pour n'importe quel système religieux ». Ce sentiment s'accorde parfaitement avec Lessing. Avec Newman, néanmoins, nous pouvons joyeusement accepter la proposition générale de Hume, tout en résistant pourtant à la prétendue force de l'argument. Car la question des miracles ne revient pas à savoir, en général, si les inventions humaines sont plus communes que les exceptions aux lois naturelles. Elles le sont certainement. Le problème est la question spécifique de savoir si, dans ce cas, le témoignage de cet individu concret, dans ces circonstances, justifie un assentiment rationnel. C'est précisément ce qui nous conduit du notionnel au conceptuel : est-ce que j'accepte ce témoignage de Pierre ou de Jean ou de Luc ? L'expérience des séances tumultueuses de l'*Ekklèsia* d'Athènes pendant la guerre du Péloponnèse nous fait encore plus défaut que celle des miracles. Et il est impossible d'y jamais porter remède. Pourtant il serait déraisonnable de ne pas nous fier aux témoignages livrés par Thucydide.

perceptions internes et de mes réflexions. Cet héritage a clairement infecté l'herméneutique biblique moderne de manière très significative. Celle-ci va de la méfiance ouverte à l'égard de la tradition, à une étrange indifférence à son égard jusqu'à une irritabilité fréquente à l'égard des revendications des témoins oculaires. L'approche de Newman se méfie du doute systématique et se révèle beaucoup plus sympathique à l'égard d'un philosophe du sens commun comme Thomas Reid, contemporain de Hume, qui accorde une place équivalente dans le travail de la raison aux « opérations de l'esprit solitaire » et à ses opérations « sociales ». Cette perspective est salutaire. Ce qui est important par-dessus tout, néanmoins, est que Newman comme Lessing comprend que la connaissance historique en tant que telle est en jeu dans la question des miracles : « Lorsque nous voulons prouver que des faits miraculeux ont eu lieu, nous devons avoir recours au même genre de preuves que celles par lesquelles nous déterminons la vérité des récits historiques en général [...]. Les témoignages étant la principale manière de prouver les évènements passés de tout type[65]. » La décision concernant les miracles *est* une décision sur l'histoire et *vice versa.* Une communauté de destins lie les deux lorsque l'on estime la valeur des témoignages. L'exégèse moderne historique et critique ne s'est pas encore confrontée honnêtement au problème, bien que ce dernier représente précisément le passage de la discipline dans sa reconfiguration postmoderne.

L'obstacle de Lessing est réel, mais, en homme de théâtre, il a dramatisé toute l'affaire. On peut dégonfler la baudruche à l'aide d'une vieille distinction scolaire toute simple, comme tirée d'un manuel. Il est des événements dont l'évidence n'établit pas qu'ils sont *vrais* (*evidenter vera*) mais *crédibles* (*evidenter credibilia*). Imaginons ainsi le dialogue entre Lessing et Newman :

> L. : Si je n'ai rien à objecter sur le plan historique au fait que le Christ a ressuscité un mort, dois-je alors tenir pour vrai que Dieu doit avoir un fils qui soit un même être avec lui ?
>
> N. : *Non, mais vous auriez raison d'agir ainsi.*
>
> L. : Si je n'ai rien à objecter sur le plan historique au fait que le Christ lui-même a ressuscité d'entre les morts, dois-je alors tenir pour vrai que ce même Christ ressuscité doit être le fils de Dieu ?
>
> N. : *Non, mais la preuve devient de plus en plus crédible et forte.*

65. Newman *op. cit.* p. 13.

« Le fossé profond et infranchissable » trahit ainsi sa nature, c'était une parade, une douve défensive vouée à repousser et à contenir le scepticisme, une réponse en prévision du prochain fragment perturbant qui serait publié pour porter un ultime coup à la Résurrection. Il aurait pourtant été de meilleure stratégie de tenir vaille que vaille le terrain historique et d'y combattre[66]. La décision à propos des miracles se réduit à une décision à propos de la Résurrection. Lessing, n'ayant pas vu de miracles, n'a pas non plus senti la nécessité de sa véracité historique.

Entre l'Esprit et la puissance, Newman, de son côté, a clairement préféré le premier. La prophétie, note-t-il, « est une preuve qui acquiert plus d'importance, et a un attrait plus fort que les miracles auprès de ceux qui n'ont connaissance des miracles que par le biais de témoignages[67] ». C'est pourquoi sa *Grammaire* se clôt sur une éloquente argumentation illative construite autour du cas de la Bible. En optant pour les prophéties plutôt que pour les signes, Newman marche dans les pas d'un excellent enseignant qui, lorsqu'on lui demandait un signe, répondait seulement par une prophétie à propos de sa mort et de sa résurrection (Mt 12, 38-40) et qui, sur la route d'Emmaüs, avant d'ouvrir les yeux de ses disciples pour qu'ils le reconnaissent ressuscité et en se tenant d'abord devant eux, a d'abord ouvert leur esprit à la compréhension de ce que les écritures avaient annoncé (Lc 24, 26.31)[68]. Les actes de foi dans le cas où l'on reçoit un miracle et dans le cas où l'on reçoit une prophétie diffèrent sans doute. L'un des types de données est plus naturellement accepté, et l'infusion de la grâce est différente dans les deux cas. En poursuivant cette réflexion, et avec un bref clin d'œil à mes propres sujets de recherche, je vais conclure et concrétiser ces réflexions.

---

66. L'auteur semble dire que l'objet ultime du « fossé infranchissable » creusé par Lessing entre les affirmations de la foi et leur probabilité par l'histoire n'avait pas pour objet premier de nier celle-ci, mais de couvrir celles-là contre toute réfutation par la science positive. Le prix à payer, c'est l'intégration des articles du *Credo* dans un rationalisme solipsiste [n.d.é.].

67. NEWMAN *op. cit.* p. 8 observe que « les miracles ne constituent qu'une branche des preuves, et les autres branches ont leurs avantages respectifs. La prophétie, comme cela a souvent été observé, est une preuve qui prend plus d'importance, et a un attrait plus fort que les miracles auprès de ceux qui ont connaissance des miracles seulement par le biais de témoignages [...]. On ne doit pas non plus oublier que les preuves de la Révélation sont cumulatives, qu'elles se renforcent l'une l'autre ; et que, en conséquence, l'argument à partir des miracles est bien plus fort lorsqu'il est considéré en conjonction avec le reste, que lorsqu'il est considéré séparément ».

68. L'étude proposée dans la section III du présent volume peut être consultée avec profit en lien avec cette préférence accordée aux preuves en faveur de la prophétie. Sur les interactions entre les miracles et la prophétie, cf. en particulier ch. 15.

Il se trouve qu'une étude des discours gréco-romains sur les « miracles » souligne une ressemblance intéressante entre la manière qu'a Luc d'écrire l'histoire et celle des anciens conteurs de paradoxes, ces auteurs pseudo-scientifiques qui récoltaient les récits de phénomènes et de merveilles et qui revendiquaient leur vérité en se fondant sur la garantie du témoignage oculaire[69]. Ils n'incluaient pourtant aucun des mécanismes historiographiques usuels pour permettre au public de vérifier leurs dires. Celui-ci se trouvait donc réduit à croire l'auteur sur parole. De ce point de vue, Luc est incroyablement audacieux, provocateur en fait, en donnant ouvertement à son récit un air d'histoire de fantômes : « Ils pensaient voir un fantôme [...]. Un fantôme n'a ni chair ni os » (Lc 24, 37. 39). L'usage qu'il fait du terme grec λῆρος – « cela leur semblait des balivernes » (Lc 24, 11) – suggère une histoire que l'on pourrait rencontrer dans un tabloïd gréco-romain. À la manière des compteurs de paradoxes de mauvaise réputation, Luc est au fait du caractère incroyable de ce qu'il avance et, à la manière d'un *Ripley's Believe It or Not* du Ier siècle, il en appelle uniquement à la foi. Il ne s'agit pas d'un *credo quia absurdum* (calomnie de Voltaire qui n'a jamais été la formule de Tertullien[70]) ; mais l'on n'en est pas moins mis au défi de croire le témoignage que Luc fait de Jésus, de la même manière que l'on est mis en demeure de gober ou de rejeter le récit de Phlégon de Tralles concernant une revenante nommée Philinnion, un être pleinement corporel, un zombie qui mange et boit, et à l'occasion même se reproduit. « De ce point de vue, la protestation d'honnêteté[71] de l'évangéliste ressemble à celle de [...] Phlégon, qui appelle même ses lecteurs à prendre une décision à propos de sa propre crédulité. "Il ne faut pas mettre en doute le récit qui précède", répète-t-il. Le sérieux des deux auteurs [Luc et Phlégon] en tant que chercheurs dignes de confiance fait l'objet de débats – comme l'est inévitablement de manière plus profonde le jugement du *lecteur*[72]. » Un tel *discours sur les miracles* lui-même brise intentionnellement le cadre de l'*epochè* et nous saisit. Il suscite notre foi et appelle notre consentement ; il interagit ouvertement avec le lecteur. Que le lecteur soit du Ier ou du XXIe siècle, pour comprendre le *discours*, pour se confronter au texte, il faut se décider ou entreprendre le *gran rifiuto*. Est-ce vrai ou ne s'agit-il que d'un λῆρος ? L'évangéliste et son témoin doivent-ils être crus ? Les recherches historiques modernes nous aident à voir que c'est ainsi que le pur miracle de la résurrection de Jésus nous interpelle :

69. Cf. *supra* ch. 5.
70. Peter HARRISON 2017.
71. En anglais *ethical appeal*, cf. *supra* ch. 3 note 54.
72. Cf. ch. 5 *supra*.

en penchant du côté kierkegaardien de la balance. Faites le saut ou passez votre chemin ; le texte nous met au défi.

Qu'en est-il alors de Lessing et de ses *vérités nécessaires de la raison*[73] ? « N'était-il pas *nécessaire* que le Messie endurât ces épreuves pour entrer dans sa gloire ? » Lessing aurait dû considérer les prophéties plutôt que les signes car, ainsi que le dit saint Thomas, même les vérités contingentes de l'histoire acquièrent un aspect nécessaire lorsqu'elles sont considérées du point de vue de la *connaissance prophétique*. Le célèbre δεῖ [*il faut*] de Luc nous installe donc dans un domaine de discours très différent, et je défendrais que nous atteignons dans ce « il est nécessaire de mourir et de ressusciter » une idée fixe non seulement du « vrai », mais encore du « Jésus historique » – certainement du « Jésus de la mémoire » pour reprendre la dernière étiquette en date. De plus, je crois qu'il est possible de montrer de manière satisfaisante au regard de la raison historique que Jésus de Nazareth tirait cette idée de la connaissance qu'il avait de l'écriture et de l'interprétation qu'il en faisait (cf. Lc 22, 37 ; 24, 25-27 ; Mc 8, 31 ; 14, 27.49 ; Mt 26, 31-35.53-54.56 ; Jn 1, 51 ; 3, 14-15 ; 13, 18)[74]. Il était convaincu et annonçait à l'avance qu'il devait mourir et ressusciter. Ici encore « la mémoire de l'Église n'a pas tout complètement corrompu ». Ce n'est pas un petit résultat : « Prévoir la mort de quelqu'un est une chose ; prévoir la résurrection de quelqu'un après trois jours en est une autre [...]. Prévoir un miracle *super naturam* est en soi *super naturam*[75]. » Le fait que ce que Jésus avait *annoncé* ait de fait été *accompli* nous reconduit donc au cas épineux du signe de Jonas – avec cette fois une nouvelle preuve en sa faveur. De tels cycles peuvent être répétés de milliers de manières différentes par un millier d'anges ; mais la rupture n'a lieu que lorsque Dieu ouvre nos yeux. La fumée blanche du concile non papal n'est donc jamais garantie. Je me demande néanmoins si cela implique nécessairement qu'en inversant les rôles sociaux les chrétiens qui souhaitent user de la pensée libre en viennent à inquiéter et exciter les gardiens civiques de la foi post-chrétienne, au point de les transformer en une bande de crétins maladroits, intransigeants et embarrassés à la manière de ce qu'a sans doute été la caste ecclésiastique par le passé. Après tout, la force qui nous pousse de

73. En allemand *notige Vernunftswahrheiten* dans le texte [n.d.é.].

74. Jésus a lu les écritures d'Israël en s'intéressant spécialement à ses prophéties et à ce grand motif de la mort et de la résurrection du fils bien-aimé qui y est omniprésent. Le chercheur juif Jon Levenson a découvert que ce dernier sous-tendait de long en large toute la tradition. Cf. LEVENSON 1993.

75. Cf. *infra* ch. 15.

l'assentiment historique à l'assentiment théologique peut parfois devenir irrésistible, de sorte qu'un instinct illatif intervienne avec la force d'un réel sentiment religieux, envoyant le signal de résister et de creuser pour mener une guerre de tranchées. Cela a lieu de manière importante des deux côtés. Cependant, pour ces exégèses qui ont l'esprit du Christ et dont les yeux sont ouverts, les fossés créés par ceux qui doutent sont seulement des « difficultés », franchies légèrement d'un bond rendu aisé par la grâce.

Traduit par Guillaume de Carpentier et Théophile Richard

Chapitre 7
La revanche de l'exégèse alexandrine

« Le passé n'est jamais mort, il n'est même pas passé », écrit William Faulkner dans *Requiem pour une nonne*. En exégèse et en théologie, il est utile de le garder à l'esprit. Depuis deux siècles et demi, une réplique affaiblie de la crise de Nicée continue de perturber le monde des études néotestamentaires, la divinité de Jésus étant tour à tour contestée et défendue. Si la typologie du IVe siècle demeure perpétuellement valable, l'histoire plus récente exerce également son influence sur notre époque. L'émergence de la rationalité des Lumières, dont la religion a reçu une forme dramatiquement nouvelle, paramètre comme souvent nos critères d'évaluation[1]. Il se pourrait que les divers ouvrages de Lessing (par exemple *Die Religion Christi* et *Die Erziehung des Menschengeschlechts*), mais surtout son parrainage alambiqué de Reimarus signale l'établissement officiel du renouveau arien moderne[2].

---

1. Il faut faire preuve d'une grande prudence avant d'adopter cette construction antireligieuse reçue des « Lumières ». Cf. l'étude provocatrice de Lehner 2016.

2. Il est ironique de retenir une telle charge contre Lessing, car il a reconnu cette tendance hétérodoxe de sa pensée mais a naturellement professé son orthodoxie et sa réprobation de l'hérésie arienne (cf. *Gedanken über die Herrnhuter* et sa lettre à Nicolaï, 30 mars 1779). La susceptibilité de Lessing à ce sujet était si vive que sa critique agressive et rationaliste des « néologistes » cherchait stratégiquement, dans deux brefs fragments (cf. *Vom Arianismus* et *Über den Arianismus von Philalethes dem Mittlern*), à provoquer une attaque de ces « ariens » avant de lâcher la bombe christologique qu'il préparait en publiant les documents inédits de Reimarus. Cela avait pour but de garantir, de manière préventive, sa propre innocence contre toute accusation

Les « néo-ariens » de l'école de Lessing font certes moins de concessions à la divinité du Christ que leurs prédécesseurs[3]. Dans leurs spéculations sur Jésus, il n'est jamais question pour eux de rôle dans la création du monde ni de statut angélique. Pour autant, c'est bien un médiateur céleste qui leur sert à modeler et à interpréter les croyances de l'Église primitive[4].

La montée de l'arianisme n'est pas uniquement un phénomène séculier. Philip Cary a récemment fait part de son étonnement face à la réception enthousiaste que de nombreux évangéliques ont manifestée devant une subordination fonctionnelle du Fils éternel au Père incréé – idée totalement impensable pour la pensée patristique, bien qu'elle soit souvent présentée par ignorance dans les cercles évangéliques comme étant de filiation patristique. L'accueil chaleureux réservé par ces groupes à ce que Cary appelle sans ambiguïté une « hérésie » serait principalement dicté par « leur grand combat pour la soumission des femmes[5] ». Une chaîne nécessaire attache une mauvaise *praxis* à une mauvaise doctrine.

En attirant l'attention sur cet essor de la pensée subordinatianiste, le but est premièrement de souligner l'érosion de l'emprise exercée par les catégories théologiques classiques sur l'essentiel de la réflexion théologique actuelle – même dans les communions ecclésiales où l'on pourrait s'attendre à des options orthodoxes. La teneur fondamentaliste des subordinatianistes modernes révèle aussi quelque chose de plus ; elle indique la nature essentiellement exégétique de la lutte, ainsi que la manière dont l'adoption naïve du langage biblique peut faire émerger un dogme dramatiquement néfaste. Il existe en effet des versets des Écritures où la « subordination » semble manifeste[6]. Mais ce n'est pas une observation nouvelle ni décisive. De la même manière qu'Athanase décrivait dans *De decretis* comment le camp arien déployait

d'arianisme en ce qui concerne les fragments de Wolfenbüttel. Cf. Nisbit 2008 p. 130 ; 516-519. Sur l'importance de Reimarus et de la « querelle des fragments » (*Fragmentenstreit*) cf. *supra* ch. 2 et succinctement la note 20 ; Boehart 1988.

3. Sur la christologie « ébionite » de Lessing en *Die Religion Christi* et *Die Erziehung des Menschengeschlechts/L'Éducation du genre humain*, cf. Geldhof 2007 p. 47-48. On observe ce que l'on pourrait appeler une position « ébionite » dans de nombreuses études contemporaines sur le Jésus historique, par exemple chez Gerd Lüdemann. Le commentaire d'Épiphane de Salamine sur les « Ébionites » en *Panarion*, *hær.* XXX est éventuellement contestable en tant que témoignage historique de la secte, mais sa perspective nicéenne fournit une étiquette taxinomique précieuse pour les théologiens fidèles à une herméneutique conciliaire. Cf. DS § 157.

4. Cf. par exemple Ehrman 2014.

5. Cf. Cary 2021 p. 2 ; Giles 2006 : l'auteur songe manifestement à des combinaisons hasardeuses de texte, mêlant 1 Co 15, 28 (« le Fils lui-même sera soumis à celui qui lui a soumis toutes choses, afin que Dieu soit tout en tous ») et 1 Co 11, 3 ; Ep 5, 22 [n.d.é.].

6. Cf. par exemple Grundem 2012.

une gamme de termes bibliques entendus de manière rigide afin d'ébranler le « sens des Écritures », qui ne se limitait pas à leurs étroites catégories, ainsi ces théologiens modernes échouent à lire correctement les Écritures malgré leurs efforts manifestes pour traduire la théologie en un idiome biblique adéquat. Il n'y a rien de nouveau sous le soleil théologique et il faut toujours se rappeler que ce sont les hétérodoxes de Nicée qui ont affirmé le plus bruyamment qu'ils représentaient le parti biblique[7].

À l'heure actuelle, celle que l'on appelle « école de la christologie haute précoce » (ci-après *ECHP*) incarne une sorte de moment athanasien dans ce débat capital mijotant à feu doux. L'effort concerté reliant le travail d'exégètes comme Martin Hengel, Larry Hurtado, Richard Bauckham, Simon Gathercole et Christopher Kavin Rowe, leur énergie, leur assurance, leur érudition inédite et souvent brillante justifie qu'on leur prête une très grande attention. Ils ont reçu l'approbation de ceux qui se réclament de la christologie conciliaire traditionnelle[8]. Il n'est pas surprenant que cette école séduise aujourd'hui l'imagination d'une nouvelle génération de jeunes exégètes.

La nouvelle vague de recherche en christologie haute se fonde fermement sur le travail des chercheurs précédemment cités, tout en perpétuant une exégèse encore plus ambitieuse et ecclésiale. L'un des derniers doctorands de Kavin Rowe, Joshua Leim, dans son livre sur l'utilisation de προσκυνέω (« se prosterner ») chez Matthieu, entend notamment promouvoir une « lecture théologique de l'Écriture ancrée ecclésialement » qui reconnaît « les avantages herméneutiques du Credo trinitaire et christologique de l'Église pour la lecture des textes bibliques[9] ». Il a ainsi pour but ultime d'exposer non seulement la divinité du Christ, mais aussi la grammaire trinitaire rigoureuse du Ier Évangile – où trouver en effet la théologie trinitaire si ce n'est chez

7. Cf. John Henry NEWMAN, « Text of Scripture Not a Sufficient Protection to the Revealed Dogma » in *Arians of the Fourth Century* – Notre Dame, 2001, p. 143-150 ; 219.

8. L'idée du « Early High Christology Club » est née dans les années 1990 au sein d'un groupe de chercheurs, incluant des non-chrétiens, aux points de vue théologiques variés, participant aux réunions annuelles de la SBL (Society of Biblical Literature) au sein du « Divine Mediators in Antiquity Group ». Un texte fondateur dans l'émergence du mouvement a été le livre de HENGEL 1977. Il est important de ne pas faire entrer dans un seul camp, ou moule, théologique l'éventail des positions défendues par les divers savants qui se prononcent pour le caractère primitif de la christologie haute. Néanmoins, la plupart des travaux réalisés dans ce domaine se caractérisent par une forte tendance à l'exégèse confessionnelle, voire apologétique. Cf. BIRD 2014. Avec Hengel, Bauckham et Hurtado sont les figures pionnières de cette école. Ils continuent d'être actifs et influents, mais des chercheurs plus jeunes s'associent également à eux. Cf. GATHERCOLE 2006 ; ROWE 2006.

9. LEIM 2015 p. 244.

Matthieu, c'est-à-dire en Mt 28, 19 ? Sans jamais l'afficher explicitement, l'argumentation de Leim se fonde sur les deux grands piliers de l'*ECHP* : l'argument du culte rendu au Christ formulé par Hurtado et le plaidoyer de Richard Bauckham pour une christologie de « l'inclusion [du Christ] dans l'identité divine ».

Le rôle majeur que les idées phares de Hurtado et de Bauckham jouent dans ce nouvel effort d'exégèse « fondée dans une tradition ecclésiale » invite à la réflexion, car il n'est pas évident que les « avantages herméneutiques » de la christologie formulée traditionnellement dans le Credo soient totalement compatibles avec les positions adoptées par ces chercheurs. Il faut, de fait, signaler une certaine immaturité ou imprécision théologique dans l'*ECHP*. En effet, malgré la part importante d'éléments parfaitement valables et très pertinents dans les modèles proposés, l'exigence des exégètes soucieux de théologie qui la composent s'est trouvée légèrement en défaut en matière de précision conceptuelle. Il est certes trop rare qu'un exégète soit attaqué sur la fiabilité technique ou doctrinale de ses concepts théologiques, comme si cet axe de réflexion était en quelque sorte étranger et hors sujet lorsque l'on s'occupait de lire la Bible. Cela ne signifie pas que la rhétorique et les implications théologiques qui peuvent, néanmoins, être assez saillants (ou implicites) dans le travail d'un exégète n'aient pas le pouvoir d'influencer les marchés du livre et les modes universitaires. Cependant, le résultat combiné de cette double influence et de ce laxisme [*i.e. le manque de rigueur conceptuelle des membres de l'ECHP – n.d.é.*] est une réception peu critique vis-à-vis de points de vue déficients selon une perspective dogmatique traditionnelle, réception souvent motivée par une estime pleine de reconnaissance à l'égard de tout bibliste prêt à admettre officiellement la « divinité » du Christ. Dans le climat actuel de confusion, même les christologies aux nettes tendances subordinatianistes ou monophysites semblent apporter des corrections utiles et une certaine avancée. Une telle situation est préoccupante (du moins lorsque l'on se place d'un point de vue théologique), mais, comme tout échange et débat théologique, elle peut être perçue comme une bonne occasion de réaliser une progression nécessaire à la discussion : une occasion d'accompagner ces courants prometteurs de la christologie du Nouveau Testament, par-delà un discours nicéen encore embryonnaire, jusqu'à une perspective plus complète et vraiment chalcédonienne. Ceci implique de ne pas seulement lire les théories exégétiques actuelles à travers le prisme traditionnel de l'orthodoxie conciliaire, mais aussi de relier explicitement les théories en question avec les courants contemporains (souvent questionnables) de la christologie et de la théologie fondamentale ; car, en dépit des artifices sophistiqués déployés par la corporation des exégètes pour asseoir sa propre « scientificité[10] », l'impartialité théologique des exégètes est un mythe dangereux, tout comme l'impartialité politique des juges.

Dans cet article, je vais examiner les contributions théologiques et certaines préoccupations liées des deux exégètes dont le labeur explique largement l'actuelle vitalité de la christologie haute dans les études du Nouveau Testament : Larry Hurtado et Richard Bauckham. L'étude de Hurtado sert en quelque sorte de prélude herméneutique et se concentrera sur la problématique du « subordinatianisme » dans son modèle christologique de « l'agent principal[11] » et sur son adoption problématique de termes « proto-hétérodoxes » pour décrire de façon analytique et historique des croyances « proto-orthodoxes ». Cette confusion méthodologique/taxinomique révélera qu'il est important de reprendre confiance dans les catégories originelles de la théologie conciliaire en tant que système heuristique légitime, et même nécessaire, pour toute exégèse ouvertement « ecclésiale ». À la lumière de cette conclusion, la christologie de « l'inclusion dans l'identité divine » développée par Bauckham sera donc examinée comme une tentative – directement animée par les travaux de Jürgen Moltmann et, de façon plus distante, par ceux de Karl Barth – d'échapper à la théologie naturelle, qui soutient le langage canonique chalcédonien des deux natures, et la remplace par une sorte de théologie narrative. La gêne implicite de Bauckham vis-à-vis de la tradition métaphysique n'est certes pas un fait exceptionnel. Elle témoigne d'une antipathie coutumière qui aspire à ériger une doctrine christique plus « biblique ». Cependant, elle finit par torpiller son propre paradigme de « l'inclusion dans l'identité divine » sur le plan d'une christologie à sujet unique ; elle court par conséquent le risque manifeste du monophysisme – surtout lorsque manié par des épigones apologètes par trop zélés qui se servent d'une arme conceptuelle/doctrinale dont il appert qu'ils la comprennent médiocrement. Par le déploiement de cette catégorie christologique innovante, étroitement rattachée à la théologie fondamentale et au projet de Moltmann, un tel programme exégétique se condamne à l'échec dans son ultime aspiration confessionnelle et doctrinale. Il est implicitement hostile à la prédication analogique, condition *sine qua non* d'un discours théologique intelligible, et méprise la tradition confessionnelle, ancienne et universelle, de l'Orient et de l'Occident, culture œcuménique qui a toujours

10. En allemand *wissenschaftlich* dans le texte [n.d.é.]

11. Sur cette notion capitale en histoire des religions appliquée au Christ, cf. *infra* ch. 9 ; 10 & 14 [n.d.é.].

exprimé sa foi dans un langage exégétique tributaire de la métaphysique. En conséquence, il reste contestable comme fondement de toute exégèse « ancrée ecclésialement ».

Larry Hurtado et la « proto-orthodoxie » primitive

L'œuvre de Hurtado, principalement son monumental *Le Seigneur Jésus-Christ*, illustre bien la formidable solidité de la position sur laquelle repose la christologie haute précoce[12]. Elle expose l'une des problématiques fondamentales en jeu. Quelle est la meilleure façon de modéliser et de décrire les croyances des premiers chrétiens sur Jésus (ou leur « dévotion au Christ » comme Hurtado préfère le dire) ?

Le travail de Hurtado représente un imposant rempart contre la vieille théorie de Wilhelm Bousset et la *religionsgeschichtliche Schule* selon laquelle la divinité de Jésus serait une création tardive de la mission chrétienne en contexte hellénistique, donc une adaptation au polythéisme gréco-romain, et non un élément originel des Évangiles, né sur le sol stable du monothéisme juif (on rejoue ici avec virtuosité, grâce à l'impressionnante érudition historique de Bousset, du vieux clivage de Lessing entre la religion de Jésus et la « religion christique » postérieure – avant que la proposition alternative de Hurtado ne pare le coup)[13]. La réponse audacieuse de Hurtado innove sur le plan méthodologique en ce qu'elle se concentre sur les dynamiques du culte chrétien primitif plutôt que sur les *titres christologiques* tels que donnés dans la confession de foi[14]. Hurtado insiste sur le fait que ce qu'il perçoit comme la soudaine (et auparavant impensable) insertion de Jésus dans les paradigmes de piété juive, par ailleurs réservés exclusivement à YHWH, oblige à présupposer chez ses disciples des expériences religieuses liées à sa personne d'une grande intensité[15]. Cette intrusion concrète de Jésus dans la

---

12. Cf. Hurtado 2003 ; trad. fr. 2009. Et aussi Hurtado 1998, 3e édition révisée en 2015, qui contient un épilogue de 53 pages relatant les changements survenus dans ce secteur depuis la première publication du livre. Cf. encore Hurtado 2005 & 2010.

13. Dans son Introduction à la récente réimpression du texte classique de Bousset 2013 (édition originelle 1913), Hurtado décrit le texte de son *sparring partner* comme étant « sûrement l'un des livres académiques les plus influents dans l'histoire de la recherche sur le Nouveau Testament et les origines du christianisme ». Sur Bousset, cf. *infra* ch. 9 note 45.

14. L'auteur désigne ici les titres donnés à Jésus dans le Nouveau Testament : *Christ ; Fils de David ; Fils de l'homme* ; *Fils de Dieu* ; *Élu* ; *Verbe,* etc. [n.d.é.].

15. Cf. Hurtado 2009 p. 78 : « C'est très probablement l'effet d'expériences religieuses marquantes chez les premiers chrétiens, expériences assez marquantes pour ceux qui les ont faites

sphère cultuelle propre au Dieu Unique, au stade le plus précoce et dans l'air judaïque le plus pur, trouble habilement l'hypothèse d'un mélange maladroit entre le monothéisme juif et l'idolâtrie gréco-romaine.

Le modèle christologique qui émerge de ce rapprochement cultuel de Jésus et du Dieu d'Israël est qualifié de « binitaire » par la forme, ou plus récemment (et de façon moins risquée) est désigné par l'expression d'un « paradigme de piété dyadique[16] ». Ce modèle dyadique, pris ainsi, nous présente une doctrine qui attend assez manifestement quelque intervention cappadocienne, à la manière de l'*homotimia* (« égalité d'honneur ») accordée aussi à l'Esprit saint[17]. Si ce déficit dogmatique est évident, il est important d'apprécier le travail de Hurtado en tant que théorie du développement doctrinal, centrée sur les paradigmes de piété des premiers chrétiens, vus comme une « mutation » au sein de la *praxis* judaïque du Second Temple[18]. En d'autres termes, le « binitarisme » du macédonianisme semi-arien du IVe siècle représente un phénomène très distinct historiquement et théologiquement du contexte juif fécond décrit par Hurtado[19].

Il n'en demeure pas moins que le débat du IVe siècle est instructif. L'usage de l'argument de la *latrie* lui permit de développer une solide stratégie, et il n'y a, en principe, aucune raison pour laquelle son application par Hurtado au Christ soit moins décisive ou ingénieuse[20]. En tant que démonstration de la

[...] pour avoir valeur et force de révélation, exigeant ainsi une importante réévaluation de la pratique monothéiste » ; et plus généralement p. 77-87 [n.d.é.].

16. HURTADO 1999 explique sa terminologie : « Bien que le "di-théisme" puisse correspondre au type d'accusations qu'au moins certains critiques ont pu formuler contre eux [c.à.d. les premiers chrétiens], le terme ne semble pas représenter leur propre vision du modèle cultuel. Je formule l'hypothèse selon laquelle, dans cette "bicéphalité" caractéristique de leur pratique dévotionnelle, il y aurait aussi un modèle de comportement religieux qui relie le Christ à Dieu d'une manière qui tend à maintenir une position exclusivement "monothéiste" » (p. 70). Le passage après 2011 à l'emploi de « dyadique » dans la terminologie est significatif des tentatives infructueuses de Hurtado pour clarifier son acception du terme *via* l'adjectif « binitaire ».

17. DS § 150 ; cf. § 152-80 (= *Tome de Damase* de 382). Sur la pneumatologie chez Basile de Césarée, cf. JAMES 2012.

18. HURTADO 2010 admet la figure « triadique » (voire « proto-trinitaire ») du « discours sur Dieu » dans le Nouveau Testament (p. 43-46 et 73-94). Il constate l'absence de culte voué à l'Esprit, non l'absence de reconnaissance de sa divinité.

19. Athanase d'Alexandrie considérait les *pneumatomaques* (qui contestent la divinité du Saint Esprit) comme une espèce dérivée de l'arianisme. Le même point de vue de base est adopté par Épiphane de Salamine (*Panarion, hær.* LXXIV) qui compare ces « semi-ariens » à « une sorte de peuple monstrueux à demi formé » qui a une vision orthodoxe du Fils, mais blasphématoire du Saint-Esprit. Cf. DS § 155.

20. Outre Leim, dont l'argument de la *proskynèsis* fonctionne précisément comme celui de Hurtado, cf., par exemple, DUNN 2010, dédié à Hurtado et Bauckham, ses « partenaires de dialogue ».

croyance chrétienne en la divinité de Jésus, elle fonctionne merveilleusement et avec élégance – à condition toutefois (!) que soit mise en place au préalable la doctrine d'une *ousia* (« essence ») divine possédée en commun. En d'autres termes, Constantinople n'a pas suivi Nicée par un simple hasard historique[21]. À moins de fixer d'abord la doctrine de l'être de Dieu, les paradigmes de piété

L'approche beaucoup plus prudente de Dunn sur la question de la dévotion primitive envers le Christ préfère souligner que l'adoration va « par » Jésus jusqu'au Père ; c'est là un curieux conflit avec la propre théologie personnelle de Basile de Césarée, dans la mesure où il souligne que le Père se réserve exclusivement « de qui » et laisse au Fils « par qui » » et qu'il y a un partage général des prédications prépositionnelles entre les trois personnes (*Traité du Saint-Esprit,* V, 7). Le vif intérêt de Dunn pour la « Jésus-olâtrie » dans laquelle « Jésus assimile le culte dû à Dieu seul » dévoile une christologie étonnamment mince, en tout cas. Il fait référence à la théologie des icônes en tant qu'analogie du Christ, l'*eikốn* du Père (cf. Col 1, 15), mais il semble ignorer ou ne pas vouloir s'engager dans la christologie savante qui se cache derrière cette source très ancienne de réflexion théologique. Basile lui-même avait déjà développé une théologie de l'icône, redéployée plus tard lors de la controverse iconoclaste. Cf. *Traité du Saint-Esprit,* XVIII, 44. Pour Théodore Stoudite, le culte de l'icône est orienté vers une représentation de la personne divine du Christ plutôt que de sa nature humaine (à ce sujet, cf. SCHÖNBORN 1986). Ce cadre conciliaire à deux natures s'accommode pleinement et facilement du fait troublant que Dunn souligne, à savoir que Jésus n'est pas seulement le destinataire du culte, mais aussi un médiateur intercesseur.

21. Il est aussi important que les arguments, souvent oubliés, d'Athanase en faveur de la divinité de l'Esprit dans sa *Lettre à Sérapion* (vers 358) soient développés en stricte analogie avec la théologie de l'*homoousia* du Fils définie à Nicée : par exemple, « l'Esprit a la même relation avec le Fils que le Fils avec le Père » (ATHANASE D'ALEXANDRIE Lettre à *Sérapion* I, 21 ; cf. I, 14 et III, 3). Basile s'est modelé sur cette théologie athanasienne, comme le montre JAMES 2012 (p. 260-264) : « Tout comme Athanase établit d'abord l'*homoousia* pour le Père et le Fils comme fondement de la nature égale de l'Esprit, Basile établit d'abord l'*homotimia* pour le Père et le Fils (chapitres 6-8) comme fondement de l'honneur égal de l'Esprit. » De plus, cet argument de l'*homotimia* n'apparaît que comme la dernière des trois thèses que Basile développe dans le corps principal du *Traité sur le Saint-Esprit,*. Celles-ci suivent un ordre logique, culminant dans une doxologie, mais commençant par la métaphysique de la nature divine : (1) l'égalité ontologique de l'Esprit avec le Père et le Fils ; (2) la participation de l'Esprit inséparable de celles du Père et du Fils dans l'économie ; (3) l'honneur égal de l'Esprit avec le Père et le Fils. Contrairement à Athanase et à Grégoire de Nazianze, l'argumentation de Basile sur le Saint-Esprit évite d'appliquer le terme *homoousios* à l'Esprit, pour des raisons discutées. Le langage de la « nature » fait néanmoins partie du lexique explicite de Basile pour décrire la divinité ontologique de l'Esprit (par exemple en XIII, 30). Le *Tome de Damase* de 382 commence sa confession en anathématisant tous ceux qui ne reconnaissent pas l'Esprit *cum Patre et Filio unius potestatis esse atque substantiæ* (« nous anathématisons ceux qui ne disent pas que [le Saint-Esprit,] possède avec le Père et le Fils l'*esse* d'une unique puissance et substance » – DS § 153 ; cf. § 168 *sicut Filium, de divina substantia et Deum verum* [« comme le Fils, vrai Dieu, de la substance divine »]). Ce n'est qu'à la toute fin de la liste des anathèmes que la question du culte est introduite (§ 175) : *Si quis non dixerit adorandum Sanctum Spiritum ab omni creatura sicut Filium et Patrem : hereticus est* (« Si quelqu'un ne dit pas que l'Esprit saint doit être adoré par toute créature à l'égal du Fils et du Père, il est hérétique »).

sont susceptibles d'être interprétés de diverses manières, spécialement dans l'atmosphère de promiscuité dévotionnelle avec l'antiquité gréco-romaine. Arius admettait qu'il était juste d'adorer Jésus.

Concrètement, Hurtado façonne le statut céleste de Jésus à partir de ce qu'il appelle « les figures d'agents divins », c'est-à-dire une palette d'intermédiaires juifs comprenant tout ce qui va des personnifications telles que la Sagesse aux anges principaux en passant par les patriarches les plus importants et par les prophètes comme Moïse[22]. C'est dans ce cadre que Hurtado nomme alors Jésus « l'agent principal de Dieu[23] ». Une matrice d'idées fort pertinente est exposée à ce stade. Cependant, l'aisance avec laquelle un tel langage prend une direction subordinatianiste – il faut comprendre néanmoins « subordinatianiste » dans son sens théologique précis – est également évidente.

Ceci met en lumière un aspect préoccupant du paradigme de Hurtado. Le caractère subordinatianiste de sa description en est l'élément le plus tracassant, plutôt que son exclusion dyadique du Saint-Esprit. Historiquement, mais aussi d'un point de vue métaphysique, il ne va pas de soi que le culte seul suffise à expliquer dans son intégralité ce que Hurtado croit avoir démontré quant au statut divin de Jésus. Si nous acceptons, comme nous devons le faire, le consensus établi par Hengel[24] d'une profonde hellénisation du judaïsme de l'époque, n'est-il pas aisé d'imaginer la possibilité d'une version quelque peu sectaire, teintée de culture juive, du proto-arianisme ? Théologiquement, d'ailleurs, la tendance subordinatianiste ne représente pas un stade de développement imparfait de la pleine position définie à Nicée-Constantinople (comme le modèle dyadique), mais un élément doctrinal qui ne peut en fin de compte être intégré dans la vision orthodoxe. Hurtado est pleinement conscient, bien sûr, du bagage négatif que transporte avec lui le mot de « subordination ». Il adopte néanmoins ce terme pour désigner la structure de la dyade divine qu'il perçoit, sans vouloir importer la totalité de l'histoire théologique tourmentée liée à ce mot[25]. C'est là un vœu pieux manifeste et l'imprudente saisie d'une ortie terminologique.

---

22. Hurtado 2009 p. 61.
23. Cf. en particulier Hurtado 1988 p. 97-130.
24. Cf. *supra* note 8 [n.d.é.].
25. Sur son blog, Hurtado commente assez candidement : « Il y a une subordination (au moins fonctionnelle) de l'un (Jésus) à l'autre (Dieu). (Je sais, je sais, le « subordinationisme » a une histoire théologique compliquée, mais je ne veux pas entrer dans cette histoire, et je n'ai pas l'intention d'importer cette histoire dans mon utilisation de ce terme). » (https://danutm.wordpress.com/2010/07/13/the-larry-hurtado-blog/).

Ce propos est donc embrouillé. On énonce un canon théologique biaisé qui prive de leurs concepts traditionnels ceux qui l'observent avec intérêt. Même les distinctions du Credo (à savoir les deux natures) sont proscrites de l'analyse comme étant des anachronismes inadmissibles et des modes de pensées, issus d'un parti pris ecclésial, étrangers et dénaturant la réflexion[26]. Si l'on considère que toutes les réflexions antérieures sur cette question n'ont rigoureusement rien à offrir, peut-être qu'alors le plus important est de dire ici que « l'exégèse participationniste[27] » mérite d'être entendue.

Le modèle de l'agent céleste est, sans l'ombre d'un doute, un arrière-plan historique légitime et très éclairant. Mais le peut-il sans être et porter simultanément une revendication métaphysique ou théologique ? Le *topos* des « deux dieux/puissances dans le Ciel », développé par Alan Segal, malicieusement repris de diverses façons par Barker et Boyarin, et à présent énergiquement promu par Peter Schäfer, n'est pas un associé négligeable dans cette discussion, aussi improbable que puisse encore paraître, aux yeux de la plupart des savants, un paradigme « binitaire/dyadique » préchrétien par trop cohérent[28]. Quoi qu'il en soit, sans une plus grande précision et une plus grande transparence concernant le sens théologique particulier et ouvertement subordinatianiste porté par la christologie de « l'agent principal » – à savoir s'il s'agit par là de fournir une catégorie afin de comprendre les assertions divines de la christologie primitive ou plutôt d'un moyen de parler de la médiation sotériologique instrumentale de Jésus –, parler de « subordination » doit être cause de malaise. Sur le plan ecclésial, en évaluant l'adéquation d'une christologie de « l'agent principal » telle que la propose Hurtado, il est en définitive essentiel de garder fermement à l'esprit que la théologie conciliaire classique n'a jamais situé le statut divin du Christ dans sa médiation sacerdotale, si unique soit-elle. Cela aurait inévitablement compromis l'affirmation de sa consubstantialité divine. La seule médiation entre l'homme et Dieu est, en effet, catégoriquement placée dans l'ordre humain, comme Paul l'a

---

26. En bannissant de l'exégèse moderne une précision conceptuelle durement acquise, alors qu'il s'agit de sujets traditionnellement étudiés dans la réflexion théologique, on n'a pas abouti à l'heureux résultat d'une clarté retrouvée. C'est plutôt le contraire. Cf., par exemple, ma critique de *Paul and Gift* de John Barclay, où une discussion intéressante sur la grâce est paralysée par son inattention à toute une série d'outils analytiques appropriés forgés par la tradition (= Giambrone 2018b). Nous avons besoin de plus, et non de moins de distinctions.

27. Levering 2008. Ce concept signifie qu'il n'existe pas d'exégèse sans une certaine métaphysique. Prétendre le contraire fait tomber dans une exégèse naïve. L'exégèse moderne est encombrée de présupposés anti-philosophiques et nominalistes qui demandent à être surmontés [n.d.é.].

28. Cf. Segal 1977 ; Boyarin 2013 ; Barker 1992 ; Schäfer 2017.

dit en toutes lettres à Timothée : « Il y a un seul médiateur entre Dieu et les hommes, Jésus-Christ *homme* » (1 Tm 2, 5).

L'ultime défi consistant à forger des catégories pertinentes à la fois pour l'histoire et pour l'exégèse en tant que modèles conceptuels précis (idéalement non anachroniques) et métaphysiques (donc théologiques) devient un élément critique dans l'évaluation du travail de Hurtado. Comprenons bien : l'analyse historique a ses propres règles et objectifs, et elle constitue une discipline et un domaine effectifs. Mais elle n'existe qu'en tant qu'invention méthodologique commode et par le biais d'un rêve (souvent idéologique), d'une tentative de *Begriffsreinigung*[29] supposée ouvrir à la pensée humaine un espace franc de théologie et de métaphysique. En réalité, de telles zones hermétiquement scellées n'existent pas. Hurtado lui-même avoue esquiver les problèmes théologiques dans son analyse historique désintéressée, mais il n'est pas évident que cet évitement puisse se maintenir, certainement pas du moins en tenant à distance la teneur théologique des catégories pertinentes qu'il utilise. Pour saisir la méprise qu'il y a à essayer, comme il le fait, de rendre compte correctement de la maturation du développement doctrinal de l'Église, on pourrait rappeler la remarque révélatrice de Hanson selon lequel, à la période pré-nicéenne, le subordinatianisme *était* une orthodoxie[30]. Une telle perspective, si elle s'accommode des appropriations théologiques de la reconstitution de Hurtado, est aussi peu satisfaisante que la thèse désormais répandue de Walter Bauer sur l'égale dignité primitive de l'hérésie et de l'orthodoxie[31].

Deux éléments convergent ici. Premièrement, l'emploi de la « proto-orthodoxie » comme catégorie heuristique – héritière conceptuelle directe du programme de Bauer, aujourd'hui unanimement acceptée par les spécialistes du domaine, y compris Hurtado – nous installe bon gré, mal gré dans une position théologique inconfortable, pour ne pas dire précaire. En effet, la catégorie même d'« orthodoxie » a été cooptée et historicisée comme étant un regroupement post-constantinien d'idées socio-politiques dominantes. Elle ne fonctionne plus alors en tant que revendication de vérité et instrument de mesure exégétique (*regula fidei*), mais seulement en tant que terminus plus ou

29. Litt. « purification de la notion », entreprise herméneutique par laquelle on désamorce le contenu problématique d'un concept [n.d.é.].

30. HANSON 1988 p. 64.

31. Walter BAUER 1934. On peut trouver une réponse enflammée à l'héritage de Bauer dans l'ouvrage de KÖSTENBERGER & KRUGER 2010. Pour un historique intéressant de l'œuvre de Bauer, cf. le discours de KOESTER à la SBL en 2012. Cf. aussi la première critique accablante de Bauer par VÖLKER 1935.

moins arbitraire d'une « trajectoire » diachronique[32]. De cette manière, afin de désamorcer ce que la notion d'orthodoxie a de périlleux[33], il serait préférable, lorsque l'on fait des affirmations historiques, d'utiliser des marqueurs plus spécifiquement historiques, en qualifiant, par exemple, de « proto-nicéens » ces modèles historiquement embryonnaires de pensée et d'expression qui atteignirent leur maturité et devinrent une formulation privilégiée en 325 après J.-C. Si la lecture de l'Écriture promue par l'Église ne présente en fin de compte qu'une trajectoire interprétative parmi d'autres, toutes ayant les mêmes droits sur la tradition scripturaire et ne pouvant être identifiées que rétrospectivement comme « hérétiques » ou « orthodoxes », alors le paradigme est inadéquat en théologie. Inutile de jouer sur les mots. Il faut trouver un moyen conceptuel et herméneutique de préserver une analyse synchronique de l'Écriture – et des conciles – sans rejeter le processus historique évident qui mène de l'un à l'autre.

Un second problème, étroitement lié, apparaît alors. L'insistance mise par Hurtado lui-même sur la dimension explosive et primitive de l'affirmation chrétienne de la divinité du Christ amène à se demander pourquoi le langage en développement, et dont l'usage reste précautionneux, d'une « orthodoxie » doucement émergente, bénéficiant d'une solide caution politique, ne pourrait pas être abandonné, puisque le modèle en développement de la christologie (de basse qu'elle était à haute qu'elle est devenue) qui l'accompagnait est brisé pour toujours. Si elle est prise avec le plus grand sérieux, est-ce que la « christologie haute précoce » n'oblige pas elle-même à une analyse diachronique révisée ? N'est-ce pas l'originalité historique de l'« orthodoxie » et un dépassement fondamental du programme de Bauer qui sont ici avancés ?

Ce à quoi doit faire face l'exégèse du Nouveau Testament est un défi considérable et fondamental : la réhabilitation de termes confessionnels, dont l'usage est régulé par l'Église, en tant que forme rigoureusement descriptive du christianisme le plus primitif. En un sens, il s'agit de montrer que les herméneutiques des théologies conciliaires sont bien fondées bibliquement, comme elles ont toujours juré l'être[34]. C'est une provocation ouverte qui n'a rien d'évident. Mais des abstractions analytiques tout à fait modernes

32. Cf. la célèbre étude de James M. ROBINSON & Helmut KOESTER 2018.

33. En allemand *Begriffsreinigung* dans le texte [n.d.é.].

34. Sur la nature biblique de la théologie nicéenne, cf. le traitement du *De decretis* d'Athanase chez ANATOLIOS 2011 p. 127-132. Dans ce texte, Athanase répond à l'accusation (ancienne) selon laquelle *homoousios* n'est pas un terme scripturaire, et « le cœur de la réponse d'Athanase est que le recours à un langage non scriptural est parfois nécessaire, précisément pour stabiliser et fixer "le sens de l'Écriture" face à un conflit d'interprétations » (p. 127).

telles que « l'agent principal de Dieu » ou la « dévotion dyadique » ont-elles vraiment une légitimité plus profonde à figurer *dans le texte scripturaire* que des abstractions métaphysiques anciennes comme l'*ousia* et l'*hypostase* (He 1, 3 !)[35] ? En d'autres termes, est-il possible de prendre au sérieux la prétention de la théologie patristique à se livrer à une authentique exégèse des Écritures ?

Pour parer l'inévitable objection de succomber ici à une pratique ignorante de la réflexion anhistorique régressive, il est impératif que le divorce de la théologie dogmatique et historique soit compris et accepté pour ce qu'il est et ce qu'il a principalement été : un préjugé s'auto-légitimant et « spécifiquement occidental » (Hayden White)[36], étroitement lié à la décision historique des universités allemandes (et de leurs héritiers intellectuels dans l'académie et la culture) d'ériger et de superviser une discipline de science biblique libre d'engagements confessionnels socialement perturbateurs[37]. La discussion complexe que doit entreprendre tout « remariage » du dogme et de l'histoire ferait donc bien de revenir au célèbre discours de Johann Philipp Gabler de 1787, si souvent cité comme un moment décisif dans la naissance de l'exégèse moderne. Ses remarques sur la reconstitution des diverses théologies des auteurs bibliques imbriqués historiquement méritent une attention particulière, car il présume de la possibilité de développer les « idées universelles » implicites dans leur pensée[38]. En d'autres termes, la dépendance à l'égard des modes de description synchroniques et philosophiques fait partie intégrante du travail de description et d'analyse historiques qu'il a proposé et qu'il avait à l'esprit. Il est difficile d'échapper à l'abstraction « intemporelle » ; pas plus

35. Dans une contribution importante à ce vaste débat, Yeago 1994 (p. 153) soutient « que les anciens théologiens avaient raison de considérer que l'*homoousios* nicéen n'est ni appliqué *aux* textes du Nouveau Testament ni tiré de façon distante *des* textes, mais qu'il décrit plutôt un modèle de jugements présents *dans* les textes, dans la composition du discours scripturaire concernant Jésus et le Dieu d'Israël ».

36. Hayden White 2014 ; cf. *supra* ch. 3 note 51.

37. Pour poser la question de manière polémique et citer le titre d'un ouvrage récent [= Legaspi 2010], la *Mort de l'Écriture et l'essor des études bibliques* n'est ni une étape nécessaire au développement de notre race, ni une condition *sine qua non* à l'exercice de la liberté académique. De telles opinions ne sont qu'une variante des multiples récits modernes de « passage à l'âge adulte » que Charles Taylor a opportunément critiqués dans *A Secular Age* (2007 ; trad. fr. *L'Âge séculier* 2011).

38. Le modèle de Gabler pour le genre de la « théologie biblique » à orientation historique est le *System der stoischen Philosophie*, 1776, en trois volumes, de Dietrich Tiedemann, à savoir une histoire systémique des idées. La difficulté que signale Gabler est que les philosophes stoïciens pensaient ouvertement et systématiquement en « idées universelles », quand les auteurs bibliques emploient des modes de discours totalement différents dont il faut extraire la logique.

que l'analyse des idées « inscrites dans le temps » n'est destinée à retenir l'esprit prisonnier dans le temps d'un moment nominaliste.

Le *desideratum* de coupler d'une manière ou d'une autre la pensée biblique et la pensée conciliaire est un problème ecclésial, et les chercheurs n'appartenant à aucune confession restent libres d'adopter les abstractions et les modèles (« idées universelles ») qu'ils jugent les plus appropriés à la description historique fidèle. Si cela invite à un débat de spécialistes rendu difficile par l'asymétrie de leurs engagements, il faut néanmoins observer que la pression exercée sur les paradigmes exégétiques contemporains, qui tend à les déformer, à l'instar de celui de Hurtado, qui exhibe des termes « proto-hérétiques » comme révélant une « proto-orthodoxie », n'est pas seulement un phénomène issu d'une fabrication extra-ecclésiale, tout comme le révèle le subordinatianisme évangélique, mentionné plus tôt.

Hurtado lui-même ne peut en aucun cas être accusé de ce fondamentalisme parfois caractéristique du courant évangélique. C'est un historien consciencieux et instruit de la pratique et de la pensée chrétiennes primitives. Il cherche d'ailleurs à exercer son métier avec un idéal d'objectivité rigoureuse. C'est pourtant un symptôme du problème et de son exacerbation qu'il en vienne à ériger un schéma conceptuel incertain dans lequel des confusions importantes ont été laissées irrésolues. D'un côté, Hurtado propose une interprétation subordinatianiste de la christologie. Et en même temps, il dissimule cette tendance sous un paradigme en développement contestable (« proto-orthodoxie ») – en un certain sens, il discrédite sa propre hypothèse historique de « christologie haute précoce ». De tels décalages ne peuvent que fortifier ceux qui pourraient affirmer qu'il est une opposition naturelle entre le discours biblique et les catégories de la théologie conciliaire, au détriment en fin de compte de la confession traditionnelle. C'est exactement ce genre d'opposition, ironiquement, qui sous-tend implicitement et fait naître le projet christologique de Richard Bauckham, le collègue de Hurtado beaucoup plus explicite sur le plan théologique.

Richard Bauckham et la christologie des deux natures

Larry Hurtado s'efforce d'adopter l'attitude d'un historien neutre. Richard Bauckham pour sa part affiche ouvertement ses préoccupations théologiques. Ce penchant doctrinal a conduit Bauckham à intervenir avec autorité dans le débat christologique. Dès l'origine, Bauckham annonce avec audace la nécessité d'abandonner la bifurcation entre la *fonction* et l'*existence*.

Une affirmation aussi énorme marque un tel affranchissement par rapport aux normes traditionnelles de la christologie conciliaire que la tolérance inédite d'une subordination « fonctionnelle » du Fils relève presque par comparaison du bon ordre doctrinal[39]. La situation, cependant, est plus complexe et plus problématique[40].

Pour commencer, en tranchant apparemment le nœud gordien, Bauckham s'attaque à un axiome philosophique classique et fondamental (*actus sequitur esse*), qui ne devrait pas être traité comme une dichotomie dangereuse[41]. En effet, ce qui est en cause, en définitive, c'est précisément la relation de principe entre les ordres économique et immanent, une question qui reviendra hanter la construction théologique de Bauckham. En outre, sa proposition de substitution par une christologie de « l'identité divine » s'inscrit dans une perspective mûrement réfléchie et est bien plus qu'une prétention apologétique visant à repousser l'accusation néo-arienne. Il s'agit d'un exercice très pointu qui vise à détrôner la métaphysique au profit d'une théologie narrative (lire « biblique »).

Les diverses contributions de Bauckham à l'exégèse contemporaine sont connues et substantielles, et l'on peut admettre avec reconnaissance que sa christologie, tout comme celle de Hurtado, a, avec grand profit, focalisé notre attention sur la question décisive du monothéisme juif et de la révélation de la divinité du Christ dans ce cadre. Avec son regard de théologien, Bauckham voit d'ailleurs que, comme le projet arien qui cherchait à éviter toute tonalité dithéiste, la conception d'un « monothéisme christologique » biblique peut échouer si la reconstruction du *de Deo uno* issu du judaïsme du Second Temple n'est pas aussi rigoureusement exacte, stricte et souple que nécessaire[42].

---

39. BAUCKHAM 2008c

40. Pour une vive critique de la proposition d'« identité divine » de Bauckham du point de vue de la logique formelle, cf. TUGGY 2013. L'interprétation « erronée et peu charitable » de Tuggy pointe « l'ambiguïté paralysante » et les bouleversements significatifs que l'idée manifeste de Bauckham d'une similitude numérique de Jésus et du Seigneur unique d'Israël est appelée à introduire dans les prédications canoniques de l'Église au sujet du Dieu trinitaire.

41. Selon la conception classique de la tradition aristotélicienne, « l'acte suit l'être » (*agere sequitur esse*), de sorte que la prémisse même de l'intervention de Bauckham est déjà inadaptée de ce point de vue. Le principe classique, qui proclame que l'action dérive de l'être et en découle, préserve l'irréductibilité des deux termes, tout en les maintenant indissociablement liés. Cf. FINANCE 1945, et CLARKE 1994.

42. « Il y a d'abord l'opinion selon laquelle le judaïsme du Second Temple était caractérisé par un monothéisme « strict » qui rendait impossible l'attribution d'une divinité réelle à toute autre figure que Dieu [...]. Ensuite, il y a des vues révisionnistes du judaïsme du Second Temple qui, d'une manière ou d'une autre, nient son caractère strictement monothéiste », BAUCKHAM 2008c p. 2. Bauckham lui-même essaie de trouver une voie entre ces deux points, en maintenant

> Certains des savants (pas tous) qui recherchent un précédent juif pour la christologie primitive dans des figures intermédiaires juives supposément semi-divines ou subordonnées à la divinité semblent penser que cela soutient une interprétation de la christologie du Nouveau Testament favorable à l'orthodoxie christologique ultérieure, de par la reconnaissance de la divinité véritable de Jésus-Christ. En réalité, de tels arguments aboutissent souvent à quelque chose qui ressemble beaucoup plus à un Christ arien, un demi-dieu qui n'est ni vraiment divin ni vraiment humain[43].

En conséquence, lorsque Bauckham évoque dans ses ouvrages l'ensemble des « agents principaux » médiateurs dans le judaïsme, recensés par Hurtado, il trace consciencieusement une ligne rouge vif qui introduit une distinction de la plus haute importance et censée être sans équivoque entre, d'une part, « les attributs divins personnifiés » et, d'autre part, les médiateurs angéliques créés et les principaux médiateurs humains[44]. La grande différence à observer dans ces « aspects de Dieu » hypostasiés est qu'ils participent de l'œuvre proprement « divine » de Dieu, point qui n'appartient pas aux médiateurs inférieurs. Une logique conciliaire du « non-mélange » des deux natures est tacitement à l'œuvre ici, même si cela s'embrouille rapidement. La stratégie essentielle et le moyen taxinomique utilisés pour articuler la christologie du Nouveau Testament à cette matrice organisée consistent à définir « l'identité divine » (expression librement empruntée à Hans Frei) en termes essentiellement narratifs, puis à l'appliquer à Jésus[45].

La distinction nette entre le divin et ce qui touche aux créatures est importante et répond au danger réel d'une christologie subordinatianiste de style néo-arien, mais au moins deux éléments préoccupants agissent ici en sous-main. Premièrement, en court-circuitant la polarité fonctionno-ontique par la notion d'« identité », centrée sur la participation à la création attribuée à Jésus, Bauckham a effectivement cessé de prendre en considération la médiation *sotériologique* instrumentale de Jésus. Cette attitude lui paraît trop « basse ». Or, c'est précisément cet ordre de valeur « fonctionnelle » qui a conduit les Pères

---

son caractère strict mais en laissant la place à une sorte de fonction médiatrice.

43. BAUCKHAM *op. cit.* p. 5.

44. *Ib.* p. 20-22. Sur la place de ces figures médiatrices dans la christologie primitive, cf. *infra* ch. 10.

45. *Ib.* p. 7-8. Bauckham admet que « le terme d'identité est le [s]ien, non celui de la littérature ancienne ». Dans une note, il cite FREI 1975, ainsi qu'un certain nombre d'autres théologiens narratifs, par exemple Robert JENSEN 1982. La trajectoire fortement anti-métaphysique d'une grande partie de cette théologie narrative est traitée par Francesca Aran MURPHY 2007.

à insister sur les catégories ontiques des éléments du Credo[46]. Vu sous cet angle sotériologique, le fossé entre témoignage scripturaire et confession canonique bée, faute d'une entreprise de traduction conceptuelle de grande ampleur, comme si la christologie fonctionnelle (le cadre juif, biblique) et la christologie ontique (l'équivalent grec, inscrit dans le Credo) étaient simplement deux grands systèmes propositionnels incommensurables mais équivalents et parallèles[47]. C'est le contraire qui est vrai. Ces deux modèles discursifs entretiennent une relation argumentative complémentaire et se croisent sur la question du salut. Cependant, cette relation conceptuelle qui mène de l'action à l'existence (la « pression » interne des Écritures, comme dirait Childs)[48] est rompue par la tentative de Bauckham de fusionner et de dépasser toute la question de l'*actio/esse* avec la notion d'« identité divine ». Insister sur le fait que *Jésus* correspond rigoureusement au modèle des « attributs divins personnifiés », mais pas aux figures médiatrices créées, est certainement d'une force rhétorique impressionnante (Bauckham vante son idée d'identité comme étant « la christologie la plus haute possible ») et est utile dans la réflexion sur l'hypostase divine du Verbe[49]. Mais elle suscite une image amputée et inquiétante de « l'identité » du Fils Éternel Incarné, et supprime la structure sotériologique commune tant de la pensée christologique scripturaire que de la conciliaire.

Deuxièmement, aussi astucieuse et utile que puisse paraître la distinction entre les agents médiateurs de Bauckham, il n'est pas difficile d'objecter que le comportement du Christ comme cocréateur semble encore nettement *démiurgique*. Le monothéisme du Second Temple, à cet égard, n'était peut-être pas aussi clairvoyant, ni si uniformément inflexible que l'*ECHP* le certifie – et *doit* le certifier, au risque d'aboutir à un raisonnement circulaire[50]. Avec tout le respect dû à l'image que conservent certaines sources littéraires privilégiées,

---

46. Cf. CAPENER 2016. Cet auteur soutient « qu'il est clair que l'enjeu pour les écrivains patristiques, en élaborant une théologie trinitaire, était précisément le salut. Les frontières entre l'hérésie et l'orthodoxie sont constamment débattues quant à leur relation avec la possibilité du salut ; la possibilité d'un triomphe sur le péché et la mort ».
47. Cf. la proposition qui a fait date de YEAGO 1994. Tout en offrant de nombreuses perspectives utiles, en se concentrant surtout sur les jugements logiques, Yeago semble finalement se contenter d'un modèle comprenant deux types de discours parallèles mais égaux, à savoir les jugements scripturaires et les jugements crédentiels. La caractérisation de la fonction, y compris l'action de sauver, et de l'ontique comme étant respectivement juive et grecque est propre à Bauckham.
48. Brevard CHILDS 1997 ; ROWE 2002.
49. BAUCKHAM 2008c p. 19.
50. Ce qui est pertinent ici, c'est la suggestion que le christianisme n'a pas hérité de la *creatio ex nihilo via* les écritures juives reçues par l'Église. Cf. MAY 2004.

il est évident que de profondes tensions traversaient la conception de la divinité dans le judaïsme du Second Temple et, aussi déconcertant que cela puisse paraître, que plus d'un juif de l'époque tolérait en fait un éventail choquant de « demi-dieux »[51]. Ici encore Schäfer avec ses « deux dieux dans le Ciel » mérite d'être entendu[52]. Il s'agit en effet d'un point faible de l'ensemble du projet, car ces chercheurs ont tendance à reproduire la dichotomie qui sépare avant Hengel les dimensions juive et hellénistique, pensée qu'ils critiquent eux-mêmes chez des chercheurs comme Bousset, quand la réimporter sert leurs intérêts dogmatiques.

Si le monothéisme est manifestement l'élément d'importance majeure dans la construction de la « christologie haute précoce », il n'est pas évident que l'approche narrative de Bauckham supporte la pression ni n'évite les problèmes d'une christologie au « fonctionnalisme » réducteur, en dépit de sa recherche active de désamorçage de la dimension ontique. Déterminer ce que signifie pour Jésus le fait d'être Dieu n'est, malheureusement, pas si simple si l'on supprime la question « *Quid est Deus*[53] ? », car elle seule permet de porter un jugement sur le caractère « divin » du rôle du Christ, par exemple dans la création[54]. Perfectionner l'argument de la *latrie* de Hurtado en isolant une « tradition de refus » juive (dans laquelle les figures angéliques refusent qu'on leur voue un culte réservé à Dieu seul) est donc également hors sujet.

Le développement par Bauckham d'une « identité divine » du Christ, pour intégrer l'idée d'une participation à « la souveraineté propre de Dieu sur toutes choses » à travers le fait que Jésus soit assis sur le trône de Dieu, aide beaucoup et semble moins ouvertement démiurgique qu'une simple participation à la création. Mais, là encore, il faut soulever les vraies questions. Le pluriel « trônes », que l'on trouve en Daniel 7, suscite des inquiétudes

51. Cf. STUCKENBRUCK & NORTH 2004. Sur les profondes tensions au sein du « monothéisme » juif du Second Temple, cf. KISTER 2006 p. 548-549.

52. « En ce qui concerne le monothéisme biblique, on peut lire aujourd'hui dans tous les bons manuels qu'il s'agit plutôt d'un "type idéal" de l'histoire des religions que d'une réalité historique vérifiable » SCHÄFER *op. cit.* p. 8.

53. Allusion à la célèbre question posée par le jeune Thomas d'Aquin à son tuteur de l'abbaye du mont Cassin, et à laquelle il apporte une stupéfiante réponse dans une œuvre de maturité : « Cette proposition : "Dieu est", quant à elle, est connue par soi, parce que c'est la même notion qui est dans le sujet et le prédicat ; mais quant à nous, elle n'est pas connue par soi, parce que nous ignorons ce que Dieu est (*quid est Deus nescimus*) », *De Potentia* q.7 a.2 ad 11 [n.d.é.].

54. « Pour savoir en quel sens une activité est une activité divine, il faut savoir ce que c'est qu'être divin, ce qu'est l'essence de la divinité [...]. Comprendre en quel sens une activité divine, comme créer, est divine présuppose une compréhension préalable de ce que c'est qu'être divin », TE VELDE 2006 p. 69.

légitimes quant aux traditions importantes concernant le Fils de l'homme, par exemple[55]. Il en va de même pour les traditions politiques gréco-romaines de partage du trône (σύνθρονος), car, comme l'explique Burnett, à la différence de la σύνναος (mise en commun du temple) qui n'apparaît pas dans les textes juifs, le σύνθρονος n'est pas lié au culte et est par conséquent une notion moins menaçante qui « ne remet pas en cause l'unicité du Dieu juif (Dt 6, 4) »[56]. L'élévation de défunts et de héros par un co-couronnement avec des divinités variées est un fait parfaitement connu dans le monde antique et il colore la culture des premières données chrétiennes. La question de la nature divine s'impose donc une fois de plus, qu'on le veuille ou non, car on ne voit pas pourquoi une apothéose serait moins une apothéose en raison d'une limitation et d'une compréhension juives incertaines quant au partage du trône divin[57]. S'il s'agit bien de *theosis*, à savoir une sotériologie de la divinisation, qui s'affirme à l'égard de Jésus (quoique d'une manière propre à la Tête du Corps), alors cette proposition comporte une réelle promesse théologique. À cet égard, il ne faut surtout pas perdre de vue le fait que le motif scripturaire de la souveraineté est constamment centré sur l'humanité de Jésus et son exaltation eschatologique (cf. 1 Co 15, 20-28 ; Ph 2, 6-11 ; Ep 1, 21-22 ; He 2, 5-9 ; cf. Ps 8 et 109/110). Si l'on perd cela de vue, comme c'est le cas lorsque l'élévation est utilisée en tant qu'argument anti-arien, un problème majeur se posera dans notre conception de la déité, puisque l'assujettissement de toutes choses sous les pieds souverains de Jésus est suivi par (et suit) *l'assujettissement* du Fils au Père (1 Co 15, 28). Nous revenons ici au nouveau subordinatianisme.

Nul besoin de chercher très loin le problème théorique sous-jacent. Parler « d'inclusion dans l'identité unique de Dieu », c'est négliger les instruments conceptuels nécessaires pour distinguer ce qui appartient à Dieu selon l'économie du salut dans l'humanité du Christ et ce qui lui est propre éternellement par sa nature divine[58]. Comment parler de ces perfections divines et propriétés de Jésus qui diffèrent manifestement ? L'instrumentalité de l'humanité de Jésus est-elle opérationnelle dans cette image ? Les ressources conceptuelles

---

55. SCHÄFER *op. cit.* p. 29-30.
56. BURNETT 2021 p. 46.
57. BAUCKHAM *op. cit.* p. 28, 31 (cf. p. 29-34) indique que « cette étape décisive consistant à comprendre qu'un être humain participe maintenant à l'unique souveraineté divine sur le cosmos était sans précédent. Les principaux anges et patriarches de la littérature juive du Second Temple ne fournissent aucun précédent [...]. Mon argument est que l'exaltation de Jésus au trône céleste de Dieu ne pouvait que signifier, pour les premiers chrétiens qui étaient des monothéistes juifs, son inclusion dans l'identité unique de Dieu. »
58. Sur l'ambiguïté de Bauckham, cf. TUGGY 2013 p. 141.

adéquates pour répondre à ces questions ne sont tout simplement pas disponibles. Attribuer cette impuissance expressive à un idiome scripturaire naïf (narratif), étranger à de telles distinctions, c'est tout simplement souhaiter que le problème ne se pose pas. Ce sont les données scripturaires elles-mêmes qui, en premier lieu, nous mettent face à la tension de la subordination et de l'égalité dans la relation de Jésus à Dieu[59].

C'est un mouvement habituel, finalement, qui nous amène à ce point, lorsque Bauckham abandonne le langage de l'existence à la recherche de catégories (« bibliques ») plus commodes. Stratégie typiquement contemporaine dont le résultat, ironiquement, a un précédent traditionnel troublant[60]. Plus précisément, l'emploi de la formule confuse de « l'identité divine » plutôt qu'*ousia*/essence divine pose des problèmes cyrilliens – l'usage d'un langage simpliste rendu pire encore par des disciples hâtifs, au raisonnement trop élémentaire. Ce modèle intellectuel, mal à l'aise avec les anciennes catégories métaphysiques, court par conséquent quelque risque évident de monophysisme par l'établissement de ce que Kavin Rowe appelle « le lien entre *ho Theos* et *ho Iesus*[61] ». Ce n'est pas un hasard ni un fait dénué d'importance si, précisément quand il soulève cette question, le projet de Bauckham est si ouvertement inspiré par Jürgen Moltmann.

La fascination de Richard Bauckham pour la pensée de Jürgen Moltmann est d'une évidence confondante. Au cours des trente dernières années, Bauckham s'est intéressé à la vision changeante de ce théologien, contemporain et aventureux, à travers un nombre considérable de livres, d'articles et de comptes rendus. En commençant par ce qui fut la première étude générale de l'œuvre de Moltmann toutes langues confondues, à savoir *Moltmann: Messianic Theology in the Making: An Appreciation*[62], un traitement hautement sympathique comme le suggère le titre (approuvé dans une préface

59. Cf. Rheaume 2015. Athanase avait bien remarqué ce point, ainsi dans le *Traité contre les ariens* III § 29 où il définit *l'unique propos* (*skopos*) de l'Écriture comme le « double Évangile concernant le Sauveur » (διπλῆν τῆν περὶ τοῦ Σωτῆρος εὐαγγελίαν) – « double » parce qu'il combine affirmations ontologiques et économiques.

60. On peut voir par exemple comment Capener 2016 invoque Giorgio Agamben (p. 950-963). Bauckham et ce dernier poursuivent des objectifs bien différents. Agamben considère le concept d'« économie » comme une suppléance argumentative à l'époque où les notions de « nature » et de « personne » se trouvaient en pleine réélaboration. Selon lui, le divorce de l'*être* et de l'*opération* est à la base de théories politiques modernes posant problème.

61. Rowe 2006 p. 202 ; cf. p. 27-29. Ce dernier promeut une variante de la théologie narrative de « l'identité divine » (*Verbindungsidentität* – « identité de relation ») explicitement reprise par son étudiant Leim (2015 p. 27).

62. Bauckham 1987.

par Moltmann lui-même), Bauckham est devenu un observateur engagé de l'œuvre de l'ancien professeur de Tübingen. Dans *The Theology of Jürgen Moltmann*[63], l'évaluation « hautement favorable » antérieure de Bauckham a été étendue aux publications ultérieures du théologien. Bauckham a fait part ici de son « désaccord » avec certains développements de la pensée de Moltmann, mais toujours dans un contexte de « grande sympathie pour la nature et l'orientation » de son entreprise théologique. Dans le volume révisé, *God Will Be All in All: The Eschatology of Jürgen Moltmann*[64], Bauckham et Moltmann ont finalement collaboré directement dans un recueil d'essais nés d'une discussion personnelle. À cette trilogie de livres, on peut ajouter une collection assez importante d'écrits divers[65].

À la lumière de ce corpus, plutôt considérable pour un passe-temps, il ne serait pas téméraire de compter Bauckham parmi les interprètes les plus anciens et les plus dévoués de Moltmann. Il ne serait pas non plus erroné de considérer Moltmann comme une muse théologique pour l'œuvre de Bauckham. Le titre de *God Crucified*, texte programmatique et extrêmement important qui expose la proposition christologique de l'exégète britannique, est en effet un hommage transparent au célèbre ouvrage du systématicien allemand, *The Crucified God.* On peut saluer avec enthousiasme l'énergie exceptionnelle dépensée par un spécialiste du Nouveau Testament à un engagement dans la réflexion dogmatique contemporaine ; mais on peut aussi se demander, on *doit* aussi se demander : comment relier l'allusion explicite de Bauckham à cet auteur à sa propre compréhension de Jésus-Christ ?

La christologie de Jürgen Moltmann, comme une grande partie de son œuvre théologique, est une critique ouverte et provocante de la tradition. Fondée sur la rencontre hautement personnelle de l'ancien prisonnier de guerre avec la misère et la souffrance, son éternelle insatisfaction vis-à-vis de la christologie chalcédonienne (dans son autobiographie, il va jusqu'à dire : « Parce que c'est là mon expérience de Dieu, je ne suis pas ouvert à la critique raisonnée[66] ») s'explique par sa perception de l'impérieuse nécessité de rendre la théologie pertinente pour le monde contemporain, et, de ce fait, de rendre le Dieu impassible réellement sensible à la souffrance humaine. Un kénotisme staurologique[67] (« à portée de voix du cri de déréliction » – cf. Mc 15, 34)

---

63. *Id.* 1995.
64. *Id.* 1999.
65. *Id.* 1977 ; 1988 ; 1989 ; 1991 ; 2013 ; 2014.
66. Moltmann 2009 p. 195.
67. Il s'agit d'une christologie kénotique, c'est-à-dire le mouvement d'abaissement par lequel Jésus-Christ quitte ses attributs divins pour rejoindre notre humanité, qui s'appuie essentiellement

structure ainsi sa christologie, qui voit finalement dans la communication des idiomes[68] une justification audacieuse afin d'attribuer la souffrance à la nature divine du Dieu trinitaire.

Il s'agit ici d'une christologie à sujet unique aussi provocante que le plus démesuré des slogans monophysites – même si c'est pour parvenir à un résultat opposé. La séparation nette entre l'humain et le divin a été intentionnellement brouillée au bénéfice d'une déité prétendument plus compatissante et biblique. À cette fin, la forme révisée de la christologie prétendument « alexandrine » de Moltmann s'approprie le discours de la vie divine immanente pour en faire l'idiome de l'Incarnation, aboutissant à une confusion conceptuelle aux résultats calculés. Ainsi, le langage trinitaire de la périchorèse[69] régresse dans une catégorie christologique pour dire l'habitation mêlée de Dieu et de l'homme qui subsiste dans le Christ, en contradiction avec l'accent nettement antiochien de Chalcédoine (c'est-à-dire « sans mélange »)[70]. Même les efforts de Rahner et de Barth pour identifier la Trinité immanente et économique et ainsi attribuer à Dieu une certaine manière de souffrir sont insuffisants pour Moltmann, qui désire trouver le cri de la déréliction résonnant éternellement au sein de la Trinité[71]. L'autre pilier antiochien de la formule chalcédonienne (c'est-à-dire « sans changement ») est implicitement mis en cause dans un autre texte de Moltmann, *The Way of Jesus Christ* (1993), où le lien entre le divin et l'humain dans le Christ est présenté dans un processus narratif eschatologique.

---

sur la théologie de la Croix, aussi appelée staurologie, correspondant au mystère de la Crucifixion [n.d.é.].

68. Notion de la christologie qui définit la possibilité de dire de la personne du Verbe incarné ce qui vaut de ses deux natures, divine et humaine ; employée correctement et entourée de précautions explicites, elle permet de dire « Dieu a souffert en Jésus-Christ » puisque le Verbe divin, qui est Dieu, a réellement éprouvé la souffrance dans sa nature humaine. Mais la communication des idiomes ne permet pas de dire que le Verbe ait souffert dans sa nature *divine* [n.d.é.].

69. La périchorèse trinitaire, en latin *circumincessio* ou *circuminsessio,* désigne l'immanence mutuelle des personnes divines (« je suis dans le Père et le Père est en moi » dit Jésus [Jn 14, 11]). Mais on parle aussi de « périchorèse christologique », cf. note suivante [n.d.é.].

70. « En christologie, la périchorèse décrit la pénétration mutuelle dans le Christ de deux natures hétérogènes, une divine et l'autre humaine. C'est le fondement présupposé à la communication des idiomes » (Moltmann 2008 p. 373). « L'unique personne » (*heni prosôpôi*) de la *Troisième lettre* de Cyrille d'Alexandrie à Nestorius, qui permet l'échange des attributs, a été avec confusion réinterprétée comme une désignation personnelle que l'on pourrait appliquer indistinctement aux deux natures. Moltmann n'est certes pas le premier à parler de « périchorèse christologique ». Le Pseudo-Cyrille – à moins qu'il ne s'agisse de Jean Damascène – a cependant alerté très tôt sur le monophysisme latent de ce terme qu'il faut réserver à la théologie trinitaire. Cf. Prestige 1928 ; 1952 ; Cross 2000 ; Verna Harrison 1991 ; Lawler 1995. Cf. aussi Annexe I de ce livre sur la manière dont l'eschatologie réoriente la théologie et la doctrine de Dieu chez Moltmann.

71. Bauckham 1995 p. 54 ; cf. Moltmann 1979 p. 62-64 ; 2015 p. 201-204.

L'auteur tente ainsi de s'affranchir à la fois de la christologie patristique « cosmologique » et de la christologie contemporaine « anthropologique »[72]. En somme, Moltmann forge consciemment un nouveau paradigme christologique, que Bauckham décrit succinctement comme un effort pour remplacer la métaphysique de la substance par une métaphysique de la relation et du *process*[73].

À supposer que ces innovations christologiques soient aussi radicales qu'elles le prétendent (« une révolution dans le concept de Dieu »), la question est de savoir dans quelle mesure Bauckham a puisé chez Moltmann. C'est une question ouverte au débat, mais il y a des raisons de s'inquiéter, du moins pour ceux qui souhaitent préserver le rôle ecclésial traditionnel de la métaphysique dans la théologie et l'exégèse. L'adoption de la catégorie d'« identité divine » de Bauckham dans le travail d'un disciple comme Leim, qui dit clairement vouloir mener son exégèse trinitaire avec une herméneutique conciliaire, l'engage sans doute contre sa volonté dans un projet fondamentalement anti-conciliaire.

Pour être juste, Bauckham est nettement plus tolérant en matière d'ontologie et respectueux de la tradition que Moltmann[74]. Cependant, le fait qu'on le considère souvent (ou qu'on le rejette) comme un apologète essentiellement conservateur est trompeur[75]. C'est aussi un théologien contemporain progressiste et constructif ; et, bien qu'il ne soit pas amateur impudent d'hétérodoxie, les courants radicaux sous-jacents de sa pensée devraient être mieux mis en lumière et compris. Dans cette optique, le lien avec Moltmann est très révélateur. Dans un article intitulé « In Defense of The Crucified God », Bauckham plaide explicitement en faveur de la passibilité divine, bien qu'il admette volontiers que la pensée de Moltmann « a certainement besoin d'être clarifiée et peut-être nuancée[76] ».

La clarification consiste à lire Chalcédoine au regard de la controverse théopaschite du VIe siècle, événement négligé dans l'histoire racontée par les manuels de dogmatique qui s'achèvent d'ordinaire sur le triomphe du compromis chalcédonien. Bauckham cherche à légitimer le point fondamental de Moltmann en attirant l'attention sur l'affirmation finalement orthodoxe selon laquelle « l'une des personnes de la Sainte Trinité a souffert dans la chair »

72. Sur l'usage de ces termes cf. BAUCKHAM *op. cit.* p. 200-202.
73. *Ib.* p. 206.
74. Cf. *id.* 2008c p. 8.
75. TUGGY 2013 affirme ainsi de Bauckham : « Il ne s'agit pas seulement d'une apologétique défensive ou d'exégèse. Il fait aussi de la théologie » (p. 141).
76. BAUCKHAM 1990a p. 107.

(deuxième concile de Constantinople en 553). Il s'agit d'une démarche ecclésiale destinée à élargir l'horizon du discours théologique autorisé. En s'appuyant sur l'expression finale de la formule, « dans la chair », Bauckham se montre plus pénétrant que le maître. L'exégète voit à juste titre la nécessité de distinguer les ordres de prédication *économique* et *immanent*, se plaçant ainsi solidement dans le camp confessionnel chalcédonien.

C'est une correction classique et judicieuse que Bauckham propose. La sympathie qu'il accorde au théopaschisme de Moltmann devient cependant plus inquiétante pour le point de vue traditionnel, lorsque Bauckham envisage rapidement l'affirmation plus osée selon laquelle Dieu pourrait également souffrir de manière immanente *dans sa divinité* (« la souffrance non incarnée de Dieu[77] »). Derrière ce problème audacieux se cache un principe simple et sans concession : la primauté absolue de la révélation. « Dans *The Crucified God*, il n'y a pas de révélation du Dieu souffrant hors la croix », assure Bauckham. S'il en était autrement, « ce ne serait qu'une autre sorte de théologie naturelle[78] ». Et cela, devons-nous comprendre, serait une très mauvaise chose : c'est, en fait, la grande déficience de la pensée chalcédonienne. « La christologie des deux natures était une manière d'affirmer la divinité du Christ qui a souffert et est mort sans redéfinir la nature divine à la lumière de la croix[79]. »

Le clerc anglican a manifestement importé nombre d'éléments de la *theologia crucis* luthérienne, y trouvant une ressource profonde pour le châtiment de la raison humaine devant l'événement déroutant de la révélation plénière de Dieu[80]. Dans cette perspective, Bauckham termine son étude christologique approfondie, *Jesus and the God of Israel*, de façon poignante par le cri de Jésus, abandonné par Dieu, tel que le rapporte l'Évangile de Marc[81].

77. *Id.* p. 113-115.
78. *Id.* p. 97.
79. *Id.* p. 94.
80. « Dans *le Dieu crucifié*, Moltmann développait une "théologie de la croix" au sens où Luther pratiquait la *theologia crucis*, dont il offre une version moderne et radicale. Cela fait de la croix, avec toute sa négativité incontournable, la base et le critère de la théologie chrétienne [...]. C'est la croix qui constitue le critère distinguant la compréhension chrétienne de Dieu de toutes les autres » (*id.* p. 94). « Les Pères sont parvenus à intégrer à la théologie nicéenne l'inclusion néotestamentaire de Jésus dans l'identité divine. Ils ont eu moins de succès toutefois à adopter son corollaire : la révélation de l'identité divine dans la vie humaine de Jésus et sa Passion. Pour rendre justice à cet aspect-là de la théologie du Nouveau Testament, nous devons nous tourner vers la théologie de la croix ébauchée par Martin Luther et devenue pleinement consciente d'elle-même au XXe siècle » (*id.* 2008c p.x).
81. *Id.* p. 254-268. Selon MOLTMANN 2015 p. 151.153, Jésus est mort « rejeté par Dieu et par son Père » et « nous ne devons pas nous autoriser à négliger cette inimitié entre Dieu et Dieu, en refusant de prendre au sérieux le rejet de Jésus par Dieu [...] ou son dernier cri sur la croix ».

Longtemps accusée par les réformés d'un dangereux penchant monophysite, cette christologie staurologique et luthérienne se termine pour Bauckham sur une note calviniste et barthienne : « L'auto-identification de Dieu avec celui qui se sent abandonné de Lui[82]. »

La tentative de Bauckham d'utiliser *l'identité divine* pour dépasser « le contraste fondamentalement abusif entre christologies "fonctionnelle" et "ontique" » afin de permettre une identification plus nette et plus saisissante de Dieu avec la condition humaine de Jésus se réduit ici à un effort pour adoucir la distinction *oikonomia/theologia* des Pères, la distinction entre l'économie de la révélation et l'être intérieur de Dieu[83]. En risquant un tel effondrement de l'éternité de la vie divine dans le récit économique, Bauckham ouvre la porte aux vieilles accusations antiochiennes d'anthropomorphisme mythologique (ainsi qu'à l'accusation plus récente de faire de « Dieu une histoire[84] »). Mais, comme les Saintes Écritures ne reculent pas devant un tel langage anthropomorphique, Bauckham s'avance hardiment. Il est, certes, conscient de la nécessité d'une théologie négative correctrice, « comme une légitimation permanente de l'anthropomorphisme[85] ». La grammaire théologique en deux étapes qui en résulte ne permet cependant pas de parvenir à l'étape ultime d'hyperprédication, car Bauckham n'a pas de doctrine propre de l'analogie[86]. Il semble paralysé au niveau du discours univoque, incapable de dépasser le

82. Sur le thème controversé de la réprobation de Dieu et la doctrine de la double prédestination, cf. BARTH 1958 p. 97 *sq.* § 33, 1.2.

83. Le basculement de la théologie chrétienne ancienne de l'économie divine aux spéculations ontologiques sur les causes de l'activité divine dans le monde résulte de la nécessaire réponse de l'Église à des affirmations qu'elle refusait de reconnaître pour siennes. Cf. EMERY 2009 ch.3 p. 65-93.

84. Bauckham a conscience que Moltmann « prête le flanc à l'accusation de parler de l'expérience divine à la manière d'une mythologie », du fait de « son incapacité à distinguer dans l'événement de la croix, lorsqu'il le relate, l'événement trinitaire et la souffrance humaine de Jésus – bien humaine, celle-ci – de la souffrance divine du Père qui en est seulement une *analogie* » (BAUCKHAM 1990a p. 114). On peut constater ici, et en d'autres occasions, qu'en dépit de son goût pour un langage théologique construit, le sens auquel il entend *l'analogie* est pour le moins imprécis. Cf. Francesca MURPHY 2007.

85. BAUCKHAM *op. cit.* p. 113-114.

86. « Pour parler de Dieu adéquatement, nous devons user à la fois d'un langage anthropomorphique et de la voie négative, sans les confondre. La théologie négative ne doit pas nous retenir d'user d'anthropomorphisme, elle est bien plutôt ce qui le permet [...]. Nous pouvons dire qu'il existe quelque chose d'analogue à la souffrance humaine dans l'expérience divine, mais nous ne pouvons affirmer que nous savons à quoi ressemble la souffrance en Dieu » (*ib. loc.* p. 118). [L'hyperprédication désigne l'étape qui devrait logiquement succéder à l'usage de l'anthropomorphisme corrigé par l'apophase, mais n'émerge pas faute d'une doctrine ferme chez Bauckham sur le caractère *analogique* de toute *affirmation positive* concernant la nature divine – n.d.é.].

sic et non cyclique et sans fin des affirmations métaphoriques et des négations contraires, empêché de faire des affirmations analogiques sur Dieu qui soient vraiment adéquates. « Tout langage personnel à propos de Dieu est également anthropomorphique », affirme-t-il – conseil absolument désespérant pour la science théologique. « C'est en vertu d'un préjugé profondément ancré, platonicien et non scripturaire, que l'on attribue à la *lettre* de la Bible des allusions à la *raison* et à la *volonté* de Dieu en excluant ses émotions[87]. » Voilà une *sola scriptura* vengeresse ; pas celle des scolastiques réformés et luthériens du XVIIe siècle (qui, malgré l'aversion profonde de Luther pour la philosophie scolastique, chérissaient toujours la théologie naturelle), mais le nouvel héritage dialectique de la néo-orthodoxie du XXe siècle.

En fin de compte, la position particulière de Bauckham se résume manifestement à ceci : il souhaite que sa christologie soit régie par les conciles, mais pas par leur métaphysique. En tant que tel, il est un théologien nettement plus traditionnel et ecclésial que Moltmann, placé dans une position beaucoup plus étrange et inconfortable. Mais, en définitive, les deux hommes ne sont pas des penseurs fondamentalement divergents. Et là où ils se rejoignent le plus profondément, c'est dans leur volonté de forger une christologie véritablement « biblique » et contemporaine – aux dépens de la théologie naturelle inscrite dans le Credo. C'est précisément ce qui, finalement, fascine l'exégète chez le dogmaticien : « La plus grande réussite de la théologie de Moltmann a été d'ouvrir des structures herméneutiques pour relier la foi biblique au monde moderne[88]. » Moltmann contribue à briser les idoles silicifiées de notre propre esprit, en fournissant jour après Jour, dans sa quête sans cesse renouvelée de compréhension, des catégories toujours nouvelles capables de nous ramener, jour après Jour, à la primauté de l'Écriture Sainte.

Cette vision n'est pas sans attrait. La puissance brute de la Parole vivante de Dieu y est magnifiquement exposée. On est néanmoins confronté ici au débat capital concernant l'*analogia entis*, qui oppose aujourd'hui les barthiens et les thomistes[89]. Lorsqu'il porte sur la christologie chalcédonienne des deux natures, il n'est pas immédiatement évident de savoir dans quelle mesure ce

87. *Ib. loc.* p. 117.

88. *Id.* 1987 p. 178. Bauckham est soucieux d'opérer un *aggiornamento* de l'orthodoxie et d'éviter toute forme de « traditionalisme fossilisé », ainsi qu'il apparaît dans son essai de 2002 : « Une orthodoxie adéquate, selon moi, est fondée sur la Bible, le *Credo,* et résolument contemporaine. » Il reconnaît ensuite que cette nécessité d'être « contemporaine » « peut davantage susciter la controverse ».

89. Sur ce débat, cf. Thomas-Joseph WHITE 2010 ; DAHLKE 2012 p. 61-95 ; Keith JOHNSON 2010 ; John BETZ 2014.

litige fondamental sur la validité de la théologie naturelle ne représente qu'un débat théologique entre les écoles et dans quelle mesure il doit toucher à la division de l'Église. Que peut signifier, après tout, le fait de confesser que le Christ est « consubstantiel au Père dans sa divinité et consubstantiel à nous dans son humanité » si la théologie des natures est (à la Barth) « l'invention de l'Antéchrist[90] » ?

« Lecture théologique de l'Écriture ecclésialement ancrée »

Où mène finalement l'exégèse conciliaire anti-métaphysique de Bauckham ? Barth lui-même a fini par revenir sur son trait d'esprit à propos de l'Antéchrist[91] ; et en fin de compte, tout en restant respectueusement ouvert d'esprit, on peut être vraiment troublé par cette théologie alexandrine agressive, qui mérite d'être clarifiée et nuancée. La chrétienté a eu, et continue d'avoir, beaucoup de mal à accepter le compromis inscrit dans le *Tome à Flavien* ; et le rapprochement historique entre l'Église syriaque non chalcédonienne et l'Église catholique romaine (1984) témoigne d'une volonté ecclésiale magnanime d'embrasser des formules christologiques divergentes au sein d'une confession unifiée[92]. D'un point de vue œcuménique, la christologie protestante contemporaine, post-confessionnelle, d'un Bauckham ne peut certainement pas revendiquer le même patrimoine et la même tradition liturgico-théologique inébranlables, ethniques et linguistiques, que les anciens orthodoxes miaphysites. Il n'en reste pas moins qu'une sorte d'héritage ecclésial soutient une telle pensée, et que « les différences de terminologie et de culture et les diverses formules adoptées par les différentes écoles théologiques

90. Hart 2003 inverse la célèbre affirmation de Barth (« l'*analogia entis* est une invention de l'Antéchrist et la seule raison légitime de ne pas devenir catholique ») et prétend que « c'est le *rejet* de l'*analogia entis* qui est bien plutôt l'invention de l'Antéchrist et la raison la plus pressante de ne pas devenir protestant » (p. 242).

91. Dahlke *op. cit.* rapporte l'étrange rétractation de Barth (« Je ne voulais pas dire ça ! ») et affirme que « l'*analogia entis* ne doit pas être une cause de division entre les Églises chrétiennes. Elle ne fournit pas le *punctum stantis et cadentis Ecclesiæ* (« point où l'Église se tient et où elle peut chuter » – p. 61-62).

92. Les ressources existent, même dans la tradition cyrillienne, pour opérer les distinctions nécessaires : « L'archevêque d'Alexandrie distingue certainement entre les propriétés divines et humaines mais, du fait qu'il veut sauvegarder l'unité du Christ, il use d'un langage différent pour l'exprimer », c'est-à-dire « comme homme » (ὡς ἄνθρωπος) et « comme Dieu » (ὡς θέος) – Van Loon 2009 p. 404.

pour exprimer la même chose » ne devraient pas être source d'acrimonie ou de division, mais d'enrichissement mutuel[93].

On se trouve ici à la croisée des chemins, puisque l'usage en théologie d'une métaphysique raffinée n'est pas seulement une marotte latine ou catholique. L'histoire et le sens ecclésial prouvent qu'il informe la confession de foi. On se trouve ici en présence d'un vrai œcuménisme, capable d'unir Orient et Occident. Cela vaut pour les Églises non chalcédoniennes d'Orient qui cultivèrent la philosophie en contexte syriaque, copte ou arménien[94]. Il est facile de montrer que la théologie orthodoxe contemporaine anti-rationaliste (c'est-à-dire anti-occidentale) souffre d'amnésie sur ce point[95]. La tentative néo-orthodoxe d'esquiver la philosophie constitue à ce titre une anomalie et une branche nouvelle de l'exégèse ecclésiale.

Il faut se demander pour finir à quoi mène cette nouvelle branche d'exégèse alexandrine anti-métaphysique. La tentative de Leim de fonder une lecture des Écritures conforme au Credo en usant des notions de Bauckham et Hurtado compense-t-elle les lacunes conceptuelles de ces auteurs ? Le résultat coïncide-t-il vraiment avec la confession conciliaire ?

En pistant les attestations de sa filiation dans les discours de Jésus chez Matthieu, Leim tient le bon cap. En dépit des hommages rendus au langage de l'identité emprunté à Bauckham, une grammaire trinitaire structurée par la relation Père-Fils ouvre un vaste espace à l'opposition selon la relation[96].

---

93. *Déclaration commune du pape Jean-Paul II et de sa Sainteté Mar Ignatios Zakka I Iwas* p. 3.

94. Cf. Hovhanessian 2009. La théologie syriaque postérieure à saint Ephrem a senti l'obligation d'adopter un vocabulaire théologique (grec) plus précis. L'influence grecque est encore plus perceptible sur l'interprétation copte, qui prit parfois la forme d'une *chaîne*. L'exégèse arménienne a assimilé saint Jean Chrysostome à grande échelle, et avec lui le langage de l'orthodoxie nicéenne. L'interprétation de Cyrille d'Alexandrie sur l'Épître aux Hébreux a aussi exercé une influence, versant ainsi des compléments alexandrins sur la pente antiochienne vers laquelle l'Arménie était géographiquement inclinée. Cf. Edwards 2019. Cet auteur montre amplement comment les penseurs chrétiens ont intégré des notions aristotéliciennes dans leurs fondements bibliques.

95. La posture anti-occidentale, « mystique » d'une bonne partie de la théologie orientale contemporaine (ainsi l'école russe de Paris), néglige non seulement la scholastique byzantine et les grands aristotéliciens que furent Léonce de Byzance et Jean Damascène. Elle a aussi créé de toutes pièces une détestation de saint Augustin et de saint Thomas, peu fidèle à la réception enthousiaste que l'Orient réserva d'abord à ces Latins. Cf. Plested 2012 ; Demacopoulos & Papanicolaou 2008.

96. L'opposition relative signifie en théologie trinitaire la possibilité de *distinguer* les personnes divines non selon l'*esse* (puisqu'il ne peut exister qu'une unique substance divine), mais seulement selon la *relation :* le Père est Père par rapport au Fils et réciproquement, et l'Esprit se distingue du Père et du Fils selon qu'Ils le spirent comme un seul principe. L'opposition relative est donc l'instrument conceptuel permettant de confesser la Trinité et la consubstantialité des personnes. C'est de cette « grammaire théologique » que Leim 2015 se fait l'exégète pointilleux [n.d.é.].

En revanche, les protestations zélées de Leim contre l'interprétation en termes d'opération salvifique (cf. Mt 14, 33[97]) le font trébucher contre les moulins à vent de Bauckham. On peut se demander aussi où mène le paradigme du *culte dyadique*, et si parler de deux *Seigneurs* (*kyrioi*) au pluriel ne trahit une confusion de peu de secours (cf. 1 Co 8, 6). On fait fausse route si on veut par là ultimement inscrire la distinction des personnes divines dans l'unique déité. Ce chemin qui ne mène nulle part entrave cette théologie anti-arienne au moment de prendre sa pleine mesure chalcédonienne[98].

Le Fils reçoit un culte parce qu'il est Dieu ; ce n'est pas parce qu'il reçoit un culte qu'il est Dieu. Ce préliminaire évident semble quelque peu obscur dans la présentation par Leim de l'*adoration* (*proskynèsis*) de Jésus[99]. Peut-être l'exégèse moderne est-elle condamnée à demeurer au stade de la *rhétorique* (du « mot ») sans jamais attendre celui du *Logos* (du « Verbe »). Peut-être aussi la sotériologie matthéenne n'a-t-elle pas été correctement exposée. Leim est loin, toutefois, de parvenir à une confession de foi plénière en la Trinité. « Matthieu a redéfini l'identité du "Seigneur Dieu" – et donc la confession de foi d'Israël et son culte – autour du Père et du Fils[100]. » En tant que règle de foi (*regula fidei*), cela ne suffit pas à justifier les anathèmes des conciles. C'est une orthodoxie dépouillée de sa précision conceptuelle, un Credo proto-nicéen embryonnaire présenté comme une « exégèse ancrée ecclésialement ».

« Une orthodoxie adéquate ne peut se contenter de se répéter », martèle Bauckham. Certes, le désir de parvenir à la formuler en des termes contemporains, exégétiques est compréhensible, juste et bon. Pourtant, l'effort d'enclore la vérité théologique des conciles dans un idiome « biblique » ne relève pas de l'évidence. Il est curieux aussi qu'une exégèse qui revendique si ouvertement les bénéfices herméneutiques du Credo trinitaire et christologique de l'Église rejette pourtant les ressources conceptuelles qu'il met à disposition et se contente de formules incertaines et aléatoires. Pourquoi ne pas aller

---

97. « Ceux qui étaient dans la barque vinrent se prosterner devant Jésus, et dirent : vraiment tu es le Fils de Dieu » ; l'auteur veut dire que Leim entend systématiquement les affirmations sur l'identité de Jésus chez Matthieu en un sens ontologique, et en exclut un sens simplement sotériologique [n.d.é.].

98. « Il ne s'agit ni de mélanger (*Vermischung*) les Seigneurs (κύριοι), ni de relativiser le culte rendu au Fils, ni d'une rivalité entre le Père et le Fils » (Leim 2015 p. 241).

99. En suivant la trame du récit de l'Évangile, en particulier la combinaison de Mt 2, 1-12 [adoration de Jésus par les Mages] et 4, 8-10 [tentation au désert avec citation par Jésus de Dt 6, 13 « à Dieu seul tu rendras un culte »], le syllogisme de Leim permet de conclure à la divinité de Jésus : le culte est réservé à Dieu ; Jésus reçoit un culte ; donc Jésus est Dieu.

100. Leim *op. cit.* p. 234.

tout simplement jusqu'au bout ? Pourquoi ne pas montrer que la « pression » de la logique matthéenne est *pleinement* (et non « proto- ») trinitaire, même si sa rhétorique précède de beaucoup Nicée et Constantinople ? Plutôt que d'interpréter le Texte selon que le transmet la Tradition, fournissant ainsi opportunément à l'Église ce dont elle a besoin, l'herméneutique conciliaire a été rétrogradée à l'état d'outil heuristique subordonné et en définitive superflu. Cette école ne veut recevoir sa langue et ses catégories prédicatives en théologie que de *l'Écriture seule*. Et « l'Écriture » ainsi offerte à la théologie n'est exposée que sous l'espèce de catégories bibliques et de raisonnements historiques, sans le secours de la réflexion philosophique qui innerve la Tradition. La « christologie haute précoce » se condamne ainsi à demeurer *trop* primitive, à jamais fossilisée à un stade pré-nicéen.

*

Les résultats de l'*ECHP* méritent l'attention sérieuse de tous ceux qu'intéresse la science théologique. Le désir explicite de « bénéficier du potentiel herméneutique de la tradition théologique chrétienne » (Leim) doit en particulier être accueilli avec effusion. Mais on ne doit pas non plus esquiver le caractère profondément protestant de l'entreprise, ni les lacunes conceptuelles de ses protagonistes.

La popularité croissante des projets inspirés par Bauckham montre ce qui est en jeu quand on cherche à affirmer la divinité du Christ en court-circuitant l'appareil conceptuel patiemment élaboré par l'Église pour tenir et articuler sa foi. Placée devant un nœud d'exigences contraires, la *theologia crucis* narrative et ses rebondissements divers poussent la christologie du Nouveau Testament dans l'impasse perceptible du monophysisme. L'emphase verbale par laquelle elle nous mène, aux accents marqués de néo-orthodoxie staurologique, tâche de répondre au défi de l'arianisme par une rhétorique anti-nestorienne qui brouille la nécessaire distinction de la théologie trinitaire et de la christologie (c'est-à-dire de la *théologie* et de l'*économie*). La dogmatique narrative ici à l'œuvre menace de priver la théologie des ressources conceptuelles offertes par la tradition, lesquelles préviennent contre l'égarement dans le *cul-de-sac* apollinariste ou miaphysite. L'adoption sans discernement de ce paradigme embarque l'effort exégétique d'une « christologie orthodoxe » dans le piège d'affirmations univoques et ambiguës.

Si l'intégration des catégories du Credo dans une exégèse historique conséquente demeure un défi majeur, la première étape d'une démarche ecclésiale qui s'efforce de comprendre l'Écriture en cohérence avec les conciles consiste peut-être à retrouver une *orientation sotériologique*. Où se place *l'instrumentalité* [de l'humanité du Christ – n.d.é.] dans le « monothéisme christologique » ? Comment décrire Jésus pour que son rôle salvifique dans l'histoire sainte soit réellement efficace ? C'est autour de cette question que les auteurs bibliques et patristiques ont articulé leur réflexion logique, et elle a nourri le moment athanasien (lequel n'avait pas honte de ses préoccupations philosophiques).

Les risques perceptibles de l'exégèse néo-alexandrine ne doivent pas éclipser la merveilleuse créativité et vitalité de cette culture théologique protestante contemporaine à base scripturaire – la terne exégèse catholique des trente dernières années n'offre rien d'approchant. Les catholiques doivent avoir une immense gratitude pour les auteurs de l'*ECHP*. Mais, en même temps, nos frères séparés sont vivement invités, ou même pressés, à redécouvrir les ressources vivantes de la tradition de l'Église et de la pensée conciliaire concernant l'être de Dieu et le mystère du Sauveur.

Traduit par Agathe Barrois

CHAPITRE 8
LE MONOTHÉISME JUIF À L'ÉPOQUE DU SECOND TEMPLE
INTERPRETATIO IUDAICA[1]

Le terme « monothéisme » est devenu un boulet pour nombre de théologiens contemporains. Il implique pour certains une forme d'intolérance culturelle supposée absente du système plus ouvert du polythéisme ancien[2]. Pour d'autres, en tant que néologisme né dans le contexte rationaliste des pré-Lumières anglaises, ce terme est un anachronisme appliqué au monde biblique, même s'il a fini par entrer dans le lexique de la théologie occidentale[3]. Certains posent donc crûment la question : « Monothéisme – un terme impropre pour les études juives[4] ? »

Depuis au moins trente ans, malgré des propositions alternatives (*monolâtrie, monolâtrie intolérante, monolâtrie exclusive, hénothéisme*, etc.), on répond que le terme *monothéisme*, appliqué avec rigueur historique et non pas comme une vague généralité atemporelle, relève d'un vocabulaire analytique parfaitement légitime, voire crucial pour comprendre la religion juive à l'époque du Second Temple – surtout pendant les périodes hellénistique

1. Ce chapitre reprend et amplifie un article du même titre, paru en français dans *Communio* n° 269 (mai-août 2020) p. 43-59. Que la rédaction de la revue soit vivement remerciée d'avoir accepté sa republication [n.d.é.].
2. Cf. Regina SCHWARTZ 1997.
3. Cf. SCHÄFER 2017 p. 8.
4. Cf. HAYMAN 1991 ; FREDRIKSEN 2006.

et romaine[5]. L'œuvre de Larry Hurtado attire en particulier l'attention, à cause du soin qu'il a pris à décrire cette forme ancienne de la religion juive moins comme une croyance que comme une *praxis* monothéiste[6]. L'exclusivité du culte rendu à YHWH constituerait selon lui la caractéristique essentielle du monothéisme juif ancien. Les juifs adoraient un seul Dieu et s'opposaient violemment à tout hommage cultuel rendu aux autres « dieux », sans leur dénier pourtant l'existence[7].

Cette coexistence d'un seul Dieu avec une multitude d'êtres intermédiaires (*Mittelwesen*) n'est pas incohérente. Bien que la vision juive du monde inclût des médiateurs célestes et des démons très puissants, on ne les priait pas, on ne leur offrait pas de sacrifice[8]. On parle même dans la littérature juive de l'époque d'un « motif de refus de vénération », selon lequel un ange rejette le culte qu'on tente de lui rendre[9]. Les sources recourent pour clamer l'unicité du Dieu juif, surtout en tant qu'il est le Créateur, à une rhétorique spécifique ; mais les sources grecques possèdent aussi leur propre manière de parler du Dieu unique[10]. La différence centrale de ce discours juif par rapport au grec tenu sur le même sujet repose sur une distinction dans le comportement cultuel. À ce titre, le monothéisme juif ancien semble plutôt simple à décrire – et beaucoup moins « moniste » que d'autres variations monothéistes, dans l'Antiquité tardive (après l'avènement du christianisme) et à partir du Moyen Âge (après les débuts de l'islam).

Sans nier l'importance du travail de Hurtado, une objection méthodologique s'impose. Son argumentation reposant sur l'exclusivisme supposé du culte juif, des données historiques peuvent la contredire. On tentera alors de cantonner de telles pratiques dans les marges du judaïsme commun. Réfléchissant au problème des catégories utilisées dans l'étude du judaïsme ancien, Jonathan Z. Smith met en garde contre une perspective « monothétique », postulant une unique distinction ou qualité différentielle, l'exclusivité du culte,

5. Cf. Hurtado 2013 p. 382.
6. Cf. Hurtado 2017 ; Scheid 2005 ; cf. *supra* ch. 7.
7. Cf. Versnel 2011 p. 241 qui propose du monothéisme une définition *pratique* : « La foi en l'existence d'un seul Dieu, ce qui implique comme corollaire de lui rendre un culte exclusif. Les autres dieux n'existent pas, ou si c'est le cas, ils comptent pour rien ; on les relègue hors de l'horizon civique et cultuel de la communauté, ils n'ont pour attribut que leur impuissance, et n'ont d'être que celui de forces démoniaques et insignifiantes. »
8. Cf. Hurtado 2013 p. 393 ; Norman B. Johnson 1948 ; Enermalm-Ogawa 1987.
9. Cf. Bauckham 1981 ; Stuckenbruck 1995.
10. Cf. Versnel 2011 p. 239-307.

qui définirait sans reste un taxon – le monothéisme juif[11]. Smith lui substitue un système « polythétique », où plusieurs propriétés et modalités de comparaison s'avèrent simultanément pertinentes.

Dans cette perspective, une particularité majeure insuffisamment soulignée par Hurtado mais essentielle à la *praxis* cultuelle qu'il a mise en évidence réside dans son caractère essentiellement aniconique. La prohibition d'adoration des dieux étrangers se distingue dans la Torah de la prohibition des idoles, qui est d'un autre ordre (Ex 20, 3-5 ; 34, 17 ; Lv 19, 4 ; 26, 1 ; Dt 4[12]). Même si les juifs avaient un Temple, un sacerdoce, et un système de sacrifices, comme les autres nations, leur culte sans équivalent, sans image, associé à une polémique agressive contre les idoles mettrait leur expérience religieuse à part de toute autre forme de *latreia* (culte) antique.

La critique des dieux par les polémistes juifs a cependant des analogies chez les auteurs gréco-romains. En tenant compte du strict code moral de la Loi révélé à Moïse, le monothéisme juif pourrait même apparaître comme une sorte de sagesse et de philosophie hellénistique *supérieure* – à la fois aux yeux des Grecs et à ceux de juifs hellénisés comme Philon. Le paradoxe de cette séparation d'avec le monde païen et en même temps de ce rapprochement s'explique en partie à cause de la distinction assez nette alors entre culte (religion) et croyance/moralité (philosophie). Le monothéisme juif ne correspondait parfaitement ni à l'un ni à l'autre mais présentait des points communs avec chacun d'eux. En outre, la restriction de ce culte unique à un seul Temple à Jérusalem – idéal du Deutéronome finalement réalisé sous les Hasmonéens – renforçait l'anomalie de la religion juive. On vénérait un Dieu universel mais seulement en Judée et à la façon étonnante de ce peuple dit « choisi ».

De ce survol rapide de quelques dynamiques à l'œuvre dans le monothéisme juif à l'époque du Second Temple, il convient de garder à l'esprit cette interaction complexe avec le monde polythéiste environnant, qui relève à la fois d'une influence mutuelle et d'une forte incompréhension. J'emploie donc le mot de « traductibilité », récemment suggéré par Jan Assmann pour analyser et surtout critiquer le phénomène du monothéisme judéo-chrétien[13]. Par une distinction

11. Cf. Jonathan Z. SMITH 1982 ; un taxon est une entité conceptuelle qui est censée regrouper tous les organismes possédant en commun certains caractères définis [n.d.é.].

12. Cf. Thomas A. JUDGE 2019 ; HENDEL 1988 ; pour une définition de l'idolâtrie à travers plusieurs cultures, dont la juive, et l'usage des images sacrées, cf. JANOWITZ 2007.

13. Cf. ASSMAN 1996. Cet auteur a attiré l'attention sur la volonté des traditions polythéistes de traduire leurs notions de divinité de manière transculturelle ; puis il utilise ce modèle comme contraste pour souligner la « rupture mosaïque », à savoir le refus du principe irénique

des perspectives « émique » et « étique[14] », on verra qu'en fait la nette « rupture mosaïque » d'Assmann obscurcit une certaine parenté et un chevauchement entre pensées juive et grecque – y compris une « expérience abrahamique » subtile et très suggestive. À l'époque, Abraham, en tant que païen converti au monothéisme, symbolisait pour certains juifs une vraie continuité entre la théologie naturelle hellénistique – voire un processus de raisonnement qui menait vers une confession d'un vrai Créateur de tous – et la révélation de ce même Dieu dans une apocalypse d'adoration, au-delà de toute image terrestre.

1. Interpretatio græca

Le célèbre parallèle entre dieux grecs et romains – Zeus/Jupiter, Athéna/Minerve, etc. – est l'exemple classique de la traductibilité polythéiste. Cette prétendue *interpretatio romana* ne fut pas une nouveauté des Romains. Elle existait déjà chez les Étrusques par rapport aux dieux phéniciens[15]. L'*interpretatio græca* reliait de la même manière les dieux égyptiens à leurs équivalents grecs ; et plus tard on les identifia également aux dieux de la Syrie et de l'Afrique du Nord[16]. Mais aucun panthéon ne monopolisait cette démarche très répandue. Mark Smith a abondamment documenté les racines profondes d'une telle traduction théologique parmi les cultures du Proche-Orient ancien, jusqu'à l'âge de bronze tardif – y compris dans la religion primitive d'Israël (El = YHWH[17]).

La naissance d'une vraie rhétorique monothéiste en Israël ne commencerait qu'à la période néo-assyrienne. Après l'Exil, au cours des empires successifs du Proche-Orient, on peut constater deux grandes étapes dans ce développement vers le monothéisme. Toutes deux s'inscrivent dans des actes d'*interpretatio* du culte de YHWH, réalisés respectivement par les Perses et par les Grecs.

1. Tout au début de la période du Second Temple – lors de la reconstruction même du Temple détruit par Babylone –, on rencontre un acte important de traductibilité théologique :

---

d'équivalence. L'effet de ce refus est, pour lui, la création fatidique d'un espace culturel divisé entre deux espèces de religion : la bonne et la mauvaise. Cf. Schwienhorst-Schönberger 2017.

14. L'approche émique décrit un comportement ou une croyance provenant d'une personne située à l'intérieur d'une culture. Un compte rendu étique est une description d'un comportement ou d'une croyance par un observateur scientifique extérieur à cette culture [n.d.é.].

15. Cf. Fitzmyer 1966 p. 285.

16. Cf. Robert Parker 2017 surtout ch. 2 « Interpretatio ».

17. Cf. Mark Smith 2010.

> Ainsi parle Cyrus, roi de Perse : YHWH, le Dieu du Ciel, m'a remis tous les royaumes de la terre, c'est lui qui m'a chargé de lui bâtir un Temple à Jérusalem, en Juda (Esd 1, 2).

Le titre divin « le Dieu du Ciel » que le roi perse emploie ici pour désigner YHWH, le Dieu de la province de *Yehud* (Juda), a été également utilisé à l'époque pour d'autres divinités diverses au Levant : *Baalshamim*, par exemple, et surtout Ahuramazda, dieu tutélaire de la dynastie achéménide[18].

La théologie officielle de l'Empire aurait été « un monothéisme inclusif (croyance dans un seul dieu en esprit), avec des déclinaisons régionales, centré sur Ahuramazda[19] ». Parler ainsi d'un monothéisme inclusif perse évoque l'émergence antérieure à la période néo-assyrienne d'une nouvelle sorte de traductibilité babylonienne, une théologie impérialiste d'un seul dieu, selon laquelle le dieu principal, Marduk, devenait la somme et la substance des autres dieux[20] :

> Urash [est] Marduk des plantations
> Lugalidda [est] Marduk de l'abysse
> Ninurta [est] Marduk de la pioche
> Nergal [est] Marduk de la bataille
> Enlil [est] Marduk de la seigneurie et des consultations
> Nabu [est] Marduk de la comptabilité, etc.[21].

Pour décrire cette forme de déisme, où une divinité surplombe tout nom divin mais où les autres dieux du panthéon restent des vraies déités, on parle de « sum-modéisme » (Smith) ou peut-être de « monolâtrie » (Lemaire[22]). Plus importante que le mot est la manière selon laquelle la théologie juive y a répondu. Lorsque Jérémie prophétise que toute la terre connaîtra le vrai nom de Dieu, on voit que ce système babylonien est à la fois présupposé et dépassé. Il n'y a qu'un Dieu, avec un seul nom, qui effacera tout autre nom divin… et il n'est pas Marduk, mais YHWH. Lorsqu'Isaïe 40-55 se moque de

18. Cf. Beyerle 2010.
19. Cf. Bolin 1995 p. 128.
20. Cf. Mark Smith p. 172.
21. Cf. Wilfred Lambert 1975 p. 198.
22. André Lemaire (recension de Mark Smith 2010 in *Biblica* 93 [2012] p. 316) n'aime pas le mot de Smith à cause de son enracinement dans la sphère des idées, plutôt que du culte. Cf. Mark Smith 2010 p. 168.

Marduk et que YHWH demande : « À qui me comparerez-vous, pour que je lui ressemble ? », c'est encore cette théologie mésopotamienne qui est ciblée.

Bien que la théologie perse des Achéménides soit assez proche du discours des Babyloniens sur Marduk, la bienveillance perse envers YHWH et son culte a été l'inverse de la politique violente de Babylone. La réponse des Judéens à la théologie perse du Dieu suprême fut par conséquent beaucoup moins négative et polémique. Ils ont adopté le titre spécifique porté par Dieu dans le culte impérial – « le Dieu du Ciel » – et sans éprouver la moindre gêne l'ont appliqué à leur propre Dieu, YHWH[23].

La possibilité existe que les Judéens eux-mêmes aient invité à identifier YHWH à Ahuramazda sous un seul *nomen sacrum*, quand ils ont demandé à reconstruire leur Temple. Les célèbres papyri d'Éléphantine, qui conservent la fascinante correspondance entre le gouverneur perse, Bagohi, affecté en *Yehud* (Juda), et les membres de la communauté juive installée en Égypte qui voulait obtenir la permission de rebâtir leur propre petit temple de YHW comme leurs confrères en *Yehud*, montrent que les Judéens ne furent pas les seuls adorateurs de YHWH impliqués dans cette affaire[24]. En nommant YHW « Dieu du Ciel » à plusieurs reprises[25], Yedoniah et les juifs d'Éléphantine se sont alignés sur la théologie impériale, mais à leur propre initiative et dans un contexte nettement plus polythéiste. En effet, il semble que cette option de traduction ait constitué de la part de juifs une concession qui facilitait au représentant perse Bagohi l'octroi d'une autorisation pour rebâtir le sanctuaire. Bien que les circonstances aient été différentes[26], le fait que les responsables du culte à Éléphantine aient été en contact avec Johanân, grand prêtre de YHWH à Jérusalem (et aussi avec les autorités de Samarie), suggère que les théologies de ces deux (ou trois) communautés juives ne s'étaient pas développées isolément. Elles ont trouvé leur place dans l'univers religieux perse ; et il semble que le très imparfait monothéisme de cet État leur ait donné un point de référence théologique, dans la mesure où les Perses ont sagement

23. Cf. Né 1, 4-5 ; 2, 4.20 ; Dn 2, 18-19.37.44 ; Esd 5, 11-12 ; 6, 9.10 ; 7, 12.21.23 ; Tb 10, 11 ; Jdt 5, 8 ; 6, 19. Le titre « Dieu du Ciel » a des racines syro-palestiniennes anciennes (polythéistes), qui facilitaient l'adoption.

24. Cf. PORTEN 1968.

25. Cf. BOLIN 1995 p. 135-136. Pour les occurrences de l'expression « Dieu du Ciel » dans les papyri d'Éléphantine : n° 102 l.2 ; l.26-27 ; n° 103 l.3-4 (édition de Pierre GRELOT, *Documents araméens d'Égypte*, Paris, 1972 – LAPO n° 5) – n.d.é.

26. Suivant la pratique officielle, Bagohi ne nomme jamais YHWH comme tel, utilisant seulement le titre « Dieu du Ciel ». La possibilité existe, cependant, d'un changement de politique perse et que Cyrus (qui nomme YHWH) ait pris l'initiative de cette identification (rappelée plus tard par Yedoniah). Cf. BOLIN 1995 p. 136-142.

reconnu le culte de YHWH – à cette époque pratiqué encore dans plusieurs temples et en plusieurs lieux.

2. La situation changea d'une manière frappante quand la liberté du culte juif ne fut plus respectée après un changement de souveraineté. La crise provoquée par les Séleucides représente une collision frontale avec le monde et la théologie grecs :

> Peu de temps après, le roi envoya Géronte l'Athénien pour forcer les juifs à enfreindre les lois de leurs pères et à ne plus régler leur vie sur les lois de Dieu, pour profaner le Temple de Jérusalem et le dédier à Zeus Olympien, et celui du mont Garizim à Zeus Hospitalier [Zeus Xenios], comme le demandaient les habitants du lieu (2 M 6, 1-2).

On n'exagère pas en disant que cette tentative d'ailleurs échouée de dédier le Temple de Jérusalem à Zeus Olympien est la pierre d'angle d'une nouvelle époque dans la religion juive. À partir de l'arrivée du pouvoir séleucide dans la région, on voit un durcissement de l'exclusivisme de la théologie juive[27]. Mais pourquoi ? Quelle est la différence entre cet affront grec, si vigoureusement contesté, et la théologie perse officielle que l'on a adoptée ?

La question du scandale dans le Temple divise les savants. Un nouvel autel ou quelque symbole du culte est impliqué (1 M 1, 54.59 ; 2 M 6, 5), mais le caractère de l'innovation reste incertain. Plus clair est le cadre de traductibilité. Hérodote (*Histoires* VII, XL) et Xénophon (*Cyropédie* VIII, III, 12) nous informent qu'Ahuramazda est le nom perse pour Zeus. En Syrie, Baalshamim, honoré en tant que « Dieu du Ciel » comme Ahuramazda et YHWH, a été assimilé sans incident à ce même culte de Zeus Olympien. Sur le mont Garizim en Samarie, où existait un vieux culte yahwiste semblable à celui qui avait cours à Jérusalem, on avait déjà achevé d'identifier YHWH à Zeus. Selon toute apparence, le « summodéisme » hellénistique voulait inclure le « monothéisme » juif, comme il a été compris du côté grec, dans une *oikoumène* théologique plus large, en rassemblant sous un nom (Zeus) tous les cultes rendus dans l'Empire au Dieu Très-Haut[28]. Loin d'être nécessairement un effort séleucide pour supplanter l'adoration de YHWH comme tel, un culte mixte sous un nom double est bien possible, comme la dévotion syncrétique à Iaô Sabaoth et Iupiter Sabazius existant à Rome à pareille période (139 avant J.-C.). Dans une perspective « étique », le culte juif était déjà

27. Cf. HURTADO 2013 p. 386.
28. Cf. KENNEY 1986.

un culte à Zeus. Et, parallèlement à Éléphantine, si on suit la thèse classique et toujours controversée d'Elias Bickerman, cette identification aurait même été anticipée par un parti juif hellénisé (« émique[29] »). Plus tard, Philon n'aura pas de scrupule à nommer le Dieu juif « le plus haut père des dieux et des hommes », épithète homérique de Zeus[30]. Il n'est donc pas invraisemblable qu'un non-juif dise sans ambiguïté à la cour de Ptolémée :

> C'est le Dieu souverain maître et créateur de l'univers qu'ils adorent, celui qu'adorent tous les hommes et que, nous autres, ô roi, nous appelons seulement d'une façon différente : Zeus (*Lettre d'Aristée* § 16 – SC 89 p. 111).

Bien que ce locuteur soit une création littéraire d'un auteur juif, l'archéologie montre la réalité d'une certaine association entre Zeus et YHWH et leurs cultes. On pense surtout à l'adoration de *Theos Hypsistos*, le Dieu Très-Haut, un culte fascinant qui émergea à partir du IIe siècle avant J-C. et se répandit largement en Méditerranée orientale[31]. *Theos Hypsistos* est souvent identifié à Zeus, souvent à YHWH (mais jamais les deux ensembles, à ma connaissance). Le titre *Theos Hypsistos* même est probablement dérivé du titre d'El Elyon, traduit ainsi par la Septante.

Une certaine aura philosophique s'attache à ce culte de *Theos Hypsistos* et une chose est claire : à côté de l'identification entre Zeus et YHWH, des intellectuels gréco-romains tendaient à percevoir le judaïsme comme une sorte de monothéisme philosophique. L'accent porte surtout ici sur l'interdiction des images. Hécatée d'Abdère, (*apud* Diodore, *Bibliothèque* XL, III, 4), par exemple, dit que Moïse n'a pas permis d'images « puisqu'il ne faut pas penser la divinité d'une manière anthropomorphique » (διὰ τὸ μὴ νομίζειν ἀνθρωπόμορφον εἶναι τὸν θεόν). Il s'agit de la première occurrence du mot « anthropomorphique » dans la littérature grecque. Une célèbre déclaration de Strabon parle de l'aniconisme juif comme l'expression d'une admirable capacité de raisonnement (*Géographie* XVI, II, 35-36). Tacite raconte quelque chose de semblable (sans être aucunement bienveillant envers les juifs) :

> Les Égyptiens adorent presque tous les animaux et les images taillées qu'ils s'en font ; les juifs ont des conceptions purement intellectuelles

29. Cf. BICKERMAN 1937.

30. Cf. *De Specialibus Legibus* II § 165. Pour une appréciation nuancée de Philon sur le sujet, cf. KOSKENNIEMI 2019.

31. Cf. Stephen MITCHELL 2008.

de la Déité, comme une par essence (*Iudæi mente sola unumque numen intellegunt*). Pour eux c'est une profanation de faire des images de Dieu avec des matériaux périssables et à la ressemblance de l'homme. Ils croient que l'Être est suprême et éternel, capable ni de représentation ni de décadence. Ils ne permettent donc à aucune image de se tenir dans leurs villes, encore moins dans leurs temples (Tacite, *Histoires* V, v ; cf. § 3 *contemnere deos*).

Varron, autre auteur romain, louait les juifs d'avoir préservé intact le culte raisonnable et aniconique qu'il croyait être la forme originelle de la religion romaine, sous l'âge d'or de Numa Pompilius (cf. saint Augustin, *Cité de Dieu* IV, XXXI, 2)[32]. Stern fournit sur le sujet un dossier de textes très complet[33].

« Qu'est-ce donc que Platon sinon un Moïse atticisant ? » – c'est à Numénius d'Apamée que l'on doit cet adage illustrant de la manière la plus frappante la *traductibilité* de l'hébreu en grec (*apud* Eusèbe, *Préparation évangélique* XI, X, 14). Les exégètes considèrent en général comme des parodies sur-hellénisées sans valeur réelle ces descriptions des juifs comme une « nation de philosophes » (déjà chez Théophraste). Mais c'est ignorer l'énorme effort réalisé du côté juif, et qui n'est pas restreint à la Diaspora, de traduire la Sophia dans le vocabulaire juif (par exemple Ben Sira et la Sagesse de Salomon). Les projets de concordisme, grands et petits, d'un Philon d'Alexandrie, d'un pseudo-Aristée ou d'un Aristobule ne sont pas moins révélateurs. La recherche récente est disposée à prendre au sérieux le *topos* « Platon avait lu Moïse », mais plutôt dans un sens opposé à celui qu'il avait chez ses premiers auteurs. C'est le Pentateuque lui-même qui dépendrait du *Timée* et des *Lois* de Platon, comme c'est assez évident dans la version des Septante, mais aussi, ce qui est moins consensuel, le texte hébraïque dans quelques sections tardives, pour autant que leur critique textuelle et datation proposées par certains chercheurs soient fiables[34]. Dans une étude qui a fait date, Martin Rösel a démontré les emprunts terminologiques précis du récit de la création (Gn 1-2 LXX) à la cosmogonie du *Timée*. La portée ultime de cette thèse dépasse de beaucoup la seule philologie, et relève plutôt d'un vaste commerce philosophique[35]. Il n'est pas contestable que les lecteurs juifs ultérieurs de Moïse aient lu Platon,

32. Cf. KOOTEN 2007.

33. Cf. Menahem STERN, *Greek and Latin Authors on Jews and Judaism.*

34. cf. RÖSEL 1994 ; NIESIOLOWSKI-SPANÒ 2007 ; GMIRKIN 2017.

35. Pr 8, 22-31 LXX renvoie à son tour à Gn 1-2 LXX et approfondit le rapport avec le *Timée* en assimilant la Sagesse créatrice juive à l'Âme du monde platonicienne – Cf. SILLY 2020 p. 137-226 [n.d.é.].

ou ses lecteurs grecs, même si tel ne fut pas le cas de Moïse. On peut donc se rallier à la position de Yehoshua Amir qui l'a montré il y a plusieurs décennies. L'affrontement théologique entre les mondes grec et juif était devenu la rencontre entre deux formes de monothéisme[36].

Assmann pense que le monothéisme a inventé le polythéisme, et ce n'est pas complètement faux. Le mot « polythéisme » n'est pas (comme « monothéisme ») un mot tardif, mais un mot insulte créé par Philon[37], repris par des penseurs français du XVIe siècle comme Jean Bodin, et anglicisé par Samuel Purchas à peu près au moment où le néologisme « monothéisme » entrait dans le lexique. Dans le *De opificio mundi* §§ 170-172, Philon juxtapose l'adjectif πολύθεος à ἄθεος beaucoup plus ancien. Il les met tous deux en contraste avec la claire doctrine sur l'existence et l'unicité de Dieu, dont la création fournit les prémisses. Le rapprochement de *polythéiste* avec *athée* se produit aussi ailleurs dans son œuvre (cf. *De migratione* § 69). Dans le *De mutatione nominum* (§ 205), on rencontre la forme nominale πολυθεία. Il est remarquable qu'il s'agisse de personnes exclues par Moïse de l'assemblée de Dieu : les « amants du polythéisme ».

Philon élabore explicitement le concept de polythéisme comme un marqueur d'identité. Cela n'en fait pas pourtant un concept unilatéralement défini. Son propos est solidement fondé sur des présupposés issus de la philosophie hellénistique[38]. Cependant, dans la mesure où la « rupture mosaïque » est effectivement un produit de l'époque gréco-romaine, il y a également une action réciproque du côté païen ; et le point de désaccord n'est pas précisément là où Assmann le voit.

La résistance juive en Judée n'a pas reconnu ce monothéisme grec dans l'affaire séleucide. Pourquoi ? La réponse doit être cherchée non seulement dans une révérence croissante pour le nom divin (résultat, comme on a vu, des expériences du monothéisme en Mésopotamie), mais également dans le fait que les Grecs cherchaient à changer beaucoup plus qu'un nom. Ils voulaient transformer et recréer en *polis* la cité sainte, choisie par YHWH, en changeant la Torah et en lui substituant une législation grecque. La particularité du culte

---

36. Cf. Yehoshua AMIR 1978.

37. Sur ce vocabulaire chez Philon et plus tard Procope, cf. DAUBE 1994 ; PIRENNE-DELFORGE 2015 p. 39-50.

38. Le problème a une portée sociologique. Les Lumières se sont ainsi approprié les remarques d'Origène, cf. ARCARI 2010. Cet auteur étudie en particulier des fragments peu connus de Xénophane de Colophon. Ce dernier est l'auteur du célèbre apophtegme selon lequel les chevaux peindraient les dieux avec des traits équins s'ils savaient peindre. Il ajoutait aussi : « Il existe un unique, le plus grand parmi les dieux et les hommes, qui ne ressemble aux mortels ni par le corps ni par la pensée » (frg. 23 *apud* Clément d'Alexandrie, *V Stromates* CIX,1).

était en jeu – et il s'agissait d'un service divin incluant l'observance minutieuse des commandements, même hors du culte proprement dit. Le monothéisme juif devint alors un tout, un mode de vie complet : « Dieu est un et la race hébraïque est une » (Flavius Josèphe, *Antiquités* IV § 200).

La pensée stoïcienne, telle que la représente Varron (*apud* Saint Augustin, *Cité de Dieu* VI, v), divisait la théologie en trois branches : θεολογία μυθική – πολιτική – φυσική = *theologia mythica – civilis – naturalis*. Varron lie explicitement la deuxième, « politique », au culte public. Cette division pourrait traduire la réfraction sur la théologie des trois branches de la philosophie (*logique – éthique – physique*). La théologie « politique » reçoit ainsi implicitement une orientation morale. Théologie et philosophie convergent l'une et l'autre dans la connaissance de la nature, en particulier celle des dieux (*natura deorum*). Ces questions étaient ardemment disputées dans les écoles. Varron cite les hypothèses d'Héraclite sur la nature du feu, la théorie pythagoricienne des nombres, l'idée épicurienne de l'atome. Juifs et Grecs ne s'opposaient pas radicalement sur la théologie naturelle. Les mythes n'étaient pas non plus en cause, même si les polémistes juifs peuvent laisser croire le contraire. Aucune des deux parties en effet ne s'abusait sur la nature des mythes. Ainsi que l'écrivit Gibbon, « les différents cultes admis dans l'Empire étaient considérés par le peuple comme également vrais, par le philosophe comme également faux, par le magistrat comme également utiles[39] ». La tension en revanche portait sur la théologie civile. On pouvait s'accorder sur la description de la nature, mais plus difficilement sur les institutions des hommes inspirées par les dieux (*divina instituta hominum*).

Voilà le lieu d'incompréhension et de conflit. Deux formes de monothéisme correspondant à deux formes de vie civile et à une double revendication impériale. Les limites de la traductibilité heurtent la constitution du peuple choisi et le « de tout ton cœur, de toute ton âme, et de toute ta force » des commandements du seul Dieu (Dt 6, 4-6). Ainsi, sous les Hasmonéens, une théologie nationaliste a été facilement unie à un « zèle » destructeur contre les autels païens (par exemple 1 M 2, 25 ; cf. Ex 34, 13 !) et même contre le temple de YHWH-Zeus en Samarie. Aux yeux des Grecs, un tel zèle monothéiste – avec ses observances étranges, comme la circoncision, le shabbat, et la *cacheroute,* avec ses violences extrêmes contre les dieux et leurs sanctuaires – fut paradoxalement coupable à la fois de δεισιδαιμονία (*superstitio*)

39. GIBBON, *Histoire du déclin et de la chute de l'Empire romain* ch. II (édition Bouquins t. I. p. 21).

et d'ἀθεότης, de « trop » et de « trop peu » d'εὐσέβεια (*pietas*[40]). Cette confusion était peut-être inévitable, étant donné la complexe articulation de principes et de *praxis* dont se compose le judaïsme, alliage de morale et de religion qui fait de la philosophie une forme de la piété, et inscrit l'ensemble dans un cadre civique totalisant, qui met Israël en rapport avec l'univers tout en cultivant son particularisme.

En même temps, il ne s'agit pas d'un refus de traductibilité tout court, ni du côté juif ni du côté grec. Le pont restait la théologie naturelle. Une affirmation de Flavius Josèphe montre admirablement l'ambiguïté de la situation. Il met l'accent sur les juifs comme « l'autre » en tant que sujets d'une théocratie, mais il le fait en utilisant des catégories tout à fait grecques et en montrant l'accord profond entre les philosophes et les juifs sur la *nature des dieux* – ou plutôt *de Dieu*[41] *:*

> Certains peuples ont confié le pouvoir politique suprême aux monarchies, d'autres aux oligarchies, d'autres encore aux masses. Notre législateur n'a arrêté son regard sur aucun de ces gouvernements ; il a – si l'on peut faire cette violence à la langue – institué le gouvernement théocratique, mettant toute souveraineté et autorité entre les mains de Dieu [...]. Moïse le représenta comme un, increé, immuable de toute éternité, plus beau que toute forme mortelle, connaissable pour nous par sa puissance, mais inconnaissable en son essence. Que les plus sages des Grecs aient appris à adopter ces conceptions de Dieu à partir des principes que Moïse leur fournissait, je n'en dis rien pour le moment ; mais ils ont formellement attesté qu'elle est belle et convient à la nature comme à la majesté de Dieu. Car Pythagore, Anaxagore, Platon, les philosophes du Portique qui vinrent ensuite, tous, peu s'en faut, ont manifestement eu cette conception de la nature divine. (*Contre Apion* II §§ 164.165.167-169).

Le constat porte donc sur une divergence théologique patente au niveau des constitutions socio-politiques et des coutumes (*theologia civilis*) et sur un accord plénier au sujet de la nature de Dieu (περὶ τῆς τοῦ θεοῦ φύσεως). Philon le partageait, même si sa rhétorique philosophique n'hésitait pas à penser d'un même mouvement l'enseignement philosophique sur Dieu et les formes politiques concurrentes. L'erreur polythéiste se projetait par exemple dans le

40. Cf. Yehoshua AMIR 1987.
41. Cf. aussi ARCARI 2010 p. 322-323.

domaine métaphysique en transposant l'ochlocratie dans le Ciel[42]. On peut mettre à l'écart un tel témoignage comme trop apologétique, hellénistique, et non représentatif de l'authentique pensée juive. Difficile en effet de ne pas percevoir sa couleur hellénistique prononcée. Hécatée d'Abdère brossait un portrait de Moïse sur les mêmes canons, à l'aurore de l'analyse grecque du judaïsme. Moïse n'était pas seulement chez lui le philosophe qui ne disait pas d'erreurs sur la nature de Dieu (τὸ μὴ νομίζειν ἀνθρωπόμορφον εἶναι τὸν θεόν). Il conférait aussi à cette philosophie sa portée politique et même législatrice, à destination de la *politeia* des Hébreux : τὰ κατὰ τὴν πολιτείαν ἐνομοθέτησέ τε καὶ διέταξε[43]. Les rôles respectifs du philosophe et du législateur se recoupent et avec eux le champ sémantique de νόμος/νομίζειν. C'est la même expression νομίζειν τοὺς θεούς qui désigne l'acte de penser les dieux sur un mode conceptuel et celui d'institutionnaliser leur présence dans la cité par la coutume religieuse[44]. Même s'il est devenu courant de définir le judaïsme du Second Temple en termes de normativité – ou déviance – socio-religieuse, il n'en demeure pas moins que certains juifs de l'époque gréco-romaine – de nombreux juifs, en réalité – pensaient et écrivaient en grec. Ils ne se limitent pas à Philon d'Alexandrie et à Flavius Josèphe. C'est par eux que s'opère dans les deux sens une *traduction*, une impressionnante *interpretatio græca* jaillie de l'intérieur même du judaïsme : une vue à la fois « émique » et « étique[45] ».

2. Interpretatio iudaica

Pour l'esprit hellénistique, le monothéisme juif oscille entre *deisidaimonia* et *atheotès* d'un côté et la *philosophia* de l'autre. L'ironie est que, sans nier le fait que le zèle féroce qui jaillit à l'époque hasmonéenne a des racines dans la période perse, ces catégories grecques soulignent un vrai lien entre le regard juif sur les dieux et les avis des athées et des philosophes qui critiquaient leur propre tradition de l'intérieur[46]. Ici encore la perspective est à la fois *émique*

42. *De opificio mundi* § 171 ; grec ὀχλοκρατία ; litt. « gouvernement par la foule » ; ce terme infamant s'oppose à la bienfaisante, rationnelle et hiérarchisée « monarchie » divine, gouvernement par un seul ou, plus, du Seul [n.d.é.] – La société moderne néolibérale épouse précisément les contours de la théologie politique polythéiste, cf. à ce sujet Vargas 2020.

43. « Il légiféra au sujet de la cité et l'ordonna » – fragment d'Hécatée d'Abdère au livre XL de la *Bibliothèque* de Diodore de Sicile.

44. Sur ce vocabulaire, cf. Pirenne-Delforge 2019.

45. Cf. Honigman 2013.

46. L'absorption de ces points de vue et leur redéploiement dans une perspective juive n'ont rien de surprenant. J. J. Collins observe à juste titre que « la vue la plus pénétrante dans le grand

et *étique,* mais en sens inverse. Ce ne sont pas ceux du dedans qui feignent de se considérer comme ceux du dehors, mais ceux du dehors qui regardent ceux du dedans comme les leurs.

La possibilité pour des juifs de considérer non seulement leur propre religion mais même celle des Grecs avec un regard grec permet de mesurer la portée d'un tel rapprochement philosophique. Harold Attridge, dans une étude classique, offre une bonne synthèse du paysage gréco-romain en matière de critique philosophique de la religion[47]. Naomi Janowitz insiste en particulier sur le rejet des images cultuelles :

> Les arguments de certains auteurs comme Flavius Josèphe pour rejeter l'usage des images dans le culte font entendre l'écho de critiques existantes dans la culture même d'où elles procédaient, en particulier lorsque l'on s'adressait à un auditoire de philosophes. On peut donc trouver toute une rhétorique contre les statues dans le monde gréco-romain où elles étaient pourtant omniprésentes. Cette pratique était dénoncée par plusieurs courants philosophiques, et déjà par les présocratiques [...]. Xénophane, au VIe siècle, affirmait déjà que le plus grand dieu ne ressemblait aux mortels ni par la forme ni par l'esprit. Il vilipendait les images des dieux et relevait que les bœufs prêteraient à leurs dieux des formes bovines, s'ils en étaient capables. Héraclite (*ca.* 500 avant J.-C.) rejetait les offrandes faites aux idoles, dans le cadre d'une critique plus générale contre l'efficacité des sacrifices [...]. Antisthène (milieu des Ve et IVe siècles) prétendait que les images n'étaient d'aucune utilité pour connaître la divinité. Zénon de Cittium (335-263), fondateur du stoïcisme, disait que les temples n'étaient pas nécessaires, car l'œuvre des architectes et maçons ne peut être considérée comme sacrée [...]. Selon Plutarque, Numa interdit aux Romains de « vénérer une image de Dieu représenté sous la forme d'un homme ou d'un animal » [...]. À tort ou à raison, les cultes barbares étaient regardés comme aniconiques. D'après Hérodote, les Perses ne croyaient pas que les dieux eussent même nature que les hommes, c'est pourquoi ils rejetaient les images, les autels et les temples [...]. Strabon relève que les Nabatéens refusaient les idoles [...]. Dans ces discussions, on louait d'ordinaire les usages cultuels juifs[48].

---

livre de Hengel [*Judaism and Hellenism*] est peut-être que même ces formes de judaïsme qui semblent le plus résolument antihellénistiques sont néanmoins souvent profondément influencées par la culture hellénistique » (COLLINS 2005 p. 43).

47. Cf. Harold ATTRIDGE « The Philosophical Critique of Religion in the Early Empire » in *ANRW* 16/1 p. 45-78.

48. JANOWITZ 2007 p. 244-245.

On a mentionné ailleurs ces éloges du culte juif. On se pose maintenant la question de l'appréciation portée sur les usages grecs. Ce n'est pas à l'époque hellénistique que commencent les invectives juives contre les pratiques cultuelles des *goyim*. Le caractère hautement polémique des juifs quand ils parlent des pratiques « idolâtriques » des autres nations est un bon indice de la véhémence de l'adoration exclusive de YHWH. On se moquait déjà des dieux cananéens dans la période de la monarchie (par exemple Élie et Baal ; 1 S 5, 3-5), mais une nouvelle tradition tournant en dérision les idoles comme telles, comme des choses mortes fabriquées par des mains humaines, commence par le deutéro-Isaïe à l'époque perse[49]. Cette tradition cible, de façon significative, non pas les dieux perses, mais plutôt les divinités babyloniennes (Is 37, 19 ; 44, 13-20 ; 45, 20 ; 46, 1-2 ; cf. Jr 16, 20). En effet, dans la mesure où le processus même de la fabrication des idoles devient le centre de la polémique, il semble bien possible qu'il y ait une sorte d'inversion du rite *mîš pî*, « le lavement de la bouche », rite mésopotamien destiné à purifier une statue des souillures venant de sa fabrication, afin de faciliter sa métamorphose en *persona* d'une déité. Dans les traditions les plus anciennes, la polémique s'entrelace avec une rhétorique ouvertement yahwiste/monothéiste. Jr 10 joint en alternance une satire sur les idoles (vv. 2-5.8-9) à une confession du vrai Dieu (vv. 6-7.10). Isaïe fait quelque chose de similaire (voir 40, 12-23 ; 45, 16-21 ; 46, 1-7 ; 48, 5). Les traditions anti-idoles plus tardives, en revanche, perdent cette technique d'encadrement et, curieusement, deviennent moins explicitement monothéistes. L'Épître de Jérémie (livre à part dans la LXX ; 6e chapitre du livre de Baruch dans la Bible latine), une longue harangue anti-idole, en offre un exemple précieux. La mention de YHWH est presque inexistante (cf. 3-5) ; tout l'intérêt se focalise désormais sur les idoles :

> On voit bien que ce ne sont pas des dieux [...]. Au-dessus de leur corps et de leurs têtes volent des pipistrelles, hirondelles et autres oiseaux ; il y a même des chats. Voilà pourquoi vous comprendrez que ce ne sont pas des dieux : ne les craignez donc pas. L'or dont on les recouvre pour les rendre beaux, si personne n'en essuie la face ternie, ce n'est certes pas eux qui les feront briller, car même quand on les fondait ils ne sentaient rien. On les achète à un prix exorbitant, eux qui n'ont pas le moindre souffle. Puisqu'ils n'ont pas de pieds, on les porte sur les épaules, montrant ainsi aux hommes leur honteuse impuissance. Même ceux qui les servent en éprouvent de la honte ! S'ils tombent à terre, ils ne se relèveront pas

49. Cf. Holer 1995 ; Preuss 1971 p. 279-291 ; Levtow 2008 p. 57-72.

> d'eux-mêmes ; si quelqu'un les pose debout, ils ne se mettront pas d'eux-mêmes en mouvement ; s'ils penchent, ils ne se redresseront pas. C'est comme à des morts qu'on met devant eux des offrandes (Épître de Jérémie 14.21-26).

Les origines sémitiques de ce texte sont datées du IVᵉ ou IIIᵉ siècle mais la version grecque date probablement du IIᵉ siècle avant J-C. À cet égard, Michael Wojciechowski observe que la polémique, insérée dans le Livre de Baruch mais qui se préoccupe très peu du Dieu d'Israël, ressemble vivement à une espèce de critique hellénistique qui ridiculise l'idée d'une idole et que l'on trouve chez Ésope ou Diagore[50]. Les histoires satiriques de Bel et du Dragon (Dn 14 LXX) sont un exemple plus développé de ce motif[51]. On voit ici que l'impulsion iconoclaste s'est souvent sublimée en récit. Mais encore une fois, il n'y a rien dans l'intrigue qui indique un strict monothéisme *per se* ; isolé du contexte canonique (Cf. Dn 14, 1-3.24-25.41), ce récit témoigne plutôt d'un simple mépris des dieux, qui frise l'athéisme[52].

Encore plus intéressante est l'explication évhémériste[53] des origines des cultes païens qui entre dans la tradition anti-idole, puisqu'elle révèle incontestablement l'affinité des polémiques juives avec les critiques des sceptiques grecs de leur propre tradition. La *Lettre d'Aristée* (§§ 137-138) et le Livre de la Sagesse (14, 12-21) emploient ce *topos*. Ce livre étend la théorie au-delà de la vénération de tel ou tel héros comme un dieu pour expliquer l'invention de l'idolâtrie elle-même :

> [Les idoles] n'existaient pas à l'origine, et elles n'existeront pas toujours ; c'est par la vanité des hommes qu'elles firent leur entrée dans le monde [...]. C'est encore sur l'ordre des souverains que les images sculptées reçoivent un culte : ceux qu'on ne pouvait honorer en personne, parce qu'ils habitaient à distance, on en rendit présente la lointaine figure en faisant du roi vénéré une image visible ; ainsi, grâce à ce zèle, on flatterait l'absent comme s'il était présent. Ceux-là mêmes qui ne le connaissaient pas furent amenés par l'ambition de l'artiste à étendre son culte ; car, désireux sans doute de plaire au souverain, il dépensa tout son art à faire plus beau que nature, et la foule, emportée par le charme de l'œuvre,

---

50. Cf. WOJCIECHOWSKI 2010.
51. Cf. Claudia BERGMANN 2006.
52. Cf.WOJCIECHOWSKI 2010 p. 63.
53. L'évhémerisme est une théorie selon laquelle les dieux seraient des personnages réels, sacralisés après leur mort [n.d.é.].

fit alors un objet de culte de celui que naguère on honorait comme un homme (*Sagesse* 14, 13-14.17-20).

Un texte passionnant, qui représente le point culminant de la polémique anti-idole et une synthèse du monothéisme juif tout à fait exceptionnelle, est l'Apocalypse d'Abraham. Probablement écrit en hébreu en Palestine entre 75-150 après J.-C, il se divise en deux parties. Les huit premiers chapitres racontent sous la forme d'un récit comique l'histoire d'Abraham, qui travaille dans l'atelier de son père Terah, fabricant d'idoles à Ur. Le jeune Abraham observe encore et encore la faiblesse des idoles muettes qui subissent toutes sortes d'avanies et dont la nature périssable devient manifeste. Il se dit alors que cela aurait plus de sens de vénérer son père, en tant que créateur d'idoles, que d'adorer les idoles elles-mêmes (Apocalypse d'Abraham III, 2-4.8). Ce *topos* existe aussi chez Philon (*De Decalogo* § 172) et dans la *Lettre d'Aristée* (§ 136). Les observations d'Abraham le mènent finalement à la découverte philosophique du Créateur :

> Le feu est plus digne de vénération que les idoles, car ce qui est insoumis se soumet à lui et il se moque de ce qui périt sans peine dans les flammes. Mais celui-là non plus je ne l'appellerai pas dieu, car il est soumis aux eaux. Plus dignes de vénération sont les eaux, car elles triomphent du feu et nourrissent la terre. Mais elles non plus je ne leur donnerai pas le nom de dieu, car en s'infiltrant sous la terre, elles se soumettent à elle. J'appellerai plus digne de vénération la terre, car elle triomphe de la nature de l'eau et de sa masse. Mais à elle non plus je ne donnerai pas le nom de dieu car elle aussi est séchée par le soleil et elle est destinée au travail de l'homme. Plus que la terre, j'appellerai digne de vénération le soleil, ca il éclaire de ses rayons le monde et ses différentes atmosphères. Mais celui-là non plus je ne le placerai pas parmi les dieux car la nuit sa course est asombrie par les nuées. Et pas plus je ne nommerai dieu la lune et les étoiles, car elles aussi, en leur temps, la nuit, obscurcissent leur lumière. Ecoute, Térah, mon père, je vais chercher devant toi le dieu qui a créé toutes choses, et non des dieux inventés par nous. Qui donc est-il, ou quel est-il celui qui a empourpré les cieux, qui a doré le soleil, qui a donné la lumière à la lune et avec elle aux étoiles, qui a asséché la terre parmi les eaux nombreuses, qui t'a placé toi-même parmi les hommes ? *Veuille Dieu se révéler lui-même à nous !* (Apocalypse d'Abraham VII, 1-7[54]).

54. Traduction PHILONENKO in *La Bible – écrits intertestamentaires* p. 1702-1703 – bibliothèque de la Pléiade ; cf. EGO 2011

Cette extraordinaire polémique ressemble un peu à un dialogue platonicien qui se terminerait en mythe religieux : empruntant à la controverse juive contre les idoles, elle s'achève sur l'appel à la révélation de Dieu *par lui-même*. La légende d'Abraham, iconoclaste à Ur, apparaît déjà dans les *Jubilés* (XII, 12-14), à la période hasmonéenne[55]. Mais là, Abraham détruit violemment les idoles en brûlant un temple – tandis que son frère Haran meurt dans le feu en essayant de sauver les dieux. L'originalité de cette Apocalypse est de réorienter cette violence iconoclaste. C'est Dieu lui-même, par son ange, qui détruit l'atelier de Terah, et non pas Abraham. Lui vainc les idoles par un processus de raisonnement qui entraîne cette destruction divine. Ainsi, la conversion d'un idolâtre au vrai Dieu prend la forme d'une conversion philosophique (confirmée d'une manière surnaturelle). La dérision polémique de l'Autre grec se transforme subrepticement en célébration de la perspicacité de l'esprit hellénistique :

> Tandis que je parlais à mon père Térah [...], la voix du Puissant tomba du ciel du Ciel dans un torrent de feu et appela « Abraham, Abraham » ; je répondis : « Me voici. » Il rétorqua : « Tu cherches le Dieu des dieux, le créateur, dans l'intelligence de ton cœur. Je le suis. Sors de chez ton père Terah et de sa maison, afin de ne pas être tué toi aussi dans les péchés de la maison de ton père. » Je sortis. Il arriva que je sortis – je n'eus pas le temps de passer la porte de la cour. Il vint une voix de tonnerre qui brûla mon père et sa maison et tout ce qui était dedans (Apocalypse d'Abraham VIII, 1-5).

Après son rejet du polythéisme, Abraham prie : « veuille Dieu se révéler à nous » et tout de suite la voix de YHWH lui parle du Ciel, « Abraham, Abraham ». Alors seulement on rejoint l'histoire biblique en Gn 12, 1. Tout le reste du texte raconte alors une longue révélation et un voyage céleste (en s'appuyant sur Gn 15). La structure est claire. Au niveau de la raison humaine, les *præambula fidei*[56] préparent, à travers la découverte du vrai Dieu, un espace théologique à la révélation proprement biblique, dont la forme est *personnelle* au sens propre.

L'apocalypse offerte à Abraham dans cette « Bible récrite » qui donne libre cours à sa créativité n'est pas moins intéressante que l'interprétation de

55. Cf. EGO 2012 – Les Jubilés sont dans le même volume, p. 635-810, ici p. 690.

56. En théologie classique, les *præambula fidei* sont les vérités accessibles à la raison seule mais indispensables à l'analogie de la foi pour expliciter les mystères relevant de la libre révélation divine. Ainsi les notions de substance, d'acte, de personne, etc. [n.d.é.].

l'expérience païenne qui la précède. Abraham, accompagné par l'ange Jahoel, monte au mont Horeb, où il offre un sacrifice, puis continue l'adoration d'une manière céleste auprès de Dieu. Cette figure de l'Ange du Nom – un produit de la théologie juive élaborée en Samarie[57] – se mêle subtilement à Dieu lui-même, qui joue le rôle d'*angelus interpres* pendant le voyage céleste. On est ici face à l'énigme profonde des mystérieuses « hypostases » ou « attributs divins personnifiés » : le Nom, la Shekinah, la Sagesse, etc. Il est indispensable de se donner le temps de comprendre l'immense portée théologique du vocabulaire de l'*hypostase*, remontant pour désigner ces entités bibliques à Wilhelm Bousset. Depuis lors, il s'est fermement installé dans le répertoire analytique des exégètes et historiens du monothéisme juif. Les problèmes demandent une enquête patiente qui n'aurait pas sa place ici[58]. Le *Logos* biblique est particulièrement pertinent pour aborder la question[59].

Quoi qu'il en soit de la substantialité exacte de Jahoel/l'Ange du Nom, la disparition de l'ange médiateur derrière Dieu doit être lue comme un déplacement monothéisant qui correspond au soin extrême apporté par l'auteur afin de garantir que la vision de Dieu ne soit pas anthropomorphique[60]. Ce soin montre la continuité entre les deux moitiés du texte de l'Apocalypse d'Abraham, de l'aniconisme à l'apophatisme. Mais il révèle en outre une polémique contre la tradition biblique elle-même, surtout contre les traditions d'un corps divin dans Ézéchiel et dans certains pseudépigraphes.

La sévérité de l'Apocalypse d'Abraham contre toute forme d'idoles commence par les païennes mais se tourne ensuite finalement contre les juives. L'*interpretatio iudaica* devient autoréférentielle. Le monothéisme juif dispose donc d'une manière de se percevoir lui-même comme païen. La vision céleste d'Abraham se termine par une révélation d'idolâtrie dans le Temple juif, comparée à l'idolâtrie à Ur (§§ XXV-XXVII) ; Dieu le frappe dans sa colère, comme il a frappé la maison de Terah au début.

Qui est ciblé par cette polémique en interne ? Derrière cette abomination commise dans le sanctuaire, qui rappelle celle évoquée par Daniel aux temps des Macchabées, mais qui sort cette fois de l'intérieur du peuple et entraîne la destruction du Temple par les Romains en 70 après J.-C., il semble probable qu'apparaissent pour la première fois ceux qui adhèrent à Jésus, ceux qui divisent le peuple en adorant leur Messie comme Dieu. C'est aux travaux

57. Cf. FOSSUM 1985.
58. Cf. la discussion brève mais lumineuse et érudite in SILLY 2020, Introduction.
59. Cf. *infra* ch. 9.
60. Cf. ORLOV 2008.

de Daniel Harlow que l'on doit de parvenir à cette conclusion[61], qui s'impose d'autant plus que l'on reproche très tôt aux chrétiens dans certains cercles du judaïsme d'être responsables de la destruction du Temple par le feu[62]. À l'aube de la période qui suit le judaïsme du Second Temple, il y en eut pour considérer l'adoration de Jésus par les chrétiens comme le sommet de l'idolâtrie. C'était un péché contre l'exclusivisme et l'aniconisme, le culte d'un dieu étranger sous la forme la plus anthropomorphique possible. Pour d'autres, en revanche, le changement évident dans les modalités concrètes du culte n'introduisit aucune nouvelle divinité à côté de YHWH. Apparaissaient donc un nouveau culte légal et avec lui une nouvelle manière de faire subsister le peuple de Dieu. Ce serait d'ailleurs le moment de rappeler que Erik Peterson lie étroitement l'*ekklèsia* avec la notion antique de *polis*[63]. Cette manière nouvelle et chrétienne d'être Israël implique bien entendu une mutation[64] dans son monothéisme. Il se remanie en se substituant au culte dans le Temple, tout comme le culte rationnel des juifs dépassait celui des idoles dans un Temple unique, selon les caractéristiques de la religion de Terah et de ses fils quand ils vivaient « au-delà de l'Euphrate et servaient d'autres dieux » (Jos 24, 2).

À la fin de la période du Second Temple, les destructions romaines de la Cité sainte surpassèrent même celles des Séleucides – au point de raser le Temple jusqu'aux assises. La concurrence entre les païens et le people élu ne cessa pas pour autant, et gagna même en intensité. Dieu est unique, mais plus le people hébreu. Les chrétiens commençaient à édifier leur propre « Cité de Dieu ». Celle-ci procède de l'intérieur même du judaïsme, elle revendique sa filiation abrahamique, elle forme un nouveau monothéisme fondé sur une loi nouvelle. C'est dans ce contexte d'un monothéisme « christologique ou trinitaire » que l'on doit comprendre les paroles de Jésus : « Qu'ils soient un comme nous sommes un » (Jn 17, 21). Un nouveau choc était inévitable. D'où le stigmate d'infâmie posé sur les juifs chrétiens taxés d'idolâtrie et rendus responsables de la destruction du Temple.

---

61. Cf. Harlow 2013 p. 167-183.

62. Sur le contexte polémique entourant la destruction du Temple par le feu, cf. Giambrone 2021b.

63. Cf. Peterson 2016.

64. Terme employé par Hurtado ; concernant la manière correcte de l'employer, cf. Pirenne-Delforge 2013.

Épilogue

À la fin de la période du Second Temple, où vont ce monothéisme et ce peuple qui le professe, déjà fracturés d'après l'Apocalypse d'Abraham ? Carlos Segovia voit en cette œuvre une source directe du Coran[65]. Plusieurs parallèles vont en ce sens : Abraham l'iconoclaste, la division de sa descendance sur la question de l'idolâtrie. Si tel est le cas, nous touchons ici au « seuil herméneutique du Coran » (cf. Geneviève Gobillot). La théologie islamique naîtrait dans le berceau du monothéisme chrétien, lui-même ayant vu le jour dans le judaïsme. Même si cette filiation passe par des traditions parabibliques, c'est un extraordinaire résultat[66]. Quand bien même ce ne serait pas le cas, si les sources du Coran, ses idées sur Abraham et sur Dieu venaient d'ailleurs, le monothéisme musulman développera plus tard avec une clarté presque sans égale une *praxis* théocratique liée à la construction d'une cité, l'*ummah* – source à son tour de maintes polémiques et violences. Pourtant, même alors, la route restera ouverte pour une forme de « traductibilité » : une philosophie, une connaissance du Dieu vivant, à la fois païenne et juive, que nous pouvons appeler « expérience abrahamique ».

*

Le monothéisme juif à l'époque du Second Temple était à la fois profondément étranger et durement critique par rapport aux formes de culte répandues dans le monde antique, mais il était aussi et en même temps lié sans solution de continuité avec une expérience philosophique du divin. Si l'érudition récente a été caractérisée par une insistance sur la rupture vigoureusement affirmée par les sources juives, il serait trompeur d'imaginer une « rupture mosaïque » absolue – non seulement aux périodes pré- et post-exiliques, mais même (et surtout) spécialement à l'époque du grand conflit culturel qui a suivi la crise macchabéenne. En fin de compte, la profonde pénétration de l'hellénisme dans la vie juive – aussi bien dans la Diaspora qu'en Palestine – a entraîné une rencontre capitale entre religion naturelle et religion révélée. Le particularisme juif que cet affrontement a provoqué a aggravé le désaccord, tout en reconfigurant l'harmonie du culte et de la philosophie.

Pour le monde païen antique, la pratique rigoureuse d'un culte aniconique et exclusif, étroitement lié à un code de conduite morale, était à la

65. Cf. Segovia 2017.
66. Cf. Gobillot 2007 p. 58-61.

fois attractive et troublante. D'une part, cela suggérait un déséquilibre entre athéisme et superstition, mais, d'autre part, c'était très attrayant pour les contemporains attirés par l'éthique et la métaphysique. Le judaïsme se rendit à la fois mystérieux et séduisant en combinant religion et philosophie, culte et morale, coutumes sociales et croyances théologiques. Il prépara ainsi la fusion du Dieu des philosophes avec Celui de la foi[67]. On peut donc affirmer que l'épopée de la rencontre entre les modes de pensée biblique et métaphysique, communément appelés « hébraïque » et « hellénistique », et dont on dit que c'est une problématique chrétienne vécue sur le mode de la confrontation, avait déjà une longue histoire et touchait même à sa résolution bien avant que le Nouveau Testament soit écrit.

L'étude du monothéisme juif à l'époque hellénistique et gréco-romaine a souvent, de manière compréhensible, été subordonnée à un intérêt désireux de comprendre le contexte de la christologie primitive. Mais il semble cependant judicieux de renouveler dans ces recherches l'intérêt pour le monothéisme païen. Cela ne permettra pas seulement de comprendre correctement le vrai caractère de la foi juive préchrétienne. Cela aidera aussi à clarifier d'importants éléments de teneur philosophique dans la christologie néotestamentaire, qui mettent en place les développements doctrinaux des théologiens et des conciles de l'Église.

À l'époque du Second Temple, en deux étapes principales, le monothéisme juif s'est transformé dans le discours qu'il adressait au public et à l'élite philosophique, tout en approfondissant sa portée polémique. Ces trois aspects de la question reviennent à la tripartition stoïcienne de la théologie gréco-romaine telle que présentée par Varron : θεολογία μυθική – πολιτική – φυσική ; *theologia mythica – civilis – naturalis*. Celle-ci concernant la *natura deorum* faisait l'objet d'un vaste consensus philosophique. La *theologia mythica* ne causait pas non plus de désaccords insurmontables, en dépit des efforts de la polémique juive. Les deux parties partageaient en effet la même analyse. La tension se portait plutôt sur la théologie *politikè*, c'est-à-dire sur la théocratie, sur le culte et la loi qui conviennent au Dieu unique. J'ose dire que c'est la vraie question, puisque c'est sur ce point que porte la révélation, dans une communauté humaine historique.

Traduit par ©Communio et Renaud Silly o.p.

---

67. L'allocution de Josef Ratzinger lorsqu'il prit possession de sa chaire de dogmatique en 1959 à Bonn résume déjà sa pensée sur le sujet. Elle a fourni bien des lignes directrices à cette étude. Cf. RATZINGER 2020c.

Chapitre 9
La christologie primitive en tant que philosophie antique

Dans des études récentes, Charles Stang et son maître le P. Maximos Constas ont défendu la thèse que la recherche moderne, en réduisant le *Corpus Areopagiticum* à des antécédents néoplatoniciens supposés, avait considérablement occulté le rôle de Denys comme exégète de saint Paul[1]. Leurs travaux démontrent que certaines catégories, longtemps rapprochées du néoplatonisme, ont en réalité de fermes ancrages dans les textes pauliniens. « Paul anime en définitive le corpus entier[2]. » Les implications de cette thèse sont considérables. Martin Luther avait notoirement accusé Denys d'être *plus platonisans quam Christianisans*[3] (plus platonicien que chrétien). Bien que le revirement biblique de Stang et de Constas semble conforter une répugnance bien installée à l'égard de l'influence hellénistique sur la théologie chrétienne – et garantir en apparence le triomphe de la religion biblique en en expurgeant toute trace de paganisme –, je voudrais prendre ce paradigme naissant dans l'exacte direction opposée. La simple possibilité d'interpréter un auteur tel que Denys

---

1. Stang, 2012 ; Constas, 2016 ; Golitzin 1994 p. 234-242.
2. Stang *op. cit.* 2012 p. 3 et p. 92-116.
3. *De la captivité babylonienne de l'Église*, « de l'Ordre » in Martin Luther, *Œuvres* (éd. Labor et Fides) t. II p. 246.

dans un sens intégralement paulinien devrait mettre à l'épreuve, non seulement notre conception de Denys, mais aussi notre représentation de Paul.

Le même défi pourrait être étendu à tous les tournants similaires dans la recherche patristique actuelle. Tout comme on reconsidère avec profit Thomas d'Aquin comme un *magister in sacra pagina*[4], il est aujourd'hui très en vogue de relire les penseurs nicéens, d'Athanase à Augustin, avant tout comme des interprètes des Écritures. À mon avis, ce changement d'ampleur dans la pratique et la teneur d'ensemble de la *Dogmengeschichte* – une sorte de prise de contrôle de l'exégèse sur la pensée chrétienne normative – devrait avoir des conséquences réelles pour l'exégèse biblique en général. Mais restons avec Denys et le platonisme, et partons de saint Thomas pour montrer la voie.

Les thèmes dionysiens dans la christologie biblique de saint Thomas

Parmi les étudiants de théologie médiévale, il est bien établi qu'à la suite de la paraphrase du corpus dionysien réalisée par Thomas Gallus et Robert Grosseteste dans la première moitié du XIIIe siècle l'influence du disciple supposé de saint Paul fut immense dans les écoles latines[5]. Albert le Grand et Thomas d'Aquin (qui utilisent la traduction de Jean Sarrazin) sont représentatifs de cette tendance de fond, et tous deux ont encouragé l'afflux massif de sources platoniciennes (et d'autres sources grecques) dans la théologie de l'époque[6]. En ce sens, tous ces innovateurs scolastiques tombent sous la critique facile de conduire la science sacrée encore plus loin de ses authentiques racines scripturaires, sur la voie hellénisée de la spéculation philosophique.

À cet égard, c'est curieusement parce qu'il a activement incité Guillaume de Moerbeke à traduire les *Éléments de Théologie* de Proclus que Thomas d'Aquin a pu discerner, le premier, l'inauthenticité du *Liber de Causis*, alors attribué à Aristote, mais qui puise largement chez Proclus. Un apport procléen analogue convainc aujourd'hui les savants de l'inauthenticité du lien de Denys

4. Litt. « Maître ès page sacrée » – c'est le titre universitaire le plus prestigieux pour les théologiens du Moyen Âge. La *sacra pagina* désigne le dépôt révélé, principalement la Bible, dont l'intelligence définit le but et la compétence exigés du savant chrétien [n.d.é.].

5. Sur la pénétration antérieure de l'enseignement dionysien dans la tradition latine, *via* les traductions d'Érigène avec leurs *scholies* accumulées, cf. les excellentes éditions et introductions de Michael HARRINGTON 2004 & 2011.

6. Cf. CURIELLO 2013 p. 121-151.

avec Paul, lui valant le surnom de « Pseudo[7] ». Chose remarquable, les affinités de Denys avec Proclus étaient déjà détectées par Jean de Scythopolis, le premier commentateur du corpus, érudit connu pour déceler habilement les faux d'Apollinaire. Jean accepta néanmoins l'attribution traditionnelle et choisit manifestement une explication alternative à la proximité de Denys avec Proclus, l'attribuant à des corruptions textuelles ou à la réversibilité des arguments en faveur de la dépendance. Quelle que soit l'explication de l'incapacité de Thomas à tirer pour les écrits dionysiens[8] la même conclusion que pour le *Liber de Causis* – conclusion qui fait consensus depuis longtemps –, il vaut la peine d'observer le rôle joué par Denys dans les commentaires de Thomas sur saint Paul.

D'une part, l'origine paulinienne de l'Épître aux Hébreux affirmée par le (Pseudo-)Denys était utilisée par Thomas pour affirmer l'authenticité de l'épître elle-même (*Commentaire de l'Épître aux Hébreux*, Prologue). D'autre part, la question du contenu (*materia*) n'était pas moins intéressante ou importante pour Thomas que celle de l'auteur (*auctor*)[9]. Sur le plan dogmatique, le caractère « paulinien » du corpus dionysien n'aide pas tant Thomas à solder la question de son authenticité qu'à discerner ce que sa théologie a de *spécifiquement* paulinien. Pour Thomas, Denys, en tant que platonicien et chrétien, souligne et ouvre de nombreux motifs pleins de sens dans la pensée de l'apôtre.

La plus belle illustration de cette façon de penser se trouve sans doute dans le commentaire de l'Épître aux Éphésiens, où Thomas introduit une puissante assertion christologique de Paul, selon laquelle le Christ est intronisé « au-dessus de toute principauté, puissance, vertu, domination, et de tout nom qui est nommé, non seulement en ce monde, mais aussi dans celui à venir ». Le texte est hautement suggestif, et deux grands thèmes dionysiens convergent ici, qui résonnent avec d'autres parties du corpus paulinien. Premièrement, le statut prééminent du Christ est articulé en interaction explicite avec une angélologie hiérarchique, conduisant Thomas à invoquer de manière approfondie les remarques de Denys sur les chœurs angéliques (*Commentaire sur l'épître aux Éphésiens* §§ 61-64). Il utilise une stratégie similaire pour le premier

7. Alors que le débat sur l'authenticité dionysienne est monté en puissance avec les analyses critiques de Lorenzo Valla dans le contexte humaniste et l'atmosphère polémique de la Réforme, la démonstration scientifique est habituellement attribuée à deux savants du XIXe siècle : Hugo KOCH, 1895, p. 438-454 ; et Joseph STIGLMAYR, 1895, p. 253-273, 721-748.

8. Thomas avait une certaine conscience des sources de Denys : « [Il] suit Aristote presque partout, comme le verra celui qui examine diligemment ses livres » (II *Sentences* d.14 q.1 *resp*.2).

9. GIAMBRONE 2018a p. 31-33.

chapitre de l'Épître aux Hébreux, où il est dit que le Christ est bien supérieur aux anges dans la mesure où son nom est incomparable au leur. Thomas s'y appuie à nouveau fortement sur les schèmes dionysiens (*Commentaire de l'Épître aux Hébreux* §§ 58 ; 86-87). Le deuxième thème paulinien proche des thèses de l'auteur des *Noms divins* est l'excellence inégalable du nom du Christ, car Thomas discerne, dans la pensée christologique de Paul, une théologie apophatique implicite du Dieu qu'on ne peut nommer. « De peur que l'on pense qu'il [Christ] est au-dessus du nom de Dieu, [Paul] ajoute "celui qui est nommé". Car la majesté divine ne peut être ni contenue ni nommée par un nom (*nullo nomine concludi, vel nominari potest*) » (*Éphésiens* § 64). L'influence de Latran IV est perceptible dans la version apophatique thomasienne de la christologie du Nom divin chez Paul – le nom du Christ et le nom des anges sont plus différents que toute différence imaginable puisqu'ils sont infiniment séparés (Hébreux § 47)[10]. Cependant, l'apport de Denys à cette théologie paulinienne négative est également évident. Il ressort clairement, par exemple, dans le commentaire de Thomas sur « l'image du Dieu invisible », titre hardiment paradoxal du Christ en Col 1, 13 (Colossiens §§ 1 ; 4).

Je n'ai pas l'intention ici d'explorer ces motifs dans leur contexte thomiste spécifique, aussi souhaitable et digne d'intérêt que cela puisse être. Encore moins de positionner ces idées dans la christologie dionysienne, dont les contours obéissent à d'autres préoccupations[11]. Au contraire, dans ce qui suit, les deux thèmes christologiques effectivement saisis par Thomas – la hiérarchie des médiateurs célestes, et une théologie négative fondée sur les noms – seront considérés non pas comme des motifs thomistes ou dionysiens surajoutés ou des intrusions néoplatoniciennes étrangères au travail de l'exégèse biblique, mais comme des perspectives valables, et même déterminantes, pour dégager une christologie du Nouveau Testament historiquement crédible. Cet effort de valorisation des dimensions philosophiques clairement à l'œuvre dans la pensée biblique s'effectuera en dialogue étroit avec un postulat classique, mais encore trop réducteur : le monothéisme comme matrice essentielle de la christologie primitive[12].

---

10. « Or ce dernier nom est bien différent de celui d'ange, car quelque distance que vous supposiez, vous pourrez en supposer une plus grande, puisque le Fils et l'ange sont à une distance infinie. »

11. Il est courant de replacer la christologie de Denys dans les débats du VIe siècle qui suivirent le concile de Chalcédoine. Il semble promouvoir un point de vue diphysite, tout en surveillant soigneusement son langage. Cf. PERCZEL 2004 p. 409-446 ; MAINOLDI 2017 p. 430 ; STANG *op. cit.* p. 92-116.

12. La production scientifique défendant ce point de vue, surtout au sujet du monothéisme juif, est aujourd'hui très abondante. Pour une expression dense et précoce de ce paradigme,

Hiérarchies célestes et monothéisme christologique

L'un des points sensibles du débat sur ce que l'on appelle « monothéisme christologique », du moins tel que la discussion est actuellement menée parmi les exégètes, concerne (sans jamais en mentionner le titre) les οὐρανίαι ἱεραρχίαι, les hiérarchies célestes. Deux points de vue se sont dégagés sur le degré de monothéisme réel de la vision juive du monde dans son contexte gréco-romain du Iᵉʳ siècle, vision du monde dans laquelle est née la christologie primitive. D'un côté, on prétend qu'aucune ambiguïté réelle ne trouble la ligne de démarcation entre le Créateur unique et ses créatures. Selon ce point de vue, il n'y a pas de flou ni de confusion possible lorsqu'un être est un « attribut divin personnifié », comme la Sagesse hypostasiée, ou lorsqu'il s'agit au contraire d'un ange très puissant[13]. Dans le débat inverse, comme l'espace entre le Très-Haut et son peuple sur la terre était densément peuplé de médiateurs célestes et d'« êtres intermédiaires » (*Mittelwesen*), on pense que les constructions trop monistes et transcendantes du monothéisme de l'époque sont carrément anachroniques et trompeuses[14]. De ce point de vue, le judaïsme du Iᵉʳ siècle ressemblait beaucoup plus aux expressions proches des anciennes religions méditerranéennes que certains ne le souhaiteraient.

Il n'est pas difficile de détecter, derrière le conflit de ces deux positions, un désaccord beaucoup plus profond concernant la relation entre hellénisme et hébraïsme. Pour bien établir cette relation, de vraies questions sur la nature même de la révélation sont certainement en jeu ; mais, comme souvent, la dichotomie, telle qu'elle est posée, impose d'écarter des options valables. Cet état de choses est bien exposé par Larry Hurtado, qui choisit une curieuse position intermédiaire[15]. Se situant entre les deux camps de façon plus ambiguë que certains apologistes trop zélés ne l'ont compris, Hurtado reconnaît l'existence, dans la pensée juive de l'époque du Second Temple, d'une hiérarchie métaphysique désordonnée des êtres divins ; cependant, il relève un facteur décisif et distinctif dans la pratique juive du culte, qui est son exclusivité.

---

cf. RAINBOW 1990 p. 78-79. Le texte de Rainbow est un article de synthèse du livre de HURTADO, 1988 qui a grandement contribué à amorcer la discussion. Pour une vision plus globale du monothéisme juif du Second Temple, notamment dans sa relation avec le monothéisme païen, cf. *supra* ch. 8.

13. BAUCKHAM 2008.

14. NEWMAN 1999 ; FLETCHER-LOUIS 2015.

15. HURTADO 2017.

Seul YHWH, ou pour les chrétiens seulement YHWH et Christ, reçoivent un culte absolu. En dehors de cette *latreia*, nous flotterions dans une épaisse obscurité théologique, comme l'a vu Hurtado.

Lex orandi, lex credendi ?

Cette perspective de *lex orandi, lex credendi* est prometteuse, dans la mesure où il y a des raisons importantes de l'estimer valide et de lui assigner un contexte, et donc une historicité probable. Une tendance préoccupante, toutefois, consiste à se fonder sur la seule *praxis* et à y trouver prétexte à mettre de côté le discours conceptuel pour ne plus retenir que celui de la dévotion. Le développement dogmatique disparaît corps et biens. Dans cette mise à l'écart méthodologique, Hurtado détache en pratique le paganisme philosophique du paganisme cultuel. Il découple soigneusement (peut-être avec une clarté analytique artificielle) deux domaines pourtant profondément enchevêtrés, qui s'opposaient l'un à l'autre, mais formaient, par convention, un unique « polythéisme » considéré comme dangereux pour le judaïsme. Ce raccourci est malheureux, car il s'opère au détriment de la pensée philosophique. Mais il nuit aussi à nos reconstitutions du judaïsme, qu'il restreint à un plan trop exclusivement cultuel.

Il est nécessaire de faire toute la lumière sur le prestige de la philosophie et ses liens multiformes avec la *latreia* antique si l'on veut bien comprendre l'interface de la christologie avec le monothéisme antique. Car le polythéisme n'est pas toute l'histoire grecque, même si certaines sources juives veulent nous le faire croire. Même l'appropriation allégorique de la nomenclature mythologique par les théoriciens stoïciens, et les relectures rationalisées des rituels païens chez un Plutarque devraient être considérées comme des actes d'annexion philosophique à tendance théurgique, et non comme une preuve de confusion de plans distincts. De même, l'œuvre de Philon, constamment traitée de manière injuste comme une aberration pour l'analyse du Nouveau Testament, harmonise la philosophie et la vie rituelle sans trahir l'une ou l'autre[16]. En effet, le projet de Philon n'est pas une entreprise de syncrétisme intellectuel, fermée aux apports non juifs. Accepter le judaïsme de l'époque du Second Temple comme une vision du monde véritablement

16. Pierre Boyancé (*Le Culte des muses chez les philosophes grecs*, 1937) a montré que Platon et Aristote assimilaient l'ascèse philosophique à une forme de vie liturgique ; en effet, le culte de la pensée rend semblable à Dieu, or « il est indispensable de déclarer que les fêtes appartiennent à Dieu seul » (Philon, *De specialibus legibus* II § 53). Cf. également Silly 2020 p. 212-222 [n.d.é.].

philosophique – en fait la plus philosophique de toutes, précisément, parce qu'elle est suprêmement monothéiste – est une forme culturelle caractéristique du Ier siècle, et c'est un défi perpétuel.

Philon n'était ni le premier ni le dernier à le penser. Le juif Aristobule, surnommé « le Péripatéticien », proposait la même idée au IIe siècle avant J.-C., arguant que le système juif développé dans le Pentateuque était la « véritable philosophie[17] ». Le Livre de la Sagesse et même *Le Siracide* vont dans le même sens. Bien que l'on n'y prête guère attention, il n'est pas anodin que, selon l'opinion commune des Anciens, à commencer déjà par Aristote et son successeur Théophraste, les juifs aient été ouvertement dépeints comme une race de philosophes – et cela, avant tout, par les philosophes antiques eux-mêmes[18]. Le néoplatonicien Porphyre n'innove pas lorsqu'il attribue plus tard aux Hébreux le mérite d'enseigner aux hommes le bonheur, en adorant d'une manière pure le « Souverain qui s'engendre lui-même comme Dieu » (frag. 323)[19].

Ici, mon propos est simple. Si la *praxis* liturgique est, en fait, le véritable critère de division, séparant la vision païenne des visions juives et chrétiennes du monde, avec un consensus notable, mais implicite, au niveau de la doctrine métaphysique, il devient soudain très important de réfléchir de plus près à toute la tradition non biblique du monothéisme païen, y compris sa relation avec le culte juif. Cela n'a pas été l'approche retenue jusqu'ici, et les données exclusivement juives généralement discutées sont presque entièrement de la documentation, hautement polémique, ciblant spécifiquement la pratique rituelle païenne[20]. Il faut tenir compte plus consciemment de ce prisme déformant ; car en réalité, dans le climat intellectuel du monde du Nouveau Testament, sous l'idée directrice de l'harmonie provenant d'Aristote et de Platon, il y avait une grande sympathie pour le livre *Lambda* de la *Métaphysique* d'Aristote et un grand intérêt pour les spéculations platoniciennes. Si l'on veut décrire correctement la dynamique complexe de la christologie du Nouveau Testament, il est donc essentiel de prendre en compte, avec nuances, ce que John Dillon a appelé le « monothéisme ouvert[21] », qui est le point de vue de pratiquement tous les Grecs et Romains cultivés à partir du Ve siècle avant J.-C.[22]. À cet égard, et face aux accusations véhémentes

17. ARCARI 2010 p. 323-324.
18. Menahem STERN p. 197.
19. SMITH 1993 et VAN DER HORST 2014 p. 71-83.
20. Cf. *supra* ch. 8.
21. En anglais *soft monotheism* [n.d.é.].
22. Cf. John DILLON 2008 p. 69-79.

des juifs et des chrétiens contre l'aveuglement polythéiste des païens, il est assez inquiétant de rappeler que Celse accusait justement les chrétiens de transgresser le respect dû au Dieu unique[23].

« Monothéisme ouvert » et apophase liturgique

Celse n'était pas le seul. Il y avait aussi l'opposition juive. Si le « monothéisme christologique » est en quelque sorte acquitté de l'accusation d'ériger « deux puissances dans le Ciel », il faut s'arrêter aussi sur les systèmes de la gnose grecque également mis en cause dans cette attaque juive[24]. Cette halte patiente devant les témoins grecs est cruciale – et pas seulement pour l'affinité évidente entre le gnosticisme et le christianisme aux yeux des rabbins. La grande influence et la portée du monothéisme païen sont également en cause.

L'impressionnant fragment orphique cité par le pseudo-Justin est un bon point de départ.

> Un seul Zeus, un seul Hadès,
> Un seul Hélios, un seul Dionysos,
> Un seul dieu en tout[25].

Il s'agit d'une forme unique, intra-culturelle, de ce que l'on appelle l'*interpretatio*, procédé bien connu par lequel les Anciens identifiaient les dieux les uns aux autres (le Jupiter romain avec le Zeus grec, par exemple[26]). Ici, le panthéon orphique des divinités s'est effondré et a fusionné en une seule divinité, par une sorte de sabellianisme païen culminant dans une exclamation cultuelle – « Un dieu en tout » – très semblable à la formule εἷς θεός trouvée dans de nombreuses inscriptions. Au milieu de sa polémique, l'apologiste chrétien avance ce texte comme un témoignage de la véritable doctrine du

---

23. Cf. Origène, *Contre Celse* VIII, 12-14

24. Cf. Segal 1977 et Schäfer 2017. Plus récemment, cf. Waers 2016 p. 401-429. L'hypothèse selon laquelle le gnosticisme aurait en définitive des racines juives ne doit pas détourner de son caractère hautement hellénisé ; cf. Jarl Fossum 1985.

25. Pseudo-Justin, *Ad Græcos de vera religione* XV, 1 in *id. Ouvrages apologétiques* éd. Pouderon (SC n° 528 p. 180). L'*Ad Græcos* cite encore un poème où Orphée repenti prêche le monothéisme. Fabienne Jourdan l'a édité sous le titre *Poème judéo-hellénistique attribué à Orphée* (Paris, Les Belles Lettres, 2010 [coll. « Fragments »]), depuis sa version primitive jaillie sous la plume d'un apologète judéo-alexandrin jusqu'aux révisions successives qui le firent entrer dans le patrimoine chrétien [n.d.é.].

26. Sur ce thème de l'*interpretatio*, cf. *supra* ch. 8.

monothéisme conservée par les Grecs, malgré leurs erreurs infinies. Si cette variété du monothéisme grec n'est pas « gnostique » au sens technique, les mystères orphiques ont néanmoins une certaine couleur mytho-philosophique qui se rapproche du milieu gnostique. De plus, le caractère hymnique du culte orphique en faisait un véhicule privilégié pour la mentalité monothéiste « consensuelle » et la *latreia* qui en découle[27]. La polyonymie liturgique et l'intérêt théogonique pour la génération du monde (par exemple dans le papyrus de Derveni) font des compositions orphiques un point de référence privilégié, au moins pour le genre, d'une grande partie du matériel que nous étudierons, et notamment pour les hymnes christologiques.

Il est toutefois possible d'aller plus loin. Dillon est prêt à inclure dans le « monothéiste ouvert » jusqu'aux systèmes véritablement gnostiques, qui auraient dû être exclus des candidats à la doctrine du Dieu unique pour leur « multiplication incontinente d'entités immatérielles et quasi divines » et leur vision du monde radicalement dualiste[28]. Il cite, par exemple, un passage extraordinaire trouvé dans *Le Livre des secrets de Jean* contenant peut-être l'expression la plus complète de la métaphysique gnostique. C'est une description très apophatique et négative de la Monade, Père de tous, « existant dans une lumière non contaminée, vers laquelle aucune vision ne peut regarder. »

> Nous ne devons pas le considérer comme un dieu ou à l'image d'un dieu. Car il est plus qu'un dieu, parce qu'il est un pouvoir au-dessus duquel n'existe aucun pouvoir puisque personne n'existe avant lui [...].
>
> Il est l'illimité car nul n'existe avant lui pour le limiter, indistinct puisque rien n'existe avant lui pour lui imposer une distinction, incommensurable puisque personne n'a existé avant lui pour le mesurer, invisible puisque nul ne l'a vu [...], indicible car nul n'existe qui l'appréhende de façon à le dire, Il est l'innommable puisqu'il n'y a personne avant lui pour le nommer[29].

27. « Il n'y a qu'un élément commun aux stoïciens, aux pythagoriciens, aux chrétiens, aux néoplatoniciens, aux compositeurs et aux chanteurs d'hymnes pour différents cultes (que ce soit le Soleil, Mithra, ou tout autre Dieu suprême). Tous pensaient que les vers orphiques étaient un véhicule très approprié pour transmettre le monothéisme tout en préservant la légitimité des genres traditionnels. » JÁUREGI 2010 p. 99.

28. John DILLON *op. cit.* p. 69.

29. *Le Livre des secrets de Jean* 23, 3-9.15-24 ; édition française in *Écrits gnostiques*, éd. Jean-Pierre MAHÉ et Paul-Hubert POIRIER p. 220 (Bibliothèque de la Pléiade). Pour une analyse et les textes coptes, cf. Michael WALDSTEIN 1995 p. 20-22.

Ce texte semble surgir de quelque « platonisme souterrain ». L'usage de la négation pour affirmer les attributs de la Divinité rappelle le *Parménide*[30]. Les mêmes traces de théologie négative valent tout aussi manifestement de la Divinité suréminente des doxologies de la 1re Épître à Timothée *:* le « Dieu éternel, immortel, invisible, le seul sage », celui « qui seul a l'immortalité et demeure dans une lumière inaccessible, que personne n'a jamais vue ni ne peut voir » (1, 17 ; 6, 16). L'Épître aux Romains et l'Évangile de Jean ne s'engagent pas moins ouvertement dans cette inaccessibilité souveraine de Dieu aux sens corporels. Païens, juifs et chrétiens étaient tous d'un même avis : « Personne n'a jamais vu Dieu. » Jean 1, 18, en effet, est en accord mot à mot avec le juif Aristobule précédemment cité, qui complète notamment la ligne (en citant une tradition orphique !) : « Aucun des mortels ne l'atteint jamais par les regards de son âme, mais c'est par ceux de l'intellect (νῷ) qu'il se laisse atteindre[31]. »

Le chemin de la saisie mentale pure soutenait naturellement une forte tendance apophatique dans la théologie gréco-romaine. Cette tendance prend racine au plus tard avec Eudore d'Alexandrie, qui enseignait, une génération avant le début de l'ère chrétienne, que l'Un transcende tous les attributs[32]. Varron, à peu près à la même époque, imagina un âge d'or aniconique de la religion romaine sous Numa, en accord avec la juste raison et ressemblant au culte juif[33]. Pour Philon, l'aniconisme du culte juif était donc l'expression rituelle et non controversée d'une vérité philosophique communément admise, elle permettait une formation ascétique de l'âme incarnée en vue de son ascension intellectuelle vers le royaume divin de l'incompréhensible et de l'invisible[34] : Car « Dieu est loin de toute création [...] et l'appréhension de Son Être est très éloignée de toute pensée humaine[35] ».

Theos Hypsistos

Même les gnostiques savaient qu'il n'y avait pas de seigneur au-dessus du Seigneur invisible. Ce sommet transcendant du panthéon n'était pas une abstraction théorique. *Ho Theos* recevait un culte fondé sur des principes.

30. Cf. *infra* « Théologie du nom divin ».

31. *Poème judéo-hellénistique attribué à Orphée*, rédaction B [Aristobule] vv. 11-12 ; éd. Jourdan p. 198.

32. Cf. John Dillon 1977 p. 126-129.

33. Cf. Van Kooten 2007 p. 633-651.

34. Cf. Clément d'Alexandrie V *Stromates* XII, lxxviii-lxxxii.

35. Philon d'Alexandrie, *De somniis* i § 66.

En effet, l'expression la plus célèbre et la plus attestée du monothéisme païen prend une forme liturgique : le culte de *Theos Hypsistos*, « Dieu Très-Haut[36] ». Ses liens profonds et séduisants avec le culte juif de la synagogue constituent un casse-tête permanent pour les érudits à bien des égards ; pourtant, ces liens sont tout à fait certains, archéologiquement attestés par des centaines d'inscriptions et par l'apparente dérivation du titre du culte de la version d'*El Elyon* dans la Septante. À juste titre, ce phénomène est souvent associé aux fameux « craignant-Dieu », ces païens sympathiques si essentiels au progrès narratif des Actes des apôtres, dont les perspectives religieuses auraient résonné de concert avec Philon. À cet égard, il y a plus que des liens passagers entre le culte de *Theos Hypsistos* et le culte solaire des Thérapeutes si admiré de Philon. Le phénomène religieux fascinant – qui a envahi les provinces de l'Est et qui remonte au IIe siècle avant J.-C. – est, en tout cas, un hybride unique. Ce n'est pas un hasard si le culte de *Theos Hypsistos* est à la fois le plus juif et le plus philosophique des cultes païens ; ce n'est pas un hasard non plus qu'il se situe si près du contexte avéré de la prédication chrétienne primitive : la synagogue hellénistique. Luc est à juste titre l'auteur néotestamentaire le plus attaché au titre *Hypsistos* (Luc 1, 32.35.76 ; 6, 35 ; 8, 28 ; Actes 7, 48 ; 16, 17).

Un exemple exceptionnel de l'orientation philosophique de cette tradition cultuelle apparaît dans une célèbre inscription découverte à Œnoanda, dans le nord de la Lydie, en 1971. L'inscription elle-même date d'environ 150 après J.-C. et a été trouvée à côté de lampes ornées d'inscriptions à *Theos Hypsistos*. Il s'agit d'un oracle largement diffusé qui résonne parfaitement avec le schéma de prédications négatives (et de polyonymie) déjà observé.

> Né de lui-même (αὐτοφυὴς), non instruit, sans mère, inaltérable, non contenu dans un nom quelconque (οὔνομα μὴ χωρῶν), connu sous de nombreux noms (πολυώνυμος), vivant dans le feu, c'est Dieu (τοῦτο θεός) [...]. À vous qui posez cette question sur Dieu, ce qu'est sa nature essentielle (ὅστις ὑπάρχει), il a déclaré que l'Éther est Dieu qui voit tout, vers qui il faut regarder et prier à l'aube, en regardant vers le lever du soleil (SEG XXVII, 933).

Cette thématisation de la nature essentielle de Dieu qu'on ne peut nommer est d'un intérêt particulier dans son lien avec le titre de *Theos Hypsistos*,

36. Ce culte célèbre a fait l'objet de beaucoup de recherche et de controverse. Cf. à ce sujet MITCHELL 1999 p. 81-148 ; du même, 2010 p. 167-208 ; et Jörg LANCKAU 2011 p. 861-882.

qui lui-même fonctionne clairement comme un instrument conceptuel en vue du culte. Cette inscription expose clairement la tension fondamentale entre la précision de la philosophie apophatique et l'exigence liturgique. La nécessité de nommer un Dieu indicible afin de l'adorer correctement n'est pas une énigme religieuse insignifiante. C'est, en fait, le point crucial où le langage philosophique et cultuel lié à tout vrai monothéisme, qu'il soit juif ou païen, refuse de céder devant l'analyse incisive de Hurtado.

Dénomination divine

La pénombre théologique qui empêche l'illumination juive et païenne est évidente dans l'ascendance biblique du nom *El Elyon*, profondément enracinée dans la longue lutte d'Israël contre la religion cananéenne. Ce nom ne tient certes pas dans le judaïsme la place cultuelle privilégiée du mystérieux Tétragramme, révélé uniquement à Moïse. Il n'est donc pas surprenant que Philon soit seulement le premier philosophe à appliquer à Dieu de nouveaux prédicats avec *alpha* privatif, y compris « innommable » (ἀκατονομάστος) et « indicible » (ἀρρήτος)[37], notions clairement élaborées sous l'influence de la pratique rituelle juive. Et Philon s'inquiète aussi de la théologie implicite suggérée par le registre linguistique du « Très-Haut ». En fin de compte, une juste philosophie doit se discipliner elle-même, tâtonner intérieurement pour s'aligner avec le culte juif révélé de *HaShem*. Car, bien que consacré bibliquement, le nom *Theos Hypsistos* appartient à ce que Tibor Grüll désigne comme « mégathéisme » et Reinhard Feldmeier comme *Machtpredikaten* : un champ de superlatifs agonistiques, épithètes divines encore piégées dans un paradigme comparatif où Dieu est une entité parmi d'autres[38]. Comme les *megistos, megistos, megistos* d'Hermès Trismégiste, le goût des superlatifs et de la supériorité d'un seul défie même les dieux du haut de la hiérarchie : Jupiter Optimus Maximus, *Dios kratistos megistos*[39] en grec, ne possède qu'un seul *megistos*. En fait, l'inflation des titres finit par devenir si galvaudée que, comme le dit Robert Parker, « le monde devient parsemé de dieux meilleurs, plus grands et plus manifestes » (bien que la question de savoir si *hypsistos* lui-même devient un terme aussi vulgarisé est contestée)[40]. C'est la théologie d'une religion naturelle tendue vers le

37. Philon d'Alexandrie, *De somniis* I § 67
38. Cf. Grüll en bibliographie ; Feldmeier 2014 p. 544-558.
39. *Inscriptions Nikaia* 1141.
40. Robert Parker 2017 p. 148.

haut, monolâtrique, enfermée dans le cadre cosmologique immanent de l'être univoque. En théorie comme en pratique, elle n'atteint pas la transcendance nécessaire, saisie philosophiquement par la *via negativa* et rituellement exprimée par le paradoxe juif du Nom imprononçable du Seigneur.

L'Apocalypse d'Abraham est peut-être l'artéfact théologique le plus révélateur et le moins exploité pour comprendre la nature du monothéisme palestinien du Iᵉʳ et du début du IIᵉ siècle, et notamment sa fusion vitale avec les perspectives hellénistiques. Probablement écrit en hébreu après l'an 70, le texte est soigneusement divisé en deux parties. Dans la première, Abraham, dont le père Térah est fabricant d'idoles à Ur, raisonne jusqu'à atteindre philosophiquement le Dieu unique et Créateur de tous, reconfigurant une tradition de polémique juive contre les idoles et de critique religieuse hellénistique[41]. Dans la seconde partie, une révélation divine sous la forme d'une voix de YHWH – « Abraham, Abraham » – salue le nouveau converti, ancien païen ; et le récit rejoint la trame du récit biblique en Gn 12, 1 et aboutit à un acte d'adoration céleste. L'organisation est donc assez claire. La connaissance du seul vrai Dieu est partagée entre deux moments : d'abord les *præambula fidei*, d'essence philosophique, puis une apocalypse surnaturelle, conduisant à la véritable *latreia*.

Il y aurait beaucoup à dire ici, mais il suffit de noter que, dans le long hymne céleste chanté par Abraham et son *angelus interpres*, les deux se prosternent en adoration devant le Seigneur. Leur liturgie est d'un immense intérêt pour son écho presque exact de la théologie de *Theos Hypsistos*.

> Éternel Un, Puissant, Saint El, Dieu monarque
> Né de toi-même, incorruptible, immaculé,
> Inengendré, sans tache, immortel,
> Parfait en toi-même, par toi-même illuminé,
> Sans mère, sans père, incréé,
> Exalté, ardent […]
> El, El, El, El, Iaoel (Apocalypse d'Abraham XVII, 8-9.11)[42].

Cette quadruple répétition incantatoire d'El est à juste titre considérée comme un substitut pour le Tétragramme, comme l'est le nom de Iaoel. La fusion liturgique assumée de la philosophie et du Nom divinement révélé et imprononçable ne saurait être plus merveilleusement évidente.

---

41. Cf. *supra* ch. 8.

42. Édition française de l'Apocalypse d'Abraham in *La Bible – Écrits intertestamentaires*, Pléiade, Gallimard, 1987, p. 1655-1730. Ce texte ne subsiste que dans sa version en vieux slave.

Théologie du Nom divin

Les conséquences de ces ressemblances sont visibles : le patronage dionysien ne devrait plus faire difficulté. Je soutiens un nouveau contexte et un nouveau registre d'accueil pour la christologie néotestamentaire du Nom divin. Plutôt que d'affilier ce *topos* très important exclusivement au canon hébreu et à une théologie narrative hostile au concept, qui construiraient « l'identité divine » comme un personnage émergeant de l'économie immanente de l'Écriture, on pourrait plutôt reconnaître dans l'hymnique conférant au Christ ce « nom au-dessus de tout autre nom » un effort biblique remarquable d'hyper-prédication. Bien avant Denys, en effet, Platon dans le *Parménide* avait déjà déblayé le terrain. Aussi bien l'effort de nommer le principe ultime au-delà de sa désignation positive comme « l'Un » (τὸ ἕν), que celui consistant à dépasser son étiquetage négatif comme « le non-plusieurs » (το μὴ πολλά) relèvent d'une expression osée ὑπὲρ ἡμάς, « qui va au-delà de nos capacités »[43]. Plus tard, Eudore élabora le concept de ὁ ὑπεράνω θεός pour désigner le Principe suprême qui se tient au-delà de la limite (Monade) et de l'Indélimitation (Dyade). Ce vocabulaire prolonge le platonisme dogmatique dans lequel la notion de *surpassement* tient la place centrale. La tradition juive possédait sa propre formulation transcendante. En Philippiens 2, ce nom suprême est un Nom « au-dessus de tout nom » (ὑπὲρ πᾶν ὄνομα) qui surpasse le « mégathéisme » et coïncide avec *Kurios*, le saint Nom révélé par Dieu.

La référence à Isaïe dans Philippiens 2 contribue à sa teneur résolument monothéiste[44] ; cependant, cette couleur scripturaire, si marquée soit-elle, ne doit pas nous empêcher de voir en ce poème une variation de l'hymnologie

43. PLATON, *Parménide* 128B. Sur la prédication transcendantale chez Platon, cf. FERBER & DAMSCHEN 2015 p. 197-204.

44. L'hymne des Philippiens adressé au Christ est bâti sur la confession de foi monothéiste à Dieu chez le deutéro-Isaïe. Cf. en particulier Ph 2, 9.10.11 : « Il lui a donné le nom au-dessus de tout nom (ἐχαρίσατο αὐτῷ τὸ ὄνομα τὸ ὑπὲρ πᾶν ὄνομα) [...]. Au nom de Jésus (ἐν τῷ ὀνόματι Ἰησοῦ) tout genou fléchira (πᾶν γόνυ κάμψῃ) [...] et toute langue confessera que le Seigneur Jésus est le Christ (πᾶσα γλῶσσα ἐξομολογήσηται ὅτι κύριος Ἰησοῦς Χριστὸς), à la gloire de Dieu le Père » – à comparer à Is 45, 22.23.24 LXX : « Je suis Dieu, il n'en est pas d'autre (ἐγώ εἰμι ὁ θεός, καὶ οὐκ ἔστιν ἄλλος) [...]. Pour moi (ἐμοὶ) tout genou fléchira (κάμψει πᾶν γόνυ) et toute langue confessera Dieu (ἐξομολογήσεται πᾶσα γλῶσσα τῷ θεῷ), disant "la justice, la gloire viendront à lui". » Le rapport entre ces deux textes est un des points les plus importants de l'argumentation de Hurtado et de sa « christologie d'inclusion dans l'identité divine », c'est pourquoi l'auteur s'y réfère ici (cf. HURTADO 2009 p. 124 ; 403-404 – [n.d.é.]).

en vigueur dans la synagogue hellénistique. C'est la christologie telle qu'elle pouvait s'enraciner dans le monde des Gentils craignant Dieu (adorant *Theos Hypsistos* ?). Pour les Grecs, il est presque impossible de dissocier « le Nom au-dessus de tout nom » (τὸ ὄνομα τὸ ὑπὲρ πᾶν ὄνομα) de la philosophie hymnique, qui résonne dans des sites comme Œnoanda, juste de l'autre côté du Bosphore en venant de Philippes. Ici, la profonde aversion des exégètes protestants pour la théorie du « culte du Christ[45] » de Bousset est un dangereux tic savant qui risque de réinscrire radicalement la naïveté d'avant Hengel à propos d'une forme purement palestinienne (c'est-à-dire « biblique ») de judaïsme[46]. Quand le « monothéisme christologique » sert de rempart contre la prétendue infection hellénistique – comme il le fait très souvent là où l'influence de Luther et de Karl Barth est forte –, notre modélisation du monde du Iᵉʳ siècle est devenue absurde. Le fait est que la synagogue hellénistique était une institution qui comptait, même dans la Jérusalem du Iᵉʳ siècle, comme le prouvent sans ambiguïté l'inscription de Théodote[47] et l'Apocalypse d'Abraham. Bousset s'est trompé sur la nature du culte rendu au Christ ; mais la nouvelle École d'histoire des religions[48] ne s'est pas moins gravement trompée en essayant d'arracher la christologie primitive à son contexte profondément grec.

Le paradoxe du Christ recevant le nom au-dessus de tout nom – mystère d'apophase reconnu par Thomas d'Aquin dans ses commentaires, comme on l'a vu – inscrit cette affirmation à son sujet dans le domaine de l'être divin qui se trouve au-delà de tous les noms, en continuité avec des considérations semblables dans l'hellénisme. L'exégèse de Philon sur Exode 3, 14, par exemple, prend « Je suis Celui qui Est » comme étant « l'équivalent de “Ma nature est d'être et non pas d'être dite” » (ἴσον τῷ εἶναι πέφυκα, οὐ λέγεσθαι) ; car, comme l'exégète l'explique, « aucun nom personnel ne peut

45. Dans *Kyrios Christos*, l'historien Wilhelm Bousset défendait l'idée que « l'émergence du culte du Christ (*Christ-cultus*) aurait entraîné l'introduction dans la religion chrétienne primitive d'éléments étrangers au judaïsme et incompatible avec son monothéisme. Bousset en concluait que les premiers chrétiens, dans le culte et l'adoration de Jésus, adoptèrent un paradigme préexistant [d'héroïsation], diamétralement opposé à la doctrine des prophètes et à l'enseignement de Jésus lui-même » – STUCKENBRUCK 1995 p. 7 [n.d.é.].

46. L'auteur se réfère ici au célèbre *Judentum und Hellenismus* (1969) de Martin Hengel, qui prouva l'empreinte profonde de l'hellénisme non seulement sur les Juifs de la Diaspora, mais encore sur ceux de Palestine [n.d.é.].

47. L'inscription de Théodote, découverte par l'archéologue français Raymond Weill en 1913 dans la Cité de David atteste l'existence précoce à Jérusalem d'une « synagogue » dédiée à l'étude de la Loi et des commandements. Elle est rédigée en grec, langue dans laquelle on y enseignait [n.d.é.].

48. En allemand *Religionsgeschichtliche Schule* dans le texte, en référence à celle à laquelle appartenait Bousset [n.d.é.].

être assigné à l'existant véritable » (τῷ ὄντι πρὸς ἀλήθειαν[49]). La façon dont Philon traite le Nom divin, *Kurios*, l'assigne en définitive au *Logos* divin[50] : un scénario auquel nous devons bientôt revenir. Il est déjà possible, cependant, d'observer l'extraordinaire puissance théologique de Philippiens 2 – pas moins que Ép 1, 21 ou He 1, 3 d'ailleurs – qui procède au-delà du simple fait de nommer le Christ avec une précision transcendantale appropriée. J'utilise le terme « procède » avec une intention calculée, car le texte de Paul exprime l'être divin du Fils par un acte de dénomination qui transparaît dans *ho Theos* : Dieu se nomme lui-même.

Une glose provocante sur cette opération primordiale de théologie immanente (au sens étymologique le plus fort de « Parole de Dieu ») apparaît dans *L'Évangile de la Vérité* de Valentin, au IIe siècle :

> « Le Nom du Père n'est pas prononcé ; il est révélé par un Fils, et le Nom est grand [...]. Puisque le Père n'a pas de commencement, lui seul l'a conçu pour lui-même comme un nom avant de créer les royaumes éternels, afin que le Nom du Père soit suprême sur eux.[51] »

Bien que les Éons, sur lesquels le Nom « invisible » règne en maître, nous insèrent clairement dans le mythe gnostique, Valentin lui-même, rappelons-le, a failli être élu pape à Rome, et sa théologie ne peut pas être simplement balayée comme un amas hétérodoxe homogène. Le « nom nommé » du Christ chez Paul, « au-dessus de toute puissance, principauté, domination et seigneurie » (ὑπεράνω πάσης ἀρχῆς καὶ ἐξουσίας καὶ δυνάμεως καὶ

---

49. PHILON D'ALEXANDRIE, *De mutatione nominum* § 11.

50. *Id. De confusione linguarum* § 146.

51. « Le Nom du Père est le Fils. C'est lui qui, au commencement, donna un nom à celui qui provient de lui, qui est lui-même, et il l'enfanta comme Fils. Il lui donna le Nom qui était le sien. C'est à lui, le Père, qu'appartient tout ce qui est auprès de lui. Le Nom est le sien. Le Fils est sien. Celui-ci, il est possible de le voir. Le Nom, en revanche, est invisible, car il est le mystère même de l'Invisible parvenant aux oreilles qui en sont entièrement remplies grâce au Fils. C'est que le nom du Père n'est pas exprimé, mais il est révélé dans un Fils. Ainsi, comme le Nom est grand ! [...]. Dans la mesure où le Père n'est pas venu à l'existence, lui seul a pu l'enfanter pour lui comme Nom, avant même de disposer les éons, afin que le Nom du Père soit établi au-dessus de leurs têtes, comme Seigneur. C'est en effet le Nom véritablement ferme dans ses prescriptions, et dont la puissance est absolue. Or le Nom n'est pas constitué de vocables, et son nom ne correspond pas non plus à des désignations, mais il est invisible. » *L'Évangile de la vérité* 38, 6-24.33 - 39, 6 ; édition française in *Écrits gnostiques*, éd. Jean-Pierre MAHÉ et Paul-Hubert POIRIER p. 77-78 (Bibliothèque de la Pléiade). Pour le texte, cf. James ROBINSON 2000. Cf. aussi Geoffrey S. SMITH 2020.

κυριότητος – Ep 1, 21) porte des échos manifestes de la même idée[52]. Quoi qu'il en soit, les nombreux liens observés entre *L'Évangile de la Vérité* et les *Odes de Salomon* attestent une fois de plus la présence de cette empreinte théologique dans le cadre hymnique de la synagogue et de l'Église primitive[53].

Il convient enfin de souligner, à ce propos, non seulement le motif du Nom, mais aussi l'usage des locutions ὑπέρ/ὑπεράνω + πᾶς particulier aux hymnes des Épîtres aux Philippiens et aux Éphésiens, en référence aux puissances angéliques, car il s'agit d'un usage singulier au sein du Nouveau Testament et d'un type de discours superlatif loin d'être isolé. L'expression trouve un parallèle remarquablement fort, par exemple, dans l'hymne extraordinaire conservé dans les *Constitutions apostoliques* :

> Il n'y a pas de Dieu à part toi seul,
> Il n'y a pas de Saint à côté de toi (ἅγιος οὐκ ἔστι πλὴν σοῦ),
> Seigneur Dieu de la connaissance (κύριος θεὸς γνώσεων), Dieu des saints,
> *Saint par-dessus tous les saints* (ἅγιος ὑπὲρ πάντας ἁγίους).
> Car ceux qui ont été rendus saints sont sous tes mains.
> Honorés et exaltés de façon démesurée,
> [Il est] invisible par nature (ἀόρατος τῇ φύσει).
> … immuable… illimité… inapprochable… sans commencement… sans fin…
> Tu es le Père de la Sagesse (σὺ γὰρ εἶ ὁ σοφίας πατήρ),
> Le Créateur, en tant que cause, de l'œuvre créatrice à travers un Médiateur.
> (ὁ δημιουργίας τῆς διὰ μεσίτου κτίστης ὡς αἴτιος).
> Le Dieu et Père du Christ[54].

Cette puissante fusion monothéiste de concepts philosophiques grecs et de louanges liturgiques aux origines bibliques (qui, dans ce cas, s'appuie sur le même chapitre 45 d'Isaïe que Philippiens 2) est d'une importance trop vitale pour être négligée dans nos reconstructions de la christologie primitive.

52. Cf. Thomas d'Aquin *Commentaire sur l'Épître aux Éphésiens* § 64.

53. Il est également important de « normaliser » certaines conceptions valentiniennes en se référant à des courants théologiques plus larges de l'Antiquité auxquels ce mouvement est lié. Cf. Stroumsa 2006.

54. *Constitutions apostoliques* VII, 35, 1-10 – édition française en *Sources chrétiennes* 336.

L'action créatrice du Christ et la « métaphysique prépositionnelle »

La théologie du Nom divin, dans cette vaste relecture philosophico-liturgique, n'est pas le seul indice d'un monothéisme christologique qui devrait être repensé et replacé dans le sillage de la synagogue hellénistique. Le ὑπέρ n'est pas non plus la seule préposition chargée d'une signification philosophique. Gregory Sterling a identifié un phénomène qu'il appelle « métaphysique prépositionnelle » et qui est extrêmement pertinent pour l'ensemble de cette discussion[55]. L'hymne de l'Épître aux Colossiens en est un excellent exemple, mais la formule de prière de Romains 11, 36 est plus compacte : « Tout est de lui, par lui et à [ou pour] lui. À lui soit la gloire pour toujours. Amen. » Les trois prépositions ici – ἐξ, διά et εἰς – appartiennent au lexique philosophique standard de l'époque, désignant respectivement les causes matérielle, efficiente et finale. Lorsque Paul emploie ce discours comme une doxologie, il énonce donc une doctrine de Dieu et de la création – une cosmogonie – avec des outils conceptuels empruntés à la spéculation métaphysique. Elle prend ainsi la forme d'une louange empruntée au culte synagogal hellénistique. Cette ligne de transmission liturgique est confirmée par le corpus de prières synagogales grecques conservées dans les *Constitutions apostoliques* (et retouchées christologiquement, le plus souvent avec un διὰ Χριστοῦ)[56].

Dans la discussion actuelle sur le Nouveau Testament, l'une des pierres angulaires du « monothéisme christologique » a été la reconfiguration par Paul de la prière du *Šᵉma Israël*[57] autour de Jésus, en 1 Co 8, 6. Je voudrais simplement souligner que la métaphysique prépositionnelle structure en profondeur l'exégèse de Paul, et que la distribution de la causalité est plus intéressante qu'on ne le pense généralement.

> Pour nous, il y a un seul Dieu, le Père, de qui viennent toutes choses et pour qui nous existons, et un seul Seigneur, Jésus-Christ, par qui viennent toutes choses et par qui nous existons (1 Co 8, 6).

55. Cf. STERLING 1997 p. 219-238.
56. Cf. par exemple KISTER 2008 p. 205-238.
57. *Šᵉma Israël* (« Écoute Israël ») constitue l'*incipit* d'un discours de Moïse au peuple en Dt 6, 4 *sq*. Ces quelques versets offrent l'expression la plus poétique et la plus cohérente du monothéisme biblique. Ils sont donc devenus une prière particulièrement appréciée dans le judaïsme à toutes époques. Les Évangiles et la prédication de Jésus en fournissent maints échos. Cf. SILLY 2021 p. 1048 *sq*. [n.d.é.].

Jésus-Christ est ici clairement inséré dans un cadre monothéiste. Il s'agit d'ailleurs d'un monothéisme renforcé, doublement exprimé par le rituel juif et le langage philosophique païen, identique à celui que l'on observe en Romains 11. Jésus est désigné précisément comme le porteur du Nom et la cause instrumentale, façonnante, de toutes choses.

Bien qu'il ne soit pas entré dans la discussion jusqu'à présent, il se trouve que Philon a une exégèse très similaire, analysant le θεός et le κύριος selon le critère des deux puissances : « Dieu (θεός) est le nom de la puissance bienfaisante, et seigneur (κύριος) est le titre de la puissance royale[58]. » La question qui se pose ici est de savoir comment cette tradition interprétative consistant à diviser en deux l'épithète divine « Seigneur Dieu » – une exégèse partagée avec Paul – s'aligne finalement sur la préposition instrumentale διά, car la provenance de la préposition chez Philon est claire. Son *Logos* médio-platonicien, qui est à la fois une créature et un « second dieu » (δεύτερος θεός[59]), est cette image de Dieu et archétype du premier-né de la création, l'être intermédiaire le plus élevé, « par qui » ou « par lequel (δι'οὗ) le monde entier a été fait (ἐδημιουργεῖτο) », littéralement *démiurgé*[60]. Le *Logos* est « l'ombre de Dieu, dont il s'est servi comme d'un instrument lorsqu'il faisait le monde[61] ». L'attribution de l'action créatrice au Christ est devenue un élément solide dans l'arsenal de ceux qui vantent son « identité divine ». D'où une question impertinente : quelle résonance du Démiurge de Philon doit-on entendre dans cette christologie, si liée à l'ancienne métaphysique de l'action créatrice désignée par διά ? La formulation maladroite ὁ δημιουργίας τῆς διὰ μεσίτου κτίστης ὡς αἴτιος, vue plus haut dans les hybrides *Constitutions apostoliques*, rend la question bien réelle. La réponse normale consiste à rejeter Philon comme une aberration de la Diaspora, mais elle est théologiquement et historiquement de mauvais aloi.

Le Christ démiurge ?

L'interprétation correcte du διά de Paul conduit à une ultime définition, enfin décisive, du « monothéisme christologique » primitif. Nous devons à Philon le néologisme « polythéisme », qu'il a inventé comme injure contre

58. PHILON D'ALEXANDRIE, *De somniis* I § 163 ; cf. *Quis rerum* § 170).
59. *Id. Quæstiones in Genesim* II § 62.
60. *Id. De specialibus legibus* I § 81 ; cf. *De somniis* I § 230.
61. *Id. Legum allegoriæ* III § 31.

les païens. Il est juste de lui donner la parole pour définir le monothéisme juif, autour duquel notre variante christologique se construira. Or rien n'est plus capable que l'inquiétant *Logos* philonien de brouiller la frontière sans ambiguïté que les juifs du Ier siècle traçaient, dit-on, entre le Créateur et sa création. L'extraordinaire passage du *Quis rerum divinarum heres sit* de Philon exprime parfaitement l'ambiguïté de son propos :

> À son Verbe (Λόγῳ), son principal messager (ἀρχαγγέλῳ), le plus élevé en âge et en honneur, le Père de tous a donné une prérogative spéciale, celle de se tenir sur la frontière et de séparer la créature du Créateur (τὸ γενόμενον διακρίνῃ τοῦ πεποιηκότος). Ce même Verbe supplie l'immortel pour les mortels accablés, et en même temps agit comme ambassadeur du souverain auprès des sujets. Il se glorifie de cette prérogative et la décrit fièrement en ces termes : « Et je me suis tenu entre le Seigneur et toi » (Dt 5, 5), c'est-à-dire qu'il n'est ni increé comme Dieu (ἀγένητος ὡς ὁ θεός), ni créé comme vous (γενητὸς ὡς ὑμεῖς), mais à mi-chemin entre deux extrêmes (μέσος τῶν ἄκρων), caution des deux parties (*Quis rerum* §§ 205-206).

L'exubérance philonienne détaille à plaisir ce *metaxu*[62] conceptuel entre le Dieu-Père et son monde : le *Logos* est tantôt un ange, un grand prêtre, un séparateur, un liant, l'image de Dieu et, surtout, à la fois le Nom de Dieu et le « fils premier-né de Dieu[63] ». L'espace infini qui sépare la création de son Créateur transcendant pose un problème insurmontable pour la pensée philosophique, tout comme pour le culte : ce qui émerge de part et d'autre reste donc à la fois sans nom et très nommé, dans une sorte de *polyonymie* diffuse. Si Philon compose donc une centaine de métaphores sur ce problème pour finalement conclure avec un *Logos* qui est en quelque sorte à la fois increé et créé (un successeur déroutant, conceptuellement dense, du *Logos* déjà dense d'Antiochus d'Ascalon, qui avait d'abord fusionné le Démiurge et l'Âme du Monde de Platon), cela montre simplement que, même dans le régime d'une philosophie confortée par la révélation dans sa vision assumée du Seigneur Créateur, le mystère

62. *Μεταξύ* signifie « au milieu ». La métaphysique antique exige un élément intermédiaire entre Dieu et le monde, comme Platon en donne une formulation exemplaire : « Que ces deux termes forment seuls une belle composition, ce n'est pas possible sans un troisième. Il faut qu'il y ait au milieu d'eux quelque lien qui les rapproche tous deux, et de toutes liaisons, la plus belle est celle qui donne l'unité la plus complète » (*Timée* 31BC [n.d.é.]).
63. Cf. PHILON D'ALEXANDRIE *De confusione linguarum* §§ 146-147

obscur de la médiation n'était pas encore complètement découvert. Comme le mystérieux « Ange du Nom » de l'Apocalypse d'Abraham et d'autres traditions juives, le *pontife*[64] cosmique de Philon se cache dans un stupéfiant royaume d'obscurité divine[65]. Une nouvelle doctrine du *Logos* était nécessaire – et elle fut finalement donnée. Le Démiurge de Philon est sorti de l'ombre du Dieu unique.

Le Prologue de Jean et celui, plus concis encore, de l'Épître aux Hébreux, abordés à la lumière du Démiurge platonicien, ouvrent, à mon avis, la grande discussion manquante dans tous nos débats contemporains sur le « monothéisme christologique[66] ». Le Démiurge, ce monstre *Mittelwesen* né du *Timée*, est tout simplement la limite cosmique où tout doit être décidé[67] – ce qui fut finalement le cas à Nicée (c'est-à-dire au moment de la « crise de la christologie »)[68].

§ 1. L'être hypostatique

Il est d'un immense intérêt, pour ce sujet crucial, que l'auteur de l'Épître aux Hébreux n'ait pas seulement (i) conféré à Jésus, en tant que Fils, l'excellence d'un *nom* incommensurablement meilleur que le nom et le rang de tout ange (τοσούτῳ κρείττων γενόμενος τῶν ἀγγέλων ὅσῳ διαφορώτερον παρ' αὐτοὺς κεκληρονόμηκεν ὄνομα – He 1, 4 ; cf. 1, 5-14), pour lequel Jésus reçoit même l'adoration des anges (He 1, 6), mais encore que sa lettre (ii) ait également adopté le διά cosmologique, créatif et « démiurgique », comme Paul et comme Jean dans son Prologue (πάντα δι' αὐτοῦ ἐγένετο, Jean 1, 3) – identifiant Jésus comme le Fils divin δι' οὗ καὶ ἐποίησεν τοὺς αἰῶνας,

64. Philon développe sa doctrine du Logos-prêtre en *Legum allegoriæ* III § 82. Melchisédeq, le prêtre de *Theos Hypsistos* et roi de Salem qui offre le pain et le vin (cf. Gn 14) en est la figure : « les peuples de Moab et Ammon à l'est de la Mer Morte ont refusé le pain et l'eau, mais Melchisédeq offre du vin à la place de l'eau et apportera à nos âmes une boisson pure, afin qu'elles soient remplies d'une ivresse divine plus sobre que la sobriété même ; car il est le Logos-prêtre et possède l'être par soi pour partage » [n.d.é.].

65. Sur ce motif, cf. FOSSUM 1985.

66. Une approche très utile pour élargir le cadre religieux et historique utile à la compréhension du Logos de Jean se trouve chez FREY 2016 p. 189-234

67. Il convient de mentionner ici la tradition interprétative de Platon basée à Tübingen, qui insista sur les « doctrines non écrites » et bouleversa notre compréhension du philosophe. Elle remit en valeur le *Démiurge* (donc le *Timée*) et la doctrine de l'intelligence cosmique pour une compréhension intégrale de Platon. Cf. la 4e partie de REALE 1997 p. 305-434.

68. Cette κρίσις d'une « décision au sujet du Démiurge » peut être considérée comme ma propre tentative de clarifier le titre quelque peu incertain de la conférence (« Crise de la christologie ») pour laquelle le présent document a été préparé.

« par qui [ὁ θεός] a aussi créé les mondes » (He 1, 2). L'Épître aux Hébreux va encore plus loin, en appelant Jésus le Fils ἀπαύγασμα τῆς δόξης καὶ χαρακτὴρ τῆς ὑποστάσεως αὐτοῦ, « le reflet de sa gloire et l'effigie de son *hypostasis* » (He 1, 3).

Ilaria Ramelli, dans une étude révolutionnaire et un tour de force philologique monumental, a révélé le triangle terminologique reliant étroitement cette locution dense dans l'Épître aux Hébreux avec un discours unique sur l'hypostase à la fois chez Philon et plus tard chez Origène[69]. Du côté de Philon (nous en viendrons à Origène plus loin), nous trouvons dans le *De æternitate mundi* une discussion dans laquelle apparaît le sens philosophique très inhabituel, mais lourd de conséquence, de ὑπόστασις en tant que « substance individuelle », une sorte de réalité réellement existante et autonome[70]. D'ailleurs, Philon applique ce sens particulier spécifiquement à l'exemple d'une αυγή, c'est-à-dire à un « rayon » ou « faisceau de lumière », pour savoir si la dérivation d'une telle lumière à partir de son producteur, par exemple à partir d'un charbon ou d'une flamme, aboutit à une seule hypostase ou à deux. Philon décide qu'il n'y a, dans ce cas, qu'une seule ὑπόστασις : l'αυγή en tant que flux lumineux issu de la source « n'a pas d'hypostase propre (καθ' ἑαυτὴν γὰρ ὑπόστασιν οὐκ ἔχει) » ; « elle n'a pas de substance propre » (ὑπόστασιν ἰδίαν οὐκ ἔχει[71]). La réflexion sur le langage est convoquée dans une discussion cosmologique plus large ; néanmoins, la similitude conceptuelle entre la formule « lumière de lumière » de Philon et la dense formule christologique de l'Épître aux Hébreux est très frappante. L'empreinte de l'ὑπόστασις originaire, comme une ἀπαύγασμα = αυγή rayonnant de la gloire divine, est invoquée pour décrire la procession du Fils depuis le Père. Compte tenu des parallèles largement reconnus qui lient déjà Philon et l'Épître aux Hébreux – au point que certains chercheurs acceptent même l'influence directe de Philon sur la lettre –, Ramelli est prête à plaider pour la thèse de la dépendance. Plus prudemment, il est justifié de discerner dans l'apparition soigneusement calculée de ὑπόστασις en He 1, 3 un autre indice de premier ordre du rôle originel de la philosophie gréco-romaine dans l'articulation de la christologie primitive. Dans ce cas, nous recevons un précieux

69. Cf. Ramelli 2012 p. 302-350.

70. Tout le texte du *De æternitate mundi* est profondément lié au *Timée* de Platon (cf. Runia 1986.) Le contexte spécifique des §§ 85-93 est une discussion de cette notion stoïcienne d'*ekpyrosè*, la destruction du monde par le feu, qui contribue à expliquer ici l'apparition du terme ὑπόστασις, qui est à l'origine un concept stoïcien. Il n'est pas impossible que Philon s'appuie ici sur quelque source issue du Portique.

71. Philon d'Alexandrie, *De æternitate mundi* §§ 88 ; 92.

indice métaphorique et métaphysique qui explique comment l'agent créateur (démiurgique ?) du cosmos est lié à Dieu.

Il ne faut pas négliger, bien sûr, que le langage de l'Épître aux Hébreux sur le reflet lumineux de la gloire de Dieu avait déjà été adopté pour *Sophia* dans le Livre de la Sagesse :

> Car elle est un souffle de la puissance de Dieu, et une émanation (ἀπόρροια) pure de la gloire (δόξης) du Tout-Puissant, c'est pourquoi rien de souillé ne peut l'atteindre. Car elle est un reflet de la lumière éternelle (ἀπαύγασμα γάρ ἐστιν φωτὸς ἀϊδίου), un miroir sans tache de l'œuvre de Dieu, l'image de sa bonté (Sg 7, 25-26).

En Sg 7, la terminologie ontologique spécifique ὑπόστασις n'est jamais employée comme chez Philon et dans l'Épître aux Hébreux. Néanmoins, depuis les travaux de Wilhelm Bousset, il est devenu habituel pour les chercheurs de décrire ce type de présentation de la Sagesse et d'autres personnifications similaires – le Nom divin, la *Shekina*, la *memra*, le *Logos*, et ainsi de suite – en utilisant le langage explicite de l'« hypostase ».

L'identification de tels agents « hypostatiques » dans les sources juives façonne aujourd'hui explicitement notre interprétation de Philon. Roberto Radice, par exemple, s'appuie sur cet usage savant pour expliquer la doctrine de la création de Philon, lorsqu'il affirme que « l'utilisation par Philon du *Logos* comme hypostase n'a pas de parallèle dans les textes médioplatoniciens », alors que cet usage « est constamment présent dans un cadre judéo-hellénistique »[72]. Radice mentionne explicitement l'Évangile de Jean et va jusqu'à dire que l'absence de parallèles médioplatoniciens constitue, à son avis, « la preuve de l'origine biblique du *Logos* comme hypostase, une notion qui n'aurait pas pu être partagée par des penseurs en dehors de la tradition mosaïque ».

Il est important, je pense, de ne pas confondre les ressources techniques et conceptuelles d'un lexique métaphysique ancien et une convention savante spécifiquement moderne qui est, en fait, sujette à caution. C'est Origène, et non Philon ni Jean d'ailleurs, qui semble être responsable de la première description du *Logos* en utilisant le langage explicite de l'ὑπόστασις, avec la portée ontologique considérable et réfléchie que ce mot impliquait. En effet, la compréhension par Philon de la métaphysique de la lumière, telle qu'elle vient d'être examinée, va à l'encontre de la reconnaissance d'une Sophia « hypostatique » dans l'imagerie de Sagesse 7.

72. Radice 2009 p. 137.

Ce n'est donc pas sans raison que Hurtado, dans le cadre de son opposition plus large au programme de Bousset, rejette ouvertement le langage très marqué des « hypostases » dans l'étude des sources du Second Temple, ainsi que son implication des *Zwischenwesen* réellement existantes et suréminentes, c'est-à-dire d'« entités quasi divines réelles distinctes de Dieu[73] ». La préférence de Hurtado pour une terminologie analytique alternative des « attributs divins personnifiés » transpose le phénomène dans l'ordre rhétorique, et efface ainsi ces personnages en tant qu'agent(s) médiateur(s) réellement existant(s). Cette position élimine brusquement la thèse suspecte de Schäfer, celle des « deux Dieux dans le Ciel », mais elle interprète aussi l'arrière-plan critique du Prologue johannique comme étant essentiellement une forme de « mythologie » juive, une manière imaginative pour l'ancien discours juif de décrire les interactions du Dieu transcendant avec le monde[74].

§ 2. Mythe et métaphysique

Le registre nettement mythique du *Timée,* avec son Démiurge bavard (41ab) et ses principes cosmiques personnifiés, n'est pas sans rapport avec les préoccupations de Hurtado et avec les évocations juives d'êtres divins personnifiés agissant dans le monde. Ce point devient d'autant plus clair si l'on considère le vaste et créatif corpus de littérature hellénistique que la présentation cosmogonique de Platon a directement suscité. Par diverses voies, le *Timée* lui-même s'était infiltré dans le courant juif hellénistique, non seulement chez des auteurs comme Philon, dont la doctrine hautement métaphorique et personnifiée du *Logos* a été décrite, mais aussi dans le texte de la Septante lui-même, notamment pour sa version de la création du cosmos dans la Genèse[75]. La *Sophia* personnifiée dans le Livre de la Sagesse doit sûrement en tenir compte. Le fait que le discours de Jean sur le *Logos* créateur puisse également s'inscrire dans une forme de cosmogonie mythique n'est pas du tout à écarter.

La paraphrase du Prologue johannique conservée dans la *Préparation évangélique* d'Eusèbe de Césarée (XI, XIX, 1-5) et attribuée à Amelius,

73. HURTADO 1998.

74. La perspective de Hurtado, à ce stade, tend à attribuer aux sources juives une théologie sabellienne/modaliste, par opposition au caractère arien/subordinationiste de sa christologie. Cf. *supra* ch. 7.

75. Cf. la démonstration de l'utilisation du *Timée* dans les versions grecques de Gn 1-2, chez RÖSEL 1994 p. 25-55 et Pr 8, 22-31 chez SILLY 2020, surtout p. 200-212 ; *index* p. 569.

un platonicien du IIIe siècle, lecteur avide de Numenius et étudiant de Plotin à Rome, expose en fait de manière très utile comment un philosophe antique était susceptible d'entendre les premiers mots solennels du IVe Évangile[76]. Le prisme littéraire d'Amelius l'amène à percevoir précisément en Jean 1 une fusion, inspirée du *Timée,* entre métaphysique et mythe. Samuel Vollenweider propose l'évaluation suivante :

> Il semble qu'Amelius identifie le *Logos* johannique avec le Démiurge, c'est-à-dire le *Noūs*, qui est à son tour différencié de manière triadique. La descente du *Logos* se rapporterait alors plus précisément au deuxième ou au troisième Démiurge, qui s'occupe de la répartition de ce qui est supérieur dans le cosmos matériel, tout en émanant lui-même dans la division. Le pont entre le *Noūs* démiurgique et le *Logos* était évident pour l'élève de Plotin, puisque le maître l'avait lui-même attribué à la deuxième hypostase. L'exégèse allégorique d'un passage du *Timée*, à savoir le discours du Démiurge (λέγει) aux jeunes dieux (41a), a pu également conduire à cette conclusion. Enfin, la restauration de l'originel, à laquelle Amelius réduit le récit johannique de Pâques à la fin de sa paraphrase, acquiert un profil clair à partir de sa métaphysique néoplatonicienne : il s'agit du retour de l'esprit démiurgique à sa propre origine (ἐπιστροφή)[77].

L'identification du *Logos* de Jean au Démiurge, le second Dieu de Numenius, et la détection d'un grand mouvement *exitus-reditus* font que le message de l'Évangile apparaît à Amelius digne d'une attention révérencieuse, comme tout autre mythe religieux pour la réflexion d'un médio- ou néoplatonicien du IIIe siècle. Plus précisément, le Prologue est un code allégorique pour la spéculation cosmogonique. En tant que variation de l'histoire de la Genèse, le récit de Jean avait manifestement un statut discursif semblable à celui d'un texte comme l'*Hypostase des Archontes*, même si son langage était beaucoup plus sublime et concis[78].

Une rectification orthodoxe de cette lecture démiurgique, à tendance gnostique, des affirmations de Jean sur le *Logos* créateur, requiert au moins deux ajustements critiques. Premièrement, la forme mythologique du mouvement du Prologue, de la présence éternelle auprès de Dieu à la création du monde,

76. Pour une étude de la réception fréquente du Logos de Jean dans une acception philosophique, cf. FREY 2016 p. 197-201.

77. VOLLENWEIDER 2009 p. 388.

78. Sur ce texte, cf. Roger BULLARD 1989 p. 220-226 ; édition française in *Écrits gnostiques*, éd. Jean-Pierre MAHÉ et Paul-Hubert POIRIER p. 385 *sq.* (Bibliothèque de la Pléiade).

et à l'*homo factus est*, peut être librement reconnue, au moins dans le sens originel du *mythos*, en tant qu'intrigue et aussi dans le sens plus fort du *mythos* en tant qu'histoire spécifique des dieux (Northrop Frye). Mais le récit doit, néanmoins, être aussi compris – au moins dans sa prétention – comme « un mythe vrai [...] un mythe [...] avec cette importante différence, qu'il est réellement arrivé » (C. S. Lewis)[79]. La rhétorique emphatique du témoin oculaire de Jean au point culminant du mouvement d'incarnation du même Prologue oblige à elle seule à cet ajustement vital (Jn 1, 14 ; cf. 19, 35 ; 1 Jean 1-4). Le fait qu'un philosophe antique et platonicien comme Justin ait été si conscient de la question, et ait pris soin de séparer sa théologie du *Logos* et ses thèses personnelles (notamment en ce qui concerne l'Incarnation), de la mythologie gréco-romaine pourtant peu différente, témoigne de la dimension historique concrète que comporte la réflexion métaphysique chrétienne primitive (cf. *1re Apologie* 21 – XXI-XXII ; XXXIII ; LIV ; LXVII ; *Dialogue avec Tryphon* LXVII[80]). Les affirmations historiques de l'Évangile épaississent la force ontique du Verbe personnifié de Dieu, par rapport à toutes les restitutions mythiques – même au risque du scandale métaphysique de l'ἐγένετο qui le fait entrer dans la mutabilité en Jean 1, 14[81]. Ce *Logos* se fait réellement homme.

Le second ajustement est plus délicat : il implique de repenser le caractère de la seconde hypostase. Dans une authentique tradition platonicienne, il était déjà parfaitement clair, pour des personnages comme Amelius et Numenius, que l'être absolu, l'*esse* divin, se tient à l'écart de toute mutabilité héraclitéenne en ce monde du devenir et du périssement. L'unicité transcendante de l'*ousia* divine était donc parfaitement claire[82]. Sur la base de cette *opinio communis*, Eusèbe relie donc facilement le *Šema Israël* de Dt 6, 4 à la doctrine monothéiste de Platon dans le *Timée*. Il conclut qu'en ce qui concerne la

79. Northrop FRYE 1984 p. 74-99 ; C. S. LEWIS 2004 p. 976-977 ; du même, 1970 p. 66-67.

80. Sur Justin, le mythe et les histoires de l'Incarnation, cf. *supra* ch. 3.

81. Cf. PARMÉNIDE, « Comment l'être pourrait-il venir à exister ? Et comment pourrait-il accéder au devenir ? » (Πῶς δ' ἂν ἔπειτα πέλοιτὸ ἐόν ; πῶς δ' ἄν κε γένοιτο – frag. Diels-Kranz B 8 v. 19).

82. « L'être divin est [...] et il est non point dans le temps, mais dans l'éternité immuable, intemporelle, sans déclin, sans avant ni après, sans futur ni passé, sans ancien ni récent ; étant un, au contraire, il remplit le toujours, d'un unique maintenant, et seul ce qui existe par soi-même est existence réelle, sans naissance ni futur, sans commencement et sans fin. Ainsi donc, nous devrions en adoration le saluer et l'adresser, ou même, comme certains des Anciens l'ont fait, *Tu es Un*, car la Déité n'est pas beaucoup, comme chacun de nous, un bas assemblage de toutes sortes composé d'innombrables différences surgissant dans ses conditions : mais "être" doit être Un, tout comme l'Un doit "être" : pour l'altérité, en tant que *differentia* d'"être", tend vers un devenir de "non-être" », *apud* EUSÈBE, *Préparation évangélique* XI, XI, 14-15. ; cf. *ib. loc.* XIII-XIV.

Cause première de toutes choses l'accord de l'Écriture et de la philosophie, de Moïse et de Platon, n'admet aucune contestation[83]. Par contre, en ce qui concerne la Cause seconde, que les Écritures hébraïques appellent selon Eusèbe le Verbe de Dieu, l'alignement de la pensée est un peu moins clair et beaucoup plus problématique. En effet, en fin de compte, le semi-arien Eusèbe ne peut dépasser l'*homoiousios* de son propre parti ecclésial, pas plus que Numenius lui-même n'a pu imaginer une procession immanente au sein du Dieu unique[84]. Amelius est bloqué au même lieu conceptuel.

Le passage discursif, dans l'Évangile, du mode mythique à un ordre historique de prédication est capital. Ce passage s'efforce, en effet, de desserrer ce blocage conceptuel et de permettre la percée spéculative nécessaire vers une forme trinitaire de monothéisme. Cette percée implique bien sûr, comme le formulera plus tard Thomas d'Aquin, une précision théorique aiguë qui distingue et unit à la fois les processions divines *ad extra* et *ad intra*[85]. Ce qui, en outre, implique deux choses conjointes : (1) surmonter les explications *ad extra* jumelées mais contrastées : à savoir (dans le langage de l'orthodoxie classique) les tentations du modalisme (sabellianisme) et du subordinationisme (arianisme) ; et (2) concevoir une notion claire des pouvoirs divins *ad intra*, idée clef déjà abordée de manière distincte mais convergente par deux penseurs alexandrins : Philon[86] et, avant lui, Eudore avec son idée de τρόποι[87].

---

83. Cf. EUSÈBE, *op. cit.* XI, XIII-XIV ; sur ce consensus monothéiste partagé entre Juifs et Grecs, cf. *supra* ch. 8.

84. EUSÈBE, *op. cit.* XI, XV-XIX.

85. En *Somme théologique* I^a q.27 a.1, Thomas d'Aquin observe qu'Arius et Sabellius font une erreur similaire en imaginant la *processio* du Fils *secundum quod est ad extra*, à savoir comme un effet extérieur soit résultant en (Arius) ou s'imprégnant sur (Sabellius) une créature. La procession de la Parole divine, cependant, doit être conçue comme intérieure au simple acte de l'*esse* divin (*ad intra*).

86. Les deux pouvoirs de Philon – le bienfaisant et le royal – restent *ad extra* principes de création et de providence. Philon prétend avoir reçu cette doctrine des deux pouvoirs à travers une mystérieuse expérience religieuse. « Mais il y a une pensée supérieure à celles-ci. Elle vient d'une voix dans ma propre âme, qui est souvent possédée par Dieu, et divine là où elle ne sait pas. Cette pensée, je l'enregistrerai avec des mots si je le peux. La voix m'a dit que si Dieu est vraiment un, Ses pouvoirs les plus élevés et les plus importants sont deux, même la bonté et la souveraineté. Par Sa bonté, Il a engendré tout ce qui est, par Sa souveraineté, Il gouverne ce qu'Il a engendré. Et au milieu des deux, il y a un tiers qui les unit : Raison, car c'est par la raison que Dieu est à la fois chef et bon », *De Cherubim* § 27 ; cf. *De specialibus legibus* III §§ 1-6 ; *De somniis* II § 252.

87. « Eudore entend rendre compte des données complexes du *Timée* de Platon. Il distingue deux modes (τρόποι) pour l'Un d'être principe : au sens absolu, où il se suffit à lui-même et ne tolère aucune prédication ; d'une manière relative, par rapport aux êtres de l'univers. La distinction des modes de la principialité de l'Un permet de situer une certaine dualité dans le principe,

§ 3. Lumen de Lumine : la métaphysique d'une métaphore (et les Mystères)

Le *Logos* subsistant dans une chair d'homme appartient de plein droit à l'histoire. Il requiert encore une qualification philosophique tout aussi rigoureuse. Le terme ontologiquement chargé que l'Épître aux Hébreux appliquait à l'être propre du Père était explicitement étendu au Fils : ὑπόστασις. Origène (comme l'a montré Ramelli) a été le premier à franchir ce pas interprétatif capital, mais soigneusement mesuré. Suivant l'usage de Philon, Origène adopta un sens technique d'ὑπόστασις pour signifier une « substance individuelle ». Ce choix lui servit à la fois à nier la réalité de divinités païennes mythiques comme Athéna (*Contre Celse* III, 23 ; VIII, 67) et, surtout, à affirmer, contre la spéculation valentinienne, la pleine réalité du Fils, comme quelqu'un de substantiellement plus consistant qu'un simple aspect ou apparence (modaliste) du Père[88]. La construction ἀπαύγασμα τῆς δόξης καὶ χαρακτὴρ τῆς ὑποστάσεως [θεοῦ] de l'Épître aux Hébreux a donc été comprise (i) comme portant ce même sens philonien de ὑπόστασις et (ii) pour impliquer que le χαρακτὴρ/ἀπαύγασμα de l'être hypostatique du Père était plus qu'une projection sans substance, ou une ombre lumineuse instable. Le Fils-*Logos*-Christ, « devenu pour un temps inférieur aux anges » (He 2, 7), est une réalité individuelle par rapport au Père, réellement existante.

Avec cette affirmation, Origène a soutenu lucidement, s'opposant ici à Philon, que, dans le cas de l'engendrement du Fils par le Père en tant que *Lumen de Lumine*, il y avait, en fait, deux ὑποστάσεις distinctes en jeu. Le « caractère » ou « l'empreinte » d'une hypostase divine est une seconde hypostase divine.

---

en lui-même et en tant qu'il se distingue de la nature. Cette dualité préfigure les puissances qui instaurent une médiation entre la transcendance divine et l'immanence. Le principe est ainsi purement transcendant, il n'a dans son absolu aucun engagement dans le multiple. Puisque la génération est éternelle, l'Un doit en être le principe mais selon un autre mode qui n'est pas celui en vertu duquel il est l'Un absolument. Par conséquent, l'élément intermédiaire ne l'est que par rapport à nous, non par rapport au principe auquel il s'identifie et ne se distingue que par le mode. C'est toujours l'Un qui est principe, mais selon la diversité de ses modes. Il s'agit d'une pensée rigoureusement monothéiste, qui a laissé des traces profondes chez Philon », SILLY 2020 p. 12 ; « la division des deux strophes [*i.e. Pr 8, 22-25/26-31* LXX] correspond à la distinction entre un agir intérieur à Dieu et un agir extérieur à lui », *ib. loc.* p. 160.

88. ORIGÈNE, *Commentaire sur saint Jean* X, XXXVII § 246 ; cf. RAMELLI *op. cit.* p. 303-306.

Il est approprié de parler de l'ὑπόστασις du Père, ainsi que cela se constate aisément. L'auteur de He 1, 3 l'affirmait déjà conceptuellement en proposant une reformulation métaphysique de la rhétorique judéo-hellénistique de Sg 7, 25-26. La réalité concrète de la *Sophia* personnifiée (est-elle hypostatique ou non ?) pouvait demeurer dans le flou dans ce même contexte. L'ὑπόστασις du Fils est à son tour manifeste à condition de lire la formule de l'Épître aux Hébreux avec l'histoire du salut en arrière-plan[89], par inférence à partir de Jean 1, 14 – à savoir, de l'auto-révélation du *Logos* en tant qu'individu réellement existant, subsistant, manifesté dans la démonstration de la *doxa* divine resplendissante. À travers l'économie du salut, le *resplendissement* (ἀπαύγασμα) de l'ὑπόστασις du Père était reconnu dans l'Épître aux Hébreux (tout comme le développement propre à Jean sur la « gloire ») comme ontologiquement égal à sa source. Origène est ferme sur ce point et s'oppose directement à ceux qui voudraient le nier (δύο εἶναι ὑποστάσεις, *Contre Celse* VIII, 12). Pour cette raison, il fut spécifiquement accusé d'avoir introduit dans son commentaire, aujourd'hui perdu, sur l'Épître aux Hébreux « deux principes de lumière », comme le rapporte Pamphile dans son *Apologie d'Origène* (§ L)[90]. D'une manière révolutionnaire, tout en suivant simplement les données du Nouveau Testament, Origène identifie les agents divins de l'histoire du salut (*Heilsgeschichte*) aux ἀρχαί individuels et substantiels de la raison philosophique classique : le Père et le Fils (ainsi que le Saint-Esprit) sont les personnifications réelles des principes qui sous-tendent le cosmos[91].

En dépassant la première métaphysique philonienne de la lumière, basée sur l'analogie tirée de la création comme les bougies et les charbons, Origène fait courir un risque évident à l'intégrité de son monothéisme strict (au moins dans la mesure du culte rendu au Verbe). Plus précisément, la constellation conceptuelle où flotte une dyade hypostatique posée entre la lumière et son reflet convient très facilement à une construction démiurgique. La métaphysique de la lumière peut revenir littéralement à jouer avec le feu. Une lecture gnostique du Prologue de Jean considère en effet la naissance du *Logos* en tant que *Lumen de Lumine* comme un morceau de lumière individuel

89. En allemand *Heilsgeschichte* dans le texte.

90. Ramelli *op. cit.* p. 343-344.

91. Les principes visés dans le titre du Περὶ Ἀρχῶν ne sont pas la triade cosmogonique platonicienne classique de l'Un, les Idées et la Matière, mais plutôt le Père, le Fils et le Saint-Esprit. « Les faits du salut sont devenus pour lui [Origène] un moyen de compréhension du monde, le rang des êtres est considéré comme fonction de leur état de grâce », von Ivanka, 1990, p. 110-114, ici 113.

et substantiel, donc implicitement hypostatique, mais par conséquent dérivé, créé, subordonné et inégal : une « étincelle » (σπινθήρ) divine.

Dans le *Livre des secrets de Jean*, on décrit la naissance du μονογενής du Père à partir de la lumière :

> Telle est la pentade des éons androgynes, qui constitue la décade des éons, c'est-à-dire le Père. Et (l'Esprit) regarda vers Barbelô par le biais de la lumière pure qui entoure l'invisible Esprit et dans son flamboiement. Elle conçut de lui et il donna naissance à une étincelle (σπινθήρ) de lumière, à l'image de la lumière bienheureuse, mais ne lui est étant pas égale en grandeur. C'est le Monogène (μονογενής) de la Mère-Père que [le Père] a manifesté, le divin auto-généré (αὐτογένητος), le Monogène du Père, la pure lumière[92].

Sans ambiguïté, ce Fils premier-né du Père « auto-généré » est un Démiurge de type arien, indubitablement inégal à son principe d'engendrement. On ne cherchera pas à occulter la pertinence d'un tel texte, en insistant sur la dépendance ultérieure de l'apocryphe à l'Évangile de Jean. C'est précisément ce rapport qui nous permet de voir comment la langue du Nouveau Testament était comprise par les anciens lecteurs. Il faut avant tout souligner l'ajustement critique de l'Apocryphe d'ἀπαύγασμα à σπινθήρ, car le déplacement de la métaphore représente un déplacement corrélatif de la métaphysique. L'« étincelle » se détache et se maintient fragilement dans l'être, à une distance radicalement indépendante du feu auto-engendré et générateur d'étincelles. Ce fils-étincelle, qui est nommé Christ, est indubitablement une créature inférieure et subordonnée. En revanche, le Père-Lumière du Nouveau Testament, avec son rayonnement-*Logos*, révèle une relation entièrement différente.

Le saut implicite dans l'ordre transcendant et immuable de l'être divin s'opère dans ce qui pourrait être la plus importante des nombreuses attestations de He 1, 3 dans tout le corpus d'Origène : un fragment du Περὶ Ἀρχῶν (fr. 33), si effrontément anti-arien *avant la lettre*[93] qu'au plus fort de la crise Athanase le cite textuellement[94].

> S'il est « l'image du Dieu invisible » (εἰκὼν τοῦ θεοῦ τοῦ ἀοράτου), il est une image invisible (ἀόρατος εἰκών). J'oserais même ajouter que,

92. 6, 9-20 in *Écrits gnostiques*, éd. Jean-Pierre MAHÉ et Paul-Hubert POIRIER p. 265 (Bibliothèque de la Pléiade – légèrement modifié).
93. En français dans le texte [n.d.é.].
94. Cf. ATHANASE D'ALEXANDRIE, *Epistola de decretis nicænæ synodi* 27, 1-2.

étant également semblable (ὁμοιότης) au Père, il n'y a pas de temps où il n'ait pas existé (οὐκ ἔστιν ὅτε οὐκ ἦν). En effet, quand est-ce que Dieu, qui, selon Jean, est appelé Lumière (« Car Dieu est Lumière » [ὁ θεὸς γὰρ φῶς ἐστιν]), n'a pas eu un resplendissement (ἀπαύγασμα) de sa propre gloire, pour que quelqu'un ose poser un commencement (ἀρχὴν) du Fils, alors qu'il n'existait pas auparavant (πρότερον οὐκ ὄντος) ? Quand est-ce que l'image et l'impression de la substance ineffable et inexprimable du Père (ἀφθέγκτου ὑποστάσεως τοῦ Πατρὸς), l'empreinte (ὁ χαρακτὴρ), le *Logos* qui connaît le Père, n'existait pas ? Celui qui ose dire : « Il fut un temps où le Fils n'existait pas » (Ἦν ποτε ὅτε οὐκ ἦν ὁ Υἱὸς) doit considérer qu'il affirmera aussi : « Il fut un temps où la Sagesse n'existait pas, le *Logos* n'existait pas, la Vie n'existait pas[95]. »

Ici convergent des métaphores néotestamentaires étroitement liées – image, reflet, empreinte, lumière. Origène les contemple dans l'*ousia* de Dieu, implicitement évoquée par Col 1, 15, « le Dieu invisible ». Dieu est invisible : l'*alpha* privatif d'ἀόρατος dans Colossiens fait résonner la même théologie négative de la nature divine, désormais familière après tant d'autres hymnes hellénistiques. Thomas d'Aquin, dans son commentaire du verset, a encore compris ce message métaphysique avec une parfaite précision :

> Dieu est dit invisible car il excède la capacité de vision de tout intellect créé, de sorte que nul intellect créé ne peut atteindre son essence par une connaissance naturelle[96].

Nous devons donc reconnaître ici le raccourci habituel affirmant l'être de Dieu au-delà de l'être créé. Embrassant ce même registre et percevant l'hyper-prédication paulinienne d'un ἀόρατος εἰκών, Origène reconnaît que le Fils, en tant que resplendissement de Dieu, doit inévitablement partager co-éternellement la nature du Père, mystérieuse lumière invisible[97].

95. ORIGÈNE, *De principiis* IV, IV, 1 (fragment grec in *Origenes Werke,* éd. KOETSCHAU 5. Bd [GCS 19] p. 349 l.16 - 350 l.3) traduction citée par RAMELLI (*loc. cit.* p. 310) modifiée.
96. THOMAS D'AQUIN, *Commentaire sur les Colossiens* lect. IV – ad. 1, 15.
97. La réfutation de l'arianisme par Thomas sur la base de Col 1, 15 récupère Hé 1, 3 comme un intertexte et déploie un raisonnement semblable à celui d'Origène : « Quant au second point, il faut savoir que les ariens ont mal compris cette parole, interprétant l'image de Dieu comme cela se faisait chez les Anciens : ils voyaient ceux qui leur étaient chers soustraits [à leur affection], comme nous le faisons, nous, pour les images des saints : nous ne les voyons pas dans leur substance même, mais nous les voyons en image. Ils disent donc que le caractère invisible est le propre du Père et que le Fils est d'abord visible, en lequel se manifeste la bonté du Père.

Un équilibrage ontologique ordonné des plans hypostatiques et essentiels de l'être divin ne fut évidemment pas l'œuvre d'un jour. Ramelli semble un peu trop optimiste sur le succès d'Origène à ce propos. Il a fallu surtout du temps pour articuler l'enchevêtrement élégant, dans l'ordre hypostatique, des modes immanents et économiques distincts de l'action divine. Et encore du temps pour la séparation nette de l'essence créée et incréée dans ce lieu spécial de l'union divine-cosmique, une intersection qui traverse mystérieusement les modes d'être *ad extra* et *ad intra* de Dieu, dans la personne même du Fils éternel[98]. Néanmoins, les coordonnées trinitaires d'un monothéisme christologique complet sont toutes exégétiquement et doctrinalement en place.

Le *topos* de la lumière, qui commande la pensée d'Origène, entre finalement dans la formule canonique du Credo et se révèle ainsi comme un lieu éminemment important de la réflexion christologique, n'est pas moins important que la théologie hymnique, avec ses négations philosophiques et sa métaphysique prépositionnelle – du moins, si l'on veut que la question du Démiurge trouve une résolution monothéiste convaincante dans les termes clairs du Nouveau Testament. « Dieu est lumière et en lui il n'y a pas de ténèbres du tout » (1 Jn 1, 5 ; cf. Jn 1, 5 et He 1, 3) ; « Lui seul a l'immortalité et demeure dans une lumière inaccessible (φῶς οἰκῶν ἀπρόσιτον) » (1 Tm 6, 6). Concevoir le *Logos* comme la Lumière réfléchie du Père n'est pas simplement une jolie métaphore (bien que ça le soit aussi), comme notre exégèse l'affirmer paresseusement. La christologie primitive est ici, une fois de plus, en contact direct avec le discours cosmologique de la philosophie antique[99]. Et comme toujours la *latreia* gréco-romaine n'est pas loin.

La désignation explicite de *Theos Hypsistos* comme Ether, déjà citée, une divinité qui voit tout et qui « habite dans le feu », révèle le culte grec du Dieu unique sous la forme d'un culte solaire. Il s'agit d'un lien au moins aussi

---

Ce serait comme si le Père était vraiment invisible, mais le Fils visible et qu'ainsi ils seraient d'une nature différente. L'Apôtre exclut cette interprétation en disant : *"[Le Fils] qui est le rayonnement de sa gloire et l'empreinte de sa substance,* etc." (He 1, 3). Ainsi [le Fils] est l'image non seulement de Dieu invisible, mais il est lui-même invisible comme le Père : *Il est l'image du Dieu invisible* ». *Ib.*

98. Cf. Ramelli *op. cit.* p. 334 pour un texte remarquable du *Contre les chrétiens* de Porphyre, dans lequel ce dernier « critique ouvertement la présentation johannique du Christ comme *Logos* de Dieu, en la lisant à travers le prisme d'Origène, qui comprend le Fils comme ayant la même οὐσία que le Père, mais une autre ὑπόστασις ».

99. Cf. Corey, 2016. Commençant par les pré-socratiques, en passant par la période hellénistique jusqu'à l'époque gréco-romaine, la lumière et l'éther ardent étaient au centre des spéculations des philosophes sur le caractère de l'*archè* absolue et du royaume du divin. Cf. Lyman 1993 pour une approche liée à la christologie patristique.

ancien que le monothéisme païen d'Akhenaton qui s'est propagé au moins aussi loin que le discours philosophique *à Hélios-roi* de Julien l'apostat[100]. Comment expliquer cette tradition liturgique ? Il serait vain de n'y voir qu'un vestige grossier d'un culte ignorant et servile rendu aux astres. Elle cache, comme un mystère, un *topos* philosophique platonicien. Le « soleil hypercosmique » anime manifestement ce culte solaire, et peut-être aussi d'autres, comme les mystères mithriaques de *Sol Invictus*. Hans Yohanan Levy et d'autres ont montré que, dans le milieu théurgique du médioplatonisme, on faisait une distinction « entre deux corps ardents : un de nature noétique et le soleil visible » et que l'image explicite que Platon donne du soleil pour représenter la forme idéale du Bien suprême est à l'origine de cet usage (*République* 508A)[101]. Des lumières jumelles, l'une visible et l'autre invisible, l'une appartenant au cosmos et l'autre le transcendant, se trouvaient donc dans une relation intime d'hyper-prédication :

> De la lumière, [Moïse] dit qu'elle est suréminemment belle (ὑπερβαλλόντως καλόν – cf. Gn 1, 4) : car l'intelligible (τὸ νοητὸν) surpasse de loin le visible en luminosité et en éclat (λαμπρότερόν τε καὶ αὐγοειδέστερον), autant, à mon avis, que la lumière du soleil surpasse assurément les ténèbres et le jour la nuit, et l'intellect (νοῦς), qui conduit l'âme tout entière, les yeux du corps. Or cette lumière invisible et intelligible (τὸ δὲ ἀόρατον καὶ νοητὸν φῶς ἐκεῖνο) a été créée à l'image du Logos divin (θείου λόγου γέγονεν εἰκών), du Logos qui explique sa genèse (διερμηνεύσαντος τὴν γένεσιν αὐτοῦ) : elle est une étoile au-delà des cieux (ὑπερουράνιος ἀστήρ), source des astres sensibles. Il ne serait pas

100. In Julien empereur, *Discours* XI [CUF – t. II 2e partie]. La période ouvrant l'éloge par Julien fait bien saisir l'ambiance : « Cet univers divin et tout à fait beau, depuis la plus haute voûte du ciel jusqu'à la plus basse extrémité de la terre, est uni par la providence continuelle du dieu, existe depuis l'éternité sans génération, est impérissable pour les temps à venir, et n'est gardé immédiatement par rien d'autre que la Cinquième Substance [c'est-à-dire l'éther], dont le point culminant est les rayons du soleil ; et au second degré et au-dessus, pour ainsi dire, par le monde intelligible ; mais dans un sens encore plus élevé, il est gardé par le Roi de tout l'univers, qui est le centre de toutes les choses qui existent. Par conséquent, s'il est juste de l'appeler le Supra-Intelligible (τὸ ἐπέκεινα τοῦ νοῦ), ou l'Idée de l'Être, et par Être je veux dire toute la région intelligible, ou l'Un (τὸ ἕν), puisque l'Un semble en quelque sorte être avant tout le reste, ou, pour utiliser le nom de Platon pour lui, le Bien ; en tout cas cette cause non composée du tout révèle à toute existence la beauté, la perfection, l'unité, et la puissance irrésistible ; et en vertu de la substance créatrice primitive qui demeure en elle, produit, comme milieu parmi les causes moyennes et intellectuelles, créatrices, Hélios le dieu le plus puissant, procédant de lui-même et en toutes choses comme à lui-même » (§ 132D).

101. Hans Yohanan Levy 2001 p. 151-152.

mauvais de la nommer « clarté universelle » (παναύγειαν), pour signifier celle d'où le Soleil et la Lune, ainsi que les étoiles fixes et les planètes tirent, chacun selon sa puissance, cette clarté (αὐγῆς) pure et sans mélange s'obscurcissant quand elle commence à se convertir par le changement qui la fait passer de l'intelligible au sensible. Il n'y a rien de pur en effet dans ce que contient la sensation[102].

Les corps célestes, bien sûr, sont les esprits angéliques. Une « source des astres sensibles » (πηγὴ τῶν αἰσθητῶν ἀστέρων), une cascade de lumière, se déverse du pur esprit divin selon les degrés de la hiérarchie céleste ; elle se répand dans le cosmos obscur et l'éclaire, car les natures créées sont capables de recevoir la lumière du *Noūs*, reflétant le rayonnement qui descend de celui que Philon appelle ailleurs simplement « le soleil intelligible » (τὸν νοητὸν ἥλιον) : le « Père et créateur, le Dieu incréé [...] l'Un véritablement existant », celui qui seul possède « l'être immuable[103] ». Le soleil visible n'est lui-même que l'image de cette lumière invisible et rationnelle : le *Logos* divin.

Que pouvait savoir la christologie primitive, dont on connaît le discours johannique sur le Verbe – lumière, de cette « étoile au-delà des cieux » et d'une image cosmique du *Logos* invisible ? Lorsque les premiers chrétiens se réunissaient *ante lucem* « le premier jour de la semaine, qui est appelé le jour du Soleil » (Justin, *1re Apologie* LXVII), et chantant des hymnes au Christ *quasi Deo* (Pline le Jeune, *Lettre 96*), des hymnes comme Ph 2, Col 1, et le Φῶς Ἱλαρόν – la plus ancienne hymne chrétienne en dehors du Nouveau Testament[104], cantique à la louange de la lumière divine chanté au coucher du soleil –, à qui et à quoi comprenaient-ils qu'ils offraient leur culte et leur adoration[105] ? En Asie Mineure, Pline décida que, quelle que soit leur croyance (*qualecumque essent quod faterentur*), s'ils n'invoquaient pas et n'adoraient pas les dieux, n'offraient pas d'encens à César et n'adoraient pas les images et les statues, ils méritaient la mort. Certains s'exécutèrent, d'autres affrontèrent courageusement leur destin. Fût-ce au prix de leur vie, ils choisirent de ne pas trahir la « glorieuse lumière » qui était le reflet de la gloire immortelle du Père (φῶς ἱλαρὸν ἁγίας δόξης/ἀθανάτου Πατρός) : Jésus-Christ, qui est ressuscité comme le soleil couchant et le soleil levant.

---

102. PHILON D'ALEXANDRIE, *De opificio mundi* §§ 30-31.
103. *Id. Quæstiones in Genesim* IV § 1.
104. Cf. *Constitutions apostoliques* VIII, 34.
105. Le Φῶς Ἱλαρόν était déjà considéré par Basile de Césarée comme une hymne ancienne lorsqu'il l'invoquait pour soutenir la divinité de l'Esprit sur la base de sa seconde strophe (*Traité du Saint-Esprit,* XXIX, 73 – 205A).

Quant à Pline et aux juges de son espèce, leur discernement théologique manquait de finesse. « L'homme n'est pas digne du nom de philosophe qui témoigne publiquement contre nous dans des matières qu'il ne comprend pas, en disant que les chrétiens sont athées et impies », dit Justin dans sa 2e *Apologie* (§ III)[106]. Qui est digne du noble nom de philosophe, et qui comprend vraiment le divin ? Celui dont la vie et la mort sont ordonnées au juste culte du seul vrai Dieu. Plus révélatrice que tout « motif de refus d'adoration » littéraire et angélique est donc la décision réelle, de vie ou de mort, de ces adeptes de la « philosophie divine » (φιλοσοφιάν θείαν) du Christ, qui ont refusé d'offrir un faux culte et ont ainsi embrassé le destin archétypique de la vie philosophique. En effet, « Socrate [...] fut accusé des mêmes crimes que nous-mêmes. Car on disait qu'il introduisait de nouvelles divinités et qu'il ne considérait pas comme des dieux ceux que la Cité reconnaissait » (2e *Apologie* § X). Et pourtant, bien que Socrate les ait « exhortés à connaître le Dieu qui leur était inconnu, par l'investigation de la raison », son enseignement restait la possession d'une élite, et personne n'osait mourir pour la doctrine de Socrate sur le Père et Créateur/Démiurge de tous (πατέρα καὶ δημιουργὸν παντῶν). La même doctrine du Fils éternel sur l'unicité du Créateur et du Père était cependant plus puissante, et elle fut rendue publique, de sorte que « non seulement les philosophes et les savants crurent, mais aussi les artisans et les gens complètement incultes » (*id. loc.*). Comme une nouvelle nation de philosophes, ces croyants simples et sages ont hardiment tenu la souffrance et la mort en haut mépris, choisissant de mourir à la manière de leur « roi sage » (Mara bar Serapion) afin de participer et d'imiter (ἡ μετουσία καὶ μίμησις) corporellement la grâce de la propre passion du *Logos*. Le monothéisme christologique du culte sacrificiel des martyrs à la Sagesse de Dieu faite chair, leur offrande à cette Raison divine plus sage que les hommes, se trouvait au centre du nouveau culte et de la mystique de la véritable *latreia* spirituelle (ἡ λογικὴ λατρεία ; cf. Rm 12, 1)[107].

---

106. Sur les enjeux entourant la paternité de la 2e *Apologie*, Cf. Arnold EHRHARDT 1953 p. 1-12.

107. « Je confesse que je me vante et que je m'efforce de toutes mes forces d'être un chrétien ; non parce que les enseignements de Platon diffèrent de ceux du Christ, mais parce qu'ils ne sont pas semblables en tous points, comme ne le sont pas non plus ceux des autres, stoïciens, poètes et historiens. Car chaque homme parlait bien proportionnellement à la part qu'il avait du mot spermatique, voyant ce qui s'y rattachait [...]. Tout ce qui a été dit à juste titre parmi tous les hommes, est la propriété de nous, chrétiens. Car à côté de Dieu nous adorons et nous aimons le *Logos* qui vient du Dieu non engendré et ineffable, puisqu'il s'est fait homme pour nous, afin qu'en participant à nos souffrances il puisse aussi nous apporter la guérison. Car la semence et l'imitation selon la capacité est une chose, et la chose elle-même en est une autre, dont il y a participation et imitation selon la grâce qui vient de lui » (Justin, 2e *Apologie* § XIII).

Un néoplatonisme avant la lettre ?

Qu'est-ce qu'Athènes a à voir avec Jérusalem ? J'ai soutenu ici que prendre l'Aréopagite pour un véritable penseur biblique plutôt que comme un surgeon du néoplatonisme signale un changement de paradigme capital. La Bible et la philosophie ne sont pas fondamentalement opposées. Dans cette ligne, le tournant historique salvateur qu'Origène a finalement pris en nommant le Père, le Fils et le Saint-Esprit comme les trois ἀρχαί à partir desquelles, par lesquelles et pour lesquelles l'ensemble du cosmos existe, pourrait même signaler une raison de repenser le vieux trope de Platon lisant Moïse. Porphyre, semble-t-il, a suffisamment apprécié la cosmologie chrétienne d'Origène pour créer une trinité hypostatique à la sauce néoplatonicienne et la rétrocéder à Plotin[108]. Voilà pour les Hébreux qui dépouillent les Égyptiens et les chrétiens qui pillent les Grecs[109]. Un Phénicien païen (c'est-à-dire un Syrien syncrétiste) chaparde maintenant les idées d'un chrétien alexandrin, au profit d'un philosophe d'une ville romaine (Lycopolis) qui était le centre du labeur missionnaire

---

108. Ramelli a montré de manière provocatrice que le célèbre passage d'*Ennéade* V, 1 de Plotin – *locus classicus* de la « Trinité néoplatonicienne », un texte que Porphyre a intitulé Περὶ τῶν ἀρχικῶν ὑποστάσεων et qui mentionne les trois principales ἀρχαί (l'Un, l'Intellect et l'Âme) – n'atteste certainement pas chez lui l'existence d'un système conceptuel bien défini, que les chrétiens par la suite auraient plagié. Il n'emploie jamais le langage (« orthodoxe ») de l'ὑπόστασις dans un sens technique pour désigner ses trois principes. Cela suggère, selon Ramelli, que Porphyre « inspiré par Origène, dont il connaissait assez bien le travail […] eut peut-être à l'esprit la terminologie technique trinitaire d'Origène de l'ὑπόστασις et son chef-d'œuvre philosophique le Περὶ ἀρχῶν » – Ramelli, *op. cit.* p. 331-334. Porphyre a même essayé, dans son *Histoire de la philosophie* mais de manière peu convaincante, d'attribuer la doctrine hypostatique d'Origène directement à Platon. Séparer chez Origène le platonicien et le docteur chrétien est une interprétation tendancieuse de Porphyre. Elle est symptomatique des visions discutées de la relation entre l'hellénisme et la pensée chrétienne. Cf. Ramelli 2009 p. 217-263. Si l'on identifie l'Origène qui eut pour maître Ammonius Saccas avec celui qui fut placé à la tête de l'école catéchétique d'Alexandrie, et non un païen homonyme, on peut noter que la seule idée que lui attribuent les auteurs païens est d'avoir considéré le premier principe non pas comme l'Un au-delà de l'intellect et de l'être, mais comme l'intellect suprême lui-même et le premier être. En conséquence, il serait plus en ligne avec les conceptions « médio »-platoniciennes traditionnelles (et chrétiennes) qu'avec les idées de Plotin. Cf. Proclus, *Théologie platonicienne* II, 4 (éd. Saffrey p. 31 *sq.*).

109. Eusèbe a ironiquement adopté le titre que donne Porphyre à *Ennéade* V, 1 pour le livre XI de la *Préparation évangélique*, où il tente de démontrer que la triade platonicienne dépend des « oracles juifs ». Sur le thème du « dépouillement des Égyptiens », qui proviendrait d'Origène (Cf. *Lettre d'Origène à Grégoire* § 2 – SC 148 p. 189) et repris par Augustin, cf. Joel Allen 2015 p. 347-355.

gnostique de Mani sur le Nil. Il devient difficile de dire quand cela pointe vraiment vers Athènes.

Insister sur les intérêts philosophiques, cosmologiques et spéculatifs irréductibles et omniprésents du monde gréco-romain et du Nouveau Testament est plus important, pour mon propos, que de décider qui vole quoi à qui. Le fait qu'Athanase ait adopté une théologie prépositionnelle rappelant celle de Paul (reprise et développée plus tard par Basile) devrait nous convaincre de sa *bona fides* en tant que penseur biblique. La vision d'Origène de l'ἐγώ εἰμι johannique comme une exégèse juive hellénistique du nom divin dans Exode 3, 14 n'est pas non plus une eiségèse à mon avis. Il suffit de lire quelques pages de Philon.

Si, dans ce milieu philosophique hellénistique, le Démiurge fournit le critère discriminant, la christologie est confrontée à un véritable défi, comme le prouve l'histoire de l'Église. Pour l'exégète à l'esprit ecclésial, les lignes conciliaires essentielles sont néanmoins claires. Aucune *latreia* pas plus qu'aucune collaboration à l'œuvre de création concédée par les chrétiens au Christ ne peut affirmer avec succès sa divinité sans une certaine notion de la consubstantialité (*homo-ousia*) divine. Cela exige une grammaire proto-dionysienne, hymnique, de l'être transcendant ou une notion de type thomiste de l'*ipsum esse subsistens*. Sans cela, le *Logos* restera un Artisan arien et un super-ange vénéré ; une étincelle divine et un soleil céleste ; au-dessus de toute la création, mais seulement au sommet et pas entièrement au-delà du cosmos.

En vérité, Jésus-Christ est l'éclat *ad extra* d'une empreinte *ad intra* de la lumière intelligible éternelle. Il fait ainsi briller une mystérieuse lumière de gloire éternelle dans le cosmos créé. Amelius a discerné dans le motif johannique du retour de Jésus auprès du Père une image mythique du grand retour cosmique : le retour de toutes choses dans l'*archè*. « Quand j'aurai été élevé de terre, j'attirerai tous les hommes à moi » (Jn 12, 32). Le philosophe païen ne se trompait pas. Le Verbe créateur de Dieu est aussi l'agent rédempteur de Dieu : Celui *à partir duquel*, et aussi *pour lequel*, tout est.

La philosophie païenne le savait sans savoir qu'elle le savait, comme le montre son culte du *Dieu inconnu* (*Agnostos Theos* – cf. Ac 17, 23)[110]. On n'en parle guère, même dans le nouveau paradigme du « Denys paulinien », mais la dynamique architectonique *exitus-reditus* de la phrase sur laquelle s'ouvre la *Hiérarchie céleste* de Denys l'Aréopagite est articulée par une

110. À partir de la théologie négative implicite dans ce titre divin, la scène de l'Aréopage dans les Actes des apôtres suggère que le programme spécifique de la théologie apophatique de Denys ne se contente pas de fournir un personnage en vue d'un stratagème pseudépigraphique. L'étude classique sur ce titre, quoiqu'un peu datée, reste NORDEN 1913.

citation de Rm 11, 36 (sans le διά[111]). « De lui et pour lui, toutes choses sont. » En d'autres termes, la métaphysique biblique de Paul, ou mieux, la métaphysique classique de Paul (qui, à travers Paul, apparaît dans la Bible) contribue à animer ce motif supposé du VIe siècle (qui devient ensuite un motif du XIIIe siècle dans la *Somme* de saint Thomas d'Aquin). De même, le prédicateur philosophique d'Ac 17 active d'autres mouvements majeurs du corpus dionysien identifiés par Constas et Stang. Le retour cosmique à la Cause unique d'où proviennent toutes les créatures n'est pas un mode de pensée non biblique.

Si on peut nommer cela du néoplatonisme *avant la lettre*[112], ou plutôt du « médioplatonisme » pour employer un terme pédagogique trompeur[113], Romains 11 reste un cadre essentiel à nos conceptions de la médiation christologique. D'une part, le διά de 11, 36 ne fait aucune mention du Christ, mais seulement du Dieu suprême : cause première et finale, mais aussi instrumentale. D'autre part, c'est justement cette perspective qui clarifie l'innovation de Paul en 1 Co 8, 6. Car le *de Deo Uno* de Paul, source et *telos* cosmiques, n'est pas encore la solution chrétienne complète. Le Nouveau Testament communique collectivement une expérience du Seigneur d'Israël et de son *Logos* qui fait exploser le cadre doxographique de la philosophie gréco-romaine, mais aussi commence déjà à réassembler les pièces conceptuelles dans un acte doxologique de destruction créatrice. Dans le Christ, une nouvelle structure de médiation entre le Dieu unique et le monde est établie, dépassant le don du Nom fait à Moïse. Et de même que la vraie religion de Moïse a été radicalement reconfigurée, sans être endommagée, mais plutôt accomplie, de même les points de repère de la vraie doctrine philosophique, coordonnés avec le vrai culte religieux (et même un nouveau *Šᵉma*), restent inchangés et pourtant intérieurement transformés dans la vision alternative chrétienne : ils sont imprégnés d'une clarté, d'un contenu et d'une force nouveaux, et recalibrés selon un nouveau système rituel basé sur la croix du Christ.

---

111. STANG (*Apophasis and Pseudonymity* p. 140) est attentif à la question, bien que l'*exitus-reditus* en tant que tel ne soit pas l'une des principales catégories « néoplatoniciennes » sur lesquelles il se concentre. Cependant, comme il le voit avec perspicacité, le processus de divinisation par la participation au Corps du Christ représente une particularité chrétienne, à l'arrière-plan de ce mouvement de retour à Dieu.

112. En français dans le texte [n.d.é.].

113. Ce schéma artificiel de périodisation, tiré des cours d'*Histoire de la philosophie occidentale*, doit être considéré comme un avertissement savant, car un expert comme A. H. Armstrong finit par constater qu'en ce qui concerne le Logos « la doctrine qu'il avait attribuée à Plotin était en fait celle de Philon », ainsi que l'observe Michel René BARNES 2002. Cet auteur suggère que le néoplatonisme d'Augustin est très souvent surévalué par la recherche.

Le destin final du *Logos* ambigu de Philon fut qu'il disparut discrètement, car il n'a pas trouvé de disciples doctrinaux, ce qui s'explique assez bien ; pourtant, le double esprit médioplatonicien de ce contemporain juif de Jésus marque à jamais cette bifurcation théologique essentielle. D'une part, la pensée néoplatonicienne s'est engagée avec enthousiasme dans la voie des émanations successives, distinguant d'abord le Démiurge du Dieu suprême pour le protéger de la souillure de la matière (Numenius), avant d'enterrer finalement cet Artisan comme une relique cosmologique obsolète (Porphyre)[114]. La confession chrétienne, en revanche, a hardiment résisté à ce virage – qui conduisait ultimement à l'impasse d'une monade transcendante inerte – tout comme elle a défié la tentation arienne, en plantant fermement la médiation divine dans l'humanité d'un *Logos* divin par le biais du mécanisme théurgique d'une grâce hypostatique : une solution déifiante dont on n'avait même jamais rêvé auparavant[115]. Comme le révèlent les Évangiles en effet, et comme l'a appris Paul à Athènes, il y a plus de choses dans le ciel et sur la terre (comme le ciel descendu sur la terre) que les philosophes (même juifs) n'ont jamais osé l'imaginer.

Traduit par Marie Salloum

114. Sur l'histoire du concept de démiurge, cf. l'étude utile de Carl Séan O'BRIEN 2015.

115. Cf. la belle étude sur les théurgies paulinienne et platonicienne chez STANG, *op. cit.* p. 105-116.

CHAPITRE 10
DEUX LIEUX DU MONOTHÉISME JUIF À L'ÉPOQUE GRÉCO-ROMAINE

Au cours des dernières décennies, une génération de savants qui ont aujourd'hui atteint leur pleine maturité a œuvré sans trêve à améliorer la représentation que notre époque se fait du monothéisme juif de l'époque du Second Temple. Les enjeux d'une telle entreprise sont évidents, non seulement au regard de notre compréhension du contexte théologique dans lequel s'inscrivent les premiers textes chrétiens, mais aussi en ce qu'elle doit permettre de mieux saisir la connaissance que Jésus a pu avoir de lui-même et du Dieu d'Israël. Ces exégètes aux recherches plus ou moins connexes se sont souvent vus quelque peu artificiellement rassembler en l'école dite de la *Christologie haute précoce*[1]. Partisans de la thèse selon laquelle l'attribution au Christ d'un statut divin aurait jailli soudainement en se conjuguant audacieusement aux principes d'un strict monothéisme juif, ils se sont heurtés à des résistances précisément sur la question essentielle de la caractérisation de ce contexte « monothéiste ». La bonne compréhension et description du rôle joué dans

1. Cette école de la *christologie haute précoce* s'oppose à l'idée communément répandue par Bousset et ses successeurs (cf. *infra*) selon laquelle la christologie de l'Église fut d'abord « basse » (*i.e.* partant de l'humanité de Jésus) tandis qu'elle serait devenue « haute » (*i.e.* en partant de sa divinité) dans un second temps, sous l'influence de Paul ; cf. *supra* ch. 7 [n.d.é.].

le judaïsme gréco-romain par la figure de l'*agent principal*[2] et du *médiateur céleste* constituent l'un des éléments clefs du débat ; et pour l'heure la jeune garde de la recherche ne semble pas avoir trouvé de nouvelle voie satisfaisante pour aller de l'avant.

Cet article se propose d'adopter une approche quelque peu nouvelle en montrant, d'une part, que le Temple de Jérusalem fut le lieu clef d'un judaïsme au monothéisme parfaitement clair en dépit de sa complexité, tout en retraçant, d'autre part, le mouvement par lequel s'opéra le transfert métaphorique du Temple sur la personne de Jésus. Si le Temple porte de diverses façons la marque de figures médiatrices controversées, il n'en incarnait pas moins le caractère exclusif de la pratique dévotionnelle du judaïsme du Ier siècle. Grâce à l'assimilation des dimensions immanentes et transcendantes de la présence de YHWH dans le Temple, un véritable modèle de monothéisme christologique primitif se constitua, permettant ainsi au christianisme d'articuler solidement, dans la pensée de l'Incarnation, le respect de la divinité du Christ à l'affirmation de son humanité médiatrice.

La démonstration se fera en trois étapes. Elle s'ouvrira par une présentation de l'état du débat christologique, en soulevant la difficulté centrale de situer les êtres intermédiaires[3] sur la grille du judaïsme gréco-romain. La réflexion se recentrera ensuite sur le Temple, vu comme lieu de l'identité monothéiste juive d'une part, et de la médiation entre le divin et l'humain d'autre part. Ceci permettra dans un troisième temps de montrer rapidement comment cette logique multivalente du Temple se trouve réemployée dans l'Évangile selon saint Jean pour exprimer des convictions christologiques aux nuances finement ciselées.

Du polythéisme au monothéisme : allers-retours ?

L'état actuel du débat christologique s'explique en grande partie par un désaccord fondamental opposant Wilhelm Bousset et Larry Hurtado. Le texte

2. L'*agent principal* renvoie à certaines figures éminentes apparaissant dans la littérature juive, tant dans la Bible que dans les écrits intertestamentaires. Ce peuvent être la Sagesse, le Logos, l'Esprit, mais aussi des anges supérieurs (Michel en particulier). Par distinction avec des êtres simplement supérieurs à l'homme, comme les anges, l'*agent principal* possède une causalité qui s'étend à l'ensemble de la création, temporelle ou spatiale. C'est pourquoi la question de son identité ou de sa distinction avec Dieu est cruciale pour la définition du monothéisme d'Israël, mais aussi pour la genèse de la christologie chrétienne [n.d.é.].

3. En allemand *Mittelwesen* dans le texte [n.d.é.].

de référence de Bousset, *Kyrios Christos: A History of the Belief in Christ from the Beginnings of Christianity to Irenæus* [« Kurios Christos : histoire de la croyance au Christ depuis les commencements du christianisme jusqu'à Irénée »] publié en allemand en 1913[4], constitue en fait précisément la cible de Hurtado[5]. L'une de ses toutes premières publications fut une critique directe de l'influence de Bousset sur la christologie néotestamentaire (1979). Puis, dans un article programmatique de 1981, il s'en prit de nouveau aux « erreurs des spécialistes de l'École d'histoire des religions », dont il identifiait Bousset comme chef de file[6]. De la vive réaction de Hurtado naquit la Nouvelle École d'histoire des religions, qui s'attaqua à un certain nombre de positions et affirmations problématiques[7]. C'est au cœur de la critique de ces perspectives que se remodela la vision de l'émergence de la christologie primitive. De ce nouveau paradigme, deux traits dominants se détachent nettement. Précédemment comprise comme une lente corruption, elle est désormais conçue comme une soudaine éruption. Par ailleurs, elle se trouve dorénavant replacée dans le contexte d'un monothéisme exclusivement juif, et non plus dans le cadre d'un polythéisme frayant avec le paganisme.

Le programmatique *One God, One Lord* (1988), qui révéla Hurtado, constitua par ailleurs, avec le plus récent *Lord Jesus-Christ* (2003), une réponse ferme au *Kyrios Christos* de Bousset[8]. Au sujet du judaïsme de l'époque du Second Temple, Hurtado insiste sur le fait qu'il « abritait (1) une remarquable propension à concilier un réel attachement à l'unicité de Dieu et un intérêt pour d'autres personnages parés d'attributs divins et décrits avec une rare exaltation allant parfois jusqu'à leur identification à Dieu lui-même, personnages que nous appellerons « agents principaux » ; et (2) un étalage de scrupules monothéistes, en particulier dans le comportement cultuel/liturgique, en public[9] ». En accueillant Jésus comme un tel « agent principal » tout en se rassemblant publiquement pour lui rendre le même culte qu'à YHWH,

4. Traduction anglaise en 1970.

5. Les œuvres de Bousset viennent de faire l'objet d'une réédition par l'université de Baylor, dans le cadre d'une nouvelle série intitulée *Library of Early Christology*, où figurent aussi les 32 essais rassemblés en Hurtado 2017.

6. Cf. Hurtado 1979 p. 306-317 et *id.* 1981 p. 185-197, et en particulier p. 188-190.

7. La fameuse « New History of Religions School » tire son nom de la critique signée Martin Hengel qui figurait en quart de couverture de *One God, One Lord: Early Christian Devotion and Ancient Jewish Monotheism* (Hurtado 1988) et qui fut ensuite reprise par Jarl Fossum avec « The New *Religionsgeschichtliche Schule*: The Quest for Jewish Christology » (Fossum 1991 p. 638).

8. Traduit en français sous le titre *Le Seigneur Jésus-Christ* aux éditions du Cerf en 2009 (coll. « Lectio divina »).

9. Hurtado 1988, p. 115.

les premiers chrétiens opèrent une remarquable reconfiguration cultuelle. Cette « mutation christologique » du judaïsme du Second Temple débouche, donc, sur un modèle religieux que Hurtado qualifie de « binitaire » ou encore, dans ses dernières œuvres, de « dyadique ».

En ménageant une place à ces « agents principaux », Hurtado conserve en partie la vision de Bousset, qui met l'accent sur la notion d'être intermédiaire[10]. Il apparaît même plutôt prompt à voir dans « cette ancienne position du judaïsme une version distinctive d'un système de croyance communément attesté [...] impliquant un "dieu suprême" régnant sur d'autres divinités[11] ». La différence fondamentale, pour Hurtado, réside dans le fait que les juifs ne rendent de culte qu'à ce « dieu suprême », YHWH, au détriment de toutes les autres divinités et créatures célestes. De la même façon, c'est aussi l'exclusivité « dyadique » du culte rendu à Jésus et à YHWH qui constitue le fondement de la christologie. À ce titre, Hurtado modifia au cours du temps sa taxonomie pour finir par privilégier les termes de « monothéisme païen », « monothéisme juif ancien » et « monothéisme chrétien primitif »[12].

Bien qu'un certain nombre d'idées et de pratiques soient communes à ces trois modèles, il faut reconnaître la grande utilité de cette triple distinction. Bien sûr, pour penser le contexte dans lequel émerge la christologie primitive, l'on ne devrait pas oublier l'existence de rhétoriques et de pratiques monothéistes (ou du moins « hénothéistes ») dans les cultures païennes[13]. Bien que les analyses actuelles en minimisent fréquemment l'importance, une très nette résonance philosophique se fait bel et bien jour ici. Le redéploiement autour de la personne de Jésus d'une antique « métaphysique prépositionnelle », telle qu'elle apparaît en Col 1, 16, constitue une éminente illustration de cette dynamique (cf. Jn 1, 3.10 ; He 1, 2 ; Rm 11, 36 ; 1 Co 8, 6 et He 2, 10) : « En lui (ἐν αὐτῷ), tout fut créé, dans le ciel et sur la terre. [...] Tout est créé par lui et pour lui (δι' αὐτοῦ καὶ εἰς αὐτόν). »

Sous ce langage, directement emprunté au lexique de la philosophie classique, on discerne la cause efficiente (δι' αὐτοῦ) et la cause finale (εἰς αὐτόν) de la création, toutes deux fondues dans la personne de Jésus pour former une manière de doxologie à la gloire universelle du Christ. On pourrait en quelque sorte parler ici de dévotion métaphysique au Christ et, avec Gregory Sterling,

10. En allemand *Mittelwesen* dans le texte [n.d.é.].
11. Hurtado 1988, p. 132.
12. *Id.* 2018.
13. Gers-Uphaus soutient que le terme d'« hénothéisme » serait plus conforme au contexte de célèbres inscriptions portant dédicace à θεὸς ὕψιστος et à εἷς θεός que celui de « monothéisme » (Gers-Uphaus 2017 p. 5-83 ; cf. *supra* ch. 9 « "Monothéisme ouvert" et apophase liturgique »).

en retrouver le cadre liturgique dans les courants sapientiaux alors à l'œuvre dans les synagogues[14]. Même si la philosophie gréco-romaine, et en particulier le stoïcisme, use de semblables formules à l'endroit du « dieu suprême », il faut également noter les connotations clairement démiurgiques d'un tel langage. Le *logos* médioplatonicien de Philon d'Alexandrie, par exemple, à la fois créature et « second dieu » (δεύτερος θεός, *Quæstiones in Genesim* II § 62), désigne cette image de Dieu et archétype du premier-né de la création, intermédiaire suprême, « par qui (δι' οὗ) le monde entier fut créé (ἐδημιουργεῖτο) » (*De specialibus legibus* I § 81 ; cf. *De somniis* I § 230) : « L'ombre de Dieu, qu'Il utilisa comme un instrument lors de la création du monde » (*Legum allegoriæ* III § 31).

Si la tendance actuelle s'évertue à faire du « monothéisme juif la matrice de la christologie néotestamentaire », nombre de spécialistes aimeraient faire de Philon un Grec, plutôt qu'un juif[15]. Pour d'autres, cependant, une telle manœuvre dénoterait une mauvaise foi caractérisée et représenterait un retour au modèle pré-Hengelien[16], qui dépeignait naïvement deux mondes juif et grec opposés dans un face-à-face parfaitement hermétique. Philon n'est certes pas un juif palestinien ; peut-on pour autant sérieusement le considérer comme un païen du point de vue théologique ? C'est à lui, faut-il le rappeler, que l'on doit le terme de « polythéisme », créé pour moquer l'absurdité des théologies non juives. Il est donc plus probable que ses propres spéculations (exégétiques) sur le démiurge participent pleinement de son insistance sur la foi juive en un seul Dieu, qu'elles ne soient la marque de son égarement dans son propre système.

Les enjeux sont ici importants ; et si l'on espère délimiter le champ du débat christologique, il apparaît nécessaire de se concentrer plus longuement sur la théologie du *Logos*. En effet, de nouvelles tendances poussent naturellement aussi à lire la christologie johannique à l'aune d'un contexte strictement juif. En l'absence de parallèle décisif dans les manuscrits de la mer Morte, c'est un *memra* targumique hypostasié qui fait désormais référence, tandis que toute la matière hellénistique, pourtant révélatrice (et souvent pré-arienne), est franchement laissée de côté[17]. Jörg Frey a bien raison d'affirmer que

---

14. STERLING 1997.
15. Cf. RAINBOW 1991, p. 78-91.
16. Allusion au bouleversement produit par *Judentum und Hellenismus* de Martin Hengel (1969), qui a insisté sur la profondeur de l'hellénisation du judaïsme palestinien. Cf. *supra* ch. 9 « Théologie du nom divin ».
17. À ce sujet, cf. notamment les commentaires sur l'Évangile de Jean de THEOBALD 2009 p. 117-119, BEUTLER 2013 p. 86-87, KEENER 2003 p. 339-363, notamment p. 361-362 et WENGST 2000 p. 44.

nous devons « rouvrir les fenêtres » et élargir la perspective de l'histoire des religions[18].

Mais, en définitive, peu nombreux sont les spécialistes prêts à se laisser aller à des concessions significatives en ce qui concerne l'environnement religieux du monde méditerranéen antique. On peut penser ici en particulier à Richard Bauckham[19]. S'ils se félicitent de débusquer des traces précoces de dévotion au Christ, ces intellectuels rechignent à attribuer un vrai rôle christologique aux personnages de médiateurs. Faisant corps avec la préférence protestante un peu datée pour une théologie « pure », c'est-à-dire non grecque, ils préfèrent insister sur les manipulations christologiques auxquelles saint Paul soumet certains textes de l'Ancien Testament au monothéisme pourtant affirmé. L'on pourrait citer ici la restructuration du *Šᵉma Israël* autour d'« un seul Seigneur, Jésus-Christ » (1 Co 8, 6) ou encore l'irruption de Jésus au cœur de la rhétorique univoque d'Isaïe 45 en Philippiens 2[20]. Il en résulte la vision conceptuellement transparente d'un monothéisme reposant sur la dichotomie du Créateur et de la créature ; axiome presque évident pour certains, mais historiquement problématique pour d'autres. Dans cet univers à la bipartition nette, tous les personnages de démiurge revêtant une quelconque importance christologique deviennent de simples « personnifications d'attributs divins », et se voient ainsi soigneusement rangés du côté « Créateur » de la démarcation. Quand Bauckham affirme que l'évidence de cette frontière tient au fait que YHWH est l'unique agent de la création du cosmos, il contredit directement l'analyse démiurgique de Philon. La pensée christologique semble en théorie souscrire à la vision de l'univers comme un continuum, qu'elle subordonne toutefois à un schéma fondamentalement binaire. Mais, dans les faits, le cosmos antique, quelque peu encombré d'êtres intermédiaires[21], s'efface : ni les héros divinisés, ni les agents créateurs subordonnés n'ont quoi que ce soit de significatif à apporter au christianisme primitif et à sa modélisation de l'action de Dieu dans le Christ.

Les nombreuses affirmations de la divinité du Christ dans le Nouveau Testament, pour abruptes qu'elles puissent être, sont irréfutables et ne devraient pas être sujettes à débat. Mais il ne faudrait pas cependant sous-estimer l'impact du polythéisme ambiant ; car il éclabousse inévitablement tout dès lors qu'on lit ces textes pour ce qu'ils sont, comme on le devrait

---

18. Frey 2016.
19. Cf. les importants essais rassemblés dans Bauckham 2008c.
20. En sus des travaux de Hurtado et Bauckham, cf. Juel 1988, Capes 1992, et Newman 1992 ; et *supra* ch. 9 note 44.
21. En allemand *Mittelwesen* dans le texte [n.d.é.].

toujours : des artefacts gréco-romains. Même dans la très juive analyse du *Šᵉma Israël* que propose saint Paul s'immiscent d'ambiguës considérations métaphysiques reconnaissant au *Dieu Unique* (εἷς θεός) la dignité de source première et de cause finale (« tout est de lui [ἐξ οὗ τὰ πάντα] et nous-mêmes sommes à lui [καὶ ἡμεῖς εἰς αὐτόν] »), tout en donnant à *l'unique Seigneur Jésus-Christ* (εἷς κύριος Ἰησοῦς Χριστός) des airs d'instrument philonien (cf. 1 Co 8, 5). Comparée à l'analyse qu'offre Philon de *Dieu* (θεός*)* et de *Seigneur* (κύριος*)*, dont le langage trouble relève d'une véritable rhétorique des deux puissances du Ciel, l'interprétation paulinienne détonne : « *Dieu* (θεός) est le nom du pouvoir bénéfique, et *Seigneur* (κύριος) est le titre accordé au pouvoir royal » (*De somniis* I § 163)[22]. La doxologie prépositionnelle que l'on trouve en Rm 11, 36 permet de ne pas se méprendre sur le sens des mots employés par saint Paul en 1 Co ; et « monothéisme christologique » constitue un terme adéquat pour désigner ce qui se dégage de ce passage admirable. Mais on peut justement se demander ce qui s'en dégage *précisément*. Peut-être vaudrait-il finalement mieux parler de « monothéisation christologique » et ne voir dans la christologie primitive qu'une étape dans la querelle opposant Israël aux cultures polythéistes environnantes[23] ; étape d'ouverture où Israël aurait fait face au monde des Grecs avec une audace toute nouvelle. À ce titre, la vision de Peter Schäfer n'est pas sans mérite lorsqu'il évoque « un modèle dynamique, exempt de tout jugement de valeurs, où se développe entre les deux pôles "Monothéisme" et "Polythéisme" une multitude de configurations et de combinaisons selon les époques et les aires géographiques[24] ». Si les indices relevés chez saint Paul forment donc effectivement le socle sur lequel repose notre compréhension de la structure de cette brutale « mutation christologique » des premiers temps de l'Église, l'on ne devrait pas pour autant oublier que le monothéisme paulinien est orienté vers les païens. Le Dieu Unique qu'il professe ne traite pas les *goyim* (païens) en étrangers mais au contraire entretient avec eux une relation n'exigeant nulle judaïsation de leur part : il s'adresse à eux comme à des *goyim* (Rm 3, 28-30). Le zèle missionnaire de l'apôtre, cependant, le poussait à détourner les nations

---

22. En *De somniis* I § 163, ces deux pouvoirs appartiennent de façon immanente au Dieu Unique d'Abraham. À l'inverse, en *Quæstiones in Exodum* II §§ 64-66, ces deux pouvoirs, alors royaux et créateurs, sont décrits tout à la fois comme faisant partie intégrante de Dieu et comme des créatures cheminant vers le Père Céleste ; dualité symbolisée par les deux chérubins ailés qui se font face sur le Siège de Miséricorde. Enfin, au § 83 du même, le logos-démiurge répond directement au triple titre de « gardien, conducteur et administrateur » de la puissance créatrice de Dieu (τὸν ἔφορον καὶ ἐπίτροπον καὶ ἐπιμελητὴν αὐτοῦ δυναμέως).

23. Terminologie tirée de Sanders 1984 p. 51-52.

24. Schäfer 2017 p. 8.

« des idoles, afin de servir le Dieu vivant et véritable », en attendant « des cieux son Fils », Jésus, qui apparaît en agent prophylactique dans le drame imminent de la colère eschatologique (1 Th 1, 9-10), non sans ressemblance avec l'archange Michel, « majestueux ange de l'autorité », qui apparaît en 1QM 17, 6-7. Le « monothéisme juif » en est effectivement la matrice, mais c'est un monothéisme juif prêché aux non-juifs, qui permet en de nombreux endroits le développement de christologies angéliques[25].

Une partie du problème réside sans nul doute dans le fait que, tout comme le polythéisme qui le cerne, le « monothéisme juif » est une cible en mouvement ; ce qui rend ses « mutations » difficiles à saisir. C'est pourquoi il est crucial de prendre en compte non seulement la longue transition théologique qui mena Israël de l'époque cananéenne à la période romaine (transition qui, comme le soutient Bauckham, ne fut pas nécessairement un processus évolutif)[26], mais aussi le passage, à la charnière de la période, « d'un monothéisme plutôt souple et monarchique à une position plus strictement "moniste"[27] ». Se sentant menacé d'un côté par le christianisme et de l'autre par la gnose (alternative que Schäfer ne poserait peut-être pas en ces termes), le monothéisme juif redéfinit le cadre de l'acceptable ; la condamnation de l'hérésie des « deux puissances du Ciel » par le rabbinat en constitue un exemple révélateur[28]. Toute modélisation du contexte de naissance de la christologie primitive doit ainsi éviter de procéder à une marginalisation aussi exagérée qu'anachronique des figures médiatrices. Ce serait se livrer à de dangereuses rétrojections que de présenter la divine transcendance de YHWH comme trop radicalement incompatible avec l'existence de tout une hiérarchie céleste ; car elle serait alors tout aussi incompatible avec le mystère théophanique que la christologie primitive voulut formuler.

La descente de la divinité dans le monde sublunaire ne constitua pas, aux yeux des Anciens, la grande nouveauté de l'événement christique. L'idée du Très-Haut se mêlant de façon ambiguë avec des figures médiatrices ne leur était pas non plus totalement étrangère, et ce jusque dans la perspective de l'Ancien Testament. Le fait que les théophanies de l'Ange du Seigneur se muent régulièrement en théophanies du Seigneur lui-même montre bien que,

---

25. Cf. entre autres Hannah 1999.
26. Sur ce point, nombreuses seraient les références pertinentes. Bauckham 2008 (surtout « Biblical Theology and the Problems of Monotheism ») porte la contradiction à une partie significative de la recherche en montrant notamment le caractère problématique du dogme heuristique qui présuppose la nature évolutionniste du développement théologique en Israël. Cf. *supra* ch. 8.
27. Hurtado 2017 p. 134.
28. Cf. Segal 1977, ainsi que la récente remise en question de Waers 2016 p. 401-429.

comme le fait remarquer James Kugel, ce royaume divin ne relève pas « d'un autre ordre d'existence nettement séparé[29] ». Supposer que cet affaiblissement de la ligne de démarcation conventionnelle entre le Créateur et ses créatures médiatrices, entre un schéma cosmologique binaire et un schéma relevant plutôt du continuum, répondrait à un besoin théologique des auteurs (faire en sorte que YHWH ne perde pas contact avec le monde humain) pourrait nous aider à voir cette idée sous un jour plus favorable. Il faut bien, en effet, que l'on aborde l'épineuse question de la médiation entre l'humain et le divin. Puisque nul ne saurait s'élever par ses propres moyens jusqu'à Dieu, Il lui faut trouver moyen de descendre jusqu'à l'homme.

Hurtado finit par adopter une approche admettant ouvertement que le monothéisme dyadique du Nouveau Testament relève du subordinatianisme, pour mieux attirer l'attention sur l'*homotimia* [*litt.* « égalité d'honneur »] en vertu de laquelle le Christ, contrairement aux anges, reçoit même adoration et même gloire que le Père[30]. Cette ruse méthodologique permet d'éloigner la réflexion christologique du pôle notionnel des croyances pour la recentrer sur le domaine de l'expérience religieuse, et ainsi de prendre une juste distance avec les conceptions très intellectualisées du « monothéisme » telles que formulées à l'époque des Lumières. Ce faisant, il risque cependant de faire disparaître le « discours trinitaire » du Nouveau Testament sous le « culte dyadique[31] ». Par ailleurs, une telle approche n'est pas sans rappeler la perspective bauckhamienne, où les médiateurs célestes, si curieusement tolérés par le monothéisme juif de l'époque, peuvent finir par se retrouver entièrement oubliés, dans la mesure où ils ne présentent plus aucun intérêt, si ce n'est par l'absence de culte qui leur est rendu. Ici, Hurtado lui-même proteste, et l'on voit bien que le thème ainsi mis au rebus, si central à Bousset et à son école, réaffirme son importance dans certains courants de la recherche ; car cet effacement global des êtres intermédiaires[32] ne s'est pas fait dans l'indifférence générale, ni sans susciter de franches oppositions[33]. Les théories adoptianistes (Ehrman), la christologie du nouvel Adam (Dunn), et la multitude des différentes approches angélomorphiques y constituent autant d'alternatives[34].

29. Kugel 2003 p. 36.

30. Sur cette question, cf. *supra* ch. 7 « Larry Hurtado et la "proto-orthodoxie" primitive ».

31. En arguant que l'identification d'une religion à une série de propositions théoriques relève d'une méconnaissance du caractère profond des religions antiques (MacDonald 2012), MacDonald a contribué à libérer la recherche d'anachronismes majeurs hérités des Lumières.

32. En allemand *Mittelwesen* dans le texte [n.d.é.].

33. Cf. Hurtado 2017 p. 104-106.

34. Cf. Ehrman 2014 et Dunn 1980. Cf. aussi Fossum 1985 ; Stuckenbruck 1995 ; Gieschen 1998 ; et plus récemment Garrett 2008.

Dans le même ordre d'idée, la grande effervescence suscitée par l'idée d'une « identité divine » de Jésus a déchaîné une vive critique visant à rappeler que c'est en sa qualité d'« homme choisi par Dieu » que Jésus se tient au centre de la Nouvelle Alliance[35].

La position de Crispin Fletcher-Louis pourrait être le mieux à même de nous indiquer où en est le débat autour de la christologie néotestamentaire au sortir de cette période d'analyses très spécialisées[36]. Il adopte avec enthousiasme la thèse selon laquelle la christologie divine apparut soudainement et non au terme d'un processus évolutif, mais refuse de reconnaître l'inutilité des figures médiatrices juives. Un certain nombre d'idiosyncrasies viennent encore compliquer ses idées, mais il se pourrait néanmoins qu'il ait mis le doigt sur le nœud du problème. Il serait en effet peut-être judicieux de rejeter l'alternative binaire entre une christologie évolutive dont l'humanité serait le point bas et la divinité le point haut, et une simple « christologie primitive haute ». On pourrait alors envisager à la place un modèle de christologie primitive simultanément « haute » et « basse », ou mieux encore « de plus en plus haute », puisque le rôle de médiateur divin ne saurait être qualifié de basse besogne… Il se pourrait en effet que, comme le proclame justement la théologie des Conciles, ce soit l'oubli de *l'humanité* créée du Christ qui nous rende problématique l'analyse de la *divinité* qu'il revendique dans le Nouveau Testament.

Retrouver la logique multivalente du « Lieu »

Sous le poids du principe de la *Lex orandi, lex credendi*, la lecture actuelle de la christologie néotestamentaire s'est en effet détournée du concept. Bien que cette désaffection pour le théorique et le discursif ne soit pas sans poser quelques problèmes, l'on peut tirer un bon parti de cette logique de la dévotion pour peu qu'on la réoriente légèrement. Ainsi, reconsidérer le Temple comme le centre cultuel de la pratique religieuse juive pourrait nous aider à saisir comment, dans le contexte d'un judaïsme gréco-romain, le monothéisme a pu s'accommoder des figures médiatrices, et ainsi nous permettre de retrouver quelques-uns des soubassements de la christologie.

---

35. Cf. Kirk 2016.
36. Fletcher-Louis 2015.

Le Temple de Jérusalem : lieu du monothéisme

L'on ne prendrait pas beaucoup de risques à affirmer que dans l'expression « judaïsme du Second Temple », l'élément qui en dit le plus long sur le phénomène socio-religieux ainsi désigné n'est autre que « Second Temple ». Rebâti et embelli par Hérode, il s'imposa à tous les regards à travers l'Empire comme le symbole de l'identité juive et une source de fierté dont le rayonnement atteignait les confins de la Diaspora et se faisait sentir jusque dans le monde païen. S'il est vrai que la caractéristique principale de l'*ethnos* juif était son monothéisme exclusif, n'admettant comme culte que celui de YHWH, il ne faut pas oublier à quel point le Temple national y était communément assimilé : « Le Temple du Dieu Très Haut » (Philon d'Alexandrie *In Flaccum* § 46 ; *Legatio ad Caïum* § 278). L'afflux de pèlerins venus de loin pour rendre leur culte à YHWH (et payer l'impôt au Temple) contribua à renforcer l'impression d'universalité se dégageant de ce culte. Puisqu'il constituait « Le Lieu » seul où l'on pouvait véritablement rendre un culte à YHWH, le Temple de Jérusalem (Ἱεροσόλυμα), cité-sanctuaire de Judée par étymologie même, ne pouvait que devenir la métonymie physique du monothéisme juif du Ier siècle[37].

C'est dans le *Contre Apion* de Flavius Josèphe que l'on trouve le *locus classicus* de cette interprétation : « Le Dieu Unique possède un unique Temple (Εἷς ναὸς ἑνὸς θεοῦ […]) commun à tous comme Dieu est commun à tous » (II § 193). Le lien ainsi établi par Flavius Josèphe n'a rien d'anecdotique, et on le retrouve par exemple dans la bouche de Moïse ordonnant la construction du Temple : « Là, vous n'aurez qu'une ville sainte […]. Et dans cette ville, vous n'aurez un Temple […] avec un seul autel de pierres […] car Dieu est un et la race des Hébreux est une » (*Antiquités* IV § 200). Plus sévère que les auteurs sacrés, Flavius Josèphe va jusqu'à reprocher à Salomon lui-même d'avoir introduit des images dans le Temple, et ce faisant d'avoir porté atteinte à la pureté du culte du Dieu Unique. Toute ressemblance avec le paganisme et ses idoles lui était intolérable : le Temple de Jérusalem était pour lui la manifestation même, taillée dans la pierre, d'une théologie philosophique.

37. Cette version du nom a un lien direct avec le Temple. Selon Eupolème, « le Temple fut d'abord nommé "Temple de Salomon" (Ἱερὸν Σολομῶνος). Par corruption, la ville fut plus tard connue sous le nom de "Jérusalem" (ἀπὸ τοῦ ἱεροῦ Ἱερουσαλήμ), en référence au Temple ; et de la même façon les Grecs lui donnent le nom de Ἱεροσόλυμα ». Cf. FLAVIUS JOSÈPHE *Guerre* VI § 438 ; *Antiquités* VII § 67 ; *Contre Apion* I § 174.

Philon d'Alexandrie partage du reste cette vision, et il suffit d'une seule citation pour s'en convaincre : Moïse discute de « la représentation correcte que l'on doit se faire de l'unique, vrai et réel Dieu vivant », et explique ainsi « de quelle manière l'on devrait lui rendre l'hommage qui lui est dû ». Ainsi, il « pressentit qu'il ne saurait y avoir une multitude de temples, qu'ils fussent bâtis au même endroit ou en des lieux variés ; il lui semblait au contraire opportun que le Dieu unique possédât un Temple unique » (*De specialibus legibus* I §§ 65.67).

Si l'on élargit le corpus à des genres littéraires plus variés, l'on constate que d'autres auteurs parviennent d'une façon ou d'une autre à établir les mêmes liens. Ainsi l'Apocalyspe d'Abraham, texte monothéiste saisissant de clarté, exprime un rejet absolu des idoles et de leurs temples (§ 1-8). Rien de commun entre eux et le « beau Temple », qui partage la magnificence de la gloire de Dieu. C'est pourquoi, quand ce dernier se voit, à l'instar de ces autres temples, souillé par un culte idolâtrique, il est immédiatement détruit (§ 25-27). Ce que Bauckham a nommé « monothéisme eschatologique », c'est-à-dire la foi en une reconnaissance universelle de YHWH dans les temps futurs, montre encore l'importance du Temple ; en effet le sanctuaire se tient au cœur de la mise en scène liturgique, comme le montre l'hymne final de Tb 13.

Les origines bibliques de tout ce courant de pensée sont aisées à retracer. Matthew Lynch a admirablement démontré dans sa récente monographie qu'en divers endroits, et notamment dans les *Chroniques*, la « suprématie catégorique » de YHWH est étroitement liée au noyau institutionnel que constituent pour Juda le Temple, le culte, et le roi[38]. Dans le Lieu Saint s'organise ainsi triplement la manifestation organique de l'unicité de Dieu : fonctionnellement par son culte, qualitativement par sa grandeur, et matériellement par son statut de création divine.

Si l'intense propagande royale visant à réaffirmer la portée monothéiste de l'institution du Temple sous Hérode témoigne de son importance, le mépris affiché par les païens face à l'exclusivité du culte juif montre peut-être mieux encore la centralité du Temple dans la piété monothéiste[39]. L'on pourrait ainsi parler d'un « monothéisme en actes » en ceci qu'il se manifeste par une intense résistance à l'idolâtrie, comme l'illustrent la crise suscitée par l'entrée des

38. Lynch 2014.

39. Sur la nature complexe du « monothéisme » militant affiché dans la politique hérodienne de construction du Temple, cf. Giambrone (à paraître a).

aigles romaines dans la ville sous Pilate, ou encore l'affaire de la statue de Caligula, qui suscita des révoltes même en dehors de Judée.

Il importe ici de souligner la difficulté de saisir l'essence d'un « monothéisme juif » qui ne cesse d'évoluer. En effet, comme le montre d'ailleurs la critique du roi Salomon par Flavius Josèphe, des époques antérieures tolérèrent souvent une autre *praxis*. L'existence même de sanctuaires rivaux nous démontre la complexité de cette histoire ; même si, sur ce point précis, l'on doit admettre que la brutale destruction du temple samaritain du mont Garizim par Jean Hyrcan constitue une reconnaissance claire de la seule légitimité monothéiste du sanctuaire de Jérusalem. Quelles qu'aient été les prétentions de ses concurrents, il ne fait ainsi aucun doute que le prestige de la structure mise en place par Hérode le Grand les surpassait tous de loin. À ce stade, on peut affirmer qu'au Ier siècle, le Temple constituait la plus importante, voire l'essentielle expression du monothéisme juif, qui était lui-même en retour très largement assimilé au Temple. Enfin, le monothéisme, quel qu'ait été le sens de ce terme pour les juifs, était inséparable du Temple de Jérusalem et de sa complexité symbolique.

Le Temple de Jérusalem : lieu de la médiation

Charles Taylor [in *L'Âge séculier* n.d.é.] note le défi que constitue, pour les hommes modernes que nous sommes, la compréhension de la pensée antique de la divinité. Il attribue cette difficulté à ce qu'il nomme notre paradigme de l'« excarnation », hérité des Lumières, et dans lequel nulle personne, nulle époque, nul lieu ne sont désormais regardés comme plus saints, ou plus divins que d'autres. Or ce Dieu du Ciel, dans toute sa transcendance, disposait bel et bien d'une adresse sur la planète Terre. Il habitait sur une colline de Judée et partageait en cela l'immanence des dieux gréco-romains, même si l'exclusivité et l'étendue géographique de son culte rendaient encore plus palpable l'intensité de sa présence dans ce Temple unique.

Dans ce cadre antique, le Temple avait surtout la vocation pragmatique de constituer une vaste structure de médiation cosmique. Peuplé d'une foule complexe de prêtres et autres ministres du culte, ce site représentait le point de contact, et même de communion, entre l'humain et le divin. Les fonctions médiatrices spécifiques à ce vaste appareil Temple-culte-prêtre correspondaient à peu près à celles des différents personnages jouant le rôle d'intermédiaire dans le judaïsme de l'époque. Quelques exemples représentatifs suffisent à illustrer les rôles sacerdotaux ou les fonctions liées au Temple remplis par ces agents médiateurs :

– Philon identifie explicitement le *Logos* divin, unique médiateur immanent de l'univers créé, au grand prêtre et au chef des anges (*De somniis* I §§ 228-239 ; *De Cherubim* §§ 1-3 ; *De vita Moÿsis* II § 134). Dans le même temps, le prêtre terrestre est vu comme la personnification du *Logos* (*De fuga* § 108 ; *De migratione* § 102 ; *De somniis* I § 125). Le *Logos* se trouve donc être à la fois celui qui expie les péchés, l'intercesseur (ἱκέτης) et l'avocat (παράκλητος) de l'humanité (*Quis rerum* § 42 ; *De vita Moÿsis* III § 14). Dans *Quæstiones in Exodum*, le *Logos* est décrit comme l'agent des actions sacrées qui se déroulent dans le Saint des Saints du Temple de Jérusalem.

– En Si 24, la personnification de la Sagesse créée avant tous les âges, qui chante sa propre gloire devant l'assemblée des anges du Très-Haut, siège sur le mont Sion où elle « officie devant lui sous la Tente sainte » (v. 10).

– La mystérieuse voix s'exprimant à la première personne dans *L'Hymne d'autoglorification* (4Q491 11 I l.8-9.12.14-15.20-23), proclame son incomparable gloire et déclare siéger sur « un trône de pouvoir » parmi les « dieux » (*'ĕlōhîm*) (l. 12), ses semblables (l. 14). Que l'on y voie ou non l'archange Michel, ce personnage appartient clairement au type du « prêtre eschatologique officiant », « promis à la gloire de la Demeure Sainte » (ll. 14-15)[40]. Exerçant tout à la fois un rôle liturgique et un rôle d'enseignement, il appelle les justes à chanter et « rendre gloire dans la Demeure Sainte » (ll. 8-9, 20-23).

– En 11Q13, Melchisédeq peut, selon les spécialistes, être assimilé à une figure angélique (probablement Michel), ou bien à une sorte de proto-Messie doté de caractéristiques divines, puisqu'il semble notamment répondre au titre d'*Elohim* et siéger en qualité de juge à l'assemblée divine (l. 10-13). Son ministère de grand prêtre s'exerce à travers la proclamation d'un Jubilé eschatologique (« Année de grâce de Melchisédeq ») dont le point culminant est le Grand Jour d'Expiation, où les fils de lumière se voient remettre « la dette de toutes leurs iniquités » (l. 6).

– Jaoël, l'ange-interprète (*angelus interpres*) de l'Apocalypse d'Abraham, doit permettre à ce dernier d'entrer en présence de Dieu sans y laisser la vie. Abraham ne pouvait en effet soutenir la vision divine par lui-même (§ 16, 4), mais, une fois investi de la force angélique, il acquiert la capacité de contempler la gloire de Dieu, qui se déploie devant lui telle qu'Ézéchiel la décrit dans sa vision du Temple (§ 18, 1-14). Afin de le

40. Cf. ANGEL 2010a.

préparer à recevoir cette révélation, Jaoël invite le père du monothéisme juif à chanter un long hymne liturgique adressé au « Dieu Éternel, Dieu Puissant, Saint El, Dieu Unique et Suprême » (§ 17, 1-21).

– Dans le *Testament de Lévi*, le personnage éponyme reçoit sa charge de prêtre dans une vision au cours de laquelle il monte aux cieux et voit Dieu siégeant sur son trône (5, 1). C'est ensuite l'« Ange de l'Intercession » (1.6) qui le ramène sur terre avant de lui confier l'épée avec laquelle il doit se venger de Sichem.

– Dans le *Testament de Moïse*, Moïse et son mystérieux successeur messianique, le lévite Taxo, sont tous deux décrits comme des prêtres chargés d'une fonction médiatrice. Taxo est un homme sans péché, un innocent dont la mort est comparée à la destruction du Temple (cf. Mc 15, 38), événement déclencheur de l'*eschaton*[41].

Cette liste est loin d'être exhaustive mais elle suffit à mettre en évidence que tous les agents médiateurs, des plus élevés ou « hypostatiques », comme le Verbe de Dieu et la Sagesse, aux plus humains, comme les figures de guides exaltés, en passant par tous les rangs des légions angéliques, sont également associés à la triade Temple-culte-sacerdoce. Les médiateurs célestes avaient tout naturellement les mêmes fonctions que celles que les prêtres remplissaient dans et par le Temple ; ou du moins celles qu'ils étaient supposés remplir, la possibilité d'un dysfonctionnement du Temple ou de ses ministres n'étant jamais exclue[42].

Lieu de la médiation cosmique par excellence, le Temple constituait le point de contact, non seulement entre la sphère divine et la sphère humaine, mais aussi entre la sphère divine et la sphère angélique. Le lien qui l'unissait à son mystérieux double, le Temple céleste, en faisait donc le marchepied de YHWH ; la salle du trône où le « Dieu Très Haut » tenait sa cour. Ce n'est pas un hasard s'il fut le théâtre de nombreuses apparitions angéliques : les anges habitaient ses murs mêmes. Des textes comme les *Cantiques de l'holocauste du Sabbat* donnent une idée de la puissance dont pouvait être investie une telle vision. Le septième *Cantique* (4Q103) donne ainsi à entendre les pierres mêmes du Temple : des « fondations du Saint des Saints », à ses piliers, en passant par tous les recoins de la Maison de Sainteté, c'est de tout le bâtiment que monte la louange. La voix du Temple se mêle ensuite à celle des chœurs angéliques, « esprits du Saint des Saints, êtres semblables

41. Cf. Atkinson 2006 p. 453-476.
42. *Ib. loc.*

à des dieux, esprits de sainteté planant éternellement au-dessus de tous les saints », qui, en retour, louent… *les poutres et murs célestes* ! « Le Temple ainsi divinisé devient tout à la fois sujet et objet de la louange », s'émerveille Gary Anderson[43]. Carol Newsome remarque que ces « esprits du Saint des Saints » représentent une « animation de la substance spirituelle du Temple lui-même[44] ». Le Temple se trouve ainsi assimilé à un agent angélique bien vivant, dont la grandeur appelle les plus hautes et saintes louanges angéliques. Même si Hurtado a de bonnes raisons d'affirmer que les figures médiatrices ne font l'objet d'aucun culte pendant la période du Second Temple, l'on ne peut que constater le naturel avec lequel les fidèles de Qumrân assimilaient l'acte d'adorer Dieu à la vénération de son Temple, dont ils chantaient du reste *littéralement* les louanges dans leurs hymnes liturgiques[45].

Anderson n'a eu de cesse d'utiliser ces traditions pour démontrer que, dans la perspective biblique, le Temple dans son ensemble, des bâtiments aux vases sacrés, est si complètement imprégné de la divine présence de YHWH que rendre gloire au Temple signifie rendre gloire à Dieu lui-même. Dieu se trouve si étroitement associé à sa demeure que, comme avec le protéiforme « Ange du Seigneur », qui contemple le Lieu contemple le Dieu invisible. Une telle transparence liturgique du Temple de YHWH signifie *in fine* que c'est dans le mystère de ce lieu précis que se comble le transcendant abîme séparant Israël de son créateur. En ce sens, l'on pourrait paradoxalement parler ici d'une immédiateté de la médiation[46].

Quelle que soit la profondeur du fossé creusé par la pratique d'une stricte monolâtrie entre Israël et les nations voisines, le Temple de Jérusalem fonctionnait en définitive plus ou moins comme celui des autres peuples. Même si cette affirmation paraît fort subversive, il semble bien qu'en sa qualité de Demeure véritable du Seigneur le Temple se voyait investi de la même fonction surnaturelle que les statues païennes : permettre un contact réel, incarné avec le divin. La relation d'Israël à son Temple ne relève cependant pas d'un simple cas de fétichisme ; pas plus d'ailleurs que cela ne serait vrai chez les nations païennes, n'en déplaise aux polémistes juifs. Il ne régnait en effet

---

43. Cf. ANDERSON 2017 p. 111.
44. NEWSOME 1985 p. 233.
45. HURTADO (2017, p. 128-129) rejette l'idée que les anges rendent un culte à Adam dans *La Vie d'Adam et Ève* (§ 12-16). Il accepte d'y voir, éventuellement, un texte « pétri de signification théologique » mais non la preuve de l'existence d'un culte juif officiel à un personnage autre que YHWH.
46. Sur la notion biblique de « révélation » conçue comme « médiation immédiate », cf. GIAMBRONE, 2021c.

aucune confusion entre le Temple et Dieu lui-même, et le réseau de liens rapprochant divers éléments et fonctions du Temple de figures médiatrices variées ne mit jamais à mal son statut de symbole phare du monothéisme. Au contraire, cette double identification du Temple à l'unicité exclusive du Seigneur, d'une part, et à tout un clergé cosmique de créatures exaltées d'autre part, conféra à ce lieu de la rencontre divine sa double nature.

Le Nouveau Temple : Jésus dans l'Évangile selon saint Jean

L'ensemble des remarques qui précèdent jette un jour nouveau sur une christologie du Temple qui nous apparaît désormais avec un peu plus de netteté. Reste à montrer, en s'attardant sur la façon dont saint Jean applique à Jésus des thématiques propres au Temple, tout le potentiel révélateur de cet idiome christologique[47].

Le Prologue de l'Évangile de Jean trouve son point culminant dans une référence au Temple : « Et le Verbe s'est fait chair, il a habité parmi nous (ἐσκήνωσεν ἐν ἡμῖν), et nous avons vu sa gloire (δόξαν), la gloire qu'il possède parce qu'il est le Fils Unique (μονογενής) du Père, plein de grâce et de vérité » (Jn 1, 14). Comme le constate Raymond Brown : « Ce qui nous semble particulièrement intéressant ici, c'est le lien permanent [établi par la tradition vétérotestamentaire] entre la gloire de Dieu et sa présence dans le Tabernacle et dans le Temple… C'est pourquoi il semble si à propos que le Prologue, après avoir décrit comment le Verbe s'est constitué un tabernacle de chair en la personne de Jésus, souligne que sa *gloire* est alors devenue visible[48]. » L'argument est ici limpide. L'évangéliste s'appuie dans cet extrait sur les conceptions traditionnelles du Temple pour montrer que l'incarnation du Verbe constitue une sorte de « médiation immédiate » de la gloire de YHWH. Qui contemple le corps de Jésus contemple Dieu lui-même (Jn 1, 18 ; 14, 9). La gloire, que le Dieu Unique ne partage avec nul autre, comme Il l'atteste chez Isaïe (42, 8), resplendit dans l'humanité de Jésus. Pour Jean, ce mystère ne peut se comprendre mieux que par l'analogie au Temple[49].

---

47. La christologie du Temple est un motif bien connu de l'Évangile de Jean et fait l'objet de nombreux travaux de recherche. Pour une analyse en profondeur, cf. récemment : Coloe 2021 ; Kerr 2002 ; Hoskins 2006 ; Troost-Cramer 2017. Pour une approche plus synthétique, cf. Grappe, 2009. La destruction du Temple en 70 après J.-C. est généralement considérée comme un élément crucial du contexte dans lequel saint Jean déploie sa théologie du remplacement du Temple.
48. Brown 1966 p. 34.
49. Cf. l'analyse très suggestive d'Anderson 2017 p. 95-120.

Cette rhétorique du Temple que l'on retrouve chez saint Jean semblait toujours parfaitement claire à un interprète comme Athanase d'Alexandrie :

> [Les juifs] ne supposaient pas que le Seigneur qui s'adressait à eux depuis ce Temple de pierre fût une créature ; pour autant, ils ne se retiraient pas pour prier dans des lieux sauvages en délaissant le Temple. Ils venaient au contraire conformément à la Loi adorer le Dieu qui délivrait ses oracles depuis le Temple. Par conséquent, comment pourrait-il ne pas être bon d'adorer le corps du Seigneur, corps saint et vénérable dont le *Logos* se plut à se parer et qui eut le Saint-Esprit, pour héraut ? Ainsi, si celui qui déshonore le Temple déshonore le Seigneur qui l'habite, alors celui qui sépare le *Logos* du corps méprise la grâce que nous avons reçue de Lui[50].

Tout comme le Temple constituait le médium par lequel YHWH assurait sa présence auprès d'Israël, l'humanité du Christ, tout ce qui est en lui créature et qui relève, pour employer le terme qu'affectionnaient les juifs, de la chair (*sarx*), se fait médium du divin. Il est donc tout aussi impossible de séparer l'humanité de la divinité du *Logos* que d'honorer l'unique Seigneur sans honorer son unique Temple.

Jean introduit cependant ici un élément nouveau. En s'appropriant le thème de la transparence du Temple, par lequel Dieu se donne à voir, pour y appuyer sa christologie, il propose un modèle qui n'a plus que faire des structures du sacré. Philon d'Alexandrie lui-même n'aurait osé, malgré son penchant pour l'allégorie et ses tendances universalisantes, faire table rase du Temple pour s'en aller prier au désert (cf. *De specialibus legibus* I §§ 66-70). Mais pour Jean au contraire le Corps-Temple du *Logos* vient abolir et remplacer l'ordre ancien : « grâce après grâce » (χάριν ἀντὶ χάριτος). « Femme, crois-moi : l'heure vient où vous n'irez plus ni sur cette montagne ni à Jérusalem pour adorer le Père. [...] Mais l'heure vient – et c'est maintenant – où les vrais adorateurs adoreront le Père en esprit et en vérité » (Jn 4, 21.23). À l'image d'un Jean Hyrcan réduisant en cendres le temple rival de Samarie pour imposer que le Dieu unique reçoive un culte unique, Jésus affirme que seul son propre corps, Lieu unique où se manifeste la gloire de Dieu, est désormais digne d'adoration ; renvoyant ainsi dos à dos Jérusalem et Garizim.

Les concepts de « vrais adorateurs » (ἀληθινοὶ προσκυνηταί) et d'adoration « en esprit et en vérité » sont caractéristiques des polémiques anti-idoles qui marquent le monothéisme de la période du Second Temple... Mais ils se

50. *Lettre* LX, 8 (PG XXVI col.1082), traduction en français d'après la version anglaise d'Anderson.

trouvent ici insidieusement, quoiqu'avec une certaine délicatesse, retournés contre le Temple lui-même ! Le but ainsi recherché, naturellement, est de faire place à Celui qui est, lui-même, Vrai (ἀληθινός, cf. Jn 1, 9 ; 6, 32.55 ; 15, 1), ou plus précisément à celui qui est envoyé par le seul vrai Dieu (τὸν μόνον ἀληθινὸν θεόν, 17, 3)[51]. La série de fêtes Juives que Jésus vient accomplir lorsqu'il se fait, entre autres, « pain véritable » et « vraie lumière » participe aussi de cette thématique de l'abolition de l'ancien culte lié au Temple et de son remplacement par la seule véritable adoration[52]. Quant à la fameuse « heure » sonnant l'obsolescence de l'ancienne dévotion réservée à Jérusalem, il s'agit bien évidemment de celle de la glorification de Jésus, quand ce dernier aura repris à son compte la vision eschatologique traditionnelle du Temple attirant à lui toutes les nations : « Quand j'aurai été élevé, j'attirerai à moi tous les hommes » (Jn 12, 32). L'image des brebis rassemblées en « un seul troupeau » (Jn 10, 16) se rapporte, elle aussi, à l'*ethos* de ce monothéisme eschatologique qui veut un seul peuple, un seul Dieu, un seul Temple. C'est dans ce contexte monothéiste qu'il faut replacer le IVe Évangile et ses frappantes références à l'idée d'unicité, ainsi que ses discours réciproques sur l'inhabitation mutuelle des personnes divines. Jésus lui-même devient donc le lieu de l'unicité par excellence, puisqu'il est « le Fils Unique » (μονογενής) de Dieu ; à tel point qu'il lui est possible d'affirmer « le Père et moi sommes un » (Jn 10, 30). L'on ne saurait attendre assertion plus audacieuse d'un « monothéisme christologique ».

« Détruisez ce sanctuaire, et en trois jours je le relèverai » (Jn 2, 19). C'est bien du Temple de son corps dont parle le Verbe divin alors qu'il se tient au cœur du Temple de Jérusalem ; et s'il met au défi ses adversaires de le démolir ce n'est que pour mieux pouvoir le restaurer. Conformément à ce qu'annonçaient les prophéties, la chair (*sarx*) de Jésus est devenue la seule Demeure sainte de YHWH, le seul lieu de sa présence parmi les hommes : il a habité parmi nous (ἐσκήνωσεν ἐν ἡμῖν). Mais, dans le Christ ressuscité, la signification de ce « parmi nous » (ἐν ἡμῖν) prend un sens auquel n'avaient pas songé les prophètes. En effet, le Tabernacle du *Logos* en gloire n'est pas

51. Rainbow 1991 p. 81-83 identifie dix formes explicites de discours monothéistes chez des auteurs juifs gréco-romains. La troisième de ces occurrences est un titre divin construit avec « vivant » et/ou « vrai ». La rhétorique christologique si particulière de Jean (« vraie lumière », etc.) se lit donc tout naturellement comme une sorte de profession de foi monothéiste. L'extension de l'adjectif « vrai » aux « adorateurs » en Jn 4 est à rapprocher de la façon dont le Fils se fait médiateur de la gloire du Père auprès des croyants en Esprit. À noter que cela constitue une très importante variation de la sixième occurrence relevée par Rainbow, qui affirme le caractère non transférable de la gloire de Dieu (cf. Is 42, 8 et *infra.*)

52. Cf. Hoskins 2007 p. 160-180.

un *hic* géographique comme l'était l'ancien Temple. C'est par l'effusion de son Esprit, flot jaillissant du Temple eschatologique, qu'il vient demeurer « en nous » (cf. Ez 47, 1-2 ; Jn 7, 37-39). Ainsi l'humanité se trouve-t-elle unie sur un tout nouveau plan au Dieu unique qui demeure en elle.

De ce point de vue, il est crucial que Jésus se fasse auprès des êtres créés le médiateur de l'unicité divine qu'il partage avec le père, en leur transmettant l'intransmissible, la gloire d'être le Fils Unique (μονογενής) : « Je leur ai donné la gloire que tu m'as donnée, pour qu'ils soient un comme nous sommes un » (Jn 17, 22). Le scandale est encore une fois complet si l'on se réfère à Isaïe : « Je suis le Seigneur, tel est mon nom ; ma gloire, je ne la cède à nul autre, ni ma louange aux idoles » (Is 42, 8). La divine *doxa* de Dieu, sa divine unicité et jusqu'à son divin Nom sont partagés par le Père et le Fils ; et par le Fils ils se retrouvent communiqués à tous les fils d'hommes, faits Temples à leur tour (cf. Jn 17, 26). Vu sous cet angle, le passage de l'Évangile de Jean où se confrontent le plus ouvertement un monothéisme juif, d'une part, et un monothéisme christologique, d'autre part, est particulièrement révélateur. Pour défendre sa légitimité à proclamer le fait qu'il ne fait qu'un avec Dieu, face à ceux qui l'accusent de n'être qu'un mortel essayant de s'en faire l'égal, Jésus cite le plus fameux texte « polythéiste » de la Bible hébraïque, le Ps 81 : « J'ai dit : vous êtes des dieux » (Jn 10, 30-36). Son exégèse du passage sur les hommes divinisés semble donc faire partie intégrante des revendications de divinité que l'on trouve chez saint Jean[53].

La fonction médiatrice de Jésus, tout comme son affirmation qu'il participe de l'unicité de Dieu, appartiennent à cette thématique du remplacement du Temple. Le Christ se présente, plus précisément, comme le nouveau Bethel, site d'un ancien sanctuaire alors délaissé. Ainsi le Fils de l'homme peut-il incarner la nouvelle échelle de Jacob à laquelle montent et descendent les anges de Dieu (Jn 1, 51). À l'instar des anciens temples, Jésus lui-même devient le lieu du sacerdoce et de la médiation angéliques. Le mouvement des anges, ascendant puis descendant, préfigure d'ailleurs son propre mouvement : le *Logos*, qui était descendu sur terre, est élevé sur la croix afin que par lui l'Esprit puisse redescendre sur la terre des Hommes. La chair *(sarx)* du Verbe constitue ainsi le point central de cette double condescendance divine. Et c'est précisément dans et à cause de ce contexte d'ascension angélique vers le Ciel que Jésus peut émettre une parole de subordination qui semble contredire directement ses précédentes déclarations : « Vous avez entendu ce

53. Sur le complexe procès d'énonciation à l'œuvre en Jn 10, 34-36 et sur sa portée, cf. SILLY 2021 p. 579.

que je vous ai dit : je m'en vais, et je reviens vers vous. Si vous m'aimiez, que je parte vers le Père vous emplirait de joie, car *le Père est plus grand que moi* » (Jn 14, 28).

Le débat christologique se déchire encore de nos jours autour des notions de médiation et de monothéisme, alors que les spécialistes de Jean en sont toujours à se demander comment Jésus peut être tout à la fois le sujet et l'objet de la révélation. La patristique a finalement adopté une stratégie, nommée « exégèse partitive » par John Behr, visant à répartir les textes comme Jn 10, 30 et 14, 28 sur deux catégories bien distinctes correspondant aux deux natures du Christ. Mais pour sortir véritablement de cette vénérable impasse, il serait peut-être opportun de lire la christologie de Jean à l'aune de cette gémellité des notions de monothéisme et de médiation à l'œuvre durant cette période du Second Temple, au Ier siècle de notre ère.

Traduit par Solène Lapierre-Fisch

Troisième partie

Jésus et les Écritures

CHAPITRE II
TROIS THÈSES SUR LA *SCIENCE DU CHRIST*

Il fut un temps où les Grecs cherchaient la sagesse. Ils la recherchaient au gymnase, sous la *stoa* et, d'une façon particulière, chez Homère, que Platon qualifie de *prôtos didaskalos* et de *hegemôn paideias*, « le premier enseignant et maître de tout apprentissage[1] ». Le statut qu'Homère pour les Grecs occupait relativement à l'histoire, au droit, à la médecine, aux mathématiques et à la philosophie – en fait, par rapport à toutes les disciplines du savoir cultivées dans la Grèce antique – était assumé pour les juifs, et à un degré bien plus élevé, par les Saintes Écritures. En identifiant ouvertement la sagesse hellénistique à la Torah, Ben Sira ne faisait qu'exprimer sous une forme poétique ce fait bien établi. Pour le sage juif, l'Écriture d'Israël déverse son enseignement et déborde comme les plus grands fleuves du monde, inondant ses berges de science comme le Nil (Si 24, 25-27). L'ensemble des connaissances, tant les sciences naturelles (même si cela nous embarrasse) que l'éthique et la logique, sans oublier ce que l'on désignait autrefois sous le nom d'étude de la divinité, était pour les juifs du temps de Jésus concentré dans une unique source : les Saintes Écritures[2]. « Nous n'avons pas d'innombrables livres,

---

1. *République* 595C, 606A & E.

2. « On attribuait à la Torah une richesse de contenu sans limites : tout était supposé s'y trouver. On estimait qu'il n'y avait pas un seul élément de la vie sociale ou individuelle qui ne fût l'objet d'un enseignement de la Torah : elle s'appliquait à toutes les dimensions de la vie » (GERHARDSSON, 1998, p. 19). La fameuse sentence de Hillel consignée en Mishna, *'Abôth* 5, 22

discordants et confus », écrivait Flavius Josèphe, « mais seulement vingt-deux, qui contiennent l'histoire de tous les âges[3]. » Si nous souhaitons nous enquérir de la connaissance humaine que possédait le Verbe incarné, le Fils de Marie, c'est précisément dans cette bibliothèque bien étroite, mais suffisamment large pour contenir le monde, que nous devons commencer.

La célèbre maxime de Jérôme est un précieux héritage théologique : *ignorantia scripturæ, ignorantia Christi est*. Je suggère que la réciproque soit également vraie : *scientia Christi*, la science du Christ (entendu ici comme un génitif subjectif, « sa » science), *scientia scripturæ est*. C'est précisément dans la propre connaissance qu'avait Jésus des Écritures que nous atteignons ce qui a le plus profondément façonné son esprit humain. Jésus a lu les Écritures. Il en connaissait et en chérissait chaque *yod* et chaque *sérif* (Mt 5, 18). Il s'abreuvait abondamment, comme les prophètes et les docteurs autrefois et comme les saints aujourd'hui encore, à cette fontaine débordante.

Tout cela est à mon sens solidement établi et échappe aussi en soi à toute contestation. Pourtant, ce principe très fécond, dérangeant certes, m'apparaît d'une manière curieuse comme systématiquement négligé. Nous n'estimons pas en tout cas à sa juste valeur la vénération savante, bien que presque religieuse, que l'on vouait aux livres dans la mentalité antique – et singulièrement dans le judaïsme, religion livresque encore en maturation à l'époque de Jésus. Quoique nous soyons peut-être induits en erreur par le poids de l'oralité et de l'analphabétisme dans les sociétés antiques, il nous faut comprendre que le statut des textes écrits dans de telles cultures n'en est que d'autant plus remarquable et fondamental[4]. Le problème de la science du Christ atteint certainement des sommets spéculatifs où la philosophie et la théologie sont tenues de s'élever[5]. Mais de même que le Verbe a lui-même assumé la chair de l'homme, notre recherche de la science du Christ doit d'abord s'ancrer avec fermeté dans ses fondements, pour partir humblement en quête de sa sagesse en un temps et en un lieu définis. « Mon Créateur a choisi un endroit pour ma tente. Il a dit : "Établis ta demeure en Jacob" » (Si 24, 8). C'est dans

– « Déroule-la (s.-e. la Torah) dans un sens, puis dans l'autre, car tout y est contenu » – exprime un sentiment largement attesté, par exemple en *Document de Damas* 16, 2 ; cf. aussi SAINT JÉRÔME, *Prologue d'Isaïe*.

3. *Contre Apion* I § 8.

4. Sur cette question, cf. WITHERINGTON 2010.

5. Cf. *Somme théologique* III[a] qq.9-12. Sur la question de la science du Christ dans son contexte médiéval scolastique originel, cf. ERNST 1971. La théologie du XXe siècle a remis en doute de nombreuses conclusions des siècles passés sur ce thème : par exemple BALTHASAR 2011. Cf. aussi la réponse de GAINE 2015.

cette tente, dans le texte de la Torah d'Israël, que nous trouvons l'instrument privilégié qui nous permet d'accéder à la connaissance humaine du Christ.

Dans ce qui suit, je voudrais proposer trois thèses qui s'impliquent mutuellement et qui, en un sens, se soutiennent l'une l'autre ; toutes vont, d'une certaine manière, à contre-courant des tendances théologiques actuelles. Ces thèses sont formulées du point de vue d'un exégète et convergent vers ce que je considère comme une série de points névralgiques de la christologie néotestamentaire contemporaine. Toutefois, elles rejoignent toutes à de nombreux égards ce principe moteur unique : c'est dans et à travers les Écritures d'Israël que nous rencontrons concrètement l'esprit du Christ.

PREMIÈRE THÈSE – *La perspective de ressaisir ce que l'on appelle la « conscience messianique » de Jésus ne devrait pas être abandonnée par l'exégèse contemporaine.*

Le rêve fou de sonder sous l'angle psychologique l'esprit de Jésus fut enterré, de l'avis général, quand Albert Schweitzer démantela le projet libéral des vies de Jésus du XIXe siècle[6]. Si le travail fondateur de Schweitzer a ainsi mis le doigt sur une lacune dans la « quête » du Jésus historique – à en croire du moins l'historiographie du sujet qui domine aujourd'hui, développée dans le paradigme (contestable) des « trois quêtes » de Jésus –, ce n'était pas son intention directe, mais l'effet d'autres facteurs, en premier lieu l'influence qu'exerça plus tard Rudolph Bultmann. En réalité, Schweitzer lui-même s'appliquait à exposer dans le détail comment la pensée messianique de Jésus s'était développée et il la faisait dépendre de l'eschatologie en vogue dans le judaïsme de son temps. La position sceptique de Wilhelm Wrede, pour qui les propres prétentions messianiques de Jésus, si tant est qu'elles aient existé, n'étaient plus accessibles à l'historien et sinon devaient être rejetées en bloc, était aux yeux de Schweitzer une erreur absolue dans la compréhension historique des Évangiles et une grave faute théologique à laquelle il fallait ouvertement résister. En tant que père fondateur des études modernes sur Jésus, Schweitzer fait entendre, sur ce point au moins, sinon dans la solution et la construction spécifiques de la conscience du Christ qu'il propose, une position capitale qu'il convient de respecter. La nécessité d'insister sur les prétentions messianiques de Jésus est une intuition plus importante et plus profonde que « l'eschatologie approfondie[7] » et radicale

6. SCHWEITZER 2001. Cf. *supra* ch. 2.
7. Cf. *supra* ch. 2 note 8.

que propose Schweitzer à titre personnel, et qu'il considérait comme la seule alternative viable à un scepticisme également approfondi (*tertium non datur*)[8]. S'il y a bien une voie ouverte par Schweitzer[9], comme le dit N. T. Wright, c'est à son intersection avec la « conscience messianique » de Jésus que nous devrions quitter la route sceptique[10].

Conçue d'une matière assez différente de la solution proposée avant lui par Wrede, la résignation sceptique de Rudolph Bultmann à la non-pertinence de la figure de Jésus a fait l'objet de controverses[11]. Comme solution littéraire, la critique des formes représente cependant une nette inflexion en direction de Wrede[12]. Toutefois, c'est le verdict négatif que porte Bultmann sur la supposée nature biographique des Évangiles qui a ici l'incidence la plus immédiate. Étrangement, le récent renversement de cette position bien ancrée devait aussi s'ensuivre. Plus précisément, dans son argumentation qui infirme la thèse classique de Bultmann, Richard Burridge insiste fortement sur la conception fausse et anachronique que se fait la critique des formes de la biographie comme genre d'étude psychologique, ce qui conduit de manière erronée à la rejeter du champ de l'histoire[13]. Une fois cette fausse objection dénoncée, le moratoire qui pèse sur la connaissance du « Christ selon la chair », imposé par le scepticisme théologique assumé de Bultmann, s'éternise ironiquement dans un état d'inconfort ou de désintérêt permanent de spéculer sur la conscience humaine de Jésus. La psychologie de Jésus demeure

8. On a très souvent mis en évidence la dissolution effective de cette « eschatologie approfondie » dans un « scepticisme également approfondi », révélant l'échec fondamental du projet présumé de Schweitzer. Cf. *infra* note 30.

9. En allemand *Schweitzerstraße* dans le texte.

10. Wright 1994, p. 21.

11. Cf. par exemple Painter 2006 p. 619-638 ; et Waldstein 1987 p. 115-145. Sur l'effort que déploie Bultmann pour déjouer toutes les contestations sceptiques en adoptant pleinement la position sceptique, cf. *supra* ch. 6.

12. Paul Meyer (1960 p. 125) observe à juste titre que, « dès lors que l'un et l'autre, Schweitzer et Wrede, ont paru vouer leur respect en définitive au Jésus de l'histoire à l'encontre de toutes les orthodoxies qui les entouraient – le premier à un Jésus dépourvu de prétentions messianiques, le second à un Jésus consumé par sa passion messianique –, la différence majeure qui les séparait (s. e. Schweitzer et Wrede) et qu'avait bien entrevue la proposition disjonctive de Schweitzer n'était pour l'heure pas manifeste ». Meyer soumettait par conséquent « la thèse que c'était la critique des formes qui rendait plus claire cette différence et qui mettait les spécialistes du Nouveau Testament face à un choix crucial qui depuis lors sépare les héritiers de Wrede et ceux de Schweitzer ». L'échec général des chercheurs, subjugués par le pouvoir de la rhétorique de Schweitzer, à apprécier ce rôle essentiel joué par Bultmann et par l'épisode de la critique des formes n'a pas contribué à une plus claire compréhension du domaine et de l'état de la question. Cf. *supra* ch. 2 ; sur la *Formgeschichte* ou « critique des formes », cf. *supra* ch. 5 note 3.

13. Burridge 2004.

hors d'atteinte. L'ouvrage récemment paru de Craig Keener, *Christobiography*, tout en affichant les dimensions colossales de sa documentation à l'instar du reste de son œuvre, illustre bien la manière dont le paradigme biographique de Burridge, même quand il est employé aux fins d'une apologétique évangélique (par conséquent fortement influencé par l'ouvrage classique de Ben Meyer *The Aims of Jesus*), laisse encore peu de place pour s'intéresser à la pensée propre de Jésus[14].

Éprouver un tel inconfort est bien entendu raisonnable jusqu'à un certain degré. Ce n'est pas seulement une attitude avisée face au mystère du Seigneur incarné, et méfiante à juste titre de l'ombre étirée que projette Schleiermacher. C'est aussi (c'est là le nœud du problème) une position qui tient compte des principales données littéraires et historiques. En particulier, ne plus estimer que les Évangiles concordent avec les canons modernes de l'écriture biographique, mais qu'il s'agit de *Vies* suivant le modèle gréco-romain a libéré les chercheurs d'un grand nombre de préoccupations futiles, sans exclure pour autant la folle quête d'écrire une histoire substantielle du développement intérieur de Jésus[15].

Dans la littérature biographique de l'Antiquité, la caractérisation est complètement extériorisée. Elle s'exprime à travers des paroles et des actions, sans donner suite à des conjectures de l'auteur sur la genèse des mobiles du protagoniste ou sur les évolutions de sa vie intérieure. Le *Demonax* de Lucien n'étudie pas comment se développe un philosophe cynique ou sa doctrine, là où *Lincoln* d'Eric Foner explore comment s'approfondit continuellement la pensée du président sur l'esclavage[16].

Il faudrait ici souligner une distinction vitale, mais souvent négligée. Si nous avons abandonné le projet d'offrir un récit du développement de la personnalité humaine du Seigneur, nous n'avons pas cependant renoncé à tout espoir de pénétrer par l'exégèse la compréhension qu'il avait de lui-même. Dans les Évangiles, en d'autres termes, nous rencontrons dans le Seigneur, ainsi que toutes les figures des *Vies* antiques, un personnage au caractère déjà formé plutôt qu'en cours de formation. Malheureusement, on n'est pas parvenu à tenir compte dans les discussions d'exégèse de cette idée simple mais aux conséquences importantes.

Des versets classiques tels que Lc 2, 52 permettent certainement d'envisager le développement progressif de l'humanité du Christ, mais l'enfant précoce que décrit Luc à travers le Christ est tout simplement, dès le moment

---

14. Keener 2019 ; Meyer 2002.
15. Sur cette large perspective, cf. Keener 2019 parties I et II.
16. Foner 2010.

où il commence à ouvrir la bouche, déjà en pleine possession de son identité – d'une manière qui n'est toutefois pas aussi criante que dans les Évangiles apocryphes de l'enfance, qui ne font que décrire le portrait invraisemblable d'un enfant qui a pourtant bel et bien existé. Par conséquent, même si nous sommes mal à l'aise avec la formulation, l'observation de Raymond Brown est en fait vraie : dans les récits de l'enfance, « la révélation de Jésus comme Fils de Dieu a été anticipée à partir de l'intelligence qu'en donne son baptême[17] ». Quel que soit leur point de départ, la naissance de Jésus ou son baptême, les Évangiles ne permettent nullement d'entrevoir ce qui précédait l'identité adulte du Seigneur – pas plus que Plutarque ne nous laisse voir dans l'enfant Alexandre, interrogeant avec sagesse les ambassadeurs perses de manière stupéfiante, autre chose que le héros qui, une fois adulte, conquerra le monde[18]. Les personnages des *Vies* antiques sont nés adultes, à l'instar d'Athéna.

Si nous souhaitons nous accorder à la forme historique que prennent les données de la révélation, nous devons par conséquent chercher dans les Évangiles une *persona* essentiellement stable et bien définie. Il est donc formellement exclu d'y trouver un événement qui marquerait l'émergence d'une découverte de soi dans le cas de Jésus. Il y a, si l'on veut, en dépit de l'anxiété que peut susciter la métaphysique grecque, une qualité ontologique, en tout cas statique, des données bibliques. Notre modernité, si consciencieusement accoutumée au dynamisme historique, découvre ici, peut-être à notre déception, un essentialisme passé de mode. Voilà qui n'a pourtant rien de bien étonnant. Nous avons du mal à reconnaître que la révélation des Évangiles adopte un genre littéraire gréco-romain et à admettre par là même qu'elle soit légèrement marquée par l'esprit d'abstraction propre à la mentalité hellénistique.

Il faut cependant noter une différence subtile, mais significative. Les portraits hautement stylisés qu'offre la littérature biographique gréco-romaine atténuent la singularité de leurs sujets en les subordonnant à une variété de programmes pédagogiques : le plus souvent, comme des modèles stéréotypés de vices ou de vertus. Comme les rois d'Israël, les Césars de Suétone sont toujours l'objet de leçons morales. Par contraste, les Évangiles, tout en proposant ouvertement un programme d'annonce du kérygme, ménagent néanmoins un espace propre aux aléas irréductibles de l'histoire, avec un réalisme dépourvu d'artifice, inconnu des *Vies* traditionnelles. Ainsi les Évangiles parviennent-ils à dépeindre avec une prodigieuse vraisemblance

17. Brown 1999 p. 137.
18. Plutarque, *Vie d'Alexandre* V, 1-3.

la figure inclassable de Jésus. Je songe ici à l'analyse fameuse que propose Auerbach dans *Mimesis* de la rupture littéraire capitale que représente l'écriture des Évangiles[19]. La séparation classique des styles, selon le critique juif, s'effondre tout simplement devant la croyance chrétienne en l'Incarnation et devant l'effort déployé par les évangélistes pour donner à cette foi une forme littéraire. Pour n'en citer que la preuve la plus flagrante, décrire les indignes outrages et la crucifixion infligés à une figure autre qu'un esclave de basse extraction, qui ne prétend pas seulement être un noble dirigeant, mais le Fils de Dieu, est tout simplement inimaginable pour les conventions de la société, de la religion et de la littérature antiques, conditionnées par la classe aristocratique – comme Celse l'avait bien senti et exprimé[20].

Ainsi, les catégories, sociales et autres, par lesquelles on pourrait cerner la figure de Jésus se révèlent complètement inadéquates. Ce n'est pas seulement que le rapport de Jésus aux trois (ou quatre) grands partis du judaïsme au Ier siècle que décrit Flavius Josèphe laisse le Seigneur dans un étonnant *no man's land* partisan. Des efforts comme ceux que déploie Schweitzer – lequel, malgré sa critique décisive de la théologie des *Vies* libérales, situait encore avec assurance « le problème » soulevé par une lecture historiquement crédible des Évangiles dans le fait de déterminer la conscience messianique de Jésus –, des efforts donc comme ceux de Schweitzer dans sa tentative paradigmatique d'identifier les motifs de Jésus avec les perspectives apocalyptiques du Second Temple se soldent par un échec.

Dans le cas de Schweitzer, bien sûr, l'entreprise était d'emblée condamnée en raison d'une interprétation naïvement étroite de l'eschatologie juive (et, par suite, une appréciation également étroite de l'esprit de Jésus), comme une attente fiévreuse et finalement déçue de la fin imminente de l'espace et du temps[21]. La diversité déconcertante des figures et des perspectives messianiques du Second Temple – encore largement inconnue, reconnaissons-le, à la génération de chercheurs à laquelle appartenait Schweitzer –, vrai chaos qui peine encore à trouver une classification nettement ordonnée, nous interdit à présent d'accepter le tableau simpliste de Schweitzer[22]. De même que « conscience » doit être pris en un sens ontologique et non évolutif, de même

---

19. AUERBACH 1977. Cf. aussi l'excellente étude de Justin TAYLOR 2011.

20. Les perspectives et préjugés typiquement aristocratiques qu'illustre Celse sont bien décrits dans WILKEN 1984 p. 94-125.

21. Pour une attaque frontale des présupposés de l'exégèse moderne sur ce point, cf. WRIGHT 2018 p. 37-82.

22. Cf. Philip ALEXANDER 2014 p. 52-72. Cet auteur répertorie une variété de messianismes selon leur époque, leur lieu, leurs agents et leur envergure.

l'adjectif « messianique » appliqué à la « conscience » de Jésus doit aussi être redéfini d'une façon qui tienne compte de la vitalité multiforme des croyances juives au Ier siècle.

L'extrême variété du messianisme du Ier siècle pèse tant sur le projet qu'il n'est plus envisageable d'aligner rigoureusement la perception qu'avait Jésus de lui-même sur telle ou telle attente messianique que nourrissaient les juifs avant sa venue : celle de l'Oint davidique ou aaronique, du prophète semblable à Moïse annoncé dans le Deutéronome, du Joshua ben Joseph mentionné dans le manuscrit 4Q175, figure fascinante tombée dans l'oubli, ou de quelque autre « christ » du Second Temple qu'on puisse se figurer[23]. C'est la diversité même des attentes messianiques qui est ici impliquée, et en fin de compte – c'est ici que nous renversons la perspective – cette pluralité n'est que le développement historique naturel d'une diversité d'espoirs personnifiés, suscités à travers la lecture des Écritures d'Israël. Cette lecture inhabituellement dynamique se distingue en outre par la perspective profondément typologique et participationniste qu'elle adopte[24]. En d'autres termes, on gagnerait à comprendre le messianisme simplement comme mode d'interprétation scripturaire[25]. Cette compréhension se dérobe à la perspective minimaliste d'un Joseph Fitzmyer, par exemple, qui s'efforce de rattacher le messianisme comme catégorie aux occurrences (relativement peu fréquentes) du terme « Messie »[26]. Considérer l'attente messianique plus largement comme un mode de pensée typologique conduit à toutes sortes d'imprécisions, il est vrai. Néanmoins, je considère qu'il est plus adéquat pour le phénomène en question de résoudre le défi méthodologique d'affiner cette dernière approche, plutôt que de tenter de maîtriser le problème de manière simpliste. Les juifs du temps de Jésus trouvaient des allusions prophétiques au « Messie Roi » dans tous types de textes que nous

---

23. Sur cette question plus large, cf. COLLINS 1995 et PORTER 2007. Cf. aussi NOVENSON 2012. Novenson soutient d'un point de vue sociolinguistique que « Christ » dans l'emploi qu'en fait Paul n'est ni un nom ni un titre, mais un terme honorifique, qui s'appuie sur des sources scripturaires spécifiques. En cela, il s'inscrit dans le contexte plus large du messianisme juif ancien.

24. Le caractère typologique de l'exégèse développée à Qumrân a été remarqué depuis longtemps. Cf. par exemple Otto BETZ 1977. Pour une discussion des présupposés métaphysiques de ce type d'exégèse, cf. LEVERING 2008 et l'explication du concept d'exégèse participationniste ch. 7 note 27.

25. Philip ALEXANDER (*op. cit.* p. 55-56) développe une série de quatre propositions sur la finalité de l'histoire selon Dieu qui est au cœur du messianisme juif. Ces propositions sont utiles et s'inscrivent dans ce que je considère comme un modèle de pensée « typologique » au sens large. Toutefois, en essayant de les adapter à des phénomènes modernes, tels que le sionisme sécularisé, Alexander échoue à apprécier le caractère personnifié et l'ancrage scripturaire de l'attente messianique dans le contexte du Nouveau Testament.

26. Cf. FITZMEYER 2007.

considérerions comme non messianiques. Et, si l'on suit scrupuleusement nos propres méthodes diachroniques, ces juifs du Iᵉʳ siècle, quelque naïfs qu'ils fussent en matière de critique des sources, avaient raison par définition, en vertu des règles d'interprétation qu'ils avaient eux-mêmes inventées.

Au point où nous en sommes rendus, apprécier l'esprit de Jésus implique, je l'accorde, de reposer la question de sa conscience messianique dans des termes spécifiquement exégétiques. Jean nous rapporte que Jésus avait une conscience remarquable et même stupéfiante du fait que les Écritures parlaient de lui (Jn 5, 39)[27]. La tradition synoptique ne manque pas d'allusions qui l'attestent aussi clairement, aussi considéré-je ce fait comme une donnée fondamentale. Si nous mettons entre parenthèses pour le moment la connaissance béatifique du Christ, je crois que nous nous approcherons le plus près que nous pouvons de la compréhension humaine complexe qu'avait Jésus de lui-même, compréhension naturelle et (s'il y a encore de la « place pour cela dans la théologie et l'exégèse catholiques ») infuse[28], si nous poursuivons, d'une manière historiquement informée, ce qui était traditionnellement recherché à travers une lecture christologique de l'Ancien Testament. La « conscience messianique » de Jésus est née de son auto-identification sans précédent avec les Écritures d'Israël.

Deuxième thèse – *Le portrait de Jésus en apocalypticien radical qui domine actuellement doit être abandonné ou révisé.*

Quand Jésus en Lc 7 cite Is 61 afin de révéler aux messagers envoyés par Jean son identité sous le titre de « Celui qui vient », il rappelle, à n'en pas douter, l'usage qui est fait du même passage prophétique dans le manuscrit 4Q521, auquel on a donné le nom de texte des « signes du Messie »[29]. De telles similitudes avec la prodigieuse masse de documents retrouvés à Qumrân ont conduit les chercheurs à s'aventurer toujours plus loin sur la route à haut risque de l'eschatologie conséquente[30] ouverte par Schweitzer. À vrai dire,

---

27. Sur Jésus et Jean 5, cf. *infra* ch. 12.

28. Cf. Gaine 2018 p. 601-615. Gaine affirme que l'espace ne manque pas pour affirmer une connaissance infuse du Christ, mais sur des bases différentes de celles données par Thomas d'Aquin.

29. Pour une lecture particulière de la construction d'une figure messianique que présente cet important texte, cf. Giambrone 2021e p. 82-99. Cf. *infra* ch. 12 – 4Q521 est connu en français sous le nom d'Apocalypse messianique, qui lui a été donné par son éditeur Émile Puech [n.d.é.].

30. Sur ce concept, cf. *supra* ch. 2 note 8.

ce genre d'analyse est devenu quelque peu vain[31]. Si John Dominic Crossan et ses acolytes font exception, on peine à trouver quelque chercheur qui ne présente pas le Jésus historique d'une manière ou d'une autre comme un prophète apocalyptique.

De nos jours, il n'est plus courant d'imaginer Jésus sous des dehors sombres ainsi que l'ont dépeint Reimarus ou Johannes Weiß, qui croyaient percevoir dans la prédication de Jésus une eschatologie radicalement imminente. Depuis les années 1960, en réglant la question du « royaume de Dieu » par l'idée d'un « symbole en tension[32] », Norman Perrin a effectivement consacré la perspective selon laquelle le Royaume était à la fois déjà présent et pas encore accompli – il ne faisait à vrai dire que reprendre rigoureusement la vieille « théologie de la médiation[33] » envers laquelle Schweitzer manifestait une intolérance religieuse[34]. Mais même dans ces nouvelles conditions, l'identité prophétique de Jésus, qui domine à présent le champ de la recherche, entretient systématiquement un certain malaise à l'égard des sources rabbiniques, ce qui n'était pas le cas de l'exégèse du XIXe siècle. La nôtre est incapable d'assigner un lieu à un Christ versé dans les livres, occupé de vérités apolitiques et de discussions sophistiquées. « Le Bon Compagnon n'était nullement un rat de bibliothèque[35] », affirme à propos du Seigneur dans une ballade d'Ezra Pound Simon le Zélote, une sorte de Johann Baptist Metz et de porte-parole de tous les zélotes apocalyptiques.

J'estime qu'exclure par principe de notre représentation de la *persona* de Jésus la culture des scribes juifs est une faute grave[36]. Le titre de *rabbi*,

31. Cf. par exemple FREDRIKSEN 2018, et ma critique incluse ci-dessous dans l'annexe II.
32. Avec Philip Wheelwright (*Metaphor and reality*, 1962 ; lui-même s'inspirant de Ricœur, *Finitude et culpabilité* / t. II : *La symbolique du mal*), Perrin distingue les symboles *en tension* et *sténographiques* ; ceux-ci transmettent un signal univoque et sans ambiguïté ; ils créeraient des troubles si cette propriété leur faisait défaut – comme des feux de signalisation. Le symbole *en tension* évoque des images, des nuances, il suscite naturellement l'imagination créative de qui le reçoit, sa signification ne s'épuise pas dans un unique référentiel. Le *royaume de Dieu* constitue un bon exemple de *symbole en tension* dans la tradition juive. En tant que mythe signifiant l'action de Dieu pour son peuple, il puise dans la riche mythologie orientale de la fête de l'*Akitu*, lorsque le roi-guerrier remet en branle les forces cosmiques de la vie en mimant liturgiquement la victoire du dieu sur les forces du chaos. Son assimilation dans la Bible l'a coloré de nouvelles nuances spécifiquement hébraïques. Selon Perrin, ce symbole en tension avait déchu à l'état « sténographique » à l'époque du Christ, ne désignant plus que la victoire eschatologique de Dieu sur ses adversaires [n.d.é.].
33. Sur ce concept de *Vermittlungstheologie*, cf. *supra* ch. 2 note 2.
34. Norman PERRIN 1963.
35. « *No mouse of the scrolls was the Goodly Fere* » ; cf. Ezra POUND, *Ballad of the Goodly Fere*.
36. La nette décision méthodologique que prend John P. Meier d'exclure le matériau rabbinique

qui est appliqué au Seigneur dans les strates tant du plus ancien que du plus récent Évangile et sous lequel s'adressent à lui sept groupes différents (tant de l'intérieur que de l'extérieur), ne peut bien sûr pas être identifié avec le rabbinat ordonné ou avec le judaïsme de Juda le Prince et des Tannaïm, alors en cours d'élaboration. Mais on ne peut pas non plus les évacuer *tout court*[37]. Le judaïsme rabbinique, bien qu'il soit en grande partie une création des siècles suivants, représente déjà une masse colossale de traditions au moment de sa première attestation écrite dans la Mishna, et tout ce matériau ne s'est pas constitué à partir de rien. Il faut ici soigneusement éviter cette exagération courante du traumatisme qui suivit la catastrophe de la première guerre romaine, ainsi que l'argumente justement Jonathan Klawans, comme si le judaïsme du Ier siècle ne possédait pas les ressources religieuses nécessaires pour survivre à une autre destruction du Temple[38].

Il en résulte pour notre enquête que le ministère spécifique du Seigneur comme un *enseignant* qui a tous les traits d'un docteur de la loi du Ier siècle, dont l'autorité stupéfiait les foules, dont la prédication habituelle était fondée sur sa lecture de la Loi et dont les interprétations de la Halakha ont soulevé contre lui une résistance homicide, cet enseignant dont les disciples (*mathètai*) étaient les étudiants d'une école, dans le sens qu'avait réellement ce mot à l'époque du Second Temple, ne doit pas être remplacé à la légère par les modèles sociologiques d'un prophète soit « meneur d'hommes », soit « charismatique »[39]. La figure de Jésus reste insaisissable, mais c'est à bien des égards un rabbin primitif, tout autant que ses homologues pharisiens ; et je soumets l'idée que, derrière l'image tenace que l'on se fait d'un Jésus étranger à toute institution, et certainement au rabbinat, se cachent les mêmes

de son étude est caractéristique de la ligne suivie dans la majorité des recherches sur le Jésus historique. Cf. MEIER 2004 p. 64-70. La critique de Joseph Klausner par Meier est sans doute correcte quand il argumente que Jésus n'est nulle part mentionné directement dans le corpus rabbinique, au moins pour ce qui est indépendant des écrits chrétiens ; mais cette objection ne devrait pas jouer quand il s'agit d'offrir une reconstruction historique plausible du Christ dans le contexte du judaïsme de son temps.

37. En français dans le texte [n.d.é.].

38. KLAWANS 2006. Cet auteur s'oppose à la position extrême adoptée dans SCHWARZ 2001. Pour une tentative de trouver le juste équilibre, cf. GIAMBRONE 2021.

39. Sur ces catégories, cf. par exemple WRIGHT 1996 p. 162-170. En lien avec une nouvelle accentuation de la figure de Jésus comme rabbi, il faut aussi réhabiliter le Christ comme enseignant : un thème cher à la tradition, de CLÉMENT D'ALEXANDRIE (*Pédagogue*) aux scolastiques, et étroitement connecté avec les développements de la doctrine médiévale de la révélation. Cf. par exemple SHERWIN 2005 p. 175-193. Cf. aussi l'élaboration plus étroite du thème « Jésus était un enseignant » comme élément des études sur la transmission de la mémoire (à la Gerhardsson) en KEENER 2019 ch. 15.

courants d'antisémitisme (une forme sublimée d'anticatholicisme) qui ont empoisonné la recherche néotestamentaire allemande protestante, au moins jusqu'au milieu du XXe siècle.

Si le modèle rabbinique a l'avantage de nous assurer une tradition mémorielle cultivée parmi les disciples du Seigneur et de là une transmission plus sûre de cette tradition qui nous donne accès à sa vie terrestre, et s'il pousse le Christ des marges du judaïsme à son centre, cette perspective induite par la figure de scribe n'implique pas d'abandonner purement et simplement l'eschatologie. Martin Hengel a donc raison de contester l'image d'un Jésus rabbi en attirant l'attention sur l'appel souverainement centré sur lui-même de ce « meneur d'hommes charismatique[40] ». Mais cette caractéristique nous révèle seulement que Jésus se tient à l'écart des autres enseignants, tout comme son enseignement est singulier (« un enseignement nouveau donné avec autorité », διδαχὴ καινὴ κατ' ἐξουσίαν, Mc 1, 27), et que ne s'était pas encore manifesté le parti pris anti-eschatologique que connut par la suite l'étude de la Loi, du fait de l'impasse dans laquelle une attente militante avait précipité Israël (de fait, on n'en avait même pas encore l'idée). Il suffit de rappeler les huit cents disciples (*talmidim*) armés de Hillel – ou, en ce qui nous concerne, le Pharisien très violent que fut Saul de Tarse – pour nous rendre compte du point auquel l'étude de la Torah était à cette époque facilement associée à un zèle féroce. On pourrait aussi bien dire l'inverse. On tend de plus en plus à reconnaître à quel point la théologie apocalyptique est intimement mêlée à des courants de docteurs et de scribes. Crossan et ses émules ne se sont donc pas totalement égarés en cherchant à inscrire l'enseignement de Jésus dans le cadre d'une sagesse, même s'ils perdent ici l'équilibre dans le sens opposé. Dans le même ordre d'idées, et sur le point de la *praxis*, le caractère profondément scolastique et littéraire de l'entreprise essénienne est représentatif de la profonde influence qu'exercent les scribes de cette époque, tout autant qu'elle incarne une forme d'extrémisme. Comme illustration de ce fait, nous pourrions prendre le révéré « maître de justice » et le « scriptorium » mis au jour à Qumrân : une vaste salle de bibliothèque comprenant des écritoires et des pupitres – où des « rats de bibliothèque » s'activaient avec zèle à copier des textes et à dresser des computs, se préparant pour l'Armageddon avec leurs interprétations des prophéties (*pesharim*).

Le Seigneur lui-même, qui savait lire les Écritures, appartenait par là même à une certaine élite sociale. Néanmoins, il ne fit pas d'études – du moins pas dans l'enseignement secondaire de son temps. C'est en tout cas

40. HENGEL 2005.

ce que laissent entendre les juifs en Jn 7, 15. L'histoire romancée selon laquelle Jésus, durant sa vie cachée, se serait formé à Qumrân, est à peu près aussi saugrenue que les légendes arthuriennes qui le situent à la même époque en Grande-Bretagne. Quel que soit le temps que passa le Seigneur dans le cercle du Baptiste – une période de sa vie qui n'est certes pas dépourvue d'intérêt –, Jésus ne fut jamais le disciple d'un maître ou d'une école à l'instar de Paul, par exemple, qui se forma sous la houlette de Gamaliel. « Où donc a-t-il acquis toute cette connaissance ? », devons-nous nous demander avec les foules.

Il y a, à mon sens, une réponse évidente et immédiate (bien que certainement incomplète). Nous devons reconnaître qu'il existait, à côté de l'enseignement direct de la Torah, des moyens d'apprentissage communs, qui incluaient notamment une fréquentation coutumière des Écritures, surtout dans les réunions hebdomadaires de la synagogue et dans le cycle des fêtes – opportunités dont Jésus tira le plus grand profit en raison de son amour singulier de la sagesse. Alors qu'on se représente l'enfant de douze ans *enseignant* au Temple de manière précoce, Luc nous le décrit en fait en train d'« écouter » et de poser des questions aux docteurs. Ses « réponses » et son « intelligence » stupéfiantes n'en font pas moins un étudiant, mais elles révèlent bien plutôt la forme dialogique d'un exercice scolastique qui se situe quelque part entre l'enseignement de Ben Sira et la *Beth HaMidrash* des rabbins qui verra le jour peu après. Nous sommes ici confrontés à la rencontre mystérieuse entre la connaissance empirique, dialectique et humaine du Seigneur et le dépôt scripturaire qui révèle objectivement sa messianité.

Dans cette scène, Jésus occupe la position archétypique du fils sage, qui désire ardemment être instruit par la Torah, le Fils de Dieu qu'est Israël : « Écoute, mon enfant, l'enseignement de ton père et l'instruction (*Torah*) de ta mère » (Pr 3, 1). Avec une simplicité d'enfant, à douze ans il comprend ce commandement d'une manière plus profonde que ses propres mère et père de Nazareth, pourtant zélés observants de la Loi, et il l'applique à la lettre dans la maison de son Père, dans la cité sainte que l'Écriture appelle Mère.

Si l'entendement hors du commun du Christ enfant révèle une intelligence innée et une sagacité désarmante, son attachement zélé à la Loi du Seigneur s'enracine dans sa certitude personnelle d'être le « Fils » du Dieu qui doit être Père. Cela transparaît clairement dans la réponse de Jésus à Marie (Lc 2, 49). Cette conscience sans égale de sa filiation divine doit être prise, selon moi, dans le sens qui est rigoureusement appliqué à Israël, suivant l'expression de Ex 4, 22 – « Israël, mon fils premier-né ». Ce verset exprime avec beaucoup de profondeur, je crois, une dimension vitale de l'expérience humaine de la paternité divine qu'avait Jésus[41]. Le Christ s'identifiait tellement avec son peuple, aimait tant appartenir à cette communauté des élus selon la chair qu'il se sentait instinctivement impliqué et concerné à chaque passage des Écritures où Israël était décrit ou interpellé – c'est-à-dire partout.

« *Šᵉma Israël !* Écoute, Israël ! » priait chaque matin à son lever le sage Fils, ou plutôt le Fils qui est Sagesse. En hébreu, *Šᵉma* a le sens à la fois d'écouter et d'obéir, ce qui explique pourquoi cette posture d'écoute docile qu'adopte pleinement le Seigneur en priant le *Šᵉma Israël* de Dt 6, un passage des Écritures qu'il a peut-être même porté sur soi dans des *tephillin* comme d'autres juifs, identifie Jésus avec le Serviteur d'Isaïe, qui représente simultanément Israël et le Christ. « Matin après matin, il me réveille, pour écouter comme ceux qui sont instruits » (Is 50, 4).

Comme Dieu, Jésus est auteur de l'Écriture (*auctor scripturæ*). Plutôt que de chercher un événement d'*anamnèse*, de remémoration de son identité dans sa confrontation avec les Écritures, nous devrions partir en quête dans son humanité d'une *anagnôrisis*, c'est-à-dire une reconnaissance, qui peut même prendre le sens fort de découverte que lui donne Aristote[42] – comme quand je relis aujourd'hui une copie que j'ai moi-même écrite à l'école primaire. Dans le texte grec du Nouveau Testament, ce mot signifie aussi simplement « lecture », ce qui est précisément la connotation appropriée pour l'événement de reconnaissance auquel nous pensons. Jésus s'est trouvé lui-même dans l'Écriture, parce qu'il faisait l'expérience d'être en personne l'objet et le destinataire propres de la révélation d'Israël, avec une acuité sans précédent. Comme le Serviteur du Seigneur, il était animé d'une promptitude à obéir et entendait la Parole de Dieu comme si elle lui était adressée de manière parfaitement directe, avec une immédiateté presque inimaginable : comme si chaque mot du texte sacré avait ce pouvoir singulier qui subjugua saint Antoine quand il entra dans une église et entendit la lecture de l'Évangile de Matthieu. Et de même qu'Antoine n'eut par la suite aucun besoin de conserver un Évangile écrit, puisqu'il avait été écrit sur son cœur, et qu'aucune parole tombée en terre n'était restée stérile, de même la grâce d'assimiler

---

41. Ce que l'on appelle « personnalité dyadique » appliqué aux personnages de l'Antiquité, qui penche vers une identité collective plutôt qu'individuelle, est ici évidemment pertinent sur le plan sociologique. Cf. MALINA et NEYREY 1993 p. 67.

42. ARISTOTE, *Poétique*, ch. X et XI. Sur ce concept, cf. en particulier le travail de Northrop FRYE : « Une bonne part de ma réflexion critique a pris appui sur le double sens du terme *anagnôrisis* employé par Aristote, qui peut signifier « découverte » ou « reconnaissance », selon que l'accent est mis sur la nouveauté de l'expérience ou sur sa récurrence (FRYE 2008 p. 26). Cf. *infra* ch. 14.

la Parole et d'y être uni étroitement dut atteindre son apogée dans l'âme humaine du Christ.

La Parole de Dieu est adressée à Jésus de manière si immédiate et continue qu'elle finit par s'identifier à sa propre personne. Nous touchons ici au titre primordial de « Fils de l'homme », un point central dans la conscience de Jésus, titre dont l'interprétation a sans aucun doute fait les frais de la tendance à accentuer excessivement le caractère apocalyptique du Messie. Un débat de longue date, qu'il est peu probable de voir finir avant la venue de Jésus dans les nues, a obscurci la signification précise de cette locution[43]. Le renvoi à Dn 7, 13 domine cependant les études académiques et l'on comprend de manière écrasante l'autodésignation préférée de Jésus comme la référence apocalyptique à une figure messianique céleste, souvent préexistante, à laquelle feraient aussi allusion 1 Hénoch et 4 Esdras.

Ne retenir que la signification apocalyptique de ce titre est problématique et nous induit en erreur, me semble-t-il. On ne fait pas complètement fausse route en se référant à l'expression *bar enasha* qu'emploie Daniel, il est vrai. Jésus se reconnaît certainement en figure dans ce texte d'une importance capitale, comme il le manifeste avec éclat dans son procès devant Caïphe (Mc 14, 60-63). Toutefois, je soutiens que ce principe fondamental d'auto-identification s'applique de façon plénière à *toutes* les Écritures[44]. À cet égard, il est utile de relever que la pertinence de Daniel pour déterminer le sens de l'expression concrète de « Fils de l'homme », que Jésus emploie aussi dans des *dizaines* d'autres contextes (qui renvoient dans des directions scripturaires complètement différentes), est plus faible qu'on ne le suppose. La certitude de la signification apocalyptique de ce titre s'effondre brusquement quand le parallèle avec 1 Hénoch et 4 Esdras se révèle à bien des égards erroné ; en outre, il ne semble pas que l'expression de Daniel « quelqu'un de semblable à un homme » fût en fait bien répandue et présente à l'esprit de chacun des contemporains[45]. Maurice Casey, dont les recherches fantaisistes se rapprochent ici de la vérité, décèle dans cette expression une collocution commune qui signifiait « quelqu'un de ma position », mais cette analyse nous

---

43. Le nombre des études académiques sur le titre de « Fils de l'homme » est colossal. Pour un aperçu, cf. BURKETT 1999 ; VERMES 2010 p. 193-206 ; et HURTADO et OWEN 2011.

44. Est ici en cause, comme nous l'avons évoqué dans notre première thèse, la nécessité de développer la « conscience messianique » de Jésus au-delà d'une identification étroite à un discret titre apocalyptique. La périphrase de « Fils de l'homme » à laquelle il s'identifie est pour la personne de Jésus d'une importance toute particulière, puisque son envergure doit en quelque sorte embrasser pleinement la subjectivité du Christ.

45. HANNAH 2011 p. 130-158.

induit aussi en erreur[46]. Dans l'expression « le fils de l'homme », nous avons plutôt affaire à ce que l'on doit considérer comme un idiolecte, le motif caractéristique du langage d'un individu, en l'occurrence la voix du Christ (*vox Christi*) à l'état brut[47]. Le sens de cette expression étrange ne doit pas nécessairement nous sidérer : on peut l'interpréter simplement comme « *le* (article défini !) descendant de la race humaine », c'est-à-dire « l'être humain », une autodescription singulièrement emphatique et suggestive[48].

L'usage que fait Ézéchiel de l'expression sans l'article défini est le parallèle le plus proche que l'on puisse trouver à cet emploi de la locution, et les résonances bibliques que comportait la langue de Jésus étaient apparemment inspirées par la manière mémorable dont la Parole de Dieu s'était adressée à ce prophète et prêtre près de cent fois. De même que la faiblesse humaine d'Ézéchiel était exposée de manière vulnérable au discours que lui adressait soudain du ciel la Parole de Dieu et que lui-même était radicalement saisi par l'Esprit, qui le tirait d'un coup sec par les cheveux, en s'adressant à lui de manière presque moqueuse sous le nom de *ben Adam* (c'est-à-dire « fils d'homme »), de même la conscience étonnamment puissante qu'avait Jésus de sa propre humanité – exprimée dans son usage complètement idiosyncratique et *autoréférentiel* de cette adresse du Ciel à l'humanité – fait discrètement allusion à un ravissement d'en haut similaire, une appropriation complète et vigoureuse de son humanité par le Verbe de Dieu et l'Esprit. En s'appelant lui-même « *le* Fils de l'homme », Jésus s'est fait cet homme fragile à qui le Verbe de Dieu venant du Ciel était adressé de manière unique. Le Verbe éternel, vêtu de chair, n'errait pas alors en répétant qu'il était le protagoniste

46. Casey, qui développe la position de Vermes, a abondamment écrit sur ce sujet. Cf. CASEY 2009. Il n'est pas sûr que Casey traite bien l'usage des articles définis. De plus, même si des textes tels que l'inscription de Sfiré illustrent la préhistoire philologique de l'expression idiomatique, le syntagme dans l'usage qu'en fait Jésus, en appliquant constamment cette périphrase à sa propre personne, est plus particulier que tout ce qu'on a pu trouver dans ces sources.

47. Cf. HURTADO 2003 p. 290-306. Cf. aussi *infra* ch. 12.

48. Il y a ici des points de contact importants avec la théorie de Joel MARCUS (2003 p. 38-61 ; 370-386), qui souligne l'emploi d'un double article défini et voit dans « le Fils de l'homme » une référence à la figure du premier homme, Adam, dans la Genèse. Cf. aussi HOOKER 1967. Le rejet aux XIXe et XXe siècles de l'acception *humaine* de « Fils de l'homme », renvoyée à l'époque patristique et médiévale, était largement fondé sur l'incapacité des chercheurs à imaginer pourquoi Jésus aurait dû s'exprimer d'une façon si étrange. « Il n'est pas possible que Jésus ait ressenti le besoin d'assurer encore et encore ses contemporains de sa vraie nature humaine, dont aucun d'entre eux ne pouvait douter » (BEYSCHLAG 1894, p. 61). Cf. BURKETT 1999, p. 20-21. Cela témoigne d'un défaut d'imagination à la fois historique et théologique. La forte impression que devaient causer les hauts faits du Seigneur (cf. Ac 14, 15), ainsi que sa pédagogie bien définie de la révélation entrent ici directement en jeu.

de quelque apocalypse juive, mais plutôt il prenait plaisir à faire entendre son propre « je », en affirmant sans ambiguïté qu'il était un fils d'Adam pur-sang, et donc mortel. Mais qui parle ainsi sinon un fou, ou bien quelqu'un qui est tout à la fois homme et Dieu ?

TROISIÈME THÈSE – *L'exégèse contemporaine doit renouer avec une herméneutique chalcédonienne.*

Tout le mystère de l'Incarnation est ici renfermé : le Fils éternel s'approprie personnellement le nom de « Fils de l'homme » et il donne à entendre les accents articulés jaillissant d'une gorge humaine. Il ne faudrait cependant pas perdre de vue l'aspect pédagogique de cette périphrase. Nous ferions bien d'estimer, avec le père Dreyfus, la difficulté considérable à laquelle fut confronté Jésus pour introduire des juifs résolument monothéistes au mystère de son identité divine et la stratégie qu'il adopta en conséquence de dispenser avec mesure son enseignement ésotérique[49]. J'ai fait l'expérience cocasse mais frustrante d'essayer d'expliquer (sans même vouloir prouver) la doctrine de la Trinité à une famille de juifs orthodoxes ; j'ai mesuré à cette occasion l'ampleur assez comique de la tâche et la sagesse qu'eut le Seigneur à proclamer ainsi mystérieusement son humanité. Il ne suffit pas de se présenter comme la seconde hypostase divine.

Même après sa résurrection glorieuse, Jésus semble soucieux d'insister sur le fait qu'il est réellement humain (Lc 24, 36-43) ; la révélation de sa divinité passe en définitive par le moyen de sa nature charnelle (Jn 20, 26-29). Alors que l'auto-désignation de Jésus comme « Fils de l'homme » évoque bien sûr par moments cette figure céleste siégeant sur un trône que décrit Daniel, dont la relation singulière à « l'Ancien des jours » invite à interroger sérieusement l'identité, on insiste aussi sur l'apparence nettement humaine de ce personnage mystérieux.

Il y a de toute évidence quelque chose d'étrange à s'efforcer de contourner brusquement ou d'éluder ce point primordial des données, comme une bonne part de la littérature apologétique semble soucieuse de le faire. La figure humaine (non angélique) qui s'installe de manière triomphale sur un trône au-dessus des anges dans ce qu'on appelle l'*Hymne d'autoglorification*, retrouvé à Qumrân, fournit un point de référence irremplaçable pour considérer dans quel espace théologique une figure semblable à celle du livre de Daniel pouvait être esquissée dans le contexte du Second Temple, notamment si

49. DREYFUS 1984 p. 41-55.

Eric Miller a raison de faire ici le lien avec le « fils d'homme » intronisé des livres d'Hénoch[50]. En même temps, comme on tenait Hénoch lui-même pour une figure sacerdotale à travers son ascension céleste (2 Hénoch XXII, 8-9), Esther Eshel voit juste quand elle décèle derrière cet hymne la voix du grand prêtre eschatologique[51]. La conformité du Serviteur souffrant d'Isaïe avec le protagoniste de cet hymne complète en fin de compte une image extrêmement vivante ; et Israel Knohl est prêt à voir dans l'*Hymne d'autoglorification* rien moins que ce qui précède directement et influence la conception messianique qu'avait Jésus[52]. Selon moi, toute cette ligne de réflexion – et non moins la résonance sacerdotale – est d'une importance cruciale pour apprécier correctement le caractère christologique de l'auto-présentation de Jésus.

Au point où nous en sommes arrivés s'impose finalement d'elle-même cette question impertinente : jusqu'à quel point ou dans quel cadre la compréhension humaine que possédait Jésus lui-même de son identité comme Fils éternel était-elle possible ou compréhensible, même vaguement, étant donné son inscription historique dans le cadre du messianisme et du monothéisme du Second Temple ? Est-ce que le modèle offert par les figures d'agents médiateurs précédemment évoquées suffisait à faire admettre comme possibilité conceptuelle viable l'existence d'une personne divine incarnée[53] ?

Le jugement que l'on peut prononcer ici sur l'existence dans le domaine spéculatif d'un binitarisme préchrétien solidement ancré, comme l'envisage un Daniel Boyarin ou un Peter Schäfer, sera bien entendu d'une importance décisive pour trancher ce que l'on imagine avoir été concevable à l'époque du Second Temple. Les juifs contemporains de Jésus disposaient-ils (ainsi que Jésus lui-même) d'une latitude de pensée suffisante pour reconnaître sans peine l'existence d'un « Dieu *junior* » (c'est-à-dire un Dieu petit ou jeune, « Kleiner oder Junger Gott »), comme le suggère Schäfer ? Jésus était-il simplement capable de reprendre à son compte la formule de « petit Seigneur » (*YHWH ha-qatan*), employée par Metatron en 3 Hénoch XII, 5 *?* Même si l'on fait abstraction des difficultés de datation chronologique des traditions envisagées ici, il me semble que nous avons un problème si l'on considère la question d'un point de vue métaphysique. Les distinctions entre théologie immanente et économique s'estompent dans notre raisonnement, alors que la succession

---

50. Sur ce texte, cf. Eric Miller 2009 p. 307-324. Ce lien potentiel avec Hénoch ne doit pas nécessairement prendre la forme forte et spécifique d'un « Hymne ancien d'Hénoch », indépendant de la communauté et des pratiques de Qumrân, comme le suggère Miller.

51. Eshel 1999 p. 421-432, ici 426.

52. Cf. Knohl 2000.

53. Hurtado 2003 p. 27-78 ; *id.* 2005

des débats conciliaires avait travaillé dur pour les distinguer, et avec raison. Est-ce que *la science* (*die Wissenschaft*) comprend l'utilité de son propos quand elle annonce qu'elle « a, pour cette juxtaposition de deux puissances ou dieux, analogue à l'expression "trinitaire" du dogme chrétien, développé l'expression "binitaire"[54] » ? L'ouvrage de Schäfer *Deux dieux au Ciel* ne souffre pas d'être lu comme la description d'un binitarisme vraiment analogue à la conception dogmatique chrétienne de la Trinité. Si notre questionnement présent concerne les conceptions de Jésus et non celles des conciles chrétiens ultérieurs, de grossières caricatures de ces dernières ont peu de chance d'éclairer les premières, j'en suis bien désolé.

On peut éviter ce désordre conceptuel par une autre approche, en se tournant vers les courants variés du mysticisme juif alors en plein développement qui alimentait historiquement des textes tels que ceux que nous venons d'évoquer, l'*Hymne d'autoglorification* et les spéculations des *Hekhaloth/Merkabah* contenues dans 3 Hénoch. Le modèle même de Hurtado nécessite en définitive une expérience religieuse explosive pour expliquer l'apparition de ce qu'il appelle également (non sans introduire les mêmes problèmes) le binitarisme chrétien. Dans les Évangiles, la confession de Pierre qui reconnaît dans le Christ le « Fils du Dieu vivant » vient, nous dit-on, non pas de la chair et du sang, mais d'une révélation d'en haut (Mt 16, 16-19). Peut-on imaginer raisonnablement ou à bon droit une expérience de ce genre dans le cas du Christ ? Sa nature humaine le requérait-elle même en un sens ?

Il faut signaler une angoisse d'apologète au moment d'aborder ce problème difficile et embarrassant : la crainte de verser dans le monophysisme. Depuis l'époque de Lessing au moins, la crise nicéenne se réitère à plus faible échelle, gangrénant l'exégèse néotestamentaire, la divinité de Jésus étant alternativement attaquée et défendue. Aujourd'hui, l'École de la christologie haute précoce représente une sorte de moment athanasien modeste et, de pair avec Hurtado, la réflexion christologique menée par Richard Bauckham a concentré notre attention de manière profitable sur le problème décisif du monothéisme juif et finalement sur la révélation de la nature divine du Christ au sein de ce cadre[55]. Le langage qu'emploie Bauckham en parlant d'« identité » là où il pense « essence » divine lâche la bride à des formulations ambiguës, « cyrilliennes » au mauvais sens du terme. Ce schéma des études académiques court le risque de forger ce que Kavin Rowe appelle « l'enchaînement de Dieu

54. Schäfer 2017. Cf. *supra* ch. 7.
55. Cf. en particulier Bauckham 2008.

(*ho Theos*) et de Jésus (*ho Ièsous*)[56] ». Il n'est pas accidentel ou insignifiant que le projet même de Bauckham soit si fortement animé par la christologie de Jürgen Moltmann, qui dénie les natures et affirme la personne[57].

Historiquement, en réponse à la christologie formulée lors des conciles, on a adopté dans l'exégèse des Évangiles un critère de classification des textes selon qu'ils traitent de la nature humaine ou divine de Jésus. À vrai dire, il s'agissait là d'un procédé utilitaire, qui a bien rendu service pendant un temps pour surmonter les difficultés de certains textes, telles que *l'ignorance* du Fils en Mc 13, 32, mais qui dans sa version décadente a souvent servi à prouver, de manière curieuse, l'orthodoxie conciliaire du Seigneur quand il s'écartait du discours attendu et semblait oublier sa divinité (par exemple Jn 14, 28)[58]. Comme expédient pour sauver la doctrine, cette stratégie de lecture est parfaitement sensée, mais il faut reconnaître que l'identification alternative du « je » de Jésus avec une nature plutôt que l'autre est étrange : c'est même une interprétation improbable, semble-t-il, quand on scrute l'intention auctoriale des évangélistes à travers leur contexte historique et littéraire. Le projet de l'exégèse historico-critique a en conséquence trouvé ce procédé anachronique, arbitraire et peu convaincant, et n'a assigné nulle place dans sa méthodologie à cette répartition nette des passages établie sur le principe de la christologie chalcédonienne. Alors que cette tradition exégétique est éteinte depuis longtemps, nous devons à présent nous efforcer de remettre sur pied une herméneutique des deux natures, qui puisse trouver sa place dans le cadre de l'interprétation moderne – sans quoi les études néotestamentaires resteront bloquées par une christologie qui ne laisse place qu'à un seul sujet, exposée à ce qui, dans le contexte présent, s'apparente à des versions déformées d'une théologie kénotique radicale.

Pour que l'exégèse néo-nicéenne s'engage dans une direction chalcédonienne, il est peut-être d'abord nécessaire de prêter une attention particulière, plus que d'ordinaire dans l'étroite corporation des exégètes orthodoxes, à la nature humaine du Christ, créée, médiatrice et instrumentale. Pour commencer, il est bon de s'attaquer aux eaux adoptianistes du baptême du Christ.

---

56. Rowe 2006 p. 202.

57. Cf. Bauckham 1995. L'intention avouée qu'avait Moltmann de réviser la doctrine classique sur Dieu le conduit à rejeter explicitement la christologie chalcédonienne et la communication des caractères propres (*communicatio idiomatum*), d'où il en vient à prêcher que la souffrance de la Passion fut directement celle de la personne du Christ. *God Crucified* de Bauckham fait écho de manière évidente à *The Crucified God* de Moltmann. Cf. *supra* ch. 7.

58. Sur la réponse des Pères à ce texte problématique, cf. Madigan 2003 p. 255-278. Cf. *infra* ch. 15.

Au Jourdain, la voix céleste du Père, qui nous parvient à travers le prisme des Évangiles synoptiques, dit à la fois « celui-ci est » (en Matthieu) et « tu es (en Marc et en Luc) mon Fils bien-aimé ». La seconde version est plus proche du texte scripturaire du Ps 2, 7, qui est rapproché dans les trois Évangiles d'une allusion au Serviteur d'Is 42, 1. En accordant que Luc ne nous laisse à aucun endroit imaginer que le Christ a fait l'expérience à ce moment précis d'une illumination subite, que pourrait impliquer une telle expérience extraordinaire de s'entendre dire « je t'ai engendré » (*genui te*) ?

Je n'essaierai pas de décrire ce dont j'ai dit qu'il demeurerait pour toujours caché derrière la qualité ontologique de la *persona* de Jésus, ainsi qu'elle est présentée dans les Évangiles, mais je voudrais néanmoins émettre deux suggestions. Premièrement, les limites qui bornaient inévitablement la connaissance naturelle de Jésus volèrent en éclat à la faveur d'une expérience analogue (mais seulement analogue) à une révélation privée – bien que, dans cet épisode au Jourdain, ce soit en présence d'un public qui observe et écoute, comme lors de la conversion de saint Paul. À son baptême, le Christ a donc bénéficié, avec une intensité Dieu sait combien infiniment plus grande, d'une expérience analogue à la vision de la Trinité qu'eut saint Ignace de Loyola dans l'église dominicaine de Manrèse. Comme événement, cependant, l'engagement personnel de Jésus dans cette vision atteint un ordre complètement nouveau, car elle ne demeure pas une vision objective qui lui fait face, tout en le saisissant aux entrailles. La subjectivité même de Jésus est impliquée dans ces paroles : « Tu es mon Fils. » L'onction de l'Esprit rayonne donc à travers les sens de Jésus et à travers son âme et engage le Christ dans les processions trinitaires d'une manière absolument unique. De plus, cet événement épiphanique se manifeste sous la forme d'une parole de l'Écriture, revêtant exactement le caractère littéraire de l'*anagnôrisis*. De fait, nous devrions accorder au Baptême ce caractère décisif : structurellement similaire (bien qu'il en diffère matériellement) à ce moment dramatique où Œdipe découvre que c'est de lui (puisqu'il a été adopté) dont parle la prophétie[59]. Au Jourdain, le Fils se « découvre », ou plutôt se *reconnaît* lui-même, précisément en discernant que c'est la voix du Père qui parle à travers le texte des Écritures ; et il se perçoit lui-même dans ce *miroir* du Verbe à la fois comme *Fils* et comme *Serviteur* : l'aimé du Père d'une manière unique et qui lui obéit d'une manière unique,

---

59. Aristote, *Poétique*, 10. Pour Aristote, la reconnaissance (*anagnôrisis*) qui est liée le plus intimement à l'intrigue et à l'action est la reconnaissance de personnes. En outre, la totalité du mouvement qui va de la reconnaissance à la catastrophe est primordiale pour conférer à l'intrigue sa force tragique. Dans l'Évangile, l'orientation décisive qui conduit du Baptême à la Croix sous-tend tout le drame de cette « *eucatastrophe* » (Tolkien).

acceptant de porter nos infirmités jusqu'à la mort (Is 53, 4). Tout ceci passe par la médiation de la chair et de la parenté juives de Jésus, car c'est en tant qu'il est « fils de David » selon la chair (*kata sarka* – Rm 1, 3 ; cf. Mt 1, 1-16) que ces versets, adressés à l'héritier de David, prennent leur sens et parlent au Christ de manière si personnelle. Cela me conduit à mon second point.

L'Écriture circonscrit en quelque sorte le centre de l'identité de Jésus qui nous est révélée (quels abîmes demeurent enfouis !), et dans son cas précis, et seulement dans le sien, révélation privée et publique coïncident parfaitement. Pour le Christ, qui subsiste parfaitement comme le Fils premier-né de Dieu incarné, l'ensemble des textes sacrés canoniques que partage Israël est aussi ce qui confirme sa propre grâce singulière de pouvoir délivrer un enseignement privé qui vient d'en haut. Le Christ fait l'expérience des Écritures comme d'une révélation privée et personnelle : une expérience religieuse, si l'on veut, au sens peut-être où l'entend Hurtado, la foi archétypique de Jésus (c'est-à-dire la *Christform*), dans le langage de Balthasar, enfin, un autre point de vue sur la foi du Christ (*pistis Christou*)[60].

Cette convergence, dans l'expérience que fait Jésus des Écritures, de l'intimement personnel et du public réfracte sa conscience et amplifie ce que j'ai dit au sujet de l'adresse immédiate des Écritures à l'humanité du Christ. Cela clarifie aussi les récits divergents du Baptême que livrent les évangélistes, qui signalent la révélation objective et normative de la personne de Jésus. Ce qui est dit au Christ sous une forme pleinement personnelle, dans l'adresse d'un « je » à un « tu », « Tu es mon Fils », ne fait en quelque sorte qu'un avec ce que la tournure déictique exprime au monde en indiquant le Christ : « C'est lui. » La deuxième personne du Fils, son premier « je » personnel, se fond avec la proclamation des deux Testaments. Les « prophètes et apôtres », Jean le Baptiste et Paul, annoncent tous deux au sujet du Christ ce que le Père dit également au Fils : « *Houtos estin* ! C'est lui ! », que le Christ entend sous la forme « c'est toi ! ».

La scène de la tentation du Seigneur complète aussitôt la révélation extraordinaire du Jourdain, puisque le tentateur sème rapidement ses doutes : « Si tu es le fils de Dieu… ». Oserions-nous dire que l'intellect humain de Jésus est

60. Cf. Hadley 2020 p. 671-692. Il est intéressant de noter que l'attention portée par Balthasar à la « conscience du Christ » (un élément de première importance comme nous l'avons mis en lumière dans notre première thèse) met sa théologie en contact étroit avec celle de Rahner, souvent considéré comme un rival de Balthasar. L'effort que déploie Hadley pour engager l'exégèse sur le terrain dogmatique est admirable, même si j'adopterais une approche différente à l'égard de ce qu'il appelle « l'approfondissement, attesté par le texte biblique, de la conscience qu'avait Jésus d'être aimé et envoyé par le Père ».

ici soumis à une tourmente extrême ? Je ne vois pas de raison pour laquelle, en principe, ce devrait être plus scandaleux que les tourments que connut sa volonté humaine à Gethsémani, dans la crainte que lui inspirait la géhenne (*timor gehennalis*). Peut-être le monothélisme trouve-t-il son correspondant dans le « mononousitisme[61] » (après tout, ce qui n'est pas assumé n'est pas sauvé). Devrions-nous alors élaborer quelque équivalent dans le domaine de l'intellect au *vouloir gnomique* de Maxime le Confesseur pour préserver la compréhension de soi que gardait le Christ de manière inébranlable au milieu de cette terrible bataille[62] ?

Quel est donc le véritable objet de la tentation ? D'être indignement le Fils de Dieu, semble-t-il[63]. Et comment ? En comprenant les Écritures de travers. Dans le désert, le Seigneur occupe de nouveau clairement la position d'Israël et rejette victorieusement une série de fausses *personæ* messianiques[64]. Cette victoire prend significativement la forme d'un débat d'interprétation, structuré autour du texte décisif de Dt 6, 1-16, cité à trois reprises (ce n'est pas donc pas pour le plaisir de la fiction que Soloviev dépeint l'Antéchrist comme un exégète de Tübingen[65]). Confronté à une appréhension séduisante mais erronée du Verbe, le Christ de Dieu vainc dans sa chair toutes les fausses lectures christologiques et, en incarnant le peuple d'Israël fidèle, répond à l'appel du *Šᵉma*. Car afin d'être vraiment le Fils de Dieu et d'être le Fils de Dieu en vérité, Jésus doit non seulement se trouver figuré dans le texte, mais « dans le même Esprit dans lequel ce texte a été écrit[66] ». Et il doit, dans cet *Esprit* exactement, incarner avec obéissance tout ce qui s'y trouve consigné, jusqu'à la *lettre* du texte, de sorte que la Parole adressée par les prophètes à Israël soit pleinement intériorisée par le Fils, garantissant que tout ce qu'il exécute « afin d'accomplir les Écritures » soit parfaitement « en accord avec

61. Mot forgé par l'auteur sur *monos* et *noũs*, litt. « unique intelligence contemplative », hérésie non attestée mais qui consisterait à confondre les deux *noũs* humain et divin du Christ en un seul, de même que le *monothélisme* lui attribue une seule volonté. Ce sont des formes dérivées d'un monophysisme qui ne s'assume pas [n.d.é.].

62. La solution qu'apporte Maxime au problème ne satisfait pas tout le monde, comme il va de soi. Cf. par exemple Blowers 2012 p. 44-50.

63. « Les trois scènes ont un thème commun, en ce qu'elles corrigent une fausse compréhension de la mission de Jésus comme Fils. [...] Le lien qui unifie ces scènes est la série de citations tirées du Deutéronome, de passages qui rappellent trois événements de l'Exode dans lesquels les Israélites au désert furent mis à l'épreuve et échouèrent. » Fitzmeyer 1981 p. 509-510.

64. Sur cette dimension du texte, cf. Reisenfeld 1962 p. 51-63.

65. Soloviev, *Court récit sur l'Antéchrist*, trad. Marchadier (Genève, Ad Solem, 2005) p. 177.

66. « *Cum sacra scriptura eodem Spiritu quo scripta est etiam legenda et interpretanda sit* » (*Dei Verbum*, 12). La continuité de ce principe avec toute interprétation ecclésiale est vitale. Cela souligne le caractère archétypique de la conscience du Christ ; cf. note 60 (= Hadley 2020).

celles-ci » (cf. Mt 1, 22 ; 2, 6, 15, 17-18 ; 4, 14 ; 8, 17 ; 12, 17-21 ; 13, 14. 35 ; 21, 4 ; 27, 9-10 ; 1 Co 15, 3-4)[67].

Le récit de la tentation nous expose une lutte du Christ terrible, mais victorieuse pour préserver la grâce qui imprègne sa chair depuis que l'Esprit est descendu sur lui au Jourdain. Cette grâce accroît le domaine de la science de Jésus sur le plan humain afin qu'il perçoive plus pleinement les relations substantielles de sa personne au sein de la Trinité ; elle l'équipe encore pour entreprendre sa mission temporelle.

Sur le mont Thabor, la filiation divine du Christ est dévoilée une fois de plus, mais on observe ici qu'un nouvel accent est mis sur la nécessité de surmonter le scandale de la Croix, dans l'accomplissement de la mission sacerdotale du Fils[68]. En quelque sorte, c'est ici que l'homme Jésus est affermi pour penser non pas à la manière des hommes (comme son compagnon Pierre), mais comme Dieu – une grâce qui se manifeste sous la forme d'un voyage au ciel entrepris sur la terre. L'expérience de Jésus sur le mont Thabor est donc une exaltation au sens johannique : simultanément une révélation de la croix et une glorification céleste – car c'est précisément comme grand prêtre céleste glorifié que le Christ doit accomplir son voyage sacrificiel à Jérusalem pour y mourir (Hé 7-9).

De nouveau, l'événement de la Transfiguration est retranscrit explicitement dans la lettre des Écritures. La voix du Père, qui a le plaisir de citer Dt 18, 15, révèle l'accomplissement de cette promesse en glorifiant la chair de son Fils. L'apparition de Moïse et d'Élie est la « réalisation » en actes de Malachie 3. La voix et la vision qui se manifestent concourent ensemble à illuminer l'esprit humain incarné de Jésus – non seulement ses vêtements. La parole vivante des Écritures qui se fait entendre à Jésus et à ses disciples n'est pas seulement l'effet de la condescendance de Dieu aux trois témoins choisis qui accompagnaient le Christ sur la montagne. C'est la révélation d'une grâce *capitale* donnée à l'humanité que le Fils a librement embrassée.

---

67. L'accent que met Kevin Vanhoozer (2005) sur la « performance ecclésiale » du texte des Écritures est utile et original, mais une telle ecclésiologie doit être précédée d'un prologue christologique. Prêter plus attention à la nature théandrique de l'accomplissement par le Christ des Écritures pourrait, de fait, aider significativement à surmonter la rupture du débat entre catholiques et protestants sur la relation de l'Église (c'est-à-dire du Corps mystique) au Verbe. Plus précisément, l'opposition rigide, typiquement protestante, établie entre l'auctorialité divine des Écritures et l'autorité de l'Église (en tant que lieu d'accomplissement et d'interprétation effectifs des Écritures) ne fonctionne pas pour le Christ, pour qui la Parole n'est pas seulement reçue de manière passive, mais attend en un sens une exégèse de l'*auctor scripturæ* qui fasse autorité et accomplisse la Parole.

68. Cf. *infra* ch. 13.

C'est une initiation aux « mystères » du service cultuel qu'il a accompli comme médiateur et comme Messie sur la croix.

Dans sa chair – et jusque dans toutes les facultés variées de son esprit, jusqu'au lieu précis où il demeure sereinement comme *comprehensor* –, Jésus devait expérimenter la même leçon qu'il expliquerait plus tard aux deux disciples bouleversés qu'il rencontre sur le chemin d'Emmaüs, quand il leur enseigne tout ce qui est écrit à son sujet dans la Loi et les prophètes. De même que Gabriel aidait Daniel à déchiffrer l'énigme des soixante-dix ans annoncés par le prophète Jérémie (Dn 9, 1-26), de même la compréhension par Jésus de l'enseignement des scribes et de sa propre mission fut illuminée par une grâce de connaissance exégétique infusée en lui. La connaissance des Écritures que possédait le Seigneur connut soudain un tel accroissement que ces textes, qui rapportaient de manière personnelle sa destinée unique, lui parlaient avec la voix vivante de leurs sujets historiques et de l'auteur divin de la Parole.

La connaissance que possédait Jésus de son identité et de sa mission lui parvint à travers une succession de rencontres historiques avec les Écritures. Chacune avait la qualité d'un événement, allant de l'humble écoute (ou lecture) de la Parole dans sa proclamation liturgique à, vers l'extrême fin de sa vie, des infusions extraordinaires de grâce et de lumière surnaturelles – des grâces en acte, toujours configurées à la forme normative des Écritures. Cependant, le Fils, qui vivait parfaitement de chaque mot sortant de la bouche de Dieu, écoutait les Écritures immédiatement d'une manière *ininterrompue*[69]. Malgré le caractère historique ponctuel de ces rencontres, Jésus représente parfaitement, en raison de son identification interne constante avec le Verbe, cet homme que chante le psaume 1, figure à laquelle aspire tout juif amoureux de la Loi : celui qui médite la Torah « sans cesse, jour et nuit ». La *béatitude* de cet homme que le psaume déclare « bienheureux » désigne dans le cas du Christ le vecteur béatifique de toute sa connaissance humaine, et montre jusqu'à quel degré la doctrine sacrée (*sacra doctrina*) du Christ enseignant est ancrée dans la lettre des Écritures lues comme un miroir[70]. La réponse à

69. Il paraît essentiel de supposer le caractère permanent et habituel de la connaissance prophétique du Christ dont il était doté par l'Esprit, afin d'expliquer sa capacité constante à interpréter correctement le texte sacré. Les confirmations et accroissements ponctuels de la connaissance qu'avait Jésus de lui-même et de la compréhension qu'il avait de sa mission, événements que relate le récit de son contact avec les Écritures, doivent donc trouver leur justification sur un autre plan.

70. Organiser l'intégralité de la science du Christ (empirique, prophétique et béatifique) autour de la révélation scripturaire permet d'assurer la continuité de toute la doctrine sacrée, qui lie la connaissance théologique que l'on peut acquérir sur terre à la science de Dieu et des bienheureux (SAINT THOMAS D'AQUIN, *Somme théologique*, Iª q.1).

notre interrogation « mais où donc a-t-il tiré toute sa connaissance ? » est enfin mise au clair. La nature humaine du Christ, jusqu'aux tréfonds de son être, baignait continuellement dans le courant jaillissant du Verbe révélé de Dieu.

« Que pense le Seigneur de tout cela au Ciel ? » La merveilleuse réponse qu'apportent les rabbins à cette question merveilleusement impertinente peut aussi s'appliquer à l'homme qui siège à présent à la droite du Seigneur. Qu'en pense-t-il ? « Il lit la Torah. »

Traduit par Clément Gaufrès

Chapitre 12
Un nouveau coup de tonnerre johannique ? La *Legatio Baptistæ* et le « Christ poétique »

Parmi les lignes les plus belles et révélatrices que Johann Adam Möhler ait jamais écrites, on trouve cette confession : « Sans les Écritures, nous n'aurions pas accès à la forme caractéristique du discours de Jésus ; nous ne saurions pas comment parlait Dieu fait homme, et je crois que je perdrais tout désir de vivre si par malheur je ne devais plus l'entendre parler[1]. » Ces mots me reviennent à l'esprit tandis que je parcours le remarquable livre de mon confrère : *The Poetic Christ [Le Christ poétique]* d'Olivier-Thomas Venard qui vient d'être remarquablement traduit, réédité et recomposé par Francesca Murphy et Kenneth Oakes[2]. Dans ses remerciements, le fr. Olivier-Thomas mentionne les frères du couvent Saint-Étienne à Jérusalem, qui, « au milieu de leur monoculture biblique », ont patiemment supporté leur « intellectuel français conventuel »[3]. Conventuel mais non conventionnel ! Le sentiment d'étrangeté que peuvent susciter les galaxies intellectuelles françaises n'est pas inconnu à l'unique Américain résidant que je suis à l'École. Je me demande

1. « *Ohne Schrift wäre uns die eigentümliche Form der Reden Jesu vorenthalten ; wir wüßten nicht, wie der Gott-mensch sprach, und ich meine, leben möchte ich nicht mehr, wenn ich ihn nicht mehr reden hörte* », Möhler 1956, p. 54.

2. Venard 2019. Le texte original en français du fr. Venard a été publié en trois tomes en 2002, 2004 et 2009 (cf. Bibliographie).

3. Venard 2019 p. ix.

aussi ce que cet autoportrait sous-entend de tous les autres Français résidant au couvent. Mais, me dérobant à d'aussi imprudentes spéculations, je me contenterai ici de considérer fr. Olivier-Thomas comme notre romantique allemand à demeure, et d'exprimer mon admiration pour le brio et l'audace de son travail prodigieux. Je lui offre donc la courte réflexion qui suit avec toute mon affection fraternelle. Si mon propos apparaît plus aventureux théologiquement à la monoculture biblique régnante que ne le permet la coutume de la *Bibelwissenschaft,* il semblera peut-être trop timide à d'autres. De fait, j'ai résisté aux sirènes littéraires des prémonitions lyriques et me suis abstenu de toute manœuvre téméraire en haute mer ontothéologique, préférant suivre la côte, sûre et orthodoxe. Ai-je bien saisi l'esprit du *poète théologien* ? Je laisse à d'autres le soin d'en décider. Mon étude a une portée directement exégétique et se structure en deux grands mouvements.

L'Évangile poétique

Dans les deux premiers chapitres de son chef-d'œuvre, *The Poetic Christ,* le fr. Olivier-Thomas Venard débute par ce qui était auparavant dans la version française le climax et la conclusion. Il déploie avec toute sa puissance créative, synthétique et aphoristique la vision d'un Évangile poétique et d'une christologie poétique. Réduire sa vaste trilogie à un seul volume n'est sans doute pas plus ambitieux ni téméraire que de résumer la richesse de ces chapitres à une idée dominante. Et pourtant il me semble que l'intuition centrale de l'ouvrage trouve une formulation dans la suggestion évocatrice qu'il donne page 68 : « Il se pourrait bien que le texte canonique récolte les effets perlocutoires d'une stratégie inaugurée par Jésus lui-même. »

La portée de cette idée, bien qu'exprimée ici d'une façon moins imposante que dans certaines formulations plus denses et séduisantes, demeure ensevelie sous l'épaisse carapace du jargon de la théorie linguistique. Ce vers quoi cette idée tend est néanmoins clair. Une expérience unifiée du langage nous mène du discours de Jésus au discours des auteurs des Évangiles. Le texte sacré nous donne ainsi accès au Verbe fait homme. « Le discours chrétien continue le discours christique », dirait-on pour l'encapsuler dans un slogan[4]. D'une certaine façon, le phénomène n'est pas sans rappeler la mise par écrit de Socrate par Platon. D'une manière saisissante et cruciale, nous rencontrons le maître à travers la mémoire et les interprétations de son brillant élève.

4. *Op. cit.* p. 99.

Et de même que la personnalité toujours en alerte du maître donna naissance et même exigea par sa force unique le genre littéraire nouveau du dialogue, de même la personnalité du Christ impose, appelle et suscite une nouvelle forme de langage, à mesure qu'il transforme l'immortel en *euaggelion*.

Les Évangiles eux-mêmes sont ainsi plus mystérieux que ce que nous pouvons être tentés de croire à la lecture de Richard Burridge, lui qui les réduit aux Vies (*bioi*) gréco-romaines[5]. En effet, si, en poétique évangélique, « signification, signifiance et “significativité” sont mélangées[6] » – c'est-à-dire, si, dans le genre des Évangiles, le référent historique narré et l'existence à la fois du narrateur et du lecteur sont profondément et intensément mêlés, alors Bultmann ne se fourvoie pas totalement dans son analyse kérygmatique. Il n'est pas superflu de s'arrêter sur ce point, car je voudrais observer ici une forte teinte bultmannienne dans les thèses théologiques radicales sur la primauté du langage et sur « la domination de la parole sur l'histoire[7] ». Dieu, nous le savons, n'est pas une histoire ; et Jésus n'est pas non plus un texte[8].

Ce que nous propose Venard, néanmoins, est assez différent de ce qu'un exégète comme Francis Watson, dont je qualifierais le dernier ouvrage *Gospel Writing: A Canonical Perspective* de véritable point de repère pour les chercheurs héritiers de Bultmann[9] – « assez différent » est ici un euphémisme, car, à ma connaissance, le monde ne compte qu'un seul Français qui soit aussi un romantique allemand et un adepte de la Cabbale thomiste. Mais la comparaison n'est pas sans fondement. Là où le projet de Watson envisage avec créativité une vie exégétique sans la source Q mais toujours ramenée à des *logia* sans cadre narratif et à un corpus de citations parcellaires (à l'évidence, un Christ de la parole bien plus qu'un Christ des œuvres), son rejet en bloc de l'entreprise visant à cerner le Jésus historique le conduit à se jeter tout entier dans ce qu'il appelle l'« interprétation » et qui est un substitut littéraire au kérygme de Bultmann, lequel était plus puissant théologiquement. En conséquence, pour Watson, la langue de l'Évangile est un véritable objet formel qui d'une certaine manière transmet directement Jésus tout en le rendant en même temps inaccessible – et même inintéressant – sur le plan historique. Venard, en revanche, bien qu'il approuve Marcel Gauchet lorsque ce dernier affirme que « la religion de l'Incarnation est fondamentalement une religion de l'interprétation », manie cette réduction à l'herméneutique d'une

5. Burridge 2004 ; cf. Keener 2019.
6. Venard *op. cit.* p. 79.
7. *Id.* 2009 p. 25.
8. Cf. Francesca Aran Murphy 2007.
9. Francis Watson 2013. Cf. ma recension (= Giambrone 2018c).

autre manière[10]. Tenté par excès de zèle structuraliste de diaboliser la fiction consistant à reconstruire l'intention de l'auteur (entreprise qu'il qualifie de « fraude intentionnaliste »), Venard déborde néanmoins le paradigme critique de Watson selon lequel c'est le texte, final, canonique, qui crée le sens (et non l'intention de l'auteur). C'est-à-dire qu'il fait une place dans sa vision théo-linguistique à la mémoire des témoins oculaires et à l'action narrative et historique du Christ en eux. Il s'introduit ainsi dans une intentionnalité plus originelle encore.

Quidquid recipitur ad modum recipientis recipitur. Comme disait saint Thomas, toute chose reçue est reçue selon la capacité de celui qui la reçoit. Un continuum physique et mémoriel relie les mots prononcés par Jésus et les mots écrits à son sujet. La valeur performative et symbolique des gestes de Jésus, lorsqu'il se fit baptiser ou qu'il rompit le pain, par exemple, appartient de même à ce continuum discursif, et trouve des échos en acte dans la pratique liturgique de l'Église. Un lien *illocutoire-perlocutoire* entre l'Église et le Christ émerge ainsi. Ce lien incarné noue l'intention de la révélation et la réception inspirée, préservant ainsi deux pôles distincts dans l'événement unique de la communication divine : l'Incarnation et la *scriptura cum traditione*. Lorsque Jésus annonce le Royaume, sa prédication n'est pas simplement réductible ou équivalente au kérygme apostolique. Il n'empêche, le second est le complément et l'empreinte de la première. Les « mémoires des apôtres », pour reprendre le nom que Justin donne aux Évangiles, sont inaugurés et modelés par des motifs qui remontent au discours et au comportement du Verbe incarné et à tout ce qu'il a pu signifier.

Cette fusion historique du discours du Christ avec le discours chrétien s'intègre dans un creuset plus large, car dans une christologie poétique, catalysée par le Verbe révélant, l'ensemble canonique se fond en un artefact poétique unifié. Ainsi, les voix bibliques convergent comme une symphonie autour d'un seul ton. On peut envisager l'unité scripturale qui en résulte comme un objet littéraire complexe à grande échelle, tel *Le Grand Code*[11] de Northrop Frye. De plus, et de façon frappante, Frye caractérise la Bible entière comme kérygme, un terme que l'on réserve en général à la proclamation évangélique. Cela rejoint tout à fait la vaste poétique biblique du fr. Venard, car l'unité de la Bible chrétienne est, encore une fois, résolument herméneutique. Comme souvent, Venard trouve sa prémisse essentielle chez François Martin. La « compétence interprétative que le Nouveau Testament

10. Venard *op. cit.* p. 173.
11. Frye 1984.

exerce sur l'Ancien » découle du fait que l'on « pose Jésus en place de parfait auditeur ou d'authentique interprète de la Loi et des Prophètes : il en devient le *sujet énonciataire* par excellence[12] ». Jésus est le destinataire, la cible du texte saint. J'ajouterais ce point crucial : le Christ est aussi le parfait *sujet énonciateur* ainsi que le référent même. Les Écritures, tout entières, s'adressent à lui, parlent de lui, à travers lui.

Est-il possible de donner un fondement historique à cette revendication christologique supersessioniste sur les Écritures d'Israël ? Aux plans théologique et linguistique, comment pourrait-on justifier l'exégèse ecclésiale et son appropriation poétique plénière de l'Ancien Testament ? En tant que discours kérygmatique par excellence, les Évangiles ont la réponse à ces questions.

Parce qu'ils sont le principal témoin du Verbe incarné, *Dei Verbum* 18 accorde aux Évangiles une prééminence particulière parmi les Écritures, y compris parmi les écrits du Nouveau Testament. Bien discerner l'unité des quatre Évangiles est d'une certaine manière le cœur de tout le problème canonique. Et la question n'a pas laissé les spécialistes du Nouveau Testament indifférents. Par exemple, dans un ensemble important d'essais, Martin Hengel s'est intéressé à l'adoption précoce d'un titre singulier à caractère kérygmatique, εὐαγγέλιον, pour désigner l'entière collection des quatre, différenciés à l'intérieur parce qu'ils sont placés sous une *auctoritas* précédée de la préposition κατά : ΚΑΤΑ ΛΟΥΚΑΝ, ΙΩΑΝΝΗΝ, etc.[13]. La « perspective canonique » prônée par Watson s'écarte complètement du modèle d'une proclamation unifiée faite avec autorité. Il part du principe que les textes canoniques et non canoniques sont en eux-mêmes indiscernables, puisque la personne de Jésus est textualisée dans une profusion performative d'interprétations diverses, et ce jusqu'au IIe siècle bien entamé. La construction tardive des quatre Évangiles en un nouvel objet herméneutique serait alors une intervention juridique arbitraire de l'Église, un acte d'autorité, non pas d'ordre littéraire, mais strictement ecclésial. Watson est bien conscient de la ligne historique première depuis le fait brut (*datum*) recueilli (recollection) jusqu'à sa mise par écrit (inscription) – ce sont ses propres termes, mais ils dessinent un axe illocutoire-perlocutoire permis par la mémoire – et il reconnaît en théorie la possibilité d'une mauvaise interprétation. Et pourtant, faire remonter la littérature sur Jésus approuvée par l'Église à une hypothétique expérience du Christ faite par les apôtres – ce que Balthasar a merveilleusement bien

12. VENARD *op. cit.* p. 176 citant François MARTIN 1996 p. 114.
13. Cf. HENGEL 1985.

appelé « l'impact de la météorite » – est un projet qui ne présente pour lui absolument aucun intérêt. Le maître mot demeure : irréductible variété. Watson n'a ni l'oreille ni la patience nécessaires pour être sensible à l'harmonie des quatre Évangiles.

Bien sûr, l'harmonieuse unité et l'autorité décisive des Évangiles résident en fin de compte dans l'unité et l'autorité de la personne du Verbe. Dans cette lignée, Venard propose ainsi pour sa part quantité de réflexions sur l'unité de ce canon tétramorphe, veillant bien sûr scrupuleusement à ne pas tomber dans le piège de l'oubli du langage[14]. Ce qui me semble ici particulièrement intéressant, c'est la référence qu'il fait à une idée évoquée par divers exégètes, de Joachim Jeremias à Raymond Brown, et qu'ils appellent l'*ipsissima vox*. Car si les *ipsissima verba*, c'est-à-dire les mots exacts prononcés par Jésus, difficiles à définir, sont à jamais perdus, par contraste, on peut encore relever sa voix discernable, son *ipsissima vox*, restée opérante et accessible d'une certaine manière dans la transmission de la mémoire de Jésus. L'entreprise recèle un intérêt certain qui va bien au-delà de l'apologétique immédiate.

Dans le cas de Jeremias, qui demeure celui qui a le mieux traité le problème dans son article de 1954, deux traits caractéristiques du timbre bien distinct (*Kennzeichen*) de l'*ipsissima vox* de Jésus peuvent être établis avec certitude : *Abba* – l'apostrophe (habituellement considérée comme audacieuse) lancée à Dieu par Jésus et son usage étonnant du mot *amen* pour introduire ses propres affirmations au lieu de s'en servir pour répondre ou appuyer les mots d'un autre[15]. Voilà qui est sans aucun doute suggestif, malgré les exagérations de Jeremias sur la singularité d'un tel usage et l'infantilisation erronée d'*Abba* traduit par « Papa »[16]. La *vox* de Jésus est néanmoins réduite ici à deux *verba* brillant tels des diamants – contextualisés de façon minimale, mais en définitive douloureusement restreintes. L'approche du fr. Venard, qui cherche à saisir toute la vigueur et l'agilité qui innervent la pensée de Jésus de Nazareth[17], est par contraste plus expansive. De plus, en prêtant attention de la sorte à la *vox* du *Verbum* incarné, le fr. Venard ne cherche pas à récupérer une pépite historique du kérygme ébauché de l'Église primitive. Au contraire, il travaille à raser le rideau de fer tendu entre Jean et les autres Évangiles – en bref, à faire résonner le kérygme d'un ton et d'un timbre plus qu'humains. Par conséquent, des traits généralement tenus pour des techniques proprement

14. En français dans le texte [n.d.é.].
15. cf. Jeremias 1966.
16. Cf. Barr 1988.
17. Cf. Venard 2019 p. 13.

johanniques ne sont pas absents du discours de Jésus dans les synoptiques – la fameuse et prétendue ironie johannique, par exemple. Certaines traditions d'un registre plus soutenu auraient aussi, selon Venard, résisté à la standardisation du processus de la tradition orale. Il est question ici, je pense, du fameux coup de tonnerre johannique préservé en Mt 11,27 et Lc 10, 22 : « Personne ne connaît le Fils excepté le Père et personne ne connaît le Père excepté le Fils et toute personne à qui le Fils veut le révéler. »

On ne peut manquer de reconnaître la tournure johannique de la langue qui précède. Cependant, nous sommes encouragés à y entendre à la place un écho de celle de Jésus. Ce que révèlent une interpénétration aussi frappante de ces modes discursifs normalement distincts et cette transgression de la séparation bien nette entre le style indépendant de Jean et le style des synoptiques, ce n'est pas seulement les pré-histoires mélangées et la porosité des frontières littéraires des Évangiles. Elles figent ces documents en vue d'un moment exaltant dans la transparence unifiée et relevée du Verbe. L'unique Évangile de Jésus-Christ vibre encore de l'autorité énonciative du *Logos*, qui traverse la trame des mots des auteurs humains. Dans sa vaste étude, le fr. Venard fait seulement allusion en passant à l'importance capitale qu'il y a à discerner la *vox* unique de Jésus, et la quête du Jésus linguistique est loin d'être exempte de pièges méthodologiques. La chasse au Jésus historique n'est pas une entreprise moins risquée (ni sans rapport), cependant, et l'étude du discours christique est constitutive de la vision plus vaste du fr. Venard. On pourrait ainsi pousser l'exercice bien plus loin.

La *Vox Jesu*

La concentration et l'entremêlement de thèmes en Jn 5 offrent une corde parmi les nombreuses dont on pourrait se saisir pour accéder à l'*ipsissima vox*. Il s'agit néanmoins d'un texte clef, car il énonce dans le IVe Évangile la thématisation explicite que fait Jésus de sa propre voix. Après avoir déclaré qu'il accomplirait des œuvres plus grandes que la simple guérison des boiteux – ce qu'il vient de faire –, il proclame dans les v. 25 à 29 que l'heure est venue où les morts et ceux qui se trouvent dans les tombeaux entendront la voix du Fils de Dieu et que tous ceux qui l'auront entendue vivront. Jn 10 développe en détail le thème de sa voix, avant que l'appel de Lazare hors de sa tombe par Jésus en Jn 11 n'illustre dramatiquement son affirmation de Jn 5. La voix de Jésus est ainsi intimement liée à la grande œuvre que le Père lui a confiée : faire entrer dans le monde une vie plus forte que la mort.

En Jn 12, la voix du Père tombe du ciel comme le tonnerre : l'écho divin vient ratifier la voix de Jésus ressuscitant Lazare (12, 28) – ou plutôt, qui vient manifester la voix éternelle dont Jésus lui-même est l'écho parfait. « Ce que je dis, je le dis exactement comme le Père me l'a dit » (12, 50). La voix de Jésus faisant surgir la vie de la tombe rend audible pour le bien des foules le dialogue intérieur sans fin et sans commencement par lequel le Fils éternel en appelle à son Père et est lui-même en retour appelé à la vie : « Père glorifie ton nom » ; « Je l'ai glorifié et je le glorifierai encore » (12, 28) ; « Père, je te rends grâce de m'avoir écouté. Je savais bien que tu m'écoutes toujours » (11, 41-42).

La voix (*vox*) de Jésus a aussi un autre interlocuteur. Dans l'Évangile de Jean, comme dans les synoptiques, c'est Jean-Baptiste qui au seuil même du texte est ouvertement appelé la *vox clamantis*. Mais, chez Jean, non seulement le Baptiste applique Isaïe 40 à sa propre personne, mais il se réjouit aussi d'entendre une autre voix, celle de l'Époux (Jn 3, 29). La langue de Jean fait allusion à un *topos* scripturaire important. Il décrit tout d'abord la dévastation que représente l'exil : « Je mettrai fin au son des rires et de la joie, à la voix de l'Épouse et de l'Époux dans les villes de Juda et dans les rues de Jérusalem, car cette terre deviendra une terre désolée » (Jr 7, 34 ; 16, 9 ; 25, 10). Puis cela devient le son même de la Nouvelle Alliance prophétisée par Jérémie : « En ce lieu [...], dans les villes de Juda et les rues désertes de Jérusalem [...], on entendra une fois encore la voix de l'Époux et la voix de l'Épouse et les voix de ceux qui chantent, tandis qu'ils apporteront des offrandes d'action de grâce à la maison du Seigneur » (Jr 33, 11). La fusion de la voix de la mariée avec la musique liturgique du Temple prépare déjà la lecture symbolique « israélogique » du Cantique des Cantiques, qui fait de la voix de l'Épouse la voix d'Israël en prière et de la voix de l'Époux la voix de YHWH lui-même. « Mes compagnons cherchent à entendre ta voix : fais-moi entendre ta voix » (8, 13) ; « La voix de mon bien-aimé, regardez, le voici qui vient » (2, 8). Entendue de cette manière, la voix que Jean discerne porte en elle – en sourdine mais bien distinct – un coup de tonnerre divin. Il s'agit du son de la Nouvelle Alliance et du Nouveau Testament lui-même : la joyeuse acclamation qui annonce la pluie qui va clore une famine. C'est encore le son d'Israël relevé d'entre les morts. « Comme un jeune époux se réjouit de sa fiancée, ainsi ton Dieu se réjouira de toi » (Is 62, 5).

Le trope de la *vox sponsi* (auquel Jean fait écho) est toutefois plus qu'une description scripturaire du joyeux événement par lequel Dieu renverse enfin les malheurs d'Israël. Il reflète aussi la description détournée que donne Jésus de lui-même dans les synoptiques. « Un roi fit dresser un banquet de noces pour son fils... ». Premier indice d'un motif extrêmement important, sur lequel je reviendrai : la fusion de l'idiome biblique avec le propre discours évasif de Jésus sur lui-même. Non seulement Jésus adopte et applique le motif de l'Époux à sa propre personne, mais il l'utilise pour se différencier de Jean – ainsi que Jean le fait lui-même dans le IVe Évangile. « Les invités de la noce peuvent-ils jeûner tant que l'Époux est avec eux ? » Il est impossible de dire si c'est Jean l'évangéliste qui a transposé un thème synoptique et l'a placé dans la bouche du Baptiste ou si c'est à l'inverse le Jésus des synoptiques qui se fait l'écho du Jean historique. Les exégètes tendront probablement à privilégier la dernière hypothèse, bien qu'il faille noter que, pour les synoptiques eux-mêmes, Jésus se fait le successeur de Jean et son parfait écho. En Lc 3, 18, par exemple, il est dit que Jean, « avec beaucoup d'exhortations, *prêchait l'Évangile au peuple* (εὐηγγελίζετο) ». De même, Matthieu prend bien soin de placer la même formule dans la bouche des deux hommes : « Repentez-vous car le royaume de Dieu est tout proche » (Mt 3, 1 ; 4, 17). Dans le Ier Évangile, les deux se passent le relais de la voix de clairon de façon parfaite. Lorsque la même tradition relève aussi la dissonance existante entre le son rendu par leurs deux prédications, nous devrions le lire à la lumière des paroles de l'Époux sur le jeûne. « Pourquoi les disciples de Jean jeûnent-ils et tes disciples ne jeûnent-ils pas ? »

> Nous avons joué de la flûte pour vous et vous n'avez pas dansé ; nous avons gémi et vous n'avez pas pris le deuil. Jean est venu et il ne mangeait ni ne buvait [...], le Fils de l'homme est venu et il mange et il boit (Mt 11, 18).

Dans le contexte de Matthieu (et dans celui de Luc aussi), ce *logion* attribuant à Jean le deuil et à Jésus la fête fait partie de la réponse étendue de Jésus à la question posée par les disciples de Jean : « Es-tu celui qui doit venir ou devons-nous en attendre un autre ? » (Mt 11, 3 ; Lc 7, 19). Après le Baptême, c'est le second recueil de traditions concernant le Baptiste chez Matthieu et Luc. Pour Meier, « il est très étonnant que le noyau de ces matériaux reste intouché par les diverses christologies de l'Église post-pascale », ce qui joue en faveur de son authenticité[18].

En accord avec l'hypothèse de christologie basse viennent les commentaires étalant leur cachexie théologique et les homélies douteuses que l'on nous a accoutumés à entendre au sujet de cette question : « Es-tu celui qui

18. MEIER 2005 p. 122.

doit venir ? », assimilée au cri perplexe d'un Jean-Baptiste en pleine crise personnelle. W. D. Davies et Dale Allison en ont la calme assurance : cette question de Jean dans le contexte de Matthieu est certainement la marque d'une foi en déclin[19]. Alors, dans l'esprit maussade de Jean, retenu prisonnier, s'agitent les ombres du doute, tandis que parviennent jusqu'à lui les rumeurs de τὰ ἔργα τοῦ Χριστοῦ, les œuvres du Messie. Au lieu de cracher un feu apocalyptique, il semblerait que Jésus soit plutôt parti pour annoncer le pardon et faire le bien.

> Allez dire à Jean ce que vous voyez et entendez : les aveugles reçoivent la vue, les boiteux marchent, les lépreux sont purifiés, les sourds entendent, les morts sont relevés, et les pauvres entendent l'Évangile venir à eux (Mt 11, 4-5; cf. Lc 7, 22).

La réponse de Jésus à la question de Jean est essentiellement un canevas de citations d'Isaïe (26, 19 ; 29, 18-19 ; 35, 5-6 ; 61, 1). Le bouquet scripturaire ici cueilli ressemble de près à un florilège déjà composé dans la célèbre *Apocalypse messianique* de Qumrân [4Q521], où une liste assez similaire de signes du Messie sont compilés[20]. De même, la réponse de Jésus à ses disciples les enjoint à témoigner spécifiquement de l'accomplissement de l'Écriture tel qu'ils l'appréhendent par leurs propres sens. Nous ne souhaitons surtout pas trop nous avancer. Mais nous ne pouvons pas nous empêcher d'observer que la mention que fait Luc de la délégation des deux disciples anonymes de Jean rappelle les deux disciples anonymes envoyés de même auprès du Christ par Jean du début du IVe Évangile. Toujours sans trop nous avancer, observons simplement que le fait que Jésus charge ces disciples de raconter ce qu'ils voient et entendent correspond de façon frappante avec le langage johannique du témoignage. « Ce que nous avons entendu, ce que nous avons vu de nos yeux, ce que nous avons contemplé et touché de nos mains » (1 Jn 1, 1). Et enfin on ne peut se retenir d'observer qu'à nouveau, ici, les miracles annoncés par Jésus et Isaïe et auxquels ces deux disciples ont assisté – guérir les aveugles, faire marcher les boiteux, ressusciter les morts – retracent fidèlement le contenu principal du livre des Signes[21].

Les Évangiles synoptiques énumèrent avec plus de minutie que Jean toutes sortes de merveilles. Bien sûr, ils sont aussi plus sommaires et moins réflexifs.

---

19. Davies & Allison 1991 p. 239.

20. Sur ce texte, cf. Giambrone 2021e.

21. Nom donné par les exégètes à Jn 1-11 où les miracles de Jésus sont qualifiés de « signes » [n.d.é.].

Jean se contente de sélectionner ses thèmes, en ajoutant simplement que Jésus fit encore beaucoup d'autres choses. La phrase de *climax*, récapitulative, καὶ πτωχοὶ εὐαγγελίζονται (« les pauvres sont évangélisés »), néanmoins, saisit un aspect essentiel à la structure unifiée du canon tétramorphe, dans ses inflexions à la fois johannique et synoptique. Plutôt que de s'obstiner à chercher les racines de l'*euaggelion* chrétien dans le kérygme centré sur le langage de la croix paulinien, comme les spécialistes du Nouveau Testament en ont l'habitude, on pourrait peut-être ainsi se montrer plus attentif à ce moment décisif où Jésus, employant le langage de l'Évangile en le puisant dans l'Ancien Testament, envoie pour la première fois témoigner de lui à travers ses actions révélatrices.

L'illocution de Jésus n'est pas une énonciation innocente. « Dites à Jean ce que vous entendez et voyez » est un acte de perlocution avec un double sujet énonciataire. D'une part, c'est bien la délégation des deux disciples qui reçoit cette demande. D'autre part, c'est aussi à Jean lui-même que Jésus s'adresse. Nous avons ici affaire à un dialogue par personne interposée entre Jésus et Jean. La réponse de Jésus a ainsi pour résultat final d'initier un Évangile pré-pascal, une narration des actions révélatrices du Messie : non pas un compte rendu de ses mots, notons-le bien, mais plutôt une mise en mots de ses actes. Ce kérygme précédant la Résurrection n'omet par ailleurs pas l'œuvre divine de la Résurrection, car la liste prophétique des merveilles culmine avec la conclusion : « les morts ressuscitent » – un miracle qui n'était pas mentionné dans les textes qui servent de fondation à ce passage (Is 35 et 61). Ce n'est de même pas un hasard de la narration si Luc raconte la Résurrection du fils de la veuve juste avant cet échange, car ce thème de la Résurrection est tout à fait central. « Dieu visitant son peuple » devrait frapper les yeux et les oreilles des deux disciples. Ainsi, la voix qui résonne du dialogue du Christ avec Jean porte une fois de plus le message de la Résurrection, orientant de façon prophétique et proleptique vers la plus grande œuvre de Jésus, et dont l'accomplissement reste pour l'heure à venir. C'était une chose d'envoyer ses propres disciples deux par deux prêcher la venue du Royaume, ce qui était la prolongation et l'extension du propre écho qu'il donne à la parole de Jean. C'en est une autre que ce message pré-pascal, qui, s'il a Jean aussi à sa création, porte l'identité de Jésus au centre et sa propre victoire sur la mort comme aspiration transcendante. C'est le référent et le contenu du l'énoncé kérygmatique. C'est par la parole que le Seigneur fait exister l'Évangile.

Une autre raison capitale pour laquelle l'illocution de Jésus n'est pas une énonciation innocente : il refuse de se rendre témoignage à lui-même directement. Il a beau être habitué à dire mystérieusement : ἦλθον, « je suis venu »

– ici aussi Jeremias aurait pu entendre la *vox* –, Jésus se refuse à répondre simplement : « Oui, je suis bien ὁ ἐρχόμενος, celui qui vient[22]. » Au lieu de cela, Jésus renvoie ses auditeurs aux Écritures et, à travers elles, à ses œuvres. Le Christ efface ainsi consciemment son propre statut d'énonciateur, et ce sur deux plans : refusant de se rendre témoignage à lui-même, il laisse ce soin à d'autres témoins et les appelle à parler. D'une part, il s'en remet aux Écritures et, d'autre part, il donne cette mission aux évangélistes. Il place ainsi la parole du témoignage dans leurs bouches. Et l'annonce prophétique comme l'annonce kérygmatique – deux modes de discours qui s'interpénètrent – témoignent d'une seule voix des œuvres de Jésus.

Ce caractère particulier du discours du Christ qui n'offre aucune prise à la préhension directe sous-tend et permet la proclamation chrétienne, rejoignant le discours de Jésus en Jean 5 :

> Si je me rends témoignage à moi-même, mon témoignage n'est pas véridique. Il y en a un autre qui témoigne en mon nom, et je sais que le témoignage qu'il me rend est véridique. Vous avez envoyé des messagers à Jean, et il a rendu témoignage à la vérité. Ce n'est pas que j'accepte un tel témoignage humain, mais je dis ces choses pour que vous puissiez être sauvés. Il était une lampe ardente et brillante, et vous souhaitiez vous réjouir avec lui un moment dans sa lumière. Mais j'ai un témoignage plus grand que celui de Jean. Les œuvres que le Père m'a données à accomplir, ces œuvres mêmes que je suis en train de faire, témoignent pour moi que le Père m'a envoyé. Et le Père qui m'a envoyé a lui-même témoigné en mon nom. Vous n'avez jamais entendu sa voix ni vu sa forme et sa parole ne demeure pas en vous, parce que vous ne croyez pas en celui qu'il a envoyé. Vous scrutez les Écritures parce que vous pensez qu'en elles vous avez la vie éternelle ; et ce sont elles qui témoignent pour moi. Et pourtant vous refusez de venir à moi pour avoir la vie (Jn 5, 31-40).

Déployons quelques thèmes-clés de ce discours très dense. Tout d'abord, Jésus refuse de témoigner de lui-même en son propre nom : « Si je me rends témoignage à moi-même, mon témoignage n'est pas véridique. » Ce motif est implicite dans la structure énonciative de la *Legatio Baptistæ*, comme nous venons de le voir. En outre, le silence évasif que garde Jésus quand il s'agit de se prononcer quant à lui-même n'est pas un élément fortuit dans la plus ample tradition évangélique. Ce motif est constant dans son discours.

22. Sur la christologie implicitement contenue dans le motif du ἦλθον, cf. GATHERCOLE 2006.

« Combien de temps vas-tu nous tenir en haleine ? Si tu es le Messie, dis-le-nous clairement » (Jn 10, 24). La manière très expressive qu'a Jésus de s'effacer ne se rapporte pas qu'à ses circonlocutions à la troisième personne comme « le fils de l'Homme » ou au prétendu secret messianique. Ce refus spécifique de *témoigner* en son propre nom rappelle avant tout le remarquable souvenir du silence délibéré de Jésus pendant sa Passion.

> Alors Pilate lui dit : « N'entends-tu pas les nombreuses accusations qu'ils portent contre toi ? » Mais il ne lui donna aucune réponse, pas même à une seule charge, de sorte que le gouverneur était dans un grand étonnement (Mt 27, 13-14 ; cf. Mc 15, 4 ; Jn 10, 10).

Mirabile dictu : « Comme un agneau mené à l'abattoir, comme un mouton qui devant ses tondeurs est silencieux, ainsi il n'ouvrait pas la bouche » (Is 53, 7). « Voici mon serviteur, celui que j'ai choisi [...], il ne se débattra ni ne criera, et personne n'entendra sa voix dans les rues » (Is 42, 1-2 ; Mt 12, 18-20). Jésus n'est pas seulement l'héritier de la *vox clamantis* d'Isaïe – et, malgré les commentaires, il peut tout autant que Jean cracher un feu apocalyptique : « Malheur à vous, scribes et pharisiens, hypocrites ! Malheur à toi, Chorazin ! Malheur à toi, Bethsaïde ! » La *vox* de Jésus a pour matrice celle du serviteur souffrant d'Isaïe. Nul ne lui prend sa voix. C'est lui qui choisit de la déposer. « Pourquoi ne l'avez-vous pas arrêté ? demandent-ils. Jamais un homme n'a parlé ainsi » (Jn 7, 45-46). On ne peut saisir ou arrêter le Verbe jusqu'au moment où celui-ci choisit de sombrer dans le plus profond silence.

Jésus ne prend pas sa propre défense, pas plus qu'il n'accepte le témoignage de Jean. « Vous avez envoyé des messagers à Jean et il a rendu témoignage à la vérité. Ce n'est pas que j'accepte un tel témoignage humain. » Le Fils n'accepte que le témoignage du Père. Au Baptême, Jean a eu accès au témoignage du Père, et c'est de là que vient la vérité de sa parole. Et pourtant, ceux qui écoutent Jésus n'ont jamais vu le Père, invisible, et n'ont jamais entendu sa voix. Ce qu'ils *peuvent* voir et entendre, en revanche, c'est le témoignage des œuvres de Jésus en même temps que le témoignage des Écritures. C'est ici encore exactement la même configuration que celle rencontrée dans l'épisode synoptique correspondant. Au lieu de s'auto-annoncer, Jésus laisse les Écritures et ses œuvres – ainsi que les témoins de ses œuvres – parler pour lui et devenir cette voix que lui-même retient.

Le Jésus qui refuse le témoignage du Baptiste dans l'Évangile de Jean concorde avec un aspect subtil de la rhétorique apophtegmatique des synoptiques. Le Baptiste ne répond jamais à la réponse que lui fait Jésus ; sa parole s'évanouit simplement, tandis que Jésus poursuit la louange de Jean. Que Jean cesse ainsi de parler, cela n'a pas échappé aux exégètes. D'après Meier, « le Jean silencieux de cette péricope de Q tranche nettement avec l'arrière-plan du récit où l'enfant a tressailli dans le sein d'Élisabeth, avec le "c'est moi qui ai besoin d'être baptisé par toi", de Matthieu et avec le "voici l'Agneau de Dieu" du IVe Évangile. Quelle que soit la nature du silence de Jean, il n'est sûrement pas de l'apologétique chrétienne[23] ».

« Es-tu celui qui doit venir ? » Cette question ne trahit pas nécessairement une foi vacillante. Les Évangiles, du moins, n'accordent aucun intérêt à l'assentiment de Jean. A-t-il oui ou non ratifié l'insinuation messianique de Jésus ? Peu importe. Il suffit de lire à travers un prisme poétique et canonique, ou même tout simplement à travers le prisme de Matthieu ou de Luc, pour que la question devienne finalement la suivante : Qui peut à juste titre témoigner de Jésus ? Dans la pragmatique du dialogue par personne interposée entre Jésus et Jean, une étape est franchie au-delà du baptême de Jésus lorsque Jean renvoie ses disciples vers un témoignage plus haut que celui qu'il professait lui-même. Il disparaît derrière une première personne du pluriel, il diminue pour laisser les autres grandir, en leur donnant une parole à formuler avec leur propre voix : « Devons-*nous* en attendre un autre ? » À mi-chemin entre le Baptiste et celui qui vient derrière lui, les disciples de Jean sont ainsi invités par le Christ à résoudre la question de Jean pour eux-mêmes. « Allez dire à Jean » devrait en fait fonctionner comme « Allez vous montrer aux prêtres » (Lc 17, 14) : en faisant revenir les témoins convertis aux pieds du Christ.

« Vous scrutez les Écritures [...], ce sont elles qui témoignent pour moi. » Les mots d'adieu de Jésus en Jn 5 insistent encore sur ce point : « Si vous croyiez en Moïse, vous croiriez en moi, car c'est sur moi qu'il a écrit. Mais si vous ne croyez pas en ce qu'il a écrit, comment croirez-vous en ce que je dis ? » (Jn 5, 45-46). Il faut tenir compte de la force de cette revendication. Le présupposé critique implicite dans la réponse de Jésus aux disciples de Jean est ici manifeste. Les Écritures parlent de lui. Là est la revendication constante et saisissante, le principe soutenant un trait omniprésent et envahissant tout dans la voix de Jésus, osons le dire, c'est *le* trait caractéristique de sa voix sacrée. *Jésus parle comme si la Bible ne parlait qu'à lui, ne parlait que de lui, ne parlait que pour lui.* Il s'agit pour moi d'un point d'Archimède christologique, mais aussi d'un fait historique avéré. J'ai déjà traité divers aspects de ce sujet ailleurs et je me dois ici de rester bref ; mais l'idiolecte de Jésus, sa manière toute particulière de parler, émerge à travers la même sorte de

---

23. MEIER 2005 p. 128.

vision d'ensemble et la même argumentation fondée sur le souvenir que celle qu'Allison et d'autres ont érigée pour prendre la place d'un programme de critériologie vermoulu. Et à cet égard, « si le souvenir présenté de lui dans les Évangiles est un guide un tant soit peu fidèle, le Jésus d'avant la Résurrection lit explicitement son histoire à travers le prisme des Écritures[24] ». Sur le plan théologique, c'est cet axiome christologique qui fonde la récupération de l'Ancien Testament par le Nouveau.

Sur le plan historique, Jésus, comme beaucoup d'autres juifs de son temps, était certainement tout imprégné des Écritures d'Israël. De ces écrits viennent le vocabulaire, les thèmes, la texture et les motifs de sa pensée et de son discours. Et pourtant, sa façon d'absorber ces éléments de style, de résonner comme d'instinct avec le langage de la poétique sacrée d'Israël ne ressemble pas à l'idiome archaïsant que l'on peut trouver dans certains rouleaux de la mer Morte ou dans l'imitation lucanienne du grec des Septante. Ce phénomène ressemble plutôt à la manière étonnante avec laquelle Jean se reconnaît directement dans la *vox clamantis* d'Isaïe : tout se passe comme si « le Maître de Justice » avait rédigé ces *pesherim* qui lisent le texte d'Habaquq comme une prophétie parlant spécifiquement de lui. Allant plus loin, cependant, Jean se présente lui-même non seulement comme la réalisation, mais comme l'individualisation d'une interprétation d'Is 40, 3 qui était appliqué à toute la communauté de Qumrân dans le texte 1QS. Avec un extraordinaire sens du soi, qui n'a pourtant rien à voir avec l'égoïsme, voici que Jean trouve concentré dans sa propre personne le destin de tout le peuple eschatologique. La constitution de cette voix assume ainsi une posture hautement christologique. On peut développer cela dans deux directions au moins. Je conclurai avec ces deux points.

Tout d'abord, l'auto-projection de Jésus dans les Écritures n'a pas son équivalent et dépasse tout ce que l'on sait ou peut reconstruire de Jean. Le Seigneur rencontré dans les Évangiles ne se présente non pas comme une silhouette fugace, mais comme s'il était le protagoniste universel des Écritures. Par ses mots, il investit les rôles de l'oint en Isaïe 61 et du serviteur souffrant. Il est l'Époux et le Désiré d'Israël. Il est le Seigneur de David, la pierre d'angle et le juste souffrant des psaumes. Il est le prophète comme Moïse, le « fils de l'Homme » de Daniel, le « messager de bonnes nouvelles » d'Isaïe, l'agent de la Nouvelle Alliance prophétisée par Jérémie (Jr 31, 31-34) et le berger de Zacharie 13. Jésus s'approprie tous ces rôles dramatiques et la liste pourrait encore aisément s'allonger. Mis ensemble, la correspondance entre les

24. ALLISON 2010.

Écritures et sa résurrection d'entre les morts ratifie pleinement la perception que le Christ a de lui-même. « N'était-il pas nécessaire que le Messie souffre ces épreuves et entre ainsi dans sa gloire ? Alors, commençant par Moïse et tous les prophètes, il leur expliqua ce qui était dit sur lui dans *toutes* les Écritures » (Lc 24, 26-27). Dans les Écritures, Jésus trouve son texte et, par les Écritures, il donne une voix à ses œuvres silencieuses – et en particulier à l'œuvre qui le surpasse toutes : son entrée dans la gloire.

En second lieu, dans les trois Évangiles synoptiques, le Baptiste est identifié comme étant le *qōl qōrē'* d'Isaïe 40 par le narrateur omniscient. Seul l'Évangile de Jean met cette affirmation dans la bouche du Baptiste. Jésus, en revanche, est attesté à de nombreuses reprises dans toute théorie documentaire comme étant l'*énonciateur*, qui, par des moyens détournés pourtant révélateurs déclare être lui-même le contenu prophétisé des Écritures. C'est de plus la parole de Jésus lui-même qui confère à Jean, après le départ de ses messagers, le rôle scripturaire qui lui est assigné.

> Voici celui à propos duquel il est écrit,
> « Vois, j'envoie mon messager,
> Au-devant de toi, il préparera ton chemin devant toi » (Mc 1, 2).

Ce que Marc assume comme une citation prophétique au début de son Évangile est amené par Jésus chez Matthieu et Luc. On peinerait à trouver un cas aussi évident de fusion entre discours chrétien et discours christique. Et le discours christique prépare aussi d'une façon bien plus énigmatique la *vox* distincte de Jean en lui donnant précisément le rôle du précurseur dans les Écritures. « Après moi vient un homme qui est plus grand que moi parce qu'il était avant moi » (Jn 1, 15.30). Il est impossible de démêler les cercles herméneutique et historique, mais le discours de Jean et celui de Jésus sont liés poétiquement par les mots de Malachie et d'Isaïe, ainsi que par une vaste *gezera shawa* prophétique sur le fait de préparer et de paver le chemin.

Enfin, dans cette citation de Malachie, l'Écriture ne parle pas seulement pour le Jésus de Jean ; elle parle aussi à Jésus de lui-même tel qu'il est dans ses propres relations trinitaires. Car Jésus est devenu le « tu » de deuxième personne du singulier auquel s'adresse la voix à la première personne qui envoie son messager pour préparer ses voies. Cette voix mystérieuse est bien sûr celle du Dieu des armées. Et là où, dans le texte hébreu, le Seigneur parle ainsi : « Au-devant de moi pour préparer mon chemin », une fois mise dans la bouche de Jésus cette parole résonne différemment : « ton chemin devant toi ». Annoncée une fois à Israël par le Dieu unique, désormais réfractée à travers la nature humaine du Verbe, la divinité du Fils vient s'exprimer dans la distinction personnelle. La postmodernité rejoint ici les perspectives prémodernes. Le *tournant linguistique* et ses fruits théologiques nous conduisent aux mêmes questions que se posaient déjà les critiques littéraires des temps anciens, les spécialistes d'Homère à Alexandrie qui avaient anticipé toute la tradition de l'exégèse prosopologique des Pères : Τίς λέγει, πρὸς τίνα, καὶ περὶ τίνος – « Qui parle, à qui, et à propos de qui ? » On entend subtilement la voix humaine et divine de Jésus dans sa propre écoute silencieuse des Écritures. Et dans son écoute, dans son oreille attentive, c'est l'éternel dialogue entre le Père et le Fils qui se révèle. Par conséquent, lorsque le tonnerre de la *vox* de Jésus résonne durant plusieurs versets – « Personne ne connaît le Père sinon le Fils et toute personne à qui le Fils veut le révéler » –, peut-être que ce cri de jubilation ne devrait pas nous surprendre. Il se pourrait bien qu'en fin de compte le Jésus des discours de Q et le Jésus du IVe Évangile soient le même révélateur divin, le Verbe éternel.

Traduit par Ombline Wirth

Chapitre 13
« Pourquoi les scribes disent-ils ? » (Marc 9, 11)
Attente d'un grand prêtre eschatologique dans le milieu des scribes.
Son rapport avec la transfiguration de Jésus

Immédiatement après sa transfiguration, ainsi qu'on le lit chez Marc et Matthieu mais pas chez Luc, Jésus informe Pierre, Jacques et Jean, qu'« Élie est déjà venu » (Mc 9, 2-13 ; Mt 17, 1-13 ; cf. Lc 9, 28-43). Il répondait ainsi à leur question « pourquoi les scribes disent-ils que le prophète Élie doit venir d'abord ? » (Mt 17, 10). Matthieu clarifie peu après cette réponse en faisant référence à Jean-Baptiste (cf. v. 13). La question des disciples faisait suite à l'événement extraordinaire auquel ils venaient d'assister : Jésus sur la montagne, transfiguré, resplendissant, vêtu d'un habit blanc et lumineux, conversant avec Moïse et Élie couverts par la nuée, Jésus lui-même enfin auquel une voix venue du Ciel rend témoignage.

La place pivot de la scène de la Transfiguration dans la structure narrative des Évangiles synoptiques souligne l'importance de cet échange particulier entre Jésus et ces disciples. Si Luc a évidemment sa propre manière de considérer la relation de Jean à Élie et de Jésus à Jean, Marc et Matthieu nous présentent ensemble une même perspective : l'importance du retour eschatologique d'Élie y est centrale.

La Transfiguration s'est révélée difficile à comprendre pour elle-même selon les critères historico-critiques classiques. Comment aborder un texte composé d'images et de symboles ? On l'a souvent interprétée comme un récit précurseur de la Résurrection ou comme une réplique du Baptême. En dépit de ses liens évidents avec ces deux événements, la péricope appartient pourtant à un contexte différent, justement pointé par Matthieu et Marc. La clef de leur présentation conjointe est dans l'attente à l'époque du Second Temple de la venue d'un prêtre eschatologique.

Ma position procède méthodiquement en cinq étapes. Puisque la conclusion sera nouvelle, le raisonnement exige de mettre en ordre une série d'éléments déjà défendus par d'autres collègues. Ces données n'ont pas encore été assemblées de cette manière et en fonction de cette fin, aussi quelques éclairages créatifs et nouveaux matériaux donneront-ils corps à l'ensemble.

D'abord, j'évoquerai l'attente générale à l'époque du Second Temple d'un grand prêtre eschatologique, en soulignant deux exemples pertinents (§ 1). Ensuite, je prouverai que l'identification rabbinique d'Élie avec un grand prêtre était déjà effective à l'époque où les Évangiles furent composées (§ 2). Je considérerai ensuite la relation Jean/Jésus à travers le prisme du messianisme dual (prêtre/roi) qui avait cours sous le Second Temple (§ 3). J'analyserai ensuite Moïse, partenaire d'Élie dans la conversation avec Jésus, en rappelant quelques traditions issues du milieu des prêtres sur ce prophète par excellence (cf. Dt 34, 10), car elles éclairent l'identification de Jésus comme prêtre-prophète pensé à partir du modèle de Moïse (§ 4). Enfin, considérant le phénomène de la Transfiguration en lui-même, je me concentrerai brièvement sur la résonance de cette scène avec l'intérêt porté aux vêtements du grand prêtre à l'époque du Second Temple (§ 5).

Cette accumulation de preuves dévoile le propos de la Transfiguration. Jésus sur la montagne y apparaît doté de la gloire transfigurée d'une dignité sacerdotale céleste. L'épisode constitue donc la *réception* dans la personne de Jésus de figures scripturaires antérieures. Le Ciel lui-même l'authentifie comme grand prêtre eschatologique et messager de l'Alliance, tel qu'annoncé par le prophète Malachie. Les identités respectives de personnages clefs des Écritures s'y agrègent en un tout cohérent. Cette interprétation de la scène permettra de mieux insérer la Transfiguration dans la trame des Évangiles, mais aussi dans les milieux eschatologiques de l'époque du Second Temple qui les ont composés et dans lesquels Jésus est apparu.

§ 1 Le grand prêtre eschatologique

L'attente eschatologique dans le judaïsme du Second Temple est une question notoirement difficile. Il est cependant possible de relever certains traits fondamentaux façonnant les milieux de vie de Jésus et ceux où l'on composa les Évangiles. L'attente d'un grand prêtre eschatologique est un de ces points de référence, à la portée tant religieuse que sociale, quoique diverse dans ses expressions internes.

En effet, l'attente d'une figure sacerdotale de la fin des temps, dotée de pouvoirs célestes, constitue un modèle de grande importance pour la christologie primitive, et pourtant curieusement négligé[1]. Deux illustrations, non exhaustives mais ayant des liens importants avec des éléments pertinents pour notre étude, serviront à évoquer cette variante sacerdotale aux ramifications diffuses de l'eschatologie juive relative à un *agent principal*[2]. Il est important de souligner d'emblée la concordance de ces attentes avec une cosmologie associée, qui envisageait un sacerdoce angélique exerçant son ministère dans un culte céleste[3].

Le lévite/messager idéal de Malachie

Selon la chronologie qui fait consensus dans les études sur le Pentateuque, le livre de Malachie, composé à la période perse, représente la source écrite la plus ancienne jusque-là préservée concernant Lévi. Cette prophétie a exercé une influence notable sur les écrits lévitiques postérieurs, extra-canoniques,

1. La littérature secondaire sur la christologie primitive et les figures d'*agents principaux* est immense. Pour le contexte historique de l'attente messianique, y compris celle des figures sacerdotales, cf. l'étude classique de Collins 1995. Pour les perspectives fondamentales qui façonnent encore la discussion christologique, cf. Davila & Newman 1999. Les essais de christologie sacerdotale de Barker et de Fletcher-Louis se distinguent radicalement de la perspective adoptée dans la présente étude, tout comme l'étude récente de Perrin 2018.

2. Cf. *1 Hénoch* x, 10-21 ; 12, 1-6 ; 15, 2-3 ; *Jubilés* iv, 25 ; vi, 18 ; xxx, 18 ; xxxi, 13-17 ; *Document araméo-grec de Lévi* ; 4Q543-558 ; Si 50 ; 4QInstruction[d] ; 4Q541/4QApocrLevi[b] ; 4Q400–407 & 11Q17 [Liturgie angélique] ; 1QS[b] 3, 22-4, 21 ; 4Q510-511 [Hymnes du Sage] ; *Hymne d'auto-glorification* [4Q171b – 4Q491 – 4Q427 – 1QH[a] xxv-xxvi] ; *11QMelchisédeq* [11Q13] ; 1QS[a] etc. Sur la notion d'*agent principal* dans la littérature juive du Second Temple, cf. *supra* ch. 10 « Introduction » et *infra* ch. 14 « Contextualiser l'exégèse prosopologique ».

3. Pour une vue d'ensemble, faisant attention à la concentration dense de cosmologie/eschatologie sacerdotale dans les textes et traditions tant non sectaires que sectaires, cf. l'étude utile de Angel 2010b.

et ses conséquences sont directement perceptibles à Qumrân[4]. Malachie est aussi le point de référence de la question des disciples après la transfiguration de Jésus. À partir du noyau historique d'un dialogue avec Jésus sur la venue d'Élie, quelle qu'en soit la forme originelle, le texte de Ml 3 a sans doute acquis une signification plus large, exprimant le rôle de Jean-Baptiste dans la tradition évangélique.

La prophétie de Malachie provient selon toute vraisemblance d'un cercle de scribes lévitiques qui s'identifiaient d'une certaine manière au protagoniste que l'on retrouve au début et à la fin du livre[5]. Pour les exégètes modernes, le personnage prophétique identifié sous le nom de *Malachie* et désigné comme auteur du livre (cf. Ml 1, 1) est tiré rétroactivement du personnage mystérieux appelé « Mon messager » en 3, 1[6]. Ce récit de l'envoi du Messager est célèbre :

> 1 Vois, j'envoie mon messager (*malə'āḵî*) pour préparer le chemin devant moi ; et le Seigneur que vous cherchez viendra soudainement dans son Temple. Le messager de l'Alliance (*malə'aḵə habərîṯ*) que vous désirez, en effet, le voici, il vient – dit le Seigneur de l'univers.
>
> 2 Mais qui pourra soutenir le jour de sa venue et qui pourra se tenir debout quand il apparaîtra ? Car il est semblable au feu du fondeur, pareil à la lessive des blanchisseurs (*ḵəḇōrîṯ məḵabəsîm*).
>
> 3 Il s'installera pour fondre et purifier : il purifiera les fils de Lévi, il les affinera comme l'or et l'argent ; ainsi pourront-ils, aux yeux du Seigneur, présenter l'offrande en toute justice.
>
> 4 Alors, l'offrande de Juda et de Jérusalem sera bien accueillie du Seigneur, comme il en fut aux jours anciens, dans les années d'autrefois (Ml 3, 1-4).

L'identité de *malə'āḵî* suscite la curiosité, et les exégètes modernes ne sont pas les premiers à se demander qui et quoi sont ici exactement désignés[7].

---

4. La place croissante de Malachie dans les traditions sur Levi est explorée par KUGEL 1993.
5. Cf. LEAR 2018.
6. Le nom *Malachie* en hébreu peut en effet s'interpréter comme « mon Messager ». Cf. Julia O'BRIEN 1990. Cf. aussi MALCHOW 1984 ; MASON 1982. Le Targum identifie de manière fantaisiste le « Malachie » de la suscription du livre en le désignant comme celui « dont le nom était Esdras le scribe », suggestion qui correspond bien à certaines préoccupations partagées par le prophète et le prêtre/scribe, par exemple l'endogamie (Esd 9, 1-2 ; 10, 10-24).
7. L'écho d'Exode 23, 20 en Ml 3, 1 est très important (surtout en grec), comme le notent tous les commentateurs : « Voici que j'envoie un ange/messager *malə'aḵə* TM ; τὸν ἄγγελόν μου LXX) devant toi pour garder ton chemin. » Pour certains, la confusion qui brouille les pistes entre

Les interprètes du Second Temple, comme leurs héritiers contemporains cherchaient instinctivement des indices dans le contexte littéraire de la prophétie. À cet égard, il est significatif qu'un « Messager » supplémentaire apparaisse dans le livre, dans la description du lévite/prêtre idéal en Ml 2, 4-7 :

> 4 Vous saurez alors que je vous ai adressé cet avertissement, pour que subsiste mon alliance avec mon serviteur Lévi (*bərîṯî 'eṯ-lēwî*) – dit le Seigneur de l'univers.
>
> 5 Mon alliance (*bərîṯî*) avec lui était vie et bien-être (*haššālōm*), je les lui accordais, ainsi que la crainte, et il me craignait. Devant mon nom, il restait saisi.
>
> 6 Le véritable enseignement (*tōraṯ 'ĕmeṯ*) était dans sa bouche, et rien de mal ne se trouvait sur ses lèvres. Dans la paix et la droiture, il marchait avec moi ; nombreux furent ceux qu'il ramena de la faute.
>
> 7 En effet, les lèvres du prêtre gardent la connaissance de la Loi, et l'on recherche l'instruction (*ṯōrâ*) de sa bouche, car il est le messager du Seigneur de l'univers (*malə'aḵə* YHWH-*ṣəḇā'ōṯ hû'*).

Selon James Kugel, le texte de Ml 2, 4-7 suggère aux lecteurs de la fin de l'époque du Second Temple l'existence d'une alliance sacerdotale particulière avec Lévi, la phrase clef en 2, 5 – « il s'est tenu dans la crainte de mon nom » – évoquant un voyage cosmique dans la cour céleste du Seigneur. Alors que ce motif du voyage sacerdotal sera rencontré à plusieurs reprises ci-dessous (§§ 4-5), « l'alliance » mystérieuse « avec lui/Levi » de Malachie n'en est pas moins importante. Elle est bien sûr différente des alliances beaucoup plus importantes conclues avec Noé, Abraham, David, etc. Mais l'accent mis dans Ml 2, 4-7 à la fois sur le mot « alliance » et sur l'idéal d'instruction sacerdotale est, en tout cas, assez frappant. Elle contraste directement avec l'état des choses révélé en passant dans le verset suivant :

> 8 Mais vous vous êtes écartés de la route, ils sont nombreux, ceux que vous avez fait chuter par votre enseignement, vous avez détruit l'alliance avec Lévi (*bərîṯ hallēwî*) mon serviteur – dit le Seigneur de l'univers.

« mon Messager » en Ml 3, 1a et le Seigneur lui-même en 3, 1b, nommé à nouveau « Messager de l'Alliance » en 3, 1c, indique une couture rédactionnelle. Cette confusion est toutefois typique de l'Ange du Seigneur dans la Bible.

La « corruption » de l'alliance conclue avec Lévi, à cause du mauvais exemple et de la mauvaise instruction des prêtres, rend d'autant plus nécessaire la venue du « Messager de l'Alliance » en Ml 3, 1. C'est pour ainsi dire une opération de sauvetage eschatologique qui est en cours pour assurer la pérennité de l'alliance sacerdotale avec Lévi (Ml 2, 4 ; cf. Exode 40, 15 ; Nb 25, 13 ; Jr 33, 17-18, 20-22). Un jeu de mots savoureux en Ml 3, 2 souligne cet intérêt. Le messager de l'alliance lavera les fils de Lévi avec du *bōrît*, « savon » – un jeu de mots sur le mot « alliance » (*bĕrît*), évident dans l'hébreu non vocalisé. Il n'est pas surprenant que, dans le cadre du Second Temple, où l'on observe des critiques intenses de l'institution sacerdotale du Temple, le cadre rudimentaire chez Malachie d'un sacerdoce dégénéré et d'un grand prêtre eschatologique/agent sacerdotal de la fin des temps, qui vient avec un enseignement juste et réaffirme l'alliance en la purifiant, ait suscité un intérêt et une attente et trouvé un puissant écho ultérieur. Qumrân suffit à lui seul à montrer l'immense intérêt de la vision de Malachie.

Le « prêtre nouveau » (Testament de Lévi 18, 1-14)

La longue description du « prêtre nouveau » en *Testament de Lévi* (ci-après *TL*) 18, 1-14 est un témoignage particulièrement impressionnant de l'espérance juive toujours plus pressante d'un agent principal de type sacerdotal. Les *Testaments des Douze Patriarches*, qu'inspire une tradition plus ouverte que les perspectives sectaires propres à Qumrân, constituent également un corpus sur l'interprétation duquel n'existe aucun consensus[8]. Les études les plus récentes ont défendu l'importance de ce matériau en tant que témoin d'un judaïsme préchrétien, et notamment hasmonéen, malgré l'édition chrétienne ultérieure des textes, qui apparaît aujourd'hui plus restreinte qu'on ne l'a souvent imaginé[9], comme le montre l'étude de la version courte arménienne[10]. Plus fondamentalement, cette position révisée appartient à une discussion fondamentale, et plus large, sur la bonne méthode permettant de distinguer les éléments juifs et chrétiens dans la transmission scribale de matériaux mixtes[11].

---

8. Pour une introduction, une annotation critique, une traduction et un commentaire, cf. De Jonge 1978 ; and Hollander & De Jonge 1985.

9. Cf. par exemple Kugler 2001 ; 2012 ; David A. deSilva 2013. Cf. aussi l'approche différente et nuancée adoptée par De Jonge 1991.

10. Cf. par exemple deSilva *op. cit.*

11. Cf. Davila 2005. Les premières réflexions de Robert Kraft forment un point de départ important pour ce débat. Cf. Kraft 1978 ; 2001.

Les différentes sections de ces *Testaments* ont clairement été retravaillées, à des degrés divers. Si le *Testament de Benjamin* est le plus christianisé de tous, le *TL*, en dépit des traces évidentes d'édition qu'il présente et qui l'éloignent de sa forme primitive conserve néanmoins une base effective juive, dans son fondement et dans sa forme. Cela ressort clairement, par exemple, dans la valeur positive et durable accordée au culte du Temple (par exemple *TL* 9, 5-7[12]), mais surtout des parallèles qu'il possède dans la littérature préchrétienne en matière de traditions relatives à Lévi le patriarche, en particulier dans le *Document araméo-grec de Lévi* exhumé à Qumrân (cf. *TL* 8-9, 11-14 ; également *Jubilés* 30, 1-32, 9)[13]. Contre les positions extrêmes qui l'interprètent exclusivement à la lumière du christianisme naissant, il ne fait aucun doute qu'il ait d'abord subsisté comme une composition juive originale et intégrale. De plus, ce n'est pas seulement *TL*, mais l'ensemble des *Testaments* qui valorisent grandement la figure de Lévi – fait littéraire qu'il est très difficile d'expliquer comme émanant de la théologie chrétienne[14]. En ses diverses recensions, *TL* fournit le cadre eschatologique d'une espérance juive authentique.

Les *Testaments* ne sont pas une littérature prophétique ou apocalyptique au sens générique ou classique du terme, mais ils sont tissés de précisions eschatologiques et messianiques. À cet égard, en dépit de la place centrale qu'il occupe dans le projet intégral du document, le « prêtre nouveau » de *TL* 18 n'est pas le seul agent eschatologique principal des *Testaments*. Il s'inscrit plutôt dans un cadre qui combine deux messies[15]. Bien que Marinus De Jonge fasse une distinction prudente entre une attente juive pour deux tribus (Lévi-Judah) et la perspective chrétienne d'un unique sauveur (Jésus-Christ), James deSilva a exposé les difficultés posées par la reconstruction de De Jonge et est plus affirmatif quant à la présence dans ces textes d'agents

12. Cf. DESILVA *op. cit.*

13. Sur la relation entre ces diverses traditions du Second Temple de Lévi, cf. KUGEL 1993.

14. « Étant donné les premiers discours chrétiens sur le sacerdoce de Jésus et les manières dont ils en rendent compte, il me semble impossible de concevoir qu'un chrétien compose un recueil de textes qui s'efforcerait à ce point de racheter Lévi (qui, avec Siméon, était sous la malédiction de Jacob et a été écarté en faveur de Juda ; cf. Gn 49, 5-12), alors que d'autres chrétiens avaient déjà trouvé des motifs suffisants pour affirmer le souverain pontificat de Jésus, motifs autres que l'invention d'un lien génétique entre Lévi et Jésus (à côté du lien généralement reconnu entre Juda et Jésus) », DESILVA *op. cit.* p. 50.

15. L'auteur fait ici allusion au fait que les sectaires de Qumrân avaient développé un messianisme dual, peut-être en se fondant sur Za 6, 12-13. À l'ère messianique apparaîtraient deux messies, l'un royal, l'autre sacerdotal : les « messies d'Aaron et d'Israël » explicitement mentionnés en *Document de Damas* 12, 23-13, 1 et *Règle de la communauté* col. 9 l.9b-11 [n.d.é.].

principaux tels qu'en connaît le judaïsme[16]. DeSilva se montre peut-être trop optimiste parfois, mais sa conclusion d'ailleurs largement partagée repose sur des bases solides. Les *Testaments* enchevêtrent certes images et symboles, mais on peut affirmer que « certains *Testaments* expriment l'attente de deux figures messianiques, l'une sacerdotale issue de la lignée de Lévi et l'autre royale issue de la lignée de Juda, une vision messianique également bien attestée dans les manuscrits de la mer Morte[17] ». De multiples indications suggèrent en outre que l'agent sacerdotal lévitique se place au-dessus de l'agent royal judéen (par exemple *Testament de Juda* 21, 1-4). Les deux figures se trouvent néanmoins dans une relation complémentaire, même si certaines confusions et tensions apparaissent aussi, au point parfois de fusionner les deux figures en une seule (par exemple, *TL* 2, 11 ; *Testament de Dan* 5, 4 ; *de Gad* 8, 1 ; *de Joseph* 19, 7)[18]. Le plus remarquable, à cet égard, est l'élévation de Lévi au rang de « roi » (cf. *Testament de Ruben* 6, 11-12). Il ne faut pas écarter l'idée qu'une tendance typiquement chrétienne est perceptible à ce stade, à propos de laquelle De Jonge a recommandé la vigilance. La présente étude soutient d'ailleurs que les Évangiles eux-mêmes, et notamment la Transfiguration, se situent déjà à l'origine de cette trajectoire christologique primitive qui consiste à fusionner en Jésus les figures sacerdotale et royale. Mais cette tendance relève elle-même d'un contexte plus juif que ce à quoi songeait De Jonge.

La manifestation eschatologique du « prêtre nouveau » des *Testaments* ne s'inscrit pas seulement dans un schéma connu du messianisme dual (cf. *infra* § 3) ; elle s'inscrit également dans un cadre narratif bien identifié. En effet, sur la base de la prophétie des soixante-dix semaines de Daniel, une série de Jubilés décadents est décrite (*TL* 17, 1-11). Après les sept âges d'un service sacerdotal de plus en plus avili, culminant avec des prêtres qui sont « idolâtres, adultères, cupides, orgueilleux, iniques, dépravés, pédérastes, adonnés au crime de bestialité » (v.11), arrive la figure salvatrice de ce « prêtre nouveau »[19] :

> Après que le châtiment se sera exercé de la part du Seigneur, le sacerdoce disparaîtra. 2 Alors le Seigneur suscitera un prêtre nouveau

16. Cf. DESILVA *op. cit.* Au sujet de l'histoire antérieure au document, DE JONGE 1991 p. 203 conclut : « Il n'y a pas de traces claires de "deux agents de la délivrance divine", l'un de Lévi et l'autre de Juda. Chaque fois qu'une figure "messianique" apparaît, il y en a une, clairement Jésus-Christ, qui est liée à Juda, ou à Juda et Lévi. »

17. DESILVA *op. cit.*

18. *Ibid.*

19. *TL* 18, 1 *sq.* ; ce chapitre est originellement « conçu comme l'ancienne promesse de Lévi qu'un nouveau sacerdoce – conforme aux débuts glorieux de la fonction avec lui – commencera après le long déclin de la fonction », KUGLER 1996.

(ἐγερεῖ κύριος ἱερέα καινόν), à qui toutes les paroles du Seigneur seront révélées ; et c'est lui qui exécutera un jugement de vérité sur la terre durant une multitude de jours. 3 Son astre se lèvera dans le ciel, comme celui d'un roi, resplendissant de la lumière de la connaissance comme le soleil brille en plein jour ; et il sera magnifié dans le monde entier. 4 Il resplendira comme le soleil sur la terre, et il supprimera toutes ténèbres de dessous le ciel, et la paix régnera sur toute la terre. 5 Les cieux exulteront en ses jours, la terre se réjouira et les nuées seront dans l'allégresse, La connaissance du Seigneur se répandra sur la terre comme les eaux de la mer, et les anges de gloire de la face du Seigneur se réjouiront à cause de lui[20].

Selon Robert Kugler, « des éléments clefs de sa forme actuelle font que [*TL* 18] ne peut être lu que comme une prédiction de Jésus en tant que grand prêtre idéal[21] ». Certes, il est évident que la réception/transmission chrétienne du texte a eu Jésus en vue. La prophétie de *TL* 8, 14, selon laquelle « un roi s'élèvera de Juda et établira un nouveau sacerdoce à la manière des Gentils pour tous les Gentils » suscite la suspicion[22]. Néanmoins, comme Kugler lui-même l'ajoute à propos du texte qui nous occupe en *TL* 18, les « auteurs chrétiens se sont presque certainement basés sur une source juive qui anticipait un Messie sacerdotal (et royal ?)[23] ». Nous sommes enclins à parler non d'« auteurs chrétiens », mais plutôt de « transmetteurs intrusifs ». Mais le plus important pour nous, c'est que l'on concède qu'il y a là une attente juive. Et ce point critique est donc bien établi.

Il faut cependant aller encore plus loin dans l'affirmation du caractère et de la portée entièrement préchrétiens de cette attente sacerdotale. On voit, en premier lieu, au niveau de la grammaire narrative fondamentale, qu'il y a une logique manifeste globale entre le scénario daniélique/jubilaire exposé dans *TL* 17 et la résolution qui accompagne l'arrivée de l'agent sacerdotal dans le dénouement de *TL* 18. La ressemblance essentielle de cette intrigue, non seulement avec le schéma élémentaire de la dégénérescence sacerdotale lié à un agent sacerdotal de la fin des temps noté dans Malachie ci-dessus, mais aussi avec la vision spécifique de *11QMelchisédeq*, dans laquelle un prêtre

20. Traduction PHILONENKO in *La Bible – écrits intertestamentaires* p. 854-855.
21. KUGLER, *ibid.* Cf. aussi DE JONGE, 1991.
22. Cf. les commentaires sur ce passage de HOLLANDER & DE JONGE 1985 p. 154. Et aussi l'interpolation chrétienne en *TL* 18, 6-7 discutée *infra* dans la note 43.
23. KUGLER, *ibid.* Cet auteur admet la suggestion de John Collins quant à l'influence possible ici de 4Q541. Pour mon propos, je trouve utile de mettre en évidence certains autres matériaux, à savoir 11Q13 et 1 S 2, 35.

eschatologique se manifeste à nouveau à la suite d'un déclin irrémédiable au fil des Jubilés, apparaît clairement. Dans cette optique, il ne s'agit pas d'un détail accessoire lorsque *TL* 18, 12 dit du « prêtre nouveau » que « Beliar sera lié par lui ». C'est précisément ce que Melchisédeq était censé faire dans *11QMelchisédeq* : « Il délivrera tous les captifs du pouvoir de Bélial » (l. 13-14 ; cf. *Document de Damas* 4, 15-18 et *TL* 14, 5-8). Le bloc essentiel du *TL* 17-18 ne peut donc guère être interprété autrement que selon ce même modèle juif attesté.

Dans ce cadre eschatologique et sacerdotal partagé sous le Second Temple, on peut également rattacher des détails plus précis dans *TL* 18. Plus encore, l'expression « élever » appliquée au « prêtre nouveau » le présente sous l'aspect reconnaissable du « prophète comme Moïse » tant attendu, que le Seigneur a promis d'« élever » en Dt 18, 15. On retrouve le même langage dans *Testament de Syméon* 7, 2 et il n'est pas nécessaire (ni même utile) de s'aider d'une doctrine du sacerdoce de Jésus pour expliquer cette figure – bien qu'elle ne soit pas sans lien avec les traditions évangéliques[24], comme nous le verrons. Ce langage et cette attente, cependant, sont en fin de compte accessibles à travers la figure anonyme de la prophétie sur le « prêtre fidèle » que le Seigneur « suscitera » en 1 S 2, 35[25] :

> Je ferai lever pour moi un prêtre fidèle (*wahăqîmōṯî lî kōhēn ne'ĕmān*), qui agira selon ce qui est dans mon cœur et dans mon esprit. Je lui bâtirai une maison sûre, et il entrera et sortira devant mon oint pour toujours (*lifənê-məšîḥî kāl-hayyāmîm*).

Dans son contexte deutéronomique originel, ce passage annonce l'apparition à la cour de Salomon d'une nouvelle dynastie de grands prêtres issue non d'Eli, le prêtre de Silo, mais de Sadoq ; cette prophétie marquante d'un agent sacerdotal idéalisé a manifestement aussi alimenté des spéculations et des attentes ultérieures. Ce que De Jonge considère comme un signe évident de théologie chrétienne – à savoir l'éternité du règne de Jésus comme

24. L'expression scribale chrétienne, assez fréquente et transparente, de « Sauveur du monde », ne s'immisce jamais ici, comme dans d'autres passages où, d'ailleurs, on évoque les mauvais traitements et les souffrances de ce « Sauveur » (*TL* 10, 2-4 ; 14, 2-3) : ces thèmes ne jouent aucun rôle dans *TL* 18, 1-14.

25. L'importance de Dt 18, 15, lu à travers 1 S 2, 35, doit être soulignée comme une allusion déterminante dans le *TL* 18, 2, sans nier l'allusion à l'oracle de Balaam (Nb 24, 17) dans la ligne suivante. La suggestion de Kugler selon laquelle le passage entier devrait être lu comme « reposant carrément sur l'oracle de Balaam » passe malheureusement à côté de cette dynamique intertextuelle critique.

« prêtre nouveau », sur le modèle du Psaume 110 – est en fait une caractéristique directement tirée de cette prophétie de 1 Samuel[26] : « Il entrera et sortira à jamais devant mon oint. » Il convient de noter, de plus, que ce « prêtre fidèle » deutéronomiste idéalisé entretient une relation particulière et mystérieuse avec le Messie du Seigneur : un modèle parfaitement adapté à l'eschatologie des deux figures sacerdotale et royale qui touche les *Testaments* et qui sera étudiée plus loin (§ 3). Le *Nachleben*[27] complet de cette interprétation sacerdotale deutéronomiste originale de Dt 18, 15 est très intéressant et encore à explorer, comme nous le verrons.

Le profil biblique du « prêtre nouveau » de *TL* 18 fait également écho à d'autres traditions prophétiques. Plus important encore, en harmonie avec Ml 2, le prêtre des *Testaments* est décrit comme une source d'instruction (cf. *TL* 18, 9).

L'unique passage en « nous » qui apparaît dans le *TL* 19, 2-3 trahit les auteurs du document comme étant (ou du moins souhaitant être vus comme) des fils de Lévi. En cela, le texte suit un schéma similaire à celui du cercle de scribes à l'origine de Malachie. Le fait qu'ils se soient imaginé un avenir aux côtés de ce « prêtre nouveau » éternellement en acte, auquel « il n'y aura pas de successeur de génération en génération pour toujours », ne fait aucun doute (cf. *TL* 18, 7). Qu'il puisse s'agir d'une voix scribale chrétienne, cela n'a pas besoin d'être établi pour notre propos[28]. Il suffit d'insister sur le contenu juif originel de cette attente prophétique en tant que telle. Nous nous proposons de démontrer dans ce qui suit une appropriation christologique beaucoup plus primitive de ce contenu de « prêtre nouveau » que celle des *Testaments*.

§ 2 Le retour d'Élie-Pinḥas

L'existence sous le Second Temple d'une attente d'un grand prêtre pour la fin des temps, attente diverse mais démontrable, peut être acceptée comme un axiome, même s'il est difficile d'en mesurer l'étendue. Compte tenu, en particulier, de la place importante de Malachie à la fois dans l'histoire de cette attente et dans l'interprétation spécifique de la transfiguration de Jésus, il faut maintenant ajouter une remarque. Grâce à la lecture attentive et à la créativité de la culture scribale juive, le prophète Élie était lui-même, du moins

26. De Jonge 1991 p. 202.
27. En allemand dans le texte [n.d.é.].
28. Cf. De Jonge *op. cit.* p. 262.

dans certains contextes, attendu comme le grand prêtre de l'ère messianique[29]. Dans ce rôle, il était même souvent identifié à Pinḥas, le petit-fils d'Aaron.

Cette identification attestée est bien connue des targums et textes rabbiniques (par exemple Tg. Ps-J. Ex 4, 13 ; 6, 18 ; 40, 9-10 ; Nb 25, 10-13 ; Dt 30, 4-6 ; 33, 11 ; *Pirqé de-Rabbi Eliézer* 29, etc.). Cependant, et ce de façon significative, il ne s'agit pas d'une création tardive de l'ère rabbinique, comme on l'a généralement pensé. Des recherches récentes, et particulièrement une excellente étude de Lotta Valve, ont montré que cette notion a une préhistoire qui prend sa source dans la période du Second Temple, ce qui est dû en grande partie à la fusion des deux figures de messagers de Malachie[30]. Les grandes lignes de ce processus peuvent être rapidement esquissées. En effet, successivement, des identités scripturaires se sont agrégées. Le « messager du Seigneur des armées » de Ml 2 a été aisément identifié avec le « messager de l'alliance » de Ml 3. Cette dernière figure a encore été comprise dans le contexte comme désignant Élie[31]. Ensuite, une fois Élie relié *via* Ml 3 au Lévite idéal de Ml 2, une dynamique propre à ce chapitre antérieur l'a assimilé au personnage sacerdotal de Pinḥas.

D'abord, la description de « l'alliance avec Lévi » en Ml 2, 5 comme une alliance de vie et de paix (*šālōm*) fait écho à la formulation de l'alliance de Pinḥas en Nb 25, 12 : « Je lui accorde [à Pinḥas] mon alliance de paix (*bərîṯî šālōm*). » Conformément à la logique scribale, la dynamique interne de Ml 2 existe dans le texte lui-même pour dessiner un parcours biblique spécifique. Il y a bien un écho. Les indices d'une interaction plus profonde avec la tradition de Pinḥas existent, comme Valve l'a habilement montré[32]. Par exemple, le fait que Lévi détourne beaucoup de gens du péché en Ml 2, 6 est un premier indice. Les premiers exégètes ont cherché à quoi ce comportement pouvait se référer. Si la figure de Lévi dans Ml 2 est lue à la lumière de l'histoire du patriarche

29. Sur cette tradition, cf. HAYWARD 1978 ; ZERON 1979.

30. VALVE 2014. Une étude plus large, plus utile et en langue française est celle de VALLANÇON 2019.

31. Outre le langage commun de l'envoi, plusieurs éléments indiquent le lien entre Élie et le Messager en Ml 3, 1-4. Valve souligne les points suivants (*op. cit.* p. 97-99). Le premier est l'association du feu du raffineur et du four ardent, qui relie l'œuvre de purification du Messager en 3, 2 et l'arrivée du jour en 4, 1 (3, 19 TM) : « Voyez le jour qui vient, brûlant comme un four. » La description d'Élie en Si 48, 1 (Heb) faisait déjà ce lien : « Un prophète s'est levé comme un feu/et ses paroles étaient comme un four ardent. » L'expression hébraïque « comme un feu de raffineur » (*kĕ'ēš mĕṣārēp*) se prête à un jeu de mots, à condition d'adopter une vocalisation différente : « comme un feu de Sarep(ta) » ou même « comme un homme de Sarep(ta) » – Sarepta étant le village où Élie séjourne avant d'apparaître de façon spectaculaire à Achab en 1 R 18. Cette allusion subtile pourrait avoir influencé les premiers lecteurs de Ml 3, 1-4.

32. Pour ce qui suit, cf. VALVE 2014 p. 63-89.

Lévi – comme semblent l'avoir fait les anciens lecteurs –, le meurtre de Sichem par ce dernier pour l'empêcher d'épouser sa sœur Dinah en Gn 34 se présente comme la seule référence possible, car ce moment violent était considéré comme la prévention du péché de mariage mixte entre les Israélites et leurs voisins païens, méfait étroitement lié à « l'adultère » cultuel (cf. 1 R 11, 1-4). Dans cette ligne de pensée, la suite de l'oracle de Malachie en Ml 2, 8-16 révèle une vive attention au contexte pour cette question précise et poursuit une polémique ouverte contre les mariages mixtes. Le lien avec l'alliance conclue avec Pinḥas s'établit donc aisément. Comme son ancêtre Lévi, Pinḥas, qui a dénoncé les unions des Israélites avec des Madianites, était considéré comme un homme empli de zèle non seulement contre l'idolâtrie, mais spécifiquement contre les mariages mixtes[33]. De manière plus positive, le zèle de Pinḥas s'inscrit en faveur d'une fidélité absolue au Seigneur. Cela passe alors par l'observation d'une pureté sexuelle appropriée et par une fidélité absolue à YHWH.

Pour en revenir au lien avec Élie, des allusions spécifiques de la Bible à un zèle meurtrier pour le Seigneur, en particulier le meurtre d'idolâtres (Nb 25, 11.13 ; 1 R 19, 10.14), étaient à l'œuvre de manière indépendante pour forger une figure sacerdotale hybride autour d'Élie et Pinḥas, ce qui n'aurait fait que renforcer cette lecture concertée des textes de Malachie. De plus, le combat d'Élie contre les faux prophètes de Baal en 1 R 18 le présente sous un aspect sacerdotal, et il exerce les fonctions proprement sacerdotales de l'offrande du sacrifice et de l'onction des rois (cf. Si 46, 13.16 ; 48, 3.8).

L'une des fonctions sacerdotales supplémentaires et qui est une des marques les plus importantes du retour d'Élie-Pinḥas dans les traditions rabbiniques consiste à résoudre des débats halakhiques. On peut faire directement le lien avec la caractérisation du Messager de Ml 2, 7, dont les lèvres gardent la connaissance et auprès duquel « le peuple doit rechercher l'instruction ». Cette idée a clairement trouvé un écho : selon John Poirier, « l'Interprète de la Loi » attendu à Qumrân (par exemple *Document de Damas* 7, 18-19) est déjà une référence à cette vision d'Élie comme prêtre messianique (cf. 4Q558 ; 4Q521)[34]. L'identification implicite, mais transparente, de Pinḥas avec Élie est en tout

33. La corruption de « l'alliance de Lévi » dans Ml 2, 8 concerne évidemment la même question que celle abordée dans Ne 13, 29, qui parle de la même manière de la « souillure du sacerdoce et de l'alliance du sacerdoce et des Lévites ». Néhémie a parlé d'une telle souillure à cause du péché des mariages mixtes ; il a même déclaré coupable l'un des fils de Yoyada, fils du grand prêtre Eliashib et arrière-petit-fils de Josué (Né 13, 28 ; cf. 13, 23-29 ; Esd 9, 1-2 ; 10, 10-24). Esdras connaît des prêtres coupables d'avoir épousé des étrangères (cf. Esd 10, 18-22). Sur ce passage délicat de Malachie, cf. ZEHNDER 2003.

34. POIRIER 2003.

cas achevée au plus tard par le *Livre des antiquités bibliques* du pseudo-Philon (48, 1), réceptacle au Ier siècle de notre ère de certaines traditions exégétiques – assez créatives – du Second Temple[35]. Le passage est très frappant :

> En ce temps-là, Phinéès s'inclina pour mourir, et le Seigneur lui dit : « Voici que tu as passé les cent vingt ans qui ont été établis pour tout homme. Maintenant, lève-toi, va-t'en d'ici. Habite à Danaben, dans la montagne, habite-là durant de nombreuses années. Et je commanderai à mon aigle, et il te nourrira là, et tu ne descendras plus parmi les hommes, jusqu'à ce que vienne le temps où tu seras éprouvé pour un temps. Tu fermeras alors le ciel, et il s'ouvrira à ta parole. Ensuite tu seras élevé au lieu où ont été élevés ceux qui t'ont précédé, et tu resteras là jusqu'à ce que je me souvienne du monde. Alors je vous amènerai et vous goûterez ce qu'est la mort (*gustabitis quod est mortis*). »[36]

Si l'identification reste enchâssée dans un tissu narratif d'intertextes et de suggestions, il est impossible d'être plus explicite. Les allusions à 1 Rois 17 sont indéniables. La dernière ligne mérite toutefois une attention particulière, car elle exprime l'attente directe du fait que le retour eschatologique d'Élie-Pinḥas, au moment où Dieu le veut, entraînera la mort de ce personnage sacerdotal. Sa mort semble se passer dans une grande détresse, préalablement annoncée. Il n'est guère possible de s'approcher davantage de l'affirmation de Jésus selon laquelle Jean-Élie est mort « comme il est écrit à son sujet » (Marc 9, 13) et c'est vers l'échange de Jésus avec ses disciples que nous nous tournons maintenant.

§ 3 Messianisme dual

À partir du moment où le retour d'Élie en tant que grand prêtre eschatologique devient historiquement adéquat pour aborder Jésus dans les Évangiles, nous nous proposons de lire son bref dialogue avec les disciples sous cet angle. On peut soutenir qu'en l'absence d'alternatives convaincantes et surtout en portant attention au motif frappant du Retour d'Élie pour mourir chez

35. Pour une appréciation un peu ancienne maintenant mais toujours utile de ce texte encore peu étudié, cf. Daniel Harrington 1988. Le texte est conservé en latin *via* une traduction grecque d'un original hébreu.

36. Traduction de Jean Hadot, in *La Bible – écrits intertestamentaires* p. 1360 (bibliothèque de la Pléiade).

le pseudo-Philon nous devrions présumer que cette notion bien attestée est implicitement en jeu dans le dialogue évangélique.

L'idée d'Élie comme prêtre eschatologique destiné à revenir et (dans certaines variantes au moins) à mourir est présente de manière diffuse dans le contexte culturel. Cet arrière-plan culturel a d'ailleurs un caractère spécifiquement scribal ; or le milieu des scribes est ouvertement mis en avant dans Matthieu et Marc. En fait, l'évocation par les disciples d'une thèse scribale pour tenter de donner un sens à la venue d'Élie souligne subtilement la distance que la doctrine exégétique/eschatologique du Second Temple a prise par rapport au sens ordinaire de Malachie et des Écritures. Il aurait été plus facile de demander simplement : « Pourquoi Élie doit-il venir d'abord ? » sans faire mention d'aucun scribe ; mais ce n'est pas ce que demandent les disciples. Leur intérêt pour la compréhension de ce qui n'est pas immédiatement évident place la péricope dans le tissu complexe de la culture exégétique du Second Temple, avec sa tradition audacieuse de connexions intra-bibliques créatives, et soigneusement réfléchies. Que l'on puisse ou que l'on doive présumer de la familiarité indépendante des disciples avec la prophétie de Malachie telle qu'elle se présente dans le texte, il faut établir que la prophétie se trouvait toutefois sous une sorte de garde scribale et que sa transmission était enveloppée dans un maquis d'explications et de traditions scribales.

En Mc 9, 12-13, en réponse à la question des disciples, Jésus lui-même entre dans cette même arène scribale, se détournant à deux reprises des Écritures pour évoquer le destin douloureux de deux personnages nommés et centraux : le Fils de l'homme et Élie. Tout cela est exprimé de manière très succincte, mais il y a lieu de supposer que Jésus travaille ici avec des attentes duales variées, telles que nous les avons déjà rencontrées dans les *Testaments*. La possibilité mentionnée ci-dessus en passant, à savoir qu'Élie, considéré comme un prêtre messianique et un « interprète de la Loi » halakhique, ait pu déjà occuper concrètement une place dans une forme de cette attente duale trouvée à Qumrân (c'est-à-dire 4Q558 et 4Q521), crée des conditions claires pour trouver quelque chose de similaire dans le cadre de l'Évangile.

Les deux Messies dans les Écritures et à Qumrân

On sait que les esséniens attendaient deux figures distinctes : un Messie sacerdotal d'Aaron et un Messie royal davidique, sans qu'il s'agît d'une invention de leur cru[37]. Ils normalisent ainsi et élargissent une idée en fait

37. En fait, le groupe de Qumrân attendait (au moins) trois figures rédemptrices de la fin des temps : un prophète, un prêtre et un prince/roi, seuls les deux derniers étant explicitement décrits

ancrée dans les Écritures. C'est pourquoi il n'est alors pas nécessaire de supposer une relation dérivée entre les points de vue des *Testaments* et de Qumrân. Le « prêtre fidèle » et le Messie davidique (dans le contexte, Salomon) apparaissent déjà comme des figures distinctes, mais liées entre elles, dans 1 S 2, 35. La prophétie de Zacharie revêt toutefois une importance toute particulière dans le développement de cette tradition duale.

Les « deux fils de l'huile » (*šənê ḇənê-hayyiṣəhār*) de Zacharie 4, 6-14 ont certainement contribué à cette typologie des deux figures eschatologiques ointes (cf. 4Q254). Dans le contexte perse qui entoure l'oracle de Zacharie, ces deux figures concrètes, Josué et Zorobabel, représentent le pouvoir royal et le pouvoir sacerdotal, qui partagent la mission de restaurer la bonne fortune d'Israël après l'humiliation de l'Exil. Le « Josué » en question est donc le premier des grands prêtres d'Israël après la captivité babylonienne, l'Aaronide fils de Yehoçadaq, mentionné à plusieurs reprises (Ag 1, 1.12.14 ; 2, 2.4 ; Esd 2, 2 ; 3, 2 ; Ne 12, 10-11) ; Zorobabel, lui, est le descendant davidique.

La généalogie de Matthieu met l'accent sur l'ascendance de Jésus en tant que « Fils de l'homme » par rapport à David (par Zorobabel), mais Marc parle aussi de Jésus comme « Fils de David » (Mc 10, 47-48 ; 12, 35). Le terme « Fils de l'homme » lui-même est, bien sûr, un titre très discuté ; mais, à tout le moins, on peut noter que l'allusion clef à Dn 7, 13 dans les paroles de Jésus devant le grand prêtre, en réponse à la question « es-tu le Messie ? », rappelle directement une scène d'attribution de la royauté éternelle et est liée directement à l'héritier davidique envisagé dans le Psaume 110 (cf. Mc 14, 62). La forte dimension davidique/royale qui sous-tend la conscience que Jésus a de lui-même en tant que « Fils de l'homme » ne doit donc pas être écartée d'un revers de main. L'allusion de Marc 9, 1, selon laquelle la Transfiguration fournit peut-être une sorte de vision du Royaume en puissance à venir, associe Jésus en tant que Fils de l'homme dans la nuée sur la montagne à la fois au motif royal davidique et à la figure de Daniel venant sur les nuées.

Le cas de la figure aaronique semble plutôt différent. Luc, le seul parmi les Évangiles synoptiques, mentionne le parcours sacerdotal exemplaire de Jean le Baptiste (Luc 1, 5). Joel Marcus soutient qu'il ne s'agit pas d'une invention de Luc, mais qu'elle provient de sources préexistantes, tandis que

---

comme des figures messianiques « ointes » (cf. *Règle de la communauté* col. 9 l.9b-11 ; *Document de Damas* 12, 23-13, 1 ; 14, 19 ; 19, 10-11 ; 20, 11). Sur ces points de vue compliqués et pas toujours bien compris, cf. COLLINS 1995 p. 74-135.

l'association probable de Jean avec Qumrân indique également une orientation sacerdotale[38]. Selon la prudence qui s'impose avec les questions que de telles données soulèvent naturellement, ce n'est cependant pas un raisonnement téméraire que de postuler une tradition sur l'identité sacerdotale de Jean informant Mc 9, 2-13 et Mt 17, 1-13. En fait, l'identification de Jean comme l'Élie à venir – qui n'est pas confinée au dialogue après la Transfiguration, et qui est aussi une idée lucanienne (Lc 1, 17 ; 7, 27 ; cf. Mt 11, 7), ainsi que (du moins pour Marc) l'idée même de Jean – montre de manière assez persuasive cette direction[39]. En fin de compte, bien sûr, aucune démonstration mathématique ne peut être proposée pour montrer que Jésus en Matthieu et Marc a pris Jean pour le prêtre eschatologique prophétisé. Jésus ne dit rien de plus (et rien de moins) que ce qu'il dit. Toutefois, l'argument à deux volets que nous allons présenter fait de cette hypothèse historique une explication très convaincante. Tout d'abord, l'appel de Jésus à un modèle à deux figures, c'est-à-dire le Fils de l'homme et Élie, évoque le modèle dual familier d'attente si fortement associé à un couple *prêtre de la lignée d'Aaron/roi de la tribu de Juda* ; et Jésus assume clairement le rôle de ce dernier. En même temps, un scénario mettant en scène la mort d'Élie après sa venue place la perspective de Jésus en lien direct avec la tradition d'Élie en tant que prêtre eschatologique, précisément telle qu'elle est attestée dans le pseudo-Philon. Il ne faut pas oublier, en outre, que Jean est mort en prêchant spécifiquement contre une union conjugale illicite, ce qui le place fermement dans la tradition du zèle sacerdotal de Pinḥas, même si la perspective est inversée et que Jean est en l'occurrence l'objet de la violence sanglante[40]. Quels que soient le récit et le cadre messianique que Jésus ait pu accepter, avec la mort de Jean, le Fils de l'homme/Fils de David a très clairement considéré que son propre rôle était de poursuivre la mission de Jean – et finalement de partager le même sort que celui-ci.

---

38. Sur la question de l'origine sacerdotale de Jean, cf. MARCUS 2018 p. 133-134. Pour un ensemble différent, mais également important, de questions historiques relatives à Jean et à son mouvement, cf. l'analyse méthodique de BACKHAUS 1991.

39. Marcus consacre un chapitre à « l'association de Jean avec Élie » et accepte cette association comme une autre preuve de son appartenance à la lignée sacerdotale. Il poursuit : « Si l'assimilation d'Élie à Pinḥas existait déjà au Ier siècle [!], la forte objection de Pinḥas à une union illicite est un parallèle intéressant et peut-être significatif avec la répudiation par Jean du mariage d'Hérode Antipas avec Hérodiade (Mc 6, 17-18 ; cf. *supra* ch. 6). L'action de Jean peut avoir reflété le sentiment qu'il avait de lui-même en tant qu'Élie = Pinḥas revenu d'entre les morts » – MARCUS *op. cit.* p. 134.

40. MARCUS *ib. loc.*

« Comme il est écrit à son sujet »

L'identification étroite de Jésus à Jean par leur destin commun de souffrance permet de clarifier la remarque de Jésus sur son précurseur : « Ils lui firent tout ce qu'ils voulurent, comme il est écrit à son sujet » (Mc 9, 13). Il s'est avéré difficile pour les spécialistes modernes de déterminer quel passage de l'Écriture pouvait être visé par la remarque de Jésus. Le texte le plus révélateur est Si 48, 10, qui vient à la fin de l'éloge d'Élie :

> Au moment voulu, est-il écrit (*hak̲ātûb̲*, ὁ καταγραφείς), tu es destiné
> À calmer la colère de Dieu avant qu'elle n'éclate en fureur,
> À tourner (*ləhāšēb̲*) le cœur des parents vers leurs enfants,
> Et à restaurer les tribus de Jacob.

Ce verset dense, qui commence par le seul emploi de « il est écrit » dans le Siracide, comprend une citation libre de Ml 3, 24 TM (3, 23 LXX), combinée à une allusion à Is 49, 6, le deuxième des *chants du serviteur*[41].

> C'est une chose trop légère que tu sois mon serviteur
> Pour relever (*ləhāqîm*) les tribus de Jacob
> Et pour restaurer (*ləhāšîb̲*) les survivants d'Israël ;
> Je te donnerai comme lumière aux nations,
> Afin que mon salut s'étende jusqu'aux extrémités de la terre.

Les liens entre le Deutéro-Isaïe et Malachie ne sont pas propres au texte de Ben Sira. En Ml 3, 1, on trouve déjà une citation d'Is 40, 3 : « Voici que j'envoie mon messager pour préparer le chemin devant moi » – une référence clef dans la tradition autour de Jean-Baptiste (cf. Mc 1, 2-3 ; Jn 1, 23). Si, comme cela semble effectivement être le cas, l'envoi d'Élie en Ml 3, 23-24 TM était

41. « Le futur rôle d'Élie était de réconcilier parents et enfants : "ramener le cœur des pères envers les fils". Cette phrase fait écho à une partie de la description de la tâche d'Élie dans Ml 3, 24 : "Et il ramènera (*wəhēšîb̲* / ἀποκαταστήσει, « rétablira ») le cœur des pères envers les fils et le cœur des fils envers leurs pères." La mission à venir d'Élie était également de "rétablir les tribus d'Israël", faisant écho à la tâche du serviteur de Dieu (peut-être à l'origine Cyrus) en Is 49, 6 : "relever (*ləhāqîm* = στῆσαι) les tribus de Jacob et ramener (*ləhāšîb̲* = ἐπιστρέψαι) les survivants d'Israël" », Corley 2020 p. 215. En fin de compte, selon Corley, « dans la pensée de Ben Sira, l'Élie du retour ferait revivre la nation, tout comme, sur le plan individuel, il avait ressuscité le fils de la veuve (Si 48, 5 ; 1 R 17, 22) » (*op. cit.* p. 216).

déjà identifié à cet envoi du Messager en 3, 1, Élie serait ainsi directement lié à la vision d'Isaïe. Comme Is 42, 19 parle alternativement de « mon serviteur » et de « mon messager que j'envoie », toutes les conditions sont réunies pour que les interprètes du Second Temple tirent la conclusion que l'Élie eschatologique était le Serviteur d'Isaïe[42]. De là, la souffrance eschatologique d'Élie serait facilement déduite.

Comme on peut le constater, la logique de l'agrégation des éléments des Écritures, une fois lancée, est difficile à arrêter. De plus, l'entrée du Serviteur d'Isaïe dans le tableau est un point crucial du développement, car il devient le point d'intersection entre les identités royale et sacerdotale, c'est-à-dire entre l'identité de Jésus et celle de Jean. Jésus fait clairement sien l'héritage de Jean, qui a souffert comme un serviteur, tant en Mc 9 qu'en Mt 17. En tant que tel, le Fils de l'homme se confond avec l'Élie-Pinḥas-Serviteur de la fin des temps. À un certain niveau, cette dynamique d'agrégation ressemble à l'identification entre le « prêtre nouveau » et le roi de Judée dont témoignent les *Testaments des Douze Patriarches*, que De Jonge situerait au niveau chrétien de la tradition. Cependant, un mélange similaire de personnes est non seulement déjà présent dans les Évangiles, mais aussi à l'œuvre bien avant. La diffusion du Serviteur d'Isaïe dans la tradition interne de la Bible a naturellement atteint aussi le livre de Zacharie, par exemple, où le titre est entré en relation avec les fondements de l'attente duale. Dans ce contexte, c'est l'héritier davidique, et non pas Élie-Pinḥas, qui est clairement identifié comme le Serviteur, ou plus précisément « Mon Serviteur, Germe » (Za 3, 8), car le jeu messianique de Jérémie sur le rameau de Jessé d'Isaïe (Jr 33, 15) est maintenant également lié et identifié avec le Serviteur de YHWH deutéro-isaïen.

En Za 4, 9 le dessein de Dieu de restaurer le Temple et Israël est finalement réalisé par le serviteur davidique (« Zorobabel ») lié au symbole du Germe. De plus, dans la vision de Zacharie, la manière dont ce plan s'accomplit est la suivante : « Ce n'est ni par la force ni par la puissance, mais par mon Esprit, dit le Seigneur des armées » (Za 4, 6), car c'est ainsi que le Serviteur prophétisé plaît à Dieu.

> Voici mon serviteur, que j'ai choisi,
> Mon bien-aimé, en qui mon âme se plaît.
> Je mettrai mon Esprit sur lui,
> Et il proclamera la justice aux nations.

42. Cf. Valve 2014 p. 109-111.

Il ne s'agitera pas, il ne criera pas à haute voix,
Et personne n'entendra sa voix dans les rues.
Il ne brisera pas le roseau cassé.
Il n'éteindra pas la mèche qui fume (Is 42, 1-3 ; cf. Mt 12, 17-21).

« Voici mon serviteur, que j'ai choisi, mon bien-aimé, en qui mon âme se plaît » (Is 42, 1). « Tu es mon fils, mon bien-aimé, en qui j'ai mis tout mon dessein bienveillant » (Mc 1, 11). L'identification fondamentale de Jésus comme le Serviteur d'Isaïe plonge ses racines dans toute la tradition évangélique, mais elle trouve son ancrage le plus profond dans le baptême de Jésus au Jourdain par Jean[43]. C'est à ce moment-là que la voix du Père précise que Jésus est le Serviteur. C'est ici que l'Esprit de Dieu vient sur le Serviteur, comme l'a prophétisé Isaïe (Mc 1, 10 ; Is 42, 1b). D'une certaine manière, la clarification déictique emphatique venant du ciel – « celui-ci » – résout radicalement le caractère confus des relations issu des constructions eschatologiques des scribes, par la puissance d'un événement surnaturel à grand spectacle. Après le Baptême, le « messianisme dual » du Second Temple est radicalement simplifié, du moins en ce qui concerne les Évangiles. On ne risque plus de se méprendre sur les rôles essentiels de Jésus et de Jean.

§ 4 Un prophète comme Moïse le Messager (sacerdotal)

La voix du Père venant du ciel est le lien le plus évident entre le Baptême et la Transfiguration. Au Jourdain, le Père exprime la joie qu'il place en Jésus, son Fils et son Serviteur (Mc 1, 11). Le message est différent lors de

43. Il faut reconnaître que la description de la confirmation céleste du « prêtre nouveau » dans *TL* 18, 6-7 rappelle trop parfaitement les récits évangéliques :
Les cieux s'ouvriront,
Et du temple de la gloire viendra sur lui la sanctification
En même temps qu'une voix paternelle, comme d'Abraham à Isaac.
Et la gloire du Très-Haut éclatera sur lui.
Et l'esprit d'intelligence et de sanctification
Reposera sur lui [dans l'eau].
Comme l'indiquent les éditeurs Hollander et De Jonge, il est facile de reconnaître dans l'expression « dans l'eau » une interpolation chrétienne ultérieure faisant allusion au baptême de Jésus. Néanmoins, le reste de la scène, malgré sa forte résonance néotestamentaire, fait également écho à des motifs purement juifs utilisés dans les *Testaments* et ailleurs (cf. *TL* 2, 6 ; *de Juda* 24, 2). Le motif de l'ouverture des cieux (cf. *TL* 2, 6 ; 5, 1), en particulier, appartient à un usage beaucoup plus large. Cf. WALTON 2008.

la Transfiguration. En demandant spécifiquement aux disciples d'« écouter » le Fils bien-aimé du Père (Mc 9, 7), Jésus est « le prophète comme Moïse », que le Seigneur promet de « susciter » et que le peuple doit « écouter » en Dt 18, 15. Le fait qu'en Dt 18, la figure du prophète semblable à Moïse soit donnée spécifiquement comme une réponse à la crainte du peuple à propos de la théophanie de l'Horeb, lorsqu'il a frémi devant la voix de Dieu et la vue du grand feu (cf. Dt 5, 23-31), est révélateur. La correspondance avec la Transfiguration est parfaite. Les disciples « étaient terrifiés » par ce qu'ils voyaient et entendaient (Mc 9, 6). La théophanie disparaît ensuite et laisse Jésus seul autorisé à parler au nom du Seigneur (cf. Dt 18, 18). Considérée comme une version narrée de Dt 18, 15, la Transfiguration n'est pas une répétition maladroite ou un remaniement de la scène du Baptême, mais possède sa propre unité et cohérence, partageant simplement le motif commun de la *bat qôl*.

Comme on l'a vu au § 1 ci-dessus, l'allusion à Dt 18, 15 a une préhistoire dans les textes juifs, et cette préhistoire a une dimension nettement sacerdotale. Le verset est en relation avec l'élévation du « prêtre fidèle » en 1 S 2, 35 ; et cette expression est reprise avec le « prêtre nouveau » en *TL* 18, 2. Cette interprétation sacerdotale de Dt 18, 15 peut sembler étrange au premier abord. Il ne s'agit cependant pas d'une appropriation superficielle ou isolée[44]. En dépeignant Samuel, le deutéronomiste a joué avec la tournure « prêtre comme Moïse » de Dt 18, 15[45]. La même tournure a été reprise dans d'autres contextes. Bien qu'en 1 M 4, 46 l'autel souillé soit entreposé jusqu'à ce qu'un prophète « apparaisse » et donne des instructions, l'oracle de Dt 18, 15 se tenant clairement à l'arrière-plan, on trouve un contraste notable par rapport à Esdras et Néhémie. En Esd 2, 63 et Ne 7, 65, en effet, il est décidé de laisser les conflits halakhiques non résolus tels quels jusqu'à ce qu'un prêtre portant l'*urim* et le *thummim* « se dresse » (*'aḏ 'ămōḏ kōhēn*). Le fait qu'Esdras soit lui-même ouvertement considéré comme un nouveau Moïse à caractère sacerdotal s'inscrit également dans ce schéma. Le fait que les Hasmonéens, pour leur part, aient préféré mettre l'accent sur une lecture prophétique plutôt que sacerdotale de Dt 18, 15 est logique puisqu'ils avaient déjà revendiqué

44. Dans le livre du Deutéronome, la loi des prophètes (18, 9-22) et la loi du roi (17, 14-20) encadrent la loi des prêtres lévitiques en 18, 1-8, qui se trouve structurellement au centre même de tout le livre. Cette conjonction invitait évidemment à la réflexion. « Dans une large mesure, on peut soutenir que l'histoire dite deutéronomique (de Josué à 2 Rois) est un *midrash* sur Dt 17, 14-18, 22 », Christensen 2001 p. 394.
45. Cf. Leuchter 2013.

(de façon douteuse) le rôle sacerdotal (et royal) pour eux-mêmes[46]. Ainsi, le langage de Ben Sira concernant Élie suggère une nouvelle résonance. Élie « se lève » majestueusement (ἀνέστη, Si 48, 1) : c'est encore une identification avec le prophète mosaïque, et une nouvelle fusion des figures types de la fin des temps. Compte tenu de ce que nous avons déjà vu d'Élie le prêtre, il y a lieu de se demander si la présentation par Ben Sira d'Élie, prophète semblable à Moïse, exerçant les fonctions sacerdotales d'offrande de sacrifice et d'onction des rois, ne renvoie pas aux premiers indices scribaux de l'ensemble de la tradition (cf. Si 46, 13 et 16 ; 48, 3 et 8).

Dans ce contexte, le fait de montrer ouvertement Jésus comme le prêtre-prophète « élevé » comme Moïse prend un caractère particulier, puisqu'il se produit, de manière si ostensible, en la présence personnelle de Moïse et d'Élie. Par la présence de ces deux personnages particuliers, l'Évangile nous place carrément dans les derniers versets de Malachie, où ces deux figures apparaissent. Le binôme a encore acquis une dimension sacerdotale commune, comme on vient de l'entrevoir dans Ben Sira. Comme les commentateurs le font remarquer à juste titre, l'apparition de Moïse et d'Élie aux côtés de Jésus est certes redevable aux traditions connexes concernant leurs fins mystérieuses. En particulier, la tradition de l'assomption d'Élie au Ciel (2 R 2, 1-9) a été complétée par un récit similaire qui a surgi autour de Moïse. Sur la base de l'avis figurant à la fin du Deutéronome, selon lequel personne ne sait où Moïse a été enterré (Dt 34, 6), l'histoire s'est aisément développée autour de l'idée qu'il avait également été élevé au Ciel[47]. « Se lever » ou être « élevé » comme Moïse prend donc un sens très suggestif dans ce contexte : cela renvoie à l'idée de monter au Ciel. L'appropriation de Za 4 dans les « deux oliviers/deux témoins » d'Ap 11, 3-13 offre une tournure chrétienne primitive révélatrice de ce thème en liant ces deux « fils de l'huile » au couple Moïse et Élie *redivivi*[48]. Les références sacerdotales d'Élie peuvent facilement expliquer sa position comme l'un des deux oints de Zacharie ; la position de Moïse, en revanche, semble déterminée par son assomption céleste, qui le lie à Élie. Dans l'Apocalypse, tous deux sont finalement liés, par leurs voyages célestes et par la convention d'une *bat qōl*, à la résurrection de Jésus : « Après trois jours et demi, le souffle de vie entra en eux [...]. Ils entendirent du Ciel une

46. L'apparition d'un prophète semblable à Moïse est la seule limite à la prise de pouvoir des Hasmonéens. Selon 1 M 14, 41, Simon est établi dans sa fonction de « chef » et de « grand prêtre » « jusqu'à ce que surgisse un prophète fidèle » (ἕως τοῦ ἀναστῆναι προφήτην πιστόν).
47. Sur les origines de cette tradition, cf. Stokes 2017.
48. Cf. Aune 1998 p. 622-630.

voix forte qui leur disait : “Montez ici !” et ils montèrent au Ciel dans une nuée » (Ap 11, 12-13).

L’élévation de Moïse contient des éléments critiques pour comprendre l’ensemble des éléments de la transfiguration de Jésus. L’*Assomption de Moïse*, texte apocryphe conservé dans sa traduction latine du Iᵉʳ siècle à partir d’un original sémitique, datant du Iᵉʳ ou du IIᵉ siècle avant J.-C., n’a malheureusement pas conservé intacte la narration finale et cruciale de l’assomption de Moïse elle-même[49]. Un verset existant fait toutefois référence à l’existence céleste de Moïse. Il en est question d’une manière profondément significative.

> Alors seront remplies les mains du messager (*implebuntur manus nuntii*)
> Qui est établi au plus haut point (*in summo constitutus*) – *Assomption de Moïse* X, 2.

L’expression « remplir les mains » est l’expression idiomatique hébraïque pour l’ordination d’un prêtre. Le fait que ce *nuntius* sacerdotal soit Moïse lui-même a été démontré de façon convaincante sur la base d’un autre passage où il est appelé *magnus nuntius* et où il est décrit comme intercédant jour et nuit au nom d’Israël pour attirer la clémence du Seigneur (*op. cit.* 11, 7 ; cf. 12, 6)[50]. Le langage d’un *nuntius* est lui aussi digne d’intérêt et suggère une direction particulière. On peut soutenir que le latin recouvre ici une référence au messager lévitique de Malachie. En effet, en tant que figure prééminente de la conclusion de l’alliance, qui mieux que Moïse pourrait être le mystérieux « messager de l’alliance » (Ml 3, 1) ? L’apparition de Moïse aux côtés d’Élie à la fin de la prophétie de Malachie place également Moïse – qui était un véritable lévite – dans une position avantageuse du point de vue du contexte pour être identifié par l’exégèse comme le *nuntius* sacerdotal. Cette identification devient d’autant plus convaincante que le Messager reçoit en Ml 2 mission explicite d’instruire : « Le véritable enseignement (*tōraṯ ’ĕmeṯ*) était dans sa bouche […]. Le peuple doit rechercher l’enseignement (*ṯōrâ*) de sa bouche, car il est le messager du Seigneur des armées » (Ml 2, 6.7) ; « souvenez-vous de l’enseignement de mon serviteur Moïse (*tōraṯ mōšeh ‘aḇədî*) » (Ml 3, 22 MT).

Quel que soit le rôle que peut jouer la prophétie de Malachie, si la descente du Ciel d’Élie, dans les sources du Second Temple, recèle une dimension sacerdotale, l’ascension de Moïse sur les hauteurs suit le même motif. C’est ce que traduit l’expression locative *in summo* dans *Assomption de Moïse* X, 2.

---

49. Cf. Tromp 1993.
50. Cf. Van Henten 2003.

L'idée que Moïse entre au Ciel et y devienne prêtre semble avoir été modelée sur l'ascension de Moïse de la montagne sainte du Sinaï et son entrée dans la nuée et la présence vivante de YHWH. Dans la formulation précise d'Ex 19, 3, « Moïse est monté vers Dieu (*mōšeh ʿālâ ʾel-hāʾĕlōhîm*) ». À Qumrân, en effet, on trouve dans le texte du Pentateuque apocryphe B une tradition étroitement liée (typiquement fragmentaire) où Moïse est appelé « l'oint de Dieu », littéralement « son Messie » (*məšîḥō*, 4Q377 ii 5). Ce titre n'est conféré à Moïse nulle part ailleurs, mais il évoque ici explicitement le sacerdoce, puisque son entrée dans la nuée est décrite comme une « sanctification » ou une « consécration », visiblement envisagée comme une sorte d'ordination (cf. Ex 28, 41 ; 29, 33) :

> Moïse, l'homme de Dieu, était avec Dieu dans la nuée. Et la nuée le couvrait parce que, quand il était sanctifié (*ḇəhiqadəšō*), ainsi qu'un messager (*ḵəmaləʾaḵə*), il parlait de sa bouche (4Q377 ii 10-11)[51].

Ici, à côté de ce discours messianique qui le met en contact avec les deux messies de Za 4, nous trouvons une nouvelle allusion au Messager. La formule « de sa bouche » renforce d'ailleurs la suggestion que nous avons affaire à une lecture mosaïque de la figure de Malachie, car « de sa bouche » (*mipîhû*) fait référence à l'enseignement en Ml 2, 7.

Comme le texte de 4Q377, Ps 99, 6-7, la tradition biblique la plus importante (mais pas la seule) du sacerdoce de Moïse, lie étroitement cette idée au discours de Moïse à Dieu dans la nuée. Paul, lui aussi, connaît sans doute cette notion de Moïse sanctifié de manière mystique par son entrée dans la nuée (cf. 1 Co 10, 2). La nuée d'encens qui enveloppait le grand prêtre lorsqu'il entrait dans le Saint des Saints, protégeant sa vie contre la vision mortelle de Dieu (Lv 16, 13), pouvait être facilement liée à la nuée qui descendait sur le Sinaï, se présentant à la manière du Tabernacle – ou plutôt, inversement, le Tabernacle étant conçu comme un mini-Sinaï[52].

Il semble très improbable que la nuée qui apparaît lors de la transfiguration de Jésus sur la montagne ait pu ne pas évoquer l'ascension de Moïse dans les mystères de Dieu (Ex 24, 15). Elle se produit en la présence même de Moïse, afin de désigner son successeur. Quand on la lit à la lumière des

---

51. D'après la traduction en anglais de VANDERKAM & BRADY, 2005 p. 599.

52. « L'équivalence du Tabernacle au Sinaï est un axiome essentiel, voire indispensable, de P [*i.e. le document sacerdotal du Pentateuque, n.d.é.*]. Le Tabernacle, en effet, devient un Sinaï portable, une assurance de la présence permanente de la divinité au milieu d'Israël » – MILGROM 1991 p. 574.

ascensions terrestres et extra-terrestres parallèles de Moïse vers les mystères sanctifiants de la présence de Dieu, l'entrée de Jésus dans la nuée au sommet de la haute montagne prend donc la forme très frappante d'une consécration sacerdotale par un voyage céleste : l'avant-goût d'une initiation céleste plus définitive dans sa prochaine assomption / résurrection / exaltation. Jésus est le prophète-prêtre, comme Moïse ; de sa bouche sortent les instructions divines qui font autorité et que les disciples doivent écouter. Comme « l'ascension » de Moïse au Sinaï, la montée de Jésus sur la montagne vers la présence divine est un voyage céleste terrestre – et une image de cette entrée sacerdotale plus parfaite dans le Saint des Saints que l'Épître aux Hébreux situera après sa mort.

§ 5 Les vêtements sacerdotaux

Le changement soudain de l'apparence de ses vêtements, qui est l'image centrale révélant la gloire de Jésus sur la montagne, a rarement été analysé en profondeur. Dans Matthieu et Luc, bien sûr, le visage de Jésus est aussi décrit comme transfiguré, en quelque sorte. Matthieu dit qu'il brillait comme le soleil (Mt 17, 2) ; Luc est plus sobre et dit simplement : « L'aspect de son visage était différent » (τὸ εἶδος τοῦ προσώπου αὐτοῦ ἕτερον), faisant peut-être allusion au changement de son visage comme un premier pas vers la Passion et Jérusalem (Lc 9, 29 ; cf. 9, 51). Le peu d'attention que l'on a porté à la description proprement dite de la transfiguration de Jésus a, dans une ligne matthéenne, porté implicitement sur le visage de Jésus et poursuivi une allusion au voile de Moïse. Celle-ci n'est pas fausse, dans la mesure où l'on peut certainement considérer que le visage rayonnant de Jésus fait penser à celui de Moïse sur le Sinaï. Une telle identification de Jésus à Moïse est étayée par les allusions ouvertes à Dt 18, 15 que nous venons d'évoquer, d'où une interprétation sacerdotale immédiate. Ce que cette ligne de réflexion n'aborde pas, cependant, c'est le détail plus original, inhabituel et important concernant les vêtements eux-mêmes. Rien n'est dit des vêtements de Moïse sur le Sinaï ; et, contrairement au voile de Moïse, les vêtements de Jésus n'atténuent pas, mais au contraire augmentent et rayonnent sa gloire.

Les vêtements brillants ne sont pas anodins dans le contexte du Nouveau Testament. Tout le monde, des anges aux rois, en passant par les dieux eux-mêmes, peut être décrit de cette manière (cf. Mt 28, 3 ; Lc 24, 1 ; Ac 12, 21-23 ; Flavius Josèphe, *Antiquités* XIX §§ 343-354 ; Apulée, *Métamorphoses* XI, 3-5 ;

Suétone, *Néron* XXV, 1 ; etc.)[53]. Cependant, comme Fletcher-Louis s'est efforcé de le montrer, les vêtements brillants de Jésus ont pour plus fort parallèle les traditions liées à la *doxa* rayonnante, la gloire des vêtements sacerdotaux[54]. Bien qu'il ne soit pas nécessaire de suivre en tout Fletcher-Louis dans son article, sa perspicacité est ici extrêmement utile. Les vêtements sacerdotaux sont de loin la tradition la plus développée parmi les vêtements rayonnants dans le judaïsme de l'époque, et ce lien particulier est d'un intérêt évident et majeur dans le contexte de tout ce qui a précédé notre analyse jusqu'ici.

On connaît bien l'attention portée aux vêtements des grands prêtres par des auteurs tels que Ben Sira, Philon et Flavius Josèphe (cf. Si 50, 5-11 ; Philon, *Legatio ad Caïum* I § 95 ; Flavius Josèphe, *Guerre* V § 236 ; *Antiquités* III §§ 151-187). Le lien symbolique étroit entre les vêtements et la cosmologie juive du culte indique que ces vêtements spéciaux évoquent en quelque sorte une manifestation divine[55]. Flavius Josèphe explique, par exemple, que les clochettes qui tintent sur l'ourlet de la tunique du grand prêtre ressemblent au « tonnerre » et les grenades, à la « foudre » ; l'éphod d'or brille comme le soleil, tout comme la trame dorée du tissu, qui est aussi une image de la « lumière du soleil » (αὐγῆς) ; et ainsi de suite (*Antiquités* III § 184). On ne saurait trop insister sur le caractère extraordinaire, voire surnaturel et épiphanique, attribué à ces vêtements. Après avoir décrit le « grand étonnement » (μεγάλην ἔκπληξιν) de ceux qui virent le grand prêtre Éléazar porter ses vêtements sacerdotaux, la *Lettre d'Aristée* compare l'effet sur les témoins d'une telle apparition à une sorte de vision extatique, d'un autre monde :

> Il a été jugé digne de revêtir ces ornements dans les fonctions liturgiques. Le coup d'œil de toute cette pompe en impose et déconcerte (φόβον καὶ ταραχήν), au point de se croire dans un autre monde (εἰς ἕτερον ἐληλυθέναι ἐλτὸς τοῦ κόσμου). Je peux assurer absolument que quiconque ira assister au spectacle dont je viens de parler en sera frappé d'une indicible admiration (εἰς ἔκπληξιν [...] θαυμασμὸν ἀδιήγητον), remué intérieurement par ce qui se dégage de sacré dans l'ordonnance de chaque détail (§ 99 – SC 89 p. 153)[56].

L'expérience des trois disciplines de Jésus devant le Jésus transfiguré est-elle une sorte d'extase épiphanique parallèle ? Les manuscrits de la mer Morte

53. Sur l'habillement cosmique des dieux dans le contexte gréco-romain, cf. PENA 2021.
54. FLETCHER-LOUIS 2001.
55. Cf. PENA 2021 p. 1-29.
56. D'après la traduction en anglais de Shutt chez CHARLESWORTH 2010 II p. 19.

et d'autres traditions du Second Temple témoignaient aussi du pouvoir captivant de l'éclat des vêtements sacerdotaux (*Livre des antiquités bibliques* 26, 9 ; 4QpIsa[d]). Dans le treizième des *Chants du sacrifice du sabbat*, le grand prêtre possède, grâce à ses vêtements étincelants, « l'apparence de la splendeur et la ressemblance de l'esprit de gloire » (4Q405 23 ii 9), allusion à la théophanie d'Ez 1, 28 (« une apparence ressemblant à la gloire du Seigneur »). Les origines de cette tradition du caractère théophanique vibrant des vêtements sacerdotaux remontent à Ex 28, 2, qui ordonne : « Tu feras des vêtements sacrés pour la parure glorieuse (*ləḵāḇōḏ*) de ton frère Aaron. » Le fait que le glorieux nom divin soit inscrit ostensiblement a évidemment alimenté toute cette tradition (cf. 1QS[b] 4, 28). En même temps, les diverses associations étroites que l'Exode établit entre les vêtements du grand prêtre (*ḇiḡəḏê-qōḏeš*) et le Miškan lui-même – qui sont tous deux faits des mêmes sortes de textiles précieux et de tissages multicolores – font que le premier, comme le second, a le statut d'une sorte de demeure du divin *kāḇōḏ* (Ex 39, 1-31).

Les traditions ultérieures concernant les « vêtements de lumière/de gloire » d'Adam (*Midrash Genèse Rabba* 12, 6 & 20, 12 ; *Pirqé de-Rabbi Eliézer* 14 ; Gn 3, 21 Targum) – un vêtement de lumière pré-lapsaire en contraste avec les « vêtements de peau » (*kāṯənōṯ ʿōr*, Gn 3, 21) – que l'on évoque parfois dans la discussion sur la Transfiguration, devraient être considérées, pourrait-on dire, comme une rétrojection anachronique de cette tradition plus ancienne de vêtement sacerdotal lumineux[57]. L'homme primitif d'Ez 28, 13-14 est notamment paré d'un vêtement élaboré, constellé de joyaux précieux, qui rappelle l'éphod, et placé sur « la montagne sainte de Dieu », où se trouve un chérubin « oint ». Tout cela évoque le sacerdoce primitif d'Adam, qui devient un motif majeur dans les sources du Second Temple. Le motif des « vêtements de gloire » semble alors provenir précisément de cette fantaisie anachronique. Plus précisément, il a été proposé comme solution au problème créé par la conception de l'Eden comme un sanctuaire dont Adam était le ministre sacerdotal, puisqu'il était spécifiquement interdit aux prêtres d'exposer leur nudité (Ex 20, 26 ; 28, 41-42)[58]. Cette préoccupation est évidente dans *Jubilés* 3, 27-31, par exemple, où le fait qu'Adam couvre sa honte est interprété comme un privilège spécial, accordé à aucun des animaux, mais qui fait partie de l'observance attentive de sa dignité sacerdotale, lui qui offre un sacrifice agréable[59].

57. Sur ce lien, cf. la discussion chez Marcus 2008 p. 1112-1115.
58. Sur les traditions concernant le sacerdoce d'Adam, cf. Anderson 2001.
59. Cf. Orpana 2015.

En guise d'addendum et de confirmation supplémentaire de cette perspective sur les vêtements de lumière édéniques, il convient de noter la proposition de Robin Darling Young concernant les motifs des « vêtements de lumière » et de la « robe rouge » qui structurent l'*Hymne de la Perle*[60] (du IIe siècle ? gnostique ?). Plus précisément, en se distanciant de la suggestion de Sebastian Brock pour une théologie d'Adam informant directement l'image, elle conclut que nous avons ici plutôt un symbole de grand prêtre juif[61]. Le « pays de l'Est » de l'hymne, en tant que région de la lumière, où l'on doit revêtir ces robes spéciales, représenterait l'image du Temple céleste, véritable Saint des Saints.

Le voyage à la fois sacerdotal et cosmique de l'*Hymne de la Perle* n'est pas un *topos* isolé sans lien avec le port de vêtements qui sont en quelque sorte propres au royaume céleste. Comme l'observe Fletcher-Louis, l'un des parallèles les plus impressionnants et les plus utiles à l'événement spécifique de la transfiguration soudaine de Jésus et à l'endossement de nouveaux vêtements radieux est une scène sacerdotale sans ambiguïté : la vêture/l'ordination d'Hénoch en *2 Hénoch* 22, 5-6 :

> Le Seigneur dit à Michel : « Prends Hénoch et dépouille-le de ses vêtements terrestres. Et oins-le de la bonne huile, et revêts-le des vêtements de gloire. » Et Michel me dépouilla de mes vêtements. Il m'oignit de la bonne huile ; et l'aspect de cette huile dépassait celui d'une grande lumière, sa grasse eétait comme d'une rosée bienfaisante, et son parfum comme la myrrhe ; et elle resplendissait comme un rayon de soleil[62].

Avec ses « vêtements de gloire » célestes et l'huile d'onction délicieuse, Hénoch est ostensiblement élevé à une dignité sacerdotale[63]. Bien qu'il soit difficile de dater précisément le texte et sa tradition, il est particulièrement intéressant de relever que « l'ordination » sacerdotale d'Hénoch se déroule

---

60. YOUNG 2007.

61. « Comme de nombreuses études récentes l'ont démontré, les deux siècles encadrant la naissance du Christ ont vu la production, parmi les auteurs juifs, d'une littérature importante concernant le Temple, sa liturgie et son sacerdoce, y compris les vêtements du grand prêtre. Peut-être faudrait-il ajouter à la liste des contextes et des allusions possibles de l'*Hymne de la perle* la robe du grand prêtre, transférée dans un contexte essénien et ajoutant du sens à une histoire de quête liée aussi bien à la parabole du fils prodigue qu'à celle de la perle de grand prix », *ib. loc.* p. 214.

62. Traduction PHILONENKO & VAILLANT in *La Bible – écrits intertestamentaires* p. 1187 – bibliothèque de la Pléiade.

63. STOKES 2017 p. 204 observe plusieurs liens entre ce passage de *2 Hénoch* et la prophétie de Josué le grand prêtre en Za 3.

sous la forme d'un voyage dans le sanctuaire céleste, comme nous l'avons vu dans l'*Apocalypse de Moïse*. L'élévation au statut de prêtre dans un autre monde manifeste un aspect important de ce que James Kugel décrit comme une « surenchère » exégétique typique du Second Temple : la tradition, selon laquelle le patriarche Lévi lui-même a été ordonné au moyen d'une vision/ voyage céleste, où il a été initié au culte angélique du Ciel (cf. *Document araméo-grec de Lévi* ; *Jubilés* 31, 2 ; *TL* 2-5 ; 8)[64].

Les traditions d'ordination, de vision et de voyage de Lévi partagent un intérêt particulier pour les vêtements sacerdotaux :

> Et je vis sept hommes en [vêtements] blancs, qui me dirent :
> « Lève-toi, revêts la robe du sacerdoce
> La couronne de justice
> Le pectoral d'intelligence
> La tunique de vérité
> La plaque de la foi
> Le diadème du miracle
> Et l'éphod de la prophétie. »
>
> Chacun de ces hommes me revêtit de ce dont il était chargé, en ces mots :
> « Désormais, sois prêtre du Seigneur, toi et ta descendance, à jamais. »
> Le premier m'oignit d'huile sainte [...].
> Le second [...] me revêtit d'une robe sainte et glorieuse.
> Le troisième me revêtit d'un vêtement de lin semblable à un éphod.
> Le quatrième me ceignit d'une ceinture semblable à la pourpre [...].
> Le sixième me mit une couronne sur la tête.
> Le septième me mit le diadème du sacerdoce et me remplit les mains d'encens pour que je pusse servir comme prêtre pour le Seigneur Dieu (*TL* 8, 2-4.5-7.10)[65].

L'imagerie de la lumière est également employée de manière importante pour décrire la transformation de Lévi dans la gloire d'un prêtre : « Lumière de connaissance, tu resplendiras en Jacob, et tu seras comme le soleil pour toute la descendance d'Israël » (*TL* 4, 2) ; « Il resplendira comme le soleil sur la terre, et il supprimera toutes ténèbres de dessous le ciel » (*TL* 18, 4). Dans la perspective de l'Évangile, toute cette métamorphose sacerdotale de

64. Kugel 1993 p. 7-13 ; 27-30.
65. D'après la traduction anglaise de Hollander & De Jonge 1985 p. 149.

Lévi se déroule dans un lieu évocateur et d'une manière très suggestive. Lévi voit une haute montagne et ensuite : « Voici, les cieux s'ouvrirent » (*TL* 2, 6 ; voir aussi 5, 1 ; 18, 6 ; cf. 4QTestLevi[a] II 13-17).

Que cela soit ou non un exemple de « surenchère », les vêtements de Lévi ne sont pas le seul symbole de son nouveau statut. A l'instar de Moïse le *nuntius* dans l'*Assomption de Moïse* X, 2, Lévi a les mains *remplies* en signe de consécration ; à l'exemple de Moïse encore, auquel se rapporte le terme *māšîaḥ* en 4Q377, Lévi (à la suite de Hénoch) est oint comme prêtre d'une sainte onction (cf. *Document araméo-grec de Lévi* 6). S'il existe un témoin plus complet des traditions sur Moïse à l'époque du Second Temple manifestant une attention égale ou supérieure à son vêtement, il nous a échappé. Ce qui mérite d'être noté, en revanche, c'est qu'une certaine notion de métamorphose / glorification / apothéose équipant la chair mortelle de Moïse pour son séjour dans les cours célestes a déjà des contacts étroits avec la tradition du vêtement hénochien et expose une dimension symbolique sous-jacente de tout ce mode d'expression (cf. Philon, *Vita Moÿsis* II § 288)[66]. Dans une perspective eschatologique, les vêtements sont plus que des vêtements : ils sont un mystérieux port corporel du *k̲āb̲ōd̲* du Seigneur lui-même. Le sacerdoce céleste dans la perspective du Second Temple nécessitait une telle transfiguration confinant à la forme d'un ange dans la gloire. Sinon, comment pourrait-on entrer dignement dans le Saint des Saints du Ciel ? Ce schéma est confirmé à plusieurs reprises. L'*Apocalypse d'Abraham* en fournit un autre exemple, comme l'observe Andrei Orlov dans un chapitre important de son livre sur le sacerdoce céleste, intitulé « La transformation des célébrants » :

> Dans l'*Apocalypse d'Abraham*, comme dans de nombreux récits pseudépigraphiques juifs, l'accès de la personne au domaine sacré coïncide avec sa métamorphose pendant la célébration de la liturgie céleste. Cette translation, évoquée symboliquement par le changement des vêtements d'Abraham, a souvent été vue comme le signe du passage du terrestre au céleste. Ici, comme dans l'ordonnance de Yom Kippour, les changements affectant la garde-robe du célébrant sont le point culminant de la transformation[67].

La prophétie de Zacharie concernant la nouvelle vêture de Josué, le grand prêtre, et le remplacement de ses anciens vêtements sacerdotaux souillés par

---

66. Cf. Stokes 2017 p. 196.
67. Orlov 2013 p. 119.

de nouveaux « vêtements propres », une transformation et une purification du clergé mystérieusement effectuées par l'Ange du Seigneur et qui semblent se dérouler à Yom Kippour, offre un précédent scripturaire pour cette vision de l'ordre sacerdotal eschatologiquement renouvelé et nouvellement glorifié, symbolisé et défini avec ce nouvel ensemble de vêtements sacerdotaux (Za 3, 1-10).

Une observation supplémentaire sur les divers attributs du sacerdoce peut aider à mettre en lumière l'importance spécifique des vêtements glorieux. L'emploi du terme *māšîaḥ*, curieusement réservé par les manuscrits de la mer Morte pour désigner le grand prêtre eschatologique (limité à 1QS col. 9 l.11), indique une certaine réticence à faire appel à l'onction sacerdotale et peut sans doute, selon une suggestion de De Jonge, être redevable de la tradition rabbinique selon laquelle, sous le règne de Josias, l'huile d'onction fut cachée, puis, à l'époque du Second Temple, complètement perdue[68]. La distinction mishnique correspondante (m. *Horayôt* 2, 4) entre le « prêtre oint » (*hakōhēn hammāšîaḥ*) et « celui qui a un plus grand nombre de vêtements » (*hamərûbā baḇigāḏîm*) peut donc aussi refléter une perspective antérieure. Un groupe tel que le Yaḥad de Qumrân ne considérait pas comme légitime le grand prêtre officiel, que l'huile manquante ne pouvait purifier de sa souillure, et qui par ailleurs paradait dans un costume cultuel détenu par une institution corrompue. Cette situation bancale révèle une atmosphère dans laquelle une onction unique par le Saint-Esprit et une investiture unique dans des vêtements de lumière céleste pourraient apparaître comme des expédients eschatologiques appropriés pour remédier à un dysfonctionnement cultuel fondamental. Il n'est pas impossible d'imaginer une telle dynamique en jeu dans les récits jumelés de la confirmation divine de Jésus au Jourdain et sur la montagne.

En considérant non seulement les vêtements célestes de Jésus, mais aussi la compagnie particulière dont il bénéficie lorsqu'il revêt ses vêtements d'un blanc éclatant, il est utile de mentionner un autre modèle d'ordination qui, à côté du motif du voyage céleste, façonne également la tradition de Levi. Kugel l'appelle la « chaîne des prêtres », à savoir l'élévation de Lévi à la dignité sacerdotale par un contact personnel avec une lignée séculaire de prêtres remontant depuis Abraham et Noé jusqu'à Adam[69]. Il est intéressant de noter que non seulement les instructions concernant le sacrifice et le culte étaient transmises lors de ces rencontres intergénérationnelles, mais aussi les

68. DE JONGE *ibid.* p. 32-34.
69. KUGEL 2013 p. 17-24.

vêtements sacerdotaux. « Son père [Lévi] lui mit des vêtements sacerdotaux et lui remplit les mains » (*Jubilés* 32, 3 ; cf. *Document araméo-grec de Lévi* 9)[70]. Cette transmission de main en main des vêtements sacerdotaux a son fondement biblique en Nb 20, 26-28, où les vêtements cultuels sont solennellement retirés à Aaron et transférés à son fils Éléazar (cf. Ex 29, 29). En Nombres, le dépouillement d'Aaron et la vêture de son fils Éléazar sont effectués par Moïse. Cela souligne la place très importante de Moïse dans le Pentateuque en tant que grand prêtre choisi par le Seigneur (cf. Ex 29 ; Lv 8-9). Étant donné le caractère sacerdotal attesté de Moïse, d'Élie et de Jean, la proximité de Jésus avec ces trois personnages et son statut de successeur désigné placent le motif éminent de la transmission des vêtements sacerdotaux à portée de l'imagination dans l'univers symbolique de la Transfiguration. Nous ne voyons pas Jésus porter les vêtements rudes de Jean – une allusion reconnue à Élie (2 R 1, 8) ; pourtant, le contraste saisissant entre leurs vêtements correspond au passage des vêtements « sales » aux vêtements angéliquement « propres » dans Za 3, ainsi qu'à la grandeur relative du « plus puissant », celui dont le Baptiste n'ose délier la courroie des sandales, celui qui est annoncé comme venant avec le feu.

La manière dont Marc décrit les vêtements de Jésus peut sembler banale au premier abord, avec son allusion au métier de chiffonnier[71]. Les vêtements de Jésus sont devenus « d'une blancheur éblouissante, telle qu'aucun foulon sur terre ne pouvait les blanchir » (ἐγένετο στίλβοντα λευκὰ λίαν, οἷα γναφεὺς ἐπὶ τῆς γῆς οὐ δύναται οὕτως λευκᾶναι – Mc 9, 3). Sur le plan rhétorique, Marc évoque évidemment l'autre monde par un contraste absolu avec ce qui est lié à l'esprit du monde et à la célébrité. Il est toutefois permis de se demander si, dans ce langage précis, on peut entendre une allusion au *ḇōrîṯ məḵabəsîm* de Ml 3, 2, l'étrange « savon de foulon » qui est comme le feu du raffineur (*kə'ēš məṣārēf*) pour purifier le sacerdoce d'alliance corrompu. Même si les vêtements terrestres d'Aaron et de ses fils lorsqu'ils apparaissaient « dans leur splendeur » présentaient des nuances de cramoisi et de bleu (Si 50, 13), les vêtements de lin *pur* étaient ceux des prêtres dans la vision d'Ézéchiel du Temple eschatologique (Ez 44, 15-18).

Un dernier indice, interne aux Évangiles, représente un dernier élément d'information. La référence à la fête de Soukkôt, implicite dans l'offre de

70. *Ib. loc.* Le cas de Jacob est spécial, car il n'était pas lui-même considéré comme un prêtre ; Lévi a donc (aussi) reçu la dignité sacerdotale de son grand-père, Isaac, qui était vu comme un prêtre. Le texte de *Jubilés* 32, 4 lie spécifiquement la remise des vêtements avec le motif du « compte à rebours de Jacob ».

71. Sur ce modeste métier, JEREMIAS 1969 p. 5 ; 20.

Pierre de construire des tentes, renforce une lecture sacerdotale. D'une part, cette fête est étroitement liée, du point de vue calendaire, à la célébration de Yom Kippour – où le prêtre revêt à nouveau les vêtements liturgiques, selon le rite. Soukkôt a lieu cinq jours après le Jour des Expiations, ce qui rend l'allusion chronologique, par ailleurs libre, de Mc 9, 2, « après six jours », très suggestive et plutôt convaincante. De plus, le lien inhérent des *Tentes* avec ces rites sacerdotaux et cultuels les plus élevés devient évident dans les fortes associations sacerdotales et cultuelles de cette dernière fête. En tant que réponse immédiate à un renouvellement annuel imitant une nouveauté eschatologique, Soukkôt incarnait l'inauguration du culte nouvellement purifié. En Esd 3, 4, Josué et ses compagnons prêtres, parmi les exilés de retour au pays, inaugurent l'autel, en posant ses fondations, et offrent les premiers sacrifices depuis leur déportation lors de la fête des Tentes (cf. Né 8, 14-17). Dans le même esprit, après la crise macchabéenne, la purification/dédicace nouvelle du Temple est étroitement associée à la fête, qui prend une importance toute particulière pour le nouvel ordre hasmonéen (par exemple 2 M 1, 18 ; 10, 6). En particulier au cours des périodes hasmonéenne et hérodienne, la fête est devenue le jour où l'on acclamait les rois et où les grands prêtres prenaient officiellement leurs fonctions (cf. Flavius Josèphe, *Antiquités* XV §§ 50-52 ; *Guerre* I § 437). En 1 M 10, 21, nous lisons ainsi que « Jonathan *revêtit les vêtements sacrés* au septième mois de la cent soixantième année, *à la fête des Tentes* ». L'expression technique utilisée ici pour désigner une ordination sacerdotale – revêtir les vêtements sacrés – et le moment festif où elle se produit, à savoir la fête des Tentes, correspondent parfaitement aux principaux symboles graphiques des Évangiles.

A Césarée de Philippe, six jours (inclus) précisément avant sa transfiguration, Jésus annonce qu'il poserait une nouvelle pierre de fondation, agissant sans doute comme le « bâtisseur du temple davidique », avec le vêtement sacerdotal d'Eliakim en arrière-plan. A la transfiguration, il arbore lui-même un vêtement glorieux pour la fête des Tentes. Cette combinaison chronologique a une grande portée[72]. Prêtre-prophète semblable à Moïse, messager de l'Alliance comme Élie, *Jésus / Josué* est le véritable grand prêtre dont les vêtements sont purifiés par un pouvoir surnaturel. Il entrera à Jérusalem pour purifier le culte et reconstruire le Temple.

72. Cf. Barber 2013 p. 944-945. Sur les motifs du Temple vivant à l'œuvre en Matthieu 16, cf. Holmén 2014.

Conclusion

À la fin de cette étude, qui a abordé un large éventail de sujets tout en restant centrée sur l'essentiel, il devrait être parfaitement clair que la transfiguration de Jésus est profondément impliquée dans les diverses attentes du Second Temple concernant un grand prêtre eschatologique. Il est donc inutile de rappeler tous les résultats de cette étude. Il est néanmoins révélateur de noter que nous ne sommes pas les premiers à discerner ce lien. Dans ce qui est presque la plus ancienne réflexion chrétienne conservée sur la transfiguration de Jésus, le commentaire d'Origène sur l'Évangile de Matthieu, qui se fonde sur une variante de l'un des tout premiers papyrus de Mc 9, 2 (εν τω προσεύχεσθαι, P45), une lumière explicitement sacerdotale illumine l'ensemble de l'événement.

Pour expliquer la formule de Marc « et en priant, il fut transfiguré devant eux », nous devrions dire qu'il est peut-être surtout possible de voir le Verbe transfiguré devant nous, si nous faisons ce que nous avons dit précédemment, si nous gravissons la montagne et si nous voyons celui qui est le Verbe lui-même, converser avec le Père et le prier pour ceux pour lesquels un vrai grand prêtre prierait le vrai et seul Dieu. Et pour pouvoir ainsi converser avec Dieu et prier le Père, il gravit la montagne. Et alors, selon Marc, « ses vêtements devinrent blancs et rayonnants comme la lumière[73] ».

Jésus gravit la montagne afin de pouvoir converser avec le vrai Dieu en tant que vrai grand prêtre. La vision du monde d'Origène diffère naturellement de celle des Évangiles et de la nôtre. On peut cependant faire quelques liens conceptuels. Je voudrais donc offrir une modeste proposition interprétative sous la forme d'une courte déclaration synthétique, suivie de deux brèves suggestions.

La réponse de Jésus à la question des disciples peut être mieux comprise dans le contexte du Second Temple de la manière suivante. Jésus, et sans doute d'autres aussi, a reconnu en Jean une figure d'Élie sacerdotal / aaronique. Jésus a lu le destin de martyr de Jean comme ayant pris une tournure inattendue mais prophétisée : Jean a goûté à la mort comme il se doit pour le messager et le serviteur de Dieu. À ce stade, en tant que Serviteur de David – Fils de l'homme – Messie –, le rôle de Jésus était de prendre la relève de Jean pour partager son destin et achever la mission sacerdotale. C'est ce qui se produit lors de la Transfiguration. Jésus est revêtu d'un vêtement rayonnant,

73. Daley 2013 p. 82.

de telle manière et en telle compagnie qu'il est identifié avec le rôle sacerdotal accordé auparavant à Jean. Il s'agit d'un passage de témoin déjà évident dans l'annonce commune du Royaume par Jésus et Jean, mais qui, ici, passe de façon spectaculaire du Message au Messager en tant que tel.

L'orientation narrative de la scène de la Transfiguration autour de la personne de Jésus, de sa Passion et de sa résurrection à venir ne peut être comprise correctement sans prêter attention à la dimension sacerdotale inhérente aux nombreux indices contextuels examinés dans cette étude. D'autres dimensions à l'œuvre dans le passage ne sont nullement exclues ici : au contraire, l'approche scribale qui consiste à agglutiner et à rassembler autour de l'identité eschatologique de Jésus assimile ces perspectives alternatives/complémentaires avec une facilité déconcertante. Il n'en reste pas moins que la prééminence de l'aspect sacerdotal mérite une attention spéciale, jusqu'à présent inexistante.

Dans un premier temps, sur cette base, je proposais une nouvelle voie d'accès aux traditions du Nouveau Testament concernant le sacerdoce de Jésus. Dans le contexte historique, le scénario présenté dans cette étude ressemble à un modèle juif attesté d'ordination par immersion dans le royaume de Dieu. Cela s'applique à des personnages comme Moïse, Hénoch et Lévi lui-même et permet de jeter un regard nouveau sur le discours sacerdotal de l'Épître aux Hébreux. Elle ouvre également une réflexion théologiquement plus solide sur le caractère d'apothéose de la transfiguration de Jésus, qui ne peut plus être réduite à une tradition d'exaltation vide de toute cosmologie et de tout intérêt cultuel[74]. Le « Fils de l'homme » en habit sacerdotal qui apparaît en Ap 1, 13, en gloire au milieu du culte céleste et rayonnant dans sa longue robe et sa ceinture d'or, constitue un lien important avec les récits évangéliques, tant par ses vêtements que par son titre[75]. Les études évangéliques peuvent également trouver dans la notion d'initiation divine de Jésus une passerelle nécessaire vers un ensemble assez développé d'études sur le mysticisme dans le contexte juif primitif[76]. Le modèle de la « chaîne des prêtres », associé à Lévi, éclaire en outre la manière dont les notions de transmission et de succession peuvent façonner l'accession de Jésus à un rôle sacerdotal. La poursuite par Jésus de l'œuvre (sacerdotale) de purification de Jean pourrait être richement

74. Cf. Burkett 2019.

75. Sur les vêtements de cette figure, cf. Pena 2021 p. 8.

76. Cf. par exemple Hamidović, Mimouni, Painchaud 2021.

développée dans cette perspective. Dans le même temps, enfin, le « zèle » de Lévi, semblable à celui de Pinḥas, est également invoqué pour expliquer l'élection spéciale du patriarche au service sacerdotal. Dans cette optique se révèle un prisme attrayant pour interpréter l'action de Jésus lui-même dans la purification du Temple (cf. ζῆλος, Jn 2, 17), qui a un écho évident dans Ml 3, qui pourrait même être considéré comme une sorte de scénario prophétique résultant de la nouvelle identification de Jésus avec Pinḥas-Élie à la suite de la disparition de Jean[77]. Le fait de situer les événements de la Passion dans cette perspective sacerdotale peut fournir des indices importants pour contextualiser les éléments cultuels évidents de la Cène. En somme, d'un point de vue christologique, les Évangiles nous offrent un formidable paradigme pour explorer la consécration sacerdotale de Jésus dans le cadre d'un engagement avec divers objectifs scientifiques, ouvert à de nouvelles voies de raisonnement historico-contextuel et à l'écoute de l'inévitable et perpétuel problème de la conscience du Christ en tant que Messie.

Attachons-nous à un corollaire supplémentaire et final, qui présente un intérêt herméneutique non négligeable. L'engagement apparent de Jésus dans le messianisme dual de la culture scribale de son temps et son adaptation à celui-ci indiquent une compréhension de l'Écriture ouverte à de multiples accomplissements prophétiques. Dans son esprit, Jean est Élie, le Grand Prêtre et le Serviteur souffrant ; mais Jésus lui-même l'est aussi, et de manière plus définitive. L'exégèse fluide du Second Temple, qui était encline à multiplier les médiateurs, ce qui se traduisait par une eschatologie multiforme où abondaient les figures principales fondées sur les Écritures, était également marquée par une trajectoire scribale indubitable, encline à fusionner ces agents et à générer une figure messianique importante récapitulant plusieurs apports : précisément telle que nous la confrontons triomphalement en Jésus dans les Évangiles. Cette interaction essentielle entre une multiplicité primordiale et une impulsion christologique totalisante ne se résout cependant pas simplement en faveur de cette dernière. Même la « christologie de Jésus » comporte, semble-t-il, des points d'ambiguïté frappante. L'harmonie de cette vision polyvalente des prophéties et des types scripturaires avec les perspectives patristiques sur l'exégèse de l'Ancien Testament offre à la théologie contemporaine un aiguillon salutaire pour reconsidérer ses propres hypothèses herméneutiques.

Traduit par Jacques-Marie Lethu

77. La signification controversée de l'action de Jésus dans le Temple représente un point de levier capital dans la recherche sur le Jésus historique. Cf., par exemple, SANDERS 1989 p. 61-76 et EVANS 1989.

Chapitre 14
Exégèse prosopologique
et *reconnaissance*[1] christologique

Dans un livre récent et ambitieux intitulé *The Birth of the Trinity*, Matthew Bates a utilement insisté sur l'importance de l'exégèse prosopologique dans la pensée trinitaire des origines[2]. Cette insistance n'est pas nouvelle ; il y a près d'un siècle en effet, Carl Andresen a rigoureusement retracé l'apparition déterminante du terme de « personne » (*prosôpon*) dans le discours théologique en s'intéressant à une pratique des IIe et IIIe siècles qu'il appelait *prosopographische Exegese*[3]. À sa suite, Marie-Josèphe Rondeau a donné à ce sujet une importance encore plus centrale en élargissant le champ de la recherche et en démontrant la continuité et la complexité théologique croissante de cette tendance exégétique des origines chez les auteurs patristiques ultérieurs[4]. En orientant ses recherches dans le sens opposé, Bates a aussi repris la revendication originale d'Andresen en démontrant que ce mode d'interprétation scripturaire proto-trinitaire – si ce n'est le fait même de parler explicitement de « personnes » – pouvait être solidement rattaché à la lettre même

1. *Reconnaissance* traduit dans cette étude, et en particulier dans son titre, le mot grec *anagnôrisis* présent dans l'original. L'auteur explique dans le chapitre le choix de ce terme et ce qu'il entend par ce concept [n.d.é.].

2. Bates 2015.

3. Andresen 1961. Cf. aussi la discussion de Ratzinger 2020a, p. 55-58.

4. Rondeau 1985.

du Nouveau Testament. Plus encore : Bates attribue la pratique de l'exégèse prosopologique au Jésus « historiquement vraisemblable » lui-même[5].

Historiquement, l'émergence de la conception trinitaire de Dieu est certainement plus complexe que chacune des explications prise singulièrement[6]. À cet égard, une profonde implication de la réflexion chrétienne en construction avec les traditions philosophiques de l'Antiquité a longtemps été valorisée (ou observée avec méfiance, selon les cas)[7]. Le rôle fondamental des arguments exégétiques tirés de la Bible est néanmoins de plus en plus admis et reconnu comme un facteur d'importance centrale. Ces modes de pensée scripturaires n'étaient d'ailleurs pas seulement importants pour le développement de la théologie patristique ; ils étaient aussi d'une importance capitale pour ce qui peut être appelé la « christologie de Jésus ». Ainsi, dans ce chapitre, tout en suggérant qu'il faut tenir compte d'une série d'opérations exégétiques plus variées et plus complexes que la seule présentation par Bates de la logique prosopologique, je suis résolument d'accord pour voir une source importante de la pensée trinitaire dans les actes d'interprétation de la Bible auxquels s'est livré Jésus lui-même. Comme je le suggérerai ensuite, l'exégèse prosopologique inclut déjà les tensions théologiques qui ont finalement été résolues par la voie ecclésiale à l'occasion de la crise arienne, à savoir, la tension entre une christologie haute du médiateur et des revendications d'être le seul vrai Dieu[8].

Pour illustrer ces aspects de la compréhension personnelle des Écritures par Jésus – et surtout la façon dont il comprend que les textes sacrés parlent de lui –, je me concentrerai sur ce que Martin Hengel appelle « le passage le plus important de l'Ancien Testament pour le développement de la christologie » : le Ps 109/110[9]. Bates n'est pas le premier à y voir un texte d'une importance majeure, et la citation de ce psaume par Jésus lui-même (cf. Mc 12, 36) en fait un fondement évident de toute christologie qui prend au sérieux l'histoire de l'exégèse. Plutôt que d'essayer d'extraire de ce psaume la théologie de la préexistence comme l'a fait Bates, je préfère proposer une autre voie[10].

5. BATES 2015 p. 40-44.
6. Pour une présentation solide et actualisée de ce processus complexe, cf. ANATOLIOS 2011.
7. Cf. par exemple HARNACK 1894-1899, vol 1, p. 43-50 ; ainsi que KELLY 1958 p. 83-135.
8. Sur ces questions, cf. *supra* ch. 7 ; par distinction de la christologie basse qui part de son humanité, la christologie haute est celle qui considère d'abord Jésus comme un agent céleste, éventuellement médiateur – auquel cas elle n'implique pas sa divinité, et dans certains cas l'exclut [n.d.é.].
9. Ps 109 dans la numérotation des LXX, de la Vulgate et de la liturgie ; HENGEL 1976 p. 80 ; cf. aussi HENGEL 2004 p. 119-226.
10. Il faut aussi mentionner ici la monographie de LEE (2005). Cette analyse cherche utilement à construire un pont entre la propre compréhension de Jésus par lui-même d'une part et l'exégèse

Je parlerai de « reconnaissance plénière » pour désigner l'extension de la logique prosopologique que je vois à l'œuvre vers une orientation plus large, moins logocentrique et dialogique sur l'exégèse de Jésus. Je vais également suggérer qu'une auto-application sacerdotale/messianique de Jésus à lui-même fournit un ancrage christologique historiquement plus solide que le saut un peu hâtif et prématuré de Bates dans les relations subsistantes de la Trinité[11].

Ce chapitre comporte quatre parties. Après une présentation de l'exégèse prosopologique et de son introduction récente dans le champ des études néotestamentaires grâce aux travaux de Bates, je vais proposer une limitation de cette perspective comme fondement de l'exégèse trinitaire en faisant appel à ce qui a été nommé « tournant iconique ». Je présenterai ensuite la notion de *reconnaissance* (*anagnôrisis*) comme une approche plus prometteuse pour concevoir historiquement et pour exploiter théologiquement l'exégèse personnelle de Jésus. Enfin, je donnerai deux exemples de cette perspective élargie que j'appliquerai au Ps 109/110 et qui feront signe vers l'identité sacerdotale de Jésus en tant que médiateur cosmique.

Contextualiser l'exégèse prosopologique

Τίς λέγει, πρὸς τίνα, καὶ περὶ τίνος : « qui parle, à qui, et de quoi ? »[12]. Les Anciens posaient habituellement cette série de questions aux textes qu'ils s'apprêtaient à étudier pour en éclairer le sens. Rendue nécessaire par l'absence de ponctuation des manuscrits anciens, la « résolution-par-la-personne » (*lusis ek tou prosôpou*) ou exégèse prosopologique entend répondre au problème

chrétienne primitive d'autre part. Ces travaux sont toutefois assez caractéristiques de l'école de la christologie haute précoce en ce que Lee se concentre principalement sur les prétentions de Jésus à la divinité, et non sur sa médiation sotériologique, et en ce qu'il se montre réticent à reconnaître que les figures de médiation sont pourtant centrales dans le champ conceptuel de la christologie primitive. Cf. *supra* ch. 7.

11. La doctrine des relations subsistantes est la fine pointe spéculative de la théologie trinitaire de saint Thomas, développée en *De potentia* q. 8 a. 2 ; q. 9 a. 4 & 5 ; *Somme théologique* Iª q. 28 a.2 ; q. 29 a. 4. Selon l'objection tirée d'Aristote, la catégorie de relation est un accident, non une propriété intrinsèque de la substance. Cela exclut l'existence de relations en Dieu, qui impliqueraient la subsistance en lui de quelque chose d'accidentel, et donc une composition qui diviserait sa substance. L'Aquinate reconfigure en profondeur cette catégorie afin que les relations en Dieu s'identifient avec son être ; aussi sont-elles dites en Lui *subsistantes :* elles subsistent dans l'être même de Dieu acte pur. En tant que relation subsistante, chaque personne divine est donc toute l'essence de Dieu, sans que la distinction selon la relation entraîne pour elle aucune composition. C'est l'expression la plus aboutie du monothéisme trinitaire chrétien [n.d.é.].

12. HIPPOLYTE DE ROME *Contre Noët* § 4.

de la détermination des locuteurs en identifiant les différents *prosôpa* en présence : tel ou tel parle à tel autre. Profondément enracinée dans les travaux des érudits alexandrins qui étudiaient Homère et dans les exercices rhétoriques de l'époque gréco-romaine (on peut penser aux exercices de la *prosopopée* ou de *l'éthopée*), cette méthode d'interprétation est peut-être mieux connue aujourd'hui des lecteurs de saint Augustin, grand rhéteur romain, à travers les travaux de Michael Fiedrowicz et d'autres[13].

Concrètement, le procédé est facile à comprendre. Face à un passage tel que celui-ci de l'*Iliade* (XVI, 22-23) – « Alors, gémissant lourdement, tu lui dis, écuyer... » –, l'exégète (ancien comme moderne) doit réfléchir à cet emploi étonnant de l'apostrophe par Homère, c'est-à-dire à la façon dont le poète s'adresse lui-même (τίς λέγει) au personnage de Patrocle (πρὸς τίνα) en lui parlant de son ami, Achille (περὶ τίνος). Ce questionnement aboutit à une meilleure compréhension non seulement du fonctionnement référentiel du passage, mais aussi, finalement, de la fabrication complexe du poème ; dans cet exemple, en effet, on perçoit le traitement poétique singulier et l'importance de Patrocle. Ces techniques d'exégèse d'origine profane ont naturellement et facilement imprégné la culture du christianisme des origines[14]. En les appliquant aux textes bibliques, tel ou tel autre verset énigmatique était ainsi mis dans la bouche par exemple du Père, et l'on disait alors que ce verset était prononcé ἐκ προσώπου πατρός (par la personne du Père). Le cas d'école est fourni en Gn 1, 26 – « faisons l'homme à notre image ». Ici bien sûr, l'identité du locuteur (τίς λέγει) n'est pas la seule question importante ; il faut aussi se demander qui est le destinataire (πρὸς τίνα). Théophile d'Antioche nous donne une réponse en posant la question rhétorique suivante : « À qui d'autre a-t-il pu dire "faisons" sinon à son propre Verbe et à sa propre Sagesse ? » (Οὐκ ἄλλῳ δέ τίνι εἴρηκεν Ποιήσωμεν, ἀλλ' ἢ τῷ ἑαυτοῦ λόγῳ καὶ τῇ ἑαυτοῦ σοφίᾳ ? – *À Autolycus* II § 18)[15].

Aussi lointaine que puisse paraître la lecture prosopologique de Gn 1, 26 à des esprits modernes, il ne s'agit pourtant pas d'une technique limitée à la conversation divine au moment de la création de l'homme – ni même limitée

13. Cf. FIEDROWICZ 2000 ; FIEDROWICZ 1997. Cf. aussi, par exemple, FISCHER 1982 ; LIENHARD 1996.

14. Bien sûr, les mêmes méthodes ont aussi pénétré la culture exégétique juive, qui a été dans beaucoup de situations un canal de transmission des idées et des méthodes adoptées par les premiers penseurs chrétiens. Cf. NIEHOFF 2014.

15. Leçon du grec selon l'auteur. Le texte grec édité en *Sources chrétiennes* n° 20 ne comporte pas une question rhétorique mais une affirmation (τινι et non τίνι) : « Il ne dit "faisons" à personne d'autre qu'à son propre Verbe et à sa Sagesse » [n.d.é.].

aux auteurs patristiques, d'ailleurs. Bates montre de façon convaincante que le même type de raisonnement peut être solidement ancré dans le texte même du Nouveau Testament. Nous en trouvons un parfait exemple lorsque Pierre applique à Jésus le texte du Ps 16 : « Tu ne peux m'abandonner au séjour des morts, ni laisser ton fidèle voir la corruption. » Comment David pourrait-il être celui qui parle, demande Pierre, alors que la tombe de ce roi est parmi nous (Ac 2, 29-31)[16] ? Ces mots doivent être entendus comme émanant de la bouche du Christ, c'est-à-dire de son *prosôpon*. Pierre applique de la même façon la méthode au Ps 109/110 et à l'exaltation de la main droite du Seigneur. « David, en effet, n'est pas monté au Ciel », explique Pierre ; David ne peut donc pas être à la fois celui à qui on parle et celui de qui on parle (Ac 2, 34).

L'introduction par Bates de la lecture prosopologique dans les discussions contemporaines autour du Nouveau Testament est heureuse et bienvenue. Mais il faut aussi comprendre le sens que celui-ci entend donner à sa contribution. Ses travaux s'inscrivent dans un courant plus vaste d'études néotestamentaires, qui sont à la fois fortement attirées par les principales revendications de l'École de la « christologie haute précoce » et s'en montrent en même temps insatisfaites. De manière générale, le but de ces recherches est de mieux expliquer les origines et la nature exacte de la reconfiguration du monothéisme juif par le christianisme des origines[17]. Crispin Fletcher-Louis est peut-être la voix la plus importante, mais pas la seule, des adeptes que cette école laisse sur leur faim[18]. Pour sa part, Fletcher-Louis entend donner une plus grande place aux figures de l'agent principal et du médiateur divin[19], partiellement marginalisées par des spécialistes tels que Richard Bauckham. Bates, sans savoir exactement quoi faire des travaux de Bauckham, a des réserves à l'égard de la rhétorique « d'inclusion dans l'identité divine » que ce dernier croit déceler dans l'Écriture et lui préfère ce qu'il a appelé fort à propos, sur la base de son modèle prosopologique, une « christologie des personnes divines[20] ». Son ambition est de fonder la discussion sur des catégories historiques plus adéquates pour articuler une doctrine de Dieu orthodoxe et précise.

L'accent mis sur l'exégèse prosopologique permet indubitablement d'articuler les relations divines de façon dialogique, ce qui est plus séduisant que

16. Holladay 2016.

17. Pour un état de la question, particulièrement à propos du débat sur le rôle des figures de médiateur, cf. plus haut le ch. 10 de cet ouvrage. Cf. aussi le chapitre rédigé par Larry Hurtado dans Beeley & Weedman 2018 p. 50-70.

18. Fletcher-Louis 2015.

19. Sur ces deux notions d'agent principal et de médiateur divin, cf. *supra* ch. 10.

20. Bates 2015 p. 22-26.

l'unité attachée à l'idée d'« inclusion dans l'identité divine » développée par Bauckham[21]. Dans la mesure où une diversité de *dramatis personæ* trouvent ainsi leur place dans le projet de Bates, ce dernier est implicitement plus ouvert aux travaux de Fletcher-Louis. Bates invoque même Melchisédeq dans 11Q13 comme exemple d'une figure divine construite à travers une lecture prosopologique du Ps 109/110, dans un parallèle très net avec le Christ[22]. Même s'il y a d'assez bonnes raisons de s'ouvrir à ce courant et même si la pensée prosopologique doit trouver sa juste place dans nos reconstructions, il y a cependant des raisons d'émettre des réserves tenant à la trop grande importance donnée à la redécouverte de cette manière de lire l'Écriture.

L'exégèse trinitaire et le tournant iconique

Emporté par l'enthousiasme lorsqu'il montre l'importance de son modèle dans la configuration scripturaire du sens trinitaire (ce qui constitue une idée importante et prometteuse), Bates adopte parfois une posture inutilement dédaigneuse à l'égard d'autres formes de pensée théologique. À cet égard, l'histoire de l'exégèse prosopologique pourrait elle-même servir d'avertissement : Andresen a ainsi montré que les sabelliens ont rapidement adopté le langage du *prosôpon*/masque et développé leurs propres interprétations de la Bible. Cela illustre clairement le besoin de fondements philosophiques solides, si l'on cherche une approche du Dieu un et trine correcte sur le plan doctrinal. On ne peut évidemment pas concevoir l'histoire de la théologie trinitaire sans tenir compte d'une grande partie de la philosophie antique – même si des catégories centrales comme celle de « personne » ont en fait des racines exégétiques plus solides que beaucoup ne l'avaient pensé jusque-là. Dès lors, en définitive, une approche exclusivement historique ne suffira pas pour apporter les concepts nécessaires à une exégèse orthodoxe.

En plus de ces raisonnements métaphysiques accessoires, il faut aussi être sensible aux apports majeurs des modes alternatifs de pensée rencontrés dans la Bible. Historiquement, c'est aussi un facteur important. Dans une recension de l'ouvrage de Bates, Christopher Seitz a rappelé que les perspectives typologique et allégorique ont joué un rôle majeur dans le développement de la doctrine chrétienne et que l'exégèse prosopologique peut conduire à

21. Cf. surtout Bauckham 2008. Pour une perspective catholique sur cette idée très influente d'inclusion dans l'identité divine, cf. *supra* ch. 7

22. Bates 2015 p. 59-60 ; Bates 2010.

des distorsions du *sensus litteralis*. Seitz se demande aussi dans sa recension pourquoi Bates semble si réticent à l'idée de « partager le terrain » avec un éventail plus large de techniques exégétiques[23]. Ces remarques sont très justes. Ce n'est pas rendre justice à la profondeur et aux nuances de la doctrine trinitaire que de réduire ses fondements bibliques ou d'exagérer les problèmes posés et résolus par et avec l'exégèse prosopologique.

L'exégèse prosopologique prise isolément révèle même des insuffisances manifestes. Le cas de Gn 1, 26 est là encore exemplaire. Ni l'*Épître de Barnabé* (VI, 12) ni Justin Martyr dans son *Dialogue avec Tryphon* (§ 62) n'ont jamais vu, dans leurs lectures prosopologiques de ce passage de la Genèse, une trinité de personnes dans les formes plurielles du verset ; ils y ont vu, plus simplement, une conversation bilatérale entre le Père et le Fils. Avec son contemporain Théophile d'Antioche, Irénée de Lyon est le premier à percevoir une conversation à trois parties entre le Père, le Fils et l'Esprit ; cependant, Irénée lui-même prend position pour un dialogue entre deux personnes (cf. *Contre les hérésies* V, XV, 4 ; *Démonstration de la prédication apostolique* LV, 15), sauf lorsqu'il évoque l'image célèbre du Fils et de l'Esprit compris comme les deux mains du Père. Le lien entre une vision trinitaire complète et cette idée anthropomorphique est déterminant, parce qu'il apparaît aussi explicitement chez Théophile (*À Autolycus* II §§ 5-6.9.18.25.35). Robert Grant a suggéré qu'Irénée connaissait les travaux de Théophile, mais qu'il n'a jamais fait mention de son nom, et en effet, à côté d'autres indices, l'image commune des deux mains du Père rend tout à fait vraisemblable l'hypothèse d'une forme de contact entre les deux docteurs[24]. Malheureusement, le commentaire de la Genèse par Théophile n'a pas été préservé. Mais il reste qu'on trouve chez Irénée tout ce qui est nécessaire pour recréer sa lecture trinitaire de Gn 1, 26.

La fameuse image des deux mains de Dieu est bien trop rarement contextualisée, y compris dans les travaux mêmes d'Irénée. Elle apparaît à plusieurs reprises, mais le texte fondateur se trouve en *Contre les hérésies* IV, juste après une affirmation selon laquelle « il est impossible que le Père soit mesuré ». Son amour incommensurable a cependant été révélé dans son Verbe et dans sa Sagesse (IV, XX, 1). Ce commentaire renvoie en fait à une image très évocatrice utilisée quelques chapitres plus tôt, quand Irénée décrit le Fils comme le μέτρον, la mesure du Père incommensurable (IV, IV, 2). Poursuivant cette

---

23. SEITZ 2016 p. 765. L'exégèse par mot clé (*Stichwort exegesis*), bien qu'elle fasse l'objet d'une hostilité tacite de la part de Bates, peut être ajoutée à la liste des techniques anciennes qui mériteraient plus d'attention et plus d'estime.
24. GRANT 1988 p. 146-173.

image dans le passage qui nous intéresse, Irénée présente alors une exégèse monothéiste du récit de la création de la Genèse – ou des deux récits de la création pour être plus exact :

> « "Alors Dieu modela l'homme en prenant du limon de la terre, et il insuffla en sa face un souffle de vie" (Gn 2, 7). Ce ne sont donc pas des anges qui nous ont faits, et ils ne nous ont pas modelés non plus – car des anges n'auraient pu faire une image de Dieu –, ce ne sont pas des anges ni quelque autre en dehors du vrai Dieu, ni même une Puissance considérablement éloignée du Père de toutes choses (*virtus longe absistens a Patre universorum*). Car Dieu n'avait pas besoin d'eux pour faire ce qu'en lui-même il avait d'avance décrété de faire. Comme s'il n'avait pas ses Mains à lui (*quasi ipse suas non haberet manus*) ! Depuis toujours, en effet, il y a auprès de lui le Verbe et la Sagesse, le Fils et l'Esprit. C'est par eux et en eux qu'il a fait toutes choses, librement et en toute indépendance, et c'est à eux qu'il s'adresse lorsqu'il dit : "Faisons l'homme à notre image et à notre ressemblance" (Gn 1, 26) » (*Contre les hérésies* IV, XX, 1 ; cf. V, I, 3 ; XV, 4 ; XXVIII, 4).

Il est bien connu que Gn 1, 26 a très tôt constitué un texte problématique pour le monothéisme juif. Contre ses interlocuteurs gnostiques, Irénée entendait évidemment attribuer ici toute la puissance créatrice à Dieu, à l'exclusion de toute autre assistance démiurgique. Il est *a priori* surprenant de reconfigurer la défense du monothéisme à partir d'une sorte de conception fondée sur deux puissances – même s'il s'agit de deux puissances « qui ne sont pas éloignées du Père ». C'est là une stratégie à tout le moins audacieuse[25]. C'est pourtant le Seigneur Dieu en train de façonner l'argile en Gn 2, 7 qui a suggéré le thème[26]. Le Verbe créateur de Dieu et sa Sagesse apparaissent d'abord comme deux « puissances » distinctes lorsqu'ils sont représentés à travers la logique visuelle de ses deux mains.

Les deux cosmogonies de Gn 1 et Gn 2 fournissent ainsi le fondement des rhétoriques parallèles du *verbum* et de la *manus* utilisées par Irénée. Dans le discours majestueux de Gn 1, le Seigneur crée par l'action de son Verbe souverain, tandis que, dans le récit anthropomorphique de Gn 2, ce sont ses *mains* qui deviennent les agents de sa création ; ainsi, son Verbe et sa Sagesse

25. Sur la conception fondée sur « deux puissances », cf. SEGAL 2012.

26. L'allusion à un Dieu incarné et à une *imago* physique ne devrait pas être négligée : *quasi ipse suas non haberet manus*. Mais cette idée doit naturellement être correctement contextualisée : cf. *Contre les hérésies* V, VII, 1 et XVI, 2. Cf. aussi GOSHEN-GOTTSTEIN 1994.

(et pas seulement le *Logos*), comme deux mains, réalisent la création. Il est vrai que les mots *yad* ou *yāmîn* n'apparaissent jamais – de même que *dāḇār*, qui fait aussi défaut. L'exégèse ultérieure a cependant fourni par la suite ce qui était implicite[27]. L'imagerie de Gn 2, 7, avec sa paire de mains qui trouve sa source dans un imaginaire anthropomorphique, semble donc fournir une clef trinitaire essentielle où s'estompe un instant l'invisibilité de l'Esprit – *Sophia*. Ainsi, lorsque dans le *Contre Praxéas* (XII, 3), Tertullien désigne pour la première fois de façon explicite l'Esprit comme une *tertia personna* dans la conversation céleste de la création, la lecture tri-personnelle trouvait déjà un ancrage dans la fusion originale des interprétations allégoriques et prosopologiques.

Ce mélange théologiquement fécond d'une logique exégétique fondée sur l'image et d'une autre fondée sur le discours est particulièrement évocateur en ce qu'il donne à saisir quelque chose de la structure même de la révélation. Ce modèle, qui permet de visualiser en double ce qui est à peine verbalisé par ailleurs, fait partie intégrante de la finalité d'incarnation du discours divin tel qu'il s'ordonne dans la parole des prophètes. Sans aller jusqu'à adopter une sorte de posture post-rationnelle de « logocentrisme », les exégètes et les théologiens feraient donc bien de prendre en compte dans leur réflexion ce qui a été annoncé comme le *tournant iconique* par Gottfried Boehm et par d'autres[28]. Que l'on considère ou non que l'iconologie[29] de Boehm montre le chemin à suivre, il est parfaitement clair que, sur un plan historique, une logique exégétique d'inspiration beaucoup plus associative et graphique doit être mise en évidence et retrouvée.

La théophanie trinitaire du baptême du Christ souligne encore ce point à travers la présence visible de l'Esprit sous la forme d'une colombe. Chez Bates, cette colombe silencieuse s'efface complètement devant les mots du Ps 2, adressés au Christ *ex persona Patris* : « Tu es mon Fils ; moi, aujourd'hui, je t'ai engendré. » L'exégèse dialogique et fondée sur les personnes garde une forme essentiellement binitaire. Lorsque Sergueï Boulgakov affirme au contraire que « le Saint-Esprit, a été révélé sous la forme d'une colombe parce que cette image ressemblait à la fois au Saint-Esprit, et au Christ notre Seigneur », c'est sa propre perspective dyadique joue d'un trope patristique

27. *4 Esdras*, par exemple, n'hésite pas à ajouter *dextera tua* au récit de la création : « Tu l'introduisis [Adam] dans le paradis qu'avait planté ta droite avant qu'apparût la terre » (*4 Esdras* 3, 6). *2 Hénoch* dit également : « Le Seigneur a créé l'homme de ses deux mains, à la ressemblance de sa face, le petit et le grand, le Seigneur les a faits. » (*2 Hénoch* XLIV, 1).

28. Cf. par exemple BOEHM 2004.

29. En allemand *Bildwissenschaft* dans le texte.

résolument trinitaire[30]. Le commentaire magistral de cette scène chez Cyrille d'Alexandrie, par exemple, perçoit l'identité de la nature divine partagée tant par le Fils que par l'Esprit dans le fait que Jésus est pareil à une colombe, « douce et humble de cœur ». Même si les esprits modernes la jugent peu convaincante, l'unité de l'essence et la trinité des personnes étaient autrefois comprises à travers une conjonction féconde de l'image et de la parole. En plus du fameux *oubli du langage*[31], nous devons aussi nous garder de l'*oubli de l'icône* si nous voulons retrouver la configuration scripturaire de la pensée trinitaire.

ΠΕΡΙ Τ'ΙΝΟΣ : anagnorèse christologique

Si les anciennes pratiques exégétiques nous conduisent loin de ce qu'on pourrait considérer comme la pratique professionnelle moderne la plus autorisée, les instincts interprétatifs qu'elles révèlent ne nous sont pourtant pas si étrangers. Hans Joachim Kraus commence ainsi son commentaire classique du Ps 109/110 avec l'éternelle question : *wer redet ?* (« *qui parle* ? »)[32]. Jésus, pour sa part, considère que c'est David qui parle, « sous l'inspiration de l'Esprit saint » (Mc 12, 36). Si la logique de la résolution-par-la-personne est évidemment une pièce maîtresse du puzzle, il vaut mieux ne pas se limiter à l'interrogation τίς λέγει, mais poser plutôt la question beaucoup plus large περὶ τίνος : « de qui le prophète parle-t-il (περὶ τίνος ὁ προφήτης λέγει) ? » (Ac 8, 34). Cette perspective invite aussi à une exégèse fondée sur la personne, mais sans que son orientation se limite à l'analyse du dialogue. Alors que Jésus s'identifiait lui-même à un participant au sein de divers « colloques divins » (comme les appelle Bates), y compris de façon capitale dans les dialogues d'intronisation des Ps 2 & 110, l'auto-identification interprétative du Christ au sein du texte sacré ne s'arrêtait pas en effet à l'exégèse des conversations bibliques, mais s'étendait à toutes formes de prophéties.

J'ai trouvé utile le terme de *reconnaissance*, du grec ἀναγνώρισις, parce qu'il décrit la pleine perception de soi de Jésus, jusque dans les moindres détails des Écritures, alternativement comme objet, comme destinataire et comme locuteur, en renvoyant à la fois à la *lecture* et à l'action de *reconnaître*[33].

30. Boulgakov 2019.
31. En français dans le texte [n.d.é.].
32. Kraus 1993 p. 346.
33. Cf. *supra* ch. 11, « deuxième thèse ».

Je considère cela comme un principe fondamental. Le Christ lisant les Écritures est le Verbe incarné qui regarde sa propre image dans un miroir inspiré par l'Esprit saint ; c'est le Fils qui se reconnaît lui-même dans le *speculum scripturæ*.

Si je fais appel à l'intelligence plénière des Écritures de Jésus pour affermir son statut de révélateur sur un plan théologique, il n'y a certainement rien de mauvais (ni de nouveau) à distinguer particulièrement le Ps 109/110, passage de l'Ancien Testament le plus souvent cité dans le Nouveau. Des chercheurs tels que Bauckham ou Hengel, par exemple, se sont fermement appuyés sur ce psaume pour expliquer les origines du « monothéisme christologique[34] ». Bauckham est cependant moins audacieux que Bates, et peut-être à raison, parce que, si louable soit l'effort de ce dernier pour déceler ici la ferme conscience de Jésus de sa préexistence, le fait que l'argumentation de Bates dépende étroitement de la tradition divergente de la Septante (problème qui court en fait tout au long de son ouvrage) remet sévèrement en cause la plausibilité de son « Jésus historiquement plausible[35] ».

L'effort de Bates pour soutenir son argumentation en faisant appel à 11Q13, qu'il cite comme un précédent à la lecture prosopologique de Jésus, nécessite en outre d'assumer un certain nombre d'hypothèses douteuses et contestables[36]. Les lacunes de ce manuscrit nous privent d'une solide assise palestinienne. Ainsi, sans abuser d'une dichotomie passée de mode et inutile, une plus grande attention aux traces d'hellénisme et au contexte de la résolution-par-la-personne (*lusis ek tou prosôpou*) est nécessaire. Ce n'est pas une coïncidence si les Actes des Apôtres et l'Épître aux Hébreux sont les deux principaux passages du Nouveau Testament où l'on rencontre cette pratique. Bauckham a clairement aperçu le problème il y a une vingtaine d'années en insistant justement sur le contraste entre l'importance immense qu'a prise le Ps 109/110 chez les premiers chrétiens et son désintérêt presque

---

34. Bauckham 2008 p. 22 et 173-175 ; et Hengel 2004 p. 119-126.

35. Bates (2015 p. 54 note 25) est conscient de ce problème élémentaire, mais on peut débattre de la question de savoir si ses efforts pour le résoudre sont suffisamment poussés.

36. Bates (2010 p. 390-403) a utilement recours à une logique narrative dans sa reconstruction, et il essaie intelligemment de tenir ensemble les différentes traditions bibliques relatives à Melchisédeq. Ses efforts pour passer de comment le Ps 109/110 *peut* être lu de façon prosopologique (par exemple, en prenant les noms comme des vocatifs) à comment il *était* effectivement lu à Qumrân *in persona Melchisedech* nécessitent cependant des sauts importants qui ne sont pas assez clairement articulés à (ou pas toujours exigés par) son propos général. Toutefois, la nature très associative de l'exégèse dans 11Q13 offre un très bon exemple de la matrice interprétative élargie par rapport à laquelle j'entends situer la pratique de Jésus.

total dans le milieu juif[37]. Ce contraste doit peut-être quelque chose au simple facteur linguistique, dans la mesure où le psaume en hébreu est nettement moins impressionnant.

Le double *kurios* (= Seigneur) dans le texte grec[38] contribue à la confusion de deux personnages parfaitement distincts dans le texte hébreu, YHWH et Adonî, qui ne partagent pas un seul et même nom et qui ne s'assoient pas non plus sur un seul et même trône[39]. Certes, il est difficile de déterminer précisément quand la fusion des deux figures observées dans le texte grec s'est produite sur le plan historique. D'une part, alors que les manuscrits plus tardifs de la Septante s'accordent sur le texte εἶπεν ὁ κύριος τῷ κυρίῳ μου, les preuves existantes de tous les manuscrits grecs préchrétiens connus indiquent une tendance constante chez les scribes à rendre le Tétragramme soit en caractères hébreux (ou paléo-hébraïques), soit avec la vocalisation grecque distincte ΙΑΩ[40]. Ces preuves conduisent naturellement beaucoup de monde à penser que la convention consistant à transcrire le Tétragramme par *kurios* n'était en fait pas établie à l'époque de Jésus et des évangélistes. Qu'il s'agisse du texte hébreu ou du texte grec, David Hay soutient donc non sans raison que le Ps 109/110 était originellement vu comme un moyen utile pour les premiers chrétiens de garder Jésus et YHWH étroitement liés, mais distincts[41]. D'autre part, comme l'a souligné Pietersma, les textes du Second Temple composés en grec, comme la *Sagesse de Salomon* ou les travaux de Philon, utilisent bien *kurios* pour le nom divin, tandis que Wevers, pour sa part, attire l'attention sur l'usage peu différencié de *kurios* dans le psautier grec[42]. En d'autres termes, l'usage conventionnel de *kurios*

---

37. « Il n'y a pas de cas significatif d'allusion à Ps 109/110, 1 (ou à toute autre partie du psaume) dans la littérature juive du Second Temple, mis à part dans le Testament de Job (33, 3) où le passage est utilisé de façon assez différente… Ps 109/110, 1, qui est peut-être le texte le plus fondamental pour toute la configuration [des textes messianiques clefs appliqués à Jésus], était un choix nouveau, une preuve de la nouveauté à la fois exégétique et théologique (les deux sont inextricablement liés) du christianisme des origines » (Bauckham 2008 p. 174-175).

38. L'argumentation de ce paragraphe porte sur les versions divergentes de Ps 110, 1 hébreu : « YHWH a dit à mon seigneur [*adonî*] : "Siège à ma droite" » = Ps 109, 1 grec : « Le Seigneur a dit à mon seigneur : "Siège à ma droite" » [n.d.é.].

39. Fletcher-Louis (2015 p. 138-141) insiste beaucoup sur ce point dans son traitement de ce psaume : « Le psaume souligne de plusieurs façons la subordination du *kyrios* "messianique" au *kyrios* divin » (p. 139).

40. Cf. Skehan 1980. Skehan prend parti pour un développement linéaire en quatre étapes de la convention d'écriture pour transcrire le nom divin : de ΙΑΩ (1) à une transcription en caractères araméens (2), puis en caractères paléo-hébraïques (3), et enfin le passage à *kyrios* (4). Cf. aussi Fitzmyer 1979 p. 121.

41. Hay 1973 p. 21.

42. Cf. Pietersma 2013 ; Wevers 2001.

à la place du *nomen sacrum* n'est pas une invention chrétienne postérieure. Si le Nouveau Testament connaît donc le double *kurios* dans le premier verset du Ps 109/110, il n'est pas nécessaire de suivre Bultmann, qui voit ici une création de l'Église de langue grecque. Fitzmyer suggère en fait que c'est Jésus lui-même qui a peut-être proclamé le texte en araméen comme *mārē' ləmārə'ī,* c'est-à-dire avec un double usage de *mārē',* « le Seigneur »[43]. Cependant, il s'agit ici, bien sûr, d'une pure spéculation, et nous devons humblement confesser les limites de notre connaissance. La conclusion la plus sûre est donc que nous devons rester prudents, sans présumer historiquement une identification textuelle inévitable entre le maître messianique de David et son Dieu, en tout cas dans la plus ancienne strate de la tradition. Mais la forme du double *kurios*, bien qu'elle n'ait peut-être pas été présente dans la traduction originale en grec ancien, a néanmoins rapidement attiré toute l'attention de la spéculation théologique chrétienne.

Un autre fondement exégétique de Bates commence aussi à s'affaiblir lorsqu'on le regarde de plus près : l'engendrement d'*Adonî* par YHWH avant l'étoile du matin, qui dans le texte massorétique s'évapore aussi vite que la rosée du matin[44]. Examinant avec attention les célèbres problèmes textuels qui affectent ce verset, Adrien Schenker suggère de façon intrigante que le modèle hébreu (*Vorlage*) de la Septante révèle l'influence d'une idéologie royale mésopotamienne polythéiste, corrigée plus tard par le monothéisme [proto-?] rabbinique du texte massorétique[45]. Cette perspective privilégierait la Septante en tant que version plus ancienne du texte, mais elle renforcerait aussi la différenciation des deux *kyrioi* élidée en grec, poussant alors dans la direction opposée par rapport à une compréhension du v. 3 « avant l'étoile du matin je t'ai engendré » comme désignant une procession consubstantielle.

Qui peut savoir en définitive quelle version du texte circulait à l'époque et à l'endroit où vivait Jésus ? Et qui peut savoir exactement comment les figures de médiateur (*Mittelwesen*) ont été assimilées par le monothéisme juif de ce temps, y compris cette variante émergente qu'on appelle maintenant par convention « monothéisme christologique » ? Le débat est loin d'être clos[46].

---

43. FITZMYER 1979 p. 90.

44. L'auteur se réfère au texte notoirement difficile (surtout en hébreu) de Ps 109/110, 3. Le grec « avant l'étoile de l'aurore je t'ai engendré » [πϱὸ ἑωσφόϱου ἐξεγέννησά σε] traduirait l'hébreu « du sein de l'aurore » qui appartient au stique précédent. Le texte massorétique « ta jeunesse [est] pour toi comme une rosée » ne comporte pas l'idée d'engendrement. Elle pourrait se prendre de l'hébreu consonantique (« Va ! comme rosée je t'ai engendré ») ; on retrouverait ainsi l'ancienne comparaison du Messie avec la rosée, cf. Is 45, 8 Vulgate [n.d.é.].

45. Cf. SCHENKER 2009, p. 172-190.

46. Cf. *supra* ch. 10 : « Peut-être vaudrait-il finalement mieux parler de "monothéisation christologique" et ne voir dans la christologie primitive qu'une étape dans la querelle opposant Israël

Je n'ai pas d'obsession pour le texte massorétique et je n'exclus pas la possibilité d'une résolution par la critique textuelle, mais le terrain autour de Ps 109/110, 3 sera toujours inconfortable et déstabilisant.

Si les juifs de cette époque portaient si peu d'intérêt au texte du Ps 109/110, comme Bauckham le rappelle avec insistance, qu'est-ce qui y a donc conduit Jésus ? C'est une question dont on sous-estime l'importance. Dans la dernière partie de ce chapitre, je voudrais proposer deux manières d'approcher le texte de ce psaume, qui représentent toutes les deux une sorte d'archéologie de la *reconnaissance* christologique contextualisée par rapport aux pratiques exégétiques de l'époque et adaptée, comme je le soutiens, à tout Jésus historiquement plausible.

Jésus et le Psaume 110

L'énigme des deux partenaires identiques en dialogue dans le texte grec n'est vraisemblablement pas ce qui a mené à l'auto-identification de Jésus avec le Ps 109/110. Au lieu de cela, en entrant dans le cercle herméneutique, on pourrait proposer, pour servir en quelque sorte de premier principe exégétique, la façon provocante dont Jésus se comprend lui-même comme prêtre eschatologique et comme Temple vivant[47]. En adoptant une telle approche du psaume, on découvre alors une forme de logique associative qui est remarquablement cohérente avec le caractère profondément iconique des anciennes techniques d'interprétation biblique. Cette perspective ouvre la voie à l'intelligence plénière évoquée plus haut, en situant le psaume dans un réseau élargi de lectures bibliques entrelacées.

La prêtrise de Melchisédeq

Le travail de Bates sur 11Q13 ouvre une perspective intéressante, même si la question de l'exégèse prosopologique à Qumrân occulte la dynamique exégétique la plus importante : *Jésus, comme les autres juifs de son époque, était attiré par le modèle sacerdotal incarné par la figure mystérieuse de Melchisédeq*[48]. Il semble que cela ait quelque chose de très important à voir avec son intérêt

---

aux cultures polythéistes environnantes ; étape d'ouverture où Israël aurait fait face au monde des Grecs avec une audace toute nouvelle. »

47. Cf. *supra* ch. 13.

48. Pour s'orienter dans les traditions de Melchisédeq de l'époque du Second Temple, cf. STUCKENBRUCK 2018.

particulier pour le Ps 109/110. Il est vrai que Jésus ne mentionne jamais le nom de Melchisédeq, et que, de la même façon, 11Q13 ne cite jamais, pour sa part, le Ps 109/110. Tous deux, cependant, jouent avec une série commune et intrigante de références scripturaires qui font signe vers un jubilé eschatologique.

Il n'est pas difficile de comprendre comment la figure de Melchisédeq a été entraînée dans une discussion sur la réglementation des jubilés et les spéculations qui les entourent[49]. En Gn 14, Abraham paie une dîme à Melchisédeq, ce qui correspond à la première mention d'une dîme dans la Bible. Malheureusement, une lacune interrompt le texte du Livre des *Jubilés* à ce moment précis de l'histoire, mais il est assez clair que, pour ceux qui croyaient qu'Abraham observait la Torah *avant la lettre*[50], Melchisédeq représente ici les serviteurs du culte dans le Deutéronome (Dt 14, 22-26), qui apparaissent comme une sorte d'anticipation des prêtres de Jérusalem (cf. *Jubilés* XIII, 2527). À travers sa citation de Dt 15, 2, il est clair que 11Q13 a procédé aux mêmes liens interprétatifs, ce qui fait alors apparaître un lien spécifique entre Melchisédeq et l'année sabbatique de remise (cf. l. 3). À partir de là, un riche ensemble de connexions intertextuelles se cristallise, puisque l'année de remise du Deutéronome mène facilement l'auteur à la législation jubilaire en Lv 25, 9-13, et, enfin, à « l'année de la faveur du Seigneur » en Is 61, 1-3. En fait, le passage d'Isaïe – qui correspondait déjà à une reformulation théologisée des arrangements financiers prohibés dans le Lévitique (Lv 25)[51] – devient l'hypotexte principal dans 11Q13, suggérant la caractérisation manifeste de Melchisédeq en tant qu'« Oint du Seigneur », qui libère les captifs de la « dette » du péché à l'occasion d'un jubilé eschatologique (l. 6)[52].

Si 11Q13 ne cite jamais le Ps 109/110 lorsqu'il décrit Melchisédeq en tant que figure messianique d'Isaïe 61, 1, il est essentiel de nous rappeler que nous ne possédons que des fragments très endommagés et parcellaires du rouleau complet. La possibilité d'une interaction exégétique quelconque avec

---

49. Les *jubilés* désignent dans la Bible les années de remise de dettes. La Torah réglemente leurs périodicité et portée. L'amphibologie dans l'araméen et le grec entre *remise des dettes* et *pardon des péchés* leur confère une signification religieuse qui s'accentue au cours de la composition de l'Ancien Testament et culmine à l'époque du Christ [n.d.é.].

50. En français dans le texte [n.d.é.].

51. Cf. GREGORY 2007.

52. « Comme cela est admis par de nombreux spécialistes, Is 61, 1-2 est un texte sous-jacent qui se tient derrière tout le fragment de 11QMelchisédeq. Ce dernier est identifié à celui qui doit réaliser la libération des captifs (l. 4-6) […]. Il semble donc probable que le titre d'"Oint de l'Esprit" [en l. 18] ait été emprunté à ce même passage prophétique » – BERTALOTTO in LANGE, TOV ET WEIGOLD 2011 p. 335.

le psaume ne devrait donc pas être complètement exclue[53]. Loren Stuckenbruck soutient même que le Ps 109/110 interagit avec Gn 14 comme un interlocuteur silencieux mais essentiel pour le développement d'un ensemble de traditions du Second Temple relatives à Melchisédeq, notamment 11Q13, où Stuckenbruck ne discerne pas moins de cinq lignes d'influence indirecte[54]. Dès lors, il faut au moins admettre qu'un juif de l'époque du Second Temple ait pu facilement faire un lien exégétique entre Is 61 et le Ps 109/110, avec la figure de Melchisédeq comme médiateur qui tient ensemble les textes sur le plan interprétatif.

Cela nous conduit maintenant à Jésus. Lorsqu'il cite le Ps 109/110 et qu'il se présente lui-même comme le *destinataire* à qui s'adresse YHWH, il nous invite par là à une lecture implicite et puissante du psaume tout entier. Bates s'attaque directement aux expressions épineuses du verset 3b : il s'agit d'une approche défendable, mais elle est plutôt risquée, comme on l'a déjà fait remarquer. Une autre approche plus raisonnable sur le plan historique serait de partir de la base plus solide fournie par le v. 4. En effet, quelque mystérieux que soient les attributs qui sont adjoints au personnage silencieux introduit par les énoncés du psaume à la deuxième personne, il n'y a pas de doute sur son statut sacerdotal : « Le Seigneur l'a juré dans un serment irrévocable : "Tu es prêtre à jamais, selon l'ordre de Melchisédeq" », ou peut-être, comme le permet une autre lecture possible du texte consonantique de *diḇərāṯî*, « Tu es prêtre à jamais selon mon ordre, ô Melchisédeq ». Ma proposition est alors très simple : l'intérêt de Jésus pour le Ps 109/110 peut être expliqué, au moins en partie, par un intérêt concomitant pour la figure de Melchisédeq, dont la prêtrise et l'identité sacerdotale ont été en quelque sorte une source d'identification pour Jésus. Cette thèse est ici évidemment circonstancielle, mais elle a des racines plus profondes que le seul intérêt général pour Melchisédech à l'époque du Second Temple. Elle se fonde, tout d'abord, sur un moyen terme scripturaire largement partagé. À travers Is 61, la tradition lucanienne a présenté sans équivoque Jésus comme le proclamateur d'un Jubilé de pardon, dans un parallèle saisissant avec le rôle assigné à Melchisédeq le Grand Prêtre eschatologique dans 11Q13[55]. Le sermon à Nazareth (Lc 4, 16-18) est le meilleur exemple chez Luc de cette conception ; cependant, le motif jubilaire a une variété d'autres échos, alors que l'identité centrée sur Is 61, 1-3 est plus profondément intégrée dans la tradition synoptique que ce que pourrait laisser

53. Bauckham 2008 p. 174 note 50.
54. Stuckenbruck 2018 p. 128-135.
55. Giambrone 2017 p. 127-139.

croire un passage typique de saint Luc. Il ne peut certainement pas être rejeté en bloc comme une fabrication du IIIe Évangile. La citation d'Is 61, 1, issue de la double tradition, que l'on trouve en Mt 11, 2-6 et en Lc 7, 18-23, et dont il est communément admis qu'elle remonte au Jésus historique, montre bien que la présentation dramatique dans Lc 4 de Jésus comme l'Oint du Seigneur évoqué en Isaïe 61 est tout sauf une pure fantaisie de la part de l'évangéliste[56]. Il est évident que cette présentation doit quelque chose à une tradition primitive d'auto-identification messianique de Jésus par rapport à la figure qui proclame la prophétie d'Isaïe sur la venue de l'année de la faveur du Seigneur. Si l'on ajoute à cela l'autoperception de Jésus en tant que destinataire du Ps 109/110 et les traditions exégétiques connues grâce à 11Q13, il devient difficile de ne pas soupçonner un certain intérêt de sa part pour le sacerdoce eschatologique de Melchisédeq.

D'autres indices de ce rôle typologique[57] pourraient être apportés pour compléter le tableau. De façon significative, la forte résonance sacerdotale qui colore les traditions évangéliques de la Transfiguration renforce ce soupçon, en faisant clairement du rôle de Jésus en tant que prêtre eschatologique une donnée centrale de la tradition synoptique. J'ai exposé cette matrice conceptuelle dans un autre contexte, et ces réflexions pourront servir de point d'appui solide pour construire un réseau de plus en plus large de cohérence messianique[58]. Je voudrais ici simplement souligner qu'en 11Q13, Melchisédeq est spécifiquement chargé de faire une proclamation et qu'il est très explicitement caractérisé comme une figure de *messager*, étroitement liée et identifiée au personnage du *məḇaśśēr* en Is 61 (cf. l. 17 & 19). Melchisédeq peut donc facilement être rapproché du prêtre eschatologique qui est appelé de la même façon « mon Messager » (*malə'āḵî*) en Ml 3, qui sert de base aux perspectives sacerdotales de la Transfiguration sur Élie/Jean et Jésus. Le propre rôle fondateur de Jésus en tant que proclamateur du royaume de Dieu – dans une exégèse évidente d'Is 61 – est ici parfaitement accordé au protagoniste sacerdotal de 11Q13 : tous les deux annoncent le réconfort, la paix, et la bonne nouvelle que « votre Dieu règne – qu'ils sont beaux, sur le mont Tabor, les pieds rayonnants de ce Messager-Melchisédeq » (l. 16).

Enfin, l'utilisation du pain et du vin lors de la Dernière Cène ne devrait pas être trop rapidement oubliée dans ce vaste ensemble de connexions. Le modèle de l'offrande sacrificielle de Melchisédeq dans Gn 14 n'est évidemment pas

56. Cf. *supra* ch. 12.
57. Entre Melchisédeq et Jésus [n.d.é.].
58. Cf. *supra* ch. 13.

nécessaire pour expliquer l'utilisation par Jésus de ces aliments au repas ; et cependant son attitude doit être replacée dans un cadre plus large inspiré par un grand ordre sacerdotal eschatologique. D'une façon ou d'une autre, la force iconique extraordinaire du pain et du vin eucharistiques ne doit pas être relativisée ou niée[59]. Son bon accueil dans l'homilétique et dans l'art chrétien des origines témoigne du lien qui était fait avec Melchisédeq, qui a d'une certaine façon la priorité sur les propres actions du Christ. Il est ainsi frappant de voir, par exemple, que dans sa lettre LXII à Cæcilius sur le calice du Seigneur, Cyprien défend l'utilisation du vin lors de l'eucharistie contre les sectes qui n'utilisaient que de l'eau, non pas en se référant à l'exemple de Jésus lui-même dans les récits de l'institution de l'eucharistie, mais en invoquant Gn 14 et la grande prêtrise du Ps 109/110. À partir de la perspective de l'iconologie[60] ouverte par Boehm, cette logique référentielle communément répandue est à la fois compréhensible et convaincante.

Pour conclure, un cercle herméneutique caractéristique de l'époque du Second Temple lie étroitement Gn 14, le Ps 109/110 et Is 61. Le lien qui manque tant dans 11Q13 que dans les Évangiles est une citation de Ps 109/110, 4. Renforcée par sa reconnaissance en Is 61, 1-3 et par les indices typologiques tels que son offrande du pain et du vin, l'auto-reconnaissance de Jésus en Ps 109/110, 1 fonde une hypothèse concernant son identification avec le personnage sacerdotal du verset 4.

La « nouveauté » de l'exégèse de Jésus dans cette reconstruction hypothétique se situerait alors à deux niveaux : il exploiterait le potentiel latent dans un psaume, qui, autrement, n'est pas attesté dans la littérature préchrétienne de la période (ce qui n'est pas si audacieux) ; et il s'appliquerait à lui-même ce messianisme sacerdotal (ce qui l'est beaucoup plus). En tant que telle, la propre exégèse de Jésus permettrait de mettre en contexte les propos qui sont longuement développés dans l'Épître aux Hébreux. Le combat central de cette épître contre la « christologie angélique[61] » ajouterait également à cette théologie du médiateur une lecture anti-arienne importante du Ps 109/110, préfigurant ainsi des controverses théologiques à venir.

---

59. L'appel à reconsidérer les potentialités eucharistiques de Gn 14, si évidentes dans la tradition des premiers chrétiens, n'est plus seulement une préoccupation des catholiques ; c'est aussi un sujet de préoccupation croissante dans les milieux protestants. Cf. VANDERGRIFF 2020.

60. En allemand *Bildwissenschaft* dans le texte.

61. C'est-à-dire la tendance à interpréter le Christ comme Verbe « enangélisé » (devenu ange) et non pas « incarné » (devenu homme, cf. Jn 1, 14 et He 1, 4), ou simplement la christologie qui interprète le Christ comme un ange, sans autre identité [n.d.é.].

Le Fils-Pierre du Temple

Un autre cercle herméneutique se rattache de façon similaire au Ps 109/110. Encore une fois, la texture exégétique révèle un schéma de reconnaissance de Jésus dans les écritures, qui est beaucoup plus large que le mode de pensée prosopologique. On peut prendre pour points de départ deux actes interprétatifs largement acceptés. (1) Pour commencer, Jésus cite le Ps 109/110 non seulement une première fois à propos du fils de David (la question est alors explicitement πρὸς τίνα), mais également une seconde fois lorsqu'il répond au grand prêtre à la veille de sa Passion, en faisant un lien avec Dn 7, 13 et la venue du Fils de l'homme. C'est bien l'image commune de l'intronisation – et pas un locuteur commun ou un quelconque mot-clé (*Stichwort*) – qui conduit à mettre en relation ces deux passages. La logique iconique est ainsi déjà à l'œuvre pour assembler une base biblique, avec l'intronisation du Ps 109/110 au premier plan. (2) Ensuite, Jésus s'identifie également à la pierre rejetée par les bâtisseurs du Ps 117/118, 22, juste après la parabole de la vigne (cf. Mc 12, 10 et Mt 21, 42).

Ces deux auto-descriptions scripturaires éloignées en apparence, le « *fils d'homme* » intronisé dans le livre de Daniel et la pierre rejetée par les bâtisseurs du Ps 117/118, font signe toutes deux vers un texte messianique commun, mais de façon cachée : la pierre qui se détache de la montagne sans qu'on y ait touché, en Dn 2. Dans un parallèle parfait avec celui qui vient « comme un fils d'homme » en Dn 7, la pierre mystérieuse du ch. 2 survient dans le récit du songe pour marquer la fin de la succession des quatre royaumes terrestres. Pour n'importe quel lecteur antique, le lien entre ces deux visions et le parallélisme de leurs éléments aurait été automatique. Le *Commentaire sur Daniel* d'Hippolyte de Rome montre ainsi que les lecteurs antiques ont effectivement vu les deux visions et les deux figures comme ne faisant qu'une. Flavius Josèphe rappelle également un jeu de mots hébreu populaire sur « fils » et « pierre », *ben* et *eben*, qui n'a pu que renforcer le rapprochement entre ces deux passages (*Guerre* V § 272[62]). Quant au Ps 117/118, le lien n'est pas seulement fait à partir de l'image de la pierre elle-même, mais surtout à partir du fait surprenant qu'il s'agit d'une pierre brute. Lc 20, 18 confirme la logique qui fait tenir ensemble ces deux textes particuliers en ajoutant à la parabole de la vigne que l'on trouve chez Marc

62. Pendant le siège de Titus, les guetteurs de Jérusalem avertissaient du lancement imminent d'un boulet catapulté en criant « le fils arrive ».

une allusion évidente à Dn 2. Enfin, *4 Esdras* et Flavius Josèphe confirment tous les deux le caractère messianique de cette pierre du livre de Daniel. Quand Jésus se réfère à ce texte dans une sorte d'enthymème exégétique, il est difficile de penser qu'il ne faisait pas les mêmes connexions que d'autres lecteurs de son temps.

Où cela nous mène-t-il ? À un *tournant iconique iconoclaste*, si l'on peut se permettre une telle expression. Car l'action de la pierre qui se détache sans qu'on y ait touché et qui détruit le colosse n'est pas seulement l'expression d'un messianisme triomphaliste qui rappelle David et Goliath, même s'il s'agit aussi de cela. « Il brisera les rois au jour de sa colère » (Ps 109/110, 5). La statue du songe de Nabuchodonosor qui est détruite par la pierre est précisément présentée comme une idole, une fausse image – et il ne s'agit pas du taureau barbu des Babyloniens, mais d'un simulacre de l'*imago dei* : une forme humaine. Quand la pierre qui démolit cette fausse image est décrite en Dn 2, 45 comme étant détachée *dî lā' ḇîḏayin* « sans les deux mains » (la forme est au duel en araméen), on se retrouve alors face à un *topos* monothéiste à visée polémique. Le Fils-pierre est consciemment opposé à ces fausses images faites de pierre et de bois, qui ne sont que le fruit du travail de *mains humaines*. Mais comme les pierres brutes sacrées du Proche-Orient antique ou l'autel dans le Temple, qui de la même façon ne devait pas être bâti en pierres de taille (Ex 20, 25), ce sont les *mains de Dieu* qui ont directement travaillé cet *eben*.

La pierre sacrée qui abat la statue du songe de Nabuchodonosor remplace l'image idolâtre comme lieu du véritable culte institué par Dieu lui-même, et la montagne qui sort de cette pierre est largement comprise comme l'image d'un temple, une ziggourat babylonienne rappelant le mont Sion qui domine le monde. « Il arrivera dans les derniers jours que la montagne de la Maison du Seigneur se tiendra plus haut que les monts, s'élèvera au-dessus des collines » (Is 2, 2). Le Temple était conçu dans la tradition tannaïtique comme étant le fruit du travail des *mains de Dieu* à un plus grand degré que la création.

> Quand le Seul Saint – béni soit-il – a créé le monde, il l'a créé d'une seule main, comme il est dit : « Oui, c'est ma main qui a posé les fondations de la terre » (Is 48, 13). Mais lorsqu'il construisit le Temple, il le fit avec ses deux mains, ainsi qu'il est écrit : « Ton sanctuaire, ô Seigneur, fondé par tes mains » (Ex 15, 17)[63].

63. *Mekhilta de-Rabbi Ishmael*, Shirata 10. Traduction tirée de l'édition LAUTERBACH (vol. 2, 79), légèrement modernisée par l'auteur.

Il y a ici quelque chose d'encore plus grand que l'*imago* de la Genèse. C'est une supériorité qui n'est pas seulement militaire, mais aussi cultuelle, qui est décrite dans l'élévation victorieuse de la pierre au-dessus de l'image de l'homme qui s'est écroulée (pourrait-on dire : qui a chuté ?). En Dn 2, 46, Nabuchodonosor tombe face contre terre, en adoration, et confesse le seul vrai Dieu.

En s'identifiant avec l'œuvre iconoclaste et sans image des mains de Dieu dans le livre de Daniel, Jésus fait une révélation messianique mystérieuse à propos de son origine qui est plus qu'humaine et à propos de sa mission. Jésus, dont on rapporte qu'il construirait un sanctuaire ἀχειροποίητον, « pas fait de main d'homme » (Mc 14, 57), s'identifie lui-même, à travers Dn 2 et le Ps 117/118, à la pierre d'angle du Temple eschatologique. Cette identification apparaît en outre au sein d'un discours caractéristique de l'époque du Second Temple, qui révèle un monothéisme particulièrement véhément. Dn 2 affirme clairement que rien de purement humain ne doit être adoré. Dans ce contexte, l'autodescription graphique de Jésus comme image façonnée par Dieu et comme fondation vivante du Temple post-exilique n'est pas si éloignée de ce que dit Paul du nom divin en Ph 2 et en 1 Co 8. Mais il s'agit à plusieurs titres d'une nouvelle façon de concevoir le « monothéisme christologique » de Jésus lui-même.

Si nous voulions poursuivre ce processus d'assemblage en obéissant à une logique visuelle, cela pourrait rapidement nous mener assez loin : on pourrait penser à la pierre d'angle et à la pierre d'achoppement d'Isaïe (Is 8, 14 et 28, 16), à la pierre à sept faces du livre de Zacharie (Za 3, 9 ; 4, 7 et 12, 3), ou bien encore à la pierre ambulante qui fait jaillir l'eau dans le désert (cf. 1 Co 10, 4). Une image mène à une autre, et le portrait christologique s'enrichit de dimensions toujours nouvelles, qui mettent l'accent à la fois sur l'essence divine et sur la distinction personnelle – et aussi, de façon importante, sur la nature humaine du Christ. On peut cependant laisser ce travail aux auteurs du Nouveau Testament et aux Pères de l'Église, qui ont admirablement perçu et exploré la « pression » des Écritures (pour reprendre une idée importante de Brevard Childs). Il suffit de dire que Jésus s'est approché des Écritures d'une façon similaire à celle des autres lecteurs antiques, en déployant un large réseau d'associations d'idées et d'images qui s'interpénétraient – à la grande différence que, contrairement aux autres lecteurs, il s'est toujours placé au centre de cette *mise en scène*[64].

64. En français dans le texte [n.d.é.]

Conclusion

La lecture prosopologique met en lumière une donnée christologique très significative. Cependant, la façon dont Jésus se projette lui-même dans les Écritures ne se limite pas au fait d'assumer des rôles dans les dialogues divins que l'on trouve dans la Bible. Elle s'étend à un ensemble étonnamment vaste d'images prophétiques et de tropes et elle englobe des aspects concrets de sa vie et de son ministère qui sont très révélateurs, mais plutôt « inarticulés ». Dans cette mesure, et pour autant que l'origine de l'exégèse trinitaire est liée à la lecture du Ps 109/110 par Jésus luimême, elle semble trouver ses racines dans une conscience plus ancienne de lui-même au sein des Écritures, à la fois en tant que prêtre cosmique médiateur et en tant que lieu et temple unique pour l'adoration du seul vrai Dieu : il est à la fois l'Oint du Seigneur et le Fils du Père, la vraie image de Dieu qui n'a pas été façonnée par des mains humaines.

En étendant la portée et la nature de l'auto-identification de Jésus avec des éléments et des personnages bibliques importants, on s'écarte d'une conception trop logocentrique et morcelée de sa découverte de soi dans les Écritures pour aller vers une *reconnaissance* qui se rapproche plutôt d'une forme d'intuition. La définition de soi par le dialogue entre le Père et le Fils joue évidemment un rôle extrêmement important dans la révélation, mais, dans son humanité, le *Logos* n'a pas besoin d'appréhender l'*ousia* divine par des spéculations exégétiques[65]. Il a parlé dans la plénitude de ses deux natures et il a trouvé qu'il était parlé de ces deux natures dans la parole prophétiquement révélée par l'Esprit[66]. Dans la tension créative de l'identité de Jésus révélée par l'Écriture/par l'Esprit comme médiateur incréé du cosmos créé, on peut anticiper les controverses au cours desquelles l'Église a précisé plus tard sa

65. Pour illustrer ce point, Bates (2016 p. 65) reconstruit un syllogisme à partir de l'exégèse par Jésus du Ps 2, dans lequel il raisonne jusqu'à la conclusion prosopologique suivante : « *Ce* moi *a été engendré avant le temps de ce discours.* » Que ce genre de ratiocination soit cohérent ou non avec la psychologie de la nature humaine du Christ (il était certainement capable de développer des arguments exégétiques à propos de ce qui le concernait), je préfère suggérer un mode de *reconnaissance* (*anagnôrisis* : lecture/compréhension) plus mystérieux, plus instinctif et même expérientiel pour apporter une réponse à la question délicate et difficile de la connaissance de soi du Christ. Sur l'adoptianisme et la perception de soi de Jésus dans le Ps 2, cf. *supra* ch. 11.

66. J'ajouterais ici un fait significatif qui n'a été relevé ni par Andresen ni par Bates. *Lusis ek tès phuseos*, la résolution-par-la-nature, c'est-à-dire le fait d'attribuer les paroles (*logia*) respectivement à la nature humaine ou à la nature divine du Christ, était un développement chrétien inévitable de la lecture prosopologique.

compréhension orthodoxe de Dieu. Dans la lecture par Jésus de textes tels que le Ps 109/110, on discerne ainsi le ferment christologique primitif dans lequel l'exégèse trinitaire est née.

Post-scriptum – Deux brèves réflexions dogmatiques

(1) Une étude récente et fascinante sur les célèbres concepts aristotéliciens de *logos* et de *noūs* a remis en question la compréhension traditionnelle de cette distinction classique[67]. Ils ne sont plus conçus comme des puissances de la raison qui s'excluent mutuellement, où le *noūs* serait conçu comme une capacité de compréhension purement alogique, dont la fonction serait de fournir les principes universels au *logos* discursif pour que celui-ci élabore ses démonstrations apodictiques. En réalité, il existe une interaction beaucoup plus complexe entre ces deux centres et puissances de l'esprit, par laquelle le *noūs* apparaît à plusieurs égards comme une faculté logique et le *logos* comme une faculté noétique. Il n'est pas nécessaire de rappeler les détails techniques de la discussion, si ce n'est pour faire observer que l'interpénétration de ces deux capacités intellectives distinctes est remarquablement à l'œuvre dans la capacité de perception (αἴσθησις) et la synthèse par l'esprit d'une multiplicité de sensations singulières pour former une unité[68]. Pour notre propos, cela nous permet de dire que relèvent de la *rationalité optimale* les opérations exégétiques très sensorielles (et qui seraient peut-être autrement douteuses) collectivement décrites comme un « processus d'assemblage[69] ». L'élaboration d'une unité christologique à partir des multiples images présentes de façon singulière dans les diverses données scripturaires semble assez naïve. Cependant, en réalité, cette élaboration est simple, au sens le plus élevé de ce mot : il s'agit à la fois d'un acte hautement intuitif et d'un enchaînement logique rigoureux, universel dans son application et dans son extension abstraite.

---

67. Cf. LEE & LONG 2007 p. 348-347.

68. « Une telle synthèse nécessite que le *logos* ait déjà une perception de la communauté de ces sensations. Ici, l'opposition marquée entre *noūs* et *logos* se défait : il y a un *logos* qui est noétique, mais le *noūs* lui-même devient aussi logique » (LEE & LONG 2007 p. 354) ; cf. également SILLY 2020 pp. 117125 sur l'important choix opéré par Aristobule d'introduire le concept d'αἴσθησις dans Pr LXX pour théoriser un mode biblique de la connaissance [n.d.é.].

69. Joseph PIEPER (1948 p. 23-30) a fait quelques remarques classiques et concises sur les concepts médiévaux de *ratio* et d'*intellectus* qui vont dans la même direction et permettent utilement de situer ces concepts par rapport à Kant et à Thomas d'Aquin.

L'unité christologique spécifique qui émerge de ce processus intellectuel intégral, contemplatif et discursif, appréhendé à travers un mode sensoriel et résolument tourné vers l'identité de Jésus, rappelle ce que Balthasar décrit comme la perception de la *Christform*. Les perspectives exégétiques exposées dans ce chapitre pourraient ainsi être utilement convoquées dans un dialogue avec l'esthétique théologique de Balthasar. Tel que Balthasar le conçoit, l'appréhension du *Gestalt* nous projette en quelque sorte au-delà du champ propositionnel (alternative vrai/faux) et fournit une nouvelle analyse du fondement de la foi, à travers ce qui est, en fait, une forme réélaborée de la cognition transcendantale : il s'agit d'une inversion calculée de l'ordre épistémologique kantien[70]. Le fondement de la croyance, tout en conservant son caractère logique, a un aspect fortement sensitif (par analogie), qui est naturellement configuré à la manifestation de la gloire de Dieu dans la chair incarnée du *Logos*[71].

En tant qu'approche historique du *noūs* humain du *Logos*, la réflexion sur la *reconnaissance* (*anagnôrisis*) du Christ se rapproche autant de l'intersection radieuse et vivante du temps et de l'éternité que l'étude théologique en semble capable. Il serait juste de qualifier cette attention à l'*apex animæ* et à « l'intelligence gnomique » du Christ de résolument anti-apollinarienne : il s'agit d'une correction calculée de l'excès alexandrin, avec toutefois un instinct alexandrin – constituant une opération intellectuelle de la plus haute intensité[72]. En outre, en tant que base cognitive pour la poursuite de la réflexion dogmatique, la récupération de certains de ces modes d'exégèse, qui sont méthodologiquement ouverts à la *Gesamtschau* holistique de la forme rayonnante de la gloire divine dans le Christ, renferme la promesse du développement d'une culture théologique renouvelée et plus contemplative. En tout état de cause, ce serait donc une grande erreur que de rejeter un moment iconique/noétique de notre méthode théologique et de regarder les sources de la révélation comme le reliquat d'une simple *poièsis* un peu grossière.

---

70. Contrairement aux critiques successives de Kant de la raison pure (1781), puis de la raison pratique (1788), puis de la faculté de juger (1790), la trilogie de Balthasar commence délibérément par l'esthétique, avant de traiter de l'action dramatique, puis enfin de la logique.

71. « Aucune métaphysique de l'Être en tant qu'être et de ses qualités transcendantales ne peut être séparée de l'expérience concrète, qui est toujours celle des sens » (Balthasar, 1984, p. 4-12). Cf. aussi deux essais importants sur les sens spirituels : « Seeing, Hearing and Reading within the Church » et « Seeing, Believing, Eating » (Balthasar 1991 p. 379-404).

72. Cf. *supra* ch. 7 et 11.

(2) Hedwig Conrad-Martius, phénoménologue, mystique et marraine d'Edith Stein, a écrit sur la dialectique entre *Transzendenz und Retroszendenz* (transcendance et rétroscendance)[73]. Dans un contraste soigneusement entretenu par rapport à la description par Heidegger du rapport saillant d'un individu avec sa propre existence en tant que simple *Dasein*, sorte d'expérience existentielle de l'être-jeté, Conrad-Martius a perçu que, distinctement de l'être matériel, le sujet spirituel, c'est-à-dire la *personne* (ou l'être « archonal »), se jette lui-même au-delà de lui-même et dans cet acte de transcendance de soi se rencontre dans une conscience accrue comme étant d'une certaine manière déjà *là*. Ce moment réflexif que Conrad-Martius appelle un moment de *rétroscendance* (*Retroszendenz*) aboutit mystérieusement à une sorte de double *Dasein* – une superposition et une fusion de deux existences. Cela signifie non seulement que la personne *est* purement et simplement, mais aussi plus précisément qu'elle se tient *pour être* elle-même dans l'acte conscient de rencontrer l'autre. Joseph Ratzinger a formulé cette observation dense, mais déterminante, à propos de la structure existentielle de la personne, avec sa clarté et sa précision habituelles : « *Das Beim-Andern-Sein ist seine Form, bei sich selbst zu sein*[74]. »

Cette idée d'être soi-même précisément dans la rencontre avec l'autre conduit à un autre point que Ratzinger relève aussi très utilement. Au-delà de la relation « Je-Tu », la catégorie de *personne* devrait ultimement conduire notre réflexion théologique vers l'existence engagée et fusionnée du « nous » collectif. Cette remarque pourrait aider à ouvrir d'une manière vraiment trinitaire l'étroite structure binaire et dialogique qui est si présente dans l'exégèse prosopologique. En Gn 1, 26, le « nous » divin est énoncé d'une façon assez claire ; mais, comme on l'a dit, il n'est pas tout de suite évident de comprendre précisément quelles voix se cachent dans cette perspective d'une union partagée des personnes. Une analyse du Ps 109/110 permet cependant à l'Esprit saint d'émerger de sa position invisible derrière le Père et le Fils, en assumant la forme distincte de « doublement » ou de superposition dans la scène de dialogue.

Dans son *Contre Praxéas*, Tertullien, qui cherchait déjà à discerner la Troisième Personne et poursuivait dans cet esprit une interprétation intégralement prosopologique, énumère spécifiquement trois passages des Écritures où l'Esprit saint parle à voix haute et en tant que *personne* à part entière (et il note

73. Conrad-Martius 1957 ; Behler 1956.

74. « Être auprès de l'autre est sa forme, celle par laquelle elle existe pour elle-même » – Ratzinger 2020a, p. 68.

au passage qu'il en existe beaucoup plus). D'une façon intéressante, le premier passage qu'évoque Tertullien est le Ps 109/110 : « Oracle du Seigneur à mon seigneur : “Siège à ma droite, et je ferai de tes ennemis le marchepied de ton trône.” » Alors que Jésus attribue clairement ce psaume à David parlant « *sous l'inspiration de l'Esprit saint* » (Mc 12, 36), l'élément important qui trahit ici la voix de l'Esprit saint est en fait la présence subtile d'un tiers en position d'observateur, qui rapporte le discours des deux autres, c'est-à-dire « *le Seigneur* » et « *mon Seigneur* », hors de leur cadre dialogique. La syntaxe et la grammaire trinitaires se recoupent donc précisément dans ce qui est dit *ex tertia persona* (plutôt que simplement dans ma première personne « je » et dans ta deuxième personne « tu »).

Si l'on suit l'idée de Tertullien, le personnage de l'Esprit, qui se cache habituellement, est assez remarquablement révélé, parce que ce que l'Esprit dit pour lui-même est simplement et précisément la parole que le Père adresse au Fils : « *Siège à ma droite.* » L'Esprit est alors une sorte de résonance, un écho externe et exact du dialogue entre le Père et le Fils. En ce sens, l'Esprit confirme d'une manière extatique la relation de Père à Fils, de *je à tu*. En effet, l'Esprit renforce le caractère inébranlable de la parole du Père, en la qualifiant de serment : « Le Seigneur l'a juré dans un serment irrévocable » (Ps 109/110, 4), annonce l'Esprit, avant de répéter la parole du Père adressée au Fils : « Tu es prêtre à jamais. » Si la forme de cette réitération par l'Esprit de la parole du Père adressée au Fils a le caractère d'un « nous » inaudible mais bien réel, d'une voix à l'unisson et en même temps à la première personne dans laquelle plus d'un locuteur est présent, c'est en harmonie avec cela que, bien que caché derrière la scène qui se joue entre le Père et le Fils pour rendre un service discret d'amplification de leur échange, l'Esprit arrive cependant aussi en quelque sorte à une expression directe et unique, faisant entendre sa propre parole. Dans ce cas, cette parole est adressée au Père en tant que parole qui scelle et accomplit le message que lui-même, le Père, a d'abord envoyé, dans l'Esprit, vers le Fils : « Siège à ma droite, ô Fils », dit le Père au v. 1, dans l'Esprit ; « à ta droite se tient le Seigneur, ô Père » répond l'Esprit au v. 5, accomplissant dans sa propre *persona* (ou *prosôpon*) la réponse du Fils et le cercle périchorétique[75] de la *rétroscendance* (*Retroszendenz*). Le « je » de l'Esprit (τίς λέγει) s'adressant au Père en tant que « tu » (πϱὸς τίνα) occupe ici la place dialogique du

75. La *périchorèse* ou *circumincession* (ou *circuminsession*) désigne l'immanence réciproque des personnes divines les unes dans les autres. Alors que la consubstantialité se dit de l'essence divine, la périchorèse dit l'unité ineffable du Père, du Fils et de l'Esprit dans leur être personnel [n.d.é.].

Fils, siégeant désormais à la droite du Père (réalisant ainsi le dédoublement de leur *Dasein* personnel en tant que « nous »), spiré ainsi précisément dans l'espace partagé entre le Père et le Fils, tout comme le Fils lui-même apparaît dans la troisième personne de l'Esprit (περὶ τίνος).

Traduit par Vianney Mennecier

Chapitre 15
La science prophétique de Jésus et les Évangiles

En 1965, en un temps où l'on pouvait présumer que les exégètes catholiques patentés avaient reçu une formation dogmatique classique, le jeune Raymond Brown s'exprima au XXe congrès annuel de la Catholic Theological Society sur le vaste sujet de la science de Jésus d'une manière et dans un contexte qu'il est aujourd'hui difficile d'imaginer. Le panorama qu'il en offrit est à vrai dire plutôt ennuyeux. Son intérêt réside surtout en ce qu'il est de bien des manières le premier et le dernier de ce type. Significativement, bien qu'il ne puisse à ce moment-là pas deviner que sa contribution ne trouverait aucun écho, Brown nota que « ce furent les théologiens dogmatiques, non les exégètes, qui avaient ouvert la voie aux discussions modernes sur la connaissance humaine de Jésus. Si la discussion avait débuté chez les exégètes, l'orientation en aurait été différente[1] ».

La lassitude des recherches exégétiques catholiques sur ce thème tient en partie aux interventions magistérielles. Les condamnations de Pie X dans *Lamentabili sane exitu* sont seulement l'un des différents facteurs à mentionner[2]. La panique néo-moderniste du début des années 1960 a également fait de l'effort de Brown un exercice délicat[3]. Après plus d'un demi-siècle, les orages

1. Cf. Brown 1967.
2. Cf. en particulier Pie X, *Lamentabili sane exitu*, §§ 32-34.
3. Sur cette crise, cf. *supra* ch. 1.

sont passés, mais la connaissance du Christ, malgré toute son importance dans la tradition scholastique, n'est toujours pas un sujet qui structure l'exégèse contemporaine. On peut s'en lamenter, mais avant de se dépêcher d'en faire un nouvel indice de l'insensibilité théologique des exégètes modernes (on ne manque pas de pareils indices), il vaut la peine d'inverser la perspective. Les théologiens systématiques ayant analysé ce thème n'ont remarquablement montré aucun intérêt à prouver ses fondations scripturaires. Ils n'ont guère prolongé leur approfondissement du sujet au-delà d'une fine pellicule de preuves textuelles citées entre parenthèses[4]. Au pire, et j'aurais aimé ne penser qu'à des manuels des années 1920, la révélation biblique est scandaleusement effacée[5].

Traditionnellement, bien sûr, en plus de sa connaissance divine, on reconnaît que le Christ possédait trois types de connaissance humaine[6] : acquise[7], infuse ou prophétique (deux catégories qui se superposent sans être identiques)[8], béatifique[9]. En règle générale, les arguments formulés en faveur de la possession par le Christ d'une science infuse suivent des lignes logiques formelles – par exemple, le recours à la nécessaire perfection de sa connaissance[10], le rôle

4. Les étapes précédentes de cette discussion étaient bien plus concernées par ce que les Écritures avaient à dire sur le sujet, quoiqu'il ait pu y avoir plusieurs différentes présuppositions herméneutiques. Cf. MADIGAN 2003.

5. Le danger est précisément que ces principes abstraits écrasent purement et simplement la révélation. Un exemple très récent et déroutant est ce remarquable *non sequitur* à la fin de l'argument suivant : « La nescience est intrinsèquement liée à la condition humaine, condition finie et limitée. À ce titre, l'ignorance, comme la tristesse ou la crainte, sont le signe de la présence de l'âme dans le Christ, car elles sont le signe caractéristique de l'homme et de la possession d'une âme humaine. Il est vrai que l'homme ne peut pas tout savoir, c'est pourquoi il ignore bien des choses ; c'est une imperfection, non un mal. En revanche, l'ignorance est un mal moral quand on ignore ce que l'on devrait savoir. Or, dans le domaine moral et religieux, il ne peut y avoir dans le Christ aucune imperfection, aucune ignorance en ce qui concerne la fin dont il est, comme Fils et Juge, l'instrument et le principe. *L'ignorance du jour du jugement (connaissance relieuse et eschatologique du dessein de Dieu) est donc incompatible avec l'impeccabilité du Christ* » (MARGELIDON 2014 p. 411, notre soulignement). Mc 13, 32 est ostensiblement écarté d'un revers de main. C'est une forme possible de l'argument (peu satisfaisant, cf. *infra*) de « l'ignorance apparente ».

6. Sur cette tradition théologique, cf. ERNST 1971.

7. Notablement, il semble que ce soit Thomas d'Aquin qui ait été le premier théologien du XIIIe siècle à établir que le Christ possédait une connaissance humaine tirée de l'expérience. Cf. TORRELL 2001.

8. Une importante discussion moderne sur la connaissance infuse de Jésus apparaît chez Jacques MARITAIN (1969).

9. Cf. plus récemment GAINE 2015.

10. Cf., par exemple, *Somme théologique* III[a] q. 11.

régulateur de celle-ci dans ses devoirs méritoires[11], ou l'accomplissement de ses dons charismatiques, etc.[12] – ignorant le témoignage fondamental des Évangiles. Il est cependant approprié et même impératif, de demander : les Écritures nous révèlent-elles un Jésus possédant des représentations infuses, prophétiques, et, en ce cas, de quelle manière et avec quels liens spécifiques ? Il est tenu *de fide*, comme l'enseigne Vatican I, que le Christ à la fois a fait des miracles et prononcé des prophéties[13]. Y a-t-il quelque chose de plus, ou de plus intéressant, à dire à partir des Évangiles ? La question est rhétorique. Si la *sacra doctrina* est en effet une science unie, les contributions à la théologie positive et spéculative doivent être ici (comme ailleurs) mieux synthétisées.

Donc, si les exégètes ont ouvert le débat – ou bien si nous avons maintenant la liberté d'y prendre part – dans quelle direction mener notre enquête ? Dans ce qui suit, je voudrais suggérer après enquête que les évangélistes attribuent la connaissance prophétique à Jésus moins souvent et de façon moins fantastique, mais d'une manière beaucoup plus provocante et variée qu'on ne le prétend souvent ou qu'on ne le comprend dans les débats dogmatiques. À vrai dire, quoique je tente de procéder avec finesse et d'éviter certains extrêmes tels que je les vois, je n'écarte pas la possibilité d'une élaboration maximaliste de la connaissance cachée du Seigneur. Ses paroles en Jn 16, 12 laissent ouverte à la voie spéculative une issue tentante : « J'ai encore beaucoup à vous dire, mais vous ne pouvez pas le porter à présent. » Néanmoins, je m'en tiens aux preuves positives révélées dans les Écritures – qui me semblent moins portées à démontrer une jouissance plénière.

Commençons avec une curieuse ironie. Laissant de côté la *scientia vespertina* d'Augustin, la connaissance angélique infuse qu'il a trouvée en Gn 1[14], la catégorie qu'on appelle « science infuse », alors qu'elle apparaît au premier regard comme médiévale, abstraite, dénuée de valeur probante – incapable donc pour un exégète pointilleux de commander les termes du débat –, n'est pas, en fait, une idée absente de la Bible. Depuis les premiers linéaments de la prophétie biblique jusqu'à ses avatars ultimes dans le genre apocalyptique, les prophètes ont l'habitude de voir des signes visionnaires, des représentations infuses, si l'on veut. Zacharie en fournit l'un des nombreux exemples :

---

11. Argument qui s'épanouit chez Jean de Saint-Thomas. Cf. son *Cursus theologicus*, vol. 8, q. 9, d. 11, a. 2, nn. 3-5.

12. D'autres arguments, ou variations sur ces arguments, apparaissent aussi. Par exemple, la nécessaire expression de la science de Jésus a aussi été mise en avant, par exemple, par Alexandre DURAND (1949).

13. Cf. DS n° 3009.

14. *Cité de Dieu*, XI, XXIX.

> Zacharie, que vois-tu ? Un lampadaire tout en or, avec un réservoir à son sommet. [...] Que vois-tu ? Un rouleau qui vole (Za 4, 2 ; 5, 2).

Cette forme d'apparition imaginaire, mystérieuse, qui n'épuise pas les modalités possibles de l'expérience prophétique en Israël ou dans le Proche-Orient ancien, occupe néanmoins une place importante à la fois dans la construction littéraire et dans la représentation que l'esprit biblique se fait de la prophétie.

Un bref regard sur les écrits apocalyptiques juifs de la période du Second Temple confirme la permanence et même l'expansion de cette représentation. Les personnages de cette littérature sont des *voyants,* des hommes qui pénètrent les mystères sacrés et regardent loin dans le futur. Pour ne prendre qu'un exemple, le livre d'*Hénoch* est, du début à la fin, « une sainte vision des cieux » (*1 Hénoch* i, 2), ponctuée d'expressions telles que « il me montra » et « je vis »[15]. D'autres exemples pourraient aisément être cités.

En règle générale, les prophètes ont des visions. Néanmoins (et c'est ici que se trouve l'ironie à laquelle je voulais en venir), malgré une possibilité biblique légitime, ces représentations infuses ne fournissent pas le meilleur moyen de comprendre l'apport scripturaire au comportement prophétique de Jésus[16]. Bien sûr, Jésus rapporte une vision de la chute de Satan (Lc 10, 18) et on pourrait imaginer que la manière dont Jésus parle à répétition de « voir » et d'« entendre » le Père chez Jean (par exemple 3, 11.32 ; 5, 19) est concrètement de l'ordre de l'extase et de locutions intérieures. Cela est difficilement certain cependant, et la connaissance béatifique est selon moi le meilleur moyen de comprendre ce motif très répandu. En tout cas, Jean brise le moule et Jésus n'est pas présenté comme un devin selon le modèle classique. Tout autant que des textes comme Hénoch et Daniel illuminent merveilleusement le contexte historique de Jésus, un immense fossé sépare le Seigneur des protagonistes de ces livres.

---

15. Cf. *1 Hénoch* xiv, 8 ; xviii, 1 ; xxi, 1 ; xxii, 1 ; xxiii, 2 ; xxiv, 1 ; xxvi, 1 ; xxviii, 1 ; xxix, 2 ; xxx, 2 ; xxxi, 1 ; xxxii, 1 ; xxxiii, 1 ; xxxiv, 2 ; xxxvi, 2 ; xxxvii, 1 ; xl, 1 ; xli, 1.3 ; xliii, 1.2 ; xliv, 1 ; xlvi, 1 ; xlviii, 1 ; lii, 1 ; liii, 1 ; liv, 1 ; lvi, 1 ; lvii, 1 ; lix, 1 ; lx, 1 ; lxi, 1 ; lxiv, 1 ; lxvi, 1 ; lxxii, 1 ; lxxiii, 1 ; lxxiv, 1 ; lxxvi, 1 ; lxxx, 1 ; lxxxi, 1 ; lxxiii, 1 ; lxxv, 1 ; lxxvi, 1 ; lxxvii, 1 ; lxxxviii, 1 ; lxxix, 2.28.51 ; xc, 1.13.20.30.37.40 ; xciii, 2 ; ciii, 2 ; cvii, 1 ; cviii, 4.

16. Saint Thomas d'Aquin pose la question de savoir si la science prophétique du Christ vient du don de prophétie (transitoire, donc imparfait) ou directement de sa science infuse, mais il tient en définitive que Jésus a de toute façon le don charismatique, d'une manière stable. Cf. *De veritate* q. 20 a. 6 et *Somme théologique* II^a^ II^ae^ q. 174 a. 5 ad 3 ; III^a^ q. 7 art. 8.

Il convient donc de relativiser les catégories sociologiques un temps favorisées par les spécialistes du Jésus historique. Distinguer les prophètes oraculaires des prophètes meneurs est certainement bienvenu, et sans doute Jésus a-t-il partiellement correspondu à de réels modèles sociaux et à des attentes posées par les prophètes précédents. Le Seigneur était sûrement jugé à cette aune par ses contemporains de différentes façons. Mais rien de cela ne correspond à notre analyse.

La figure hellénistique qu'on appelle de « l'homme divin » (*theios anèr*[17]) fournit peut-être une aide plus immédiate (quoiqu'elle ne soit peut-être qu'une fiction de chercheurs). Apollonius de Tyane, dont la *Vie* est si souvent (et de façon si fine) comparée aux Évangiles, en dessine la silhouette. Dans le récit de Philostrate, la connaissance infinie, surhumaine d'Apollonius est un thème constant.

> « Je connais chacune des langues barbares [dit Apollonius], [...], je les connais toutes sans en avoir appris aucune » L'homme de Ninos était stupéfait, mais Apollonius dit : « Ne sois pas surpris que je connaisse toutes les langues humaines : je connais (οἶδα) aussi tout ce que les hommes gardent secret » (PHILOSTRATE, *Vie d'Apollonios de Tyane* I § XIX).

Si des textes comme *l'Évangile de l'enfance selon Thomas* (de la même manière que la *IIIa Pars*) transmettent une figure du Christ doué de dons de prophétie infuse, l'enfant Jésus connaît les lettres grecques (et leur signification mystique), sans les avoir apprises, à la grande stupéfaction de son prétendu tuteur (6, 1-4), nous sommes très loin de la présentation du Jésus canonique[18]. Ce Christ parabiblique a néanmoins eu une certaine notoriété dans la théologie dogmatique. D'autre part, il y a, et les théologiens se hâtent de les souligner, différents cas où le Seigneur canonique montre une remarquable perspicacité à lire les pensées des autres : « Jésus savait ce qu'ils pensaient » (εἰδὼς δὲ τὰς ἐνθυμήσεις αὐτῶν, Mt 12, 25).

À vrai dire, cela ressemble davantage à ce qui a tant surpris l'homme de Ninos et le verbe *savoir* nous ramène précisément à notre but. Nous devons,

---

17. Sur ce concept mal utilisé dans l'exégèse des Évangiles et l'interprétation de la figure de Jésus, cf. SILLY 2021 p. 455-459 [n.d.é.].

18. « Pour de nombreux interprètes modernes, saint Thomas surdétermine la plénitude de la science du Christ. Certes, la perfection de sa connaissance surnaturelle des mystères révélés répond à la fin de l'Incarnation rédemptrice, mais l'étendue et le mode infus du savoir du Christ apparaissent toujours comme le résultat audacieux d'une construction complexe éloignée des Évangiles » (MARGELIDON 2014 p. 404).

en même temps, évaluer attentivement pareille connaissance. Tout d'abord, quoique le don de lire dans les cœurs soit une forme de prophétie des réalités *présentes*, comme saint Paul et saint Thomas l'ont noté (1 Co 14, 24-25 ; *Somme théologique* IIª IIæ q.171 a.3), et bien que cela soit un réel charisme attesté dans la vie ecclésiale, il n'est pas toujours évident que les scènes évangéliques en question révèlent sans ambiguïté davantage que la fine adaptation de Jésus à la psychologie des gens qui l'entourent, comme les commentateurs l'ont fréquemment observé[19]. Il ne s'agit pas tant d'impiété rationaliste que d'un habile jugement critique[20]. En effet, dans certains cas pris dans leur contexte narratif ou lus avec leurs parallèles synoptiques, Jésus sait ce que ses interlocuteurs pensent après qu'ils ont dit leurs pensées tout haut (cf. Mt 12, 24)[21]. Un inventaire n'est pas mon objectif ici, mais en général, si l'on entreprend une exégèse attentive des textes pertinents, nous devons éviter une prise en compte naïve de ce phénomène[22].

Il n'en demeure pas moins que le motif de la lecture dans les pensées figure en bonne place dans la tradition. Il est particulièrement présent et amplifié chez Luc. Le syntagme caractéristique de Luc οἶδα + διαλογισμός est assez significatif (par exemple, Lc 5, 22 ; 6, 8 ; 9, 47 ; cf. Lc 11, 17 εἰδὼς αὐτῶν διανοήματα) et semble bien accomplir l'oracle de Siméon en 2, 34-35 à

19. Cf. Fitzmyer 1984 p. 584 ; Taylor 1959 p. 196 ; Brown 1967 p. 16.

20. On peut demander, par exemple, si la réponse habile de Jésus devant « l'étonnement » de son hôte pharisien (ἐθαύμασεν) sur le fait que le Seigneur ne se lave pas les mains avant de manger implique inévitablement une sorte de lecture surnaturelle dans les esprits, ou si l'étonnement de son hôte n'est simplement pas bien caché (Luc 11, 38-39 ; cf. Mt 15, 2).

21. Luc 5, 21 semble avancer cette explication en interprétant Mc 2, 6 (cf. Mt 9, 3), par exemple lorsqu'il écarte l'expression de Marc ἐν ταῖς καρδίαις αὐτῶν de la description de l'interrogatoire des scribes et omet l'expression de Marc τῷ πνεύματι pour qualifier la science de Jésus. Au même moment, curieusement, Mi 6, 8 ajoute ᾔδει τοὺς διαλογισμοὺς αὐτῶν à Mc 3, 3. À vrai dire, même quand le texte dit explicitement que Jésus « connaissait les pensées de leurs cœurs » (εἰδὼς τὸν διαλογισμὸν τῆς καρδίας αὐτῶν) en Lc 9, 47, on peut difficilement imaginer que l'élément déclencheur soit Jésus épiant la transmission de pensées échangées par les disciples pour savoir qui est le plus grand (Lc 9, 46). La force de l'affirmation repose ici sur le fait que Jésus a perçu les dispositions plus profondes de ses disciples à travers leurs pensées plus aisément perceptibles. D'autre part, Luc ne montre pas Jésus demandant ouvertement à ses disciples de quoi ils parlaient, comme Matthieu et Marc le font tous deux (Mt 18, 1-2 ; Mc 9, 33-34).

22. Il est sain de jauger la signification du langage « de lecture des esprits » des évangélistes que le Codex de Bèze rappelle à Lc 3, 15 que Jean le Baptiste « connaissant leurs pensées » (ἐπιγνοὺς τὰ διανοήματα αὐτῶν), c'est-à-dire que les gens se demandaient « dans leurs cœurs » s'il était le Christ, répondait à leur appréhension. Jean est-il dépeint comme étant mû par une connaissance mystique spéciale ou est-il simplement une variation lucanienne compacte du dialogue parallèle en Jn 1, 19-28 ?

propos de Jésus révélant les pensées (διαλογισμοί) de nombreux cœurs[23]. Si une certaine forme de connaissance à travers une pure conscience est en effet en jeu, ce qui semble le cas, des questions difficiles demeurent. Dans une thèse récente, Collin Blake Bullard a, en effet, soutenu que, lorsqu'on le lit face à ses parallèles les plus proches, on ne doit pas voir une connaissance *prophétique*, mais *divine* dans le motif lucanien. Jésus est dépeint comme « celui qui connaît les cœurs » d'une manière propre à Dieu seul (ὁ καρδιογνώστης θεὸς, Ac 15, 8), ainsi qu'apparaît souvent le Seigneur, par exemple, dans les *Psaumes*, chez Isaïe, ou même dans une grande partie de la littérature du Second Temple (cf. Ps 138 [139] ; Si 42, 18-21 ; 4Q185 1-3 III, 10-14 ; Flavius Josèphe, *Guerre juive* V § 413 ; Philon d'Alexandrie, *De Cherubim* §§ 16-18 ; *2 Baruch* LXXXIII, 1-3)[24].

On peut encore relever un élément qui ravirait la critique des formes. Les récits de lecture des âmes dans les Évangiles sont presque toujours des récits de controverses. Or ce détail ne suscite jamais de réaction ni d'intérêt particulier de la part des protagonistes. L'étonnement est plutôt réservé aux manières inattendues dont le Seigneur parle et agit en dépit de ce qu'il connaît, de quelque manière que ce soit, des pensées des autres. Ainsi guérit-il de façon provocante un homme le jour du Sabbat ou absout-il audacieusement les péchés d'une femme (par exemple, Mc 2, 1-12 ; Lc 7, 50). « Mes pensées ne sont pas vos pensées » (Is 55, 8) semble être la provocation générale de ces *chreiai*.

L'histoire du dialogue de Jésus avec la Samaritaine dans le IVe Évangile est l'un des cas évidents où personne ne se demande comment Jésus possède cette connaissance, ce qui contraint l'interprète à choisir une autre perspective. Ici le Seigneur révèle inexplicablement les secrets du passé de son interlocutrice et elle répond tout de go : « Seigneur, je vois que tu es un prophète » (Jn 4, 19), et dit aux gens de son village : « Venez voir un homme qui m'a dit tout ce que j'ai fait. Ne pourrait-il pas être le Messie ? » (Jn 4, 29).

Comme le révèle le IVe Évangile, le don de prophétie de Jésus fonctionne alors comme un signe miraculeux et est ordonné à sa propre révélation messianique. Lue dans la perspective johannique, l'ambiguïté fonctionne donc pour les signes prophétiques comme les autres *semeia*, tout comme pour tous les évangélistes le titre « prophète » est finalement inadéquat comme pour confesser pleinement le Christ. Lire ouvertement dans les cœurs est un jeu risqué

---

23. Cf. Mt 12, 25 εἰδὼς δὲ τὰς ἐνθυμήσεις ; Mt 9, 4 ἰδὼν τὰς ἐνθυμήσεις αὐτῶν ; cf. aussi Mc 12, 15 εἰδὼς αὐτῶν τὴν ὑπόκρισιν, et *Papyrus Egerton 2* II, 9-10 ὁ δὲ Ἰη εἰδώς [τήν δι]άνοιαν [αὐτ]ῶν).

24. Blake BULLARD 2015.

que Jésus joue rarement. Le Seigneur eût-il agi plus fréquemment comme un simple lecteur des esprits, la profonde épaisseur de sa véritable identité en aurait inévitablement été obscurcie.

La connaissance qu'a Jésus des réalités *passées* et *présentes* auxquelles il n'a aucun accès normal ou naturel a évidemment opéré comme une force persuasive sur ceux à qui il l'a révélée. La Samaritaine n'hésite pas à reconnaître Jésus comme une figure d'autorité ordonnée à Dieu, quoique sa haute estime pour sa personne demeure inadéquate. Le problème est cependant différent pour les réalités *futures*. Elles ne peuvent pas être immédiatement confirmées (ou invalidées). Qui est là pour juger si la prophétie se réalisera, alors qu'elle est encore à venir ?

À vrai dire, la révélation de la connaissance du futur par Jésus a un effet entièrement différent de ses autres actes de vision prophétique. Elle reconfigure l'acte de foi proposé pour sa personne par des dynamiques épistémologiques entièrement différentes. Plutôt que des confessions immédiates de la part d'interlocuteurs confondus par une démonstration de pouvoir manifeste, les prophéties futures fonctionnent comme une révélation opaque qui laisse les auditeurs de Jésus dans un état d'incompréhension perplexe. « "Vous, mettez-vous bien dans les oreilles les paroles que voici : le Fils de l'homme va être livré aux mains des hommes." Mais ils ne comprenaient pas cette parole ; son sens leur demeurait voilé pour qu'ils n'en saisissent pas le sens. Et ils craignaient de l'interroger sur cette parole » (Lc 9, 44-45 ; cf. 18, 31-34).

Dans les Évangiles, la connaissance prophétique des *futurs* contingents qu'a Jésus est fortement concentrée sur deux grands événements : la destruction du Temple et le Mystère pascal. Le Seigneur n'à que faire des pronostics accidentels. Même la connaissance bizarre et apparemment superflue qu'a Jésus de la pièce dans la bouche du poisson en Mt 17 – un cas relativement isolé de pareille clairvoyance dans les Évangiles – est étroitement liée à l'anticipation par Jésus de la fin du Temple et de sa propre Passion à venir. La première prophétie relève à l'évidence d'une ligne bien connue du discours prophétique du Second Temple, incluant le cas célèbre de Jésus ben Ananias mentionné par Flavius Josèphe (*Guerre juive* VI §§ 300-309[25]). Christian Grappe et Craig Evans ont dressé un catalogue exhaustif des parallèles[26].

Quelques exemples, plus ou moins contemporains de Jésus, vont en donner la saveur : l'un des manuscrits de la mer Morte, un autre tiré d'un texte du Ier siècle intitulé *Vies des prophètes*, un autre attribué par une source rabbinique

---

25. Sur cet épisode, cf. GRAPPE 2001 p. 392-393 ainsi que Francis SCHMIDT 2012.
26. Cf. EVANS 1992 ; sur Grappe cf. note précédente.

postérieure (quoiqu'incertaine) à l'important chef tannaïtique Yohanan ben Zakkaï (c. 30-90 après J.C.). Ces trois prophéties, étonnamment, ont la forme d'interprétations scripturaires – un élément à garder à l'esprit à propos de Jésus, lui-même un juif du Ier siècle :

> « Le lion y alla, en vue d'y entrer – le lionceau sans que nul ne l'effrayât » (Na 2, 12). L'explication de ceci concerne Démétrius, roi de Grèce, qui chercha à entrer à Jérusalem sur le conseil de ceux-qui-délivrent-des-interprétations-lénifiantes[27]. Mais il n'y est pas entré, parce que Dieu n'a pas livré [la ville sainte] aux mains des rois de la Grèce depuis Antiochus jusqu'à ce que se levassent les commandants des Kittim. Mais ensuite elle sera foulée aux pieds par les Kittim – 4Q169 [*Pesher de Nahum*] 1, 1-3.
>
> Et concernant la fin du Temple, il [Habaquq] a prédit, « c'est par un habitant de l'Ouest que cela arrivera ». À ce moment-là, dit-il, le rideau de Débir sera mis en petites pièces, et les sommets des deux colonnes seront enlevés et personne ne saura où elles sont, et ils seront emportés par des anges dans un lieu sauvage, où la Tente du témoignage a été dressée dès le commencement – *Vie des Prophètes* 12, 11.
>
> [Lorsque Vespasien répliqua à la salutation de Yohanan ben Zakkaï : *Vive domine Imperator*, Yohanan expliqua :] « Si tu n'es pas le roi, tu le seras par la suite : parce que le Temple ne peut être détruit que par la main d'un roi, comme il est dit : "Et le Liban tombera sous les mains d'un puissant" » (Is 10, 34) – *Midrash Rabba Lamentations* 1.5 § 31 [Soncino]

À la lumière d'un pareil matériau, la plausibilité historique de la prophétie de Jésus, au moins sous une certaine forme, est très difficile à contester, comme nombre de chercheurs le concèdent. Il est exagéré de la ramener à un *vaticinium ex eventu*, même si des retouches rédactionnelles destinées à clarifier ou à développer un motif sont possibles. *L'establishment* du Temple suscitait des sentiments hostiles – qu'il faut distinguer d'une posture hostile au Temple en tant que tel – et largement partagés. Beaucoup avaient la prémonition du jugement prochain, ce qui réduit considérablement la singularité de

27. Les sectaires de Qumrân désignent sous ce nom infâmant (hb. *dorᵉshey ḥalaqot* « ceux qui recherchent ce qui flatte »), provenant d'Is 30, 9-10 (« ce sont des fils menteurs qui refusent d'écouter la loi du Seigneur [...] qui ont dit aux prophètes [...] "dites-nous des choses flatteuses" »), ceux qui défendent une interprétation de la Torah qu'eux-mêmes jugent laxiste. Leur triomphe à Jérusalem aurait entraîné le schisme qui a poussé les qumrâniens à l'exil intérieur ; cf. en particulier *Document de Damas* 1, 18 [n.d.é.].

l'avertissement de Jésus. Loin de révéler des pouvoirs auguraux sans parallèles, la confiante certitude de Jésus qu'il « n'y aura aucune pierre qui ne soit jetée bas » (Mc 13, 2) l'inscrit dans une tradition aisément identifiable.

Ce que les parallèles juifs révèlent, cependant, et c'est la plus importante différence, est la profonde relation interne établie par Jésus entre sa prophétie relative au Temple et le drame à venir *de son propre destin*. Chez Jean, la superposition de ces deux événements est rendue assez explicite. Les synoptiques sont moins clairs, mais cette parole apparaît comme dans un témoignage à charge lors de la comparution de Jésus devant le Sanhédrin. Marc et Matthieu rapprochent donc la condamnation à mort de Jésus de cette prophétie. Selon moi, Jean est en train de répondre à Marc, dont l'allusion à des « faux » témoins discordants est assez confuse : « Nous l'avons entendu dire : "Je détruirai ce Temple fait de mains d'hommes et en trois jours j'en rebâtirai un autre qui ne sera pas fait de mains d'hommes" » (Mc 14, 58 ; cf. 14, 56-59 ; Mt 26, 55-61). La version très différente de Jean cherche à l'évidence à clarifier et à réinterpréter le « faux témoignage » entièrement fortuit pour les lecteurs de Marc, qui n'ont jamais lu précédemment telle parole. La prédiction de la destruction du Temple en Mc 13 n'est en effet pas dite publiquement et il n'est pas fait mention des trois jours ni d'une nouvelle construction. Jésus, affirme Jean, a en effet dit auparavant *quelque chose* de cette sorte, lorsqu'il chassait les marchands du Temple. « Il parlait du Temple de son corps » (Jn 2, 21).

Luc, par contraste, abandonne l'ensemble du témoignage à charge chez Marc. Il ne faut pas imaginer cependant que Luc ne connaisse pas la prophétie de Jésus sur le Temple (cf. Ac 6, 14). Néanmoins – et le point est important –, l'insistance de Luc est passée de la destruction du *sanctuaire* à la ruine de la *cité tout entière*. Le IIIe évangéliste préserve ainsi les deux uniques oracles de lamentation se rapportant à la chute de Jérusalem, placés comme des bornes le long du voyage de Jésus vers le lieu saint. Dans les deux cas, les prophéties sur Jérusalem sont couplées à des prophéties sur Jésus lui-même. C'est pourquoi, en Lc 13, 35, l'évangéliste reproduit le propos comminatoire : « Jérusalem, Jérusalem, toi qui tues les prophètes [...], voici que votre maison va vous être laissée » (cf. Mt 23, 38 ; et aussi Jr 22, 5), ajoutant ce *logion* après une autre parole prophétique sur la ville, se rapportant à la proche mort de Jésus : « Il est impossible qu'un prophète périsse en dehors de Jérusalem » (Lc 13, 33). En procédant ainsi, Luc relie le destin du Temple à la Passion toute proche de Jésus et situe ce futur dans la longue et tragique histoire de la nation rebelle. Jésus doit souffrir le destin de tous les prophètes, et Jérusalem les conséquences de ses actes meurtriers. Dans l'oracle de Lc 19, 41-44, Jésus pleure à nouveau sur la ville, en disant que les ennemis de Jérusalem ne « laisseront pas chez toi pierre sur pierre (λίθον ἐπὶ λίθον), parce que tu n'as connu le moment de ta visite (ἐπισκοπῆς) » (v. 44). C'est bien sûr une référence à Jésus lui-même et à la visite du Seigneur d'Israël dans et à travers sa personne (cf. Lc 1, 78 ; 7, 16). Jésus a donc de nouveau rapproché sa prophétie sur la ruine de la nation du rejet de sa propre mission.

Les oracles prophétiques de malheur de Jésus contre Chorazin et les villages de pêcheurs de Bethsaïde et de Capharnaüm pourraient également être mentionnés ici. Ils représentent un fragment de provenance galiléenne, formulaire, mais probablement préservé dans une forme très proche de la version originale, et ils offrent un signe convaincant que Jésus fut dans une certaine mesure un prophète oraculaire. En dépit de leur provincialisme embarrassant, ces annonces stéréotypées de ruine étendent le spectre de la dévastation d'Israël au nord du pays et recourent à un modèle auto-orienté déjà rencontré, où Jésus aiguille les prophéties de destruction jusqu'à sa propre personne (Mt 11, 20-24 ; Lc 10, 13-15 ; cf. Is 14, 13-15). L'incapacité à reconnaître et à répondre positivement au ministère de Jésus invite au jugement et au cataclysme apocalyptique.

Au niveau canonique, la mémoire confuse de Marc se diffuse donc dans deux directions différentes, clarifiées selon deux axes distincts chez Luc et Jean. Ceux-ci représentent les deux aspects de l'auto-identification de Jésus, révélée dans la fusion des prophéties sur le Temple et sur sa propre Passion. Dans une direction verticale, Jésus s'identifie au Temple, notamment à la présence vivante de YHWH parmi le peuple : une provocation et un appel hautement théologique à la manière johannique. Simultanément, sur le plan horizontal lucanien, Jésus mêle son histoire personnelle à celle du peuple, de la ville, une profonde solidarité faisant de l'histoire nationale d'Israël à la fois une annonce et une suite de la sienne. Une harmonie chalcédonienne, des deux natures, dessine donc les contours de la christologie de la prophétie du Temple de Jésus dans sa forme canonique.

La prophétie par Jésus de sa propre Passion possède aussi son expression complète et explicite. Deux tendances contradictoires s'observent, en outre, dans l'interprétation de cette prédiction répétée trois fois. D'une part, ces textes sont conventionnellement traités comme des fictions d'après-Pâques rédigées par une tradition pré-marcienne. D'autre part, l'élément miraculeux dans la connaissance supposée de Jésus de sa Passion est fréquemment minimisé, à partir de l'argument que toute personne sensée pourrait avoir vu venir sa mort violente. Certainement, le meurtre de Jean avait déjà suggéré, au tout début du ministère de Jésus, le danger de reprendre le flambeau ministériel du Baptiste. Le développement du conflit avec les chefs religieux, quelle que soit la forme historique qu'il ait prise, pourrait avoir ensuite simplement renforcé cette impression.

Cette ligne minimaliste repose sur une base raisonnable. L'Aquinate parle d'une sorte de prophétie naturelle, basée sur l'expérience et les capacités personnelles d'imagination et de compréhension (*op. cit.* II^a II^æ q.172 a.1). Si quelque chose de plus est encore requis pour assurer et élever les caractéristiques de cette prémonition, les vieux manuels dogmatiques parlent d'une science infusée *per accidens*, notamment une extraordinaire compréhension des choses qui doivent être apprises d'une manière ordinaire, similaire à la connaissance accordée à Adam et Ève[28]. On raconte qu'Abraham Lincoln sut qu'il était en danger et eut des rêves l'avertissant de sa mort, auxquels il ne crut pas. Il est possible de penser que la connaissance prophétique qu'eut Jésus de sa Passion relève de quelque chose de semblable. La connaissance des futurs contingents n'est pourtant pas un simple miracle *præter naturam*, c'est-à-dire une voie surnaturelle vers des effets naturels, comme la connaissance acquise par un bon détective, mais sans employer les méthodes d'un détective. Elle est un effet *super naturam* (surnaturel) en ce qu'on ne peut l'obtenir par aucun moyen naturel.

On peut aller plus loin. Un grand nombre de traditions des Évangiles rappellent Jésus anticipant et acceptant librement sa propre mise à mort[29] – trop de fois pour qu'on les ignore[30]. Qu'est-ce qui se tient derrière cette forte impression exercée sur la tradition subséquente par l'extraordinaire confiance de Jésus face à la mort ? Si l'on prend en compte l'expérience de Jésus quant à son pouvoir divin de réaliser des miracles, notamment en ressuscitant un mort (Mc 5, 22-43 ; Lc 7, 11-17 ; Jn 11, 1-44), on doit inévitablement étendre l'objectif de sa vision prophétique naturelle pour inclure la certitude non seulement de sa mort, mais aussi l'anticipation de sa propre résurrection. « Je dépose ma vie pour la reprendre [...]. Je la dépose de moi-même [...] et j'ai le pouvoir de la reprendre » (Jn 10, 17-18). L'action surnaturelle de Dieu modifie à l'évidence substantiellement le processus entier.

---

28. Cf. THOMAS D'AQUIN, *Somme théologique* III^a q. 1, a. 2 ; qq. 9-12 ; q. 15 a. 2.

29. Cf. Mt 10, 38 ‖ Lc 14, 27 ; Mc 8, 34 ; Mt 10, 39 ‖ Lc 17, 33 ; Mc 8, 35 ; Jn 12, 25 ; Mc 8, 31-33 ; 9, 31 ; 10, 33-34 ; Mc 10, 45 ; Mc 14, 17–65 ; Mc 15, 1-15 ; Mt 26, 51-54 ; Lc 13, 31-33 ; Lc 23, 6-12 ; Jn 10, 11-18 ; Jn 12, 23-27 ; Jn 15, 12-13 ; Jn 16, 5-10 ; Jn 18, 10-12.

30. BROWN (1967 p. 17) remarque à juste titre : « La critique moderne peut faire porter ses doutes sur la prescience des détails, mais nous ne devons pas sous-évaluer l'accord général de la tradition évangélique selon laquelle Jésus était convaincu d'avance que, quoique sa vie lui serait enlevée, Dieu lui donnerait ultimement raison. »

De ce point de vue, il ne faut pas ignorer, cependant, que Jésus n'a pas accès seulement à sa propre expérience humaine circonscrite à l'intervention divine – et les conclusions qu'il faut en tirer. Il a aussi un accès humain au dépôt de l'expérience religieuse de tout Israël, dont toutes les prophéties antérieures sur le Messie qui ont été révélées et transmises par les Écritures. Je voudrais esquisser ici la grammaire profonde de la mort-et-résurrection du fils bien-aimé dont le chercheur juif Jon Levenson a montré que la présence quadrillait toute la tradition de l'Ancien Testament[31].

Un chemin plus satisfaisant théologiquement que la pure « prophétie naturelle » ouvre alors l'analyse de prescience certaine qu'a Jésus de son Mystère Pascal, précisément au moment où l'on reconnaît l'activité miraculeuse et le rôle révélateur des écritures d'Israël. En effet, il suffit de dire que prédire la mort de quelqu'un est une chose, prédire sa résurrection après trois jours en est une autre. Un manque de modestie ne suffit pas à l'expliquer, et doit céder à d'autres facteurs plus parlants. Annoncer un miracle *super naturam* est en soit *super naturam* et l'approche minimaliste est insuffisante à ce niveau[32].

Comment donc procéder ? Selon Thomas d'Aquin, qui considère que la prophétie peut être divisée entre la représentation et le jugement des choses[33], on peut, à mon avis, conjecturer que la modalité de la science prophétique de Jésus – au moins telle qu'elle est présentée dans les Évangiles – excelle principalement dans l'ordre (plus excellent) du jugement, de l'interprétation[34]. Cela ne doit bien sûr pas exclure la présentation divine des formes sensibles intérieures, ou des expériences de ravissement mystique (*abstractio a sensibus*). On peut noter aussi que tant les *nubes* que la *vox exterius formata* sont des formes de prophétie selon Thomas[35], de sorte que le Baptême et la Transfiguration doivent être mis au nombre des variétés de l'expérience prophétique de Jésus (Mc 1, 9 ; 9, 2-8). En outre, on pourrait préférer généralement une aperception externe au moyen des sens (*mediante sensu exterius*), comme lorsque Daniel voit l'écriture sur le mur (Dn 5, 25). Daniel, il faut le rappeler, ne percevait pas l'acte miraculeux de l'inscription elle-même (Dn 5, 5-9), mais simplement les mots déjà publiquement révélés par Dieu.

---

31. LEVENSON 1993.
32. C'est une position plus ferme que celle de BROWN (*loc. cit.*), qui affirme : « Pareille prédiction peut venir de son interprétation de l'Ancien Testament (par exemple, d'Isaïe, ou peut-être du Deutéronome), et ne pas présupposer une connaissance surhumaine. Elle peut représenter la conviction inébranlable d'un homme sûr de connaître le plan de Dieu. »
33. *Op. cit.* II[a] II[ae] q. 173 a. 2
34. *Id.* q. 174, a. 2-3.
35. *Op. cit.* q. 174 a.1 ad 3.

De la même manière, la révélation dont le Christ est l'interprète prophétique et le juge est ce mot déjà communiqué par Dieu à travers les prophètes et contenu dans le texte sacré d'Israël (cf. Ex 31, 18). En d'autres termes, Jésus possédait une extraordinaire compréhension de ce qui peut théoriquement être appris d'une manière « ordinaire » *dans l'ordre de la révélation/rédemption*. Tout comme Joseph qui pouvait pénétrer le sens des rêves prophétiques obscurs devant tous les sages d'Égypte, la science prophétique de Jésus était éminemment à l'œuvre dans sa compréhension pénétrante de la Loi et des Prophètes. À travers sa propre expérience singulière de l'élection d'Israël comme Fils de Dieu (par exemple, Mc 1, 9-11 ; 9, 2-8), le Christ jouissait d'une lumière interprétative qui ouvre le livre de la révélation autrement scellé. Cette lumière particulière de la connaissance prophétique dans l'âme humaine de Jésus représente alors un seuil, comprenant et complétant les actes antérieurs de la révélation de Dieu à travers les prophètes d'Israël (cf. He 1, 1). C'est le point culminant absolu de la vision prophétique chez les juifs.

Cette perspective n'est pas pure imagination spéculative. Suivant l'allusion faite par Luc, qui montre Jésus alignant son destin sur celui de tous les prophètes – « il est impossible qu'un prophète périsse en dehors de Jérusalem » –, il est assez possible de voir les *prédictions de la Passion* comme des *actes d'exégèse*[36]. Les Évangiles, en d'autres termes, nous donnent des témoignages nets de ce que Jésus prévoyait son destin inévitable avec une calme clarté, non comme une subtile conclusion tirée d'une analyse politique, mais en tant qu'elle est ordonnée divinement et inévitablement indiscernable de la prophétie scripturaire.

Le véritable point de départ de cette interprétation de la prescience *scripturaire* qu'a Jésus de sa Passion est sa propre explication post-pascale en Lc 24, 25-27 :

> « Ô cœurs sans intelligence et lents à comprendre ! Ne fallait-il (δεῖ) pas que le Messie endurât ces souffrances et entrât ensuite dans sa gloire ? » Et, commençant par Moïse et parcourant tous les Prophètes, il leur interpréta dans toutes les Écritures ce qui le concernait.

Ce *δεῖ* exemplaire et célèbre n'est pas simplement une construction du lexique théologique propre à Luc et fantaisiste. Il a ses racines dans la première prédiction de la Passion que fait Jésus en Mc 8, 31 :

36. Cf. *supra* ch. 11.

> Et il commença de leur enseigner que le Fils de l'homme doit (*δεῖ*) beaucoup souffrir, être rejeté par les anciens, les grands prêtres et les scribes, être tué et après trois jours, ressusciter.

La force rhétorique de cette *nécessité* lui vient de son ancrage dans le *mystère* divin ou *raz*[37], rendu accessible dans ses derniers jours par les écrits des prophètes à ceux qui sont capables de percer leurs plus profonds secrets. Selon Adela Yarbro Collins, « ce plan est révélé dans l'Écriture pour ceux qui ont les justes principes d'interprétation, et n'est pas encore révélé par le Jésus marcien à ses disciples ». Dans la continuité du mot de Jésus en Mc 14, 49 (« Laissez les Écritures s'accomplir »), Matthieu, encore plus clairement, atteste l'appréhension scripturaire spécifique de Jésus sur la *nécessité* de sa mort, quand il se résout à son arrestation au jardin (Mt 26, 53-54) :

> Penses-tu que je ne puisse faire appel à mon Père, qui me fournirait sur-le-champ plus de douze légions d'anges ? Comment alors s'accompliraient les Écritures d'après lesquelles il doit en être ainsi (ὅτι οὕτως δεῖ γενέσθαι) ?

Jean aussi emploie le même *δεῖ* comme une prédiction scripturaire, quand Jésus prédit sa Passion en Jn 3, 14 dans la logique typologique de Nb 21, 8-9.

Si la mémoire de lui présentée dans les Évangiles est un guide fiable, le Jésus pré-Pascal lit donc explicitement son histoire personnelle à travers un prisme scripturaire[38]. En effet, à quatre reprises au moins avant sa mort, Jésus parle de la nécessité très précise que les « Écritures soient accomplies » dans les événements de la Passion : par la trahison de Judas (Jn 13, 18 ; cf. Ps 41, 9 ; et aussi Jn 6, 70-71), dans le fait d'être « compté parmi les sans-loi » comme le serviteur souffrant (« cette écriture doit [δεῖ] s'accomplir en moi », Lc 22, 37 ; cf. Is 53, 12), par son arrestation (Mt 26, 54.56 ; Mc 14, 49), et dans l'envoi des disciples, Pierre inclus (Mc 14, 27 ; Mt 26, 31-35 ; cf. Za 13, 7). À partir du fait central de la Crucifixion, l'Évangile de Jean dépeint Jésus embrassant très nettement par avance les antitypes scripturaires de son destin : son exaltation sur la croix sera semblable à la montée de l'échelle de Jacob et

37. *Raz*, mot d'origine perse, passé en araméen signifiant « secret » ; cf. Dn 2, 19 : « Le mystère (*raz*) fut révélé à Daniel dans une vision nocturne. » Il désigne d'ordinaire les détours cachés de la Providence divine, spécialement dans le gouvernement des Nations [n.d.é.].

38. Cf. *supra* ch. 11. Je m'accorde avec la perspective fondamentale de Dale Allison sur la « christologie de Jésus ». Cf. ALLISON 2011 p. 221-304.

comme Moïse élevant le serpent dans le désert (Jn 1, 51 ; 3, 14-15 ; cf. aussi Jn 19, 28 ; Ps. 69, 3.21).

Pareille vue prophétique du détail et de la signification de sa Passion contribue à l'impression indubitable que le drame à venir tout entier se déroule conformément à la parfaite maîtrise et à la liberté de Jésus. D'autres allusions à la connaissance prophétique vont dans le même sens. Avant l'entrée triomphale à Jérusalem, Jésus s'adresse mystérieusement à ses disciples pour trouver un certain ânon, qui n'a jamais été monté (Mc 11, 1-3), un signe que Mt 21, 1-11 comprend comme l'accomplissement d'Is 62, 11 et de Za 9, 9.

La mise en images scripturaire dessine les contours et concrétise les prédictions de sa Passion par Jésus. D'une part, je pense qu'il est correct d'organiser la « christologie de Jésus » autour de sa nette conviction que les Écritures parlent de lui (Jn 5, 39), et son identification continue avec une panoplie complète d'agents bibliques, par exemple, l'oint d'Is 61, le héros des Psaumes, et le Fils de l'homme de Daniel, pour n'en citer que quelques-uns. Cette identification – que certains prendront pour une forme de psychose ou d'illusion religieuse[39] – doit, au même moment, être située sur la scène beaucoup plus large de l'histoire mondiale à l'intérieur duquel Jésus sait qu'il se meut. C'est ici que le judaïsme apocalyptique entre en jeu.

Joel Marcus résume ainsi le scénario : « Le Temple sera détruit et le cosmos conduit à son effondrement[40]. » Deux références scripturaires structurent cette tempête apocalyptique, décrite par Jésus dans les Synoptiques (Mc 13, 1-37) : (i) l'abomination de la désolation, décrite en Daniel (9, 27 ; 11, 31 ; 12, 11) ; (ii) la venue sur les nuées, prophétisée dans le même livre (7, 1314), de celui qui ressemble à un Fils de l'homme. Que Jésus puisse lier la profanation du Temple et le destin du « Fils de l'homme » ne devrait pas surprendre. C'est en parfaite cohérence avec le schéma précédent. La nouveauté tient au retournement de la succession des événements. Désormais, la destruction du Temple déclenche la fin des temps et place Jésus au centre comme juge eschatologique. La tonalité millénariste du tableau confère un caractère embarrassant, quelquefois même fanatique, à la manière dont Jésus voit les Écritures s'accomplir et les prophéties se réaliser. La critique

---

39. Cf. Murray, Cunningham & Price, 2012, p. 414-415 : « Le Nouveau Testament garde la trace des expériences vécues par Jésus, de divers troubles comportementaux [...], de sa mythomanie [...], de sa paranoïa, de ses délires mystiques. Ces troubles entrent dans la catégorie générale de *psychose*. On pourrait aussi invoquer des troubles bipolaires et des désordres schizoïdes. Il se pourrait que ses croyances et sa conduite aient conduit à sa mort dans une sorte de suicide par procuration. »

40. Marcus 2009 p. 874.

a bien essayé de faire le tri dans ce flot en apparence incohérent, sans jamais rencontrer le consensus.

Nous rencontrons ici le véritable scandale de ce qu'on appelle « connaissance » prophétique de Jésus et parvenons au point critique. Dale Allison, ce brillant et éclectique héritier sceptique d'Albert Schweitzer, l'exprime en toute clarté :

> Il ne se présente pas à nous comme un inconnu. Nous le connaissons déjà assez : Jésus est le prophète millénariste. [...] La génération de Jésus, cependant, est passée. Ils ont tous goûté la mort. Et ce n'est pas le royaume de Dieu qui est arrivé, mais les moqueurs qui demandent : « Où est la promesse de sa venue ? » Toutes choses continuent comme elles étaient depuis le début de la création[41]. Jésus, le prophète millénariste, comme tous les prophètes millénaristes, s'est trompé : la réalité n'a jamais pris en compte son imagination[42].

Selon Allison, Jésus doit être mis au nombre et comparé à la longue série des messies ratés, de Bar Kochba à David Alroy, Rav Schneerson et David Koresh.

Outre le conseil de Gamaliel en Ac 5, 39, il n'est pas facile de savoir comment réfuter cette perspective sur des fondements historico-critiques ou théologiques. La prédiction de Jésus sur la fin des temps constitue-t-elle le vrai scandale, la vraie folie, l'invitation à une foi purifiée ? « Autrefois, il y a longtemps, le Christ crucifié a été *folie*, une grande pierre d'achoppement », prêche Allison : « Aujourd'hui, c'est le statut de Jésus comme prophète millénariste qui conduit les croyants à trébucher. » Thomas d'Aquin remarque que, « puisque l'esprit du prophète est un instrument déficient, même les vrais prophètes ne savent pas tout ce que l'Esprit saint signifie au moyen des choses qu'ils voient, disent, ou même font[43] ». Est-il possible d'imaginer dans les limites de la foi orthodoxe que l'Esprit saint retienne aussi des secrets au Verbe dans sa condition humaine ? La nescience du Christ s'étend-elle aussi loin que le permet une certaine incompréhension positive ? Ou bien n'avons-nous pas encore correctement compris ce que disait le Seigneur ? « Encore un peu et vous ne me verrez plus et puis un peu encore et vous me verrez » (Jn 16, 16). À quoi renvoie cet « encore un peu » ? D'ailleurs Jésus

---

41. Citation quasi littérale d'une épître (2 P 3, 4) qui passe pour le dernier écrit du Nouveau Testament [n.d.é.].
42. ALLISON 1998, p. 218.
43. *Op. cit.* II^{a} II^{æ} q. 173 a. 4.

est promptement revenu dans sa gloire de ressuscité. Entend-il par là une suite d'accomplissements successifs ? Le temps s'est-il évanoui dans la vision qu'il a de sa sortie hors du temps et de son entrée dans la vie éternelle ? Jésus distingue-t-il une catastrophe prochaine d'une attente plus éloignée, comme les commentateurs conservateurs le prétendent dans le cas de Mc 13 et de Mt 24[44] ? Cet imaginaire cataclysmique du jugement universel était-il seulement une manière de parler de la destruction historique de Jérusalem, non une fin littérale du temps[45] ? Ou bien toute la discussion sur la fin imminente était-elle seulement une « dénonciation » prophétique, une condamnation rhétorique ordonnée à un changement de comportement dû au repentir, une *prophetia comminationis* plutôt qu'une *prophetia prædestinationis*, pour reprendre une distinction de l'Aquinate[46] ?

Sans adopter ce langage classique, la position récemment soutenue par Christopher Hays et ses collègues à Oxford joue néanmoins avec cette distinction de Thomas d'Aquin[47]. Selon eux, les prophéties de Jésus sur l'*eschaton* doivent être lues dans la tradition *conditionnelle*, exhortative de la prophétie, celle de Jérémie, qui doit être mise en contraste avec la tradition « mosaïque » de prédiction *prédestinative*. Alors que la vérité de celle-ci est jugée par la réalisation de la prophétie, celle-là est sujette à révision et à ajournement. Il était largement accepté chez les Anciens que les dieux changeassent d'avis, sans saper la vérité essentielle des prophéties ; les écritures juives, d'ailleurs,

44. Cf. Lane 1974 ; France 2002.

45. Cf. Wright 2018. Wright a raison, à mon avis, de penser que le langage apocalyptique de Mc 13, 24-27, avec son obscurcissement du soleil et la chute des étoiles et, par-dessus tout, le Fils de l'homme venant sur les nuées avec grand pouvoir et gloire, n'est pas si évidemment à propos de la fin du monde, au moins de la manière dont nous imaginons typiquement cette expression. Bien plutôt, quand on prend en compte nombre de données du Nouveau Testament, « tout montre que nous devrions appliquer ce langage à la mort, résurrection et ascension de Jésus d'une part, et à la chute du Temple (lieu qui est à la fois terre et ciel) d'autre part ». « Tout » est peut-être un peu fort et je ne suis pas certain que Wright ait démêlé tout ce qui est compris dans ces versets très denses. Potentiellement, l'envoi (ἀποστελεῖ) des « anges » pour rassembler ses élus des quatre vents (Mc 13, 27) peut être interprété comme une référence à la mission des Gentils, quoique ce ne soit pas la lecture la plus évidente. La parabole qui survient en 13, 33-37, cependant – « Il en est comme d'un homme parti en voyage… » – est difficile à comprendre dans une interprétation qui limite le passage à la Parousie. Néanmoins, la conjonction thématique du destin personnel de Jésus et la guerre entre Juifs et Romains qui s'est, en fait, complètement déroulée dans l'espace-temps déjà mentionné, nous ramènent à ma précédente observation sur la dynamique qui prévaut entre le dossier des traditions portant sur la destruction du Temple juif et la frappante intégration par Jésus de lui-même dans ce drame.

46. *Op. cit.* IIª IIæ, q. 174, a. 1.

47. Éditée dans leur volume en collaboration *When the Son of Man Did not Come* [Quand le Fils de l'homme ne vint pas], Cf. Hayes 2016 ; Gaine 2017.

enregistrent le souvenir de pareille indécision divine. En conséquence, le retard de la Parousie correspond à la longue histoire des revirements mystérieux du Seigneur et des réinitialisations de ses plans, ce que Hays et ses disciples interprètent comme des *repentirs* divins[48].

Aussi habile soit-il, ce paradigme appliqué aux oracles sur la fin des temps rencontre plusieurs difficultés. Je vois au moins deux éléments qui me conduisent dans une direction légèrement différente.

(1) Tout d'abord, cette approche se situe directement dans la ligne d'une critique comparative des religions. L'appel à la prophétie « différée » était déjà moqué à la période gréco-romaine. Est-ce la bonne manière de défendre la véracité d'une prophétie ? La reprise à nouveaux frais et la réinterprétation de prophéties non réalisées sont coutumières aux sectes millénaristes. Comment distinguer alors les données du Nouveau Testament de cet embarrassant corpus de matériau parallèle ?

(2) La seconde difficulté tient à ce qu'un fossé rhétorique sépare le discours prophétique des Évangiles de la tradition jérémienne à laquelle on le compare. Le caractère *conditionnel* de ce matériau prophétique parallèle et sa subordination au repentir sont assez explicites. Jr 18 en est un excellent exemple :

> Tantôt je parle à propos d'une nation ou d'un royaume, d'arracher, de renverser et d'exterminer ; mais si cette nation, contre laquelle j'ai parlé, se convertit de sa méchanceté, alors je me repens du mal que j'avais résolu de lui infliger. Tantôt je parle à propos d'une nation ou d'un royaume, de bâtir et de planter, mais si cette nation fait ce qui est mal à mes yeux en refusant d'écouter ma voix, alors je me repens du bien que j'entendais lui faire. (Jr 18, 7-10)

Les propos du Fils de l'homme ne contiennent rien qui ressemble à ces conditions et portes de sorties possibles de la prophétie[49]. Les tropes d'usage pour exprimer le repentir manquent ostensiblement.

S'il y a donc peu à dire sur les éventuels oracles de dénonciation, les appels de Jésus à la vigilance présentent néanmoins un certain caractère exhortatif. Une remarque suggestive existe aussi, qui insinue qu'un rai de miséricorde (ne serait-ce qu'un simple rai) peut intervenir pour ajuster l'échelle temporelle :

48. C'est d'ailleurs un langage biblique, ainsi « le Seigneur se repentit du mal qu'il avait projeté contre son peuple » (Ex 32, 14) ; « Dieu vit qu'ils revenaient de leurs voies [mauvaises] et il se repentit du mal qu'il avait résolu de leur faire, et il ne le fit pas » (Jon 3, 10). Cf. Jr 18, 8 qui suit [n.d.é.].

49. Cf., par exemple, Yarbro Collins 1991.

« Priez pour que cela n'arrive pas en hiver » (Mc 13, 18 ; cf. μηδὲ σαββάτῳ, Mt 24, 20). Ce conseil affligeant par son concret – qui peut difficilement n'être qu'une création de la première Église – sonne comme le mot d'un homme qui raisonne non en millénaires, mais en mois. Et dans sa brièveté, il représente pourtant comme une indispensable cale sous la porte : l'heure n'est pas choisie d'avance. Elle s'ajuste en fonction de la prière.

L'implication porte loin. Effectivement, si même le Fils ne connaît ni le jour ni l'heure, comme il souligne explicitement (Mc 13, 32), il pourrait bien entretenir ses propres soupçons, laisser le Père décider du moment dans sa juste miséricorde – et en réponse aux prières de son élu. Peut-être ma conception est-elle simpliste, mais la nescience professée par Jésus sur ce point, qui de nouveau ne saurait relever d'une fabrication de l'Église, va de pair avec l'ensemble des paroles insistant sur le fait que les disciples ne peuvent pas non plus connaître le moment, qui va venir comme un voleur (cf. Mt 24, 42-44 ‖ Lc 12, 39-40 ; Mt 24, 50 ‖ Lc 12, 46 ; Mt 25, 13). Cette absence de connaissance constitue une donnée solide revêtue d'une puissante signification mais qui n'a pas été exploitée comme elle le pourrait. L'attente d'un futur proche (*Naherwartung)* est seulement attente (*Erwartung)*. Ce que Jésus *savait* prophétiquement ne s'étend pas au moment de son retour. On peut être mal à l'aise ou scandalisé par la pensée de ce trou soudain dans la science de Jésus, et appeler ses pensées sur ce point une opinion privée semble être une conclusion par trop hâtive. Mais, selon les Évangiles, il est indéniable ici qu'il nous faut tirer un trait. *Jésus n'a jamais prédit quand il reviendrait*, même quand il affirme lui-même se tenir prêt (apparemment en rapprochant son retour d'une catastrophe liée au Temple, dont il a prédit de façon fiable qu'elle serait vue par « cette génération », cf. Mc 13, 14-37). Et l'on ne peut avoir tort à propos de ce qu'on admet ne pas savoir[50].

Si je peux risquer une analogie de la longue expérience de l'Église en matière de *charismes* prophétiques, la remarquable lettre de saint Vincent Ferrier à Benoît XIII sur la fin du monde est, à mon avis, particulièrement instructive pour penser la situation de Jésus[51]. Voici un homme aux charismes exceptionnels, dont le don de prophétie a été confirmé par des miracles. Un homme qui reçut un accueil favorable de la part d'une culture disposée à l'apocalypse. D'une certaine manière, il s'identifia avec une mystérieuse figure

50. On s'écarte donc de Pie X, *Lamentabili sane exitu* § 33, condamnant la proposition suivante : « Il est évident, pour quiconque n'est pas guidé par des opinions préconçues, ou bien que Jésus a enseigné une erreur au sujet du très prochain événement messianique, ou bien que la majeure partie de sa doctrine contenue dans les Évangiles synoptiques manque d'authenticité ».

51. Pour le texte de cette lettre, cf. l'appendice de Fages 1894.

prophétisée par les Écritures. On considère souvent, mais à tort, qu'il prédit la fin du monde – en réalité il n'a pas réalisé lui-même pareille annonce. Il a sobrement fondé sa prophétie sur les Écritures, pour prêcher quoi ? « La venue de l'Antéchrist et la fin du monde sont proches. » C'est tout. Par ailleurs, Vincent a personnellement cru, sur la base de révélations supposées, que l'Antéchrist était déjà né à cette heure – avant d'ajouter prudemment que « ce n'était *pas suffisamment prouvé* » pour qu'il se sentît libre de le prêcher. En public, il n'osa rien dire de plus que « dans un temps excessivement court » la fin du monde viendrait. Puis il soumit même ce message à la correction du Saint-Père. Le moment d'hésitation du saint, à égale distance de sa conviction quasi certaine et d'une hardiesse manifestement kérygmatique, est, à mon avis, très suggestif.

« L'Ange du Jugement dernier[52] » fournit un excellent parallèle et une profonde analogie avec Jésus : une fervente persuasion et un profond investissement personnel avec l'humble admission de son ignorance sur le point critique. Seul un grand travail d'exégèse précise peut certes garantir la justesse de ce modèle, et je reconnais que nombre de mes affirmations s'écartent de la norme. Je crois qu'en devenant un paradigme cette perspective réoriente correctement notre recherche et montre la juste direction théologique et exégétique à suivre. En fin de compte, elle élude l'attaque d'Allison en avouant audacieusement la nescience du Christ et remplaçant en retour la figure du millénariste manqué par un équivalent plus approprié et nuancé.

L'important colloque d'Oxford confesse qu'une « bonne exégèse et une histoire responsable » doivent reconnaître que Jésus possédait « une attente prophétique et eschatologique immédiate ». Peut-être suis-je simplement trop influencé par la ligne brisée de Platon, mais je me demande si je pourrais expliquer le problème de cette manière seulement. Jésus ne se trouvait pas dans une double ignorance de l'*eschaton*, il connaissait un grand nombre de choses sur la fin, mais il connaissait aussi assez distinctement là où sa connaissance prophétique s'arrêtait. Ce n'est pas l'ignorance de privation, conduite par l'erreur et tâtonnante qui résulte du péché. Je me demande donc si, dans la discussion sur *la connaissance du Christ*, nous ne devons pas « concocter une sorte d'équivalent de la *volonté gnomique* de Maxime le Confesseur » pour parler avec plus de confiance du mode précis de sa *nescience* et des deux intelligences du Christ (humaine et divine)[53]. Avec l'ignorance « apparente »

---

52. Surnom donné à saint Vincent Ferrier [n.d.é.].

53. Cf. *supra* ch. 11. Étendre la logique de la pensée dyothélite de Maxime le Confesseur dans cette direction est un travail inachevé. Cf. *Opuscules théologiques et polémiques* (Cerf, 1998 p. 234-245) ; sur le problème des deux volontés du Christ, cf. Silly 2021 p. 30 ; 1213-1215.

ou « pédagogique », quoique sérieuse et fondée sur une apparente base théologique, montée en puissance dans les écrits anti-ariens jusqu'à dominer pendant des siècles le commentaire de Mc 13, 32, les interprètes orthodoxes ne se sont pas couverts de gloire[54]. C'est une manœuvre d'évitement et pas du tout une solution qui privilégie une « bonne exégèse et une histoire responsable » – loin de l'équilibre de raisons spéculatives et historiques que nous recherchons. Le *in ipsa, non ex ipsa* de Grégoire dans sa lettre contre les agnoètes est certes *subtilius*, « plus subtil », et le risque du nestorianisme qu'il détecte est réel[55]. On peut néanmoins insister historiquement sur ce *non ex natura humanitatis* sans confesser automatiquement deux fils.

À nos risques et périls, nous pouvons prendre le risque d'imaginer ou d'expliquer les rapports de la connaissance (*scientia*) divine du Verbe Éternel avec la nescience humaine du Fils incarné – par exemple en les comparant à une langue que l'on connaît, mais que pour une raison ou une autre on choisit de ne pas parler (*scientia vs. operatio*). L'idée docète selon laquelle Jésus ne disposerait pas de facultés humaines intégrales constitue en tout état de cause la limite et l'abîme où il faut se garder de tomber. Une certaine ignorance naturelle du Jour a laissé à Jésus assez de marge pour indiquer une situation à venir qu'il connaît sans la connaître. Cela n'implique pas la moindre imperfection dans son humanité intégrale et je voudrais personnellement insister sur deux points. D'une part, l'attitude de vigilance presque fanatique du Seigneur, son alacrité obsessionnelle à la face du jugement imminent, répond à et remplit l'espace ouvert par une nescience divinement voulue – et humainement co-voulue – corrélée à une vigilance à laquelle il a passionnément exhorté ses disciples. D'autre part, cette posture vitale consistant à *se tenir prêt* ne comporte aucune similitude noétique avec la brûlante certitude prophétique du Seigneur concernant un fait suprême,

54. Sur ce thème, cf. MARGELIDON 2014 et MADIGAN 2003.

55. Les agnoètes (litt. « tenants de l'ignorance ») nient l'omniscience de Dieu, et surtout du Christ. Le pape Grégoire le Grand condamna les agnoètes dont l'interprétation de Mc 13, 32 passait pour hérétique. Voici l'argument auquel se réfère l'auteur : « On dit aussi que seul le Père sait, parce que le Fils, qui lui est consubstantiel, de par sa nature, par laquelle il est au-dessus des anges, a le pouvoir de savoir ce que les anges ignorent. D'où on peut comprendre ceci plus subtilement (*subtilius*) en disant que le Fils unique incarné, fait pour nous homme parfait, a connu le jour et l'heure du jugement *dans* la nature humaine (*in natura* [...] *humanitatis novit diem*) et ne les a pourtant pas connus *par* la nature humaine (*sed tamen hunc non ex natura humanitatis novit*). Ce qu'il a donc connu en elle (*in ipsa*), il ne l'a pas connu par elle (*non ex ipsa*), car c'est par la puissance de sa divinité que le Dieu fait homme a connu le jour et l'heure du jugement. ». Cf. DS n° 474-476, et la citation n° 475 ; au n° 476, le pontife écrit : « Quiconque n'est pas nestorien ne peut nullement être agnoète » [n.d.é.].

à venir : son destin pascal qui l'identifie personnellement au sort promis à tout élu de Dieu.

Jésus savait d'avance quel prix il paierait pour accomplir sa mission et engendrer la foi surnaturelle chez ses disciples[56]. « Je vous l'ai dit, avant que le fait ne se produise, pour que vous puissiez croire quand il se produira » (Jn 14, 29 ; cf. 13, 19 ; 16, 4). Qu'à travers son exaltation le Fils de l'homme ressuscité envoie également l'Esprit et qu'il soit un jour mis sur le trône pour juger le monde ne lui demeure pas caché – ou, à travers lui, ne nous demeure pas caché. Tout cela relève de sa mission messianique et il était salutaire pour les autres de l'apprendre. Mais la connaissance des temps et des moments établie par le Père n'était évidemment pas plus utile ou bénéfique au pèlerinage du Jésus terrestre qu'il ne l'était ou ne l'est à aucun des fils des hommes[57]. Au contraire, n'ayant absolument rien à craindre pour lui-même pour le futur Jour de Colère, Jésus ignorant l'heure sans aucun péché de sa part partage selon son mode propre et goûte à cette crainte salutaire qu'il était chargé de communiquer aux autres. Jésus pouvait éprouver, et éprouver même profondément, de la crainte *pour* les pécheurs. Même dans sa nescience, le Seigneur révèle la voie (CEC § 474)[58].

---

56. Chez THOMAS D'AQUIN, la perfection supra-angélique et supra-adamique de la connaissance du Christ n'est pas limitée *a priori* par sa subordination à la mission rédemptrice. Pourtant, c'est un argument sotériologique qui circonscrit pareille perfection. Cf. *De veritate* q. 20 a. 4 obj. 11-12 ; cf. a. 4, ad 11-12. C'est pourquoi sa nescience s'accommode confortablement d'une ignorance non morale – cf. *De veritate*, a. 5 ad 6.

57. Cf. AMBROISE DE MILAN, *De fide* V, XVII §§ 209-211. Ici je plaiderai pour renverser l'argument d'Ambroise « pour toi, non pour moi » : « Questionné par les apôtres, qui ne comprenaient pas comme Arius, mais croyaient que le fils de Dieu connaissait les choses futures – s'ils ne l'avaient pas cru en effet, ils ne l'auraient pas interrogé –, le Seigneur lui-même à qui donc on demandait quand il rétablirait le royaume d'Israël, ne dit pas qu'il ne le savait pas, mais répondit : "Il ne vous appartient pas de savoir les temps et les années que le Père a disposés de sa seule autorité." Faites bien attention à ce qu'il dit "ce n'est pas à vous qu'il appartient… ". Comprends donc qu'il dit "ce n'est pas à vous", c'est-à-dire non pas "ce n'est pas à moi" » (*id.* § 212, sur Ac 1, 6-7 [PL XVI col. 692]). J'ajouterai que le texte des Actes révèle la connaissance du Christ ressuscité et monté au Ciel, qui ne peut simplement équivaloir à la connaissance qu'il a dans son état mortel librement choisi. Cette sorte de distinction pré- ou post-pascale est relativement différente de l'évacuation du phénomène surnaturel caractéristique de certains modèles « Jésus de l'histoire » contre « Jésus de la foi ».

58. CEC § 474 est une affirmation équilibrée qui permet deux interprétations possibles : ou bien Jésus connaissait humainement et gardait pour lui ce qu'il n'était pas censé révéler, ou bien Jésus ne le savait pas humainement et ne révélait donc pas ce qu'il n'était pas envoyé révéler. Je préfère la position moins obtuse, la seconde, en ajoutant qu'en ne révélant pas le Jour du Jugement, Jésus *a* révélé le besoin constant d'être sur ses gardes. Même dans ses « conseils », Jésus est toujours le révélateur rédempteur.

Raymond Brown, à la fin de sa discussion sur la science de Jésus, qui n'allait finalement dans aucune direction prédictible, abat néanmoins un atout, en forme de *flèche du Parthe*, que je récupère joyeusement pour conclure :

> Tout compte fait, la grande objection ressassée jusqu'à l'écœurement contre tout exégète (ou théologien) qui trouve une preuve des limites de la science de Jésus consiste à dire que Jésus est une unique personne, de nature divine [...]. Peut-être la meilleure réponse à cette objection est d'en appeler à Cyrille d'Alexandrie, ce docteur de l'Église pour qui, plus que pour aucun autre, nous sommes redevables de la grande vérité sur l'unicité de la personne du Christ. Il était l'ennemi ultra-orthodoxe du nestorianisme (deux personnes ou pouvoirs dans le Christ). Or il dit du Christ : « Nous avons admiré sa divinité en ce que, par amour pour nous, il n'a pas refusé de descendre si bas pour supporter tout ce qui appartient à notre nature, *dont notre ignorance*[59]. »

Traduit par Cécile Margelidon

59. CYRILLE D'ALEXANDRIE, *Thesaurus*, Assertio XXII (PG LXXV col.369D) ; toute l'*assertio* porte sur l'interprétation de Mt 24, 36 = Mc 13, 32.

ANNEXE I

POSTLUDE ANTI-HEGÉLIEN SUR LA RELIGION DE L'AVENIR

Le « Jésus de l'avenir » dont Albert Schweitzer demande à la « critique » de dresser le portrait est l'archétype de cette « pensée religieuse de l'avenir » dont une eschatologie convaincue sera le signe distinctif[1]. Dans la mesure où l'eschatologie personnelle de Jésus s'est selon lui soldée par une profonde déception, le défi de lui rendre sa pertinence revient à une éthique religieuse.

Nous devons soustraire la morale religieuse de Jésus à son cadre mental à lui pour la faire entrer dans le nôtre. Il espérait l'avènement du royaume de Dieu à la fin des temps. Animés par ce même souci éthique, nous devons nous efforcer de réaliser le royaume de Dieu en ce monde par les œuvres de l'amour[2].

1. « La critique future [...] décrira le Jésus historique [...] comme un authentique Messie qui vécut selon les exigences de cet état. Il trouvera le modèle de ce portrait dans une fiction littéraire remontant au tout Ier évangéliste, ou dans un messianisme purement eschatologique » – SCHWEITZER 2001 p. 398. Cf. *supra* ch. 2.
2. SCHWEITZER 2009a p. 77.

Quel est le résultat de cette entreprise aujourd'hui ? Où en sommes-nous de l'avènement de ce néo-christianisme ?

Bultmann se démarqua très tôt de Schweitzer et opta pour une solution peut-être inspirée de Wrede. Elle assumait que l'existence chrétienne reposât en définitive sur une fiction littéraire. Elle parut un temps l'avenir du christianisme[3]. Bien qu'il dénie à Jésus une conscience messianique[4], le projet bultmannien est profondément marqué par Schweitzer[5]. La démythologisation apporte par exemple une réponse au problème historique de *l'avènement proche*[6]. Bultmann et Schweitzer se tinrent donc côte à côte pour répondre à la théologie libérale. Mais, en soumettant d'obscurs mythes apocalyptiques juifs à une clef de lecture gnostique, Bultmann sapait la crédibilité de ses travaux. Lorsque son subjectivisme néokantien et teinté de fidéisme, greffé sur une religion plus féconde en formules qu'en actes, perdit de son attrait, l'hégémonie religieuse de Bultmann s'évanouit avec une surprenante rapidité. De nombreux théologiens désenchantés par l'indigence éthique de sa posture existentialiste opérèrent un virage à 180°[7]. Le déclin rapide et l'effondrement ultime du *sens du christianisme* proposé par Bultmann est connu. Instinctivement, tous les yeux se tournèrent de nouveau vers l'eschatologie[8].

---

3. Cf. Wick Bowman 1954 ; sur la réception de Schweitzer chez les théologiens dogmatiques, cf. Landmesser 2017 p. 441-452.
4. Sur cette notion, cf. *supra* ch. 11, 1re thèse.
5. Bultmann abonde dans le sens du « secret messianique » de Wrede et rejette la conscience messianique de Jésus, cf. le volume 1 de sa *Theology of the New Testament* p. 3-32 (2007).
6. En allemand *Naherwartung* dans le texte. Ce mot renvoie à l'avènement imminent du royaume de Dieu auquel selon Schweitzer Jésus et ses disciples après lui auraient cru. C'est à cause de cet espoir que la première génération chrétienne, toute tendue vers le bouleversement apocalyptique du monde, aurait négligé de conserver une mémoire rigoureuse de Jésus, rendue inutile par l'imminence de la fin. La transmission de la mémoire de Jésus aurait ainsi laissé prise à d'innombrables reformulations mythiques, du fait de son absence de contrôle, et de la nécessité d'asseoir l'autorité de Jésus sur d'autres bases, quand se dissipa le mirage de l'eschatologie imminente. Pour retrouver le Jésus de l'histoire, il faut selon Bultmann le dégager de sa gangue mythologique [n.d.é.].
7. La doctrine morale de Bultmann ne va guère au-delà de l'*obéissance*. Cf. Oden 1964 (thèse composée sous la direction de Reinhold Niebuhr à Yale). Oden évoque sa propre évolution, qui lui fit d'abord embrasser avec enthousiasme l'existentialisme bultmannien et le projet de la démythologisation avant d'évoluer vers des positions entièrement différentes in Oden 2014 p. 69-178.
8. « Au moment précis où l'existentialisme bultmannien qui s'était annexé l'eschatologie du Nouveau Testament semblait dominer sans partage s'esquissa dans la théologie une réhabilitation de l'eschatologie proprement dite. Il faut citer ici les noms de Jürgen Moltmann et Wolfhart Pannenberg, qui puisent dans la redécouverte des doctrines eschatologiques au début du siècle chez Weiß et Schweitzer » – Braaten 1967 p. 211-212. Concernant le déclin rapide et le tournant radical vers l'eschatologie, cf. Pyungchoon Park 1971.

« Le christianisme est de part en part eschatologique » affirme Jürgen Moltmann, une des figures de proue de ce mouvement, dans sa *Théologie de l'espérance*. Il attribue à Schweitzer[9] le mérite d'avoir remis au premier plan ce point fondamental. « Ce qui relève de l'eschatologie n'est pas un élément parmi d'autre dans le christianisme, mais c'est le *medium* de la foi chrétienne elle-même, sa clef intégrale[10]. » Dans un mot célèbre, Ernst Käsemann affirma que l'apocalyptique était la « *mère* de la théologie chrétienne – dans la mesure où les paroles de Jésus ne sont pas *stricto sensu* de la théologie[11] ». Avec les nuances qui s'imposent, c'était prendre la voie indiquée par Schweitzer, et s'écarter de la préférence pour la Gnose de Bultmann – dont Käsemann était pourtant l'élève.

Puisque l'eschatologie spécifie la pensée chrétienne, la foi de l'avenir selon Moltmann aboutit à une telle fixation sur son aspect *futur* que l'insistance de Bultmann sur le *maintenant* est discréditée tant pour la théologie que pour la *praxis* chrétiennes. L'éthique propre de cette perspective qui penche vers l'avant et se donne pour une « éthique de la vie » rappelant la « révérence pour la vie[12] » de Schweitzer jaillit de « l'eschatologie transformatrice ». Celle-ci nomme le mal par son nom, mais appelle non à supporter le monde ou à le fuir mais à le changer[13].

Dans *Trinité et royaume de Dieu*, la théologie moltmanienne de l'espérance s'épanouit pleinement en doctrine de Dieu : « Dans la tradition de la critique de Hegel venue de la gauche, le futur est la catégorie qui opère un déplacement de l'idée de Dieu. Ainsi [Ernst] Bloch suit-il Buber qui traduit Ex 3, 14

---

9. Ce point est reconnu également par Ratzinger 2011 p. 39 : [pour le recouvrement de l'eschatologie comme un thème crucial] « on doit invoquer les travaux exégétiques précoces de Johannes Weiß et Albert Schweitzer. La pensée scientifique découvre quelque chose qui à l'époque des Lumières n'avait été dit qu'en dehors d'elle : *l'ensemble du message de Jésus avait été eschatologique ; c'est même l'annonce puissante de la fin du monde et de l'avènement du Royaume qui lui conféra sa dynamique*. Le caractère explosif, nouveau, grandiose de Jésus réside dans la force de cette affirmation, et toutes ses paroles doivent être comprises à partir de ce centre vital ». Les thèmes eschatologiques continuent à exercer une puissante attraction sur la théologie dogmatique, bien des publications récentes pourraient l'attester.

10. Moltmann 1993 p. 16 ; la publication de cette œuvre en 1964 et de sa traduction anglaise en 1967 [puis française en 1970] marqua une importante inflexion qui remit l'eschatologie au centre de la discussion. Selon Viviano 2008 p. 82 cette œuvre marqua le retour de l'eschatologie apocalyptique dans la théologie systématique pour la première fois depuis Irénée de Lyon.

11. Käsemann 1960 p. 180 ; pour cet auteur, Jésus prêchait la proximité de Dieu. L'apocalyptique n'aurait pénétré dans la tradition qu'après Pâques.

12. En allemand *Ehrfurcht vor dem Leben* dans le texte [n.d.é.].

13. cf. Moltmann 2012.

(*eh'je asher eh'je*) “je serai qui je serai”[14]. » La dissolution de l'idée de Dieu dans un processus historique de progrès éthique transformant le monde n'est pas étrangère aux tendances profondes de la Réforme radicale[15]. Le dialogue audacieux de Moltmann avec le marxisme, en particulier avec son collègue de Tübingen Ernst Bloch, fait partie intégrante de sa vision néo-millénariste[16]. Le génie propre de Moltmann consista surtout à reconnaître combien l'exégèse de Schweitzer se prêtait facilement à fonder une eschatologie sécularisée dans la lignée de Hegel. Il brasse certes beaucoup d'air autour de la nécessité d'emprunter la « voie ouverte par Schweitzer[17] ». Mais il montre surtout où mène tout naturellement la version rénovée de la *voie négative* proposée par Schweitzer, avec sa préférence instinctive pour une eschatologie immanente[18] : à un petit « *Dieu* » tel que nous le désirons pour notre petite théologie – ou carrément à une théologie sans Dieu.

Schweitzer éprouvait un dégoût profond pour le rationalisme dogmatique de Hegel, il n'est pas question de le nier[19]. Son intérêt sans ambiguïté pour l'eschatologie séculière de transformation du monde justifie néanmoins l'instinct théologique de Moltmann quand il le considère comme un allié et un partenaire dans son dialogue avec Marx. Schweitzer est aussi l'ancêtre exégétique de la théologie de la libération, avec ses ramifications actuelles dans les éco-théologies[20]. Une thèse récente qualifie le projet de Schweitzer tout

---

14. Cf. O'Regan 2009 p. 38 ; « à son corps défendant, Moltmann n'a pu échapper au champ gravitationnel de la théodicée hégélienne » (*ib.* p. 110).

15. Sur la Réforme radicale et son influence sur Schweitzer, cf. *supra* ch. 2. Moltmann a inspiré d'autres visionnaires eschatologiques, tant catholiques que protestants, par exemple Pannenberg, Meeks, Gutierrez, Sobrino, Boff, etc.

16. Karl Barth lut la *Théologie de l'espérance* avec enthousiasme, mais non sans hésitation sur le fond. Il écrivit à son auteur : « Pour le dire sans prendre de gants : est-ce que votre *Théologie de l'espérance* n'est pas une version baptisée du *Principe espérance* de Bloch ? » – Moltmann 2009 p. 109.

17. En allemand *Schweitzerstraße* dans le texte [n.d.é.].

18. « Les amateurs de théologie négative pourront faire leur miel de ces pages. Il n'y a rien de plus *négatif* en effet que l'étude critique de la vie de Jésus » – Schweitzer 2001 p. 398.

19. « Au XIXe siècle, l'esprit de réalisme s'est élevé contre celui d'idéalisme. Le premier individu en lequel il s'est hypostasié fut Napoléon Ier. Le premier penseur à l'annoncer fut le philosophe allemand Hegel. Celui-ci soutenait que les hommes n'ont pas à transformer la réalité pour l'accorder avec les idéaux formés par la pensée. Le progrès se produit automatiquement dans le cours des événements – même la guerre en fait partie. L'idée que l'idéalisme éthique serait une forme de sentimentalisme inopérante dans la réalité a surgi avec Hegel. Il fut le premier à formuler la théorie du rationalisme, quand il écrivit : « Tout ce qui est rationnel est réel, tout ce qui est réel est rationnel. » Cette nuit du 25 juin 1820 marque le début de notre époque, celle qui devait conduire à la guerre mondiale, et peut-être à la fin de la civilisation » – Schweitzer 2009a p. 77.

20. Cf. Ratzinger 2011 p. 489-641.

entier de « sotériologie séculière[21] ». « Séculier » signifie en l'occurrence *dé-eschatologisante*. Un autre auteur peut ironiquement montrer que la *morale par provision*[22] de Schweitzer destinée à combiner éthique et eschatologie aboutit à compromettre l'une et l'autre[23]. En définitive, Schweitzer « substitue sa propre eschatologie à celle de Jésus[24] ».

Il n'est pas difficile de constater que ce tournant était inévitable. La décevante mort de Jésus sur la croix offre le plus cinglant démenti à sa vision apocalyptique : « Au lieu de mettre en place les conditions de l'eschatologie, il les a détruites[25]. » Détruites, mais non sans un but plus élevé : *Négation, Conservation, Élévation*[26] peuvent ne pas être les opérations automatiques du progrès historique. Schweitzer a bien senti ici l'erreur de Hegel. Et pourtant il opère une synthèse qui ressemble bien à quelque *sursumption*[27] hégélienne. La croix de Jésus annihile l'*eschaton* situé en un autre monde en l'historicisant. *L'avènement proche*[28] est supprimé (*tollere*[29]) alors que le message du Royaume subsiste (*conservare*). La morale provisoire de Jésus est transvaluée en une affirmation de la vie mystique et supra-morale (*elevare*)[30]. L'alchimie de la croix forge une eschatologie idéaliste pour ce monde-ci.

Pour Schweitzer, les attentes messianiques de Jésus[31] ont été déçues. Par ses souffrances vicaires, il a tordu le bras de l'histoire qui le niait[32].

---

21. Cf. OBIKONU IGBOKWE p. 245-311.
22. En allemand *Interimsethik* dans le texte [n.d.é.].
23. Cf. WITMER 2014. L'appel de Schweitzer à une morale provisoire est explicite et développé avec une précision quasi catéchétique par EHRMAN 1999 p. 165 ; 177.
24. WITMER 2014 p. 498.
25. SCHWEITZER 2001 p. 371.
26. En allemand *Negation, Aufbewahrung, Erhöhung* dans le texte, trois moments de la dialectique hégélienne [n.d.é.].
27. En allemand *Aufhebung* dans le texte [n.d.é.].
28. En allemand *Naherwartung* dans le texte [n.d.é.].
29. Hegel emploie ce verbe latin, « que le mot d'esprit de Cicéron *tollendum est Octavium* ("il faut supprimer/glorifier Octave") a rendu célèbre », pour indiquer le double sens de la *sursumption* (*Aufhebung* – cf. *Science de la logique,* Livre 1 section 1, ch. 1er § 3 « suppression du devenir », note – trad. Jankélévich, Paris : Aubier, 1947 ; t. 1 p. 102).
30. L'éthique du royaume prêchée par Jésus transcende selon Schweitzer le bien et le mal : « Tous les critères moraux doivent être abolis. Le royaume de Dieu est supra-moral » (SCHWEITZER 1985 p. 58). L'affirmation de la vie est un concept que cet auteur semble emprunter à Nietzsche – cf. SCHWEITZER 2009b.
31. Telles qu'il les exprime naïvement en Mt 10, 23 : « Si l'on vous pourchasse dans une ville, fuyez dans telle autre, si l'on vous pourchasse dans cette autre, fuyez vers une troisième ; en vérité, je vous le dis, vous n'achèverez pas le tour des villes d'Israël avant que ne vienne le Fils de l'homme. »
32. « Peu après survient Jésus. Se sachant Fils de l'homme, il pousse la grande roue cosmique qui s'élance pour sa dernière révolution, destinée à mener l'histoire à son terme. Elle se bloque

« Son but était de mettre en mouvement le développement eschatologique de l'histoire » en « créant des événements eschatologiques ». C'est « cette puissante force créatrice [qui] rend difficile de saisir historiquement l'eschatologie de Jésus[33] ». Cette espérance inquiète de la fin du monde conduit à la fin à des efforts révolutionnaires pour « immanentiser les fins dernières[34] ». Cette fondation effective du Royaume n'a pas grand-chose à voir avec le *Reich* de l'autre monde tel que le pensait Ritschl. Son titanisme grandiose rappelle plus la napoléonienne *âme du monde à cheval*[35].

Jésus, dans le combat prométhéen qu'il livre sur la croix, où il fait exploser son héroïsme vital, érige en lui-même un royaume de Dieu purement immanent, sur l'horizon duquel se dresse l'éthique de la *révérence pour la vie* qui en tire toute sa force évangélique. *Pour Schweitzer, le principe eschatologique de vie n'est pas la Résurrection du Christ.* Il développe ailleurs une *critique de la culture*[36] à la tonalité sombre[37], qui ressemble aux prophéties de *destruction du monde*[38] de l'Évangile. La *révérence pour la vie* qu'il en tire est une *praxis* théologique qui se pique de philosophie et affiche une vision grandiose d'*effondrement et de reconstruction*[39]. Pourtant, tout en se couvrant de l'Évangile, il lui substitue une éthique intra-historique de justice humanitaire. Ce mouvement n'a rien de marginal, mais il n'est pas sans risque : « la justice peut-elle devenir la bannière de l'Antéchrist[40] » ?

---

dans sa rotation, alors il se jette lui-même dessus. Elle se remet en mouvement et l'écrase. Au lieu de mettre en place les conditions de l'eschatologie, il les a détruites. La roue continue à tourner et le corps mutilé de l'Homme incommensurablement grand, qui se pensait un maître spirituel assez puissant pour incliner l'histoire de l'humanité selon ses vues, y pend immobile. C'est sa Victoire et son Règne » – SCHWEITZER 2001 p. 370-371.

33. *Ib. loc.*

34. Cf. BILLINGTON 1999 ; sur « l'immanentisation de l'*eschaton* » cf. VOEGELIN 1987.

35. En allemand *Weltseele zu Pferd* dans le texte, célèbre allusion à Napoléon Ier dans la correspondance de Hegel, qui venait de voir le futur triomphateur d'Iéna passer sous sa fenêtre (13 octobre 1806 [n.d.é.]).

36. En allemand *Kulturkritik* dans le texte [n.d.é.].

37. Lorsque Schweitzer montre Jésus attendant la fin du monde, il semble évoquer non la Palestine du Ier siècle mais le *sentiment de décadence (Untergangsbewußtsein)* dont souffre l'Europe contemporaine. L'exégèse et la critique contemporaine s'influencent mutuellement. Cf. RATZINGER 2011 p. 40 ; WRIGHT 2018.

38. En allemand *Weltuntergang* dans le texte [n.d.é.].

39. En allemand *Verfall und Wiederaufbau* dans le texte [n.d.é.] ; cf. SCHWEITZER 2007.

40. Selon O'REGAN 2009 p. 53, Dostoïevski s'inquiète dans la célèbre parabole du grand inquisiteur « de la faim de justice qui remplacerait la parole et l'œuvre du Christ, plutôt que de l'exprimer [...]. C'est une question que nous devons encore et toujours nous poser : la justice peut-elle devenir la bannière de l'Antéchrist ? ».

Dieu ne trépigne pas d'impatience en attendant que s'accomplisse son triomphe glorieux, bien que les théologiens héritiers de Hegel se divertissent parfois à penser les choses ainsi[41]. Il réside et il est la *fin* (*eschaton*) et le *principe* (*archè*), il est l'alpha et l'oméga[42]. À l'inverse de nous, il n'y a en lui aucune successivité de l'un à l'autre. Il est important pour la critique de bien percevoir ce qui caractérise le royaume de Dieu. C'est la fidélité à l'enseignement de Jésus, pas seulement un intérêt pour « l'eschatologie », qui prémunit contre l'errance prêchée par les « pseudo-christs » et « pseudo-prophètes »[43]. Ils doivent venir avec leurs fables captieuses, n'ayant que justice et liberté à la bouche[44]. Contre les faux messies et leurs utopies (parmi lesquels beaucoup compteraient Jésus lui-même), le Seigneur nous met en garde : « Soyez sur vos gardes : je vous ai prévenus de tout[45]. »

41. Cf. *Id.* 1999. Alma von STOCKHAUSEN 2003 a tenté de tracer l'origine de la théologie de Hegel dans les propositions les plus hardies de Luther.

42. Cf. Is 44, 6 ; 48, 12 ; Ap 1, 8.17 ; 21, 6 ; 22, 13 [n.d.é.].

43. Mc 13, 22 ; en grec ψευδόχριστοι καὶ ψευδοπροφῆται dans le texte.

44. Le messianisme marxiste pour le temps présent (*Jetztzeit*) de Walter Benjamin n'est pas très différent des proclamations de libération figurant sur les pièces frappées par Bar Kochba, instigateur d'une révolte dont on connaît l'issue infortunée.

45. Mc 13, 23.

ANNEXE II

RECENSION DE PAULA FREDRIKSEN, *WHEN CHRISTIANS WERE JEWS: THE FIRST GENERATION* (NEW HAVEN : YALE, 2018)

Par tempérament, je suis enclin à suivre la *Nouvelle critique* (qui ne l'est plus tant que cela d'ailleurs)[1]. Paula Fredriksen a cependant publié un livre qu'il faut plutôt lire avec les bonnes vieilles méthodes freudiennes. Son titre recèle un intérêt autobiographique : « quand les chrétiens étaient juifs » mais Paula Fredriksen est une juive qui fut chrétienne. Mieux encore, cette ancienne catholique est une historienne juive des judéo-chrétiens primitifs. À la dernière page de son livre, elle invalide même son titre accrocheur comme un anachronisme. Les « chrétiens » n'existaient pas dans cette première génération, elle l'admet volontiers[2]. Les disciples de Jésus n'étaient alors que des juifs égarés qui se croyaient les derniers de leur espèce. Entre-temps, puisque le monde ne s'est pas arrêté, ces juifs égarés sont devenus des chrétiens égarés. Le livre se termine sur une pique adressée à « l'une des sources les plus constantes de l'antijudaïsme occidental[3] », à savoir la foi chrétienne bâtie sur plusieurs

1. Cf. *supra* ch. 3 note 64 [n.d.é.].
2. Cf. Ac 11, 26.
3. P. 183.

strates d'illusions. Pour lamentable que soit l'antijudaïsme chrétien, on peut se demander si une dose de moraline administrée par un antichristianisme juif anciennement chrétien, présentant comme de la vulgarisation des reconstitutions historiques hautement spéculatives, est ce qui sert le mieux les relations entre juifs et chrétiens.

Ce livre se fonde sur un principe initial parfaitement bénin et dicté par la sainte raison historique : *Jésus était juif*. Dès lors, résumant et mêlant avec verve les points défendus dans ses précédents livres (*Jesus of Nazareth, king of Jews* [1999] et *Paul, the Pagans' apostle* [2017]), l'auteur repense et réécrit les origines chrétiennes comme une histoire totalement juive. Il n'y a bien évidemment rien à objecter à ce projet en tant que tel, même s'il se permet ici de nombreuses affirmations et jugements qui méritent discussion et même contradiction, j'y viendrai. Selon l'auteur, Jésus fut une victime doublement trompée ; pris de court lorsque l'histoire poursuivit imperturbablement sa course ; dépassé par un jeu politique mal géré. À cause d'un complot romain mal goupillé, cet enthousiaste à l'esprit religieux fonda involontairement une nouvelle secte de déséquilibrés aux confins du judaïsme, un groupe de « juifs marginaux » à son image : une secte prophétique incorrigiblement obtuse et fourvoyée. Présenter ainsi le contenu du livre est certes exagéré, mais malheureusement assez exact. C'est le genre littéraire et éditorial qui est en cause. Il est conforme aux exigences professionnelles de l'auteur, et inévitablement personnel. C'est en tout point un livre commercial, destiné à la consommation de masse, acquis d'emblée au sensationnalisme qui fait vendre. C'est tout simplement la dernière parution, bien écrite, au rythme enlevé, de la collection « Jésus le prophète millénariste raté » – dont les numéros successifs finissent par tous se ressembler, comme les tomes de la *Guerre des étoiles*, au prix d'un ravalement superficiel des wookiees et des étoiles de la mort.

Le genre en est bien connu. Au sommet d'une pyramide dont la base est constituée par un judaïsme apocalyptique et l'élévation par un Jésus fourvoyé – à la manière de Schweitzer –, on fait une mention prévisible d'une publication de Léon Festinger : *L'échec d'une prophétie – psychologie sociale d'un groupe de fidèles qui prédisaient la fin du monde*[4]. La combinaison d'histoire et de psychologie sociale plante le décor. La fin du monde attendue par Jésus ne s'est pas produite. Ses disciples se sont obstinés plus encore que leur maître. Ils ont encore et encore confronté la même prophétie à la réalité,

4. Ouvrage classique de Leon Festinger et Stanley Schachter paru en anglais en 1956 et traduit en français en 1993 [n.d.é.].

toujours sans succès mais sans que cela suffise à la discréditer. Ils n'ont cessé de la réinterpréter et de la ressusciter avec une ingénuité qui ne s'explique que par leur obstination utopique. Fredriksen place donc son lecteur devant quatre abandons eschatologiques : lors de la Pâque de Jésus ; lorsque les apparitions du ressuscité s'interrompirent ; lors de l'altercation tendue avec Caligula[5] ; lors de la grande révolte contre Rome[6]. Avec Schweitzer, l'attente imminente de la fin du monde caractérisait Jésus. Avec Fredriksen, cette conception erronée du temps est étendue à toute la génération primitive des disciples de Jésus, qui se caractérise donc par presque un demi-siècle de bouillonnement eschatologique déçu.

On ne peut trop recommander l'honnêteté de la démarche qui lie étroitement l'histoire du Christ et celle des origines chrétiennes. Le Père Lagrange l'a vu il y a longtemps et c'était la clef de sa réponse au projet historique allemand. En mêlant inextricablement Jésus et Paul, Fredriksen confirme à son corps défendant la critique pertinente de Lagrange contre l'école schweitzérienne à laquelle elle-même appartient. Son livre fournit l'exemple achevé d'une analyse qui se détruit elle-même, en proposant une explication dont les arguments rendent impossible le phénomène même qu'elle s'épuise à expliquer. Son Jésus jetable rappelle curieusement l'*Homme en trop* dont Tourgueniev a écrit le *Journal*.

Fredriksen déploie son argumentation en cinq chapitres. Le premier pose le fondement, en plaçant Jérusalem au centre et au premier plan, en considérant que Jésus, comme tous les juifs de son temps (Paul inclus mais pas les esséniens de Qumrân), n'avait rien contre le Temple. À partir de là, cela *va de soi*[7] pour l'auteur que Jésus se satisfaisait pleinement de l'ordre des choses tel qu'il était sous le Second Temple. Elle considère donc comme non pertinents les indices multiples de frictions halakhiques, tensions, défis internes relevés çà et là. Cette démarche qui privilégie les actes par rapport aux mots

---

5. L'empereur ordonna au légat de Syrie Publius Petronius, père du possible auteur du *Satyricon*, « l'arbitre des élégances », de dresser sa statue dans le Temple de Jérusalem. Conscient des troubles que la profanation ne manquerait pas de provoquer dans les communautés juives de Palestine et de la Diaspora, le légat retarda tant qu'il put l'exécution de l'ordre. Il parvint à gagner du temps jusqu'à l'assassinat de Caligula qui mit fin à l'entreprise. Entre-temps, la menace a pu causer l'agitation messianique des communautés juives à Antioche (cf. Ac 11, 26) et Rome (cf. SUÉTONE, *Vie de Claude* 25, 11) ; la chronologie de ces événements est toutefois disputée [n.d.é.].

6. La 1re guerre juive de 66 à 70 qui se solde par la destruction du Temple de Jérusalem. L'auteur discerne donc quatre moments au Ier siècle que les disciples de Jésus ont pu interpréter comme annonciateurs de la fin des temps [n.d.é.].

7. En français dans le texte [n.d.é.].

et se plaît à décrire son héros en conversation sereine avec son entourage juif rappelle les travaux d'E. P. Sanders[8].

Le deuxième chapitre reprend le fil et interprète l'épisode des marchands chassés du Temple, ou plutôt du renversement des tables des changeurs (Sanders encore). Sur la base des résultats *acquis* au ch. 1, cet événement ne trahit plus aucun antagonisme avec l'*establishment* religieux du Temple. Fredriksen opte pour la chronologie johannique[9], ce qui a pour conséquence qu'il n'y a plus d'explication de la condamnation de Jésus dans les Synoptiques. Dans son plaidoyer, l'auteur relève que Jésus seul a été arrêté et tué, non ses disciples. Elle en conclut que, pour Pilate, ni Jésus ni ses disciples ne représentaient une menace politique. Cela conduit à l'affirmation provocante que Jésus a été crucifié en tant que « roi des juifs » pour désabuser, réduire au silence et disperser les foules surexcitées qui venaient de l'acclamer comme Messie[10], titre que Jésus n'aurait jamais cherché à revendiquer. Jésus aurait donc été victime de sa popularité qu'il n'aurait pas su gérer, et qui lui aurait tourné la tête en l'induisant à croire en une fin imminente du monde.

L'affirmation que Jésus n'avait pas de prétentions messianiques possède une histoire longue – et problématique. L'intérêt ici c'est que, là où Schweitzer oblige à choisir entre Wrede et lui-même – c'est-à-dire entre un Jésus qui n'aurait jamais cru être le Messie et un au contraire obsédé par l'apocalyptique –, Fredriksen veut assumer ces deux figures contradictoires. Jésus acquiert une identité messianique *post mortem* à cause de sa fixation apocalyptique pendant sa vie. Ce n'est pas une invention de Marc, comme le pensait Wrede, mais ce n'est pas non plus pour avoir « élancé la roue de l'histoire » comme le pensait Schweitzer[11], mais c'est l'effet de la ruse (mal) calculée d'un préfet romain. Le *titulus*[12] de Pilate, pure moquerie destinée à refroidir l'ardeur des foules, constitue le véritable *proto-Évangile*, le roc d'historicité sur lequel Fredriksen construit sa vision alternative.

Cet anti-Évangile est une authentique bravade. Jésus n'eut pas d'ennemi, mais trop de succès. Personne ne l'a jamais rejeté. Il proclamait le Royaume

8. Ed Parish Sanders, dont le *Paul and Palestinian Judaism* (1977) a lancé la « Nouvelle perspective sur Paul ». Cette école qui domine aujourd'hui l'exégèse paulinienne conteste que l'Apôtre ait rompu avec son milieu juif d'origine [n.d.é.].

9. Qui place le renversement des tables au début du ministère de Jésus. Les Synoptiques le placent à la veille de la Passion, qu'il provoque d'ailleurs, puisque les chefs du Temple ne pouvaient laisser cet acte de rébellion impuni.

10. Lors des Rameaux [n.d.é.].

11. Pour la citation de Schweitzer d'où l'auteur a extrait cette formule, cf. *supra*, annexe I note 32.

12. Écriteau imposé sur la croix par Pilate, donnant le motif de la condamnation de Jésus : « le roi des juifs » (cf. Jn 19, 19-22 [n.d.é.]).

mais sans y revendiquer aucune place pour lui-même, puisque son contenu n'était rien d'autre que la fin du monde. Cela aurait suffi, semble-t-il, à lui assurer une popularité démente. Mettre cette habile stratégie révisionniste face à ses sources ne permet pas d'en rendre compte. Fredriksen s'est souvenue du « printemps galiléen » de Renan mais l'a placé en toile de fond de la Passion judéenne, dont la responsabilité retombe tout entière sur Pilate.

Au ch. 3, l'auteur doit rendre compte de l'échec de Pilate dont la manœuvre n'est pas parvenue à débander la plèbe en furie – laquelle, curieusement, ne l'était pas assez pour poser une menace sérieuse mais juste ce qu'il fallait pour justifier des mesures drastiques et sanglantes. Il faut donc traiter de l'expérience de la Résurrection et expliquer comment ce Jésus dont les prétentions messianiques inexistantes ont quand même survécu à leur brutale répression, de sorte qu'il est devenu le « Christ ». Selon Fredriksen, cela s'est fait par un cycle double de frustration eschatologique. Les apparitions du ressuscité – qui trahissent la première tentative des disciples pour maintenir à flot le rêve de Jésus d'un Royaume immanent, après qu'il a reçu à la croix un cinglant démenti – ont dans un premier temps atteint leur but. Puis elles se sont interrompues, et le monde a continué à suivre son cours. Alors les disciples pleins de ressource ont de nouveau prophétisé l'avenir, surpassant leurs « dissonances cognitives » en inventant la venue du Fils de l'homme.

La réduction de la Résurrection à une *idée fixe*[13] est certainement l'inflexion pivotale la plus déterminante de l'auteur. Le Nouveau Testament ne dit pourtant rien de tel. Ignorons aussi que l'expérience de Paul sur le chemin de Damas n'eut rien d'une « dissonance cognitive » – il était juif et non « chrétien », et la mort définitive de Jésus était pour lui une « consonance cognitive » qui convenait très bien à son intelligence. Selon Fredriksen, la Résurrection pour les premiers fidèles ne révélait ni ne confirmait rien de la divinité de Jésus, mais sauvegardait leur espoir de la fin imminente du cosmos. Pour l'affirmer, elle s'oblige à jeter par-dessus bord une bonne partie des traditions primitives. Le postulat d'une fixation monomaniaque sur la fin du monde ignore les expressions néotestamentaires d'une « eschatologie réalisée » – encore un point sur lequel Paul et Jean sont ignorés ou maladroitement interprétés. Les bases étroites de l'argumentation de Fredriksen sont ainsi affligées d'un angle mort. Instrumentaliser les *logia* évangéliques sur le Fils de l'homme comme une recette pour entretenir l'heureuse illusion eschatologique ne rend donc pas compte des matériaux présents dans les Évangiles. Ils sont

13. En français dans le texte [n.d.é.],

en effet beaucoup plus complexes que l'interprétation opportuniste du motif de la « venue sur les nuées » ne permet de l'admettre. Personne n'est obligé de croire en la Résurrection. Mais on peut à bon droit se demander si ce n'est pas Paula Fredriksen qui tient obstinément à une idée fixe.

Les deux chapitres suivants laissent la même impression de *déjà-vu*[14]. On y trouve de nouveaux avatars christologiques, comme la « Davidisation » de Jésus – devenu roi malgré lui par la faute du *titulus*. La mission aux Gentils serait survenue à l'improviste, les apôtres *cooptant* des Grecs déjà attachés au judaïsme, conformément aux prophéties vétérotestamentaires sur le rassemblement des nations. Le spectacle se clôt sur deux altercations avec les Romains, avec de grands feux d'artifice – mais pas ceux qui suffisent à tirer le rideau de l'histoire[15].

Une fois la lecture achevée, on tombe dans un embarras profond. On pourrait certes partager de nombreuses observations, formulations utiles et aperçus astucieux. Mais on a si souvent le désir de décrocher qu'il faut peser son choix au moment de s'embarquer dans cette aventure. Concernant la méthode qui convient à l'étude du Jésus historique par exemple, je ne peux que souscrire au choix décidé pour Dale Allison plutôt qu'E. P. Sanders. En écartant la plupart des *logia* de Jésus, comme Sanders, en ignorant en son intégralité la *forme* et le *rôle* de la mémoire qui transmet Jésus, Fredriksen n'emploie pas la méthode qui pourrait nous camper sur le terrain ferme de l'histoire. Bien sûr qu'Allison aboutit lui aussi à présenter Jésus comme un prophète millénariste raté. Tout ce que je peux dire ici, c'est que j'ai répondu à cette question ailleurs. Sans rien perdre de sa sève eschatologique et apocalyptique, le judaïsme de Jésus est beaucoup plus inclusif et nuancé que le portrait ampoulé que l'on en trace d'ordinaire. Son contexte juif est ouvert à la culture scribale et donc au rabbinisme, beaucoup plus que les émules de Schweitzer ne sont disposés à l'accepter. C'est la conséquence du mépris ouvert qu'ils professent généralement pour la religion rabbinique.

Les reconstitutions du judaïsme par des chrétiens (ou des ex-chrétiens) ne pèchent pas par excès de simplicité. Puisque l'enjeu de l'identité de Jésus et de ses premiers disciples a inévitablement des conséquences sur les relations actuelles entre juifs et chrétiens, il me semble que Fredriksen ne rend pas du tout service à l'identité juive. Elle exclut Jésus de ses convictions personnelles,

14. *Idem*.

15. La première de ces altercations avec Rome désigne la Première Révolte juive (66-70 [n.d.é.]),

mais dénie encore à des juifs du Ier siècle le droit de dire *Non*. Elle interdit à ces premiers chrétiens qui étaient des juifs de prononcer leur propre *Oui*. Comme Jésus, ils n'ont d'autre droit que celui de se cramponner à une illusion, dont lui-même devient en définitive le parangon. Un dialogue authentique sur ces questions délicates n'exige-t-il pas de reconnaître et de respecter l'espace mental où Jésus assume réellement la qualité de Messie, et permet aussi de la lui contester ? Est-ce que les traumatismes d'un passé souvent inexcusable doivent nous troubler et forcer notre libre arbitre au point que nous ne laissions plus les textes nous dire ce qu'ils veulent ?

En dernière analyse, le projet de Fredriksen invite à la réflexion sur l'épistémologie de la religion et plus précisément sur les relations entre intelligence historique et conviction confessionnelle. En bref, est-ce pour les raisons développées dans ce livre que son auteur n'accepte plus le Christ comme Seigneur ? Ou bien a-t-on affaire au revêtement historique d'une option choisie pour d'autres motifs, à la fois intellectuels et personnels ?

Au début de son *Eschatologie*, Ratzinger développe l'articulation entre entendement et existence sous-jacente à l'ensemble du projet de Fredriksen. Il se demande pourquoi il y a deux cents ans, l'affirmation que l'espérance chrétienne serait une illusion passait pour « rigoureusement insensée » (*eine ganz sinnlose Behauptung*). Il répondait : cela dépend de ce que l'on pense être la réalité (*Wirklichkeit*). Il fut un temps où la *réalité* était *chrétienne*. Sur ce fondement stable, une société entière pouvait vivre et mourir et édifier une brillante culture baroque. « Aujourd'hui, nous constatons la situation opposée. » Affirmer aujourd'hui que la vérité chrétienne est la réalité sur laquelle le monde est bâti est pour beaucoup devenu incompréhensible. Fredriksen tient des propos *désabusés*[16].

Désabusés, peut-être, mais pas universellement acceptables. Il en reste encore beaucoup dans la balance. Si les positions tenues par Fredriksen dans son livre sont vraies, on peut sérieusement se demander si la foi chrétienne a encore le droit d'exister. Depuis Schweitzer, les protestants libéraux et les catholiques modernistes se sont efforcés d'intégrer des points de vue similaires à ceux de Fredriksen dans la confession de foi chrétienne. Je considère ces acrobaties peu convaincantes, comme l'illustre le choix personnel de Fredriksen pour le judaïsme.

L'incompatibilité fondamentale du livre de Fredriksen avec ce que le christianisme dit de Jésus ne rebutera sans doute pas les incroyants. Pourtant, le discrédit fondamental jeté sur la foi chrétienne constitue un obstacle de taille

16. En français *blasé* dans le texte [n.d.é.].

pour les incroyants qui chercheraient à comprendre cette croyance ridicule. Dans *La Cité de Dieu*, saint Augustin rapporte un oracle d'Apollon cité par Porphyre. C'est la réponse donnée par le dieu à un homme qui veut dissuader son épouse d'embrasser le christianisme : « Qu'elle fasse selon son bon plaisir, qu'elle persiste dans ses vaines illusions (*inanibus fallaciis*) et se lamente dans un cantique sur un dieu qui est mort dans l'illusion (*fallaciis*)[17]. » Qu'un savant juif moderne puisse le cœur léger s'accorder avec un ancien auteur païen sur la nature du christianisme et l'identité de Jésus ne manque pas de sel. Voilà une prophétie qui semble davantage du goût de Fredriksen (alors que Porphyre n'hésite pas à dire que *les juifs* ont eu raison de condamner Jésus à une mort ignoble). Saint Augustin répondait que ces propos étaient évidemment « le produit d'un homme doué dont l'irascible en voulait aux chrétiens ». Qu'il soit permis à un chercheur chrétien d'aujourd'hui de paraphraser Augustin et de proposer que le dernier numéro de la collection « Prophète bercé d'illusions », à la couverture défraîchie de longue date, n'apparaisse surmonté d'une manchette empruntée à un article antérieur du même auteur : « En retraite d'office. Idées sur les origines chrétiennes qu'il est temps de mettre au rebut[18] ».

Traduit par Renaud Silly o.p.

17. Saint Augustin, *La Cité de Dieu* XIX, xxiii, 1.
18. Titre d'un article de Fredriksen en 2006 ; cf. bibliographie [n.d.é.].

Bibliographie

Bible

Ancien Testament

Gn	Genèse
Ex	Exode
Lv	Lévitique
Nb	Nombres
Dt	Deutéronome
Jos	Josué
Jg	Juges
Rt	Ruth
1 & 2 S	– 1 & 2 Samuel (= 1 & 2 Règnes LXX)
1 & 2 R	– 1 & 2 Rois (= 3 & 4 Règnes LXX)
1 & 2 Ch	– 1 & 2 Chroniques (= 1 & 2 Paralipomènes LXX)
Esd	Esdras (= 1 Esdras LXX)
Ne	Néhémie (= 2 Esdras LXX)
Tb	Tobie
Jdt	Judith
Est	Esther
1 – 4 M	– 1 – 4 Macchabées
Jb	Job
Ps	Psaumes
Pr	Proverbes
Ecc	Ecclésiaste
Ct	Cantique des cantiques
Sg	Sagesse de Salomon
Si	Siracide (= Ecclésiastique de la Vulgate)
Is	Isaïe
Jr	Jérémie
Lm	Lamentations
Ba	Baruch
Ez	Ézéchiel
Dn	Daniel
Os	Osée
Jl	Joël
Am	Amos
Abd	Abdias
Jon	Jonas
Mi	Michée
Na	Nahum
Ha	Habaquq
So	Sophonie
Ag	Aggée
Za	Zacharie
Ml	Malachie

Nouveau Testament

Mt	Matthieu	Ga	Galates	Phm	Philémon
Mc	Marc	Ep	Éphésiens	He	Hébreux
Lc	Luc	Ph	Philippiens	Jc	Épître de Jacques
Jn	Jean	Col	Colossiens	1 & 2 P	– 1 & 2 Pierre
Ac	Actes des apôtres	1 & 2 Th	– 1 & 2 Thessaloniciens	1 – 3 Jn	– 1 – 3 Jean
Rm	Romains	1 & 2 Tm	– 1 & 2 Timothée	Jude	
1 & 2 Co	– 1 & 2 Corinthiens	Ti	Tite	Ap	Apocalypse

Collections et *périodiques*

AJEC – Ancient Judaism and Early Christianity
ANRW – Aufstieg und Niedergang der römischen Welt
BET – Beiträge zur biblischen Exegese und Theologie
BZNW – Beihefte zum *ZNW*
CBET – Contributions to Biblical Exegesis and Theology
CBQ – Catholic Biblical Quarterly
CRB – Cahiers de la *RB*
DS – Denzinger-Schönmetzer
FAT – Forschungen zum Alten Testament
FRLANT – Forschungen zur Religion und Literatur des Alten und Neuen Testaments
HTR – Harvard Theological Review
JBL – Journal of Biblical Literature
JJS – Journal of Jewish Studies
JSHJ – Journal for the Study of the Historical Jesus
JSJSup – *JSJ* Supplement
JSNTSup – Journal for the Study of the New Testament supplement series
JSJ – Journal for the Study of Judaism in the Persian, Hellenistic, and Roman Period
JSP – Journal for the Study of the Pseudepigrapha
LNTS – Library of New Testament Studies
NovT – Novum Testamentum
NovTSup – Novum Testamentum supplement series
NTS – New Testament Studies
RB – Revue Biblique

SNTSMS – Society for New Testament Study monograph series
TS – Theological Studies
WUNT – *Wissenschaftliche Untersuchungen zum Neuen Testament*
ZNW – Zeitschrift für die Neutestamentliche Wissenschaft

Littérature secondaire

ADAM, Sean, « Luke's Preface and Its Relationship to Greek Historiography: A Response to Loveday Alexander », *Journal of Greco-Roman Christianity and Judaism* 3 (2006) p. 177-191

ALEXANDER, Loveday, *The Preface to Luke's Gospel: Literary convention and social context in Luke 1:1-4 and Acts 1:1* – Cambridge : CUP, 1993 (SNTSMS 78)

– « Fact, Fiction and the Genre of Acts » in *NTS* 44 (1998) p. 380-399

– *Acts in Its Ancient Literary Context,* T&T Clark, 2005

ALEXANDER, Philip, « Towards a Taxonomy of Jewish Messianisms » in John ASHTON (éd.) *Revealed Wisdom: Studies in Apocalyptic in Honor of Christopher Rowland* – Boston : Brill, 2014 (AJEC 88) ; p. 52-72

ALLEN, Joel, « The Despoliation of Egypt: Origen and Augustine – From Stolen Treasures to Saved Texts », in T.E LEVY *et al.* (éds) *Israel's Exodus in Transdisciplinary Perspective* – Cham : Springer International, 2015 ; p. 347-355

ALLISON, Dale, *Jesus of Nazareth: Millenarian Prophet* – Minneapolis : Fortress, 1998

– *Resurrecting Jesus: The Earliest Christian Tradition and Its Interpreters* – New York : T&T Clark, 2005

– *The Historical Christ and the Theological Jesus* – Grand Rapids : Eerdmans, 2009

– *Constructing Jesus: Memory, Imagination, and History* – Grand Rapids, Baker Academic, 2010

ALONSO SCHÖKEL, Luis, « Dove va l'esegesi cattolica ? » in *La Civiltà Cattolica* 111, n° 2645 (3 septembre 1960), p. 449-460

AMIR, Yehoshua, « Die Begegnung des biblischen und des philosophischen Monotheismus als Grundthema des jüdischen Hellenismus » in *Evangelische Theologie* 38 (1978) p. 2-19.

– « Der jüdische Eingottglaube als Stein des Anstoßes in der hellenistisch-römischen Welt » JBTh 2 (1987) p. 58-75

ANATOLIOS, Khaled, *Retrieving Nicea: The Development and Meaning of Trinitarian Doctrine* – Grand Rapids : Baker, 2011

ANDERSEN, Marvin, « Erasmus the Exegete » in *Concordia Theological Monthly* 40 (1969) p. 722-733

ANDERSON, Gary, *Genesis of Perfection: Adam and Eve in Jewish and Christian Imagination* – Louisville : Westminster John Knox, 2001

– *Christian Doctrine and the Old Testament: Theology in the Service of Biblical Exegesis* – Grand Rapids : Baker Academic, 2017

ANDRESEN, Carl, « Zur Entstehung und Geschichte des Trinitarischen Personbegriffes », *ZNW* 52 (1961), p. 1-38.

ANGEL, Joseph, « The Liturgical-Eschatological Priest of the Self-Glorification Hymn » in *Revue de Qumrân* 96 (2010) p. 585-605 [= 2010a]

– *Otherworldly and Eschatological Priesthood in the Dead Sea Scrolls* – Leyde : Brill, 2010 [= 2010b]

ARCARI, Luca, « "Discorsi monoteistici" nell' antichità : L'unicità divina come strumento di auto-definizione » in *Mediterraneo Antico* 13 (2010) p. 323-324.

ASSMAN Jan, « The Mosaic Distinction: Israel, Egypt, and the Invention of Paganism » in *Representations* 56 (1996) p. 48-67

ATKINSON, Kenneth, « Taxo's Martyrdom and the Role of the *Nuntius* in the *Testament of Moses:* Implications for Understanding Other Intermediary Figures » in *JBL* 125 (2006) p. 453-476

ATTRIDGE, Harold « The Philosophical Critique of Religion in the Early Empire », Wolfgang HAASE (éd.) in *Religion (Heidentum : Römische Religion, Allgemeines)* – Berlin : Walter de Gruyter, 1978 (ANRW II 16.1) p. 45-78

AUERBACH, Eric, *Mimèsis : La représentation de la réalité dans la littérature occidentale* – Paris : Gallimard, 1977 (Tel 14)

AUNE, David, *Revelation 6-16* – Nashville : Thomas Nelson, 1998

– *Prophecy in Early Christianity and the Ancient Mediterranean World* – Eugene : Wipf and Stock, 2003

– « Luke 1:1-4: Historical or Scientific Prooimion? » in *Paul, Luke, and the Greco-Roman World: Essays in Honour of Alexander J. M. Wedderburn*, A. CHRISTOPHERSON, C. CLAUSEN, J. FREY, et B. LONGENECKER (éds) – Sheffield, Sheffield Academic, 2002 (JSNTSup 217) ; p. 138-148

BAASLAND, Ernst, « Fourth Quest? What Did Jesus Really Want? » in Tom HOLMÉN & Stanley PORTER (éds) *Handbook for the Study of the Historical Jesus,* I, *How to Study the Historical Jesus* – Leyde : Brill, 2011 ; p. 31-56

BACKHAUS, Knut, *Die Jüngerskreis des Täufers Johannes : eine Studie zu den religionsgeschichlichen Ursprüngen des Christentums* – Paderborn : Schöningh, 1991

– « Asphaleia : Lukanische Geschichtsschreibung im Rahmen des antiken Wahrheitsdiskurses », in Eva EBEL & Samuel VOLLENWEIDER (éds) *Wahrheit und Geschichte : Exegetische und hermeneutische Studien zu einer dialektischen Konstellation*, Zurich : TVZ, 2012 – p. 79-108

BACKHAUS Knut & HÄFFNER Gerd, *Historiographie und fiktionales Erzählen : Zur Konstruktivität in Geschichtstheorie und Exegese*, Neukirchen – Vluyn : Neukirchener, 2007

BAINTON, Roland, « The Left-Wing of the Reformation » in *The Journal of Religion* 21 (1941) – p. 124-134

BALE, Alan, *Genre and Narrative Coherence in the Acts of the Apostles*, Londres : T&T Clark, 2015 (LNTS 514)

BALTHASAR (VON), Hans-Urs, *Esprit et feu* 1 & 2 – Paris : Cerf, 1960

– *Présence et pensée : Essai sur la philosophie religieuse de Grégoire de Nysse* – Paris : Beauchesne, 1988 (1re édition en 1941)

– « Transcendentality and *Gestalt* » in *Communio* 11 (1984) p. 4-12

– *Explorations in Theology II: Spouse of the Word* – San Francisco : Ignatius, 1991

– *Die Gottesfrage des heutigen Menschen* – Freiburg : Johannes, 2009

– *Theologie der Drei Tage* – Einsiedeln : Johannes, 2011

BARBER, Michael, « Jesus as the Living Temple Builder et Peter's Priestly Role in Matt 16:16-19 » in *JBL* 132 (2013) p. 935-953

BARKER, Margaret, *The Great Angel: A Study of Israel's Second God* – Louisville : Westminster John Knox, 1992

BARNES, Michel René, « Rereading Augustine's Theology of the Trinity » in Stephen T. DAVID, Daniel KENDELL, & Gerard O'COLLINS (éds), *The Trinity: An Interdisciplinary Symposium on the Trinity* – Oxford : OUP, 2002 ; p. 145-176

BARNES TATUM, William, *In Quest of Jesus* – Atlanta : John Knox, 1982

BARNES, Timothy David, « The Fragments of Tacitus' Histories » in *Classical Philology* 72 (1977) p. 224-231

BARR, James, « Abba Isn't Daddy » in *Journal of Theoological Studies* 39 (1988) p. 28-47

BARTH, Karl, *Dogmatique II. La doctrine de Dieu – tome 2e : ch. VII, l'élection gratuite* [éd. en français de la *Dogmatique,* fasc. 8] – Genève : Labor et Fides, 1958

– *Protestant Theology in the Nineteenth Century*, éd. Colin GUNTON – Grand Rapids : Eerdmans, 2002

BATES, Matthew, *The Birth of the Trinity: Jesus, God, and Spirit in the New Testament & Early Christian Interpretations of the Old Testament* – Oxford : OUP, 2015

– « Beyond *Stichwort:* A Narrative Approach to Isa 52, 7 in Romans 10, 15 and 11QMelchizedek (11Q13) » in *Revue biblique* 116 (2010) p. 387-414

BAUCKHAM, Richard, « Moltmann's Eschatology of the Cross » in *Scottish Journal of Theology* [=*SJT*] 30 (1977) p. 301-311

– *Moltmann: Messianic Theology in the Making: An Appreciation* – Londres : Marshall Pickering, 1987

– « The Worship of Jesus in Apocalyptic Christianity » in *NTS* 27 (1981) p. 322-341

– « Evolution and Creation in Moltmann's Doctrine of Creation » in *Epworth Review* 15 (1988) p. 74-81

– « Moltmann's *Theology of Hope* Revisited » in *SJT* 42 (1989) p. 199-214

– « In Defense of *The Crucified God* » in N. M. de S. CAMERON (éd.), *The Power and Weakness of God: Impassibility and Orthodoxy* – Edimbourg : Rutherford House, 1990 p. 93-118 [=1990a]

– *Jude and the Relatives of Jesus in the Early Church* – Edimbourg : T&T Clark, 1990 [=1990b]

– « Moltmann's Messianic Christology » in *SJT* 44 (1991) p. 519-532

– *The Theology of Jürgen Moltmann* – New York : T&T Clark, 1995

– *The Gospels for All Christians: Rethinking the Gospel Audiences* – Grand Rapids, Eerdmans, 1998

– (éd.) *God Will Be All in All: The Eschatology of Jürgen Moltmann* – New York : T&T Clark, 1999

– « Historiographical Aspects of the Gospel of John », in *NTS* 53 (2007), p. 17-36

– « Orthodoxy in Christology: Lecture Given at Oxford University », June 9, 2002.

– *Jesus and the Eyewitnesses: The Gospels as EyewitnessesTestimony* – Grand Rapids, Eerdmans, 2006 – 2e édition 2017

– « Eyewitnesses and Critical History: A Response to Jens Schröter and Craig Evans », in *JSNT* 31 (2008) p. 221-235 [= 2008a]

– « In Response to My Respondents: Jesus and the Eyewitnesses in Review » in *JSHJ* 6 (2008), p. 225-253 [= 2008b]

– *Jesus and the God of Israel*: *God Crucified and Other Studies on the New testament's Christology of Divine Identity* – Grand Rapids : Eerdmans, 2008 [= 2008c]

– « Jürgen Moltmann » in David FORD (éd.) *The Modern Theologians: An Introduction to Christian Theology since 1918* – Malden : Blackwell, 2013 ; p. 147-162

– « Introduction » in *Jürgen Moltmann: Collected Readings* – Minneapolis : Fortress, 2014

BAUER, Bruno, *Christus und die Cäsaren : Der Ursprung des Christentums aus dem römischen Griechentum* (Berlin, 1877)

BAUER, Walter, *Rechtglaubigkeit und Ketzerei im ältesten Christentum* – Tubingue : Mohr, 1934

BAUM, Armin, « The Anonymity of the New Testament History Books: A Stylistic Device in the Context of Greco-Roman and Ancient Near Eastern Literature », *NovT* 50 (2008) p. 120-142

BEA, Augustin, *The Study of the Synoptic Gospels: New Approaches and Outlooks* – New York, Harper and Row, 1965

– *The Word of God and Mankind* – Londres, Chapman, 1967

BECHARD, Dean Philip, Recension de BAUCKHAM 2006 in *Biblica* 90 (2009), p. 126-129

BECKER, Eve-Marie (éd.) *Die antike Historiographie und the Anfänge der christlichen Geschichtsschreibung* – Berlin : de Gruyter, 2005 (BZNW 129)

BEHLER, Wolfgang, *Realität und Ek-sistenz : Auseinandersetzung mit der Konzeption Martin Heideggers in Konfrontation mit den ontologischen Schriften von Hedwig Conrad-Martius* – Munich, 1956

BEISER, Frederick, *David Friedrich Strauß, Father of Unbelief: An Intellectual Biography* – Oxford : OUP, 2020

BENOIT, Pierre, « Réflexions sur la *formgeschichtliche Methode* », *RB* 1946, p. 481-512

BERGER, Adolf, *Encyclopedic Dictionary of Roman Law* – Philadelphie : American Philosophical Society, 1953

BERGMANN, Claudia, « Idol Worship in Bel and the Dragon and Other Jewish Literature from the Second Temple Period » in Wolfgang KRAUS et R. Glenn WOODEN (éds), *Septuagint Research: Issues and Challenges in the Study of the Greek Jewish Scriptures* – Atlanta : SBL, 2006 (SBLSCS 53) ; p. 207-223

BERMEJO-RUBIO, Fernando, « The Fiction of the "Three Quests": An Argument for Dismantling a Dubious Historiographical Paradigm » in *JSHJ* 7 (2009) p. 211-253

BERTALOTTO, Pierpaolo, « Qumrân Messianism, Melchizedek, and the Son of Man » in Armin LANGE, Emanuel TOV et Matthias WEIGOLD (éds), *The Dead Sea Scrolls in Context: Integrating the Dead Sea Scrolls in the Study of Ancient Texts, Languages and Cultures* – Leyde : Brill, 2011 (Vetus Testamentum Supplement 140/1) ; p. 325-339

BETTINI, Maurizio, « Looking at Ourselves Backwards: Modern Recourses to the Ancient World » in *History of Religions* 41 (2002) p. 197-212

BETZ, John « Glory(ing) in the Humility of the Word: The Kenotic Form of Revelation in J. G. Hamann », *Letter and Spirit* 6 (2010) p. 141-180

– « Translator's Introduction » à Erich PRYZWARA, *Analogia Entis: Metaphysics. Original Structure and Universal Rhythm*, éditon John BETZ & David BENTLEY HART – Grand Rapids, MI : Eerdmans, 2014 ; p. 1-118

BETZ, Otto, « Past Events and Last Events in the Qumrân Interpretation of History » in *WCJS* 6 (1977), p. 27-34

BEUTLER, Johannes, *Das Johannesevangelium* – Fribourg, 2013

BEYERLE, Stefan « "The God of Heaven" in Persian and Hellenistic Times », in Tobias NIKLAS, Joseph VERHEYDEN, Erik EYNIKEL (éds), *Other Worlds and Their Relation to This World: Early Jewish and Ancient Christian Traditions* – Leyde : Brill, 2010 (JSJSup 143) p. 17-36

BEYSCHLAG, Willibald, *New Testament Theology I* – Edimbourg : Clark, 1894

BICKERMAN, Elias, *Der Gott der Makkabäer : Untersuchungenüber Sinn und Ursprung der makkabäischen Erhebung* – Berlin : Schocken/Jüdischer Buchverlag, 1937

BILLINGTON, James, *Fire in the Minds of Men: Origins of Revolutionary Faith* – Londres : Routledge, 1999

BIRD, Michael, *How God Became Jesus: The Real Origins of Belief in Jesus' Divine Nature – A Response to Bart Ehrman* – Grand Rapids : Zondervan, 2014

BLAIR KAYSER, Robert, *Clerical Error: A True Story* – New York, Continuum, 2002

BLANTON, Ward, CROSSLEY James G., MOXNES Halvor (éds), *Jesus beyond Nationalism: Construction the Historical Jesus in a Period of Cultural Complexity* – Londres : Equinox, 2009

BLOMBERG, Craig, *The Historical Reliability of John's Gospel: Issues &Commentary* – Downers Grove : IVP Academic, 2001

BLOUGH, Neal, *Jésus-Christ aux marges de la Réforme* – Paris : Desclée, 1992

BLOWERS, Paul, « Maximus the Confessor and John of Damascus on Gnomic Will (γνώμη) in Christ: Clarity and Ambiguity » in *Union Seminary Quaterly Review* 63 (2012) p. 44-50

BLUMENTHAL, Christian, « Augustus' Erlass und Gottes Macht : Überlegungen zur Charakterisierung der Augustusfigur und ihrer erzählstrategischen Funktion in der lukanischen Erzählung », in *NTS* 57 (2011) p. 1-30.

BOEHART, William, *Politik und Religion : StudienzumFragmentenstreit (Reimarus, Goeze, Lessing)* – Schwarzenbek : Martienss, 1988

BOEHM, Gottfried, « Jenseits der Sprache? Anmerkungen zur Logik der Bilder » in Christa MAAR et Hubert BURDA (éds), *IconicTurn : Die neue Macht der Bilder* – Cologne : DuMont, 2004 ; p. 28-43

BOLIN, Thomas, « The Temple of יהו at Elephantine and Persian Religious Policy » in Diana EDELMAN (éd.), *The Triumph of Elohim: From Yahwisms to Judaisms* – Kampen : Kok Pharos, 1995 ; p. 127-142

BOUSSET, Wilhelm, *Kyrios Christos: A History of the Belief in Christ from the Beginnings of Christianity to Irenæus*, trad. John STEELEY – Waco : Baylor University, 2013 ; édition originelle : *Kyrios Christos : Geschichte des Christusglaubens von den Anfängen des Christentums bis Irenæus* – Göttingen : Vandenhoeck & Ruprecht, 1913 (FRLANT 4)

BOVON, François, *L'Évangile selon saint Luc* à Genève chez Labor et Fides (collection Commentaire du Nouveau Testament, 2e série) : *1, 1-9, 50* (IIIa) ; 1991/*9, 51-14, 35* (IIIa) ; 1996/*15, 1-19, 27* (IIIc) ; 2001/*19, 28-24, 53* (IIId) ; 2009

BOWEN, *Plutarch: The Malice of Herodotus* – Warminster : Aris & Phillips, 1992

BOWERSOCK, Glen *Fiction as History: Nero to Julian* – Berkeley, University of California, 1994

BOWMAN, John Wick, « From Schweitzer to Bultmann » in *Theology Today* 11 (1954) p. 161-78

BOYARIN, Daniel, *The Jewish Gospels: The Story of the Jewish Christ* – New York : New Press, 2012 – trad. fr. *Le Christ juif* – Paris : Cerf, 2013

BRAATEN, Carl, « Towards a Theology of Hope » *Theology Today* 24, no. 2 (1967) p. 211-212

BRANDT, Wilhelm, *Die evangelische Geschichte und der Ursprung des Christentums auf Grund einer Kritik der Berichte über das Leyde und die Auferstehung Jesu* – Leipzig, 1893

BROWN, Raymond, « How Much Did Jesus Know? – A Survey of the Biblical Evidence », *CBQ* 29 (1967) p. 9-39

– *The Gospel According to John I-XII* – Garden City : Doubleday, 1966 (Anchor Bible 29)

– *The Community of the Beloved Disciple: The Life, Loves, and Hates of an Individual Church in New Testament Times* – New York, Paulist, 1979

– *The Birth of the Messiah: A Commentary on the Infancy Narratives in the Gospels of Matthew and Luke* – New Haven : Yale, 1999 [1re édition 1977]

BULGAKOV, Sergei, « The Holy Theophany of Our Lord Jesus Christ »

BULLARD, Collin Blake, *Jesus and the Thoughts of Many Hearts: Implicit Christology and Jesus' Knowledge in the Gospel of Luke*, LNTS [JSNTS] 530 – Londres : Bloomsbury, 2015

BULLARD, Roger, « Introduction », in Bentley LAYTON (éd.) *Nag Hammadi Codex II,2-7* – Leyde : Brill, 1989 (The Coptic Gnostic Library 1, Nag Hammadi Studies XX) ; p. 220-226

BULTMANN, Rudolf, *Theology of the New Testament,* vol. 1 – trad. Kendrick GROBEL (Waco : Baylor University, 2007) ; vol. 2 New York : Scribner, 1955

– Recension de *Landräumig : Sebastian Franck, ein Wanderer an Donau, Rhein und Neckar* » in *Mennonite Quarterly Review* 32 (1958) p. 314

– *Histoire de la tradition synoptique* – Paris : Seuil, 1973

– *New Testament and Mythology and Other Basic Writings* – trad. Schubert M. Ogden – Minneapolis : Fortress, 1989

BURKETT, Delbert, *The Son of Man Debate: A History and Evaluation* – Cambridge : Cambridge University, 1999 (SNTSMS 107)

– « The Transfiguration of Jesus (Mark 9:2-8): Epiphany or Apotheosis » in *JBL* 138 (2019) p. 413-432

BURNETT, D. Clint, *Christ's Enthronement at God's Right Hand and Its Greco-Roman Cultural Context* – Berlin : De Gruyter, 2021 (BZNW 232)

BURNS, Robert M., *The Great Debate on Miracles: From Joseph Glanvill to David Hume* – Lewisburg : Bucknell University Press, 1981

BURRIDGE, Richard, *What Are the Gospels? A Comparison with Greco-Roman Biography* – 2e édition – Grand Rapids : Eerdmans, 2004

BUTLER, Basil Christopher, *The Originality of St. Matthew: A Critique of the Two Document Hypothesis* – Cambridge, CUP, 1951

BYRSKOG, Samuel, *Story as History – History as Story* – Tubingue : Mohr Siebeck, 2000 (WUNT 123)

BYRSKOG, Samuel, HAKOLA, Raimo & JOKIRANTA Jutta Maria (éds), *Social Memory and Social Identity in the Study of Early Judaism and Early Christianity* – Göttingen : Vandenhoeck & Ruprecht, 2016 (Novum Testamentum et Orbis Antiquus 116)

CABA, José, « Historicité des Évangiles (*Dei Verbum 19*) : Genèse et fruit du texte conciliaire » in René LATOURELLE (éd.), *Vatican II : Bilan et perspectives*, vol. 1 – Montréal, Paris : Bellarmin, Cerf, 1988 ; p. 307-327

CAMPBELL, William Sanger, *The « We » Passages in the Acts of the Apostles: The Narrator as a Narrative Character* – Atlanta : SBL, 2007 (Studies in Biblical Literature 14)

CAPENER, Sean, « Being and Acting: Agamben, Athanase, and the Trinitarian Economy » in *Heythrop Journal* 57 (2016) p. 950-963

CAPES, David, *Old Testament Yahweh Texts in Paul's Christology* – Tubingue : Mohr Siebeck, 1992 (WUNT II 47)

CARLETON PADGET, James, « Schweitzer and Harnack: An Unlikely Alliance » in *Zeitschrift für Kirchengeschichte* 122 (2011) p. 257-287

CARY, Philip, « The New Evangelical Subordinationism: Reading Inequalityinto the Trinity » in Dennis JOWERS & H. WAYNE HOUSE (éds), *The New Evangelical Subordinationism: Perspectives on the Equality of God the Father and God the Son* – Eugene : Wipf and Stock, 2012, p. 1-12

CASEY, Maurice, *The Solution to the Son of Man Problem* – New York : T&T Clark, 2009

– *Jesus of Nazareth: An Independent Historian's Account of His Life and Teaching* – New York, Clark, 2010

CHARLESWORTH, James (éd.), *Old Testament Pseudepigrapha*, Peabody : Hendrickson, 2011 ; vol. 1 *Apocalyptic Literature and Testaments* ; vol. 2 *Expansions of the Old Testament and Legends, Wisdom and Philosophical Literature, Prayers, Psalms, Odes, Fragments of Lost Judeo-Hellenistic Works*

– « The Historical Jesus in the Fourth Gospel: A Paradigm Shift? » in *JSHJ* 8 (2010) p. 3-46

CHILDS, Brevard, « Toward Recovering Theological Exegesis » in *Pro Ecclesia* 6 (1997) p. 16-26

CHRISTENSEN, Duane, *Deuteronomy 1:1-21:9* – Colombia : Thomas Nelson, 2001 (Word Biblical Commentary 6a)

CLARKE, William, « Action as the Self-Revelation of Being: A Central Theme in the Thought of Saint Thomas » in *id. Explorations in Metaphysics: Being – God – Person* – Notre Dame : University of Notre Dame, 1994, p. 45-64

COLAZILLI, Alessandra, « Reproducing Human Limbs: Prosthesis, Amulets and Votive Objects in Ancient Egypt » in *Res Antiquitatis* 3 (2012), p. 147-174

COLLINS, John Joseph, *Jewish Cult and Hellenistic Culture: Essays on the Jewish Encounter with Hellenism and Roman Rule* – Leyde : Brill, 2005 (JSJSup 100)

– *The Scepter and the Star: The Messiahs of the Dead Sea Scrolls and Other Ancient Literature* – New York : Doubleday, 1995 (Anchor Bible Reference Library)

COLOE, Mary, *God Dwells with Us: Temple Symbolism in the Fourth Gospel* – Collegeville : Liturgical, 2001

COMELLA, Annamaria, *Il deposito votivo presso l'Ara della Regina* – Rome : Bretschneider, 1982 (Materiali del Museo Archeologico Nazionale di Tarquinia 4)

CONRAD-MARTIUS, Hedwig, *Das Sein* – Munich : Kosel, 1957

CONSTAS, Maximos, « The Reception of St. Paul and Pauline Theology in the Byzantine Period » in Derek KRUEGER and Robert NELSON (éds), *The New Testament in Byzantium* – Waschington : Dumbarton Oaks, 2016 ; p. 147-176

– « Dionysius the Areopagite and the New Testament » in *The Oxford Handbook to Dionysius the Areopagite* – Oxford : OUP ; à paraître

CONZELMANN, Hans, *The Theology of St. Luke* – Philadelphie, Fortress, 1961

COREY, Judith L., *Light from Light: Cosmology and the Theology of the Logos* – Minneapolis : Fortress, 2016

CORLEY, Jeremy, « Elijah among the Former Prophets in Heb Ben Sira 48:1-12 » in *Studia Biblica Slovaca* 12 (2020) p. 198-226

COTTER, Wendy, « Greco-Roman Apotheosis Traditions and the Resurrection Appearances in Matthew », in David AUNE (éd.) *The Gospel of Matthew in Current Study: Studies in Memory of William G. Thompson, S.J.* – Grand Rapids : Eerdmans, 2001 ; p. 127-153

CRAIG, William Lane, « *Noli Me Tangere*: Why John Meier Won't Touch the Risen Lord » in *Heythrop Journal* 50 (2009) p. 91-97

CROSS, Richard, « Perichoresis, Deification, and Christological Predication in John of Damascus » in *Medieval Studies* 62 (2000) p. 69-124

CRYSTALL, Andreas, *Gustav Frenssen. Sein Weg vom Kulturprotestantismus zum Nationalsozialismus* – Gütersloh : Kaiser, 2002

CULLMANN, Oscar *Vatican II: The New Direction* – New York : Harper and Row, 1968

CURIELLO, Gioacchino, « *Alia translatio melior est*: Albert the Great and the Latin Translations of the Corpus Dionysiacum » – Florence : Galluzzo, 2013 (S.I.S.M.E.L/ Documenti e studi sulla tradizione filosofica medievale 24) ; p. 121-151

DAHLKE, Benjamin, « The Invention of the Antichrist: Catholic Reactions to Barth's Condemnation of the *Analogia Entis* » in *Karl Barth: Catholic Renewal and Vatican II* – New York : T&T Clark, 2012 ; p. 61-95

DALEY, Brian, *Light on the Mountain: Greek Patristic and Byzantine Homilies on the Transfiguration of the Lord* – New York, St. Vladimir's SeminaryPress, 2013

DARLING YOUNG, Robin, « Notes on Divesting and Vesting in *The Hymn of the Pearl* » in Robert GRANT, David AUNE, Robin DARLING YOUNG (éds), *Reading Religions in the Ancient World: Essays Presented to Robert McQueen Grant on His 90th Birthday* – Leyde : Brill, 2007 (NovTSup 125) ; p. 201-214

DAUBE, David, « The Contrariness of Speech and Polytheism », *Journal of Law and Religion* 11 (1994) p. 317-321

DAVIES, W. D. & ALLISON, Dale, *The Gospel According Matthew, vol. 2* – Edimbourg : T&T Clark, 1991

DAVILA, James, *The Provenance of the Pseudepigrapha: Jewish, Christian, or Other?* – Leyde : Brill, 2005 (JSJSup 105)

DAVILA, James & NEWMAN, Carey (éds), *The Jewish Roots of Christological Monotheism: Papers from the St. Andrew's Conference on the Historical Worship of Jesus* – Leyde : Brill, 1999 (JSJSup 62)

DE JONGE, Marinus, *The Testaments of the Twelve Patriarchs: A Critical Edition of the Greek Text* – Leyde : Brill, 1978 (Pseudepigrapha Veteris Testamenti Græce 1/2)

– *Jewish Eschatology, Early Christian Christology, and the Testaments of the Twelve Patriarchs: Collected Essays* – Leyde : Brill, 1991 (NovTSup 63)

DEL OLMO LETE, Gregorio, « Les inscriptions puniques votives : suggestions d'intepré-tation » in *Studies in Ugaritic linguistics: Selected Papers* – Münster : Ugarit-Verlag, 2017 ; p. 451-456

DEMACOPOULOS, George & Aristotle PAPANIKOLAOU (éds), *Orthodox Readings of Augustine* – Crestwood : St. Vladimir's Seminary Press, 2008

DESILVA, David, « The *Testaments of the Twelve Patriarchs* as Witnesses to Pre-Christian Judaism : A Re-Assessment », *JSP* 22 (2013) p. 21-68

DESTRÉE, Pierre et HERRMANN, Fritz-Gregor (éds), *Plato and the Poets.* Mnemosyne Supplements – Leyde : Brill, 2011

DESTRO, Adriana ; PESCE, Mauro, *From Jesus to His First Followers: Continuity and Discontinuity: Anthropological and Historical Perspectives* – Leyde : Brill, 2017 (Biblical Interpretation Series 152)

– *Encounters with Jesus: The Man in His Place and Time* – Minneapolis : Fortress, 2011

DIEHL, Judith, « What Is a Gospel? Recent Studies in the Gospel Genre », *Currents in Biblical Research* 9 (2011), p. 171-199

DILLON, John, « Monotheism in the Gnostic Tradition » in Polymnia ATHANASSIADI and Michael FREDE (éds), *Pagan Monotheism in Late Antiquity* – Oxford : Clarendon, 2008, p. 69-79

– *Middle Platonism, 80 B.C. to A.D. 220* – Ithaca : Cornell University, 1977

DILLON, Matthew, « The Didactic Nature of the Epidaurian Iamata » in *Zeitschrift für Papyrologie und Epigraphik* 101 (1994) p. 239-260

DILLON, Richard *From Eye-witnesses to Ministers of the Word* – Rome : Biblical Institute, 1978 (Analecta Biblica 82)

– *The Hymns of Saint Luke: Lyricism and Narrative Strategy in Luke 1-2* – Washington, CBA, 2013 (CBQ Monograph Series 50)

DONALDSON, James, ROBERTS, Alexander (éds), *The Ante-Nicene Fathers: The Writings of the Fathers down to A.D. 325*, 10 volumes – Edimbourg : T&T Clark, 1867-1885

DORMEYER, Detlev, « Wundergeschichten in der hellenistischen Medizin und Geschichtsschreibung : Eine religionsgeschichtliche Annäherung » in Bernd KOLLMANN et Ruben ZIMMERMANN (éds) *Hermeneutik der frühchristlichen Wundererzählungen* – Tubingue : Mohr Siebeck, 2014 (WUNT 339) ; p. 127-151

DUCHATELEZ, Kamiel, « La "condescendance" divine et l'histoire du salut » in *Nouvelle revue théologique* 95 (1973) p. 594-598

DUNCKER, Peter, « Biblical Criticism, Instructions of the Church and Excesses of Form Criticism » in *CBQ* 25 (1963), p. 22-33

DUNN, James D. G., *Christology in the Making: A New Testament Inquiry into the Origins of the Doctrine of the Incarnation* – Londres : SCM, 1980

– *Christianity in the making, I, Jesus Remembered* – Grand Rapids, Eerdmans, 2003)

– « Q 1 as Oral Tradition » in *The Written Gospel,* Marcus BOCKMUEHL & Donald HAGNER (éds) – Cambridge, CUP, 2005 ; p. 45-69

– *Did the First Christians Worship Jesus? The New Testament Evidence* – Londres : SPCK, 2010

DUPREZ, André, *Jésus et les dieux guérisseurs à propos de Jean V* – Paris : Gabalda, 1970 (CRB 12)

DURAND, Alexandre, « La science du Christ » in *Nouvelle revue théologique* 71 (1949), p. 497-503

DZIELSKA, Maria, *Apollonius of Tyana in History and Legend* – Rome : L'erma di Bretschneider, 1986

EDELSTEIN, Emma & Ludwig, *Asclepius: Collection and Interpretation of the Testimonies* – Baltimore : Johns Hopkins University, 1998

EGO, Beate, « La conversion d'Abraham au monothéisme : le portrait du patriarche dans l'Apocalypse d'Abraham » in Eberhard BONS et Thierry LEGRAND (éds), *Le Monothéisme biblique : évolution, contextes et perspectives* – Paris : Cerf, 2011, p. 299-311.

– *Id.* « Abrahams Jugendgeschichte in der Literatur des frühen Judentums : ein Paradigma theologischer Rezeptions konzepte in der Antike » in Heinrich von ASSEL, Stefan BEYERLE, Christfried BÖTTRICH (éds), *Beyond Biblical Theologies* – Tubingue : Mohr Siebeck, 2012 p. 431-544.

EHRHARDT, Arnold, « Justin's Martyrs Two Apologies », *Journal of Ecclesiastical History* 4 (1953) p. 1-12

EHRMAN, Bart, *Jesus: Apocalyptic Prophet of the New Millennium* – New York : OUP, 1999

– *Jesus, Interrupted: Revealing the Hidden Contradictions in the Bible (and Why We Don't Know about Them)* – New York : HarperOne, 2009

– *Did Jesus Exist? The Historical Argument for Jesus of Nazareth* – New York, Harper Collins, 2012

– *How Jesus Became God: The Exaltation of a Jewish Preacher from Galilee* – New York : HarperOne, 2014

EIRE, Carlos, *Reformations: The Early Modern World, 1450-1650* – New Haven : Yale, 2016

EMERY, Gilles *La Trinité : introduction théologique à la doctrine catholique sur Dieu Trinité* – Paris : Cerf, 2009

ENERMALM-OGAWA, Agneta *Un langage de prière juif en grec : Le témoignage des deux premiers livres des Maccabées* – Uppsala : Almquist and Wiksell, 1987 (Coniectanea Biblica New Testament 17)

ERNST, Johannes Theodorus, *Die Lehre der hochmittelalterlichen Theologen von der vollkommenen Erkenntnis Christi : ein Versuch zur Auslegung der klassischen Dreiteilung : visio beata, scientia infusa und scientia acquisita* – Freiburg : Herder, 1971

ESHEL, Esther, « 4Q471b : 4QSelf-Glorification Hymn (=4QHe frg. 1?) » in *Discoveries in the Judean Desert XXIX, Qumrân Cave 4 XX : Poetical and Liturgical Texts, Part 2*, éd. Bilhah Nitzan *et al.* – Oxford : Clarendon, 1999 ; p. 421-432

EVANS, Craig, « Jesus' Action in the Temple: Cleansing or Portent of Destruction » in *CBQ* 51 (1989) ; p. 237-270

– « Predictions of the Destruction of the Herodian Temple in the Pseudepigrapha, Qumrân Scrolls, and RelatedTexts » *JSP* 10 (1992) p. 89-147

– « The Implications of Eyewitness Tradition » *JSNT* 31 (2008), p. 211-219

EVE, Eric, « Meier, Miracle, and Multiple Attestation » in *JSHJ* 3 (2005), p. 23-45

FAGES, o.p. Pierre-Henri, *Histoire de Saint Vincent Ferrier* – Paris, 1894

FANT, Clyde & Mitchell REDDISH, *Lost Treasures of the Bible: Understanding the Bible through Archeological Artifacts in World Museums* – Grand Rapids : Eerdmans, 2008

FARKASFALVY, Dennis, *Inspiration and Interpretation* – Washington : CUA, 2010

FARMER, William, *The Synoptic Problem*, 2e édition – Dilsboro : Western North Carolina, 1974

FAST, Heinold, *Der linke Flügel der Reformation. Glaubenszeugnisse der Täufer, Spiritualisten, Schwärmer und Antitrinitarier* – Brême : Schünemann, 1962

FELDMEIER, Reinhard, « "Der Höchste" : das Gottesprädikat Hypsistos in der paganen Religiosität, in der Septuaginta und im lukanischen Doppelwerk » in Wolfgang KRAUS & Siegfried KREUZER (éds), *Die Septuaginta* – Text, Wirkung, Rezeption » – Tubingue : Mohr Siebeck, 2014 ; p. 544-558

FERBER, Rafael & DAMSCHEN, Gregor, « Is the Idea of the Good Beyond Being? Plato's epekeina tēs ousias Revisited (*Republic* 6, 509b8-10) » in Debra NAILS & Harold

Tarrant, *Second Sailing: Alternative Perspectives on Plato* _ Societas Scientiarum Fennica 2015 (Commentationes Humanarum Litterarum 132) p. 197-204

Fiedrowicz, Michael, *Psalmus vox totius Christi : Studienzu Augustins "Ennarrationes in Psalmos"*-Freiberg : Herder, 1997

– « Introduction » in *Exposition of the Psalms 1-32*, The Works of St. Augustine III/15, trad. Maria Boulding – New York : New City Press, 2000 ; p. 19-49

Finance, (de) Joseph s.j., *Être et Agir dans la philosophie de saint Thomas* – Paris : Beauchesne, 1945

Fischer, Balthasar, *Die Psalmen als Stimme der Kirche : Gesammelte Studien zur christlichen Psalmenfrömmigkeit* – Trèves : Paulinus Verlag, 1982

Fitzmyer, Joseph, « A Recent Roman Scriptural Controversy » in *TS* 22 (1961) p. 426-444

– « The Biblical Commission's Instruction on the Historical Truth of the Gospels », *TS* 25 (1964), p. 386-408

– « The Phoenician Inscription from Pyrgi », *Journal of the American Oriental Society* 86 (1966) p. 285-297

– *Wandering Aramean: Collected Aramaic Essays* – Missoula : Scholars Press, 1979 [=1979a]

– *The Gospel According to Luke I-XII* – Garden City, NJ, Doubleday, 1979 (Anchor Bible 28) [=1979b]

– *The Gospel according to Luke X-XXIV* – Garden City : Doubleday, 1981/1985 (Anchor Bible 28A)

– *The One Who is to Come* – Grand Rapids : Eerdmans, 2007

Fletcher-Louis, Crispin, « The Revelation of the Sacral Son of Man: The Genre, History of Religions Context and the Meaning of the Transfiguration » in Friedrich Avemarie (éd.) *Auferstehung – Resurrection* – Tubingue : Mohr Siebeck, 2001 ; p. 247-298

Jesus Monotheism – Eugene : Cascade, 2015

Foner, Eric, *The Fiery Trial: Abraham Lincoln and American Slavery* – New York : W&W Norton, 2010

Fossum, Jarl, « The New *Religionsgeschichtliche Schule*: The Quest for Jewish Christology » in *Society of Biblical Literature Seminar Papers* – Atlanta : Scholars Press, 1991 (SBL Seminar Paper Series 30) ; p. 638-646

– *The Name of God and the Angel of the Lord : Samaritan and Jewish Concepts of Intermediation and the Origin of Gnosticism* – Tubingue : Mohr Siebeck, 1985 (WUNT 36)

France, Richard Thomas, *The Gospel of Mark: A Commentary on the Greek Text* – Grand Rapids : Eerdmans, 2002 (New International Greek Testament Commentary)

Francis, James, « Truthful Fiction: New Questions to Old Answers on Philostratus' Life of Apollonius », in *American Journal of Philology* 119 (1998) p. 419-441

FREDRIKSEN, Paula, « Mandatory Retirement: Ideas in the Study of Christian Origins Whose Time Has Come to Go » *Studies in Religion/Sciences Religieuses* 35 (2006) p. 231-246

– *When Christians Were Jews: The First Generation* – New Haven : Yale, 2018

FREI, Hans, *The Identity of Jesus* – Philadelphie : Fortress, 1975

FREY, Jörg, « Between Torah and Stoa: How Could Readers Have Understood the Johannine Logos? » in *The Prologue of the Gospel of John: Its Literary, Theological, and Philosophical Contexts,* Jan G. VAN DE WAT, Alan CULPEPPER, and Udo SCHNELLE (éds) p. 189-234 – Tubingue : Mohr-Siebeck, 2016 (WUNT 359) p. 189-234

FRYE, Northrop, *The Great Code: The Bible and Literature* – New York : Harcourt, 1982 [trad. française *Le Grand Code* – Paris : Seuil, 1984]

– *Words with Power : Being a Second Study of « The Bible and Literature »* – Toronto : University of Toronto Press, 2008

FUNK, Robert F., *The Acts of Jesus: What Did Jesus Really Do?* – New York : Harper Collins, 1998

GABBA, Emilio, « True History and False History in Classical Antiquity », in *Journal of Roman Studies* 70-71 (1980-1981) p. 50-62

GAINE, Simon Francis, o.p., *Did the Savior See the Father? Christ, Salvation, and the Vision of God* – Londres : Bloomsbury, 2015

– « The Veracity of Prophecy and Christ's Knowledge » in *New Blackfriars* 98 (2017) p. 44-62

– « Is There Still a Place for Infused Knowledge in Catholic Theology and Exegesis? » in *Nova & Vetera* 16 (2018) p. 601-615

GARRETT, Susan, *No Ordinary Angel: Celestial Spirits and Christian Claims about Jesus* – New Haven : Yale University, 2008 (Anchor Yale Bible Reference Library)

GARRIGOU-LAGRANGE Réginald, « La nouvelle théologie, où va-t-elle ? » in *Angelicum* 23 (1946) p. 126-145

GASQUE, Ward, *A History of the Criticism of the Acts of the Apostles* – Grand Rapids : Eerdmans, 1975

GATHERCOLE, Simon, « The Critical and Dogmatic Agenda of Albert Schweitzer's The Quest of the Historical Jesus » in *Tyndale Bulletin* 51 (2000) p. 261-283

– *The Preexistent Son: Recovering the Christologies of Matthew, Mark, and Luke* – Grand Rapids : Eerdmans, 2006

– « The Titles of the Gospels in the Earliest Manuscripts », *ZNW* 104 (2013) p. 33-76

GATIER, Pierre-Louis, « Inscriptions du Ier siècle à Gérasa », *Syria* 79 (2002) p. 271-283

GATIER, Pierre-Louis *et al.*, « Greek Inscriptions in the Jordan Museum », *Annual of the Department of the Antiquities of Jordan* 58 (2017) p. 341-350

GEHRKE, Hans-Joachim, « Die Bedeutung der (antiken) Historiographie für die Entwicklung des Geschichtsbewußtseins » in Eve-Marie BECKER (éd.), *Die antike*

Historiographie und the Anfänge der christlichen Geschichtsschreibung – Berlin : De Gruyter, 2005 (BZNW 129) ; p. 29-52

GELDHOF, Joris, *Revelation, Reason and Reality: Theological Encounters with Jaspers, Shelling and Baader* – Leuven : Peeters, 2007

GENETTE, Gérard, *Seuils* – Paris : Seuil, 1987

GEORGIADOU, Aristoula et LARMOUR, David, « Lucian and Historiography: « De Historia Conscribenda' and "Veræ Historiæ" » in Wolfgang HAASE (éd.), *Sprache und Literatur (einzelne Autoren seit der hadrianischen Zeit und Allgemeines zur Literatur des 2. und 3. Jahrhunderts*) – Berlin : De Gruyter, 1993, p. 1448-1509. (ANRW 34.2)

GERHARDSSON, Birger, *Memory and Manuscript: Oral Tradition and Written Transmission in Rabbinic Judaism and Early Christianity* – Uppsala : Almqvist & Wikselis, 1961

– *The Origins of the Gospel Traditions* – Philadelphie : Fortress, 1979

– *Memory and Manuscript: Oral Tradition and Written Transmission in Rabbinic Judaism and Early Christianity* – Grand Rapids : Eerdmans, 1998

– *The Reliability of the Gospel Tradition* – Peabody : Hendrickson, 2001

GERS-UPHAUS, Christian, « Paganer Monotheismus anhand der θεὸς ὕψιστος- und εἷς θεός – Inschriften » in *Jahrbuch für Antike und Christentum* 60 (2017) p. 5-83

GIAMBRONE, o.p. Anthony, *Sacramental Charity, Creditor Christology, and the Economy of Salvation in Luke's Gospel* – Tubingue : Mohr Siebeck, 2017 (WUNT 439)

– « The Prologues to Aquinas' Commentaries on the Letters of St. Paul » in Piotr ROSZAK & Jörgen VIJGEN (éds), *Towards a Biblical Thomism: Thomas Aquinas and the Renewal of Biblical Theology* – Pampelune : EUNSA, 2018 – p. 23-38 [= 2018a]

– Recension de *Paul and the Gift*, par John Barclay in *The Thomist* 82 (2018) p. 287-292 [=2018b]

– Recension de *Gospel Writing: A Canonical Perspective* par Francis Watson in *The Thomist* 82 (2018) p. 133-139 [=2018c]

– « A Note on Luke's Parable of the Minas and the Ancient Practice of Burying Coin Hoards » in *NTS* 65 (2019) p. 589-597 [=2019a]

– « In der Exegese wie im Krieg : Lagrange und Denifle zu Luther » in Villiam DOCI & Thomas PRÜGL (éds), *Bibelstudium und Predigt bei den Dominikanern : Geschichte, Ideale, Praxis* – Rome : AngelicumUniversity, 2019 ; p. 307-323 [=2019b]

– « *Interpretatio iudaica* – Le monothéisme juif à l'époque du Second Temple » in *Communio* n°269 (mai-août 2020) p. 43-59

– « The Coins of Philip the Tetrarch and the Imperial Cult: A View from Paneas on the Fall of Sejanus » *JSJ* 52 (2021) p. 1-31 [= 2021a]

– « Temple Arsons and Murder of the Prophets: Early Christian Responses to Jews and the Jewish Revolt(s) » in *Rethinking the Jewish War: Archeology, Society,*

Traditions, Anthony GIAMBRONE (éd.) – Leuven : Peeters, 2021 (Études Bibliques 84) ; p. 249-276 [= 2021b pour l'article ; 2021 pour le livre entier]

– « Revelation in Christian Scripture » in *Oxford Handbook of Divine Revelation*, Balázs MEZEI, Francesca MURPHY et Kenneth OAKS (éds) – Oxford : OUP, 2021 ; p. 68-84 [= 2021c]

– « The Meaning of חק חסד in 4Q521: A Neglected Element in Apocalyptic Messianism » in Jean-Sébastien REY et Martin STASZAK o.p. (éds) *Mélanges Émile Puech* – Leuven : Peeters, 2021 (Études bibliques 88) ; p. 82-99 [= 2021e]

– « Augustus as Censor and Luke's Worldwide Enrollment: Roman Propaganda and Lukan Theology from the Margins » in *Revista Biblica* 83 (2021) p. 337-362 [=2021f]

–« Herod's Temple of the "Most High God" in Jerusalem: The Sacral Architecture of Judea's Client King » in Jens KAMLAH et Markus WITTE (éds), *Tempel, Synagogen, Kirchen und Moscheen : Sakralarchitektur in Palästina von der Bronzezeit bis zum Mittelalter, Abhandlungen des Deutschen Palästina-Vereins* – Wiesbaden : Harrassowitz, à paraître [= à paraître a]

– « Comments on a New Fragment of Julius Africanus: Pre-, Para-, and Post-Lukan Perspectives on the Genealogy of Jesus » in *Mélanges Étienne Nodet* – Louven : Peeters, à paraître. [= à paraître b]

GIBSON, Shimon « The Pool of Béthesda in Jerusalem and Jewish Purification Practices of the Second Temple Period » in *Proche-Orient chrétien* 55 (2005) p. 270-293

GIESCHEN, Charles, *Angelomorphic Christology: Antecedents and Early Evidence* – Leyde : Brill, 1998 (AJEC 42)

GILES, Kevin, *Modern Evangelicals Reinvent the Doctrine of the Trinity* – Grand Rapids : Zondervan, 2006

GMIRKIN, Russell, *Plato and the Creation of the Hebrew Bible* – Londres : Routledge, 2017

GOBILLOT, Geneviève, « Apocryphes de l'Ancien et du Nouveau Testament » in *Dictionnaire du Coran* – Paris : Robert Laffont, 2007 (Bouquins) p. 58-61

GOLITZIN, Alexander, « *"Et introibo ad altare Dei": The Mystagogy of Dionysius Areopagita with Special Reference to Its Predecessors in the Eastern Christian Tradition* – Thessalonique, George Dedousis 1994

GOODACRE, Mark, *The Case against Q: Studies in Markan Priority and the Synoptic Problem* – Harrisburg : Trinity, 2002

– « Scripturalization in Mark's Crucifixion Narrative » in Geert VAN OYEN & Tom SHEPHERD (éds) *The Trial and Death of Jesus: Essays on the Passion Narrative in Mark* – Leuven : Peeters, 2006 (CBET 45) ; p. 33-47

GOSHEN-GOTTSTEIN, Alon, « The Body as Image of God in Rabbinic Litterature » in *HTR* 87 (1994) p. 171-195

GOULDER, Michael, *Midrash and Lection in Matthew* – Londres, SPCK, 1974

GRAF, Friedrich Wilhelm, *Kritik und Pseudo-Spekulation : David Friedrich Strauß als Dogmatiker im Kontext der positionellen Theologie seiner Zeit* – Munich : Kaiser, 1982 (Münchener Monographien zur historischen und systematischen Theologie 7)

GRAF-REVENTLOW, Hennig, *History of Biblical Interpretation,* III, *Renaissance, Reformation Humanism* – Atlanta : SBL, 2010 (Resources for Biblical Study 62)

GRAHAM, Emma-Jayne « Mobility Impairment in the Sanctuaries of Early Roman Italy », in Christian LAES (éd.) *Disability in Antiquity* – Londres : Routledge, 2017 ; p. 248-266

GRANT, Robert, *Greek Apologists of the Second Century* – Philadelphie : Westminster, 1988

GRAPPE, Christian, « Jésus parmi d'autres prophètes de son temps » in *Revue d'histoire et de philosophie religieuses* n° 81 (2001) p. 387-411

– « Du sanctuaire au jardin : Jésus, nouveau et véritable Temple dans le quatrième Évangile » in Andreas DETTWILER & Uta POPLUTZ (éds) *Études sur Matthieu et Jean : mélanges offerts à Jean Zumstein pour son 65e anniversaire* – Zurich : Theologischer Verlag, 2009 ; p. 285-296

GRAPPIN, Pierre, « La théologie naturelle de Reimarus » in *Études germaniques* 6 (1951) p. 161-181

GRÄSSER, Erich, « Die ethische Denk-Religion : Albert Schweitzers Ablehnung einer doppelten Wahrheit » in Hubert CANCIK, Hermann LICHTENBERGER, Peter SCHÄFER (éds), *Geschichte – Tradition – Reflexion : Frühes Christentum,* Festschrift Martin Hengel – Tubingue : Mohr-Siebeck, 1996 ; p. 677-694

GRAVERINI, Luca « The Ass's Ears and the Novel's Voice: Orality and the Involvement of the Reader in Apulius' *Metamorphoses* », in Victoria RIMELI (éd.), *Seeing Tongues, Hearing Scripts: Orality and Representation in the Ancient Novel* – Groningue : Barhuis & Groningen University, 2007 ; p. 138-167

GREEN, Peter, *Alexander to Actium: The Historical Evolution of the Hellenistic Age,* Berkeley : University of California Press, 1990 (trad. fr. *D'Alexandre à Actium : du partage de l'Empire au triomphe de Rome* – Paris : Robert Laffont, 1997 [Bouquins])

GREGORY, Brad, « No Room for God? History, Science, Metaphysics, and the Study of Religion » in *History and Theory* 47 (2008) p. 495-519

– *The Unintended Reformation: How a Religious Revolution Secularized Society* – Cambridge : Belknap Press of Harvard University, 2012

GREGORY, Bradley, « Post-exilic Exile in Third-Isaiah: Isa 61:1-3 in light of Second Temple Hermeneutics » in *JBL* 126 (2007) – p. 475-496

GRUBE, Dirk-Martin « The Lessing/Schumann Controversy: Lessing's Stance on Contingency Compared to Kant's Stance » In Dirk-Martin GRUBE & Peter JONKERS (éds), *Religions Challenged by Contingency: Theological and Philosophical Approaches to the Problem of Contingency* – Leyde : Brill, 2008 (Studies in Theology and Religion 12) p. 89-115

GRUNDEM, Wayne A., « Biblical Evidence for the Eternal Submission of the Son to the Father » in Dennis JOWERS & Wayne HOUSE (éds), *The New Evangelical Subordinationism?* – Eugene : Wipf and Stock, 2012 ; p. 223-261

GRÜLL Tibor, « “Monotheism” or “Megatheism” ? Religious Competition in LateAntiquity as Mirrored in the Inscriptions Dedicated to Theos Hypsistos » (disponible sur academia.edu)

GUARDINI, Romano, *Christliches Bewußtsein : Versuche über Pascal.* Mayence : Grünewald, 1991 (trad. fr. *Pascal ou le drame de la conscience chrétienne*, Paris : Seuil, 1951)

HAAKE, Gerhard, *Hans Denk, ein Vorläufer der neueren Theologie : 1495-1527* – Soltau : Norden, 1897

HADLEY, Christopher, « The Archetypal Faith of Christ » in *TS* 81 (2020) p. 671-692

HAECKER, Theodor, *Christentum und Kultur* – Munich : Josef Kösel, 1946

HAMIDOVIĆ, David ; MIMOUNI, Simon Claude ; PAINCHAUD, Louis (éds), *La « sacerdotalisation » dans les premiers écrits mystiques juifs et chrétiens : Actes du colloque international tenu à l'université de Lausanne du 26 au 28 octobre 2015* – Turnhout : Brepols, 2021(Judaïsme antique et origines du christianisme 22)

HAMM, Dennis, « Paul's Blindness and Its Healing: Clues to Symbolic Intent » in *Biblica* 71 (1990) p. 63-72

HANNAH, Darrell D., *Michael and Christ: Michael Traditions and Angel Christology in EarlyChristianity* – Tubingue : Mohr Siebeck, 1999 (WUNT II 109)

– « The Elect Son of Man in the Parables of Enoch » in HURTADO, Larry et OWEN, Paul (éds), *Who Is This Son Of Man?* – New York : T&T Clark, 2011 (Library of New Testament Studies) p. 130-158

HANSON, Richard, *The Search for the Christian Doctrine of God: The Arian Controversy 318-381* – Edimbourg : T&T Clarke, 1988

HARLOW, Daniel, « Anti-Christian Polemic in the Apocalypse of Abraham: Jesus as Pseudo-Messiah in *Apoc. Ab.* 29. 3-14 » in *JSP* 22 (2013) p. 167-183

– « Idolatry and Alterity: Israel and the Nations in the Apocalypse of Abraham » in Daniel C. HARLOW *et al.* (éds), *The « Other » in Second Temple Judaism: Essays in Honor of John J. Collins* – Grand Rapids : Eerdmans, 2011 ; p. 302-330

HARNACK (VON), Adolf, *History of Dogma*, tr. angl. par Neil Buchanan (7 volumes ; Londres : Williams & Norgate, 1894-99) [trad. fr. par Eugène Choisy sous le titre *Histoire des dogmes* [Paris : Cerf, 1993])

– « Kritik des Neuen Testaments von einem griechischen Philosophen des 3. Jahrhunderts » in *Texte und Untersuchungen* 37/III.7 – Leipzig : Hinrichs, 1911

HARRINGTON, Daniel, « A Decade of Research on Pseudo-Philo's Biblical Antiquities » in *JSP* 2 (1988) p. 3-12

HARRINGTON, Michael, *A Thirteenth-Century Textbook of Mystical Theology at the University of Paris* – Leuven : Dallas, Peeters, 2004 (MedievalTexts and Translations 4)

– *On the Ecclesiastical Hierarchy: The Thirteenth-Century Paris Textbook Edition* – Leuven/Dallas, Peeters, 2011 (Medieval Texts and Translations 12)

HARRISON, Brian, *The Teaching of Pope Paul VI on Sacred Scripture* – Rome, Pontificium Athenæum Sanctæ Crucis, 1997

HARRISON, Verna « Perichoresis in the Greek Fathers » in *St. Vladimir's Theological Quarterly* 35 (1991) p. 53-65

HART, David Bentley, *Beauty of the Infinite* – Grand Rapids : Eerdmans, 2003

HARTMANN, (von) Eduard, *Das Christentum des Neuen Testaments* – Sachsa-in-der-Harz, 1905

HARTSOCK, Chad « The Call-Stories in Luke: The Use of Type Scene for Lucan Meaning », *Review & Expositor* 112 (2015) p. 573-590

HAVUKAINEN, Tuomas, *The Quest for the Memory of Jesus: A Viable Path or a Dead End?* – Leuven, Peeters, 2020 (CBET 99)

HAY, David, *Glory at the Right Hand: Psalm 110 in Early Christianity* – Nashville : Abingdon, 1973

HAYES, Christopher en collaboration avec Brandon GALLAGHER, Julia S. KONSTANTINOVSKY, Richard J. OUNSWORTH o.p. et C. A. STRINE, *When the Son of Man Didn't Come: A Constructive Proposal on the Delay of the Parousia* – Minneapolis : Fortress, 2016

HAYMAN, Peter « Monotheism – A Misused Word in Jewish Studies? », *JJS* 42 (1991) p. 1-15

HAYS, Richard, Recension de RATZINGER 2007 in *First Things* 175 (2007) p. 49-53

HAYWARD, Robert « Phineas – the same Is Elijah: The Origins of a Rabbinic Tradition » in *JJS* 29 (1978) p. 22-34

HEBBLETHWAITE, Peter, *Jean XXIII : Le pape du Concile* – Paris : Bayard, 2000

HENDEL, Ron, « The Social Origins of the Aniconic Tradition in Early Israel » in *CBQ* 50 (1988) p. 365-382

HENGEL, Martin, *Jésus, Fils de Dieu* – Paris : Cerf, 1977 (Lectio divina 94)

– « The Sources of Earliest Christianity », in *id. Acts and the History of Early Christianity* (Philadephia, Fortress, 1979)

– « The Titles of the Gospels and the Gospel of Mark » in *Studies in the Gospel of Mark* (*Études sur l'Évangile de Marc*), Eugene, Wipf and Stock, 1985, p. 64-84

– *Die johanneische Frage* – Tubingue, Mohr Siebeck, 1993 (WUNT 67)

– *The Four Gospels and the One Gospel of Jesus Christ* – Londres, SCM, 2000

– *Studies in Early Christology* – Londres : T&T Clark, 2004

– *The Charismatic Leader and His Followers* – Eugene : Wipf and Stock, 2005

– Die Evangelienüberschriften » in *Kleine Schriften V. Jesus und die Evangelien* – Tubingue : Mohr Siebeck, 2007 (WUNT 211) p. 526-567

– « Der Lukasprolog und seine Augenzeugen : Die Apostel, Petrus, und die Frauen » in *Kleine Schriften VI. Studium zum Urchristentum* – Tubingue : Mohr Siebeck, 2008 (WUNT 234) p. 242-297)

HENNELL, Charles Christian, *An Inquiry Concerning the Origin of Christianity* – Londres, 1838

HOCK, Ronald F. *The Infancy Gospels of James and Thomas* – Santa Rosa : Polebridge, 1995 (Scholars Bible 2)

HOLER, Knut *Second Isaiah's Idol Fabrication Passages* – Francfort : Peter Lang, 1995 (BET 28)

HOLLADAY, Carl, « What David Saw: Messianic Exegesis in Acts 2 » in *Stone-Campbell Journal* 19 (2016) p. 95-108

HOLLANDER, Harm ; DE JONGE, Marinus (éds), *The Testaments of the Twelve Patriarchs: A Commentary* – Leyde : Brill, 1985

HOLMÉN, Tom « Caught in the Act: Jesus Starts the New Temple – A Continuum Study of Jesus as the Founder of the *Ecclesia* » in Samuel BYRSKOG, Tom HOLMÉN, et Matti KANKAANNIEMI (éds), *The Identity of Jesus: Nordic Voices* – Tubingue : Mohr Siebeck, 2014 (WUNT II 373) ; p. 181-231

HOLMS, Jeremy, « Aquinas' *Lectura in Matthæum* » in éd. Thomas WEINANDY & Daniel KEATING (éds) *Aquinas on Scripture: An Introduction to His Biblical Commentaries* (Londres : T&T Clark, 2005) ; p. 73-98

HOLTER, Knut, *Second Isaiah's Idol Fabrication Passages* – Francfort : Peter Lang, 1995 (BET 28)

HOLZBERG, Niklas *The Ancient Novel: An Introduction* – New York : Routledge, 1995

HONIGMAN, Sylvie, « Jews as the Best of All Greeks: Cultural Competition in the Literary Works of Alexandrian Judæans of the Hellenistic Period » in Eftychia STRAVRIANOPOULOU (éds), *Shifting Social Imaginaries in the Hellenistic Period: Narrations, Practices, and Images* – Leyde : Brill, 2013 ; p. 207-232

HOOKER, Morna, *The Son of Man in Mark: A Study of the Background of the Term « Son of Man » and Its Use in St. Mark's Gospel* – Londres : SPCK, 1967

– « On Using the Wrong Tool », *Theology* 75 (1972), p. 570-581

HORST (VAN DEN), Pieter, « Porphyry on Judaism: Some Observations » in *Studies in Ancient Judaism and Early Christianity* – Leyde : Brill, 2014 (AJEC 67) p. 71-83.

HORST, Ulrich, *The Dominicans and the Pope: Papal Teaching Authority in the Medieval and Early Modern Thomist Tradition* – Notre Dame : University of Notre Dame, 2006 (ND Conway Lectures in Medieval Studies)

HOSKINS, Paul, *Jesus as the Fulfillment of the Temple in the Gospel of John* – Eugene : Wipf & Stock, 2006 (Paternoster Biblical Monographs)

HOVHANESSIAN, Vahan (éd.), *Exegesis and Hermeneutics in the Churches of the East* – Atlanta : SBL, 2009

HUNSTON WILLIAMS, George *The Radical Reformation* – Cambridge : CUP, 1991

HURTADO, Larry, « New Testament Christology: A Critique of Bousset's Influence » in *TS* 40 (1979) p. 306-317

– « The Study of New Testament Christology: Notes for the Agenda » in *Society of BiblicalLiterature 1981 Seminar Paper* – Chicago : Scholars Press, 1981 (SBL Seminar Paper Series 20) p. 185-197

– *One God, One Lord: Early Christian Devotion and Ancient JewishMonotheism* – Philadelphie : Fortress, 1988 ; 3e édition révisée : Bloomsbury, T&T Clark, 2015

– *The Lord Jesus Christ: Devotion to Jesus in Earliest Christianity* – Grand Rapids : Eerdmans, 2003 [trad. fr. *Le Seigneur Jésus-Christ* – Paris : Cerf, 2009]

– « Ancient Jewish Monotheism in the Hellenistic and Roman Periods », *Journal of Ancien Judaism* 4 (2013) p. 379-400

– *Ancient Jewish Monotheism and Early Christian Jesus-Devotion* – Waco : Baylor University, 2017

– « Observations on the "Monotheism" Affirmed in the New Testament » in Christopher A. BEELEY et Mark WEEDMAN (éds), *The Bible and Early Trinitarian Theology* – Washington : CUA Press, 2018 (CUA Studies in Early Christianity) p. 50-70

– Avec OWEN Paul (éd.), « *Who Is This Son Of Man* » – *The Latest Scholarship on a Puzzling Expression of the Historical Jesus* – New York : T&T Clark, 2011 (LNTS)

– *How on Earth Did Jesus Become God?* – Grand Rapids : Eerdmans, 2005

– *God in New Testament Theology* – Nashville : Abingdon, 2010

– *At the Origins of Christian Worship: The Context and Character of Earliest Christian Devotion* – Grand Rapids : Erdmans, 1999

IVANKA, Endre (v.), *Plato Christianus: Übernahme und Umgestaltung des Platonismus durch die Väter* – Einsiedeln : Johannes, 1990 [trad. française *Plato Christianus. La réception critique du platonisme chez les Pères de l'Église* – Paris, PUF, 1990 (Théologiques)]

JACOBY, Felix ; SCHEPENS, Guido ; RADIKE, Jan (éds), *Die Fragmente der griechischen Historiker : Continued, Biography and Antiquarian Literature* – Leyde : Brill, 1999

JAHN, Gustav, *Über die Person Jesu und über die Entstehung des Christentums* – Leyde, 1911

JAMES, John, « An Examination of Homotimia in St. Basil the Great's *On the Holy Spirit,* and Contemporary Implications » in *Westminster Theological Journal* vol. 74 (2012) p. 257-277

JANOWITZ, Naomi, « Good Jews Don't: Historical and Philosophical Constructions of Idolatry » in *History of Religions* 47 (2007) p. 239-252

JÁUREGI, Miguel, Herrero (de), « Orphic God(s): Theogonies and Hymns as Vehicles of Monotheism » in Stephen MITCHELL and Peter VAN NUFFELEN (éds) *Monotheism between Pagans and Christians in Late Antiquity* – Louvain : Peeters, 2010 p. 77-99

JENSEN, Robert, *The Triune Identity* – Philadelphie : Fortress, 1982

JEREMIAS, Joachim *Jerusalem in the Time of Jesus* – Minneapolis : Fortress, 1969 [trad. fr. *Jérusalem au temps de Jésus* – Paris : Cerf, 1980]

– « Kennzeichen der ipsissima vox Jesu » in *id. Abba* – Göttingen, Vandenhoeck & Ruprecht, 1966 ; p. 142-152

JERVELL, Jacob, *The Unknown Paul: Essays on Luke-Acts and Early Christian History* – Minneapolis, Fortress, 1984

Johnson, Keith, *Karl Barth and the Analogia Entis* – New York : T&T Clark, 2010

JOHNSON, Luke Timothy, Recension de RATZINGER 2007 in *Modern Theology* 24 (2008) p. 318-320

JOHNSON, Norman B., *Prayer in the Apocrypha and Pseudepigrapha: A Study of the Jewish Concept of God* – Philadelphie : SBL, 1948 (SBL Monograph Series 2)

JONES, Christopher, *Philostratus: Apollonius of Tyana, Books I-IV* – Cambridge : Harvard University, 2005 (Loeb Classical Library 16)

JUDGE, Thomas A., *Other Gods and Idols: The Relationship between the Worship of Other Gods and the Worship of Idolswithin the Old Testament* – Londres : Bloomsbury T&T Clark, 2019 (Library of Hebrew Bible/Old Testament Studies 674)

JUEL, Donald, *Messianic Exegesis: Christological Interpretation of the Old testament in Early Christianity* – Philadelphie : Fortress, 1988

JUNG, Chang-Wook, *The Original Language of the Lukan Infancy Narrative* – Londres : T&T Clark, 2004 (LNTS 267)

KÄSEMANN, Ernst, « Über die Anfänge christlicher Theologie » in *Zeitschrift für Theologie und Kirche* 57 (1960) p. 162-185

KAUTSKY, Karl, *Der Ursprung des Christentums* – Stuttgart, 1908

KEENER, Craig, *The Gospel of John: A Commentary*_ Hendrickson : Peabody, 2003

– *Christobiography: Memory, History, and the Reliability of the Gospels* – Grand Rapids : Eerdmans, 2019

KEITH, Chris & LEDONNE Anthony (éds), *Jesus and the Demise of Authenticity* – New York, T & T Clark, 2012

KELLEY, Nicole, « The Cosmopolitan Expression of Josephus' Prophetic Perspective in the *Jewish War* » in *HTR* 97 (2004) p. 257-274

KELLY, John N. D., *Early Christian Doctrines* – New York : Harper & Row, 1958

KEMEZIS, Adam, « Lucian, Fronto, and the Absence of Contemporary Historiography under the Antonines » in *The American Journal of Philology* 131 (2010) p. 285-325

KENNEDY, George, *New Testament Interpretation through Rhetorical Criticism* – Chapel Hill, NC : University of North Carolina, 1984

KENNEY, John Peter, « Monotheistic and Polytheistic Elements in Classical Mediterranean Spirituality » in A. H. ARMSTRONG (éd.), *Classical Mediterranean Spirituality* – New York : Crossroad, 1986 ; p. 269-292

KERR, Alan, *The Temple of Jesus' Body. The Temple Theme in the Gospel of John* – Londres : Sheffield Academic, 2002 (JSNTSup 220)

KIRK, Alan, *Memory and the Jesus Tradition* – Londres : Bloomsbury T&T Clark, 2018

KIRK, Daniel, *A Man Attested by God: The Human Jesus of the Synoptic Gospels* – Grand Rapids : Eerdmans, 2016

KISTER, Menahem, « The Prayers of the Seventh Book of the Apostolic Constitutions and Their Implications for the Formulation of Synagogue Prayers » in *Tarbiz* 77 (2008) ; p. 205-38 (en hébreu, avec un sommaire en anglais)

– « Some Early Jewish and Christian Exegetical Problems and the Dynamics of Monotheism » in *JSJ* 37 (2006) p. 548-549

KLAWANS, Jonathan, *Purity, Sacrifice, and the Temple: Symbolism and Supercessionism in the Study of Ancient Judaism* – Oxford : OUP, 2006

KLINK III, Edward (éd.), *The Audience of the Gospels: The Origin and Function of the Gospels in Earliest Christianity* – Londres, T&T Clark, 2010 (Library of New Testament Studies 353)

KLOPPENBORG VERBIN, John *Excavating Q* – Minneapolis, Fortress, 2000

KNOHL, Israel, *The Messiah before Jesus: The Suffering Servant of the Dead Sea Scrolls* – Berkeley : University of California, 2000

KOCH, Hugo, « *Proklos als Quelle des Pseudo-Dionysius Areopagita in der Lehre von Bösen* » in *Philologus* 54 (1895) p. 438-454

KOESTER, Helmut, *Ancient Christian Gospels: Their History and Development* – Philadelphie : Trinity, 1990

– *Trajectories through Early Christianity, Library of Early Christology* – Grand Rapids : Baker Academic, 2018

KOLLMANN, Bernd & Ruben ZIMMERMANN (éds), *Hermeneutik der frühchristlichen Wundererzählungen* – Tubingue : Mohr Siebeck, 2014 (WUNT 339)

KOOTEN (VAN) George, « Pagan and Jewish Monotheism according to Varro, Plutarch, and St. Paul : The Aniconic, Monotheistic Beginnings of Rome's Pagan Cult – Romans 1, 19-25 in a Roman Context » in Anthony HILLHORST (éd.), *Flores Florentino: Dead Sea Scrolls and Other Early Jewish Studies in Honour of Florentino García Martínez* – Leyde : Brill, 2007 (JSJSup 122) ; p. 633-651

KOSKENNIEMI, Erkki, « The God of the Philosophers, and the God of Israel » in Francesca ALLESE & Ludovica DE LUCA (éd.), *Philo of Alexandria and Greek Myth* – Leyde : Brill, 2019 (Studies in Philo of Alexandria 10) p. 129-152

KÖSTENBERGER, Andreas, *The Heresy of Orthodoxy: How Contemporary's Culture's Fascination with Diversity Has Reshaped Our Understanding of Early Christianity* – Wheaton : Crossway, 2010

KRAFT, Robert « Christian Transmission of Greek Jewish Scriptures: A Methodological Probe » in A. BENOIT, M. PHILONENKO & C. VOGEL (éds)? *Paganisme, Judaïsme,*

Christianisme : Influences et affrontements dans le monde antique – Paris : Éditions de Boccard, 1978 p. 207-226

– « The Pseudepigraph and Christianity Revisited: Setting the Stage and Framing Some Central Questions » in *JSJ* 32 (2001) p. 371-395

KRAUS, Hans-Joachim, *Psalms 1-59: A Continental Commentary* – Minneapolis : Fortress, 1993

KRUGER, Michael, *The Heresy of Orthodoxy: How Contemporary's Culture's Fascination with Diversity Has Reshaped Our Understanding of Early Christianity* – Wheaton : Crossway, 2010

KUGEL, James, « Levi's Elevation to the Priesthood in Second Temple Writings » in *HTR* 86 (1993) p. 1-64

– *The God of Old: Inside the Lost World of the Bible* – New York : Free Press, 2003

KUGLER, Robert From Patriarch to Priest: The Levi-Priestly Tradition from Aramaic Levi to Testament of Levi – Atlanta : Scholars Press, 1996

– Testaments of the Twelve Patriarchs – Sheffield : Sheffield Academic, 2001.

– « The Testaments of the Twelve Patriarchs: A Not-So-Ambiguous Witness to Early Jewish Interpretative Practices » in Matthias HENZE (éd.)? A Companion to Biblical Interpretation in Early Judaism – Grand Rapids : Eerdmans, 2012 p. 337-360

LACAILLE, Julien, « Kant et la critique des miracles » in *X[e] congrès de la Société d'études kantiennes en langue française : Kant. Théologie et religion, organisé par Robert Theis* (université de Luxembourg) disponible en ligne https://www.researchgate.net/publication/274193266_Kant_et_la_critique_des_miracles

LAGRANGE, o.p. Marie-Joseph, *La Méthode historique* – Paris : Lecoffre, 1903

– *Le Messianisme chez les juifs* – Paris : Gabalda, 1909

– *Le Sens du christianisme d'après l'exégèse allemande* – Paris : Gabalda, 1918 (coll. Études bibliques 5) [=1918a]

– « Mélanges : La Vie de Jésus de Renan » in *RB* 27 (1918) p. 433-506 (=1918b)

– *L'Évangile de Jésus-Christ* – Paris : Gabalda, 1928

LAMBERT Wilfred, « The Historical Development of the Mesopotamian Pantheon: A Study in Sophisticated Polytheism » in Hans GOEDICKE et J. J. M. ROBERTS (éds), *Unity and Diversity* – Baltimore : Johns Hopkins University, 1975 ; p. 191-200

LANCKAU, Jörg, « Hypsistos: Cultural Translation of Jewish Monotheism in the Hellenistic Period » in *Asiastische Studien/Études asiatiques* 65 (2011) p. 861-882

LANDMESSER, Christof (éd.), *Bultmann Handbuch* – Tubingue : Mohr Siebeck, 2017

LANE, William, *The Gospel of Mark* – Grand Rapids : Eerdmans, 1974

LANG, Mabel, *Cure and Cult in Ancient Corinth: A Guide to the Asclepieion* – Princeton : American School of Classical Studies at Athens, 1977

LATOURELLE, René, *Théologie de la révelation* – Bruges, Paris : DDB, 1966 (Studia 15)

LAUTERBACH, Jacob Z., *Mekilta de-Rabbi Ishmael: A Critical Edition on the Basis of the Manuscripts and Early Editions with an English Translation Introduction and Notes*, 3 volumes – Philadelphie : The Jewish Publication Society of Amercia, 1961

LEAR, Sheree, *Scribal Composition: Malachi as a Test Case* – Göttingen : Vandenhoeck & Ruprecht, 2018

LEDONNE Anthony, *The Historiographical Jesus: Memory, Typology, and the Son of David* – Waco, Baylor University, 2009

LEE, Aquila, *From Messiah to Preexistent Son: Jesus' Self-Consciousness and Early Christian Exegesis of MessianicPsalms* – Tubingue : Mohr Siebeck, 2005 (WUNT II 192)

LEE, Richard A. & LONG, Christopher, « Nous and Logos in Aristotle », *Freiburger Zeitschriftfür Philosophie und Theologie* 54 (2007), p. 348-367

LEGASPI, Michael, *The Death of Scripture and the Rise of BiblicalStudies* – Oxford : OUP, 2010 (Oxford Studies in Historical Theology)

LEHNER, Ulrich, *The Catholic Enlightenment: The Forgotten History of a Global Movement* – New York : OUP, 2016

LEHTIPUU, Outi, *Debates over the Resurrection of the Dead: Constructing Early Christian Identity* – Oxford : OUP, 2015 (Oxford Early Christian Studies)

LEIM, Joshua, *Matthew's Theological Grammar: The Father and the Son* – Tubingue : Mohr Siebeck, 2015 (WUNT II 402)

LEMAIRE, André, Recension de *God in Translation: Deities in Cross-Cultural Discourse in the Biblical World* by Mark SMITH in *Biblica* 93 (2012) p. 316

LESSING, G. E., Gedanken über die Herrnhuter, éd. par Karl LESSING (Berlin, 1784)

– Lettre à Nicolai du 30 mars 1779 in *Sämtliche Schriften*, 1857, XVIII, 312

– « Vom Arianismus » in *Werke*, 1822, VII, 155

– Über den Arianismus von Philalethes dem Mittlern » in *Sämtliche Schriften*, 1839, XI, p. 448-449

– *Die Erziehung des Menschengeschlechts*, 1780 – trad. fr. par Marc de Launay, Paris : DDB, 2021

– Die Religion Christi » in *Gotthold Ephraim Leßings theologischer Nachlaß*, 1784, p. 101-105

LEUCHTER, Mark « Samuel: A Prophet or a Priest Like Moses? » in Mignon R. JACOBS and Raymond F. PERSON, Jr (éds), *Israelite Prophecy and the Deuteronomistic History: Portrait, Reality, and the Formation of a History* – Atlanta : SBL, 2013 (Ancient Israel and Its Literature 14) p. 147-168

LEVENSON, Jon, *Death and Resurrection of the Beloved Son: The Transformation of Child Sacrifice in Judaism and Christianity* – New Haven : Yale University Press, 1993

LEVERING, Matthew, *Participatory Biblical Exegesis: A Theology of Biblical Interpretation* – University of Notre Dame : ND Press, 2008

LEVTOW, Nathaniel *Images of Others: Iconic Politics in Ancient Israel* – Winona Lake : Eisenbrauns, 2008 (Biblical and Judaic Studies from the University of California in San Diego 11) p. 57-72.

LEVY, Hans Yohanan, *Chaldean Oracles and Theurgy: Mysticism, Magic, and Platonism in the Later Roman Empire* – Paris : Institut d'études augustiniennes, 2001

LEWIS, C. S., Lettre à Arthur Greeves, Oct. 18, 1931 in *The Collected Letters of C. S. Lewis*, vol. 1 : Family Letter 1905-1931 – San Francisco : Harper Collins, 2004, p. 976-977

– « Myth Become Fact » in *God in the Dock*: Essays on Theology and Ethics – Grand Rapids : Eerdmans, 1970, p. 66-67

LICONA, Michael, *The Resurrection of Jesus: A New Historiographical Approach* – Downers Grove : IVP, 2010

LIDONNICI, Lynn, *The Epidaurian Miracle Inscriptions: Text, Translation and Commentary* – Atlanta : Scholars Press, 1995 (Texts and Translations Greco-Roman Religion Series 11)

LIENHARD, Joseph T., « Reading the Bible and Learning to Read: The Influence of Education on St. Augustine's Exegesis », *Augustinian Studies* 27 (1996), p. 7-25

LINCOLN, Andrew, *Born of a Virgin? Reconceiving Jesus in the Bible, Tradition, and Theology* – Grand Rapids : Eerdmans, 2013

LOHSE, Eduard, « Jesu Worte über den Sabbat » in Walther ELTESTER (éd.) *Judentum, Urchristentum, Kirche* – Berlin : Töpelmann, 1960 (BZNW 26) p. 79-89

LOWRIE, Walter, « Translator's Introduction » in Albert SCHWEITZER, *The Mystery of the Kingdom of God: The Secret of Jesus' Messiahship and Passion* – Londres : A. & C. Black, 1914.

LUBAC (de), Henri, *Surnaturel : Études historiques* – Paris : Aubier, 1946

– *Le Mystère du surnaturel* – même éditeur 1965

– *Exégèse médiévale : les quatre sens de l'Écriture* (même éditeur ; I,1 : 1959 ; I,2 : 1959 ; II,1 : 1961 ; II,2 : 1964)

LUNDSTEEN, August, *Hermann Samuel Reimarus und die Anfänge der Leben-Jesu-Forschung* – Copenhague : Olsen, 1939

LYMAN, J. Rebecca, *Christology and Cosmology: Models of Divine Activity in Origen, Eusebius, and Athanasius* – Oxford : Clarendon, 1993

LYNCH, Matthew, *Monotheism and Institutions in the Book of Chronicles: Temple, Priesthood, and Kingship in Post-Exilic Perspective* – Tubingue : Mohr Siebeck, 2014 (FAT II 64)

MACDONALD, Dennis Ronald, *The Homeric Epics and the Gospel of Mark* – New Haven, Yale, 2000

– *Does the New Testament Imitate Homer? Four Cases from the Acts of the Apostles* – Yale University Press, 2003

MacDonald, Nathan, *One God or One Lord? Deuteronomy and the Meaning of « Monotheism »* – Tubingue : Mohr Siebeck, 2012 (FAT II 1)

MacMullen, Ramsay « The Epigraphic Habit in the Roman Empire » in *American Journal of Philology* 103 (1982) p. 233-246

Madigan, Kevin, « *Christus Nesciens ?* Was Christ Ignorant of the Day of Judgment ? Arian and Orthodox Interpretation of Mark 13:32 in the Ancient Latin West » in *HTR* 93 (2003) p. 255-278

Magness, Jodi « Sweet Memory: Archeological Evidence of Jesus in Jerusalem » in Karl Galinsky (éd.), *Memory in Ancient Rome and Early Christianity* – Oxford : OUP, 2016 ; p. 324-343

Mainoldi, Ernesto, « Why Dionysius the Areopagite? The Invention of the First Father » in *Studia Patristica,* vol. 46, éd. Markus Vinzent – Leuven : Peeters, 2017 ; p. 425-440

Malchow, Bruce, « The Messenger of the Covenant in Mal. 3:1 » in *Journal of Biblical Literature* 103 (1984) p. 252-255

Malina, Bruce et Neyrey, Jerome, *The New Testament World: Insights from Cultural Anthropology* – Louisville : Westminster, 1993

Marchetto, Agostino, *Le Concile œcuménique Vatican II – Contrepoint pour son histoire* – Paris : Éditions du Jubilé – Sarment, 2011

– *Il Concilio Ecumenico Vaticano II : Per la sua corretta Ermeneut_ica* Vatican, Libreria Editrice Vaticana, 2012

Marcus, Joel, *Mark 8-16* – New Haven : Yale, 2009 (Anchor Bible 27A)

– « Son of Man as Son of Adam » in *RB* 110 (2003), p. 38-61 et 370-386

– *John the Baptist in History and Theology* – Columbia : University of South Carolina, 2018

Margelidon, Philippe-Marie, « La science infuse du Christ selon saint Thomas » in *Revue thomiste* 114 (2014) p. 379-416

Marguerat, Daniel, *La Première Histoire du christianisme : Actes des Apôtres* – Paris : Cerf, 1999 (Lectio Divina 180)

Marincola, John, *Authority and Tradition in Ancient Historiography* – Cambridge : CUP, 1997

Maritain, Jacques, *De la grâce et de l'humanité de Jésus* – Paris : DDB, 1967

Martin, Francis, « Some Aspects of Biblical Studies since Vatican II : The Contribution and Challenge of *Dei Verbum* » in *Sacred Scripture: Disclosure of the Word* (Ave Maria : Sapientia, 2006) p. 227-248

Martin, François, *Pour une théologie de la lettre : l'inspiration des Écritures* – Paris : Cerf, 1996 (Cogitatio fidei ; 196)

Mason, Rex, « The Prophets of Restoration » in Richard Coggins, Anthony Philips, et Michael Knibb (éds), *Israel's Prophetic Tradition: Essays in Honour of Peter R. Ackroyd* – Cambridge : CUP, 1982 ; p. 155-180

MASSAUX, Édouard, *Influence de l'Évangile de saint Matthieu sur la littérature chrétienne avant saint Irénée* – Louvain : PUL, 1950

MAY, Gerhard, *Creatio ex Nihilo: The Doctrine of « Creation out of Nothing » in Early Christian Thought* – New York : T&T Clark, 2004

MCCULLOUGH, Ross « God and the Gaps » in *First Things* 232 (avril 2013), p. 19-20

MCIVER, Robert, *Memory, Jesus, and the Synoptic Gospels* – Atlanta, SBL, 2011 (SBL Resources for Biblical Study 59)

MCKIM, Donald (éd.), *Dictionary of Major Biblical Interpreters* – Downers Grove : InterVarsity, 2007

MEIER, John P., *A Marginal Jew: Rethinking the Historical Jesus ;* New York : Doubleday, Anchor Bible [trad. fr. *Un certain juif : Jésus, les données de l'histoire* – Paris : Cerf]

– *Volume One: The Roots of the Problem and the Person* ; 1991 [trad. fr. t. 1 : *Les Sources, les Origines, les Dates ;* 2004]

– *Volume Two: Mentor, Message, and Miracles* ; 1994 [trad. fr. t. 2 : *Les Paroles et les Gestes ;* 2005]

MENZIES, Robert, *The Development of Early Christian Pneumatology with Special Reference to Luke-Acts* – Sheffield : Sheffield Academic, 1991 (JSNTSup 54)

MEYER, Ben, *The Aims of Jesus* – Eugene : Pickwick, 2002 (Princeton Theological Monograph Series 48)

MEYER, Marvin (éd.), *The Nag Hammadi Scriptures* – New York – Haper Collins, 2008

MEYER, Paul, « The Problem of the Messianic Self-Consciousness of Jesus » in *NovT* 4 (1960) p. 122-138

MICHALSON, Gordon E., Jr., « Lessing, Kierkegaard, and the « Ugly Ditch': A Reexamination » in *Journal of Religion* 59 (1979) p. 324-334

MILGROM, Jacob, *Leviticus 1-16* – New York : Doubleday, 1991

MILLER, Athanasius, « Das neue biblische Handbuch » in *Benediktinische Monatschrift* 31 (1955), p. 49-50

MILLER, Eric, « *The Self-Glorification Hymn* Reexamined » in *Henoch* 31 (2009) p. 307-324

MILLER, Richard, « Mark's Empty Tomb and Other Translation Fables in Classical Antiquity » in *JBL* 129 (2010) p. 759-776

MIRHADY, David « Athens' Democratic Witnesses » in *Phoenix* 56 (2002) p. 255-274

MITCHELL, Stephen « The Cult of *Theos Hypsistos* between Pagans, Jews, and Christians » in Polymnia ATHANASSIADI et Michael FREDE (éd.), *Pagan Monotheism in Late Antiquity* – Oxford : Clarendon, 2008 ; p. 81-148

– « Further Thoughts on the Cult of Theos Hypsistos » in Stephen MITCHELL & Peter VAN NUFFELEN (éds), *One God: Pagan Monotheism in the Roman Empire* – Cambridge : CUP, 2010, p. 167-208

MOESSNER, David, « "Eyewitnesses, Informed Contemporaries, and Unknowing Inquirers": Josephus' Criteria for Authentic Historiography and the Meaning of ΠΑΡΑΚΟΛΟΥΘΕΩ » in *NovT* 38 (1996) p. 105-122

MÖHLER, Johann Adam, *Die Einheit in der Kirche, oder das Prinzip des Katholizismus* – Cologne : Hegner, 1956

MOLTMANN, Jürgen, *Théologie de l'espérance : Études sur les fondements et les conséquences d'une eschatologie chrétienne* – Paris : Cerf, 1970 (Cogitatio fidei 50)

– *The Future of Creation* – Londres : SCM, 1979

– *Trinité et royaume de Dieu* – Paris : Cerf, 1984 (Cogitatio fidei 123)

– *The Way of Jesus Christ: Christology in Messianic Dimensions* – Minneapolis : Fortress, 1993

– « God in the World-The World in God: Perichoresis in Trinity and Eschatology » in Richard BAUCKHAM and Carl MOSSER (éds), *John's Gospel and Christian Theology* – Grand Rapids : Eerdmans, 2008 ; p. 369-381

– *A Broad Place: An Autobiography* – Minneapolis : Fortress, 2009

– *Ethics of Hope* – Minneapolis : Fortress, 2012

– *The crucified God* – 40th anniversary edition – Minneapolis, Fortress, 2015

MOMIGLIANO, Arnaldo, *The Development of Greek Biography* – Cambridge : Harvard University, 1971

MORGENTHALER, Robert, *Die lukanische Geschichtsscreibung als Zeugnis : Gestalt und Gehalt der Kunst des Lukas* – Zürich : Zwingli Verlag, 1948

MOXNES, Halvor, *Jesus and the Rise of Nationalism: A New Quest for the Nineteenth-Century Historical Jesus* – Londres : Tauris, 2012

MULLER, Richard, *Post-Reformation Reformed Dogmatics: The Rise and Development of Reformed Orthodoxy, ca. 1520-1725* – Grand Rapids : Baker Academic, 2003

MURDOCK, D. M., *Christ in Egypt: The Jesus-Horus Connection* – Stellar House, 2008

MURGATROYD, Paul, « Tacitus on the Death of Octavia » in *Greece & Rome* 55 (2008) p. 263-273

MURPHY, Dennis, *The Church and the Bible: Official Documents of the Catholic Church* – New Delhi, St. Pauls/Alba House, 2007

MURPHY, Francesca Aran, *God is Not a Story: Realism Revisited* – Oxford : OUP, 2007

MURRAY, Evan D., Miles G. CUNNINGHAM, Bruce H. PRICE, « The Role of Psychotic Disorders in Religious History Considered » in *The Journal of Neuropsychiatry Clinical Neurosciences* 24 (2012) p. 410-426

NAGEL, Thomas, *Mind & Cosmos: Why the Materialist, Neo-Darwinian Conception of Nature is Almost Certainly False* – Oxford : OUP, 2012

NENCI, Giuseppe, « Il motivo dell'autopsia nella storagrafia greca » in *Studi Classici e Orientali* 3 (1955), p. 14-29

NEWMAN, Carey, *Paul's Glory-Christology: Tradition and Rhetoric* – Leyde : Brill, 1992 (NovTSup 69)

– *The Jewish Roots of Christological Monotheism* – Leyde : Brill, 1999 (JSJSup 63)

NEWSOME, Carol, *Songs of Sabbath Sacrifice: A Critical Edition* – Atlanta : Scholars Press, 1985 (Harvard Historical Studies 27)

NICKLAS, Tobias, & Janet E. SPITTLER (éds), *Credible, Incredible* – Tubingue : Mohr Siebeck, 2013 (WUNT 321)

NIEHOFF, Maren, *Jewish Exegesis and Homeric Scholarship in Alexandria* – Cambridge : Cambridge University, 2014

NIESIOLOWSKI-SPANÒ, Lukasz « Primeval History in the Persian Period ? » in *Journal for the Study of the Old Testament* 21 (2007) p. 106-126

NISBIT Hugh Bar, *Gotthold Ephraim Lessing: His Life, Works, and Thought* – Oxford : OUP, 2008

NORDEN, Eduard, *Agnostos Theos: Untersuchung zur Formgeschichte religiöser Rede* – Helsingfors : Teubner, 1913

NOVENSON, Matthew, *Christ among the Messiahs: Christ Language in Paul and Messiah Language in Ancient Judaism* – Oxford : OUP, 2012

OBIKONU IGBOKWE, Anthony, *Albert Schweitzer's Thoroughgoing De-eschatologization Project as a Secular Soteriology* – Münster : Aschendorff, 2019

O'BRIEN, Carl Séan, *The Demiurge in Ancient Thought: Secondary God and Divine Mediators* – Cambridge : CUP, 2015.

O'BRIEN, Julia, *Priest and Levite in Malachi* – Atlanta : Scholars Press, 1990

O'Connor, Michael. *Cajetan's Biblical Commentaries: Motive and Method* – Leyde : Brill, 2017 (St. Andrew's Studies in Reformation History)

ODEN, Thomas *Radical Obedience: The Ethics of Rudolph Bultmann, with a Personal Response from Rudolph Bultmann* – Philadelphie : Westminster, 1964

– *Change of Heart: A Personal and Theological Memoir* – Downers Grove : IVP Academic, 2014

OERMANN, Nils Ole, *Albert Schweitzer: A Biography* – Oxford : OUP, 2017

ORCHARD, Bernard, « *Dei Verbum* and the Synoptic Gospels » in *This Rock* 7, no. 5 (May 1996)

O'REGAN, Cyril *Theology and the Spaces of Apocalyptic*, The Père Marquette Lecture in Theology 2009 – Milwaukee : Marquette University, 2009

– *The Heterodox Hegel* – Albany : State University of New York, 1994

ORLIN, Eric « Augustan Reconstruction and Roman Memory » in Karl GALINSKY (éd.), *Memory in Ancient Rome and Early Christianity* – Oxford : OUP, 2016 ; p. 115-144

ORLOV, Andreï, « "The Gods of My Father Terah": Abraham the Iconoclast and the Polemics with the Divine Body Traditions in the Apocalypse of Abraham » in *JSP* 18 (2008) p. 33-53

– *Heavenly Priesthood in the Apocalypse of Abraham* – Cambridge : CUP, 2013

ORPANA, Jessi, « Awareness of Nudity in Jubilees 3: Adam Portrayed as a Priest in the Garden » in Mika S. PAJUNEN & Hanna TERVANOTKO (éds), *Crossing Imaginary Boundaries: The Dead Sea Scrolls in the Context of Second Temple Judaism* – Helsinki : Finnish Exegetical Society, 2015 (Publications of the Finnish Exegetical Society 108) p. 241-258

PAINTER, John, « Bultmann, Archeology, and the Historical Jesus » in *Jesus and Archeology* – Grand Rapids : Eerdmans, 2006

PARKER, Robert, *Greek Gods Abroad: Names, Natures, and Transformations* – Oakland : University of California Press, 2017 (Sather Classical Lectures 72)

PATERSON, Lee, « Geographers as Mythographers The Case of Strabo » in *Writing Myth: Mythography in the Ancient World* – Leuven : Peeters, 2013, p. 201-22

PEABODY, David ; COLPE, Lamar ; MCNICOL, Allan (éds), *One Gospel from Two: Mark's Use of Matthew and Luke* – Harrisburg : Trinity, 2002

PEARSON, Lionel, *The Lost Histories of Alexander the Great* – New York : American Philological Association, 1960

PELLING, Christopher, *Literary Texts and the Greek Historian* – New York : Routledge, 2000

PENA, Joabson Xavier, « Wearing the Cosmos: The High Priestly Attire in Josephus' *Judean Antiquities* » in *JSJ* 52 (2021) p. 21-24

PERCZEL, István, « The Christology of Pseudo-Dionysius the Areopagite: the Fourth Letter in Its Indirect and Direct Traditions » in *Le Muséon* 117 (2004) p. 409-446

PERRIN, Nicolas, *Jesus the Priest* – Grand Rapids : Baker Academic, 2018

PERRIN, Norman, *The Kingdom of God in the Teaching of Jesus* – Philadelphie : Westminster, 1963

PERVO, Richard, *Profit with Delight: The Literary Genre of the Acts of the Apostles* – Philadelphie : Fortress, 1987

PESCE, Mauro, « Per una ricerca storica su Gesù nei secoli XVI-XVIII : prima di H. S. Reimarus » in *Annali di Storia dell'Esegesi* 28 (2011) p. 433-464

PETERS, Ted, « The Problem of Symbolic Reference » in *The Thomist* 44 (1980) p. 72-93

PETERSON, Erik, *Ekklesia : Studien zum altchristlichen Kirchenbegriff*, Ausgewählte Schriften, Sonderband, éd. Barbara Nichtweiß & Hans-Ulrich Weidemann – Würzburg : Echter Verlag, 2016

PFLEIDERER, Otto, *Das Urchristentum, seine Schriften und Lehren in geschichtlichem Zusammenhang* – Berlin, 1902

PIEPER, Josef, *Muße und Kult* – Munich : Hegner, 1948

PIETERSMA, Albert, « Kyrios or Tetragram: A New Quest for the Original Septuagint » in Cameron BODY-TAYLOR (éd.), *A Question of Methodology: Albert Pietersma Collected Essays on the Septuagint* – Louvain : Peeters, 2013 ; p. 25-40

PIRENNE-DELFORGE, Vinciane, *Le Polythéisme comme objet d'histoire : Leçons inaugurales du Collège de France* – Paris : Fayard, 2019

– (en collaboration avec Gabriella PIRONTI), « Many *vs.* One » in Esther EIDINOW & Julia KINDT (éds), *The Oxford Handbook of Ancient Greek Religion* – Oxford : OUP, 2015

– (en collaboration avec John SCHEID), « Qu'est-ce qu'une "mutation religieuse" ? » in Laurent BRICAULT& Corinne BONNET (éds), *Panthée: Religious Transformations in the Græco-Roman Empire* – Leyde : Brill, 2013 ; p. 309-314

PITRE, Brant, « The Mystery of God's Word: Inspiration, Inerrancy, and the Interpretation of Scripture » in *Letter and Spirit* 6 (2010), p. 47-66

PLESTED, Marcus, *Orthodox Readings of Aquinas* – Oxford : OUP, 2012

PLISCH, Uwe-Karsten, *The Gospel of Thomas: Original Text with Commentary* – Stuttgart, Deutsche Bibelgesellschaft, 2008

POIRIER, John, « The Endtime Return of Elijah and Moses at Qumrân » in *Dead Sea Discoveries* 10 (2003) p. 221-242

PORTEN, Bezalel, *Archives from Elephantine: The Life of an Ancient Jewish Military Colony* – Berkeley : University of California, 1968

PORTER, Stanley, *The Criteria for Authenticity in Historical-JesusResearch: Previous Discussion and New Proposals* – Sheffield : Sheffield Academic Press, 2000

– (éd.), *The Messiah in the Old and New Testaments* – Grand Rapids : Eerdmans, 2007

POULIOT, François, *La Doctrine du miracle chez Thomas d'Aquin : Deus in omnibus intime operator.* Bibliothèque thomiste 56 – Paris : Librairie philosophique J. Vrin, 2005

PRESTIGE, Leonard, « "Perichoreo" and "Perichoresis" in the Fathers » in *Journal of Theological Studies* 29 (1928) p. 242-252

– *God in Patristic Thought* – Londres : SPCK, 1952

PREUSS, Horst Dietrich, *Verspottung fremder Religionen im Alten Testament* – Stuttgart : Kohlhammer, 1971 (Beiträge zur Wissenchaft vom Altem und Neuem Testament 92) p. 279-291

PRICE, Henry Habberley *Belief*, Gifford Lectures – New York : George Allen & Unwin, 1969

PRINCE, Deborah, « "The Ghost of Jesus" : Luke 24 in Light of Ancient Narratives of Post-Mortem Apparitions » in *JSNT* 29 (2007) p. 287-301

PYUNGCHOON PARK, Aaron, « The Christian Hope According to Bultmann, Pannenberg, and Moltmann » in *Westminster Theological Journal* 22 (1971) p. 153-174

RADICE, Roberto, « Philo's Theology and Theory of Creation » in Adam KAMESAR (éd.) *The Cambridge Companion to Philo* – Cambridge : CUP, 2009 ; p. 124-145

RAINBOW, Paul, « Jewish Monotheism as the Matrix for New Testament Christology: A Review Article » in *NovT* 33 (1991) p. 78-91

RAMELLI, Illaria, « Origen, Greek Philosophy, and the birth of the Trinitarian Meaning of "Hypostasis" » in *HTR* 105 (2012) p. 302-350

– « Origen, Patristic Philosophy, and Christian Platonism: Re-Thinking the Christianisation of Hellenism » in *Vigilia Christiana* 63 (2009) p. 217-263

RATZINGER, Josef/pape Benoît XVI, « Foundations: The Theology of Salvation History and the Ecumenical Dialogue » in CULLMANN, Oscar (éd.), *Vatican II. The New Direction* – New York, Harper and Row, 1968

– « À la curie romaine à l'occasion de la présentation des vœux de Noël », 22 décembre 2005, https://www.vatican.va/content/benedict-xvi/fr/speeches/2005/december/documents/hf_ben_xvi_spe_20051222_roman-curia.html

– *Jésus de Nazareth*, t. 1, « Du baptême dans le Jourdain à la Transfiguration » – Paris : Flammarion, 2007 ; t. 2 « De l'entrée à Jérusalem à la Résurrection », Le Rocher/Parole et Silence 2011 ; t. 3 « L'enfance de Jésus », Flammarion 2012

– « Eschatologie – Tod und Ewiges Leben » in *Auferstehung und Ewiges Leben* – Freiburg : Herder, 2011 (Gesammelte Schriften 10)

– in *Der Gott des Glaubensund der Gott der Philosophen* (Herder : Freiburg, 2020) – Gesammelte Schriften 3/1 : « Zum Personverständnis in der Theologie » (= 2020a) ; « Heilsgeschichte, Metaphysik und Eschatologie » p. 73-97 (= 2020b) ; « Der Gott des Glaubens und der Gott der Philosophen » p. 189-210 (= 2020c)

REALE, Giovanni, *Toward a New Interpretation of Plato* – Washington : CUA Press, 1997

REDMAN, Judith, « How Accurate Are Eyewitnesses? Bauckham and the Eyewitnesses in the Light of Psychological Research » in *JBL* 129 (2010) p. 177-197

REGÜL, Jurgen, *Die antimarcionitischen Evangelienprologe* – Bonn : Herder, 1969

REISENFIELD, Harald, « Le caractère messianique de la tentation au désert » in *La Venue du Messie* – Bruges : DDB, 1962 (Recherches bibliques 6) p. 51-63

RENBERG, Gil, « Public and Private Places of Worship in the Cult of Asclepius at Rome » in *Memoires of the American Academy in Rome* 51/52 (2006) p. 87-172

RHEAUME, Randy *An Exegetical and Theological Analysis of the Son's Relationship to the Father in John's Gospel: Equal Yet Subordinate* – Lewiston : Mellen, 2015

RHYS, Jocelyn, *Shaken Creeds: The Virgin Birth Doctrine* – Londres : Watts, 1922

RIGAUX, Béda, « La redécouverte de la dimension eschatologique de l'Évangile » in *Revue d'histoire et de philosophie religieuses* 56 (1976) p. 3-27

ROBERTS, Arthur, *Selected Lives from Cornelius Nepos* – Boston : Ginn and Co, 1895

ROBINSON, James M., *A New Quest of the Historical Jesus* – Londres : SCM Press, 1959 (Studies in Biblical Theology 25)

– ed. *The Coptic Gnostic Library*, vol. 1 – Leyde : Brill, 2000

ROBINSON, James & KOESTER, Helmut, *Trajectories through Early Christianity, Library of Early Christology* – Grand Rapids : Baker Academic, 2018

RODGERS, Peter, Recension de BAUCKHAM 2006 in *NovT* 52 (2010), p. 88-100

RODRIGUEZ, Rafael, *Structuring Early Christian Memory* – Londres : T&T Clark, 2010 (JSNTSup 407)

– recension de THATE 2013 in *Theological Studies* 66 (2015) p. 769-772

ROMEO, Antonino, « L'enciclica *Divino afflante Spiritu* e le *opiniones novæ* », *Divinitas* 4 (1960) p. 387-456

RONDEAU, Marie-Josèphe, *Les Commentaires patristiques du Psautier (IIIe-Ve siècles)*, vol. 2 : *Exégèse prosopologique et théologie* – Rome : Pontificium Institutum Orientalium Studiorum, 1985

ROOT, Michael, « The Achievement of Wolfhart Pannenberg » in *First Things* (March 2012) p. 37-42

RÖSEL, Martin, *Übersetzung als Vollendung der Auslegung : Studien zur Genesis Septuaginta* – Berlin : de Gruyter, 1994 (BZAW 223)

ROTH, Dieter, « The Link between Luke and Marcion's Gospel: Prolegomena and Initial Considerations » in Joseph VERHEYDEN & John KLOPPENBORG VERBIN (éds), *Luke on Jesus, Paul and Christianity* – Leuven : Peeters, 2017 (Biblical Studies and Tools 29) p. 59-80

ROTHSCHILD, Clare, *Luke-Acts and the Rhetoric of History* – Tubingue, Mohr Siebeck, 2004 (WUNT 175)

ROWE, Christopher Kavin « Biblical Pressure and Trinitarian Hermeneutics » in *Pro Ecclesia* 11 (2002) p. 295-312

– *Early Narrative Christology: The Lord in the Gospel of Luke* – Berlin : de Gruyter, 2006 (BZNW 139)

RUNIA, David, *Philo of Alexandria and the Timæus of Plato* – Leyde : Brill, 1986 (Philosophia antiqua 44)

SANDAY, William, *The Life of Christ in Recent Research* – Oxford : Clarendon, 1907

SANDERS, Ed Parish, *Paul and Palestinian Judaism* – Minneapolis : Fortress, 1977

– *Jesus and Judaism* – Philadelphie : Fortress, 1985

SANDERS, James A., *Canon and Community: A Guide to Canonical Criticism* – Philadelphie : Fortress, 1984

SCHÄFER, Peter, *Zwei Götter im Himmel: Gottesvorstellungen in der jüdischen Antike* – Munich : Beck, 2017

SCHEID, John, *Quand faire c'est croire : les rites sacrificiels des Romains* – Paris : Aubier, 2005

SCHELKENS, Karim, « From *Providentissimus Deus* to *Dei Verbum*: The Catholic Biblical Movement and the Council Reconsidered » in Gilles ROUTHIER, P. J. ROY et Karim SCHELKENS (éds), *La Théologie catholique entre intransigeance et renouveau : La réception des mouvements préconciliaires à Vatican II* – Leuven, Leuven Universiteitsbibliotheek, 2011 ; p. 49-68 [= 2011a]

– *Catholic Theology of Revelation on the Eve of Vatican II: A Redaction History of the Schema* De fontibus revelationis *(1960-1962)* – Leyde : Brill, 2011 [= 2011b]

SCHENKER, Adrian, « Textkritik und Textgeschichte von Ps 110(109), 3: Initiativen der Septuagintaund der protomasoretische Edition » in Wolfgang KRAUS et Olivier MUNNICH, (éds), *La Septante en Allemagne et en France : textes de la Septante à traduction double ou à traduction très littérale ; Septuaginta Deutsch und Bible d'Alexandrie : Texte der Septuaginta in Doppelüberlieferung oder in wörtlicher Übersetzung* – Fribourg : Vandenhoeck & Ruprecht, 2009, p. 172-190

SCHEPENS, Guido *L'« autopsie » dans la méthode des historiens grecs du Ve siècle avant J.-C.* – Bruxelles, Paleis der Academiën, 1980

SCHMIDT, Francis, « Signes et prodiges chez Flavius Josèphe et Tacite (*Guerre des Juifs* VI, 288-315 ; *Histoires* V, 13) » in GEORGOUDI, Stella *et al.* (éds), *La Raison des signes : Présages, rites, destin dans les sociétés de la méditerranée ancienne* – Leyde : Brill, 2012 (Religions in the Græco-Roman World, 174) ; p. 253-289

SCHMIDT, Karl Ludwig, *Der Rahmen der Geschichte Jesu* – Berlin, Trowitzch, 1919

– « Die Stellung der Evangelien in der allgemeinen Literaturgeschichte » in *Eucharisterion : Studien zur Religion und Literatur des Altes und Neues Testaments : Hermann Gunkel 60. Geburtstag, Teil 2* – Göttingen, Vandenhoeck & Ruprecht, 1923

SCHMIEDEL, Otto, *Die Hauptprobleme der Leben-Jesu-Forschung* – Tubingue : Mohr, 1902

SCHÖNBORN, Christoph, *L'icône du Christ* – Paris : Cerf, 1986

SCHRÖTER, Jens, « The Gospels as Eyewitness Testimony? A Critical Examination of Bauckham's Jesus and the Eyewitnesses » in *JSNT* 31 (2008), p. 195-209

SCHWARTZ, Regina, *The Curse of Cain: The Violent Legacy of Monotheism* – Chicago : University of Chicago, 1997

SCHWARZ, Sandra, « Clitophon the Moichos: Achilles Tatius and the trial scene in the Greek Novel » in *Ancient Narrative* 1 (2000/2001) p. 93-113

SCHWARZ, Seth, *Imperialism and Jewish Society: 200 B.C.E. to 640 C.E.* – Princeton : Princeton University, 2001

SCHWEITZER, Albert, *Das Messianitäts- und Leydesgeheimnis : Eine Skizze des Lebens Jesu* (Tubingue : Mohr, 1901 – traduction anglaise par Lowrie sous le titre *The Mystery of the Kingdom of God: The Secret of Jesus' Messiahship and Passion* [Londres : A. & C. Black, 1914] ; trad. française par Annie Anex-Heimbrod sous le titre *Le Secret historique de la vie de Jésus* [Paris : Albin Michel, 1961])

– *Von Reimarus zu Wrede : Eine Geschichte der Leben-Jesu-Forschung* (Tubingue : Mohr, 1906 – traduction anglaise par Montgomery : *The Quest of the Historical Jesus* [Londres : A. & C. Black, 1910]) ; 2e édition allemande sous le titre *Geschichte der Leben-Jesu-Forschung* (Tubingue : Mohr, 1913) et traduction anglaise *The Quest of the Historical Jesus*, éd. John Bowden (Minneapolis : Fortress, 2001)

– « Europe and Human Culture » in Thomas KIERMAN (éd.), *A Treasury of Albert Schweitzer* – New York : Citadel, 1965

– *Aus meinem Leben und Denken* in *Ausgewählte Werke : Band 1* – Berlin : Union Verlag, 1971

– *The Mystery of the Kingdom of God* – Buffalo : Prometheus, 1985

– *Kulturphilosophie : Verfall und Wiederaufbau der Kultur, Kultur und Ethik* – Munich : Beck, 2007

– *Albert Schweitzer's Ethical Vision: A Sourcebook* – Predrag CICOVACKI (éd.) ; Oxford : OUP, 2009 : « Religion in Modern Civilization » p. 75-84 (= 2009a) ; « Schopenhauer and Nietzsche's Quest for Elementary Ethics » p. 123-134 (= 2009b)

SCHWIENHORST-SCHÖNBERGER, Ludger, « Pas de vérité sans violence ? Dialogue avec Jan Assmann » in *Communio* 251, mai-août 2017 p. 33-48

SEGAL, Alan, *Two Powers in Heaven: Early Rabbinic Reports and Christianity and Gnosticism*, SJLA 25 – Leyde : Brill, 1977 – réédition – Waco, TX : Baylor University, 2012

SEGOVIA, Carlos, « Those on the Right and Those on the Left Reading Qur'ān 56: 1-56 (and the Founding Myth of Islam) in Light of Apocalypse of Abraham 21-2 » in *Oriens Christianus* 100 (2017) p. 225-241

SEITZ, Christopher, compte rendu de BATES 2015 in *CBQ* 78 (2016) p. 763-766

SHEELEY, Steven, *Narrative Asides in Luke-Acts* – Sheffield : Sheffield Academic, 1992 (JSNTSup 72)

SHERWIN, Michael, « Christ as Teacher in St. Thomas' Commentary on the Gospel of John » in Matthew LEVERING et Michael DAUPHINAIS (éds), *Reading John with St. Thomas Aquinas* – Washington : CUA Press, 2005 ; p. 175-193

SHUTT, Robert, *Old Testament Pseudepigrapha,* vol. 2 – Peabody : Hendrickson Publishers, 2010

SIDER, Robert (éd.), *Collected Works of Erasmus*, vol. 41, *The New Testament Scholarship of Erasmus*. Toronto : University of Toronto Press, 2019

SILLY, Renaud, *Les Grands Mystères de la sagesse : Proverbes de Salomon 8 & 9 dans la version des Septante* – Paris : Les Belles Lettres, 2020

– *Dictionnaire Jésus* (dir. ; auteur principal : L'ÉCOLE BIBLIQUE DE JÉRUSALEM) – Paris : Bouquins, 2021 (Bouquins : la collection)

SIMPSON, Benjamin, « Current Trends in Third-Quest Research » in *Bibliotheca Sacra* 171 (2014) p. 189-209

SKEHAN, Patrick, « The Divine Name at Qumrân, in the Masada Scroll, and in the Septuagint » in *Bulletin of the International Organization for Septuagint and Cognate Studies* 13 (1980), p. 14-44

SMITH, Andrew, *Porphyrii philosophi fragmenta,* Teubner – Stuttgart : 1993

SMITH, Geoffrey, *Valentinian Christianity Texts and Translations* – Berkeley : University of California, 2020

SMITH, Jonathan, « Fences and Neighbours: Some Contours of Early Judaism » in *Imagining Religion: From Babylon to Jonestown* – Chicago : University of Chicago, 1982 ; p. 1-18

SMITH, Mark, *God in Translation: Deities in Cross-Cultural Discourse in the Biblical World* – Grand Rapids : Eerdmans, 2010

SMITH, William, *A New Classical Dictionary of Greek and Roman Biography, Mythology, and Geography* – New York, Harper & Brothers : 1851

SODEN (FREIHERR VON), Hermann, *Die wichtigsten Fragen im Leben Jesu* – Berlin : Alexander Duncker, 1904

SPADAFORA, Francesco, « Un documento notevole per l'esegesi cattolica » in *Palestra del clero* 40 (1961), p. 969-981

STABILE, Michele, « Il cardinal Ruffini et il Vaticano II : Le lettere di un intransigente » in *Cristianismo nella Storia* 11 (1990) p. 83-176

STANG, Charles, *Apophasis and Pseudonymity in Dionysius the Areopagite : « No Longer I »* – Oxford : OUP, 2012

STANLEY, David Michael, « New Understanding of the Gospels » in John MCKENZIE (éd.) *The Bible in Current Catholic Thought* – New York, Herder and Herder, 1962 ; p. 169-183

STEIN, Robert, « The Ending of Mark », *Bulletin of Biblical Research* 18 (2008) p. 79-98

STEINMANN, Jean, *La Vie de Jésus*, éditions Denoël, 1959

– *Une foi chrétienne pour aujourd'hui* – Paris, Grasset, 1967

STEINMUELLER John, *Sword of the Spirit* – Waco, Stella Maris, 1982

STERLING, Gregory, *Historiography and Self-Definition: Josephos, Luke-Acts and Apologetic Historiography* – Leyde : Brill, 1992 (NovTSup 64)

– « Prepositional Metaphysics in Jewish Wisdom Speculation and Early Christian Liturgical Texts » in David T. RUNIA (éd.) *The Studia Philonica Annual. Vol. 9* – Atlanta : Scholars Press, 1997 p. 219-238

STERN, Jacob, *Palæphatus: On Unbelievable Tales*, Wauconda : Bolchazy-Carducci, 1996

STERN, Menahem, « Hecatæus of Abdera and Theophrastus on Jews and Egyptians in *Journal of Egyptian Archeology* 59 (1973) p. 159-168

STIGLMAYR, Joseph, « Der Neuplatoniker Proklos alsVorlage des sog. Dionysius Areopagita in der Lehre vom Übel » in *Historisches Jahrbuch* 16 (1895) p. 253-273, 721-748.

STOCKHAUSEN (von), Alma *Der Geist im Widerspruch : Von Luther zu Hegel* – Weilheim-Bierbronnen : Gustav-Siewerth-Akademie, 2003 (Schriftenreihe der Gustav-Siewerth-Akademie 3)

STOKES, Ryan, « Not over Moses' Dead Body: Jude 9, 22-24 and the Assumption of Moses in their Early Jewish Context » in *JSNT* 40 (2017) p. 195-198

STRAUSS, David Friedrich, *Hermann Samuel Reimarus und seine Schutzschrift für die vernünftigen Verehrer Gottes* – Leipzig : Brockhaus, 1862

– *Das Leben Jesu für das deutsche Volk bearbeitet* – Leipzig : Brockhaus, 1864

– *Der Christus des Glaubens und der Jesus der Geschichte : eine Kritik des Schleiermacher'schen Leben Jesu* – Berlin : Duncker, 1865

– *Der alte und der neue Glaube : Ein Bekenntnis* – Bonn : Emil Strauß, 1875

STROUMSA, Guy, « Un Dieu sans nom. "Théologies du nom" judéo-chrétiennes et gnostiques » in *id. Le Rire du Christ* – Paris : Bayard, 2006 p. 47-69

STUCKENBRUCK, Loren, *Angel Veneration and Christology: A Study in Early Judaism in the Christology of the Apocalypse of John* – Tubingue : Mohr Siebeck, 1995 (WUNT II 70)

– « Melchizedek in Jewish Apocalyptic Literature » in *JSNT* 41 (2018), p. 124-138

STUCKENBRUCK, Loren & NORTH, Wendy, *Early Jewish and Christian Monotheism* – New York : T&T Clarke, 2004 (JSNTSup 263)

SUTER, David. « Fallen Angel, Fallen Priest: The Problem of Family Purity in 1 Enoch 6-16 » in *Hebrew Union College Annual* 50 (1979) p. 115-35.

SWAFFORD, Andrew Dean, *Nature and Grace: A New Approach to Thomistic Ressourcement* – Eugene : Pickwick, 2014.

SWEENEY, James « Modern and Ancient Controversies over the Virgin Birth of Jesus » in *Bibliotheca Sacra* 160 n°638 (2003) p. 142-158

TATUM, Gregory, « The Limits of Reliability » in *Nova & Vetera* 6 (2008) p. 523-528

TAYLOR, Charles, *A Secular Age* – Cambridge, MA : Harvard University, 2007 – trad. fr. *L'Âge séculier* – Paris, Seuil, 2011

TAYLOR, Justin, *The Treatment of Reality in the Gospels* – Paris : Gabalda, 2011 (CRB 78)

TAYLOR, Vincent, *The Gospel according to St. Mark: The Greek Text with Introduction, Notes, and Indexes* – Londres : Macmillan, 1959

THATE, Michael, *Remembrance of Things Past? Albert Schweitzer, the Anxiety of Influence, and the Untidy Jesus of Markan Memory* – Tubingue : Mohr Siebeck, 2013 (WUNT II 351)

THEISSEN, Gerd & MERZ Annette, *The Historical Jesus: A Comprehensive Guide* – Minneapolis : Fortress, 1998

THEOBALD, Michael, *Das Evangelium nach Johannes, Kapitel* 1-12 – Ratisbonne : Pustet, 2009 (Regensburger Neues Testament)

THOMPSON, Robin « Healing at the Pool of Béthesda: A Challenge to Asclepius ? » *Bulletin of Biblical Research* 27 (2017) p. 65-84

THORNTON, Claus-Jürgen, *Der Zeuge des Zeugen : Lukas als Historiker der Paulusreisen* – Tubingue : Mohr Siebeck, 1991 (WUNT 56)

TIEDEMANN, Dietrich, *System der stoischen Philosophie*, 1776

TOEWS, John, *Becoming Historical: Cultural Reformation and Public Memory in Early Nineteenth-Century Berlin* (Cambridge : CUP, 2004).

TORRELL, Jean-Pierre, « Le savoir acquis du Christ selon les théologiens médiévaux » in *Revue Thomiste* 101 (2001) p. 355-408

TROMP, Johannes *The Assumption of Moses: A Critical Edition with Commentary* – Leyde : Brill, 1993 (Studia in Veteris Testamenta Pseudepigrapha ; 10)

TROOST-CRAMER, Kathleen, *Jesus as Means and Locus of Worship in the Fourth Gospel : Sacrifice and Worship Space in John* – Eugene : Wipf& Stock, 2017

TUGGY, Dale, « On Bauckham's Bargain » in *Theology Today*, vol. 70 (2013) p. 128-143

TYRRELL, George, *Christianity at the Cross-Roads* – Londres : Longmans, Green, & Co. 1909

VALLENÇON, Henri, *Le Développement des traditions sur Élie et l'histoire de la formation de la Bible* – Leuven : Peeters, 2019

VALVE, Lotta *Early Modes of Exegesis: Ideal Figures in Malachi as a Test Case* – Åbo : Åbo Akademis, 2014

VANDERGRIFF, Kenneth, « Melchizedek and the Eucharist? Rediscovering Eucharistic interpretations of the bread and wine in Genesis 14 » in *Review & Expositor* 117 (2020) p. 549-554

VAN DER HORST, Pieter, « Porphyry on Judaism: Some Observations » In *Studies in Ancient Judaism and Early Christianity* – Leyde : Brill, 2014 (AJEC 67)

VANDERKAM, James & Monica BRADY, *Dead Sea Scrolls Reader, Part 3: Parabiblical Texts* – Leyde : Brill, 2005

VAN HENTEN, Jan Willem, « Moses as Heavenly Messenger in AssumptioMosis 10:2 and Qumrân Passages » in *JJS* 54, 2003

VANHOOZER, Kevin, *The Drama of Doctrine: A Canonical Linguistic Approach to Christian Theology* – Louisville : Westminster/John Knox, 2005

VAN LOON, Hans, *The Dyophysite Theology of Cyril of Alexandria* – Leyde : Brill, 2009

VARGAS, Antonio, « The Conspiracy of the Good: Proclus Theodicy *qua* Political Theological Paradigm » in *Political Theology* 21 (2020) p. 1-15

VATTUONE, Riccardo « Looking for the Invisible: Theopompus and the Roots of Historiography » in Giovanni PARMEGGIANI (éd.), *Between Thucydides and Polybius: The Golden Age of Greek Historiography* – Washington : Center for Hellenic Studies, 2014 (Hellenic Studies Center 64)

VELDE, Rudi te, *Aquinas on God: The « Divine Science » of the Summa Theologiæ* – Burlington : Ashgate, 2006

VENARD, Olivier-Thomas o.p. *Thomas d'Aquin poète théologien :*

– *t. 1 : Littérature et théologie : Une saison en enfer* – Genève, Ad Solem, 2002

– *t. 2 La langue de l'ineffable : Essai sur le fondement théologique de la métaphysique* – Genève, Ad Solem, 2004

– *t. 3 : Pagina sacra : le passage de l'Écriture sainte à l'écriture théologique,* Genève, Ad Solem, 2009

– *Poetic Christ: Thomistic Reflections on Scripture, Language and Reality,* trans. Kenneth OAKES & Francesca ARAN MURPHY, Londres, T&T Clark, 2019

VERMES, Géza, « The Son of Man Debate Revisited (1960-2010) » in *JSJ* 61 (2010), p. 193-206

VERSNEL Hendrik Simon, *Coping with the Gods: Wayward Readings in Greek Theology* – Leyde : Brill, 2011

VIVIANO, Benedict « Eschatology and the Quest for the Historical Jesus » in *The Oxford Handbook of Eschatology*, éd. Jerry L. WALLS – Oxford : OUP, 2008

– « Who Wrote Q? The Sayings Document (Q) as the Apostle Matthew's Private Notebook as a Bilingual Village Scribe (Mark 2:13-17 ; Matt 9:9-13) » in Anders RUNNESSON & Eve-Marie BECKER (éds), *Mark and Matthew II* – Tubingue, Mohr Siebeck, 2013 (WUNT 271)

VOEGELIN, Erich, *The New Science of Politics: An Introduction* – Chicago : University of Chicago, 1987

– « What Is History » and « Anxiety and Reason » in *The Collected Works of Eric Voegelin*, vol. 28 [Thomas A. HOLLWECK & Paul CARINGELLA, éds.] – Bâton Rouge : Louisiana State University Press, 1990 ; p. 1-111

– *The Collected Works of Eric Voegelin*, vol. 17, *Order and History* ; vol. 4, *The Ecumenic Age* [Michael FRANZ éd.] – Bâton Rouge : Louisiana State University Press, 2000

VÖLKER, Walter, recension de *Rechtglaubigkeit und Ketzerei im ältesten Christentum* by Walter BAUER in *ZeitschriftfürKirchengeschichte*, vol. 54 (1935) p. 628-631 ; récemment réimprimé sous le titre « Walter Bauer's Rechtglaubigkeit und Ketzerei im ältesten Christentum » in *Journal of early Christian Studies* 14 (2006) p. 399-405

VOLLENWEIDER, Samuel, « Der Logos als Brücke vom Evangeliumzur Philosophie : Der Johannesprolog in der Relektüre des Neuplatonikers Amelios » in Andreas DETTWILER and Uta POPLUTZ (éds), *Studien zu Matthäus und Johannes/Études sur Matthieu et Jean* – Zurich : TVY TheologischerVerlag, 2009 ; p. 377-398

VOLLHART, Friedrich. *Gotthold Ephraim Lessing* – Munich : Beck, 2016

VORGRIMLER, Herbert (éd.), *Commentary on the Documents of Vatican II, vol. 3* – New York, Herder and Herder, 1969

WAERS, Stephen, « Monarchianism and Two Powers: Jewish and Christian Monotheism at the Beginning of the Third Century » in *Vigilia Christiana* 70 (2016) p. 401-429

WALDSTEIN, Michael, « The Foundations of Bultmann's Work » in *Communio* 14, 1987 p. 115-145

– (éd.) *The Apocryphon of John: Synopsis of Nag Hammadi Codices II,1, III,1, and IV,1 with BG 8502, 2* – Leyde – Brill, 1995

WALTON, Steve, « "The Heavens Opened" : Cosmological and Theological Transformation in Luke and Acts » in Jonathan T. PENNINGTON (éd.) *Cosmology and New Testament Theology* – Londres : T&T Clark, 2008 ; p. 60-73

WATSON, Duane (éd.), *Miracle Discourse in the New Testament* – Atlanta : SBL, 2012

WATSON, Francis, « Eschatology and the Twentieth Century: On the Reception of Schweitzer in English » in Christof LANDMESSER, Hermann LICHTENBERG, Hans-Joseph ECKSTEIN (éds), *Eschatologie – Eschatology* – Tubingue : Mohr Siebeck, 2011 (WUNT, 272) p. 339-344

– *Gospel Writing: A Canonical Perspective* – Grand Rapids : Eerdmans, 2013

WEAVER, Walter, *The Historical Jesus in the Twentieth Century, 1900-1950* – Harrisburg : Trinity International, 1999

– « In Quest of the Quest : Finding Jesus » in James CHARLESWORTH (éd.), *Jesus Research: New Methodologies and Perceptions* – Grand Rapids : Eerdmans, 2014 ; p. 28-57

WEINEL, Heinrich, recension de SCHWEITZER 1901 in *Theologische Rundschau* 15 (1902) p. 242-245

WENGST, Klaus, *Das Johannesevangelium* – Stuttgart : Kohlhammer, 2000 (TKNT 4/1)

WERNLE Paul, recension de SCHWEITZER 1906 in *Theologische Literarturzeitung* 18 (1906) p. 501-506

– *Die Anfänge unserer Religion* – Tubingue et Leipzig, 1902

WEVERS, John William, « The Rendering of the Tetragram in the Psalter and Pentateuch: a Comparative Study » in Robert HIEBERT, Claude COX, Peter GENTRY (éds), *The Old Greek Psalter: Studies in Honor of Albert Pietersma* – Sheffield : Sheffield Academic, 2001 (JSOTSup 332) p. 21-35

WHITE, Hayden, *Metahistory: The Historical Imagination in 19th Century Europe* – Baltimore : John Hopkins University Press, 2014

WHITE, Thomas-Joseph, *The analogy of Being: Invention of the Antichrist or the Wisdom of God ?* – Grand Rapids : Eerdmans, 2010

– *The Incarnate Lord: A Thomistic Study in Christology,* Thomistic Ressourcement Series – Washington : CUA, 2017

WICK BOWMAN, John « From Schweitzer to Bultmann » in *Theology Today* 11 (1954) p. 161-178.

WILKEN, Robert, *The Christians as the Romans Saw Them* – New Haven : Yale, 1984

WISEMAN, Timothy Peter, « Lying Historians : Seven Types of Mendacity », *Lies and Fiction in the Ancient World*, University of Exeter Press, 1993 ; p. 122-146

WITHERINGTON, Ben, « *In Principio Erat Verbum :* Sacred Texts in an Oral Culture » in SBL Lecture for the Paul and Scripture Seminar (SBL meeting 2010 ; disponible sur internet : https://www.beliefnet.com/columnists/bibleandculture/2010/11/sbl-lecture-for-the-paul-and-scripture-seminar.html)

WITMER, Stephen, « Pastoral Pensées: Keeping Ethics and Eschatology Together: The Teaching of Jesus, the Work of Albert Schweitzer, and the Task of Evangelical Pastor-Theologians » in *Themelios* 39 (2014) p. 484-500

WOJCIECHOWSKI, Michael, « Ancient Criticism of Religion in Dan 14 (Bel and the Dragon), Bar 6 (Epistle of Jeremiah), and Wisdom 14 » in Géza G. XERAVITS et József ZSENGELLÉR, (éds), *Deuterocanonical Additions of the Old Testament Books. Selected Studies* – Berlin : De Gruyter, 2010 (Deuterocanonical and Cognate Literature Studies 5) p. 60-76

WOOD, Allen *et al.* (éds), *Kant: Religion within the Bounds of Bare Reason and Other Writings* – Cambridge : CUP, 1998 (Cambridge Texts in the History of Philosophy)

WRIGHT, Nathan Thomas, *The New Testament and the People of God* – Minneapolis, Fortress, 1992

– *Jesus and the Victory of God* – Londres : SPCK, 1994 (2e edition 1996)

– *The Resurrection of the Son of God* – Minneapolis, Fortress, 2003

– « Hope Deferred ? Against the Dogma of Delay » in *Early Christianity* 9 (2018) p. 37-82

YARBRO COLLINS, Adela, « The Apocalyptic Son of Man Sayings » in Birger PEARSON (éd.) *The Future of Early Christianity : Essays in Honor of Helmut Koester* – Minneapolis : Fortress, 1991 ; p. 220-228

YEAGO, David S., « The New Testament and Nicene Dogma: A Contribution to the Recovery of Theological Exegesis » in *Pro Ecclesia* 3 (1994) p. 152-164

ZARAFA, Peter Paul, « The Limits of Biblical Inerrancy » in *Angelicum* 39 (1962) p. 92-119

ZEHNDER, Markus, « A Fresh Look at Malachi II 13-16 » in *Vetus Testamentum* 53 (2003) p. 224-259

ZERON, Alexander, « The Martyrdom of Phineas-Elijah » in *JBL* 98 – 1979 p. 99-100

ZIEGLER, Theobald, *David Friedrich Strauß* – Strasbourg : Karl Trübner, 1908

ZIOLKOWSKI, Theodore, *Clio, the Romantic Muse: Historicizing the Faculties in Germany* – Cornell : Cornell University, 2004

INDEX

JUDAÏSME INTERTESTAMENTAIRE ET POST-BIBLIQUE

LITTERATURE GRECO-ROMAINE

PERES DE L'EGLISE, AUTEURS ECCLESIASTIQUES ET MEDIEVAUX, MAGISTERE

Table des matières

TROISIÈME PARTIE
JÉSUS ET LES ÉCRITURES

Composition et mise en pages :
Flexedo (prepresse@flexedo.com)

Ce volume,
publié aux Éditions Les Belles Lettres
a été achevé d'imprimer
en avril 2024
sur les presses de
La Manufacture Imprimeur,
52200 Langres, France

N° d'éditeur : 10931
N° d'imprimeur : 240242
Dépôt légal : mai 2024
Imprimé en France